ESSAYS ON MYSTICAL LITERATURE

BIBLIOTHECA
EPHEMERIDUM THEOLOGICARUM LOVANIENSIUM

UNIVERSITÉ CATHOLIQUE DE LOUVAIN   KATHOLIEKE UNIVERSITEIT LEUVEN
LOUVAIN-LA-NEUVE   LEUVEN

BIBLIOTHECA EPHEMERIDUM THEOLOGICARUM LOVANIENSIUM

CLXXVII

ALBERT DEBLAERE, S.J.
(1916-1994)

ESSAYS ON MYSTICAL LITERATURE
ESSAIS SUR LA LITTÉRATURE MYSTIQUE
SAGGI SULLA LETTERATURA MISTICA

WITH CONTRIBUTIONS BY

Joseph ALAERTS, S.J. – Herwig ARTS, S.J.
Johan BONNY – Alvaro CACCIOTTI, O.F.M.
Rob FAESEN, S.J. – Paul VAN GEEST – Max HUOT DE LONGCHAMP
Paul MOMMAERS, S.J. – Paul VERDEYEN, S.J.

EDITED BY

Rob FAESEN, S.J.

LEUVEN
UNIVERSITY PRESS

UITGEVERIJ PEETERS
LEUVEN

2004

ISBN 90 5867 440 1 (Leuven University Press)
D/2004/1869/90
ISBN 90 429 1503 X (Peeters Leuven)
ISBN 2 87723 809 1 (Peeters France)
D/2004/0602/107

Library of Congress Cataloging-in-Publication Data

Albert Deblaere, S.J., 1916-1994 : essays on mystical literature = essais sur la littérature
mystique = saggi sulla letteratura mistica / with contributions by Joseph Alaerts ... [et al.]
; edited by Rob Faesen.
    p. cm. – (Bibliotheca Ephemeridum theologicarum Lovaniensium ; 177)
Includes bibliographical references.
ISBN 90-429-1503-X (alk. paper)
    1. Mysticism--Catholic Church--History. I. Deblaere, Albert, 1916-1994. II. Series.

BV5082.3.A43 2004
248.2'2--dc22
                                                                                    2004050497

Leuven University Press / Presses Universitaires de Louvain
Universitaire Pers Leuven
Blijde Inkomststraat 5, B-3000 Leuven-Louvain (Belgium)

© 2004, Peeters, Bondgenotenlaan 153, B-3000 Leuven (Belgium)

PREFACE

In 2004, it is precisely ten years ago that Albert Deblaere died in Rome. He was an erudite scholar, with a very original intellectual and spiritual profile, who has had a remarkable impact on his disciples and on the scientific research of mystical literature. As he has published in different languages and in various types of publications, it seemed useful to collect in one volume a series of his most important articles.

The original versions of the articles can be found:

in the *Dictionnaire de Spiritualité*[1]:
- «Essentiel (superessentiel, suressentiel)», t. 4/2, 1961, cc. 1346-1366,
- «Michel de Saint-Augustin», t. 10, 1980, cc. 1187-1191,
- «Jean Mombaer», t. 10, 1980, cc. 1516-1521,
- «La littérature mystique au Moyen Âge», t. 10, 1980, cc. 1902-1919;

in the *Dizionario degli istituti di perfezione*[2]:
- «Giovanni Ruusbroec», t. 4, 1977, cc. 1291-1296,
- «Fratelli della vita comune», t. 4, 1977, cc. 754-762,
- «Florentius Radewijns», t. 4, 1977, cc. 84-87,
- «La preghiera tra le beghuine e nella "Devotio Moderna"», t. 7, 1983, cc. 655-666;

in *Sacramentum Mundi*[3]:
«Altniederländische Mystik», t. 1, 1967, cc. 111-116;

in *Bijdragen: International Journal in Philosophy and Theology*[4]:
«Leven "in de grond"», t. 25, 1964, pp. 211-228;

in *Studia Missionalia*[5]:

1. Beauchesne, 7, Cité du Cardinal Lemoine, F-75005 Paris.
2. Edizione Paoline, Via Domenico Fontata, 12, I-00185 Roma.
3. Herder Verlag, Herman-Herder-Straße, 4, D-79104 Freiburg.
4. Prinsstaat 13, B-2000 Antwerpen.
5. Facultà di Missiologia, Pont. Univ. «Gregoriana», Piazza della Pilotta 4, I-00186 Roma.

- «Témoignage mystique chrétien», t. 26, 1977, pp. 117-147,
- «Humanisme chrétien et vocation monastique», t. 28, 1979, pp. 97-132;

in *Carmelus*[6]:
«Maria Petyt, écrivain et mystique flamande», t. 26, 1979, pp. 3-76[7];

in *Ons Geestelijk Leven*[8]:
«Volgen en navolgen in de *Imitatio Christi*», t. 42, 1965, pp. 207-219;

in GERLACH PETERS, *Alleenspraak; Brieven,* Bonheiden, 1995[9]:
«Gerlach Peters, mysticus van de "onderscheiding der geesten"», pp. 151-169;

The «Woordenlijst van termen uit de mystiek» is taken from his book *De mystieke schrijfster Maria Petyt (1623-1677),* Gent, 1962, pp. 391-407[10].

Two articles had not yet been published:
- «Michelangelo en de mens»,
- «L'art, langage du mystère»,
the latter being the text of a lecture given at the Centre d'Études Saint-Louis-de-France, Rome on April, 4th, 1978.

In this volume, the articles are put in chronological order. Nothing has been changed to the texts, except the following: the lay-out and the bibliographical system have been made uniform and adjusted to the usual style in the *BETL*[11]; some obvious printing errors or ambiguities in the

---

6. Edizione Carmelitane, Via Sforza Pallavicini, 10, I-00193 Roma
7. Albert Deblaere considered this article as a first part and planned to write a sequel; therefore, in the original version one reads «à suivre» at the end. However, he has never finished this sequel.
8. The publication of this periodical has stopped, cf. Missionarissen van het H. Hart, Te Boelaerelei 11, B-2140 Borgerhout.
9. Mystieke teksten met commentaar, 5, Abdij Bethlehem, Zellaerdreef, 5, B-2820 Bonheiden; the first publication was done in *Liber alumnorum Prof. dr. E. Rombauts*, Leuven, 1968.
10. Secretarie der Academie, Koningstraat 18, B-9000 Gent.
11. As to the bibliography, this affects only the typographical presentation. Nothing has been changed to the bibliography itself as it is given in the original version of the articles. However, the bibliographical system of the *BETL* requires that not only the place of publication is mentioned, but also the publishing house. This element has been added, though in some cases the information could not be retrieved.

punctuation have been solved – the old spelling of the name «Geert Groote» has been systematically replaced by the new one («Geert Grote») –; in the article on Gerlach Peters, the translations of the Latin quotations that were published in the reprint (Bonheiden) have been integrated in footnotes between square brackets, as well as the adjustments to the new critical edition of the works of Gerlach Peters.

The following abbreviations have been kept:

DS	Dictionnaire de spiritualité
DTC	Dictionnaire de théologie catholique
LTK	Lexikon für Theologie und Kirche
NRT	Nouvelle revue théologique
RAM	Revue d'ascétique et mystique
OGE	Ons geestelijk erf
PL	Patrologia Latina
PG	Patrologia Graeca
SC	Sources Chrétiennes
ZKT	Zeitschrift für katholische Theologie

Several disciples of Albert Deblaere reacted enthusiastically and sent a contribution in honour of him. These texts have never been published before.

Many research notes of Albert Deblaere are still waiting to be published, such as e.g. his commentated «close readings» of the works of John of Ruusbroec, of Hadewijch and Beatrice of Nazareth, his course notes on the history of spirituality of the XVth century, on the sources of western mysticism, etc. The stimulating contribution of Albert Deblaere to the study of mystical literature has certainly not come to an end with the publication of this volume.

I would like to express my gratitude to Prof. Dr. Gilbert Van Belle, the editor-in-chief of the *Bibliotheca Ephemeridum Theologicarum Lovaniensium*, to Peeters Publishers and to the Louvain University Press, for giving us the opportunity to integrate the present volume in this widely appreciated series. I am grateful to all the publishers who were so kind as to grant their permission to reprint the selected articles. A special word of thanks to Lieve Uyttenhove and Joseph Alaerts, S.J., who have given precious help in the realisation of this book.

Rob FAESEN, S.J.

CONTENTS

PREFACE VII

JOSEPH ALAERTS
    Albert Deblaere: An Inspired and Inspiring Life XIII

ALBERT DEBLAERE
ESSAYS ON MYSTICAL LITERATURE
ESSAIS SUR LA LITTÉRATURE MYSTIQUE
SAGGI SULLA LETTERATURA MISTICA

1. Essentiel, superessentiel, suressentiel (1961) 3
2. Woordenlijst van termen uit de mystiek [van Maria Petyt]
   (1962) 33
3. Leven «in de grond»: De leerschool van een Vlaamse
   mystieke (1964) 49
4. Michelangelo en de mens (1964) 71
5. Volgen en navolgen in de 'Imitatio Christi' (1965) 77
6. Altniederländische Mystik (1967) 91
7. Gerlach Peters, mysticus van de "onderscheiding der geesten"
   (1968) 97
8. Témoignage mystique chrétien (1977) 113
9. Giovanni Ruusbroec (1977) 141
10. Fratelli della Vita Comune (1977) 149
11. Florentius Radewijns (1977) 161
12. L'art, langage du mystère (1978) 165
13. Humanisme chrétien et vocation monastique (1979) 175
14. Michel de Saint-Augustin (1979) 207
15. Jean Mombaer (1979) 215
16. Maria Petyt, écrivain et mystique flamande (1979) 223
17. La littérature mystique au Moyen Âge (1980) 291
18. La preghiera tra le beghuine e nella «Devotio Moderna» (1983) 317

CONTRIBUTIONS IN MEMORY OF ALBERT DEBLAERE S.J.

Joseph ALAERTS
    Le(s) sens de l'anéantissement dans la relation autobiographi-
    que de Marie de l'Incarnation 333

Herwig ARTS
  Trois concepts fondamentaux   369
Johan BONNY
  «Onderscheet ende anderheit» bij Ruusbroec   375
Alvaro CACCIOTTI
  La «nichilità» in Jacopone da Todi   389
Rob FAESEN
  Albert Deblaere on the Divorce of Theology and Spirituality .   407
Paul VAN GEEST
  «Omnis scriptura legi debet eo spiritu quo facta est»: On the
  Hermeneutics of Wilhelm Dilthey and Albert Deblaere   427
Max HUOT DE LONGCHAMP
  Un certain regard: Art sacré et révélation   443
Paul MOMMAERS
  Albert Deblaere ou la passion du texte   455
Paul VERDEYEN
  Albert Deblaere, inspirateur et promoteur d'une étude scienti-
  fique de la spiritualité   459

INDEX OF NAMES   465
  I. Ancient Persons   465
  II. Modern Persons   470

ALBERT DEBLAERE, S.J. (1916-1994)
AN INSPIRED AND INSPIRING LIFE

On July 31st 1994, on the feast of Saint Ignatius, Albert Deblaere passed away in Rome after being admitted a year earlier into the infirmary of the international Jesuit Delegation. With the death of Deblaere the Ruusbroec Society has lost, in a manner of speaking, its second founder. Although he only spent two years working for the society (1956-1958), Frank Willaert was nevertheless inclined to write thus in his survey of the study of Dutch literature at university level in Antwerp: «Deblaere's influence on the Ruusbroec Society is much greater than the relatively short period in which he served the Society (from 1956 to 1958) might lead one to believe. His influence was to be made concrete primarily in and through the third generation of researchers who were to populate the Society, almost all of whom, indeed with only one exception, had studied under him at the Jesuit Collegium Theologicum in Heverlee or later at the Gregorian University in Rome where he taught mysticism from 1962 onwards»[1].

I. LIFE

Before venturing further into an account of his influence and scientific contribution, a brief overview of his life would seem appropriate at this juncture. Albert Deblaere was born and baptised in Bruges on June 5th, 1916. He completed his secondary education at St Lodewijk's High School (awarded the prize for Dutch each year) and entered the Society of Jesus in Drongen near Ghent on September 23rd, 1934, together with three of his classmates. His formation was to take a considerable number of years: novitiate from 1934 to 1936, candidacy in Classical Philology from 1936 to 1938, philosophy from 1938 to 1941 at Egenhoven and Turnhout (because of the war). His studies came to a premature conclusion on account of his poor health. He spent several months in La Pairelle (Wépion) in 1941 where he came into contact with Peter

1. Frank WILLAERT, Van "Ons Geestelijk Erf" tot aan "De Kapellekensbaan". Nederlandse letterkunde in Antwerpse universitaire onderzoekscentra, in Frans HENDRICKX (ed.), Pampiere wereld. Litteraria Neerlandica uit het bezit van de Universiteit Antwerpen (Miscellanea Neerlandica, 11), Leuven, 1994, pp. 1-24, esp. 13.

Johanns S.J., a former missionary to India and a renowned expert in Hinduism. His encounter with Johanns was to have a profound influence on the spirituality of the ailing young Deblaere. After a year spent as a trainee teacher at St Barbara's High School in Ghent (1941-1942) he was able to complete his philosophical studies in 1942. From 1943 to 1944 he studied Germanic Philology in Louvain and obtained his candidacy diploma. In the course of his theological studies with the Jesuits in Louvain (1944-1948) he was ordained to the priesthood on August 24th, 1947. In the years that followed, he obtained the licentiate diplomas, also in Louvain, in Germanic Philology and in the History of Art (1950). He completed his Jesuit formation with a «tertianship» in Florence in 1950-1951. In the meantime he was already engaged in research in the History of Art in preparation for his doctorate. He was forced to interrupt his studies, however, to serve as substitute teacher at Our Lady's High School in Antwerp for the final two trimesters of academic year 1951-1952. In response to the so-called «Harmel decree» the Flemish Jesuit province considered itself obliged to send a greater number of officially qualified members to teach in its high schools. In any event, this interruption in his academic work was to be providential for the Ruusbroec Society. It was at this juncture that Deblaere decided, albeit with some dissatisfaction, to change the course of his doctoral studies. His subject had to do with shades of colour in the work of two Flemish Primitive painters. The meticulously noted differences and similarities between the two, observed during numerous visits to Belgian museums and museums abroad (as far off as Spain), had become too imprecise or vague to him after the interruption at Our Lady's High School.

From 1952 to 1956 he was back in the Jesuit community in Louvain working on a dissertation on the mystic author Maria Petyt. He was to defend his dissertation and obtain the degree of Doctor in Philosophy and Letters in 1957 with Prof. Edward Rombauts as his promoter. In the meantime he had returned to Antwerp in 1956 where he resided in the community of the then Ruusbroec Society until 1958. From 1958 to 1972 he resided at St John Berchmans' High School in Brussels, moving thereafter to Rome where he was appointed as full-time professor of the history of spirituality at the papal Gregorian University. During his period in Brussels he taught religious studies at a number of Colleges of Higher Education. From 1962 onwards he was appointed as part-time professor in Rome. His influence on the «third generation» of Ruusbroec scholars, however, was most evident during the period 1966 to 1972. At that time he taught a number of seminars on Ruusbroec and a course on mystical theology at the Jesuit Theologicum in Heverlee.

The seminars and courses given in Rome dealt with the following themes:

- the *Golden Epistle* of William of St. Thierry;
- the autobiography of Theresa of Avila;
- Jan van Ruusbroec, *The Spiritual Espousals*;
- readings from a masterpiece of spirituality: *The Living Flame of Love* by John of the Cross;
- the history of the separation between theology and spirituality;
- the history of spirituality in the fifteenth and sixteenth centuries;
- the essential characteristics of western mysticism;
- the image of the true Christian in the theology of Erasmus;
- spiritual movements at the end of the middle ages and at the beginning of the humanistic period;
- the *via negativa* in theology and religious experience: a study of texts;
- the crisis of the Absolute in modern literature;
- spirituality in the book *Imitatio Christi*.

Although Albert Deblaere achieved emeritus status in 1989, he continued to give seminars and direct doctoral dissertations at the Gregorian University in Rome until 1991. Towards the end of his life, however, he had become completely blind.

By way of conclusion to Deblaere's curriculum vitae and in order to draw some conclusions with regard to his influence I would like to quote a number of statements made by Frank Willaert in the above-mentioned article on the occasion of the doctoral defences of three «third generation» members of the Ruusbroec Society: «The influence of Deblaere is primarily evident in all three studies in the fact that the works of the authors spoken of therein are not the subject of research from within the categories and schemas of scholastic theology but rather from the perspective of an attentive analysis of the mystical language they employed, a methodology that is closely related to close readings applied in the literary sciences. While the texts of the mystics in question are thus no longer classified within a reassuring and predictable framework, such methodological approach allows for their particular, often bold and not infrequently polemical message to be brought to the fore. This method has become the trademark of many interpretative studies of mystical authors that have emerged from the Ruusbroec Society in the last twenty years»[2].

2. *Ibid.*, pp. 14-15.

The international dimension of Deblaere's influence remains difficult to determine at the present time. Deblaere was responsible for the formation of students at the Gregorian from every corner of the globe for thirty years. Bearing this in mind, it seems reasonable to presume that he not only inspired a «generation» of Flemish scholars. Moreover, the countless summer courses he dedicated to mystical authors – especially in Belgium, France and the Netherlands – from 1970 onwards will doubtless have left their mark. Those who attended his courses never did so without commitment. They were changed by them both intellectually and spiritually.

II. Publications

His academic achievements are perhaps best traced in a survey of his publications, which are much more numerous than the majority of his students and friends would have suspected. His interests as an author tend to focus themselves in two domains: that of art and literature and that of history and western spirituality.

In the early days he seems to have preferred to limit himself to short articles on art and literature. From 1941 to 1958, the journal *Bode van het Heilig Hart* published no less than sixty-seven of Deblaere's contributions, mostly art columns but also stories and essays. The *Nieuwe Boodschap*, the successor to the *Bode*, likewise sought his contributions: a sturdy sixty-two articles from 1959 to 1964. He also published nineteen articles in the *Bode* from 1944 to 1949 under the pseudonym A.D. van Brugge. The latter tend for the most part to be explicitly religious in character. From 1949 to 1964 he published thirty longer articles in the cultural journal *Streven*, twelve of which represent forum contributions relating to one or other contemporary subject. Four of the latter appeared under the pseudonym D. Rywood between 1954 and 1956.

During the early days of his career Deblaere worked sporadically with the Ruusbroec Society. In 1945 he published a contribution together with A. Ampe in *Ons Geestelijk Erf* on the mystic author Frans Vervoort: *Nieuw werk van Frans Vervoort* (pp. 211-226). For the same journal he wrote *Uit de iconographie van S. Franciscus Xaverius in de Zuidelijke Nederlanden* (1953, pp. 279-286; 1954, pp. 194-220). L. Moereels' translation entitled Pieter Dorlant, *Viola Animae* published in 1954 contains a contribution by Deblaere in the final pages on the reprinted woodcuts: *De «vierkante passie» in het werk van Jacob Cornelisz van Amsterdam* (pp. 130-135).

1961 represents something of a turning point in Deblaere's life and work. He continued to devote his energy to the study of art, as a collaborator of the second edition of *Kunst van Altamira tot heden* (Antwerp 1961) and writing an introduction for a small illustrated volume by A. van Laere entitled *Het begon in Vlaanderen* (Antwerp, s.d.). His attention, nevertheless, was being drawn more and more to the study of mystic literature, introducing thereby a new phase in his writing career. Rooted in his doctoral research on Maria Petyt (manuscript 1957) he published *Impressionistischer Stil bei der flämischen Mystikerin Maria Petyt (1623-1677)* in the festschrift *Worte und Werte. Bruno Markwardt zum 60. Geburtstag* (Berlin 1961, pp. 60-69).

In the same year he published an extended article in the *Dictionnaire de Spiritualité* s.v. *Essentiel (superessentiel, suressentiel)* in which his extraordinary knowledge of Ruusbroec, his predecessors and successors, became apparent.

A succession of publications on Maria Petyt followed:

De mystieke schrijfster Maria Petyt (1623-1677), awarded the prize of the Royal Flemish Academy for Language and Literature, Ghent, 1962, 416 p. The same volume was later awarded the prize for literature by the Province of East Flanders.

Leven «in de grond». De leerschool van een Vlaamse mystieke, in *Bijdragen. Tijdschrift voor filosofie en theologie* 25 (1964) 211-228. A comparison between Petyt and the contemporary French Ursuline Marie de l'Incarnation.

PETYT *(Maria)*, in *Biographie Nationale*, Brussels, 1966.

PETYT, *Maria*, in *Nationaal Biografisch Woordenboek*, Brussels, 1966.

Maria Petyt, écrivain et mystique flamande (1623-1677), in *Carmelus* 26 (1979) 3-76.

Deblaere devoted two important studies to the Devotio Moderna:

Volgen en navolgen in de Imitatio Christi, in *Ons Geestelijk Leven* 42 (1965) 207-219.

Gerlach Peters (1378-1411), mysticus van de «onderscheiding der geesten», in *Liber alumnorum Prof. Dr. E. Rombauts*, Louvain, 1968, pp. 95-109.

He summarised his historically well-founded opinions on Christian mysticism in *Témoignage mystique chrétien*, published in *Studia missionalia* 26 (1977) 117-147 [this appeared later in English under the title *Christian Mystic Testimony*, in *OGE* 72 (1998) 120-153].

His skill in combining themes from the history of culture with spirituality was unsurpassed. Examples include:

Erasmus, Bruegel en de humanistische visie, in *Vlaanderen* 18/103 (1969) 12-20.

Humanisme chrétien et vocation monastique, in *Studia missionalia* 28 (1979) 97-132 [this appeared later in Dutch under the title *Christelijk humanisme en monastieke roeping,* in *Benedictijns Tijdschrift* 48 (1987) 9-46].

We conclude our bibliographical survey with reference to Deblaere's contributions to four major reference works (in four different languages):

In *Twintig Eeuwen Vlaanderen,* Vol. 13/1: the articles on *Hadewijch* (pp. 25-28) and *Anna Bijns* (pp. 111-114).

The article entitled *Altniederländische Mystik* in *Sacramentum Mundi.*

In addition to the aforementioned contribution to the *DS* entitled *Essentiel* he also wrote three further articles for the same volume: s.v. *Michel de Saint-Augustin* [spiritual director of Maria Petyt], *Mombaer (Jean)* and *Mystique (II. Théories de la mystique chrétienne. A. La littérature mystique au moyen âge).*

He published four contributions in the *Dizionario degli Istituti de Perfezione*: s.v. *Florentius Radewijns, Fratelli della vita comune, Giovanni (Jan van) Ruusbroec, beato* and *Preghiera (VI. La p. tra le beghine e nella «devotio moderna»).* The latter appeared later in Dutch under the title *Gebed bij de begijnen en in de Moderne Devotie* in *Mystieke Teksten met Commentaar* 9 (Bonheiden, Abdij Bethlehem, 1999) pp. 117-148.

Albert Deblaere was an extraordinarily gifted individual. As a young Jesuit he published a number of poems (in *Hoogland* and *Nieuwe Stemmen*) and even provided the illustrations for a book by E. Rommerskirch, S.J. that was translated into Dutch and adapted by J. Burvenich, S.J.: *Christus en de jonge christen* (Ghent 1943). Himself a young man, he wanted to do something for the youth of his day. He was later to publish a Dutch reworking of E. Pellegrino's *Een Paus voor Mao* (based on the second Italian edition; Louvain 1953).

It goes without saying that our summary does not fully represent the richness and fecundity of Deblaere's life and work. We conclude with a portion (in translation) of a thirteenth century hymn in honour of the Trinity much loved by A. Deblaere:

> O, my soul,
> go out, in God.
> Sink all of me
> in the nothing of God.
> Sink in the bottomless flood!
> If I flee from You,
> You come to me.
> If I lose myself,
> I find You,
> O super-essential Good.

Joseph ALAERTS
(translation: Brian Doyle)

ALBERT DEBLAERE

ESSAYS ON MYSTICAL LITERATURE
ESSAIS SUR LA LITTÉRATURE MYSTIQUE
SAGGI SULLA LETTERATURA MISTICA

1

ESSENTIEL, SUPERESSENTIEL, SURESSENTIEL

C'est dans l'école mystique flamande, à partir du 14ᵉ siècle, que la terminologie «essentielle» et «suressentielle» trouve son épanouissement et sa plus riche application. Ruusbroec est le premier auteur spirituel du Nord à employer cette terminologie dans des traités mystiques proprement dits. Les disciples immédiats du bienheureux continueront à l'utiliser dans un même contexte idéologique. Avec Herp, qui lui donna sa diffusion européenne, l'attention se dirige davantage vers les constituantes psychologiques de l'expérience mystique appelée «union essentielle» et «suressentielle», et ces désignations deviendront pour ainsi dire des termes techniques pour certains degrés et états mystiques. Désormais, lorsque ces traités seront lus, non plus comme des explications d'un état d'âme, d'une expérience, mais comme des exposés théologiques ou même des manuels de méthode d'oraison, et que leurs expressions seront assumées avec le sens qu'elles prennent dans une philosophie thomiste, on les trouvera suspects et dangereux. Dans les traductions, les termes sont de plus en plus remplacés par «éminent» et «suréminent», vagues à souhait. Entre-temps, chez les mystiques germaniques qui continuent à employer «essentiel» et «suressentiel», s'opérait une évolution analogue: ce ne sont souvent plus que des qualificatifs qui indiquent un degré stable, non sujet aux variations du sentiment, de l'expérience mystique, à moins qu'ils ne deviennent, par une sorte d'inflation verbale suivie de dévaluation, des synonymes de «mystique» et même de «contemplatif», comme il arrive dès la fin du 16ᵉ siècle. Ils prêteront à confusion et seront combattus pour les erreurs où ils menacent de conduire les âmes. Ils disparaissent lentement au cours du 17ᵉ siècle. Chez quelques auteurs, mais non des moindres, ils gardent un sens technique: chez les auteurs de l'*Evangelische Peerle* et *Vanden Tempel onser Sielen,* chez Frans Vervoort, Benoît de Canfield, Jean de Saint-Samson, Maria Petyt, et même chez des vulgarisateurs comme Michiel Zachmoorter. Les diatribes d'un Jérôme de la Mère de Dieu et les écrits polémiques de Thomas de Jésus, qui avait commencé par emprunter des éléments substantiels à cette spiritualité, réussiront tout au plus à donner à la terminologie «essentielle» un regain de prestige; à son déclin contribuent bien davantage une remarque malicieuse de sainte Thérèse, le sourire et l'effroi moqueur de saint François de Sales; on aura quelque honte, dès lors, à désigner un état d'oraison en termes aussi élevés et «philosophiques». En effet, au fur et à mesure que la philosophie de l'acte et de la puissance, de l'essence et de l'existence, se répandit, l'emploi de la terminologie essentielle dans une tout autre perspective, «existentielle» dirions-nous, ne pouvait que susciter des malentendus. Un des deux emplois, le plus vigoureux, le plus systématiquement enseigné, était destiné à évincer l'autre.

Notre travail a une portée limitée: nous ne présentons qu'une étude sémantique et ne visons pas directement le point de vue doctrinal.

Jusqu'au 13ᵉ siecle

Les auteurs, chez qui la terminologie «essentielle» acquiert un sens spirituel et mystique, sont rares avant le 13ᵉ siècle. Elle est presque toujours réservée à la structure théologique ou philosophique sous-jacente à la doctrine spirituelle, mais non à celle-ci.

1. Pour indiquer le contexte idéologique, cette structure ontologique où elle sera greffée, il ne serait pas inutile de rappeler le fonds commun d'**idées platoniciennes et néo-platoniciennes**, dont les auteurs chrétiens ont emprunté nombre de vues et de formulations[1]. Pour Platon déjà, l'amour «est à la fois un principe moteur et un principe de connaissance»[2]; la vision plotinienne est, plutôt que connaissance intellectuelle, contact, union de vies, reçue d'en haut et dépassant l'initiative humaine, «une présence préférable à la science», non pas absorption, mais union «de deux qui ne font qu'un»[3]. Il semble que c'est pour désigner l'élément unitif d'une expérience d'amour analogue que les mystiques du Nord feront appel aux termes «essentiel» et «suressentiel». La réalité désignée par eux ne diffère pas de «l'identité par grâce» de saint Maxime le confesseur[4], de la «connaissance de l'amour» de saint Grégoire le Grand[5], de l'*unus spiritus cum Deo* de saint Bernard[6], etc.; seul diffère le système conceptuel auquel les auteurs font appel pour l'exprimer.

---

1. Cf. R. Arnou, *Le désir de Dieu dans la philosophie de Plotin* (Collection historique des grands philosophes), Paris, Alcan, 1921; Id., *Contemplation chez les anciens philosophes du monde gréco-romain*, in *DS*, t. 2, 1953, cc. 1716-1742.
2. L. Robin, cité dans *DS*, t. 2, 1953, c. 1722.
3. Textes à l'appui, in *Contemplation* (n. 1), cc. 1728-1732.
4. ἡ κατὰ χάριν αὐτόπτης, *Ad Thalassium*, q. 25 (PG, 90), c. 333A.
5. *Moralia* X, 8, 13 (PL, 75), c. 927D.
6. *Sermones de diversis* 4, 3 (PL, 183), c. 553A.

Maxime, dont la conception de la vie contemplative paraît la plus proche de la mystique «essentielle», n'emploie le terme qu'au sens philosophique ou commun; il l'applique à la vie divine, jamais à la vie spirituelle. Mais on le rencontre dans la «connaissance essentielle» (γνῶσις οὐσιώδης) d'Évagre le pontique, dont les écrits restèrent inconnus aux mystiques du Nord[7]. Chez Évagre déjà, il ne faut pas comprendre par «connaissance essentielle» une intuition directe de l'essence divine, le terme s'appliquant à l'expérience spirituelle (chez Ruusbroec, il ne s'appliquera pas à la connaissance mais à l'union).

Denys l'Aréopagite ignore l'application du terme «essentiel» à la vie spirituelle. Il est d'autant plus généreux, il est vrai, avec le «suressentiel». Est-ce ce second terme qui a suscité la floraison tardive du premier? Ou tout simplement ce qu'on pourrait appeler le langage «philosophique commun»? Sans doute le pseudo-Denys emploie-t-il le terme «suressentiel» dans un sens plus philosophique ou mystérique que mystique, désignant une transcendance absolue du surnaturel et le vidant par là de tout contenu pensable.

[BIBL.]

J. VANNESTE, *Le mystère de Dieu. Essai sur la structure rationnelle de la doctrine mystique du pseudo-Denys l'Aréopagite* (Museum Lessianum, 45), Bruges, Desclée De Brouwer, 1959.

Pour le système de Denys et pour sa théorie de la contemplation, cf. R. ROQUES, *L'Univers dionysien. Structure hiérarchique du monde selon le pseudo-Denys* (Théologie, 29), Paris, Aubier, 1954; *Denys l'Aréopagite*, in *DS*, t. 3, 1957, cc. 244-286; *Contemplation: Extase et ténèbre selon le pseudo-Denys*, in *DS*, t. 2, 1953, cc. 1885-1911.

Pour ὑπερουσίως, F. Ruello a noté que, parmi les traducteurs latins, Robert Grosseteste, Albert le Grand et Thomas d'Aquin ont *supersubstantialiter* (traduction que ne reprend pas Ruusbroec), Scot Érigène et Thomas Gallus *superessentialiter*[8].

Si on croit connaître ainsi la filiation du terme «suressentiel», l'itinéraire du terme «essentiel», si itinéraire il y a, n'est pas connu. Il reste étrange, d'ailleurs, que l'auteur qui semble davantage s'être inspiré du système pseudo-dionysien pour la structure sous-jacente à son exposé de la vie contemplative, Ruusbroec, n'ait pas de place dans sa mystique pour l'extase.

7. Éd. W. FRANCKENBERG (Abhandlungen der königlichen Gesellschaft der Wissenschaften zu Göttingen, Philologisch-historische Klasse, Neue Folge, 13/2), Berlin, Weidmann, 1912; cf. J. LEMAÎTRE, *Contemplation chez les orientaux chrétiens*, in *DS*, t. 2, 1953, cc. 1838-1843.

8. *Étude du terme* Ἀγαθοδότις *dans quelques commentaires médiévaux des Noms Divins*, in *RTAM* 24 (1957) 225-266, p. 264.

2. On considère **Eckhart** (†1327/8) comme le père de la mystique germanique «essentielle». Il est difficile de dégager de son œuvre sa doctrine spirituelle, plus encore ses vues sur l'oraison. Il présuppose l'expérience mystique plutôt qu'il ne l'expose[9]. À part quelques thèses hardies on trouvera le schème général de cette doctrine chez la plupart des mystiques du Nord[10]. C'est sur le système néo-platonicien et augustinien, son exemplarisme, son double mouvement et sa finalité, que se greffe la doctrine spirituelle «essentielle».

Pour Eckhart, deux constatations s'imposent:

(1) Au moment où il exerce son influence, cette doctrine est déjà un bien spirituel commun, en Rhénanie comme aux Pays-Bas. Elle est à la base des *Seven manieren van minne*[11], de Béatrice de Nazareth (†1268)[12], des poèmes et des lettres de Hadewych d'Anvers († vers 1250)[13]; on la retrouve chez Lamprecht de Ratisbonne († vers 1270), ainsi que dans une poésie lyrique allemande vers la fin du siècle, qui constitue, avec les poèmes de Hadewych, un des sommets de la poésie mystique de l'Occident, le *Dreifaltigkeitslied*[14], qui donne, dans une application vivante et vécue, le résumé le plus succinct des éléments de cette doctrine.

Nous renvoyons à la bibliographie de St. Axters[15] sur la diffusion de la doctrine néo-platonicienne. On sait qu'à la génération suivante une des causes qui incitèrent Ruusbroec à rédiger ses premiers traités fut le désir de préserver les âmes contemplatives des erreurs d'une béguine, fausse mystique, Bloemardinne de Bruxelles (†1335)[16]; et qu'il usa sans doute d'une langue et d'une terminologie familières à ses lecteurs.

---

9. R.-L. OECHSLIN, *Eckhart*, in *DS*, t. 4, 1961, cc. 93-116.

10. Structure sous-jacente ontologique et psychologique dans L. REYPENS, *Âme*, in *DS*, t. 1, 1964, cc. 433-469, et ID., *Dieu*, in *DS*, t. 3, 1957, cc. 883-929.

11. Éds. L. REYPENS – J. VAN MIERLO (Leuvense studiën en tekstuitgaven, 11), Louvain, De Vlaamsche Boekenhalle, 1926.

12. Cf. *DS*, t. 1, 1937, cc. 1310-1314.

13. *Visioenen*, éd. J. VAN MIERLO, Louvain, De Vlaamsche Boekenhalle, 1924; *Strophische gedichten* éd. J. VAN MIERLO (Leuvense studiën en tekstuitgaven, 13), 2 Vols., Standaard, Antwerpen, ²1942; *Brieven,* éd. J. VAN MIERLO (Leuvense studiën en tekstuitgaven, 14), 2 Vols., Antwerpen, Standaard, 1947; cf. introduction de J.-B. PORION à son *Hadewijch d'Anvers* (La vigne du Carmel), Paris, Seuil, 1954.

14. Éd. K. BARTSCH, *Die Erlösung mit einer Auswahl geistlicher Dichtungen* (Bibliothek der gesammten deutschen National-Literatur von der ältesten bis auf die neuere Zeit: Abt. 1, 37), Quedlinbourg – Leipzig, 1850, pp. 193-195; éd. O. KARRER, *Meister Eckehart. Das System seiner religiösen Lehre und Lebensweisheit,* Munich, Müller, 1926, p. 293.

15. *Geschiedenis van de vroomheid in de Nederlanden,* t. 2, Anvers, De Sikkel, 1953, pp. 486-491.

16. Cf. *DS*, t. 1, 1937, c. 1730.

(2) En même temps cependant, si on distingue entre la structure ontologique, psychologique et théologique, sous-jacente et la doctrine spirituelle, ni Béatrice de Nazareth, ni Hadewych, ni l'auteur anonyme du
Dreifaltigkeitslied, ni enfin, pour autant qu'on en peut juger, Eckhart,
n'appliquent la terminologie «essentielle» et «suressentielle» à la vie
spirituelle.

Les quelques textes de l'édition de Fr. Pfeiffer[17], où on croit reconnaître leur application à la vie spirituelle dans le sens qu'on trouvera
chez Ruusbroec et ses successeurs, sont ceux dont l'authenticité n'est
pas assurée; il faudra attendre que l'édition critique[18] soit achevée pour
formuler un jugement définitif. Eckhart parle de la *weselîche istikeit* de
Dieu, du *wesen* de l'âme, de l'*überswebendes wesen*[19]; pour la vie spirituelle il préfère parler de «lumière simple», d'«amour nu», d'«unité».

Les quelques textes, où on pourrait voir à la rigueur une application à
la vie spirituelle, décrivent un ordre ontologique: I, p. 34, 5 à 35, 1; I, p.
165, 5-15.

Dans d'autres textes, nettement spirituels, *wesenlich* n'a pas de sens
technique, il signifie «réellement, fondamentalement» ou «devenu
comme une seconde nature»[20].

3. Chez **Henri Suso** (†1361), «suressentiel» se rencontre fréquemment
dans la structure ontologique (Suso aime nommer Dieu «le soleil suressentiel») et aussi, surtout dans la *Vie,* dans l'exposé des états spirituels, mais
jamais appliqué à la spiritualité elle-même; rien, dans les passages les plus
importants, qui fasse songer à la «vie suressentielle» de Ruusbroec, ni
même en toute rigueur à un état mystique: bien que l'homme y soit appelé
engeistet, on peut les comprendre tout aussi bien de la pratique normale de
la dévotion[21]. Dans la conclusion de la *Vie,* système idéologique et doctrine
spirituelle se recouvrent; nous y trouvons le fondement de ce que sera la
«vie suressentielle» de Ruusbroec, mais encore, à part le *steren wider in,*
rien ne suggère la contemplation passive: le texte pourrait tout aussi bien
proposer la vérité surnaturelle comme sujet de méditation[22].

17. F. PFEIFFER, *Meister Eckhart* (Deutsche Mystiker des vierzehnten Jahrhunderts, 2),
Göttingen, Vandenhoeck & Ruprecht, 1914.
18. MEISTER ECKHART, *Die deutschen und lateinischen Werke.* 1: *Die deutschen
Werke,* éd. Josef QUINT, Stuttgart, Kohlhammer, 1936s.
19. *Ibid.,* I, p. 19, 1; p. 400, 1.
20. *Ibid.,* I, p. 95, 6, et cf. J. TAULER, *Predigten,* éd. F. VETTER, Berlin, 1910, p. 10,
3s; I, p. 276, 1-3.
21. V.g. K. BIHLMEYER, *Heinrich Seuse. Deutsche Schriften,* Stuttgart, Kohlhammer,
1907, p. 182, 14s.
22. *Ibid.,* p. 191, 30s.

Weslich ou *wesen(t)lich,* en revanche, sont employés soit pour l'exposé de la structure ontologique, soit pour la vie spirituelle. Sous forme de question et de réponse, Suso explique ce qu'il entend par «un homme essentiel»: celui qui est constant dans la vertu, qui ne se laisse pas abattre par la désolation; «in-essentiel» est celui dont la vie intérieure est changeante, qui n'a pas conquis la stabilité fidèle comme une seconde nature; bien que traitée comme supérieure au «ravissement en Dieu de l'amour jubilant», on ne voit pas que cette disposition doive être un don mystique[23].

4. Chez **Jean Tauler** (†1361) on trouve tout d'abord les mêmes applications que chez Suso, tant pour la structure sous-jacente que pour la vie spirituelle; la «pauvreté essentielle», expression qui fera fortune, est le détachement total et l'adhésion à Dieu seul[24]. Parfois, comme chez Ruusbroec, «essentiel» est employé en opposition à «actif» (cf. *infra),* mais bien plus rarement[25]. De même l'«introversion essentielle»[26] et l'«amour essentiel» que nous rencontrerons chez Ruusbroec, et dont Tauler donne la description; on notera, pour l'intelligence: lumière qui est perception de présence mais qui rejette l'esprit dans son impuissance; pour la volonté: elle défaille en union d'amour et Dieu doit agir en elle[27].

Le «suressentiel» (*überwesenlich,* les traductions latines ont *supersubstantialis)* est abondamment appliqué à Dieu en tant que cause exemplaire et finale; aussi, mais rarement, à la vie mystique: l'homme transformé «de manière suressentielle» devient «déiforme», la description que Tauler en donne correspond à «l'union transformante»[28]. En même temps cependant, Tauler est le premier grand mystique qui réagit contre l'usage abusif de ce terme, ce qui démontre à la fois sa diffusion et les déviations dont il était menacé[29]. Lorsque, au 16e et au début du 17e siècle, la «vie suressentielle» fera fureur dans les milieux dévots de l'Europe, c'est à tort qu'on attribuera à Tauler la paternité de cette mode «taulérienne»; c'est que dans les *Institutiones,* éditées par Canisius en 1543, sous le nom de Tauler, avaient passé des chapitres d'Eckhart, de Ruusbroec, de ses succes-

23. *Ibid.,* p. 174, 14s.
24. F. VETTER, *Die Predigten Taulers,* Berlin, 1910, p. 36, 25s; p. 197, 13; cf. *DS,* t. 3, 1957, cc. 473-474.
25. VETTER, *Predigten* (n. 24), p. 159, 18s.
26. *Ibid.,* p. 68.
27. *Ibid.,* p. 251.
28. *Ibid.,* p. 175s.
29. *Ibid.,* p. 200, 6s; p. 204, 15s; p. 210, 33s, etc.

seurs immédiats, de l'*Evangelische Peerle* et du *Vanden Tempel onser Sielen*[30].

5. Il faut citer enfin, dans les premières années du 14e siècle, la *Glose sur le Notre Père* du mystique flamand **Gheraert Appelmans** (†1350)[31], manuscrit de mystique trinitaire, d'une limpidité et profondeur théologiques rares, d'une précision de langage inégalée et, croyons-nous, très important pour la question qui nous occupe. Appelmans, sans parler de mystique suressentielle, donne simplement la structure doctrinale dont la vie spirituelle est prise de conscience.

Il emploie deux fois le mot *overbliven* là où Ruusbroec emploiera *overwesen*. Or, *wesen* est à la fois le verbe «être», l'infinitif employé substantivement et le substantif «essence»; *bliven* est uniquement, sans possibilité d'équivoque, verbe et conserve toujours son sens existentiel. Au moyen âge il signifie «être», on l'emploiera de plus en plus comme verbe auxiliaire du mode passif, puis il évoluera vers la signification qu'il a en néerlandais moderne: le verbe neutre «rester» (écrit actuellement *blijven).* L'équivoque ne date-t-elle pas du jour où l'intraduisible *weselic* a été traduit en latin et a donné *essentialis?*

Cette mystique parlait de vie, d'union existentielle, et non de visions essentielles ou de fusion des essences. Et les polémistes les plus acharnés contre ces unions essentielles et suressentielles n'y ont plus vu l'application vécue d'une doctrine qu'ils auraient pu retrouver chez saint Thomas:

> In essentiam non intrat nisi ille qui dat *esse,* scilicet Deus creator, qui habet intrinsecam essentiae *operationem*[32]. – Quamdiu igitur res habet *esse,* tamdiu oportet quod Deus *adsit* ei secundum modum quo *esse* habet; *esse* autem est illud quod est magis intimum cuilibet et quod profundius omnibus inest (…), unde oportet quod Deus *sit* in omnibus rebus et intime[33].

ESSENTIEL ET SUPERESSENTIEL CHEZ RUUSBROEC

Pour définir la signification spirituelle des termes *essentiel* et *superessentiel* chez Ruusbroec, il est nécessaire d'examiner le contexte dans lequel il les emploie; malheureusement l'étude de son vocabulaire reste toujours à faire. Tout d'abord *weselic*-essentiel peut s'appliquer, comme

30. Cf. J. HUYBEN, *Nog een vergeten mystieke grootheid,* in *OGE* 2 (1928) 361-392; 3 (1929) 60-70, 144-164; 4 (1930) 5-26, 428-473.
31. Éd. L. REYPENS, in *OGE* 1 (1927) 81-107, 113-141; cf. *DS,* t. 1, 1937, cc. 809-810.
32. *2 Sent.* dist. 8, q. 1, a. 5, ad 3.
33. *Somme théologique* 1ª, q. 8, a. 1.

wesen, dont il est dérivé, en général à l'être (*actus essendi*), l'essence, et tel être concret; à côté de l'emploi courant, Ruusbroec use le plus souvent de ces termes dans un sens technique, qui n'est pas celui de l'*essence* et de l'*essentiel* scolastiques.

[BIBL.]
Jan van Ruusbroec, *Werken,* 4 Vols., Tielt, Lannoo, ²1944-1948, cité I, II, III ou IV.
Œuvres de Ruysbroeck l'admirable, trad. des bénédictins de Wisques, 6 Vols., Bruxelles, Vromant, 1921-1938, cité trad., suivi de la tomaison, I (3ᵉ éd.), II (2ᵉ éd.), III, IV ou V. Notre traduction est plus littérale.

1. *Dieu*

Imprégnée de vues néo-platoniciennes et dionysiennes, la formulation systématique de la doctrine de Ruusbroec s'inspire du double mouvement de l'univers, sortant de Dieu pour retourner à lui. L'univers est fait à l'image de Dieu; l'homme aussi, qui a son image primordiale et son être incréé (Ruusbroec emploie le mot *wesen* = essence dans un sens actif) en Dieu de toute éternité. Son être créé dans le temps reçoit son existence de Dieu et est destiné à parfaire en lui la similitude créée avec son image incréée, la portant à une ressemblance et à une unité toujours plus grandes. L'homme a son image dans le Verbe, image du Père, et c'est par l'œuvre de l'Esprit qu'il sera assimilé au Verbe. Dans la formulation de ce mouvement universel, paraissent, en tension polaire l'une par rapport à l'autre, une terminologie *essentielle* et une terminologie qu'on pourrait appeler *active* (sans pour autant rejoindre l'opposition thomiste). La terminologie *essentielle* s'applique à Dieu pour tout ce qui désigne l'unité en tant que jouissance, amour consommé, repos qui est l'achèvement de toute activité; et ces constellations de termes resteront associées dans toute l'œuvre.

> Chaque esprit est un charbon ardent... Et tous ensemble nous sommes un brasier enflammé..., avec le Père et le Fils, dans l'union du Saint-Esprit, là où les divines Personnes sont ravies elles-mêmes dans l'unité de leur essence... Là, on ne nomme ni le Père, ni le Fils, ni le Saint-Esprit, ni aucune créature, mais une seule essence, qui est la substance même des Personnes divines. Là, nous sommes tous réunis avant même d'être créés: c'est notre superessence. Là, toute jouissance est consommée et parfaite dans la béatitude essentielle. Là, Dieu est dans son essence simple, sans opération, repos éternel, ténèbre sans mode, être innommé, superessence de toutes les créatures et béatitude simple et infinie de Dieu et de tous les saints[34].

---

34. *Sept degrés de l'échelle d'amour spirituel,* III, p. 270, 15 à p. 271, 1; trad., I, pp. 264-265.

D'emblée nous avons les deux groupes de termes qui s'opposeront tout en se supposant dans les traités de Ruusbroec et la mystique flamande après lui. Leur opposition même les éclaire:

– dans le groupe de la terminologie «essentielle» nous rencontrons *grondeloese Minne* = amour sans fond, *ontgheesten* = littéralement expirent, *eenheit haers wesens* = unité de leur essence, *grondeloos abys* = abîme sans fond, *eenvuldighe salegheit* = béatitude simple, *eenigh wesen* = une seule essence, *onse overwesen* = notre superessence, *ghebruken* = jouissance, *weseleker salegheit* = béatitude essentielle, *sempel wesen sonder werc* = simple essence sans opération, *ledegheit* = repos, *wiseloese deemsterheit* = ténèbre sans mode, *onghenaemde istegheit* = être innommé, *overwesen* = superessence;

– dans l'autre groupe: *Persone, vrochtbaerre natuere* = nature féconde, *Vader* = Père, *almechtegh* = tout-puissant, *sceppere* = créateur, *makere* = auteur, *ute sijnre natuere* = de sa nature, *ghebaert hi* = il engendre;

– seul, «substance» peut se présenter dans les deux groupes.

Même opposition: *Royaume des amants de Dieu,* I, p. 72, 3-5; trad., II, p. 158; *Ornement des noces spirituelles,* I, p. 248, 33 à 249, 5; trad., III, p. 219; *Degrés,* III, p. 266, 19-29; trad., I, p. 260, où se fait la distinction entre *God* = Dieu et *Godheit* = divinité; *Livre de la plus haute vérité,* III, p. 289, 6-20; trad., II, p. 215.

2. *Créateur et créature*

Ruusbroec englobe les considérations naturelles et surnaturelles dans une même vue. Il affirme l'identité ontologique de «nature» et d'«essence»[35]. La création est appropriée au Père, et d'après l'image du Fils. Dans la naissance éternelle du Verbe (*overmids die eewighe gheboert*) les créatures ont une préexistence en Dieu, avant d'être créées dans le temps. Notre être créé «reste suspendu» (*hanghen*) à et en cet être éternel, qui est notre cause exemplaire et finale.

La traduction *essence* est ici plus usuelle, mais il est bon de dégager ce terme de la signification qu'il a dans l'École; l'essence pour Ruusbroec et les mystiques flamands est *vie*. En cette image divine toutes les créatures ont une vie éternelle, en dehors d'elles-mêmes, comme en leur exemplaire éternel; et c'est à cette image éternelle et à cette ressemblance que nous a créés la Sainte Trinité[36].

35. *Douze béguines,* IV, p. 62, 6-15, et p. 68, 12-18.
36. *Noces,* I, p. 245; trad., III, p. 215.

Les deux aspects de notre essence dominent le sens et le mouvement de notre vie: l'*image,* qui est en Dieu, mais à laquelle nous participons comme à notre cause exemplaire et finale; la *ressemblance*: cette même image en tant qu'elle est imprimée et réalisée dans notre être créé, en tant que distinct de Dieu. Participant à la première, nous l'avons en nous «comme dans un miroir vivant»; nous n'avons donc pas une double existence: notre vie dans l'image incréée se fait présente à notre être créé; cette présence, unité sans identité, est appelée *weselijck,* «essentielle». On pourrait définir la signification du terme, dans ce contexte, comme le mode de présence de la superessence à l'essence créée. «Essentiel» indique, dans l'esprit créé, l'immanence active du transcendant. Le mode de présence de notre superessence est «essentiel» par rapport à Dieu, «superessentiel» par rapport à nous[37].

3. *L'homme considéré en soi*

La terminologie «essentielle» se présente à tous les niveaux de l'être spirituel et elle y prend tour à tour une signification philosophique ou religieuse.

(1) *Essence de l'âme et unité de l'esprit*

Le point d'insertion, où l'acte créateur donne l'être à la créature spirituelle, s'appelle l'essence (*wesen*) de l'âme. Les successeurs flamands de Ruusbroec préféreront l'expression «fond de l'âme» (*gront*). Suivant l'exemplarisme, qui concevait en Dieu, pour une même réalité ontologique, l'«essence» en tant qu'unité sans modes et la «nature» en tant que féconde et opérante, le principe de l'activité humaine se situe *sous* cette «essence», bien qu'ontologiquement identique, et s'appelle «l'unité de notre esprit» (*eenicheit ons gheests*). Englobant ces deux aspects, unité en tant que repos et principe de l'activité, dans une même appellation, Ruusbroec les nomme «l'unité essentielle de l'esprit» (*weselijcke eenicheit ons gheests*)[38].

Dans cette unité même, l'esprit, – exemplarisme quelque peu subtil –, possède trois propriétés, qui ne sont pas les puissances, mais leurs sources, là où elles sont encore unifiées, d'où elles sortiront et où elles rentreront dans l'unité: ce sont trois ressemblances qui permettent aux puissances supérieures, dans leur sortie, de poursuivre une plus grande

---

37. Cf. *Miroir du salut éternel,* III, p. 166, 7 à p. 167, 6; trad., I, pp. 87-88; *Vérité,* III, p. 290, 21 à p. 291, 2; trad., II, pp. 217-218.
38. Cf. *Noces,* I, p. 195, 19-33; trad., III, pp. 151-152.

ressemblance à l'image: *wesen, sien, neyghen*[39].

En un passage du *Miroir* Ruusbroec nuance bien sa terminologie[40]:

> La partie supérieure de notre âme (*dat overste onser zielen*) est toujours prête, parce qu'elle est toute dépouillée et sans images; elle contemple (*siende*) sans cesse et s'incline (*neighende*) vers son principe. Et c'est pourquoi elle est un miroir éternel et vivant de Dieu, recevant toujours sans interruption la naissance (*gheboort*) éternelle du Fils, l'image de la sainte Trinité, en qui Dieu se connaît, tout ce qu'il est selon l'essence et les Personnes; car l'image est dans l'essence et, en chaque Personne, tout ce que cette Personne est de par sa nature... Dans notre être-créé (*ghescapenheit*) cette image est superessence de notre essence et vie éternelle. De là vient que la substance de notre âme (*de substantie onser sielen*) a trois propriétés, qui ne font qu'un dans la nature.
>
> La première propriété de l'âme est une nudité essentielle sans images (*onghebeelde weseleke blootheit*). Par là nous sommes ressemblants (*ghelijc*) et aussi unis (*gheëenecht*) au Père et à sa nature divine. La seconde propriété peut être appelée la raison supérieure de l'âme (*de overste redene*), c'est-à-dire une clarté de miroir (*eene spiegheleke claerheit*). Là nous recevons le Fils de Dieu, la vérité éternelle. Dans cette clarté nous lui sommes semblables (*ghelijc*); mais dans l'acte de recevoir (*in den ontfane*) nous sommes un avec lui. La troisième propriété, nous l'appelons l'étincelle de l'âme (*de vonke der zielen*), c'est-à-dire tendance naturelle de l'âme vers sa source. Là nous recevons le Saint-Esprit, l'amour de Dieu. Dans la tendance nous lui sommes semblables (*ghelijc*), mais dans l'acte de recevoir (*in den ontfane*) nous devenons un esprit et un amour avec Dieu. Ces trois propriétés sont une seule substance indivisée de l'âme, un fond vivant, domaine des puissances supérieures. Cette ressemblance (*ghelijcheit*) avec l'union (*met der eeninghen*) est en nous tous par nature.

Seule, la première propriété nous rend «semblables *et* unis», elle est nommée «essentielle»; les deux autres rendent l'homme «semblable», mais seulement «un» «dans l'acte de recevoir» (dans la noblesse de la nature humaine est préfigurée la possibilité de recevoir la grâce). Ces propriétés sont en nous par nature, *van natueren*, et, en soi, ne nous rendent «ni saints ni bienheureux», «c'est pourtant la première cause de toute sainteté et de toute béatitude»[41].

(2) *Essence et puissances*

Sous «l'essence de l'être» Ruusbroec plaçait «l'unité de l'esprit», identique à l'essence; d'après l'exemplarisme trinitaire, elle est à son tour la plus *haute* de trois «unités», qui sont en nous par nature.

---

39. *Miroir*, III, p. 198, 18 à p. 199, 1; trad., I, p. 124.
40. III, p. 167, 16 à p. 168, 13; trad., I, pp. 88-90.
41. Cf. *Noces,* I, p. 204, 5-15 et p. 207, 13-18; et trad., III, pp. 164, 168.

> La première et la plus haute unité de l'homme est en Dieu... Nous possédons cette unité en nous-mêmes et néanmoins au-dessus de nous-mêmes, comme le principe et le soutien de notre être et de notre vie. Une seconde union... C'est l'unité des puissances supérieures, où elles puisent leur origine naturelle selon le mode de l'opération *(werckelijckerwijs)*, dans l'unité de cet esprit ou de la haute mémoire. C'est toujours la même unité que nous possédons en Dieu, mais ici on l'envisage activement, et là essentiellement..., et d'elle procèdent la mémoire, l'intelligence, la volonté et toute possibilité d'activité spirituelle. Ici l'âme se nomme esprit. La troisième unité ... est le domaine des puissances inférieures dans l'unité du cœur[42].

L'application de la grâce suit cet ordre[43].

Il semble que, selon une perspective dionysienne, la terminologie «essentielle» soit associée aux termes d'unité et d'introversion (l'entrée dionysienne appliquée au mouvement psychologique), et qu'elle indique cette unité en tant qu'originaire ou achevée, mais toujours en tant que possession acquise, repos, en deçà et au-delà de l'opération; donc en opposition polaire avec activité transitoire, différenciation, sortie: *wesen, eenicheit, inkeer* s'opposent à *werc, onderscheet, utevloeyen*. Il est indéniable que Ruusbroec s'est inspiré de la terminologie «essentielle» de cette perspective philosophique. Limitons-nous à établir les éléments indispensables qui permettent de nous éclairer sur le sens spirituel de cette terminologie.

4. *Vie spirituelle et mystique*

On retrouve l'«essentiel» dans la vie d'oraison, qui est l'ascension de l'âme à travers ses trois «unités», par l'introversion, grâce à une ressemblance croissante, de l'«union essentielle» initiale avec son image jusqu'à l'«union essentielle» achevée ou assimilation.

(1) *Caractère général*

Les puissances inférieures s'introvertissent et s'unifient dans «l'unité du cœur», les puissances spirituelles (mémoire, intelligence, volonté) dans «l'unité de l'esprit», l'unité du cœur et l'unité de l'esprit dans leur fond *(gront)* commun, ontologiquement identique à «l'essence de l'âme». Par l'union avec son image l'essence (active) de l'âme est capable d'être élevée à l'union superessentielle avec cette image, dans la grâce. Le programme spirituel se développera donc: d'après la vie *active, werkende*

---

42. *Noces,* I, p. 144, 27 à p. 145, 30; trad., III, pp. 85-86; cf. *Somme théologique* 1ᵃ, q. 18, a. 4, ad 1.
43. *Noces,* I, p. 178, 28 à p. 185, 21; trad., III, pp. 130-137.

leven, – il s'agit avant tout de l'activité dans la vie d'oraison et de la pratique des vertus pour autant que celle-ci est indispensable, Ruusbroec n'écrivant pas de traité sur la perfection, mais sur la vie de prière –; d'après la vie *«désireuse», begheerlijcke leven,* appelée aussi, en tant qu'elle reçoit la grâce de l'union affective dans son «fond simplifié», *innigh leven,* ou vie intime; enfin, d'après la vie *superessentielle* contemplative de Dieu, *overweselijcke godscouwende leven,* celle-ci préparée par la contemplation par entendement éclairé, *het scouwen met verlichte redene,* qui comporte un aspect intellectuel et un aspect affectif.

C'est dans «l'unité du cœur» que commence l'ascension et qu'elle s'achève aux plus hautes grâces mystiques, lorsque l'homme sera devenu un homme commun, *een ghemeyn mensche,* tellement assimilé au Christ que, sans perdre en son âme l'union superessentielle, il est capable de s'adonner à toutes les activités, la grâce les opérant en lui et par lui.

Rien en tout ceci ne différencie le mystique, dans la réalité surnaturelle, du commun des chrétiens; Ruusbroec répète fréquemment que «tous les bons chrétiens» possèdent cette vie; le mystique ne s'en distingue que par la grâce d'une conscience expérimentale[44].

L'ascension de l'âme est l'œuvre de la grâce; aussi certains, qui «par inclination de leur nature» se sentent appelés à une «vie essentielle naturelle», tombent-ils facilement dans le panthéisme et le quiétisme[45].

Le mouvement vers l'*unité essentielle* et celui vers la *ressemblance active* se rencontrent à tous les degrés, même les plus élevés, complémentaires, simultanés et réciproquement nécessaires (à l'image de la vie trinitaire, exemplaire divin)[46].

Si on veut transposer la terminologie «essentielle» en termes qui nous soient plus familiers, l'*actuation créée par l'Acte incréé* de M. de la Taille[47] y est particulièrement adaptée. La grâce est en même temps «moyen et chemin» en tant qu'elle nous dispose à plus grande «ressemblance», et «essentielle» en tant que «lumière simple habitée par Dieu» au-delà de la grâce dans l'être nu de notre âme[48].

(2) *Introversion dans l'unité de l'esprit et vie intime*

«Essentiel» continue à désigner une réalité philosophique, mais acquiert en même temps un sens nettement mystique, c'est-à-dire

---

44. Cf. *Noces,* I, p. 104, 16-17, 27-35; trad. III, p. 37.
45. *Vérité,* III, p. 278, 29 à p. 280, 4 et p. 281, 1-13; trad., II, pp. 203-204.
46. Cf. *Livre des sept clôtures,* III, p. 91, 3-17; trad., I, pp. 163-164
47. Dans *RSR* 18 (1928) 253-268.
48. Voir *Noces,* I, p. 216, 2-22; trad., III, p. 179; *Degrés,* III, pp. 259-261; trad., I, pp. 252-254.

psychologique, – prise de conscience, expérience de la présence de Dieu passivement reçue.

C'est dans l'unité de l'esprit que l'âme rencontre Dieu in *den weselij-cken begripe* (Surius: *in ipso essentiae captu;* traduction française: *au fond même de notre être*), littéralement: dans la saisie essentielle; expression obscure, qui semble suggérer une connaissance propre à l'amour[49]. Ruusbroec est un spéculatif de l'amour: cette saisie essentielle, cachée à l'intelligence si ce n'est comme intuition à laquelle elle participe en tant qu'unifiée et introvertie en l'unité de l'esprit, cette clarté essentielle (*weselijcke claerheit*), qui rayonne de l'unité de Dieu (*uter eenicheit Gods*) dans l'être essentiel de l'homme (*in sinen weselij-cken sine*), n'est-elle pas une description de l'*amor illuminatus*, dans lequel l'âme perçoit que la présence sentie est celle de Dieu? La description de «l'oraison intime», *innichste oefeninghe*, confirme cette exégèse d'une terminologie obscure: la «lumière essentielle» y investit «la tendance fruitive», elle est appel qui nous «enveloppe d'amour»[50].

Dans cette étape de l'ascension mystique, l'association de la terminologie essentielle avec la description de l'union affective l'emporte sur son application à la contemplation intellectuelle: dans cette dernière, elle est associée à la lumière, obscure pour l'entendement, qui est «irradiation de Dieu», et qui d'une part «nous incite, nous meut à de nouvelles œuvres vertueuses», d'autre part nous attire vers l'intérieur (*intrect*), mais au-dessus de ce double mouvement est «essentielle» et «immerge» l'âme dans la jouissance fruitive[51].

Tout autant que la «saisie essentielle» dépasse l'entendement, «l'amour de notre esprit» (*die minne ons geests*) dépasse «nos désirs sensibles». Ruusbroec donne une définition de ce qu'il entend par «amour essentiel» en tant qu'expérience intérieure, contrepartie spirituelle et mystique de son sens plus ou moins philosophique dans le mouvement de l'univers dionysien[52].

Ruusbroec synthétise sa doctrine sur cet état mystique:

> Lorsqu'un homme qui vit ainsi s'élève vers Dieu de tout lui-même et de toutes ses forces et *s'y applique* (a) avec un *amour vif agissant* (*met leven-der werkelijcker minne*), il *sent* (*ghevoelt hi*) (b) que cet amour, dans son fond (*in haren gronde*), *là où il commence et finit, est jouissant et sans*

---

49. *Noces*, I, p. 206 et p. 146; trad., III, pp. 166-167 et 87.
50. *Noces*, I, p. 222, 34 à p. 224, 14; trad., III, pp. 187-189.
51. I, p. 222; trad., III, p. 188.
52. *Le livre du Tabernacle spirituel,* II, p. 65, 22 à p. 66, 30; trad., IV, p. 95; comparer *Noces*, I, p. 200, 27 à p. 201, 26; trad., III, pp. 158-160; *Tabernacle*, II, p. 77, 31-35; trad., IV, p. 110, où l'amour simple est appelé «sans-pourquoi, *sonder waeromme*, qui nous rend heureux essentiellement».

fond. S'il veut ensuite *avec son amour agissant* pénétrer plus avant dans cet *amour jouissant,* alors toutes les puissances (*crachten*) de son âme doivent céder (*wiken*), subir (*liden*) et *souffrir* (*ghedoeghen*) cette pénétrante vérité et bonté qui est Dieu lui-même... Lorsque les puissances supérieures s'introvertissent avec un amour actif (*inkeeren met werkelijcker minnen*; Ruusbroec se soucie moins du parallélisme dionysien que de la description de l'union amoureuse), elles sont unies à Dieu sans intermédiaire en *une connaissance simple* de toute vérité et *un sentiment et goût essentiels* (*eenvuldich weten; weselijc ghevoelen ende smaken*) de tout bien. Ce simple connaissance-et-sentiment de Dieu est possédé (en néerlandais les deux éléments font fonction de sujet unique) *dans l'amour essentiel* (*weselijcke minne*), et est exercé et gardé par *l'amour actif.* Et pour cela c'est *accidentel aux puissances* (*den crachten toevallich* = se surajoutant aux puissances) par introversion mourante dans l'amour. Mais à l'*essence* c'est *essentiel* et *permanent*[53].

(3) *Contemplation «avec entendement éclairé» (scouwen met verlichte redene) dans l'union affective*

Lorsque Dieu élève «l'homme intime» à la vie contemplative, «l'entendement éclairé» et «l'amour agissant» (*werkelijcke minne*) forment un intermédiaire entre Dieu et l'âme; celle-ci cependant, au-dessus de ce double moyen (*boven middel*) se voit, en même temps, élevée à «une contemplation nue, dans un amour essentiel».

> «Là il est un esprit et un amour avec Dieu... *Dans cet amour essentiel,* il dépasse infiniment son *intelligence par cette union essentielle* qu'il a avec Dieu. Et c'est là une vie normale des contemplatifs»[54].

Ruusbroec n'applique le terme de «contemplatif» qu'aux mystiques dont l'oraison passive a acquis le caractère d'union permanente[55].

Ruusbroec, entraîné par l'excès d'une jubilation intérieure, ne trace pas toujours clairement les frontières entre cette «contemplation avec entendement éclairé», «dans l'amour essentiel», et la contemplation «superessentielle», où l'âme contemple «dans la lumière divine selon le mode de Dieu» (*overweselijc schouwen in godlijcken lichte na die wise Gods*). Nous avons pourtant respecté cette délimitation, pour montrer que la terminologie essentielle s'applique aux différents degrés de l'union mystique. On aura constaté que la corrélation entre les termes «essentiel – entrée en Dieu» et «opérant – sortie de Dieu» ne garde plus

---

53. *Vérité,* III, p. 285, 23 à p. 286, 22; trad., II, pp. 211-212.
54. *Vérité,* III, p. 287, 3-18; trad., II, p. 213.
55. Cf. aussi *L'anneau ou la pierre brillante,* III, p. 39, 5-16; trad., III, p. 269, où Ruusbroec précise que ce qu'il décrit est une «expérience»: «Là *où nous sentons cette unité,* nous sommes un être et une vie et une béatitude avec Dieu (*een wesen ende een leven ende eene zalichede*)».

l'équilibre (relatif lui aussi) qu'offrait encore la présentation philosophique de l'univers, sous-jacente à la formulation de l'expérience mystique; en outre, à l'intérieur de cette dernière, la terminologie «essentielle» appliquée à l'union affective (en tant qu'expérience vitale
d'union permanente) l'emportait de loin sur son application à la contemplation intellectuelle, qui d'ailleurs, là où cette terminologie est
employée, n'apparaît que comme un élément de la première.

(4) *Vie superessentielle, contemplative de Dieu (het overweselijcke,
godscouwende leven)*

De cette union au-dessus de la raison, dans l'esprit introverti en la
superessence, Ruusbroec donne de nombreuses descriptions. Il appelle
transformation par Dieu l'expérience mystique de l'homme qui, de la
«contemplation avec entendement éclairé» et du «sentiment que notre
vie créée s'écoule toujours essentiellement dans sa vie éternelle», est
élevé «au-dessus de la raison»; il la décrit dans son aspect de contemplation et dans son aspect d'union, mais les deux sont accordés *overmids
minne*, par l'amour:

> Si nous voulons *goûter* Dieu, ou faire l'*expérience* (*ghevoelen*) en nous de
> la vie éternelle, nous devons, dépassant la raison (*boven redene*), entrer en
> Dieu *avec notre foi* (*met onsen ghelove*; cette précision de Ruusbroec aide
> à l'exégèse de son style imagé et de par sa nature susceptible d'interpréta-
> tions divergentes); et puis demeurer là, simples, dépouillés, libres d'images
> (*eenvuldich, ledich, onghebeelt*) et *élevés par l'amour* jusqu'à la nudité
> ouverte de notre haute mémoire. Car lorsque nous dépassons toutes choses
> *dans l'amour et mourons à toute considération* dans un non-savoir et dans
> l'obscurité, nous y subissons l'action (*werden ghewracht*) et nous y
> sommes informés (*overformt*) par le Verbe éternel, qui est l'image du Père.
> Et dans l'être dénudé de notre esprit (*ledeghen sine*) nous recevons la clarté
> incompréhensible, qui nous enveloppe et nous pénètre comme l'air est
> pénétré de la clarté du soleil. Et cette clarté n'est autre chose que regarder
> et contempler sans fond: ce que nous sommes, nous le regardons, et ce que
> nous regardons, nous le sommes; car notre esprit et notre vie et notre être
> est élevé d'une manière simple et uni à la vérité qui est Dieu. Aussi, en ce
> regard simple, nous sommes une vie et un esprit avec Dieu. Lorsque par
> l'amour nous adhérons à Dieu, nous exerçons la meilleure part; mais
> lorsque nous passons *à la contemplation superessentielle, nous possédons
> Dieu* tout entier[56].

Ce texte semble, à première vue, attribuer la priorité à l'intelligence, du
moins si nous y trouvons la distinction scolastique, ou l'opposition d'intelligence et de volonté, de contemplation et d'amour. Pour Ruusbroec, les

---

56. *Pierre brillante*, III, p. 23, 3-14; p. 24, 22-35; p. 30, 12-20; trad., III, pp. 251-254.

puissances, mémoire, intelligence, volonté, ont dans leur simplification, cédé la place à une activité unifiée, exercée sous l'actuation de la grâce; dans leur unité elles sont parfois appelées haute mémoire (*verhaven ghedachte*), parfois fond (*gront*) ou unité de l'esprit (*eenicheit des gheests*), ou bien en tant qu'enracinées dans leur origine commune, *wesen*. Nous voyons opposés à la fin de ce texte l'amour en tant qu'actif et la «possession» fruitive de Dieu, non l'intelligence et la volonté.

Pour éclairer la pensée de Ruusbroec, voyons ce qu'il entend par «*contemplation superessentielle*». Il faudrait comparer trois descriptions: 1° *Le Royaume*, œuvre d'un seul jet, qui suit de près son intuition fondamentale; 2° *Les noces*, œuvre plus mûre, plus nuancée, plus prudente dans l'expression; 3° *La Pierre brillante*, résumé de sa doctrine mystique.

Dans le *Royaume* le rôle de la lumière semble subordonné à l'amour, *mener* à «l'immersion»: «Sous cette information (de la lumière simple) *l'âme s'aperçoit bien de la venue de celui qu'elle aime; car elle reçoit dans l'unité de fruition* plus qu'elle ne peut souhaiter»[57].

Les *Noces* distinguent plus clairement les deux éléments. «Quand le contemplatif intime a de cette manière atteint son image éternelle et, en cette pureté, a été mis par le Fils en possession du sein du Père, il est éclairé de la lumière divine; il reçoit à toute heure de nouveau l'éternelle génération et il sort, selon le mode de la lumière, en une contemplation divine. C'est ici l'origine du quatrième et dernier élément, *rencontre amoureuse qui constitue principalement notre béatitude la plus haute*»[58]. C'est à l'amour que sont consacrées les dernières pages sur l'union superessentielle, «la merveille incompréhensible qui gît en cet amour» *(ibidem)*.

Le résumé le moins obscur se trouve dans la *Pierre brillante*[59]. Nous avons déjà vu comment l'homme intime était élevé, «avec la foi», à la contemplation superessentielle. Les éléments de cette contemplation sont:

> (a) «*un exercice amoureux sans mode*»; c'est le rôle du «rayon simple de clarté divine» de nous y porter: «il nous entraîne en dehors de nous-mêmes jusqu'à la superessence et l'engloutissement de l'amour. La conséquence en est toujours un exercice amoureux qui ne connaît point de mode». – «L'Esprit divin ... nous consume en son être propre, c'est-à-dire en l'amour superessentiel, avec lequel nous ne faisons qu'un».

---

57. *Royaume*, I, p. 74, 22-24; trad. II, p. 157.
58. *Noces*, I, p. 247; trad., III, p. 217.
59. *Pierre brillante*, III, p. 25, 1 à p. 28, 3; trad., III, pp. 254-256.

(b) «Cette possession (dans la contemplation superessentielle) est *un goût simple* et sans mesure», «nous y sommes engloutis, au-dessus et en dehors de la raison, en la profonde tranquillité de la divinité».

(c) «Actifs en nous-mêmes, nous sommes en Dieu tout en repos. C'est pour l'éternité, car sans exercice d'amour il n'y a jamais possession de Dieu». «Ainsi *vivons-nous tout en Dieu,* où nous nous exerçons à l'amour envers Dieu…» «*Nous n'avons pourtant qu'une seule vie*».

(d) *le rôle de la clarté:* «Cette clarté, nous la suivons sans cesse jusqu'à l'abîme d'où elle vient. Et là nous ne sentons autre chose que défaillance de notre esprit et immersion sans retour dans l'amour simple et immense».

(e) *amour habituel,* qui en tant qu'*immersion essentielle ne confère pas de mérite;* mais elle peut être source ou récompense: «elle nous maintient dans la possession de Dieu et de tous les biens que nous y avons reçus».

(f) *la connaissance dans l'union superessentielle est perception du Bien-Aimé et conscience de son altérité.* «[L'immersion] n'est autre chose qu'une perpétuelle sortie de nous-mêmes avec une claire prévision (*voersiene;* la traduction suit Jordaens: *previsio;* Surius: *prospectus;* l'idée: un regard projeté en avant) pour entrer en un autre, vers lequel nous tendons, tout hors de nous, comme vers la béatitude. *Nous nous sentons,* en effet, *continuellement entraînés vers quelque chose d'autre que nous-mêmes*».

Afin de dissiper toute équivoque, Ruusbroec précise qu'en traitant de la contemplation superessentielle, il n'a pas entendu y introduire de «vision de l'essence» béatifique[60]. Dans les différentes rédactions de la «contemplation superessentielle» il semble que l'auteur soit resté fidèle à son intuition initiale: «l'âme s'aperçoit bien de la venue de celui qu'elle aime». Aussi est-ce dans la description de l'amour que la terminologie essentielle abonde. Le terme «superessentiel» est employé en association avec *ghestild* = satisfait, *satheit* = rassasie-ment, *te niete in minnen* = anéanti en amour, *goddelijc ghevoelen* = sentiment divin, *salecheit* = béatitude, *ontvloten-sijn* = être écoulé, *ver-loren* = perdu, *sonder onderscheet* = sans différence. Le terme perd toute spécification possible ou plutôt désigne perception d'union au-dessus de toute spécification, compréhension, description ou mode. Le nom d'«unité sans différence» de l'union superessentielle, «dans la

---

60. *Pierre brillante*, III, p. 33, 16-20; trad., III, p. 263.

jouissance de l'essence», est appliqué à une expérience vitale, non à un ordre physique ou métaphysique des êtres[61]. Ruusbroec précise souvent qu'il entend décrire une expérience de l'âme, *een ghevoelen,* une unité d'union amoureuse[62].

Ruusbroec a puisé sa terminologie dans le système dionysien. Lui a-t-il conservé son sens «dionysien» dans la description de la vie mystique? Il garde la formulation de la sortie et de l'entrée, du double mouvement simultané, sortant de l'unité essentielle et la rejoignant. Jamais, dans son œuvre, le terme «essentiel» n'est associé à la foi ou à l'espérance, mais très souvent à l'amour; Ruusbroec, qui affirme que la plus haute union avec Dieu se fait dans l'ordre de la foi, *met onsen ghelove,* ne connaît pas l'expression *weselijc ghelove* ou *weselijcke hope.* Le terme est réservé au vocabulaire unitif-affectif.

Si, après en avoir fait le relevé «technique», on se demande quel est le sens du message religieux, au fond de cet usage multiple et abondant de la terminologie «essentielle», il semble bien que l'auteur ait avant tout voulu souligner *la priorité absolue de Dieu dans l'amour* et les conséquences immédiates qui découlent du fait que l'initiative est divine. Cet amour est éternel, constant, inébranlable, quoi que l'homme fasse, et il continuera à l'étreindre «essentiellement»; dès que l'homme se retourne vers Dieu il est élevé, au-delà de toute capacité finie, transformé par le Verbe dans l'assimilation au Christ, *consors divinae naturae,* et portant en son âme le ciel qu'est la vie trinitaire. Cette doctrine spirituelle, sous son apparence «spéculative» se résume dans la prise de conscience, expérimentale, accordée par la grâce, au fond même et au-delà de toutes autres expériences et consciences particulières, que «Dieu est amour» et qu'il s'est révélé amour qui nous fait naître à notre «vraie vie» (*levende leven*)[63].

TERMINOLOGIE «ESSENTIELLE» APRES RUUSBROEC

Les disciples immédiats de Ruusbroec, Jan van Leeuwen (†1378)[64] dans les Pays-Bas méridionaux, Hendrik Mande (†1431) au nord, suivent de près sa doctrine et son expression. Nous devons leur ajouter le

61. *Royaume,* I, p. 73, 25-34; trad., II, p. 160.
62. *Noces,* I, p. 244, 4; trad., III, p. 213; *Miroir,* III, p. 216, 21 à p. 217, 3; trad., I, p. 144; *Degrés,* III, p. 270, 26-27; trad., I, p. 264.
63. Voir A. AMPE, *Kernproblemen uit de leer van Ruusbroec* (Studiën en tekstuitgaven van Ons Geestelijk Erf, 11-13), 3 Vols., Tielt, Lannoo, 1951-1957.
64. *Een bloemlezing uit zijn werken,* éd. St. AXTERS, Anvers, De Sikkel, 1943.

poète inconnu des *Mengeldichten* 17-29[65], qui constituent le plus remarquable témoignage lyrique sur la «vie essentielle». Bornons-nous aux auteurs qui, traitant de la vie essentielle et suressentielle, se distinguent par un apport nouveau dans la doctrine spirituelle.

Des ouvrages célèbres, comme le *De paupertate* pseudo-taulérien et la *Theologia deutsch,* malgré leur diffusion, leur influence et leur rôle de cible facile lors des controverses du 17e siècle, ne se distinguent que par leur style moins technique, des énoncés plus passionnés et des expressions excessives, une certaine soif, en somme, d'anéantissement «essentiel» qui ne compense pas le manque de formation théologique[66].

1. Dans l'Europe entière la spiritualité «suressentielle» se réclame de **Hendrik Herp** (†1477, Harphius). Son chef-d'œuvre, abrégé de son *Eden, id est paradisum contemplativorum,* est le *Spieghel der Volcomenheit*[67].

La plupart de ses traités furent traduits en latin par les chartreux Dirc Loer (†1557) et Pierre Bloemeveen (†1536) sous le titre de *Theologia mystica*[68]. Cette traduction, après certaines condamnations locales, fut mise à l'Index du concile de Trente; une édition corrigée fut préparée à Rome (1583-1586). On peut regretter qu'aucune étude approfondie n'ait encore été consacrée à sa doctrine spirituelle[69]. Peut-être l'entreprise est-elle aussi tentante que décevante. On croit se trouver devant un certain nombre d'affirmations qui s'excluent mutuellement. L'auteur s'est-il contredit? Pas consciemment sans doute. Mais structure ontologique et expérience vécue ne se distinguent plus. Il y a un Herp qui, en termes théologiques ou philosophiques, dit des choses fort hardies, et un Herp qui les atténue dans une explication ultérieure.

C'est sous réserve qu'on essaie de résumer la doctrine de Herp sur la vie essentielle et suressentielle. Quelques remarques s'imposent.

(a) Jusqu'à preuve du contraire, nous croyons que Herp, malgré une structure psychologique sous-jacente identique, a pris le *wesen* ruusbroeckien pour l'*essence* de la philosophie thomiste. Il arrive donc à une

---

65. Les *Mengeldichten* 1-16 sont de Hadewych; les autres d'un auteur contemporain de Ruusbroec; l'application de la terminologie «essentielle» à la vie mystique le différencie de Hadewych; éd. J. VAN MIERLO (Leuvense studiën en tekstuitgaven, 15), Louvain, Standaard, ²1952.

66. Cf. J. PAQUIER, *L'orthodoxie de la Théologie germanique*, Paris, Gabalda, 1922; ID., *Le livre de la vie parfaite*, Paris, Gabalda, 1928; J. ORCIBAL, *La rencontre du Carmel thérésien avec les mystiques du Nord*, Paris, PUF, 1959.

67. Éd. L. VERSCHUEREN (Tekstuitgaven van Ons Geestelijk Erf, 1-2), 2 Vols., Anvers, Neerlandia, 1931.

68. Cf. *DS,* t. 1, 1937, c. 1738.

69. Voir L. VERSCHUEREN, *Leven en werken van Hendrik Herp,* in *Collectanea neerlandica franciscana* 2 (1931) 345-393.

«vision de l'essence»: le mystique a bien reçu la vision essentielle de Moïse et de saint Paul[70], et doit logiquement arriver à une «union des essences», qu'il n'affirme pourtant pas expressément; reprenant l'ancienne image des deux miroirs apposés, le mystique revêtu de la lumière de gloire et Dieu qui s'y reflète, il dit qu'ils sont unis «beaucoup plus parfaitement que des miroirs extérieurs. Car les miroirs extérieurs restent séparés dans leur essence»[71], et bien que l'auteur ne continue pas sa phrase en termes «essentiels», la conclusion logique s'impose.

(b) Dans le texte original, on l'a déjà remarqué pour Ruusbroec, la distinction entre «essentiel» et «suressentiel» n'est pas strictement observée. Le traducteur latin a redressé ce manque de conséquence terminologique[72].

(c) L'attention des correcteurs romains s'est portée sur la vision: les textes mentionnant la concession du *lumen gloriae* sur terre ont été expurgés; les termes d'anéantissement adoucis; pour les «grâces» expérimentales on a préféré «dons»; certains avertissements de Herp contre les hommes de science incapables d'entendre cela ont été enlevés. – «Essentiel» et «suressentiel» sont partout remplacés par «eminens» et «supereminens»; visiblement cette correction a été faite par souci d'unification terminologique, afin d'écarter ce terme devenu ambigu, et non sur examen doctrinal: de sorte que la finalité de l'intelligence ne cherche plus à voir Dieu «essentialiter»[73], et même dans la vie trinitaire l'essence divine embrasse les Personnes dans l'unité de leur nature *fruitivo amplexu in eminenti amore,* mais non d'un amour essentiel.

Les dons du Saint-Esprit disposent l'âme à recevoir l'union essentielle et suressentielle. La disposition fondamentale de l'homme est le renoncement à la volonté propre pour la fondre dans la volonté divine: c'est le point que Benoît de Canfield développera dans sa doctrine de la volonté essentielle, mais, si chez Herp on trouve déjà les mêmes expressions d'anéantissement, la terminologie «essentielle» n'y est jamais appliquée à la volonté: c'est à «l'amour essentiel» que cette volonté anéantie s'unit[74]. En conséquence de cet abandon de la volonté à la volonté divine, «essentiel» désigne, comme chez Suso et Tauler, la stabilité au-dessus des variations psychologiques et des vicissitudes de la vie spirituelle, car l'homme y adhère à Dieu, non à ses dons; Herp nomme aussi cet amour essentiel «amour intellectuel»: sentiment de

70. *Spieghel* (n. 67), p. 416, 13s; p. 420, 61s; p. 371, 26.
71. *Ibid.*, p. 195, 89s; p. 237, 66s.
72. *Ibid.*, p. 407, 16-17; p. 405, 20-21.
73. *Ibid.*, p. 414, 34.
74. *Ibid.*, pp. 253-255.

présence et expérience d'union sans satisfaction pour les facultés humaines (sens que le terme aura habituellement chez Maria Petyt).

Le degré mystique nommé «vie essentielle» suppose non seulement la séparation entre l'esprit et l'âme (principe vital des puissances inférieures), mais élève «parfois» l'esprit à se séparer de lui-même, et s'accompagne, – élément inconnu chez Ruusbroec –, des phénomènes psychologiques du ravissement et de l'extase[75]. La vie essentielle apporte à l'intelligence un enseignement sur la nature divine et la Trinité, connaissance surnaturelle «en images spirituelles, mais non de manière essentielle»[75a]; pour la volonté, l'élévation à l'équilibre supérieur entre l'amour opérant, passionné, et l'amour fruitif, repos en Dieu: c'est l'*amor superfervidus*[76].

Entre vie essentielle et vie suressentielle, Herp introduit les *tactus, tuck ofte treck*[77], transformations brèves et passagères avec caractère de ravissement, «par le moyen de la lumière de grâce *ou* de la lumière de gloire»[78]. Si d'une part, l'homme ne pénètre pas jusqu'à l'origine de cette touche, ni n'expérimente «ce qu'est l'amour en soi», mais qu'elle est «le dernier intermédiaire entre Dieu et l'esprit, entre opérer et se reposer ou être opéré»[79], d'autre part la touche *excitat et elevat intellectum ad cognoscendum Deum in sua essentiali claritate et trahit supremam amativam vim ad perfruendum Deo essentialiter sine medio*[80]. D'autres noms pour l'amour «essentiel» en ce degré sont: amour actif *et* fruitif, amour élevé, amour nu, pur amour[81]. La lumière qu'y reçoit l'intelligence est nommée: ténèbres, une tranquillité sérénissime, un rien[82].

La vie suressentielle consiste tout d'abord en une série de dispositions produites par la grâce pour en rendre l'homme capable: paix véritable entre Dieu et l'âme, repos dans le Bien-Aimé, sommeil bienheureux, contemplation de la ténèbre, humilité et imitation de Jésus souffrant, anéantissement de la volonté, et en même temps désirs passionnés et insistance violente de la «puissance amative»[83]; suit l'élévation proprement dite: l'union suressentielle est attribuée aux trois Personnes divines, opérant dans les trois puissances supérieures de l'âme.

---

75. *Ibid.*, pp. 319-321, *opghetoghen, opclimminghen*.
75a. *Ibid.*, pp. 331-333.
76. *Ibid.*, pp. 337-339.
77. *Ibid.*, p. 341.
78. *Ibid.*, p. 343.
79. *ghewrocht te werden; ibid.*, p. 345, 50-55.
80. *Ibid.*, p. 344, 50-52.
81. *Ibid.*, pp. 349-351.
82. *Ibid.*, pp. 361-365.
83. *mit doerdriftighe begheerten, mit eenre ghewelt; ibid.*, pp. 403-405.

L'Esprit Saint, dernière Personne dans l'ordre des processions divines, se voit attribuer, la première, une opération qui concerne l'homme: il opère, dans la *minnende cracht,* l'influx, avec le Père et le Fils, et tous les esprits bienheureux, dans une béatitude simple, essentielle[84], accompagnée de lumière intellectuelle dans le miroir de l'âme «aussi soudaine et brève qu'un éclair»[85].

Le Fils opère par un *tractus* dans l'intelligence en tant que miroir: Dieu ne s'y montre pas lui-même, mais seulement en images surnaturelles et intuitions sur la foi, la vérité cachée, l'Unité et la Trinité. Cependant, au-dessus de l'intelligence, l'âme reçoit parfois «un regard simple, ouvert sur l'opération des puissances amatives» que le regard de l'intelligence veut mais ne peut suivre, – ici Herp introduit un véritable *intellectus amoris*[86].

Le Père opère dans la «mémoire» dénudée et élevée par une lumière intellectuelle incompréhensible pour toute intelligence; cette expérience est comparée à celle de Moïse, qui l'avait obtenue après l'avoir demandée en vain[87]. Cette lumière est un «moyen glorifié», Dieu ne se montrant pas tel qu'il est dans sa gloire ineffable[88]. Cette même lumière a été annoncée par l'auteur comme un *lumen gloriae*[89]. Cet état est comparé à l'extase de saint Paul[90].

2. La **Devotio moderna** évite l'emploi de la terminologie «essentielle». Denys le chartreux a été le premier, en gardant la doctrine, à écarter ces termes devenus ambigus et à les remplacer par *eminens* et *supereminens* dans leur application à la vie spirituelle. Il continue à s'en servir pour la structure ontologique. Dans son *De contemplatione* il réussit un long résumé de la doctrine de Ruusbroec sans faire appel une seule fois à cette terminologie[91].

Dans la première moitié du 16e siècle, l'*Evangelische Peerle* et *Vanden Tempel onser Sielen* apportent, sinon un développement (ils se situent plus près de Ruusbroec que de Herp), du moins un enrichissement à la doctrine de la vie essentielle. Un élément qui, après les états de

---

84. *Ibid.,* pp. 407-409.
85. *Ibid.,* p. 411, 60 sv.
86. *Ibid.,* p. 414, 43-55.
87. *Ibid.,* p. 416, 13-14.
88. *Ibid.,* pp. 417-419; *clarificatum medium* pour *een verclaert middel: verclaert* au 15e siècle veut dire «glorifié».
89. *Ibid.,* p. 396, 41-47.
90. *Ibid.,* p. 418, 49-56.
91. 2, 9, *Opera,* t. 41, Tournai, Carthusia S.M. De Pratis, 1912, pp. 247-251; cf. *DS,* t. 3, 1957, cc. 439-440.

la vie active, semblait manquer chez Herp, redevient central: les deux ouvrages exposent une doctrine spirituelle et mystique pleinement chris-tocentrique. La «vie essentielle» consiste à être assimilé au Christ; il est vrai que les auteurs affectionnent un vocabulaire «extrême», dépassant l'«essentiel» dans une mystique de négations:

> «Ici l'âme devient sans être, sans activité et sans désir, ici elle devient sans volonté, ici elle devient sans amour, ici elle devient sans connaissance. *Ende hier wort die siele weseloos, werckeloos ende beghereloos, hier wort si willeloos, hier wort si minneloos, hier wort si kenneloos*»[92].

D'autre part, le *wesen* ruusbroeckien y est repris, non dans le sens d'*essence* philosophique, mais dans le sens existentiel de «vie»[93]. Dans le *Tempel* renaît en pleine vigueur la doctrine de la naissance de Dieu dans l'âme[94], c'est même une caractéristique de la vie suressentielle[95]. La vie suressentielle inclut donc participation à la vie trinitaire par l'incarnation[96].

3. Les capucins, et en particulier **Benoît de Canfield**, renouvellent le sens, ou plutôt l'emploi, de la terminologie, au commencement du 17e siècle. Mais dès avant cette date, ces termes semblent s'être vidés de leur contenu spécifique. Lorsque les supérieurs des capucins s'inquiètent d'une certaine mystique à tendance quiétiste, deux décrets (1594 et 1603) pour les provinces des Pays-Bas ordonnent que «les novices soient instruits uniquement dans la voie de l'humilité, de la pauvreté et de la mortification, par la méditation de la vie et des souffrances du Christ et de la Vierge.., à moins que Dieu ne les attire suressentielle-ment»[97]. Dans ce document officiel, la voie suressentielle désigne sim-plement la disposition à l'oraison contemplative, affective, par opposi-tion aux efforts de la méditation active et méthodique. Nous sommes ainsi avertis de ne pas vouloir chercher à tout prix un sens spécial et très élevé à ce terme, dans les ouvrages du 16e et du début du 17e siècle. La profusion des oraisons «suressentielles» et «suréminentes» a provoqué à bon droit la réaction de saint François de Sales[98]. Quelques grands auteurs mystiques pourtant font exception à la règle générale.

---

92. *Peerle,* liv. 2, ch. 55.
93. *Tempel,* ch. 13.
94. Cf. H. RAHNER, *Die Gottesgeburt. Die Lehre der Kirchenväter von der Geburt Christi im Herzen der Gläubigen,* in ZKT 59 (1935) 333-418.
95. *Tempel,* ch. 42.
96. Ch. 51 et 54.
97. Optatus VAN VEGHEL, *De spiritualiteit van de Capucijnen in de Nederlanden* (Batavia sacra, 5), Utrecht, Spectrum, 1948, p. 97.
98. *Introduction à la vie dévote,* 3e p., ch. 2; cf. ORCIBAL, *Rencontre* (n. 66), Paris, PUF, 1959, pp. 15-16 et notes.

Résumer ou interpréter la «volonté essentielle» dans la *Reigle de Perfection* (Paris, 1610) de Benoit de Canfield est difficile, après les controverses du 17ᵉ siècle et les jugements modernes si divergents. Tenonsnous-en aux conclusions d'Optat de Veghel[99]. Dans la *Reigle* la vie dans «la volonté de Dieu essentielle», le plus haut degré de la vie mystique, appelé ici vie suréminente, se place après la vie dans «la volonté de Dieu intérieure». On connaît l'idée fondamentale de Canfield: le bonheur et la perfection consistent dans l'union parfaite de la volonté humaine à la volonté divine (aspect de «l'union essentielle» déjà vu chez Ruusbroec). L'homme, en épousant parfaitement cette volonté, renonce à sa volonté propre, mais la retrouve de manière suréminente, puisque Dieu l'unit à la sienne. C'est une grâce mystique: Dieu purifie l'homme par l'«anéantissement» de tout ce qui vient de l'initiative humaine et opère désormais en lui tous ces actes, auxquels l'homme a renoncé par amour: ce sera la vie transformée en la volonté essentielle de Dieu.

À part «une certaine confusion et obscurité en la structure», on constate aussi, précisément au seuil de la troisième partie, traitant de cette volonté essentielle, «une confusion regrettable entre l'ordre ontologique et l'ordre psychologique»[100]. Si on tient compte des idées maîtresses de Canfield: union avec la volonté de Dieu extérieure, avec la volonté de Dieu intérieure, avec la volonté de Dieu essentielle, il est évident que ces différentes volontés n'existent comme telles que par rapport à l'expérience vécue.

Dans la «volonté de Dieu intérieure», l'homme reçoit, par une grâce déjà mystique, affective, le discernement de la volonté de Dieu: il apprend à la connaître aux états expérimentaux de son âme. On pourrait définir ce degré comme une syndérèse, une science de la distinction des esprits, obtenue sous la conduite d'une union affective, développée par des «attouchements divins» (cf. les *tactus* de Herp).

La «volonté essentielle», est aussi nommée *mariage spirituel, vraie et parfaite contemplation, pure et nue contemplation, contemplation essentielle, union et fruition de Dieu, amour fruitif, transformation en Dieu*. Canfield en donne une description plus conceptuelle:

> «Ceste volonté Essentielle est purement esprit et vie, totalement abstraite, espurée (d'elle-mesme) et dénuée de toutes formes et images des choses créées, corporelles ou spirituelles, temporelles ou éternelles; et n'est appréhendée par le sens ny par le jugement de l'homme, ny par la raison

99. *Benoit de Canfield (1562-1610). Sa vie, sa doctrine et son influence* (Bibliotheca Serafico-cappucina: Sectio historica, 11), Rome, Institutum Historicum OFMCap, 1949.
100. VAN VEGHEL, *Spiritualiteit* (n. 97), pp. 267, 273.

humaine; ains est hors de toute capacité, et par dessus tout entendement des hommes, pource qu'elle n'est autre chose que Dieu mesme: elle n'est chose ny séparée, ny encores joincte, ny unie avec Dieu, mais Dieu mesme, et son Essence»[101] –, puisque la volonté en Dieu n'est pas distincte de l'Essence.

Cette union à la volonté de Dieu, passivement reçue, au-delà de toute capacité humaine, pour que Dieu désormais agisse en nous, est *habituelle,* et Canfield la distingue par là de l'union *simple*:

«D'icy donc, et de ceste simple et constante conversion à Dieu [par l'amour infus], vient ceste habitude d'union ou continuelle assistance de l'Essence divine. La différence de ce degré et de l'autre de dénudation d'esprit, est principalement en tant que l'autre n'est que l'union simple, mais en cestuy-cy est l'habitude et continuation d'icelle»[102].

L'homme y mène ce que Ruusbroec appelle la «vie commune», active et contemplative à la fois:

«Et voilà la vraye vie active et contemplative, non pas séparées comme quelques-uns pensent, mais joinctes en un mesme temps, pource que la vie active de telle personne est aussi contemplative»[103].

La connaissance de l'âme en cet état, dépassant toute capacité humaine, est à comparer à la «vision» chez Herp, à la fin de la «vie essentielle», qui continue, pour l'intelligence, dans la «vie suressentielle» pour autant que l'âme n'y reçoit pas ce «regard simple sur l'amour», qui reste d'ailleurs incompréhensible à l'intelligence. Les «ténèbres, tranquillité sérénissime, le rien» deviennent chez Canfield «vacuité ou nihilaité», mais au fond de cette lumière se trouve déjà, identiquement, l'amour:

Elle demeure en l'oraison, comme suspendue en une immense vacuité ou nihilaité, sans pouvoir bien voir, ny comprendre chose aucune, ny elle mesme quand elle y est parfaictement: laquelle infinie vacuité, ou nihilaité, ressemble à la sérénité du ciel sans aucun nuage, et est une déiforme lumière. Or en ceste lumière est aussi l'amour (non comme une autre chose) qui doucement enflamme, brusle et allume l'âme[104].

La *vision* y est toujours *connaissance de la foi*[105]. Cette union, si elle est habituelle, n'est pas nécessairement permanente: dans cette même vie suréminente, à côté d'une vie mystique purement passive, Canfield introduit, pour les temps où cette action totale de la grâce se retire,

101. 3e p., ch. 1, éd. de Douai, 1632, p. 269.
102. 3e p., ch. 7, pp. 326-327.
103. *Ibid.,* p. 331.
104. *Ibid.,* p. 328.
105. Ch. 12.

«quelques industries de l'âme»[106]. L'anéantissement passif est docilité à l'action de Dieu; lorsque l'âme ne se sent pas dirigée par son Bien-Aimé, elle a le devoir d'agir selon ses lumières.

Cette «vie suréminente en la volonté essentielle de Dieu» désigne l'expérience vécue de l'âme, unie à Dieu dans une perception de présence vivante, et dans un amour tel qu'elle est incapable de prendre quelque initiative que ce soit ou de détourner son attention de la présence perçue, de sorte que dans son intelligence, dénudée de toute image, et dans sa volonté, totalement soumise par amour et rejoignant par là sa volonté et sa liberté véritables, qui est identiquement la volonté de Dieu sur elle, Dieu devient le principe de toute initiative.

4. Les traits les plus importants de la doctrine spirituelle de **Jean de Saint-Samson** (†1636) dérivent directement de Ruusbroec; sa mystique s'en distingue par l'intérêt porté aux aspects psychologiques de l'expérience, par une soif d'absolu et la passion de l'«anéantissement». Jean ne parle plus de «vie essentielle»; celle-ci, comme la «vie suressentielle», sont englobées dans la vie «suréminente». Le terme «suressentiel», toutefois, reste réservé aux descriptions de l'union transformante, avec les caractéristiques qu'on lui attribue depuis sainte Thérèse: Dieu «transformant l'âme par sa très spirituelle agitation, actuée en suressentielle unité»; l'âme est «transformée par l'acte continuel de Dieu même en sa mêmeté suressentielle»[107].

[BIBL.]
Œuvres spirituelles et mystiques, 2 Vols., Rennes, 1658-1659; cf. S.-M. BOU-CHEREAUX, *La réforme des Carmes en France et Jean de Saint-Samson,* Paris, Vrin, 1950. Jean de Saint-Samson, qui fut le grand mystique de la réforme de Touraine, n'a pourtant guère exercé d'influence sur la spiritualité officielle de cette réforme (K.J. HEALY, *Methods of Prayer in the Directory of the Carmelite Reform of Touraine* [Vacare Deo, 1], Rome, Institutum Carmelitanum, 1956).

Appartenant au courant spirituel issu de la réforme de Touraine, mais héritière de la grande école mystique flamande, la tertiaire carmélite **Maria Petyt** (†1677) donne encore la description de son expérience d'après la terminologie «essentielle». «Essentiel», appliqué à l'homme, désigne dans ses écrits toute expérience ou état de vie intérieure, qui se passe au-delà de la capacité des puissances[108], ou la qualité de la vertu

106. 3ᵉ p., ch. 8.
107. *Miroir de conscience,* 1ᵉ p., ch. 7, p. 162.
108. *Het Leven vande Weerdighe Moeder Maria a Sta Teresia, (alias) Petyt,* t. 2, Gand, 1683, p. 4.

devenue seconde nature, ou les expériences mystiques perçues par les puissances, mais les dépassant, venant de Dieu dans le fond *(gront)* de l'esprit. Maria Petyt a donc des associations, inconnues aux flamands du 14e siècle, telles que «foi essentielle» synonyme de «foi nue» à côté de «contemplation, paix, union, amour essentiels» dans le sens traditionnel. Attribué à la perception de Dieu, *wesentlijck* signifie simplement «d'après son Essence», et non d'après ses attributs ou manifestations[109]. Maria Petyt, qui décrit son expérience avec un don d'observation rare, ne s'abandonne jamais aux débauches terminologiques «suressentielles» et «suréminentes» de la génération précédente. Elle évite le mot «suressentiel». Pour décrire les degrés les plus élevés de l'union mystique, elle emprunte les expressions *overvorminghe* (transformation) et *godvormigh leven* (vie déiforme).

Si une première classification, se référât-elle à la présentation plutôt qu'au fond, permet de départager les écrits mystiques entre spéculatifs et affectifs, les ouvrages de la mystique «essentielle» et «suressentielle», du moins ceux des grands auteurs, se rangent parmi les affectifs. Seule une déviation, qui finit d'ailleurs dans le panthéisme (14e siècle) ou le quiétisme (17e siècle), octroie à cette terminologie un sens «spéculatif» pur. Parmi les mystiques affectifs, on peut distinguer les auteurs qui décrivent surtout les effets de l'union affective dans l'âme, ses différents états, ses réactions, ses mouvements, et les auteurs, – parmi eux se rangent précisément les «essentiels» –, qui cherchent moins à décrire les effets que l'union, sa nature et ses éléments fondamentaux.

Il nous faudrait normalement conclure par toute une série de rapprochements et de parallèles, montrant l'équivalence foncière et les différences de nuance entre la «vie essentielle» et l'*apex mentis*, l'«amour nu», les «états» bérulliens, la «fine pointe de l'âme», etc., entre la «vie suressentielle» et les différentes descriptions de l'union transformante, du mariage spirituel, ou de la vie «déiforme»; ce travail déborderait les limites de cet article.

À bon droit, le bienheureux Ruusbroec donne à son chef-d'œuvre, qui est aussi le chef-d'œuvre de cette mystique «essentielle» et «suressentielle», le titre de «noces spirituelles». Si cette mystique s'allie presque toujours à une mystique trinitaire, et fortement christocentrique chez ses plus grands représentants, elle n'en devient pas plus «spéculative»: pour ces auteurs, comme pour tout chrétien, la révélation du mystère de la Trinité est l'unique fondement, la dernière explication de l'amour, la source véritable qui, seule, confère à l'union affective sa *réalité*.

109. t. 1, p. 213.

M. Sandaeus, composant son *Pro theologia mystica clavis* (Cologne, 1640) alors que la réaction contre ces termes devenus ambigus était déjà victorieuse, montre par ses classifications, pour chargées qu'elles soient de terminologie scolastique, qu'il ne les entend guère dans un sens spéculatif: il y voit des expressions des degrés de l'union affective. Tandis qu'il considère l'élément cognitif de la vision «essentielle» comme l'équivalent de la contemplation de «simple regard», c'est au mot *Amor* qu'il expose le vocabulaire «essentiel» et «suressentiel», parce qu'ils désignent des modes de l'amour mystique. Cette union affective n'est pas dénuée de connaissance, mais dépasse l'intelligence, et les lumières reçues en ces états sont encore une intuition donnée par l'amour: obscurité par dépassement, et non par inactivité, pour l'intellect, véritable *cognitio amoris,* conscience de l'union avec le Bien-Aimé.

2

WOORDENLIJST
VAN TERMEN UIT DE MYSTIEK [VAN MARIA PETYT]

Ms: de Latijnse vertaling van het woord in het XVII-eeuwse manuscript. Naar dit Ms wordt verwezen, wanneer zijn getuigenis bevestigend of verhelderend kan zijn. Meermaals echter bewijst Ms geen dienst, omdat de Latijnse bewerker een nauwkeurige vertaling heeft ontweken, ofwel door een woord eenvoudig over te slaan, wanneer de oorspronkelijke tekst een reeks min of meer verwante woorden aanwijst, ofwel door een vage vertaling met een zeer algemene Latijnse term die over de betekenis van het Nederlandse woord geen opheldering verschaft.

Achtelijck, in de uitdr. *achtelijcke krachten,* bnw.: het vermogen van de mens, dat hem toestaat een waardeoordeel te vormen. Ms *potentiae estimativae.*

actuelijck, bijw.: met kennis en wil bewust van zijn activiteit: en schynt niet ghedooght te worden, datmen eenighe deughden soude oeffenen met opset, te weten, actuelijck, I, 183. Ms *actualiter.*

aenklevigh, bnw. *aenklevelijck,* bnw. bijw.: aanhangend, gehecht; van de geestelijke vermogens: bij iets stil blijvend, er zijn aandacht op vestigend: met eenigh aenklevigh letten, II, 2. met verwerpinghe van alle aenklevelijcke reflexie daer op, II, 42.

aerdelijck, bijw.: levendig: ende den minne-gheest mijn herte met verscheyden manieren seer aerdelijck aendreef, verweckte, beweeghde, bestierde, I, 274.

aermoede, vr. znw., in de uitdr. *aermoede des gheests:* de gesteltenis van de menselijke geest wanneer hij, na zich van alle zelfwerkzaamheid te hebben geledigd, ook onthecht is aan alle waarneembare vertroosting of verlichting door de genade.

afghetrocken, verl. deelw. v. *aftrekken,* bnw. en bijw.: hoedanigheid van de menselijke vermogens, zo zintuiglijke als geestelijke, wanneer zij door de passieve inkering van de verbinding met het natuurlijke object hunner werkzaamheid zijn ontheven. Syn. *vervremt;* met belichting van het positieve aspect van dezelfde toestand: *inghetrocken.* – Deze hoedanigheid, overgedragen op het wezen of de persoon, wiens vermogens *afghetrocken* zijn: een *afghetrocken* gemoed, een *afghetrocken* ziel; of op zijn levenswijze en handelingen: een *afghetrocken* leven, een *afghetrocken* gebed. Ms *abstractus,* vgl. *inghetrocken.*

afghetrockentheyt, vr. znw., de toestand van de mens wiens vermogens afgetrokken zijn. Ms *abstractio.*

afstant, m. znw.: overgave (afstand, met bijgedachte: van zichzelf): op dat sy door de onghemeten bermhertigheyt Godts soude komen tot afstant, ende een saligh eynde hebben, I, 177. Ms *desistere.*

arresterelijck, bnw. en bijw.: waar men bij stilblijft, waar de vermogens hun aandacht op vestigen: sonder met arresterelijcke reflexie buyten Godt daer aen te blyven hanghen, I, 169.

bloot, bnw., ook:

1) kaal, arm, behoeftig, aan zichzelf overgelaten: gheheelijck ghelaten op mijn bloote natuer, sonder eenigh steunsel oft onderstant van boven meer te ghevoelen, I, 104;

2) rein, louter: om hem met een ghestadighe liefde aen te hanghen, in een bloote ende suyvere afghescheydentheyt van alle schepselen, I,94;

3) eigenschap van het geloof van de mens, die aan alle natuurlijke activiteit zijner vermogens heeft verzaakt en, door het wegvallen er van, met ééngemaakt bewustzijn, zonder natuurlijke voorstelling, gevoel of gewaarwording, onthecht ook aan de troost die bovennatuurlijke gaven menselijk kunnen geven, aldus voorbereid is om door een bovennatuurlijk geloof alleen intuïtief de ervaring van Gods werking in zijn ziel te ontvangen: in een heylighe ledigheyt, ende afghetrocken eensaemheyt des gheests, in een blootheyt van alle beelden, formen, ghedaenten, ende in een donckerheyt des gheloofs, om alsoo met een simpel bloot gheloof Godt te beschouwen, I, 295. Staat teg. het *werckelijck gheloof* van het actieve leven enerzijds, waarin de mens zich behelpt met natuurlijke begrippen en gevoelens, en het passieve *verlicht gheloof* van de hogere beschouwing anderzijds: al en sietse hem niet met een klaer oft verlichte ooghe des gheloofs; sy weet nochtans door 't bloot gheloof, dat hy er is, I, 160. Overgedragen op de geest, die het *bloot gheloof* beoefent: den blooten gheest, I, 206. Ms *nuda fides* (teg. *activa, illuminata).*

blootelijck, bijw.: op de wijze van de mens die het bloot geloof beoefent: op dat ick my blootelijck soude houden onder de bestieringhe Godts, II, 20. Ms *nude.*

blootheyt, vr. znw.:

1) het ontbloot zijn van: oversulcx het is teghen de aermoede ende blootheyt van alle creaturen. I, 70. Ms *nuditas ab*;

2) toestand van de mens, of de geest, die het bloot geloof beoefent: met een uytsluyten van alle lettelijck ghewaer-worden, oft aenklevende reflexie op de inwendighe voorcominghe, ende troost, die somtyts van Godt inghestort wort, om 't sinnelijck deel wat te ondersteunen; maer men moet dat eer onverlet voor by gaen, ende staen in een meerdere blootheyt, ende innigheyt van gheest, II, 46. Ms *nuditas.*

doncker, bnw.: dat niet kan worden waargenomen met de natuurlijke ken- en streefvermogens van de mens: Hy en laet haer niet anders, als een doncker ende wesentlijck licht des Gheloofs, I, 186.

door-gronderen, bedr. zw. ww.: doorgronden: ick scheen oock te door-gronderen, ende te verstaen dit verholen mysterie, II, 125. Ms *penetrare.*

eenigheyt, vr. znw.:

1) eenzaamheid, alleenzijn: och wat goet brenght de liefde van d'eenigheyt in een Ziele, I, 194. Ms *solitudo*;

2) eenheid:

1. eenheid in de werking van de geest, wanneer de samengestelde en menigvuldige werkzaamheid der vermogens door de passieve inkering is

gelouterd en vereenvoudigd, en hij daardoor bekwaam wordt om een intuïtief bovennatuurlijk schouwen te ontvangen: door dien dat de afghetrockentheyt van alles, ende de innigheyt te groot was, ende ick ghenoeydt
wiert, om te blyven in volle eenigheyt des gheests, II, 171. Ms *unitas spiritus*;
2. de eenheid Gods, van wie alle werking naar buiten, in de schepping, uitgaat, in tegenstelling tot het binnengoddelijk leven der Personen: niet
bekennende, noch ghewaer-wordende, als de eenigheyt Godts in al, I, 183.
Ms *unitas Dei*;
3. de onmiddellijke vereniging tussen Schepper en schepsel in de natuur,
als grondslag voor het bovennatuurlijk leven en zijn bewustwording in de
mystiek: alle voorworpen ende ontmoetinghen der uytwendighe, ende
inwendighe sinnen moeten ghenomen ende ghetrocken worden tot de
eenigheyt Godts, als een in hem, ende als heel een met Godt, ende in Godt
moeten sy aen myne Ziel verschynen, II, 38; de ziele blyvende verborghen,
ende besloten inde eenigheyt des Goddelijcken Wesens, II, 3.

eensaemheyt, vr. znw.: eenheid, als
1) syn. v. *eenigheyt des gheests:* noch gheenen oprechten inganck en hadde
in d'eensaemheyt des gheests, door dien dat den gheest noch seer ver-
menghelt was, ende niet anders en wist, als met ghevoelijckheyt, ende smae-
ckelijckheyt, oock naer 't sinnelijck deel, te wercke te gaen, I, 55;
2) syn. van de onmiddellijke vereniging tussen Schepper en schepsel: In
dien staet ghestelt zijnde, en schynt niet ghedooght te worden, datmen
eenighe deughden soude oeffenen met opset, oft onderscheydelijck letten…, om dat die alder-eenvoudighste ghenietinghe Godts hier door schynt
vermiddelinghe te lyden, ende uyt haere eensaemheyt ghetrocken te worden, I, 183. Ms *solitudo* en *unitas* door elkaar, of zelfs *solitudo seu unitas*.

eenvoudigh, bnw.:
1) hoedanigheid van het gebed, waarin een intuïtieve, meestal niet meer als
werkzaamheid bewuste kennis de redenering heeft vervangen en een nagenoeg onveranderlijke gesteltenis de afwisseling der gevoelens: alle grove
werckelijckheyt ende menighvuldigheyt der inwendighe krachten vielen al
af, behoudende alleen een eenvoudigh ghesicht des Gheloofs binnen in my
inwendigh, ende een conforme, soete ende stille toeneyginghe, der liefde
tot Godt, I, 65. Staat als eigenschap van een habituele toestand teg. *werckelijck,* al kan zij door eigen werkzaamheid zijn verkregen. Ms *simplex,
oratio simplicitatis*;
2) hoedanigheid van de bovennatuurlijke intuïtie, geschonken in het
beschouwende leven, die het verzaken van de activiteit der vermogens niet
meer vereist en door deze niet gestoord wordt: met een eenvoudigh ghesicht tot dat onveranderlijck, eenvoudigh, onverbeeldt Goddelijck wesen,
… met vrydom der krachten; dese en beletten niet in 't ghestadigh
beschouwen, aenhanghen, ende ghenieten Godts, I, 182-183. Staat teg.
innigh. Ms *simplex intuitus*. – Overgedragen van de intuïtieve schouwings-
wijze op haar object, God als Schepper, zoals Hij in deze beschouwing
ervaren wordt: z. hierboven I, 183. Ms *simplex essentia*.

eenvoudigheyt, vr. znw.: de intuïtieve eenheid waarmee het gebed wordt beoefend: ick stelde my in een bloot gheloof van Godts teghenwoordigheyt,
trachtende door werckelijcke eenvoudigheyt alles te vernieten, ende my te

versaemen, II, 193; de zielsgesteltenis van de mens, die zulk gebed beoefent: soo brocht hy ons allenxkens tot meerder stilte, ende eenvoudigheyt, latende vaeren die werckelijckheyt der Meditatie, I, 55. Deze kan bekomen zijn door ascetische oefening: met dit uytloopen ende wederom binnen roepen [der inwendighe krachten] passeerde den tydt van 't Ghebedt, sonder te bekomen eenighe werckelijcke vruchten van eenvoudigheyt, stilte des ghemoets, ende vernaerderen tot Godt, I, 160; of door passieve ervaring, en komt voor vanaf het vóórstadium der mystiek, waar zij nog niet beantwoord wordt door het besef van Gods tegenwoordigheid, tot in de beschouwing: alsoo is het ghemoet liberder, puerder, ende meer versaemt, ... met een stille eenvoudigheyt, met Godt innighlijck besigh, II, 63. Ms *simplicitas*.

ghenoeginghe, vr. znw.: genot, voldoening: vertroostinghen, soetigheden, ende andere gheestelijcke toevinghen, oft genoeginghen des Gheests, II, 25.

ghewilligh, bnw., ook: vrijwillig aanvaard: dese volmaeckte doodt en ghedooght oock niet een ghewillighe reflexie met opset, II, 115.

Godt-vormigh, bnw.: 1) beantwoordend aan de wil van God: niet godt-vormighen troost, I, 86; 2) met de terminologie van *vorm* en *materie,* ontleend aan de scholastische wijsbegeerte: waarvan de wezensvorm of activiteits-vorm bepaald wordt door goddelijke inwerking: Hoewel dat ick naer het opperste deel opgherecht, ende toeghekeert ben tot Godt, met eenen ghe-resigneerden, Godt-vormighen, ja vereenighenden wille; want ick naer 't opperste deel niet anders en ghevoele, als eenen wille met Godt, welcken wille met Godt alsdan buyten sluyt alle acten van resignatie, I, 126; gemaakt naar het beeld van God, op Hem gelijkend als uitdrukking van zijn voortdurend scheppen en als dusdanig grondslag voor de ontplooiing van de mystieke bewustwording: dat ick my niet beter keeren en konde, als in den gront der Ziele, daer desen Tempel, ende dit Rijcke Godts in is..., dat in dien Godtvormighen gront de waerheyt verborghen licht, I, 279. Ms *deiformis*.

godt-vormelijck, bijw.: op *Godt-vormighe* wijze.

godt-vormighlijck, bijw.: z. *godt-vormelijck*.

grondt, gront, m. znw.:

1) de wezenheid van de geest, als éénheid waarin de verschillende vermogens wortelen, en die men opnieuw in het bewustzijn krijgt door de louterende inkering der vermogens, wanneer hun gevarieerde werking is ééngemaakt tot een intuïtieve perceptie: ick wiert gheleert dat ick in sulcken gheval, ende als 't inwendigh niet al claer, stille ende wel en gaet, niet anders en soude doen, als my te keeren, ende te blyven in mijne onverbeelde nietheyt, met een eenvoudigh aensien, ende inghekeertheyt in den binnensten grondt, alles uytsluytende ende verghetende, I, 215;

2) de wezenheid van de geest, niet meer als eindpunt van de inkering, maar als aanrakingspunt tussen schepsel en Schepper, waarin Gods natuurlijke en genadewerking zich uitoefent: somtijdts verschijnt' er als-dan inden binnensten grondt, subtielijck ende klaerlijck eenen strael, oft goddelijck licht, het welcke my ghelijck openbaert het onverbeelt aenschyn Godts, ende my noch dieper in-treckt; soo dat dien grondt dan heel klaer ende door-straelt is blyvende, I, 221;

3) de passieve ervaring zelf van deze goddelijke inwerking: eer 't avont was, wiert sy inghelaten binnen in den gront, I, 265; dien gheluck-salighen

ende innighen grondt ... verkregen hebbende, heeft de Ziele al, watse in dese werelt soude moghen begheeren, I, 285;

4) de beoefening van de inkeer tot de wezensgrond, of de gesteltenis van degene die ze beoefent: och hoe ghestadighen, ende diepen vrede wordt my door dien ootmoedighen grondt verleent in alle het ghene my overkomt, I, 230. Ms *fundus*.

indrucken, bedr. zw. ww.:

1) van denkbeelden, gevoelens, gezindheden: met kracht en overtuiging ingeven, opdringen, inprenten: om dat een gheestelijck Man, daer ick op dien tijdt somtijdts mede sprack, van 't selve ghevoelen was, ende my dat oock socht in-te-drucken, I, 129;

2) een intuïtieve kennis inprenten (zelden in de bet.: doen voelen). De inwendighe suyverheyt ende ootmoedigheyt des gheests wiert my oock inghedruckt, hoe dat ick die moest oeffenen, I, 190.

indruckinghe, vr. znw.:

1) het indrukken, de indruk: de invallende imaginatien, indruckinghen ende beroerten van het sinnelijck deel, I, 239;

2) passief ontvangen kennis; het ontvangen zelf van deze kennis, of de wijze waarop zij wordt ontvangen: een goddelijcke klaerheyt, ... hier quamen 't samen in eenighe inlichtinghe oft levende indruckinge, I, 189; welcke indruckinghen mijne Ziele wel een weynigh versterckten, I, 237. Correlatief *met ghenietinghe* van de wil. Ms heeft voor *indrucken, indruckinghe* geen vaste vertaling; meestal: *imprimere, impressio,* doch ook *proponere, propositio,* e. a.

inghekeert, verl. deelw. v. *inkeeren,* bnw.:

1) ingetogen;

2) die tot de toestand van *inghekeertheyt* gebracht wordt of is: seer innigh inghekeert wesende in mijn binnenste, I, 98. z. *inghetrocken.* Ms *introtractus, intrahi.*

inghekeertheyt, vr. znw.: gesteltenis oorspronkelijk van de vermogens, daarna ook van de geest, noodzakelijk voor het ontvangen van het mystieke gebed van innigheid, waarbij de vermogens, de menigvuldigheid en samengesteldheid van hun natuurlijke werking verzakend, zich hebben teruggeneigd naar de wezensgrond waarin zij wortelen; deze ingekeerdheid kan actief worden nagestreefd, maar is vlgs. Schr. als habituele geestestoestand een mystieke genade: niet anders en soude doen, als my te keeren, ende te blyven in mijne onverbeelde nietheyt, met een eenvoudigh aensien, ende inghekeertheyt in den binnensten grondt, I, 215. Ms *introtractio.* (In de hogere mystieke beschouwing worden de vermogens zelf zo door het genadeleven beïnvloed en bestuurd dat zij, tot nieuw evenwicht gekomen, aan hun werking niet meer moeten verzaken door ingekeerdheid: vgl. *eenvoudigh, innigh*).

inghetrocken, verl. deelw. v. *intrecken,* bnw.: van de vermogens: naar binnen ingekeerd en ééngemaakt in de wezenheid van de geest onder invloed van de mystieke genade; vandaar overgedragen op de geest zelf: seer innighlijck inghetrocken, II, 201; In dit ghestadigh beschouwen ... en is de Ziele niet opghetrocken boven de sinnen, noch in-ghetrocken onder de selve, I, 183. Schr. gebruikt dit woord bij voorkeur boven *inghekeert,* omdat het duidelijker het passieve karakter der psychische éénwording beklemtoont.

Geeft het positieve aspect der inneiging en unificatie der vermogens, correlatief met *afghetrocken:* z. *afghetrocken.* Ms *intrahi, introtractus.*

inlichtinghe, vr. znw.:

1) verlichting van het verstand, soms syn. v. *indruckinghe,* meestal met bijgedachte, dat ook begrip en inzicht in het door mystieke ingeving gekende
wordt geschonken: hier quamen 't samen in eenighe inlichtinghe oft
levende indruckinghe, I, 189; somtijdts blyven de inlichtinghen der waer-
heden my by met meerder bescheydelijckheyt, II, 103;

2) de waarneming van Gods tegenwoordigheid als licht, onderscheiden van
de kennis die zij al of niet kan meebrengen: daer en scheen maer over te
blyven het eenigh Wesen Godts alleen, met inlichtinghe, ende hier en daer
eenighe onderwijsinghe, I, 205. Ms *lumen, illuminatio, coruscatio.*

inneminghe, vr. znw.: geestelijke vervulling door Gods tegenwoordigheid die
samengaat met ingekeerdheid; syn. v. *inghekeertheyt,* maar met de nadruk
op de beantwoording door de genade in plaats van op het menselijk psychologisch aspect: heel dien, redelijck, langhen tijdt van die inneminghe in
Godt, II, 202. Ms *introtractio.*

innigh, bnw.:

1) van het gebed: wanneer de mens zijn vermogens van het natuurlijke
object hunner werking heeft *afghetrocken,* en zij *inghetrocken* zijn in de
eenheid van de wezensgrond, zodat de geest met een intuïtieve *eenvoudigheyt* vóór God heeft leren staan, wordt het gebed *innigh* als God in deze
vereenvoudigde *grondt* de onmiddelijke ervaring van zijn tegenwoordigheid verleent. Dit besef van Godsverbondenheid beroert of verlicht geen
enkel menselijk vermogen, maar veronderstelt integendeel hun volkomen
rust van alle zelfwerkzaamheid; daar het duister blijft voor de natuurlijke
kennis- en gevoelswereld, spreken vele (vooral de Spaanse) mystieken hier
van het eerste in-werking-treden van de bovennatuurlijke perceptie-vermo-
gens, door het geloof en de gaven van de H. Geest geschonken. Met het
innighe gebed begint het eigenlijke mystieke contemplatieve leven, en het
is er de gewone vorm van; dikwijls aangeduid als gebed van *rust,* is deze
benaming in de Nederlandse religieuze literatuur zeldzamer dan *innigh*
gebed: Doen begonst het Ghebedt eenighsins overnatuerlijck te worden,
voor meestendeel bevrocht met innighe stilte, ende rusten in Godt, door een
bloot ende levende gheloof van Godts teghenwoordigheyt, alle werckelijckheyt ende menighvuldigheyt der inwendighe krachten vielen al af, I, 65;

2) vandaar overgedragen, als hoedanigheid van de wezensgrond, waarin het
innig gebed beoefend wordt: een vast propost van altoos te volghen de
goede beweghinghen..., de welcke ick kan bevroeyen voort te komen uyt
dien innighen, Godt-vormighen gront, I, 278; of van het contemplatieve
leven in zijn geheel: my gheresolveert ghevoelende, om my alle te laeten
kosten..., om te bekomen den prys van een heel innigh, ende volmaeckt
leven, I, 35.

N.B. In de hogere beschouwing stelt Schr. *innigh* teg. *eenvoudigh* (z. *eenvoudigh* 2): de innighe (beschouwing) gheschiedt met inghekeertheyt, ver-
vremtheyt, ende afghetrockentheyt van alles; ... de eenvoudighe is sterck,
ende niet teer; ... (gaat samen met) vrydom der krachten; dese en beletten
niet in 't ghestadigh beschouwen, aenhanghen, ende ghenieten Godts, I,
182. Ms *intimus.*

innighlijck, bijw.: op *innighe* wijze: dat haer eensaemheyt over al mede volght, hoewel niet innighlijck, maer eenvoudelijck, I, 184. Ms *intime*.

innigheyt, vr. znw.: geestestoestand waarin het innig gebed wordt beoefend: onghewoonlijck bevrocht zijnde in diepe innigheyt, I, 189. Ms *intimitas*.

insmiltend, teg. deelw. v. *insmilten* bnw.: het bewustzijn van de eigen persoonlijkheid als principe der geesteswerking verliezend in de mystieke ervaring van verenigende liefde; van de mens uit beschouwd als een "insmelten" in God, van Gods werking uit als een affectieve "over-vorming" in Hem, z. *overvorminghe*: 't ghene den Apostel seght, ick en kenne nu niet als Christum, ende desen ghecruyst; waer, siet, den H. Apostel heeft sy selven ende alle dinghen verghiten, alleenlijck ghehecht aen eenighe memorie, ende liefde vanden ghecruysten Jesus, daer hy mede vereenight was, door een insmiltende liefde, ende oversulcx als eenen anderen Christus, ende in Christus overvormt, II, 81. Ms *liquescens*.

insmiltinghe, vr. znw.: het verlies van het bewustzijn, zelf het principe van zijn handelingen te zijn, in de verenigende liefde: somtijdts onverwacht, ende onversiens ghevoelde ick eenighe trecken, ende dispositien tot innigheyt, tot insmiltinghe ende verlies mijns selfs, ende van alle dinghen inden onverbeelden goddelijcken Al, I, 205. Ms *deliquium*.

leeghde, vr. znw.: laagte, nederigheid: Dese kennisse houdt my in de leeghde, II, 49. Ms *submissio, demissio*.

leegh-hertelijck, bijw.: ledig van geest, zonder bekommering: soo leegh-hertelijck my daer toe beghevende, dat ick meestendeel niet en weet, wat ick schrijven moet, I, 74.

lettelijck, bnw. en bijw.: waaraan men bewust aandacht wijdt: sonder jet anders te kennen oft ghewaer te worden met een lettelijcke onderscheydinghe, II, 13. Ms *reflexivus*.

liberteyt, vr. znw.: innerlijke vrijheid als gevolg van onthechting, correlat. met *eenvoudigheyt* als gevolg van de ontbloting der kennisvermogens: de H. liberteyt, oft vrydom des gheests, om door gheene ontmoetinghen van binnen oft buyten, noch door gheene veranderinghe van inwendighe ghesteltenissen, oft jet anders om leeghe in de nature ghetrocken te worden, I, 61. Syn. *onkeurigheyt*.

lose, vr. znw.: belofte, toezegging: my docht dat den Beminden een goede lose gaf, I, 172. Ms 107 v *dare spem et spondere;* waer op ick van dat Kindeken een goede lose kreegh, ende vast betrouwen, I, 191. Ms 115 v *nutum favorabilem et firmam spem*.

menighvuldigh, bnw.: de natuurlijke eigenschap van *menighvuldigheyt* bezittend, zowel in de werking der vermogens als, overgedragen, in de geestesgesteldheid van de mens, z. *menighvuldigheyt*.

menighvuldigheyt, vr. znw.: oorspronkelijk van de werking der menselijke vermogens, die door de samenstelling met de stof ook in hun werking verschillend, samengesteld en successief zijn en zich uitoefenen op een veelheid van objecten: dit ontbreken van éénheid der ken- en streef-vermogens in werking zowel als in object; vandaar overgedragen op de geestestoestand van de mens, die de natuurlijke activiteit van zijn vermogens uitoefent. In de mystiek wordt de natuurlijke verscheidenheid van de werking der vermogens onderling, zowel als de samengesteldheid, successiviteit en object-wisseling dezer werking gelouterd tot een intuïtieve eenheid van perceptie. *Menighvuldigheyt* betekent in de myst. ieder terugkeer naar de natuurlijke werking van ken- en streefvermogens, een gebrek dat de directe ervaring van het bovennatuurlijke belemmert: en schynt niet ghedooght te worden, datmen eenighe deughden soude oeffenen met opset, ja oock niet, datmen met verbeeldinghe sulcx in 't ghepeys soude hebben; omdat die alder-eenvoudighste ghenietinghe Godts hier door schynt vermiddelinghe te lyden, ende uyt haere eensaemheyt ghetrocken te worden tot menighvuldigheyt, I, 183. Ms *multiplicitas.*

middel, m. en onz. znw.: persoon of zaak, die tussen twee andere in staat; hindernis. Volgens de kennistheorie der scholastiek kent de mens geen enkel object rechtstreeks, doch steeds in een beeld of begrip, en als dusdanig is het object ook steeds vrucht van de eigen geestesactiviteit. Deze kennis door *medium in quo* en *medium quo,* die ook in het gewone geloofs- en gebedsleven beoefend wordt, is een beletsel voor het rechtstreekse bewustworden van het bovennatuurlijke in de mystiek: vandaar dat de mens de natuurlijke werking zijner vermogens moet verloochenen om God zonder *middel* te kunnen ervaren: laet die droefheyt, ende dat letten vaeren, dat letten, die ghepeysen zijn overtollig, die maecken een middel tusschen u en my, I, 273. Ms *medium.*

middelen, onz. zw. ww.: in de weg staan, een hindernis vormen, z. *middel:* alsof er tusschen Godt en de Ziele niet met allen middelde, I, 271.

onbedeelt, bnw.: onverdeeld; van God: in de eenheid van zijn natuur waargenomen; van de ervaring: met een kennis, die niet *menighvuldigh* is: ghestaedigh invloeyen in 't onbedeelt ende onverbeelt Wesen Godts, I, 212. Ms *indivisus.*

onbepaeld, bnw.: van God en de Godservaring: niet waargenomen volgens één der attributen, bepalingen of volkomenheden, die men Hem volgens zijn werken toeschrijft: ten tyde van volle ruste, ende stilte, inde onbepaelde, onverbeelde Godtheyt, I, 214. Ms *indefinitus.*

onbescheydelijck, bijw.: op een niet duidelijk te onderscheiden of te begrijpen wijze.

onbescheyden, bnw.: onduidelijk: een natuurlijk begrip of kennis verzakend: soo innigh, onbescheyden, ende afghetrocken van 't sinnelijck deel, II, 257. Ms *indistinctus.*

onder-gheest, m. znw.: de natuurlijke zintuiglijke, emotionele en redelijke vermogens van de mens, als een geheel beschouwd: als in den onder-gheest, dat is, in 't neder redelijck deel oprysen eenighe natuerlijcke beroerten, I, 284. Staat teg. *oppersten gheest* of *grondt*: den oppersten gheest der Ziele door de goddelijcke verlichtinghe gheleert zijnde scheydt hem van den onder gheest, I, 289.

onderste deel: het geheel van de zintuiglijke en emotionele vermogens van de mens, samen met de verbeelding (voor zover deze geen memorie is). Staat teg. *opperste* deel.

onderste krachten: de zintuiglijke en emotionele vermogens, gedeeltelijk ook de verbeelding.

onghemenghelt, bnw.: ongemengd, niet met bestanddelen van een andere, mindere stof gemengd: ontdaan van *menighvuldigheyt,* d. i. van alle bijmenging van de natuurlijke activiteit der vermogens in de zuiverheid der directe ervaring: Door de ootmoedigheyt komt mijne ziele lichtelijck tot een vergheten

haers selfs, want 't ghene men niet en bemint, daer peyst men selden op;
ende alsoo is het ghemoet liberder, puerder, ende meer versaemt, onghemenghelt van dit en van dat, met een stille eenvoudigheyt, II, 63.

onghevoelijck, bnw. en bijw.: ongevoelig, dat niet gevoeld wordt: niet waar-
neembaar door de natuurlijke menselijke vermogens: hadde den Beminden
my alsdan niet onghevoelijk by-ghestaen met sijne gratie, I, 109.

ontbloot, bnw.: z. *bloot, ghebloodt.*

ontgheesten, bedr. en onz. zw. ww.: aan zichzelf ontvoerd worden. Ms *deficere, absorberi.*

ontgheestinghe, vr. znw.: vervoering, verrukking: van die ontgheestinghen,
ende half opghetoghentheden, II, 255. Ms 202 v *de istis extasibus, vel
semi-extasibus.*

ontledinghe, vr. znw.: verloochening van, het zich vrijmaken van: een gheduerigh vlieden, wegh-gaen, ende ontledinghe van mijn eyghen selven, II, 6;
ontlediging, ontbloting: inden gront van mijnen Niet, met een grondighe
ontledinghe van alle eyghen werckinghen aller krachten, II, 85. Ms *evacu-
atio.*

ontmenghelen, bedr. zw. ww.: het gebed, de geestesactiviteit, of de geest zelf
bevrijden van alle inmenging van de natuurlijke activiteit of van de objecten der vermogens; d. i. het negatieve aspect, het louteren van de geest en
zijn werking, dat de inkering tot de *grondt* en het *eenvoudigh* gebed mogelijk maakt: om sijne Goddelijcke Ghemeynschappen ende minnelijcke teghenwoordigheyt te ghenieten, ontmenghelt ende vervremt van alle schepsels, I, 88; ontmenghelt van de sinnelijcke ende ghevoelijcke krachten, I,
65. In de mystieke schouwing: wegnemen van alle hindernis of *middel,*
waardoor de directe ervaring van Gods tegenwoordigheid en werking
mogelijk wordt: het gheestelijck deel der Ziele is ghelijck afghetrocken,
ende ontmenghelt van 't sinnelijck deel, II, 183. Ms *impermixtius servare.*

ontmenghelinghe, vr. znw.: loutering van alles wat de eenheid der intuïtieve
schouwing en het bovennatuurlijk karakter der directe Godservaring en
-verbondenheid in de weg staat: om dat ick niet en kan bekomen een
behoorlijck onderscheyt, discretie ende ontmenghelinghe des gheests, I,
256; bevrijding, losmaking: welcke puerheyt scheen te moeten komen
ende bewaert worden door een gheheele ontmenghelinghe des gheests van
't nederste deel, II, 39.

ontsinckinghe, vr. znw.: het aan zichzelf onttogen worden: van de geest, door
inkering in de binnenste *grondt* en het verlies van het bewustzijn van zichzelf in de ervaring der Godsverbondenheid; kan al of niet samengaan met
een affectieve *insmiltinghe,* of enkel het verlies van het ik-bewustzijn aan-
duiden door de intensiteit van een bovennatuurlijk schouwen, begeleid met
schorsing der natuurlijke kenvermogens: (er zijn in de wesentlijcke ghenietinghe) gheen verheffinghen des gheests of ontsinckinghen, I, 184. Ms
demersio, descensus.

onverbeeldt, bnw.:
1) van de wijze waarop de mens het bovennatuurlijke kent in de mystieke
beleving: zonder voorstelling: vertoonde hem den Beminden aen my, binnen my, nochtans op een onverbeelde maniere, oft, sonder lichaemelijcke
forme, oft ghedaente, I, 296; vandaar ook overgedragen op de schouwende
persoon of op zijn geestesgesteldheid, wiens *grondt* door geen kenbeeld

wordt *menighvuldigh* gemaakt of van God *vermiddelt:* onverbeelde niet-heyt, I, 215; ook meer algemeen op iedere menselijke beleving: een onver-beelt lyden; want ten heeft geen beginsel, noch oorsaeck, noch eenighen waerom, II, 79;

2) als eigenschap aan God toegeschreven, wanneer de intuïtief schouwende geest Hem zonder kenbeeld ervaart: den gheest, die ten tyde van volle ruste, ende stilte, inde onbepaelde, onverbeelde Godtheyt, wyt uytghespan-nen was, I, 214. Ms *informis.*

bijw.: op onverbeelde wijze: een ghenietelijck beschouwen Godts onver-beeldt, II, 214. Ms *informiter.*

onverbeeldheyt, vr. znw.: de wijze van kennen, die *onverbeeldt* is; ook de eigenschap van de geest die op deze wijze kent en van het object dat aldus gekend wordt.

onvermiddelt, bnw. en bijw.: vrij van datgene wat zich plaatst tussen God en ons, vrij van hetgeen de werking Gods in ons belemmert; rechtstreeks: een onvermiddelt ghesicht op Godt, II, 7; den blooten gheest openbaert hem op dien tijdt, leydende de Ziele buyten haer selven, ende buyten alle ghescha-pen dinghen, ende haer onvermiddelt tot Godt bringhende, I, 206. Ms *immediatus, immediate,* z. *middel.*

onvormigh, onvormigheyt: z. *onverbeeldt.*

opgheheventheyt, vr. znw.: een aan zichzelf onttogen zijn van de geest in beschouwing, dat al of niet samengaat met rust der natuurlijke vermogens, waarbij de geest de ervaring heeft boven zijn eigen wezen en het menselijke perceptievermogen op bovennatuurlijke wijze te worden verheven tot een hoger schouwen. De *opgheheventheyt* of *verheffinghe* vertoont niet het plotse en heftige uit zichzelf weggerukt zijn van de *opghetoghentheyt,* waar-bij de natuurlijke vermogens zelfs niet bekwaam zijn om tot hun normale activiteit terug te keren: opgheventheyt des gheests, I, 264. Ms *elevatio.*

opghetoghen, bnw.: van de geest: plots verheven boven zichzelf en zijn ver-mogens, met schorsing van hun werking en het in werking treden van bovennatuurlijke perceptievermogens, terzelfder tijd een intense vereniging met en inneming door God belevend: vervoerd, verrukt: Ick ginck naer 't avondt-ghebedt half opghetoghen, ende gheestelijck droncken, II, 94. Ms *raptus, attractus supra sensus.*

opghetoghentheyt, vr. znw.: vervoering, extase: Dese woorden, ghy moet heel de myne zyn, wercken in my soo krachtelijck, dat oock alleen het ghe-dencken der selve, my ghelijck trecht buyten my selven, by manier van opghetoghentheyt, want terstont wort myn hert gheopent, ende verbreydt hem gheheel inden Beminden, II, 164. Ms *extasis.*

opghetrocken, bnw.: syn. v. *opghetoghen*: ick was ghelijck opghetrocken in den gheest, door een soet, ende aenlockende aensien van dien Godt-Mensch, II, 106. Ms *raptus.*

opklimminghe, vr. znw.,: syn. v. *opghetoghentheyt*: oock inde opklimminghe des gheests, daer de ziel schijnt het lichaem te verlaeten, II, 3.

opperste deel: de hogere geestesvermogens, verstand, memorie en wil, als een geheel beschouwd: in alle dit lyden versterckte my de goddelijcke gratie, ende werckte onghevoelijck, in 't opperste deel; want ick behiel altoos eenighe vromigheyt der Ziele, om te blyven staen in volmaeckte deughden met een kloeck ghemoet, I, 246.

oppersten gheest: de wezenheid van de menselijke geest, beschouwd als afge-
zonderd van zijn natuurlijke vermogens en als grond waarop Gods genadewerking zich kan uitoefenen en waarin Hij zich *onvermiddelt* meedeelt: de
Ziele ... blijft daer aen haperen, sonder van deghe in den lauteren oppersten gheest te connen gheraecken, jae oock sonder dien te kennen ... Godt
niet puer ghenoegh hebbende voor den eenighen voorworp van haer inwendigh ghesicht ende liefde, soo en kan sy niet worden verheven boven haer
selven inden oppersten gheest, om aldaer Godt aen te hanghen met een lau-
tere vereenighende liefde, I, 253.

opperste krachten: de geestelijke vermogens van de mens, volgens de gebruikelijke middeleeuwse psychologie: verstand, memorie, wil.

oprechtinghe, vr. znw.: verheffing.

opsicht, onz. znw.:
1) aandacht, oplettendheid, ontzag: gheen opsicht hebbende, oft onderscheyt, dat sulcx onbetaemelijck was, I, 49;
2) het *eenvoudigh* intuïtief schouwen: inwendigh opsicht op Godt, II, 4. Ms
119 r *internus intuitus Dei*.

overhelst, bnw.: omvangen: met een Goddelijck licht overschenen, overhelst,
overgrepen, ende overlommert, I, 250.

overvormen, bedr. zw. ww.:
1) een andere gestalte of gedaante doen aannemen;
2) door een transformatie, een bovennatuurlijke verandering en aanpassing
der geestelijke vermogens, de mens in staat stellen om in het binnengoddelijk leven opgenomen te worden, waarbij God zelf de vermogens van de
mens actueert, zodat deze niet het bewustzijn heeft het principe van zijn
handelingen te zijn; in dit stadium der mystiek is de verzaking van de
werkzaamheid der vermogens niet meer noodzakelijk; zij kan aanwezig
blijven, maar is het habitueel niet: Dan ondervinde ick, dat hy ghelijck in
my leeft, ende alles door my werckt, als door syn instrument, waer door
Jesus bidt, bemindt, vereert, ende glorificeert den Vader ... door een overvormende liefde sijnen dobbelen gheest voor eenighen tydt my overset-
tende, oftwel somtyts, door een daedelijck inwoonen in my, my gheheel in
hem indruckende, ende in hem overvormende, II, 169. Ms *transformare*.

overvorminghe, vr. znw.:
1) gelijkmaking aan een ander gestalte, gedaante, of, van één vermogen (nl.
de wil), dit gelijkvormig maken aan dat van een ander. Schr. spreekt dan
ook van *overvorminghe* in het ascetische leven: de memorie, verstandt en
wille moesten meer gheledight worden, ghebloodt ende verstorven worden
van alle eyghen, natuerlijcke, ende oock grover redelijcke werckinghen
ende gheneghentheden; door dien dat dese noch dickwils veroorsaeckten
een beletsel van een volmaeckter over-vorminghe ende vereeninghe met
Godt, II, 2. Ms *transformatio*;
2) de bovennatuurlijke omvorming der menselijke vermogens door een goddelijke actuatie, waardoor de mens in staat wordt gesteld aan het binnengoddelijk leven deel te nemen. Volgens haar klassieke betekenis in de Nederl.
mystiek omvat de *overvorminghe* ook het blijvend bewustzijn in het intra-
trinitair leven opgenomen te zijn. Hier echter betekent *overvorminghe* ook:
1. een opname van korte duur in het binnengoddelijk leven door assimilatie aan Christus: vgl. cit. hierboven II, 169: voor eenighen tydt, somtyts...

Dese jonste van overvorminghe in Jesum Christum, Godt-Mensch, hebbe
ick somtyts ondervonden ten tyde van 't ghebedt, ib.;
2. De gelijkmaking door God van de menselijke wil aan zijn wil, derhalve
"transformatie" van slechts één vermogen. Deze *overvorminghe* van de wil:
soo dat my onmoghelijck dunckt eenen anderen wille ende begheerte te ghevoelen, behalve sijnen wille ende begheerte in alle ghevallen... De overvorminghe des wils inden wille des Beminden is gheschiedt door eenen uytganck, ende overganck van een alder-puerste liefde, hem beminnende boven
my selven, ende boven al, II, 18; komt overeen met de in de klassieke terminologie als *unio plena* of *amor unitivus* aangeduide mystieke vereniging;
Ms herleidt soms de termen v. Schr. tot deze beperkter betekenis: dese overvorminghe met Christo, II, 113: Ms 155 v *ista unio seu transformatio*;
3. De genade van een verenigende liefde samen met een hogere schouwing,
waardoor het verstand in staat wordt gesteld, niet meer *innigh* of duister,
maar bovennatuurlijk verlicht, Gods werking te schouwen, in de ziel, beeld
en spiegel van God; hier wordt God echter ervaren als Schepper, dus steeds
in de éénheid van zijn Essentie, zonder opname van de mens in het binnengoddelijk of intra-trinitair leven: ick wiert ghetrocken, ende soetelijck ghe-
dwonghen my te houden inden gront van mijnen Niet, ... den spieghel hem
draghende ghedooghender wyse ... maer God druckte somtijdts sy selven in
desen spieghel; waer uyt volghde vereeninghe, ende overvorminghe met,
ende in sijn onverbeeldt Wesen, want desen spieghel scheen te smilten, ende
sijn wesen te verliesen door de krachtighe indruckinghe der Sonne, ghelijck
één gheworden zynde met de Sonne, II, 85. Ms *transformatio*.

rust, vr. znw.: vorm van mystiek gebed, syn. v. *innigh ghebed*: alle ons pooghen ende
arbeydelijck trachten, door eyghen werckelijcheyt, is heel onghenoeghsaem, om
eenighen inganck, oft ruste in Godt te bekomen, I, 138. Ms *quies, z. innigh*.

soodanigheyt, vr. znw., vertal. v. de scholast. term *qualitas*: hoedanigheid: Hier
volghen de soodanigheden, ende ghesteltenissen der Ziele, I, 164.

strael, m. znw.: plotse verlichting van de geest, die een bovennatuurlijk schouwen gunt van zeer korte duur, gewoonlijk vergezeld van de extatische ver-
schijnselen der *opghetoghentheit*: op sijn onversiens liet den Beminden in
mijne Ziele schynen ende blickeren eenen klaeren Goddelijcken strael, als
van een klare Sonne, de welcke mijne Ziele met alle haere liefde, buyten
ordinair, hoogher ende soeter optrock in Godt, I, 168.

toegheestinghe, vr. znw.:
1) kort inwendig gebed, waardoor de geest zich tot God verheft: (de goddelijke deugden) in 't werck stellende, soo in, als buyten het Ghebedt, door
eenighe stille ende soete acten, by maniere van toe-gheestinghen, ende
aspiratien, met een opsicht op Godts teghenwoordigheyt, I, 55;
2) voorbijgaande passieve verheffing van de geest tot God, of een zich nei-
gen van God tot de geest, aan wie Hij zich ervaarbaar maakt door een *in-*
druckinghe in het verstand of door een aanraken, een *toetsen*, van de wil:
met wat wondere, en de onuytsprekelijcke maniere verthoont hem Godt aen
haer, hoe goddelijcke toegheestinghen, aenraeckinghen, ontmoetinghen
ende minne-kussen ghebeuren aen dese Ziele niet, II, 6. Ms *aspiratio*.

toe-staen, onz. st. w., znw.: instemmen met, zich overgeven; overgave: door
een heel gheruste conscientie, ende vrijwilligh toe-staen aen het welbehaghen van mynen Beminden, I, 194. Ms *resignatio*.

toetseeren, bedr. zw. ww.: z. *toetsen*: die myn hert soo soetelijck vermorwde, soo vriendelijck aensprack, soo innighlijck toetseerde, II, 32.

toetsen, bedr. en onz. zw. ww.: aanraken, treffen, raken; vluchtige en snel voorbijgaande ervaring, waarin de ziel het bewustzijn heeft door God aangeraakt te worden; gewoonlijk gebruikt voor de affectieve vermogens: innighlijck toetseerde, II, 32; seer ghetoetst, inghetrocken ende ghewondt, II, 103; uitzonderlijk ook voor het verstand: De verlichtinghen ... en toetsten somtijdts maer het verstand, *ib*. Ms *tangere*.

toeven, bedr. zw. ww.: vriendelijk bejegenen, koesteren, liefkozen: in dinghen, die de nature toeven, ende vermaecken, I, 281; van God: zijn liefde op gevoelige wijze meedelen: als Godt de Ziele soo wel onthaelt, ende vriendelijck toeft, I, 105. Ms *tractare*.

toevinghe, vr. znw.: liefkozing, vriendelijke bejegening; ervaring van verenigende liefde, die samengaat met vertroosting voor de emotionele vermogens: soete vertroostinghen, toevinghen, ghevoelijcke vereeninghen, I, 185. Ms *amor sensibilis, unio sensibilis*.

toevoeghinghe, vr. znw.: de handeling van toevoegen; zich aansluiten bij, zich verenigen met: het in contact treden van de geest met God: die overstrickte, ende naere toevoeghinghe, ende vereeninghe der Ziele met Godt, II, 258. Ms *coniunctio, applicatio*.

toornelijck, bwn., in de uitdr. *toornelijcke kracht*, vertal. v. de scholast. term *vis irascibilis*: het vermogen, dat de mens toelaat zich in toorn tegen iets te richten: de imaginatieve, begheerlijcke, toornelijcke krachten, II, 237.

uythouden, bedr. st. ww., ook: buitenhouden, uitsluiten: volherdende in den gheest Godt aen te hanghen, ende lief te hebben, met afghetrockentheyt, ende uythouden van de onderste krachten, I, 251.

verbeeldt, verl. deelw. v. *verbeelden*, bnw., van de geest: vervuld met een voorstelling of begrip, en daardoor onbekwaam om Gods tegenwoordigheid *eenvoudigh* intuïtief te ervaren: ghevoelende my verbeeldt met my selven, ende met andere dinghen, een weynigh buyten Godt, I, 252. Ms *informatus, mediatus*, syn. v. *vermiddelt;* staat teg. *onverbeeldt*.

verbreyden, onz. zw. ww.: breder, groter worden, zich uitspannen: dan schynt het hert te openen ende te verbreyden in Godt, II, 241. Ms *dilatari*.

verheffinghe, vr. znw., van de geest: z. *opgheheventheyt*. Ms *elevatio*.

verheven, verl. deelw. v. *verheffen*, bnw.: in een toestand van *opgheheventheyt* of *verheventheyt*, z. *opgheheventheyt*.

verlicht, verl. deelw. v. *verlichten*, bnw.: gewoonlijk in de uitdr. *verlicht Gheloof*: in het verlicht geloof deelt de bovennatuurlijke werking der door de genade geïnformeerde vermogens zich mede aan het bewustzijn. De natuurlijke vermogens van de mens kunnen God enkel vatten door een *middel*, voorstelling of begrip, dus niet rechtstreeks. Om zich voor te bereiden op een rechtstreeks ontmoeten met God kunnen zij van hun natuurlijke werkwijze worden *afghetrocken* en door inkering *eenvoudigh* gemaakt; deze vereenvoudiging beantwoordt God door het verlenen van de ervaring zijner onmiddellijke tegenwoordigheid in het *innigh* gebed: deze gaat samen met rust der vermogens, daar zij onbekwaam zijn boven hun eigen natuur uit te stijgen, zodat God, hoewel duidelijk, slechts duister gekend wordt. Door de instorting van de goddelijke deugden echter zijn de vermogens in staat gesteld tot een bovennatuurlijke werking, tot een rechtstreekse kennis en liefde van God. De overgang van de duistere beschouwing in het gebed van rust tot de heldere schouwing met een bovennatuurlijke activiteit van het kenvermogen gebeurt door het bewustworden, in de mystiek, van de directe Godskennis waartoe het geloof de mens in staat stelt, doch die zich in het gewone leven niet helder openbaart. Het *verlicht* geloof in de hogere schouwing staat teg. het *bloot* geloof van het *eenvoudigh* en *innigh* gebed: want ick aensien die (nl. die mysteries) nu met een verlicht Gheloof, ende met een heel klaerder kennisse, als ick pleghe; de kennisse, die ick nu daer van hebbe, ende de voorighe kennisse verschillen van malkanderen ghelijck het licht van de sonne, ende het licht van de maen, II, 111. Ms *fides illuminata.*

vermenighvuldight, bnw.: oorspronkel. v. de vermogens, vandaar overgedragen op de geestesgesteldheid als geheel: door de veelvuldige activiteit der vermogens onbekwaam om de inkeer in *eenigheyt* en *eenvoudigheyt* te bewaren: ick ben somtijdts soo verstroyt, soo vermenighvuldight, I, 221. Syn. v. *vermiddelt, verbeeldt;* staat teg. *eenvoudigh.*

vermiddelen, bedr. en onz. zw. ww.: v. het geestelijk leven: storen, belemmeren; pass.: door iets dat tussenbeide komt, gestoord worden: al, dat ons van Godt soude konnen vermiddelen, oft verstroyen, II, 49; myst.: door een terugkeer tot de natuurlijke activiteit der vermogens de onmiddellijke Godservaring onmogelijk maken: want gheene creaturen en souden ons beletten oft vermiddelen van een minnelijcke beschouwinghe, II, 12. Ms *mediare. z. middel, vermiddelinghe.*

vermiddelinghe, vr. znw.: van het geestelijk leven: hinder, stoornis: welcke menighvuldigheyt brocht my aen een groot beletsel, ende vermiddelinghe in mijnen gheest, I, 224; myst.: tussenterm, of object tussen God en de geest, waardoor God slechts in iets geschapens ontmoet wordt: de eenvoudighe, vereenighende liefde met hem, de welcke gheen vermiddelinghe en ghedooght. II, 9. Ms *medium;* de opheffing van het rechtstreeks contact tussen God en de ziel door deze tussenterm of *middel*: omdat die alder-eenvoudighste ghenietinghe Godts hier door schijnt vermiddelinghe te lyden, ende uyt haere eensaemheyt ghetrocken te worden tot menigvuldigheyt, I, 183. Ms *mediatio. z. middel.*

vermiddelt, verl. deelw. v. *vermiddelen,* bnw.: door *vermiddelinghe* van de rechtstreekse Godservaring verhinderd: vermiddelt van 't onvermiddelt aenhanghen Godts, II, 36. Ms *mediatus.*

vermorft, 3e pers. enk. teg. tijd v. *vermorwen,* bedr. zw. ww.: vermurwen, week maken, geestelijk vermorzelen: dese memorie vermorft ende verootmoedight my, II, 57. Ms *conterere.*

vernieten, bedr. zw. ww.: verloochenen en uit zijn bewustzijn weren van alle schepselen, ook van zichzelf en van de geestesactiviteit aangaande de schepselen: een verkleynen, vernieten ende onverlet laten van alle Creaturen, I, 61; *vernietende gheloof*: het geloof, waardoor de mens de onmacht van zijn vermogens om God te bereiken beseft, en dat hem brengt tot het verzaken van alle eigen initiatief in zijn handelingen en van alle aandacht voor de natuurlijke geesteswerking door een volledige onderwerping van de wil aan Gods wil: men wort inwendigh eene kracht ende sterckte ghewaer, om in alles, het welck ons naer Godts welbehaghen staet te doen ende te laten, dat te doen inden gheest van een vernietende gheloof, om inwendigh inghekeert te blyven, om alle creaturen ende de verbeeldinghen der selver lichtelijck te konnen ontvallen, ende onverlet te laeten, I, 138; van de mens, die deze verloochening beoefent: *verniet worden:* met zijn eigen persoonlijkheid verzinken en opgaan in God: in Godt verslonden, ende verniet, II, 4. Ms *annihilare.*

vernietinghe, vr. znw.: het uit zijn bewustzijn weren en het verzaken van alle schepselen, van hun voorstelling of begrip, en van de menigvuldigheid en complexiteit der natuurlijke geesteswerking, om de geest *eenvoudigh* te maken: met een stille werckelijcke vernietinghe, II, 8; dese vernietinghe is een gheduerigh vlieden, weg-ghaen, ende ontledinghe van myn eyghen selven, soo dat ick my selven nievers en magh vinden, noch ghewaer-worden als jet gheschaepens, ende van Godt verscheyden; maer als een in Godt; ende dien-volghens, en magh ick uytwendigh, oft inwendigh niet meer wercken, noch voornemen jet te doen, oft te laeten door my, als door my, maer alle werckinghen der Ziele moeten voortaen gheschieden in Godt, met Godt, ende door Godt, niet werckende, niet beminnende, oock selver Godt niet, uyt my selven, als uyt my selven, maer uyt Godt, ende in Godt, die selver alles wilt ende moet wercken in desen *niet,* II, 6. Ms *annihilatio.*

versaeminghe, vr. znw.: bijeenbrengen, ingetogen maken, éénmaken: eene lichtigheyt tot de Meditatie, ende versaeminge der krachten, I, 12.

versaemtheyt, vr. znw.: ingetogenheid, éénmaking: met soo groote stilte, ende versaemtheyt der opperste krachten, I, 251.

verschijnen, onz. zw. ww., ook: schijnen, stralen, schitteren: dit sien van de voormelde glorie sagh ick inden gheest, in Godt verschijnen, I, 173. Ms *resplendere.*

verstandelijck, bnw., in: *verstandelijck Beeldt:* begrip, concept: door dien dat de teghenwoordigheyt van den Beminden in my was door 't vertoon van eenigh verstandelijck Beeldt, als van eenighe grootdaedigheyt, eerelijckheyt, ende Majesteyt, II, 12.

vervremt, bnw.: z. *afghetrocken.*

voncxken, onz. znw., uitgaande van het beeld van de gloeiende sprankel of vonk onder de asse: de wil, beschouwd niet in zijn werkzaamheid als afzonderlijk vermogen, maar in zijn wezen, waar hij geworteld is in de éénheid van de binnenste *grondt* en door God bewerkt wordt; daar deze *grondt* gemaakt is naar Gods beeld en God voortdurend in hem werkt, kan de wil, *wesentlijck* geworden in de éénheid van deze wezensgrond, vereenigd worden met God en in deze vereniging blijven, hoezeer ook de vermogens door beproeving, bekoring en verstrooidheid schijnen van God verwijderd te worden: daer en resteerde maer een subtiel voncxken, oft kracht, de welcke in 't binnenste, in 't verborghen ende heymelijck, werckt eenen toekeer ende aenkleven aen Godt, wesentlijck in een bloot gheloof, heel gheestelijck, abstractelijck ende onghevoelijck, I, 212; Dit is alleen, soo my dunckt, een kleyn voncxken van eenen goeden wille, ... maer dit voncxken ... light dan soo diep verborghen in den gront der Ziele ... dat de werckinghen der inghestorte deughden onghevoelijck gheschieden, I, 133. Het beeld kan overgedragen worden op de wezensgrond van de geest zelf, beschouwd als de plaats, waar God in hem werkt: Dat innigh voncxken, waer door ick verstaen den blooten gheest, openbaert hem op dien tijdt, leydende de Ziele buyten haer selven, ende buyten alle gheschapen dinghen, ende haer onvermiddelt tot Godt bringhende, I, 260. Ms *scintilla.*

voorworp, m. znw.: voorwerp: object en doel van het beschouwende leven, in die betek. dikw. syn. v. God: den Goddelijcken voorworp, I, 61; Godt niet puer ghenoegh hebbende voor den eenighen voorworp van haer inwendigh ghesicht ende liefde, I, 253.

werckelijck, bnw. en bijw.: actief, werkzaam, door eigen werk voortgebracht: dat ick die bekoringhe soo werckelijck ende aerbeydelijck niet en moest trachten te verwinnen, I, 202; my en docht nochtans niet, dat ick door veel eyghen neerstigheyt, oft werkelijke aendachtigheyt daer toe moest trachten, II, 41. Met *werckelijck* wordt het hele ascetische leven aangeduid tegenover het passieve van het mystieke leven: 't zy werckelijcke, 't zy lydelijcke oft van Godt inghestorte oeffeninghe van de goddelijcke teghenwoordigheyt, II, 14.

werckelijckheyt, vr. znw.: arbeid, werkzaamheid, inspanning: van de natuerlijcke werckinghe, ende werckelijckheyt des verstants, II, 15; de *eighen-werckelijckheit,* of de werking die gebeurt op initiatief van de mens kenmerkt het ascetische leven, het verzaken er van is voorwaarde voor het mystieke: latende vaeren die werckelijckheyt der Meditatie, I, 55; niet door eyghen-werckelijckheyt, maer als vanden Beminden bevrocht zijnde, I, 178.

wesentlijck, bnw. of bijw.: wezenlijk, essentieel, naar het wezen:

1) v. de mens: naar het wezen, in tegenstelling tot de vermogens: *een wesentlijcke onderwerpinghe,* nl.: sonder opset, oft werckinghe van 't verstandt oft wille, soo dat de ziel metterdaet daer in is, sonder datse 't selve weet, oft daer op let, II, 4; van de *habitus* of deugden der vermogens: niet meer bewust uitgeoefend, maar onder de invloed der genadewerking spontaan, alsof zij tot een tweede natuur behoorden: Niet dat sy metter daet ledigh is vande liefde tot Godt te oeffenen, ende de deughden uyt te wercken op tydt en stondt, naer dat de occasien dat vereyschen, want sy niet en wyle tydts en soude konnen blyven in die eenvoudighe ghenietinghe Godts, ten waer dat alle die deughden in haer wesentlijck, ende op het volmaeckste waeren; ende als in natuer verandert, I, 183; wordt gezegd van alle eigenschappen en belevingen in de wezensgrond, door de inwerking der genade tot nieuwe natuur herschapen, en wier activiteit of manifestaties dan ook voor het natuurlijk bewustzijn der vermogens onwaarneembaar zijn, *wesentlijck gheloof, beschouwen, wesentlijcke vrede, liefde,* enz.: Hy en laet haer niet anders als een doncker ende wesentlijck licht des Gheloofs, om haer aen sijne teghenwoordigheyt vast te houden, verghesselschapt met een stercke, niet teere, ghetrouwe, ende wesentlijcke liefde, I, 186; inghetrocken tot een wesentlijcker gheloof, inghekeertheyt, ende tot een wesentlijcker ontmoeten, ende vinden Godts inden binnensten grondt mijnder Ziele, verre buyten ende boven de sinnen, ende andere krachten, I, 218;

2) v. God: met hem verenigd of Hem schouwend naar zijn Essentie, niet naar enige ook voor de natuurlijke vermogens bevattelijke gave, toeschrijving, manifestatie, of attribuut: desen inwendighen vrede spruyt uyt een puer ende oprecht trachten ende trecken tot Godt, wesentlijck, dat is, ontkleedt, oft niet bekleedt met licht, oft andere gaven, ... daerom moetmen dat al voor-by gaen, ende in Godt verliesen, om een wesentlijcke vereeninghe met hem te connen bekomen, I, 213.

ydelinghe, vr. znw.: het ledig maken, zuiveren: een wondere suyverheyt des herten, de welcke bestaet in een ydelinghe van alle schepsels, I, 180.

Bijdragen 25 (1964) 211-228

3

LEVEN «IN DE GROND»
DE LEERSCHOOL VAN EEN VLAAMSE MYSTIEKE

Voor velen klinkt het ongehoord, als een bisschop van de Kerk van
Engeland in alle eerlijkheid tot de bevinding komt, en die ook uitdrukt:
de begrippen, die theologie en theodicee de mens over God meedelen,
verduisteren God, maken hem monsterachtig onchristelijk, verwijderen
tenslotte de mens van hem. Religie tot dit Opperwezen verstart tot
onmenselijkheid, zoals alle religie tot een idool. Christendom is leven en
groei naar vereniging. Doch waar dan nog hopen God te vinden, tenzij
in de fundamentele eerlijkheid van een leven naar «de grond» van het
eigen wezen en in de liefde van de medemens, in *the «beyond» in the
midst of our life*? Bisschop Robinson is niet de eerste noch de laatste
vrome, die het kaartenhuisje van de begrippelijke systemen ziet ineen-
storten: wordt men atheïst of agnosticus omdat men *uiteindelijk* de menselijke begrippen over God verzaakt? Het God-zoeken begint niet met
die verzaking – een dergelijke houding leidde steeds tot obscurantisme,
religieuze dweperij, of de verscheidene slavernijvormen van het mate-
rialisme; maar nadat de mens moeizaam de berg van zijn verstandelijke
mogelijkheden heeft bestegen, komt eerlijke religieuze beleving tot de
vaststelling, dat men op de top van menselijke kennis en kunde nergens
staat, en eerst voorgoed tot de bekentenis van zijn onwetendheid moet
overgaan. Nicolaas van Cusa was wel de eerste om zich *historisch* te
bezinnen op die ervaring van de grootste christelijke denkers, en ze te
beschrijven als een *docta ignorantia*, het tegenovergestelde van het verzaken van het denken tout court. Men klimt doorheen de menselijke
begrippen om ze te verlaten; men verlaat ze niet als er nog geen zijn.
Nicolaas van Cusa was echter ook de laatste om nog een, overigens ver-
geefse, poging te wagen tot overbrugging van de kloof tussen theologie
en mystiek, in zijn tijd reeds eeuwen oud.

De Vlaamse mystieke Maria Petyt noemt op een onbewaakt ogenblik
van spontane reactie de theologische bespiegelingen over Gods eigenschappen *kladschilderyen* (de term is dus niet ontstaan in relatie tot de
hedendaagse kunst) – hoewel zij daarbij wel verschiet van haar durf en
van haar eigen wijze van «schilderen». De jaren 1657-59 zijn voor haar

innerlijke evolutie buitengewoon vruchtbaar geweest. Maria Petyt was toen zelf 34-36 jaar oud, en leidde reeds jaren een echt contemplatief leven met mystieke begenadiging. Maar de vorm en de voorstellingen, waarin zij haar innerlijk leven voor zichzelf had geformuleerd en «gegoten» – zowel uit aanleg en lectuur als door de ontvangen leiding – beginnen in die jaren te wankelen en van binnenuit ineen te storten. De mystieke ervaringen van een verenigingsleven, dat duidelijk uitgaat boven *eenvoudig* en *innig gebed* (*oratio simplex* en *oratio cordis* of *affectiva*) blijken vooreerst van plotse en voorbijgaande aard, hierin overeenstemmend met de getuigenissen van de meeste mystici over de groei van het verenigingsleven:

> Eens naer de H. Communie hebbe ick een inlichtinghe ghehadt, met een goddelijck ingheven: *Aensiet na het Goddelijck Een, doorgrondt, ende siet dat in alle dese creaturen.* Ende op den selven oogenblick scheen in myn inwendigh gheopent te worden ghelijck eene wolcke, waer in myne Ziele sach een onuytsprekelijck Goedt; het was even-eens, ghelijck als 't blixemt, de locht gaet open, ende daer in wort er ghesien een diepe ende groote clarigheyt: door dit snel aensien verdwenen ghelijck alle creaturen, formen, ende ghedaenten van alle dinghen, ende daer gheschiede een aenspraeck tot de Ziele: *Nu hebt ghy Godt, het opperste Goedt onnoemelijck; dit is Godt aenhanghen onnoemelijck.* Myne Ziele bleef daer in als verslonden, oft op-ghetoghen met een nieuwe kennisse vande onbegrypelijckheyt ende onuytsprekelijckheyt Godts; hier verstont ick, dat al watter gheseyt wort vande eygendommen Godts, dat altemael Godt niet en is, maer eer van Godt moet gheloochent worden. Want Godt en is noch dit, noch dat.
>
> Wy segghen: Godt is de Goedtheyt, Godt is de bermhertigheyt, de liefde, Godt is eenen afgrondt, hy is een donckerheyt, Godt is een licht, Godt is onghemeten, oneyndelijck, wys, almachtigh, enz. Alle dit en bediet ons niet, wat dat Godt is; want hy is onuytsprekelijcken boven dit altemael; alle dat segghen zyn maer kladschilderyen...
>
> Maer ick schildere dit al soo groot; misschien en verstaen ick my selven niet. (L. IV, pp. 53-54, 1657)[1].

De evolutie van het «leven in de grond» van deze Vlaamse mystieke is even merkwaardig als weinig gekend. De trouw aan dit zoeken van God «in de grond» brengt haar tot een beleving, die zij oorspronkelijk noch bedoelde noch wenste: van uit de innerlijke ervaring zelf maakt zij een opvoeding door die in haar een echte *metanoia* bewerkt, een instelling van de geest die op voorname punten diametraal ingaat tegen haar geestesgesteldheid van het eerste uur. Zo niet tegen wil en dank, dan

---

1. *Het Leven vande Weerdighe Moeder Maria a Sta Teresia, (alias) Petyt,* ed. P. MICHAEL A SANCTO AUGUSTINO, Gent, t. 1: *dl. I en II,* 1683; t. 2: *dl. III en IV,* 1684. – Naar dit werk wordt verwezen als L.

toch niet zonder weerstand, verwarring van eigen inzicht en negatie van vroegere vorming, wordt zij verlost uit het dwangbuis van bepaalde godsdienstige voorstellingen, die zij met koppige ijver in haar leven had willen verwerkelijken. Daar haar geestelijke leider, Michael a S. Augustino, meestal niet voor gesprek bereikbaar was – hij bekleedde een reeks voorname ambten in de Nederlandse Carmelietenprovincie en was veel op reis – stelde zij haar belevingen voor hem op schrift. Voor de nauwkeurige psychologische observatie van de innerlijke gesteldheid, en van haar wijzigingen, is dit getuigenis uniek in de geschiedenis van de spiritualiteit. Bij alle gedweeheid gaat dit geestelijk leven toch vrij onafhankelijk, of alleen onder Gods leiding, zijn eigen weg: Maria Petyt was immers geen kloosterlinge, sterk in het raam van een spirituele methode gebonden, doch eenvoudige «Geestelijke Dochter». Schrander, door overvloedige lezing van mystieke auteurs overontwikkeld en -bewust (haar geestelijke leider kwam reeds wat laat, toen hij haar al die geestelijke lectuur afraadde), wil zij edelmoedig *haeren treck ende roep* volgen naar een contemplatief leven, alleen voor God, totaal van de wereld *afgetrokken.* Langs de weg van uiterste vergeestelijking, totale ontbloting van alle voorstellingen en creaturen, uitsluiting van al het aardse, erg bewuste verloochening en versterving, de vaste wil om volmaakt te worden en de roeping tot heiligheid te beantwoorden, – dus een vermenging van een middeleeuwse, eenzijdige, absolute spiritualisatie met de stijl van het reflecterend heroïsme der barokheiligen, of althans van hun hagiografen.

Bij de *dii minores* van de mystiek uit alle tijden speelt de negatieve bestreving een hoofdrol: de vernietiging, *l'anéantissement,* het *nada* is een motief dat Maria Petyt fel heeft aangetrokken. Bij een Benedictus van Canfield, bij een Jean de Saint-Samson, twee verre leerlingen van de oude Nederlandse mystiek en geliefde auteurs van Maria Petyt, betekent deze vernietiging de uitschakeling van de eigenwil als actief principe (de *eyghen-werckelijckheyt* bij onze mystieke) om de volledige onderwerping te verkrijgen van de menselijke wil aan en zijn eenmaking met de goddelijke wil, die zo de *wezenlijke wil* wordt van de *verniete* mens. Bij de grootste meesters, Ruusbroec, Catarina van Genua, Jan van het Kruis, wordt die vernietiging minder beklemtoond: zij blijft «weg», en een weg die men niet eens zelf kan gaan doch waarlangs men moet geleid worden; nooit echter wordt zij doel, want de volmaakt in God levende mens is niet de van de wereld gescheidene, de in de pure geest gevluchte, doch de *gemeyne* mens, de in *actione contemplativus.*

Ongetwijfeld blijft onze mystieke haar roeping tot het contemplatieve leven trouw. Doch uit haar individualistische spiritualiteit wordt zij

gebracht tot apostolische bezieling, uit haar extreme vergeestelijking tot
een harmonisch menselijk leven-in-God, uit haar bewust nastreven van
de heiligheid tot de erkenning dat heiligheid liefde is, en dus zelfverge-
tenheid veronderstelt. Het is immers niet door zichzelf te observeren dat
men zichzelf gaat vergeten: opzettelijkheid brengt personages voort,
geen persoonlijkheden. Dit alles leert zij door trouw aan de leiding uit
«de grond», maar het is haar een harde leerschool, en de rekenschap
tegenover Michael a S. Augustino wordt meer dan eens een afrekening
met zichzelf: het vooropgezette doel en de geplande schema's, waarin
zij haar beleving poogt onder te brengen, verwarren aanvankelijk het
inzicht, tot de beleving zelf die kaders doorbreekt.

Daargelaten nog de behoefte van de barokstijl om zich met weidse
termen «in te leven» in een ervaring die van huis uit met bescheidener
namen en begrippen beter ware gediend geweest, heeft Maria Petyt, die
zelf helemaal geen aanleg had tot triomfantelijke kerkelijkheid, toch
onvermijdelijk van haar milieu de eerder groots aanzettende terminologie moeten overnemen: alleen aan haar uitzonderlijke begaafdheid en
standvastigheid valt het te danken dat zij, bij de acute gewaarwording
van de begripsinflatie in de woordenschat waarover zij beschikte, als
schrijfster de verwarring, door het courant vocabularium veroorzaakt,
heeft durven formuleren, en nooit de strijd heeft opgegeven in het zoeken naar een nauwkeurige weergave van de ervaring.

Te opvallend om ze zwijgend voorbij te gaan is de gelijkenis in de uiteindelijke formulering van die ervaring, met die van een andere grote
mystieke, tijdgenote van Maria Petyt (die ze zeker op geen wijze heeft
kunnen kennen), Marie de l'Incarnation, de Ursuline van Québec. De
geschriften van deze laatste kenden moderne uitgaven; korte verwijzingen naar dit werk mogen derhalve volstaan[2]; daar de teksten van onze
Vlaamse mystieke hier voor het eerst opnieuw gepubliceerd worden,
werden taal en rechtschrijving ervan geëerbiedigd en niet genormali-
seerd.

Maria Petyt behoort tot het mystieke type, wiens innerlijk leven, bij
alle wisseling en op- en neergang, toch een gestadige ontwikkeling naar
groter rijkdom en diepte doormaakt, een «groei» volgens onze voorstelling, zoals bij Teresa van Avila; Marie de l'Incarnation behoort tot het
type, wiens mystiek leven begint met de hoogste rijkdom, mystiek
huwelijk en oervorming, en wiens verder leven slechts de trouwe, soms

2. Kritische uitgave door A. JAMET, *Écrits spirituels et historiques,* 4 Vols., Paris –
Québec, Desclée De Brouwer – Action Sociale, 1929, 1930, 1936, 1939; *Lettres de la
révérende mère Marie de l'Incarnation,* ed. Pierre-François RICHAUDEAU, 2 Vols., Door-
nik, Casterman, 1876. – Naar deze werken wordt resp. verwezen als E. en L.

dorre uitwerking wordt van die eerste ervaring, zoals bij Catarina van Genua, Alfonsus Rodriguez, en menig bekeerling. Dit verschil van innerlijke geschiedenis vermindert echter in niets de merkwaardigheid van sommige parallelle inzichten.

De ontmoeting met God *in de grond* is vooreerst nog geen spontaan leven; hoe echt ook, ze blijft jarenlang een programma van inkeer-oefening, *trachtende den gheest te trecken, de aendachtigheyt vergaederende op een point,* met een gewilde splitsing tussen de *nature* en de hogere geestesvermogens, die op hun beurt van menselijke voorstellingen moeten *ontbloot* worden:

> Ick hebbe ghevoelt eenighe verlichtinghe, oft goddelijck ingheven, waer door ick gheleert wiert, my onberoert te houden sonder letten, oft eenighe reflexie, watter inde nature ende sinnelijck deel omgaet, laetende de nature nature zijn, houdende my als vremt van my selven, ende trachtende den gheest te trecken tot een meerdere ruste, ende subtilijck ende eenvoudelijck alle aendachtigheyt ende ghesicht vergaederende op een point, te weten, tot den gront in een bloot gheloof. (L. IV, p. 58, 1657).

De positieve beleving van die *verniete* en *beeldeloze* overgave wordt prachtig samengevat in een niet gedateerd verslag:

> Hoe ick dieper ende innigher sincke inden afgrondt van myne nietheyt, met een gheheele vernietinghe myns selfs, hoe veel te meer, ende op een goddelijcker maniere ick Godt vinde inden binnensten grondt mynder Ziele, met een diepe verstaeninghe ende kennisse van myne ende alder creaturen nietheyt, ende t'samen van de onghemeten Grootheyt, ende Alheyt Godts: ick t'samen met alle de creaturen worden van dit, ende in dit onghemeten Wesen soo verslonden, ende te niet ghebracht, dat ick daer in my selven, ende alle creaturen schijn verloren te hebben. (L. IV, pp. 133-34, niet gedateerd).

Zij voelt zich zo aangezogen om op te gaan in die geestesbeleving, die beantwoordt aan haar eigen innigste verwachting, dat het schrijven van een verslag eene *doodt* betekent, en alle minder edel werk *pynelijck* onaangepast blijkt voor iemand die tot zuiver contemplatie geroepen is:

> Hier en weet ick van gheene claerheyt, licht, donckerheyt, oft eenigh aensien Godts, oft andere onderscheydentheyt te spreken; dan alleen van een simpele, innighe ghetuyghenisse, oft eenvoudighe kennisse, dat desen afgrondt is de groote Godtheyt, die mijne Ziele, ende al dat in my eyghen oft natuerlijck is, wilt her-formen, in hem smilten, in hem over-vormen, ende alsoo in hem veranderen; dit is een ontgeestinghe, die ick tot noch toe niet en hebbe ghevat.
>
> Dese inwerckinghe gaet soo verborghen ende onbekent voor my selven, dat ick'er heel weynigh kan van spreken: niet sonder eene doodt en keere ick my uyt dien afgrondt, om uyt ghehoorsaemheyt daer wat van te schrijven; halve, ja heele daghen soude ick nu wel over-brenghen in dit stil inghetrocken ghemoet, in verslonden te ligghen in desen diepen afgrondt; het

handt-werck is my nu pynelijck, ende somtydts moet ick 't verlaeten, niet meer voort connende. (L. IV, pp. 99-100, aug. 1657).

Verlaat haar het gewaarwordelijk besef van Gods aanwezigheid, dan blijft haar ascese gericht op afgescheidenheid van de geest in de grond zonder *ghemeynschap te nemen* met het nedere deel der natuur.

> Alsdan is de Ziele alleen ghelaten op haer selven sonder ondervindelijcke hulpe van boven oft een straeltjen licht ghewaer te worden; alsdan en doen ick anders niet als my aenden inwendighen gront vast te hechten, als daer aen gheanckert met een simpel ende stille wederhoudt des gheests, ende der krachten, met een pooghen, om die onverlet te laeten, ende gheenen toekeer oft ghemeynschap te nemen met het deel dat in troubel is, in menighvuldigheyt, in lyden ende bestorminghe, sonder anderen wederstant te doen oft andere bekommeringhe voorts te brenghen; hoe eenvoudigh dat sy zyn, 't is my dan werck ghenoegh, den gront stille te houden, ende daer by, oft in, vertrocken te blyven. (L. IV, p. 94, aug. 1657).

Bij echte vereniging blijft de blik van de mens niet op zichzelf gericht. Reeds in 1657 constateert Maria Petyt, dat zij een onadekwaat vocabularium gebruikt. Op dit punt blijkt haar kritische zin meer ont-wikkeld dan die van haar spirituaal, humanistisch gevormd en man van zijn eeuw, die in zijn boeken met *overvormingen* en andere hoogge-kleurde mystieke termen de normale vrome belevingen van de trouwe christen borstelt. Maria Petyt is wellicht de enige auteur van haar eeuw, die de nadelen van de barokke uitbundigheid voldoende heeft aange-voeld om er argeloos de verwarrende gevolgen van te belijden. Nog in haar laatste levensjaren bekent zij haar onmacht tot nauwkeurig verslag, omdat zij heel haar hoogste woordvoorraad reeds heeft verbruikt bij de beschrijving van vroegere ervaringen.

> Hier naer is gevolght een ander kennisse ende vinden van Godts teghen-woordigheyt, meer onbegrypelijcker, onuytsprekelijcker, enz. met noch een meerdere eenvoudigheyt my daer in verliesende op ongewoonelijcke wyse; door liefde ende over-groote eenvoudigheyt des gemoets ende gheests worde ick over-vormt, ende een met het goddelijck Wesen: dit een-worden is wel anders, als tot noch toe; ô wat onbekende waerheyt wort my gheleert in dese woorden *Een, oft vereenight te zijn* met Godt! voorwaer my dunckt gheloghen te hebben, oft, ten minsten ghefaelt als ick meynde vereeninghe, veel meer, over-vorminghe te hebben; in de veree-ninghe, oft over-vorminghe worde ick soo verloren, ende een met Godt, dat ick my selven niet en ghevoele, ghedencke, noch ghewaer en worde. (L. IV, pp. 107-108, 1657).

> 2 maart 1673, over «overvorming»:
> Ick sien, dat U-Eerweerdigheyt begheert, dat ick soude voortgaen in aen te teeckenen de goddelijcke inwerckinghen, die in my passeren. Ick soude U-Eerweerdigheyt hier in gheerne voldoen: maer ick kan de selve soo qualijck

met woorden uytlegghen, datter gheen ghelijckenisse en is met de uytghe-
leyde dinghen ghelijckse metter daedt in hun selven zijn: want alle de woorden, die ick kan by-brenghen, hebbe ick ghebruyckt inde voorgaende aen-
teeckeninghen; soo dat't alleneen schynt te wesen het selve; daer my
nochtans dunckt, dat meest al different is in de maniere... (L. IV, p. 286).

In het genadejaar 1657 krijgt zij een inzicht in hetgeen haar gebed zou
moeten zijn, en ook eenmaal zal worden: apostolisch. Zij belijdt die
ervaring, kan ze echter innerlijk niet verder volgen en voltrekken – het
blijft een voorsmaak, fenomeen dat meer voorkomt in de belijdenis van
mystieke ervaringen: als *vremt* wordt de mystieke iets voorgehouden,
dat eenmaal de normale uitbloei van het innerlijk leven zal blijken. Het
gaat nog zeer in tegen haar opvattingen over een persoonlijke, wereld-
vergeten verslondenheid der ziel in God, tegen *de rechte Theologie,*
bedoeld wèl: de mystieke theologie van haar geliefkoosde auteurs met
hun leer van totale ontlediging aller begrippen en voorstellingen in het
naakt aanhangen Gods:

De Ziele door groote eenvoudigheyt des gheests ghetrocken, over-gheset,
ende over-vormt zijnde in een onbekent, onuytsprekelijck, ongheschaepen
Wesen Godts, buyten alle weten oft ghedencken van eenighe gheschaepen
dinghen, ende alsoo ontwyffelijck in Godt seer verheven zynde, soo dunckt
my, datter ghelijck in confues, inden gheest voor-ghestelt wort een groot
ghetal van Zielen, die Ghebedt versoecken, oft die van noode hebben door
Ghebeden gheholpen te worden, sonder eenigh onderscheydt, ende oock
sonder eenighe verbeeldinghe daer van te formeren.

Dit schijnt vremt te zijn, ende contradictie in te hebben; ende nochtans
het is alsoo; die 't onder-vonden hebben, zullen my ghelooven; den
Gheest, die de Ziele alsdan besit, ende volcomelijck een met haer schijnt te
zijn, hy selver bidt voor alle die Zielen, hy selver presenteert die aen sy selven; ick en wete niet, oft my jemandt zal ghelooven, midts ick schyne te
spreken buyten reden, ende sonder fondament, misschien tegen de rechte
Theologie, die ick niet en verstaen. (L. IV, pp. 61-62, 1657).

Gedweeheid tegenover de genade betekent afwending van de blik van
eigen deugden- en volmaaktheidscultus. Gehoorzaamheid, opdracht en
werk naar buiten blijven *een groote pyne*:

Dit kost moeyte en aerbeydt, ende is een harte doodt voor de nature, op
sulcke gheestelijcke maniere ons te vervremden van ons eyghen selven;
anders doende is'er een disordre, ende de bestieringhe des H. Gheests wort
belet, den welcken de heele Ziele lydender-wyse schijnt te besitten, ende die
naer sijn beliefte te ghebruycken, sonder dat de Ziele haer voorder tot jet
magh indringhen; by exempel, dat ick uyt ghehoorsaemheyt moet doen dese
uytlegginghe, dat gheschiedt met een groote pyne, door dien dat ick een
weynigh moet uytgaen uyt dien eensaemen grondt, om woorden ende naemen te vinden, met de welcke ick dese verholen ende onbekende ghesteltenissen met eenigh onderscheydt soude moghen uytlegghen: alle dinghen

zyn my daer maer een, allegader ghesmolten inde eenheyt Godts, sonder woorden, sonder naemen, sonder onderscheydt, oft verschil.

Hier en vinde ick gheen letten, oft wetenschap van liefde, van ootmoedigheyt oft andere deughden, ghelijck ick plocht; ick laete my voorstaen, dat die naer hun wesen blyven inden grondt, ende daer uyt wesentlijck vloeyen, sonder verbeeldinghe der selve, blyve in groote eensaemheyt, oft inde eenigheyt ende eenvoudigheyt Godts. (L. IV, p. 93, 1658)[3].

MARIE DE L'INCARNATION: «Il est tres difficile à ces âmes qui jouissent ainsi de Dieu de rendre compte de leur intérieur, parce que l'état où elles sont est d'une telle simplicité, et qu'elles sont perdues en Dieu, qui est l'unité et la simplicité mêmes» (L. 2, p. 320).

Op het eind van 1657 wordt voor het eerst een andere toon aangeslagen. De lagere vermogens, de menselijke activiteiten moeten niet meer uitgebannen worden om in God te kunnen leven. Het innerlijke gaat de hele mens beïnvloeden, *in uytwendigh spreken, doen en laeten*; in plaats van gevaar voor het geestesleven te zijn, wordt de activiteit, *als moeyelijcke siecken dienen*, uitdrukking ervan en van binnen uit met nieuwe kracht erdoor gevoed. De mystieke wordt genoopt tot een, overigens niet gemakkelijke, herziening van haar opvattingen. Zij zal tot een duidelijker besef komen dat men met *uitsluiting van de eigen-werkelijkheid* niet de veroordeling van het *werk* maar van het *eigen* bedoelt, nl. het initiatief en de wil van het ego. Men zal een zekere verwarring, zelfs tegenspraak bemerken tussen de beschrijving «hoe het moet» en de belijdenis «hoe het is». Zij probeert èn de leer der uitsluiting van de lagere mens te bewaren èn rekening te houden met een ervaring die haar anders beleert, door het beeld over te nemen van het *voncxken* (*scintilla, fine pointe de l'âme*), te edel van natuur dan dat de lagere vermogens er ooit aan zouden deelhebben, maar dat toch de hele mens beveelt, *bestiert, beweeght de andere krachten der Ziele, de sinnen, de litmaeten*, want: *in 't selve is besloten ende vergadert alle de moghentheyt van alle de andere krachten*. Dat de menselijke activiteit thans wordt geïntegreerd in plaats van uitgesloten, vindt zijn mooie uitdrukking in het beeld van het kind, *dat sijn handt laet leyden vanden schryf-meester*. Maar deze leer van het vonkje, of de *fine pointe de l'âme*, waarbij God gevonden wordt in het opperste van de ziel, in een soort opstijging, verschijnt slechts voorbijgaande in Maria Petyt's werk: zij schijnt er bijgehaald ten behoeve van die moeilijke rekenschap van een ware ontwikkeling, die heeft ingezet. Die leer is onze schrijfster eigenlijk even wezensvreemd

---

3. *eensaemheyt,* hier door de schrijfster nader bepaald, wil buiten de thans nog gebruikelijke betekenis ook zeggen: *één-gemaaktheid,* unificatie van de menselijke vermogens in de wezensgrond, of, van God: ervaren in de Eenheid van zijn Wezen. Michael a S. Augustino vertaalt het, enigszins onzeker, met *unitas seu unio.*

als zij het aan Marie de l'Incarnation was, die Frankrijk nochtans verliet als de spiritualiteit van de *fine pointe de l'âme* haar hoogste vogue kende. De Ursuline bleef bij haar *fond* en haar *vie foncière,* zoals Maria Petyt weldra naar haar *grond* zal terugkeren. Een vergelijking van de volgende teksten, uit 1657-58, toont duidelijk de aanwezigheid van het nieuwe, de aarzelingen om er een verklaring voor te geven, en tenslotte de eenvoudig-klare belijdenis: hetgeen ik als een hindernis aanzag is in werkelijkheid voedsel voor de Godsvereniging.

Inden grondt ende binnenste der Ziele vertooght ende openbaert hem eenen goddelijcken Voorworp, als jet, dat onbegrypelijck ende onuytsprekelijck is, waer toe het ghesicht vastelijck ghetrocken is, om dat altoos te aensien, sonder jevers van belet, oft vermiddelt te worden; wat ick doen, oft niet en doen, dat goddelijck Beeldt volght, ende vertoont hem gheduerigh, als in een stilte ende claerte, soo langh als ick my kan houden sonder eyghen-werckelijckheyt, oft eyghen roeren der krachten, soo langh als ick verniet blyve in alles, ende over al...

De kennisse ende het ondervinden van den *Niet* schynt my ongrondeer-lijck, 't ghene ick daer van verstaen, om in sijn gheheelheyt te zijn; ende ick moet my daer naer voeghen, om dien te bekomen in alle gheval; ick moet verniet wesen in 't ghesicht, ghehoor, smaeck, reuck, ghevoelen, spreken, enz. ten vollen verniet in memorie, verstant, ende wille, die ghe-bruyckende, soo dat den oprechten *Niet* gheen wesen, noch ghedaente jevers van en heeft.

Op een ander tijdt verschynt hem den gheest in 't Ghebedt, ende daer buy-ten op dese maniere: het herte ende gront vande Ziele is als water, dat heel stille ende claer is, waer in de Sonne sonder eenigh belet oft middel haer laet sien, ende laet haere claer-schynende straelen daer in spelen, vervullende alsoo het ghesicht der ghene, die haer alsoo aensien; Godt is de Sonne, de straelen zijn het goddelijck licht, dat het ghesicht der Ziele soo vervult met kennisse ende liefde ... sonder het behulp van 't natuerlijck verstant oft ghe-peys... Dit ghesicht is inwendigh in stilte seer verre van die vervremt; desen stillen gront, ende ghesicht blyft my oock by in uytwendigh spreken, doen en laten; den uytwendighen mensch, die roert ende werckt, den inwendighen is stille, ende rust, al oft sy van malkanderen ghescheyden waeren.

In desen staet kan de Ziele veel verdraghen, ende aerbeydt doen, als moeyelijcke siecken dienen, injurien, quade woorden en gramschappen van andere lieden, quaedt voor goedt nemen; opspraecken, onverstandigheden, onverlet laten passeren, gheduerigh in actie zijn met een onberoert ghe-moet, ende ghestadigheyt des gheests. (L. IV, pp. 104-105, dec. 1657).

MARIE DE L'INCARNATION: «Dans les affaires extérieures une partie de l'âme est occupée dehors...» (L. 2, p. 257). «On jouit de la liberté des enfants de Dieu... Les embarras des affaires, ... les distractions des créatu-res, les croix, les peines, les maladies, ni quoi que ce soit, ne sauraient trou-bler ni inquiéter ce fond qui est la demeure de Dieu» (L. 2, p. 320).

Den inwendighen ende uytwendighen mensch is heel stille, eenvoudigh, ghestaedigh, onberoert, inghetrocken, heel vervremt van alle uytwendighe dinghen, ghelijck qualijck bequaem om de sinnen te ghebruyken, om te wercken, om te hooren, te spreken…

Oock de uytwendighe sinnen naer proportie van hunne bequaemigheyt, vinden, smaecken, ende ghenieten den Beminden op een seker maniere, door het ghewaer-worden van eenighen Strael der Godtheyt, by exempel, etende, drinckende, siende, hoorende, smaeckende, ghevoelende, inde ghemeyne t'saemenspraecke, enz. in al die dinghen vinde ick Godt ghelijck wesentlijck, ende ick gheniete hem; soo dat het my qualijck moghelijck en schynt te zijn, sijne teghenwoordigheyt ende sijne soete ghedenckenisse oyt te missen, niet meer, als jemant met open ooghen wandelende inden Sonne-schyn, kan belet worden van haere claerheyt te sien, ende wermte te ghevoelen; het selve is van dat verdwynen in Godt, alwaer de Ziele gheheel leeft buyten ende boven haer selven, sonder by-naer te connen mercken, oft vastelijck jet te aensien buyten haeren grondt, ten zy datse haer selven groot ghewelt aendoet, ende dien volghens eenen middel stelle tusschen haer ende Godt. (L. IV, p. 88, 17 jan. 1658).

Ick meyn voor seker, dat het werck des verstants, eyghen vernuftheyt oft imaginatie gheensins dit Licht voortbrengen, vergrooten, versieren, ydelijck imagineren oft naer contrefeyten en connen, hoe subtielijck dat de imaginatie ende speculatie oock is werckende, maer wel, ghelijck gheseyt is, dat beletten ende verjaghen door den minsten toekeer ende werck der selver krachten; om wel te gaen, moeten sy als gheblint, ende daer van onwetende zyn, oft ten minsten stil ende ghebonden blyven. (L. IV, p. 84, 11 febr. 1658).

Dit indringhen in Godt moet men soo stille ende innigh maecken te doen, dat de verstandelijcke ende imaginative krachten, sinnen, enz. daer van niet ghewaer en worden; sy moeten als gheblint blyven, ende onwetende zyn van desen verborghen, subtielen toekeer; ende hoe ick dit beter kan doen, hoe de Ziele gheestelijcker ende naerder ende innigher aen Godt ghelymt, ghehecht, ende als in hem ghedruckt wordt, ende haester komt tot vereenighe; … ende hier moet 'et al ghestilt, ontvallen ende verniet zyn, dat Godt niet bloot naer sijn Wesen en is, selfs oock het ghepeys; want een edelder ende subtielder kracht vinde ick in 't binnenste besloten, die alleen bequaem is, om Godt sonder beelden te beschouwen, ende te ghenieten.

Dese edele kracht dunckt my te wesen als een subtiel voncxken, het welck liber is, independent, ende niet hanghende aende andere krachten, noch jet ghemeyns met die en heeft, maer schynt op het edelste ende innighste van die afghescheyden te zyn; ende nochtans in 't selve is besloten ende vergadert alle de moghentheyt van alle andere krachten. Dit is alleen het ghene de Ziele volkomelijck kan scheyden van haer selven ende van alle Schepsels in Hemel ende Aerde, tydelijcke ende eeuwighe, ende op het edelste met Godt alleen bekommeren; dit is het eenigh instrument, waer door gheschiedt dien innighen ende onvermiddelen toekeer tot Godt buyten alle creaturen. (L. IV, pp. 79-80, 4 febr. 1658).

[Door een innige en onvermiddelde toekeer tot God] rust sy in Godt, en kleeft hem aen met een innighe liefde, oock onbekendelijck, ende qualijck ghewaer-wordelijck voor haer selven; daer naer volght de vereeninghe, als

sy haer ghetrouw ghenoegh draeght, om in een diepe stilte te blyven sonder haer te keeren tot de werckelijckheyt des verstants, ende te driftighe en
te grove beweghinghen des wils.

Siet, my komt te vooren, dat dit onbekent voncxken is den pueren
gheest, dien alleen bequaem is, om sonder middel hem met Godt te konnen
vereenighen, ende klaerlijck te aenschouwen; alle de rest, dat meer is, dat
maeckt nevel, 't gheeft ombragie, doet het innigh ghesicht krencken en verdwynen, ende doet de Ziele vallen in haer selven uyt alle innigheyt. (L. IV,
p. 80, 4 febr. 1658).

Den 23. Meert 1658 heeft'er in myn inwendigh begonst te schijnen, ende
hebbe ick ghewaer gheworden een dieper, een innigher, een claerder openbaeren van een goddelijck Voncxken in 't inwendighste, onvermiddelt aenklevende dat onverbeelt, eenvoudigh *Een* met een stilstaen, ende ophouden
der krachten, met een heel ontvallen oft buyten sluyten van 't nederste deel,
verre vervremt van alle aenstooten ende menghelinge des selfs; den gheest
is daer seffens ghearretteert, als in sijnen center, met een innigh ghesicht
lydender-wys lonckende naer dat onuytsprekelijck Goedt, ende dat met soo
groote stilte, gestadigheyt ende sterckheyt, dat gheene wercken, oft wat'er
naer Godts-wille te doen valt, dit Voncxken in 't minste (soo het schijnt)
niet en connen onthechten van die aenklevinghe aen dat voorseyde onverbeelt Goedt.

Als de Ziele ghetrouw is, om haer ontmenghelt, ende afghescheyden te
houden van 't nederste deel, het mede-wercken des selfs nerghens laetende
binnen comen, noch haer tot de sinnen keerende, oft neyghende, soo blyft
sy lichtelijck aen dat opperste Goedt gheclampt ende vast.

Ick noeme een Voncxken, om dat ick 't gheenen anderen naem geven en
kan; want het is jet, dat onverbeelt is, ende eenighe ghelijckenisse Godts in
hem besluyt; ende ten magh gheen licht ghenoemt worden, ghelijck op
andere tyden in my verschenen is; maer het schijnt noch jet goddelijcker te
zyn; het staet soo liber, soo afghesneden, ende soo onvermiddelt in Godt,
dat het schijnt niet naerder te connen comen.

Dit goddelijck Voncxken wort te dier tydt onvermiddelt bestiert, ghedreven ende beweeght tot alles, van dat Goedt, daer 't soo innigh aenkleeft;
ende alle de andere krachten der Ziele, de sinnen, ende minste roeringhen
der litmaeten, worden gheroert, bestiert, ghedreven, beweeght tot alles van
dat Voncxken, ende dat op een maniere soo gheestelijck, ende goddelijck,
dat niet en is om te achterhaelen, dan vande gene, die het proeft, even-eens
ghelijck een kindt, dat sijn handt laet leyden vanden schryf-meester.

Door kranckheyt, oft verghetentheyt van dit Voncxken, ende sijne
bestieringhe een weynigh afwyckende, staende wat inde nature, worde ick
daer naer ghestelt in soo grooten inwendigh lyden, ghedrangh, berispinghe
ende verwyt, dat het schijnt onverdraghelijck, niet wetende, waer met my
selven blyven. (L. IV, pp. 112-113, 1658).

De reden, waerom ick niet en kan uytspreken noch schryven de ghestelte-
nisse des Ghebedts, noch oock de gheestelijcke oeffeninghen den dagh
door, in mijne ruste, noch oock de maniere, op de welcke ick Godt sien
ende kenne, noch oock de inwerckinghen, ende inlichtinghen der waerheyt,
de welcke daghelijcx overvloedigher vloeyen inden alder-secretsten grondt

des gheests, is, om dat alle dinghen soo verheven, goddelijck, ende onuyt-sprekelijck zijn, dat ick gheene naemen oft woorden en vinde, om de selve uyt te legghen, ghelijckse inde daedt zijn; want als ick beghinne te letten, om jet te onderscheyden, oft eenighen naem te gheven, oft met het verstandt daer jet van te formeren, soo worde ick overgoten als met eenen nevel, ende ick schyn uyt te vallen uyt die over-natuerlijcke kennisse, ende aensien Godts.

U-Eerweerdigheyt zal believen te letten, oft hier eenigh bedrogh is schuylende; hoe ick dieper sincke inden grondt, ja over den grondt, tot een gheheele onwetentheyt van alle wetentheyt ende kennisse Godts, van alle bescheydelijcke reflexie op eenige dadelijcke ontfangen verlichtinghen ende andere overnatuerlijcke gaven; hoe ick my aldus inniger ende dieper besloten houde, penetrerende tot die onwetentheyt, al oft ick blindt waere; ende oock soo veel te meer groeyt die kennisse ende genietinghe Godts...

Dese over-vorminghe duert somtydts heele daghen, siende my selven als een met Godt, als in Godt verandert door liefde ende claerigheyt des geloofs; soo dat al wat ick op dien tydt doen, oft bidde, 't zy ick eenigh handt-werck doen, 't zy ick ete, slaepe, 't zy ick hoore, spreke, enz. alle dat niet en schynt te geschieden van mynen persoon: noch ick en schyne myns selfs niet te zyn, noch te hebben een vry ghebruyck van mynen wille, ende van myne andere krachten tot dit, oft dat, om sus oft soo te schicken oft te doen, maer als myns selfs niet machtigh wesende, draghe ick my in alle die dinghen lydender-wyse... (L. IV, pp. 89-90, 1658).

Die dinghen, die my pleghen te verkouwen, te vermenighvuldigen, te vervremden, enz. ende alsoo qualijck te becomen naer de Ziele, dat schijnt nu al te wesen als goede, delicate spysen, die den gheest voeden ende onderhouden in het puer leven in Godt, als nerghens door eenige ontsteltenisse ghevoelende, maer alles in 't goedt keerende, op dat in my verwaeright soude worden 't ghene den H. Apostel Paulus seght, *de ghene, die Godt liefhebben, alle dinghen wercken hun mede in het goedt*. (L. IV, p. 111, 1658).

In een verslag van 1 april 1658 legt zij zich bij de realiteit van de ervaring neer, al heeft die maar weinig meer van het ascetisch-platonisch dualisme, dat zij uit de prediking van haar milieu en uit de voorstelling van de vrome literatuur had overgenomen: de vijandigheid van het lichaam tegenover de ziel, van de natuur tegenover de geest. Zij bekent dat haar ervaring dan maar *vremt, onghewoon, noyt gehoort* is, en beseft beter, zoals de laatste paragraaf bewijst, wat de mystieke auteurs onder *eigen wil* veroordeelden, nl. niet slechts het zondig egoïsme, ook de «goede» verlangens van groter volmaaktheid of hoger gebed.

De teghenwoordighe oeffeninghe ende maniere, hoe den gheest nu ghetrocken ende bevrocht is in ende buyten het Ghebedt, is een sekere, klaere, bescheydelijcke, inwendighe aenschouwinghe Godts, tot noch toe noyt ondervonden, de welcke haer vertoont in een heel diepe inwendigheyt; maer de maniere van dese beschouwinghe is seer wonderlijck, vremt, onghewoon, ende noyt ghehoort, om dieswille, dat die niet en gheschiedt met een opschorten der krachten, oft ontsinckender-wyse, my selven ende alle dinghen ontvallende, alleen met den gheest in innigheyt vertreckende, ontmenghelt van het mede-wercken ende ghewaer-worden van andere krachten, met een innigh ghesicht Godt aenschouwende, ghelijck tot noch toe gheweest is.

Sy gheschiedt dan alhier eenpaerlijck door ende in, ende met alle de krachten der Ziele (soo het schynt) soo nederste, als opperste, ende dit door den levenden treek des gheests, ende openbaeren van dat onuytsprekelijck Goedt, soo voeghen sy hun altemael eendrachtelijck sonder malkanderen te beletten, oft te contrarieren, om dat Goedt te aenschouwen, ende aen te kleven; ja sy schynen den gheest te helpen, om dat volmaeckter te doen, ende daer langher in te continueren...

De Ziele is hier alleen schouwender-wys door een over-natuerlijck, claer, eenvoudigh, innigh ghesicht, het welcke haer van boven ghegheven wort, ende sy van selfs ghetrocken tot dat aensien, noch en soude in 't minste niet dat ghesicht connen voortbrengen door de natuerlijcke crachten, vernuftheyt ende behendigheyt des gheests; want door experientie hebbe ick bevonden, dat ick willende pooghen, om jet af, oft toe te doen, om dit aenschouwen claerder ende innigher te hebben, terstont come in confusie, disordre, ende verduysteringhe vanden goddelijcken Voorworp. (L. IV, pp. 115-116, 1 april 1658).

Het diepste leven in de geest kan samengaan met doorstraling van de hele menselijke activiteit; het schenkt hem dan een nieuwe energie, een zekerheid en vrijheid, gevoed uit de grond, waarvan hij in zijn angstvallige louteringsbehoefte tot «pure geest» de mogelijkheid nooit had kunnen vermoeden. Deze beleving gaat overigens samen met een totale onteigening van zichzelf. Men vergelijke de aanhef van de volgende tekst met Marie de l'Incarnation: «J'avais au fond de mon âme un acquiescement à Dieu, et il m'était avis que sa divine Majesté ... était en moi en une partie qui me semblait éloignée de moi» (E. 2, p. 293).

Somtydts ben ick soo inghetrocken, dat ick vanden gheest schijn gheleydt te zijn in een verre-gheleghen woestyne ende eensaemheyt, naer ghewaer-worden, als meer dan duysent mijlen van my, ende van al dat ick oyt hebbe gesien, gekent, geweten; ende ick en schijn niet meer te connen weder-keeren tot de kennisse oft gewaer-worden der creaturen, oft van my selven, ghelijck te vooren, ten zy met groote moeyte, ende allenxkens, ende noch blyven de krachten seer verdooft, ende van alle dingen vervremt, met een ghiduerighe gheneghentheyt tot die verre-gheleghen woestyne.

Somtydts doet den Beminden den gheest opklimmen uyt die diepe inghetrockentheyt, ghelijck jemandt verdroncken zijnde in een diep waeter, van jemandt al soetjens soude opghetrocken worden uyt het waeter, sonder by naer ghewaer te worden, ende daer ghestelt wort in een groote liberteyt, om te swemmen, om te gaen, om te vlieghen, alwaer hy wilt; op de selve maniere wort de Ziele uyt die diepte ghetrocken, haer inwendighe krachten worden ontbonden met innighe aenspraecken oft inghevinghen, al oft tot haer gheseydt wiert, keert u nu uyt met meerdere liberteyt, alwaer ghy wilt,

> om hoogh, om leegh, ende rondtom u, ghy en zult myne teghenwoordig-
> heyt nievers missen; gheniet, smaeckt, siet mijn Wesen alleen eenvoudigh-
> lijck, onbescheydelijck, onvermiddelt in alle dinghen, sonder u te keeren
> van jet, noch u keerende tot jet, om my meer, oft min te vinden; ende met-
> ter daet, mijne Ziele gheniet dat eenvoudigh goddelijck Wesen soo een-
> voudelijck, ende soo licht, als sy haeren aessem her-haelt, sonder eenighe
> moeyelijckheydt, bykans sonder eenighe mede-werkinghe, behalven
> alleenlijck, datse haer tegen-houdt, om met haere krachten niet eyghen-
> werckelijck jet te wercken. (L. IV, pp. 123-124, 1659).

Later zal zij terugkomen op een gebedsmethode en louteringsleer, die,
eenzijdig verstaan, niet van manicheïsme zou vrij te pleiten zijn, en er
zich uitdrukkelijk van afwenden. Het gebed laat zich niet in systemen
dwingen: men volge de wijze die op het ogenblik, *teghenwoordelijck,*
best past:

> Ick hadde oock eenigh licht, dat de verdooftheyt oft volle opschortinghe
> der sinnen ende nederste krachten niet noodigh en is tot een volmaeckt
> Ghebedt; mits de selve blyven onder het ghebiedt des gheests, om die
> onverlet te laeten, die uyt te sluyten, die aen te trecken, die te ghedooghen,
> die te ghebruycken naer sijn beliefte, soo veel hy kan bevroeyen Godt te
> believen, soo veel hem nut dunckt, om te volghen ende te voldoen aenden
> treck, aen het licht, aenden gheest, die teghenwoordelijck in hem werckt.
> (L. IV, p. 149, 7 mei 1662).

Als de ziel heeft leren leven in trouw aan de leiding «uit de grond»
waar zij *wort beseten* door die leiding, daar vindt zij God, ook al blijkt
dit voor de menselijke rede een *onwetentheyt* en – eerder sterke uitdrukking vanwege een eenvoudige, vrome Vlaamse vrouw uit de 17ᵉ eeuw –
een verghetenisse van alles, oock, om soo te segghen, van Godt selver:

> Och hoe diepen afgrondt vindt een eenvoudighe, inghekeerde, ende ver-
> niete Ziele in haer binnenste! Daer is sy verre ghewekeen van haer selven
> ende van alle andere creaturen, als verre vliedende van alles ende van haer
> selven door een heel ontwerren, ontmenghelen, ende ontbinden des
> gheests, ende door een neder-sincken in haeren grondt, met ontmenghe-
> linghe vande werckinghen der krachten, al blindelincx, als in een onwe-
> tentheyt ende vergetenisse van alles, oock, om soo te segghen, van Godt
> selver, soo veel als raeckt eenighe onderscheydelijcke ende bevindelijke
> kennisse; ende alsoo gaet de Ziele in, oft laet haer inleyden, oft intrecken
> tot eenighe donckerheyt.
> Men magh hier eygentlijck niet segghen: de Ziele doet dit oft dat, sy
> draeght haer sus oft soo, oft: sy moet haer soo oft soo draghen, om dat sy
> haers selfs niet en is, maer sy is ende moet wesen buyten alle wysen, ja
> buyten alle reflexie, onderscheydt ende verschil; de innighe liefde werckt
> hier heymelijck, sonder dat het verstandt dat kan achterhalen; hier wort de
> Ziele beseten, ende lydelijck bevrocht; ende kan oock buyten het Ghebedt
> langhen tydt blyven in sulcken ghesteltenisse, als er niet moeyelijcx te
> doen en valt…

Och hoe groote jonste doet den Beminden aen een Ziele, aende welcke hy gheweerdight desen over-diepen ende blooten grondt te openen, ende haer daer in te leyden, ende haer daer een ghestadige wooninge te bereyden! (L. IV, pp. 51-52, ongedat., volgt op verslag van 1668).

Precies wanneer haar innerlijk leven zijn volle rijpheid bereikt heeft, een voortdurende vereniging met God, kan zij enkel herhalen dat de kennis, die men van hem heeft, is een *ontkennen ende onweten van alle dat den menschelijcken gheest is kennende oft wetende van Godt.*

Ick aenschouwe Godt in een duysterheydt oft donckerheydt binnen in mijnen gront, met een stille ruste oft stilswyghentheyt van alle de krachten der Ziele, door middel van een seer eenvoudigh ende innigh ghesicht des gheests, welck gesichte meer lydender-wyse is als werckende. Alle de kennisse, die ick in dit Ghebedt van Godt ontfanghe, dat is een ontkennen ende onweten van alle dat den menschelijcken gheest is kennende oft wetende van Godt, ende den gheest versinckt hem inden verborghen afgrondt van dat onkennelijck *Wesen,* met een gans vernieten sijns selfs, ende van alle dat hem aengaet, in dat Wesen; door welck vernieten ende verdwynen inden *Al,* de Ziele een wort met den selven *Al.* (L. IV, p. 13, 27 juni 1671).

Die belijdenis van Maria Petyt is persoonlijk beleefd, doch niets nieuws. De theologen pogen met het menselijke denken zo ver mogelijk door te dringen tot de kennis van God, tot waar de antinomieën van de menselijke denkwijze hun het gans andere doen affirmeren; de vrienden Gods belijden sinds eeuwen, dat de kennis in de vereniging met hem een ontkennen en een onweten is voor de menselijke rede. Men zou dus eerder kunnen verwachten, dat dit een algemeen aanvaard inzicht zou zijn van de christelijke gemeenschap. Zou de grenzeloze ergernis, die uitbreekt wanneer een gezagsdrager binnen een christelijke gemeenschap hetzelfde met nog eens zoveel woorden zegt, ons niet eerder moeten doen besluiten, dat men die waarheid vergeten was, en een begrip of een begrippensysteem in de plaats van de levende God had gesteld, zodat eigenlijk slechts een star idool en een verstarde gemeenschap zich bedreigd kunnen voelen?

In Maria Petyt's latere levensjaren zien wij dan de vruchten van dit leven «in de grond». Verdwenen is de afschrikwekkende eigenwil in het streven naar de heiligheid, de sombere drang naar vergeestelijking ten koste van het menselijke. Zij leeft nu vanuit een liefde, in gedweeheid en een voortdurend uitgaan naar de wens en de leiding van de Andere. In de ascese merkt men geen krampachtigheid meer: niet de ascese zelf verdween, doch haar ik-betrokkenheid. Haar leer heeft het misprijzen afgeleerd voor het «lagere» in de mens voorzover dit zijn natuur betreft, elke neiging om te vluchten in een *fine pointe*; een mystiek van integratie verving de extatische neigingen: *niet door eenighe opneminghe des gheests, oft in een verheventheyt,* maar met een *ontsincken in mynen grondt.* Haar zorg om deugd en deugdbeoefening laat zij aan Gods leiding over, *sonder my met my selven te moeyen.*

De mens drukt zijn levenseenheid uit in twee werelden, beweegt in twee werelden. De mystieke blijft daarvan bewust, doch thans ziet zij die niet meer als vijandig tegenover elkaar staande, als een «goede» en een «slechte». Van uit de liefdesverbondenheid worden beide kostbaar: beproeving en lijden, het «menselijke» in de mens worden zinvol, gemakkelijk te dragen, betekenen assimilatie aan Christus en liefdehulp voor de medemens[4].

> Nu schijnt Godt alleen te leven ende te wercken inde Ziele sonder mede-werckinghe vande Ziele; sy haer alleen vrywilligh toe-voeghende, toe-stemmende ende ghedooghende al 't ghene Godt in haer belieft te wercken; want alsdan is er een groote, wesentlijcke vereeninghe vanden menschelijcken wille met den goddelijcken; maer wat werckt Godt in desen tydt inde Ziele? niet anders, als sy selven beminnen, aen sy selven behaeghen, sy selven besitten inde Ziel, door de Ziel, ende met de Ziel, de welcke hy een met hem ghemaeckt heeft...
>
> Ick en wete niet, oft ick my selven wel uyt-legghe, ende oft ick my selven wel verstaen. U-Eerweerdigheyt magh my daer-over onder-vraghen ende onder-soecken, om myne onwetenheyt beter te konnen leeren.
> (...)
> Mijne Ziele en kent, noch en vint haer selven niet meer buyten die actuele vereeninghe met Godt, door dien dat Godt hem geweerdight sy selven soo te drucken in mijn Ziele, oft beter, mijne Ziele in hem, ende haer soo gheheel in hem te innemen, dat de Ziele ghestadelijck in Godt ghesmolten, verniet, ende op desen sin met hem vereenight ende in hem verandert schynt te zijn.
>
> Den tydt van 't Ghebedt, ende voort den heelen dagh, wort op sulcken maniere over-ghebrocht, sonder eenighe, oft met kleyne vermiddelinghe der Ziele van Godt... Desen staet van vereeninghe maeckt de Ziele lydende, dat is, haer lydender-wyse draghende onder Godt, soo buyten het Ghebedt als in het Ghebedt...
>
> Godt beleeft ende besit my nu op een heel ander manier als voor desen, al veel volmaeckter ende ghestadiger. Nu sien ick, datter inde voorgaende goddelijcke ghesteltenissen veele van 't myne is onder ghemenghelt geweest, al en wiste ende merckte ick dat niet.
>
> Maer al hebbe ick in 't Ghebedt, ende buyten het Ghebedt, sulcken ghedue-righe ende volmaeckte aendachtigheyt tot Godt, ick en wete nochtans niet, wat ick alle dien tydt van Godt peyse, ja ick en schyne gheene ghepey-sen van Godt te hebben; want een Ziele van Godt inghenomen, ende in hem verslonden, oft als verloren zynde verliest oock alle ghewaerwordelijcke

---

4. Cf. A. DEBLAERE, *De mystieke schrijfster Maria Petyt (1623-1677),* Gent, Secreta-rie der Academie, 1962, hfdst. IX: *Christocentrisme,* pp. 183-196.

ghepeysen van Godt, blyvende op eenighe aen my onverstaenelijcke, ende veel-min uyt-legghelijcke manier, verslonden ende verdroncken in een onwetende kennisse ende beminninghe Godts. (L. IV, pp. 47-49, mei-juni 1668).

Dese verdrinckinghe, verliesinghe, ende vernietinghe der Ziele in Godt, die en gheschieden niet door eenighe opneminghe des gheests, oft in een ver-heventheyt, maer met een ontsincken binnen in mynen grondt, in diepe innigheyt ende stil-swyghentheyt van alle de krachten der Ziele, in soo groote innigheyt ende stilte, dat gheene vande krachten der Ziele ghe-dooght en wiert hun in 't minste te roeren, om dieswille dat dit eyghen roe-ren de volkomen vernietinghe soude verachtert hebben, de welcke nochtans verheyscht wierdt, om overvormt ende eenen gheest met Godt te worden...

Maer als den treck des Beminden soo krachtigh niet en is, als dan kan de Ziele daer wat toe doen, om met een gheestelijcke behendigheydt haer te versincken, ende te blyven in haeren *Niet*, ende als sy in haeren *Niet* komen kan, ende alles vernieten, wat sy buyten haeren *Niet* beseft, ghevoelt, ont-moet ende ghewaer wort, als dan wort desen vernieten grondt inghenomen ende beseten van Godt. (L. III, pp. 55-56, aug. 1670).

Als de Ziele met Godt vereenight is, dan oeffent Godt selver in haer ende met haer de deughden op tydt en plaetse, ende in occasien naer den eysch vanden goddelijcken Wille; ende dit is de reden (soo my dunckt) dat de Ziele alsdan soo ledigh ende liber is vande ghedaenten oft verbeeldinghen nopende de uytwerckinghen der deughden, ende soo ontbloot in haeren gront, sonder daer van te weten oft daer op te letten... (L. IV, p. 227, onge-dat., vermoedel. najaar 1670).

Den Beminden verniet my meer ende meer in hem, door een seker licht, waer door ick by naer gheduerigh worde verlicht, als ick jet doen oft peyse, het ghene aende gheheele vernietinghe myns selfs contrarieert, met een waerschouwinghe, dat het soo niet en magh zyn, dat ick andersins den Beminden soude beletten ende hem in sijn voornemen over my wederstaen, dat ick moet ghedooghen, dat den Beminden liberlijck my bewercke, blin-delincx voortgaende sonder my met my selven te moeyen, dat ick dit doende eenen goeden uytganck zal hebben; het welcke voorwaer my een herde doodt is, dat ick den staet van myne Ziele niet en kan gronderen oft verstaen, veel min aen U-Eerweerdigheyt uytlegghen.

Alleenelijck hebbe ick binnen in mynen grondt, heel innighlijck, dese sekerheyt ende ghetuyghenisse, dat 'et met my seer wel gaet, ... als ick aen dat goddelijck licht beantwoorde ende my inden gheest laete vernieten. (L. IV, p. 238, 2 maart 1671).

Dit bevinden ende ghenieten Godts bleef alleen in 't opperste-deel, ende ten vloeyde oft ten daelde niet tot het nederste-deel, als met het selve gheen communicatie hebbende; ende alsoo bleven dese twee deelen als verscheyden van malkanderen, in hun wesen ende werckinghen malkan-deren niet belettende; waer van ick my als verwonderde, hoe twee soo verscheyden beweghingen, soo diversche ghevoelens ende werckinghen in my konden t' samen staen, elck ghescheyden, al oft er in my twee per-soonen hadden gheweest independent van malkanderen; de natuere bleef

in een onuytsprekelijcke perse, quellinghe, smerte ende benauwtheden;
den gheest was in een genietelijck beschouwen, kennen, beminnen, aenhanghen ende vereenigen met de Godtheyt.

(...)

Dit en dunckt my nu niet swaer om doen noch seer moeyelijck, door dien
dat het goddelijck Licht my daer een openinghe in gheeft, ende eenen
inganck maeckt, om het opperste-deel met Godt vereenight te houden, niet
door een op-vlieghen om hoogh, oft door een nedersincken inden grondt
der Ziele, niet door een verheffen des gheests, enz. maer alleen door een
blyven in een volmaeckte puerheyt, oft suyveringhe ende ontmenghelinghe
des herten van alle gheschapen dinghen, ende in een puere ende oprechte
liefde Godts; want Godt buyght hem van selfs, ende als uytter natuere is hy
gheneghen om sich te boogen, ende goedertierlijck te handelen met een
ontblootten ende minnenden gheest. (L. IV, pp. 19-20, 31 oct. 1671).

Men vergelijke dit getuigenis van Maria Petyt met beschrijvingen van
Marie de l'Incarnation:

> «Ainsi je demeurai unie en l'unité de l'âme, sans pouvoir faire aucun acte
> particulier, sinon pâtir cette application amoureuse (E. 1, p. 371).
>
> Ce troisième état de l'oraison passive ou surnaturelle est le plus sublime
> de tous. Les sens y sont tellement libres, que l'âme qui y est parvenue y
> peut agir sans distraction dans les emplois où sa condition l'engage. Il lui
> faut néanmoins avoir un grand courage, parce que la nature demeure
> dénuée de tout secours sensible du côté de l'âme, Dieu s'étant tellement
> emparé d'elle, qu'il est comme le fond de sa substance.
>
> En cet état les emplois n'empêchent pas l'union avec Dieu, mais ils lais-
> sent toujours l'âme en son centre, qui est Dieu... N'ayez point de volonté,
> laissez-vous conduire a son divin esprit; c'est ce qu'il demande de vous,
> soit pour le spirituel, soit pour les emplois extérieurs; croyez-moi, je vous
> en supplie» (deze beide teksten uit brieven aan haar zoon, Dom Claude
> Martin, van 29 juli 1665 en 19 october 1667, L. 2, pp. 302, 355-356).
>
> «Lorsque tout est retiré au fond de l'âme et que la partie inférieure est
> privée de tout secours...» (E. 1, pp. 333-334).

Het gebed verschijnt thans niet meer als een eenzaam, onbereikbaar
onmenselijk gebied, poolstreek van ijzige geestelijkheid, maar het werd
de vanzelfsprekende levensruimte, beleefd zonder vermoeienis, aanwezig ook bij uitwendig handelen. Het isoleert de ziel niet met God, maar
besluit de nood en het verlangen van de gemeenschap in zijn innigste
levenskern, en dit in en door zijn mystiek karakter zelf, *lydender-wyse
van Godt bevrocht inden grondt,* door de Heer zelf gewenst smeekge-
bed dat *seer edelijck* uit God *vloeyde ende wederom* in hem. Dit voortdurend gebed is niet eentonig noch uniform, doch wisselend als het
leven zelf:

> ... lydender-wyse van Godt bevrocht inden grondt vande Ziel, seer levendigh,
> krachtigh ende ghed uerigh, nochtans seer eenvoudigh, stille ende innigh...:

dit bidden vloeyde seer edelijck ende krachtelijck uyt Godt, als uyt syne source oft oorspronck, ende vloeyde wederom in Godt, als tot syn eynde. (...)
Somtydts was den gheest ghelijck op het wytste uytghespannen oft uytghespreydt voor het Goddelijck Aenschyn, met een groote levendigheyt der liefde ende eerbiedinghe: de begheerten der Ziele staen ghelijck open voor Godt met een praemende ende minnelijck aendringhen aen het Goddelijck Herte, om verhoort te worden naer 't behaeghen Godts; het welcke sy bekent gheleghen te zyn in verhoort te worden in 't ghene de begheerten op een stil-swyghende wyse Godt zyn voorhoudende; want sy bevroeydt, dat dese haere crachten van Godt aldus bevrocht worden, ende dese begheerten van hem voortkomen, ende in haer ghestort worden, op dat sy op dese Goddelijcke manier Godt door Godt soude bidden. Sy verstaet oock, dat Godt niet van sin en is te gheven, als ghebeden zynde; daerom schijnt hy synen gheest in ons te senden, om te bidden met onuytsprekelijcke suchtinghen.
Deze maniere van bidden en vervremt de sinnen niet, noch en vermoeydt de krachten, noch het lichaem, noch de herssenen niet... Reden, waerom hier gheen vermoeyen en is, oft beletsel vande sinnen, is, naer mijn duncken, om dat de sinnen, oft onderste krachten, oft het lichaemelijck deel hier niet mede en wercken, ende dese inwerekinghen ghelijck apart inden grondt ghevrocht worden; ende oock om dat het opperste deel ende onderste deel elck liber ghelaeten wort in hunne werckinghen.
Daerom als dese manier van bidden oft inwerckinghen my aencomen, en is 't niet van noode mijn eenvoudigh handt-werck te staecken, oft my te ontrecken van eenighe acten van regulariteyt; want dat en belet dan niet met allen; want daer ick ben, den grondt blyft vast in Godt, ende Godt besit, ende bewerckt dien grondt naer sijn beliefte. (L. III, pp. 90-92, 14 nov. 1672).

MARIE DE L'INCARNATION: «On peut parler de tout, on peut lire, écrire, travailler, et faire ce que l'on veut, et néanmoins cette occupation foncière demeure toujours, et l'âme ne cesse point d'être unie à Dieu» (E. 1, p. 234).

Inden staet van vereeninghe, daer schynt den gheest Godts selver alleen te bidden, want de Ziele en wort haer selven alsdan niet ghewaer als jet verscheyden vanden gheest Godts, maer als eenen gheest met hem.
Een ander manier van bidden is 't wederom ten tyde dat de Ziele van den gheest Godts aenghenomen, ende van hem als beseten is, oft oock als sy by haeren Beminden gestelt wort in qualiteyt van een over-teere, lief-hebbende ende minsaeme Bruydt; dat bidden is dan met ghewaerwordelijck mede-wercken van myne krachten der Ziele, vanden goddelijcken Gheest aldus bevrocht ende ghedreven: den goddelijcken Gheest doet de Ziele dan bidden, hy praemts'er toe; ende gheeft haer confidentie, om de begeerde saecke hem voor te houden met een overgroot betrauwen.
Somtydts is er oock inden grondt jet goddelijcx het welck gheduerigh praemt, ende instantie doet aen het goddelijck Hert: dit bidden is seer edel ende gheheel inden gheest.
Daer zyn noch veele andere manieren, die den gheest van bidden gebruyckt, die my nu niet te vooren en comen; veele hebbe ick er U-Eerweerdigheyt gecommuniceert, de alder-ghemeynste is, de welcke gheschiet

met een simpele ende stille vertoon der saecke, sonder jet te vraghen als het alder-liefste behaeghen Godts daer in. (L. III, pp. 189-190, 28 maart 1674).

Als neophyte van de meest *abstracte* en alle menselijke voorstelling streng *vernietende* spiritualiteitsschool, had Maria Petyt wel nooit vermoed dat zij eenmaal, door ervaring wijs geworden, en direct uit die ervaring belijdend, als «regel» zou neerschrijven: *My dunckt, datter geenen Reghel en magh ghestelt, noch onderhouden en kan worden inde werckinghen vanden minne-gheest.* (L. III, p. 99, november 1672). Was zij jarenlang vervuld geweest van haar roeping tot heiligheid, van het verlangen om tot de elite der volmaakten te behoren, bereid elke prijs te betalen om tot die heiligheid te komen, tot de volmaaktheid en al de wonderen die erbij horen, zij kwam er allengerhand toe, niet uit ontgoocheling, doch uit de rijkdom van de innerlijke beleving zelf, haar *inspraecke … van heyligh te worden en andere dierghelijcke sottigheden* blijkbaar niet meer voor erg belangrijk te houden. Een zo onheilige taal over het verlangen naar volmaaktheid en zelfheiliging zal er niet weinig toe hebben bijgedragen, samen met een leer die de 18e en 19e eeuw verdacht quiëtistisch in de oren moest klinken, dat haar geschriften niet bepaald geschikt werden bevonden voor de geestelijke bibliotheek van kloostergemeenschappen, en derhalve ook nooit werden herdrukt. De groeiende vertrouwdheid met haar bewonderde heiligen deed onze eenvoudige Vlaamse vrome beseffen, dat op het gebied van de heiligheid bedoelingen en opzettelijkheid niets authentisch kunnen produceren: haar heiligen hadden noch tijd noch egocentrische belangstelling genoeg gevonden voor pijnlijke zelfoperaties op *pretext van meerder puerheyt,* of voor andere zelfobservatie dan de beantwoording van een liefde; hierin lag juist het geheim van hun volmaaktheid: zij leefden zo intens voor de liefde, *dat sy van hun selven niet en wisten.*

> Ick hebbe ghehadt een soete ende vredighe indruckinghe, dat ick niet en moest meynen, noch oock U-Eerweerdigheyt, dat ick heylich soude worden… Dit verwachten nu in my heel te niet is, my selven houdende als een gemeyne Ziele, die alleen de salicheyt hopt te verkrygen door de puere goetheyt ende bermhertigheyt Godts, sonder eenighe mijne verdiensten. (…)
> Ick soude my selven nu wel uyt-lacchen van mijne sottigheden, die ick U-Eerweerdigheyt hebbe ghecommuniceert vande inspraecke, die ick over 14, 15, 16 jaeren te Ghendt scheen ghehadt te hebben, van heyligh te worden ende andere dierghelijcke sottigheden… (L. IV, p. 308, 18 mei 1670).

> Op den dagh vande H. Magdalene Penitente 1671:
> Dit waeren de Heylighen, die my voorghestelt wierden: den H. Augustinus, de H. Teresia, de H. Magdalena de Pazzi, den H. Franciscus Xaverius, den H. Franciscus van Sales, de H. Catharina van Genua, de welcke hebben gheweest als brandende forneysen vande goddelijcke liefde; welcke brandende liefde

sonder twyffel oock in 't ghevoelijck deel heeft ghewerckt... Noch men vindt niet, dat sy op pretext van meerder puerheyt, vernietinghe ende gheestelijcke doodt, dien brandt der liefde hebben maecken te verdooven, uyt te sluyten, ende hun daer van te ledighen ... maer wel, dat sy door dien brandt der liefde hun selven hebben laeten consumeren in Godt, ende daer door met hem vereenight ende in hem overvormt, oft in hem verandert wierden.

Den minne-brandt die voerde hun soo hooghe ende diep in Godt, dat sy van hun selven niet en wisten... (L. IV, p. 239).

In de leerschool van het *leven in de grond* heeft Maria Petyt een goede opvoeding genoten. Maar ook bepaalde inzichten, waartoe haar menselijk verstand in die lange trouw is gerijpt, kunnen ons thans nog, vanwege een in de theologie ongeschoolde vrouw, tot nadenken stemmen. Als zij gedurende haar laatste levensjaren de ervaring van *overvorming* of transformatie in het gebed probeert te beschrijven, reageert Michael a S. Augustino niet, zolang als zij beelden gebruikt in de stijl van een *troon,* waarop God in de ziel zetelt om van die troon uit de hele mens te *besitten* en te *bestieren.* Maar bij de beschrijving van een contemplatie *van het Licht in het licht* moet Michael wèl gereageerd hebben. Die beschrijving luidde als volgt:

Het en is gheen licht, datmen ontfanght door kennisse, wetenschap, oft begrypen van eenigh dinck in 't verstant; maer het is ghelijck oft Godt eenigh licht uyt hem liet vloeyen in het alder-innighste vanden gront, welck licht hem aldaer verspreydende, verandert altemael in licht wat inde Ziele is. Door dat licht aldus ghedisponeert, ende in een goddelijcke forme gheformt zynde heft den gheest hem boven sijn-selven, oft hem werpende uyt sy-selven, siet hy in dat onghescahpen licht, in dien spieghel sonder vlecke, het goddelijck Wesen, daer hy alsdan een mede is: ick verstaen dat dit is 't ghene den H. Prophete David is segghende: *Heere, in uw licht zullen wy het licht sien.* Te weten: het gheschapen licht, de Ziele vullende, doet haer sien het onghescahpen Licht, het welck Godt selver is, ende bekent daerin alle waerheyt, die Godt haer kenbaer maecken wilt. (L. IV, p. 295, 14 jan. 1674).

De brieven van Michael a S. Augustino aan Maria Petyt zijn verloren gegaan. Blijkbaar echter heeft hij nadere uitleg gevraagd: hoe kan zijn geestelijk kind spreken van een geschapen licht, als zij een *onvermiddelde* schouwing in de goddelijke overvorming beschrijft? Maria Petyt antwoordt hem enkele tijd later op een bevreemdend kordate toon, men mag wel zeggen: vanuit een innerlijke zekerheid:

Voor antwoort op U-Eerweerdigheyts vraghe. Ten eersten, nopende de contrarieteyt oft contradictie, die er schynt te zijn in dat poinct, van: *in u licht zullen wy het licht sien,* het is ghelijck ick gheschreven hebbe, maer niet klaer ghenoegh bediedt. Weet dan, dat de Ziele eenigh gheschapen Goddelijck licht is ontfanghende, het welck haer doet sien het onghescahpen Licht, Godt selver... (L. IV, p. 297, febr. 1674).

Noch de theologisch goed geschoolde Michael a S. Augustino noch zijn geestelijk kind konden vermoeden dat een groot theoloog van de 20e eeuw, M. de la Taille, de inwoning van God in de ziel door de heiligmakende genade zou bepalen als: *actuation créée par Acte incréé*, in abstracter termen de definitie zelf van Maria Petyt. *Dit hebben alle goede menschen* zei Ruusbroec, toen hij sprak van de ontologische werkelijkheid achter de mystieke ervaring; ook Maria Petyt wijst daar meer dan eens op: het verschil bij de mysticus ligt hierin, dat die werkelijkheid tot zijn menselijk bewustzijn als directe ervaring doordringt.

SOMMAIRE: LA VIE «FONCIÈRE»

La vie *foncière,* la fidélité *au fond* est un des thèmes majeurs de la mystique de Maria Petyt. Elle partage le refus d'une vue plutôt extatique de l'ascension de l'âme et la préférence pour une terminologie mystique d'intégration de la personne humaine avec sa contemporaine Marie de l'Incarnation, de Québec, qui, elle aussi, cherche l'union à Dieu *en son fond* plutôt que de se réfugier en *la fine pointe de l'âme,* expression pourtant bien en vogue en plein 17e siècle. L'examen des écrits de Maria Petyt révèle que cette fidélité à son *fond* lui fut une véritable école spirituelle. Partant d'une conception dualiste de la vie spirituelle, comme si le mal eût résidé dans les puissances dites inférieures et non dans la volonté propre, c'est l'expérience de la vie intérieure qui l'amène à une juste appréciation de la mystique *d'anéantissement.* Progressivement elle devient *in actione contemplativa,* toutes les puissances étant intégrées dans et devenant expression de la possession de l'homme par Dieu. Sa vie contemplative, conçue d'abord comme vocation individuelle dans un oubli total des créatures, devient, malgré les résistances dues à sa formation et à la lecture de spirituels fort *abstraits,* prière apostolique, uniquement conduite par la fidélité à l'expérience foncière. Sa soif de perfection et de sainteté évolue vers l'oubli de soi et de toute préoccupation vertueuse d'une ascèse egocentrique, vers l'abandon et la liberté intérieure. Le présent article s'attache à suivre cette évolution dans les compte-rendus de sa vie spirituelle.

4

MICHELANGELO EN DE MENS

Michelet beschreef de renaissance als de ontdekking van de mens en de wereld – *la découverte de l'homme et du monde*. Dit is het programma gebleven van het hedendaagse humanisme. De middeleeuwers wilden God ontdekken, zagen de wereld en de mens in functie van God: hun cultuur was theocentrisch. Michelangelo, het grootste genie, de reus van de hoogrenaissance, zag de mens, overal en steeds de mens. Wij weten dat hij *niet* meeleefde met de roes der grote overzeese ontdekkingen, met het epos der exploraties, de vestiging van de Europese suprematie over het aardrond. Wij weten niet of hij de wonderen der natuur, landschappen, dieren, planten, hun geheimen en seizoenen, gezien heeft, maar hij heeft ze niet bekeken: er is geen spoor van in zijn werk. Niets van de heerlijkheden van zijn Toscaans geboortelandschap. Van de triomfantelijke Romeinse natuur maakte hij één enkele keer melding: om te klagen dat hij in dit zware klimaat maar één dag op de drie kon werken. Zelfs de reusachtige koepel, die hij boven de St.-Pieterskerk van Bramante optrok (en waarvan hij de voltooiing niet meer aanschouwde) zag hij niet als een bekroning van het Romeinse landschap, van het mooiste stadspanorama, doch als verheerlijking van de mens, de supreme triomf van menselijk kunnen en prestatie. Het hoogste wat de mens van de zo nostalgisch vereerde Oudheid had vermocht, zou de mens van *zijn* eeuw hernieuwen en overtreffen: de weidse koepelruimte van het Pantheon zou hij optillen en duizelingwekkend hoog boven de kroonlijsten van de St.-Pieter plaatsen. Hij was gefascineerd door de mens, en nogmaals de mens. *Zijn* ontdekkingstocht voerde hem uitsluitend naar de exploratie van het raadsel mens, zijn vreselijke diepten, zijn niet te ontsluieren geheimen. Niet voor niets huiverden Buonarotti's tijdgenoten voor de *terribilità* van zijn gestalten.

VIER EEUWEN

Europa viert de vierhonderdste verjaring van Michelangelo's dood. Velen, vooral de ouderen, zullen in hem nog een geestelijke vader van de eigen wereldbeschouwing herdenken. Meer echter, de grote meerderheid van de jongeren, ingenomen door technische wonderen en kosmische exploratieroes, voelen zich niet meer historisch verbonden met de grote kunstenaar van vier eeuwen terug. Niet met zijn tragiek, zijn problemen, vooral niet met zijn heroïsche boodschap over de mens. Op een zeker ogenblik wordt ook het verleden: verleden. Tot op dit punt blijft het levend erfgoed: voorbij, doch in hetzelfde tijdvak. Daarna gaat het tijdperk zelf voorbij. Zoals het Bronzen Tijdperk, of de Khmer-cultuur. Buitengewoon interessant, doch niet meer van ons.

Het humanisme kampt op een verloren front, om de mens in het centrum van de dingen te houden. Van het ogenblik af, dat het Michelet's dogma tot het zijne maakte, heeft het de strijd om de mens al verloren. De profane wijsheid, het laïcaat van de vorige eeuw, hebben de renaissance slechts kunnen zien met de ogen van hun eigen myopie. Zoals Ortega y Gasset het meedogenloos uitdrukte: neo-klassiek of neo-humanisme kunnen hun volmaakt, harmonisch wereldbeeld, hun in-zich-gesloten meesterwerkjes, hun perfectie-tempels enkel vervaardigen dankzij *una contracción de la pupila de la conciencia* – een samentrekking van de pupil van het bewustzijn. Door de mens af te snijden van zijn oneindigheid en van zijn afgronden naar onder en naar boven. De ware klassiek, de Griekse 5ᵉ eeuw, het *Cinquecento* van Michelangelo, konden de vrijgeworden mens als maat en centrum stellen in de schepping van hun meesterwerken, *omdat hij centrum was van iets, van een rijk met méér dan aardse dimensies.* Omdat hij wortels had in de oneindigheid en zijn kroon zocht te ontplooien in de oneindigheid, een stuk bewustzijn was tussen eeuwigheden, een kolk in de stroom, een kluwen van strijd tussen twee immensiteiten. *Omdat Michelangelo's fascinatie voor de mens wortelde in een religieuze visie, kon de mens middelpunt blijven van zijn universum.*

De mens, met zijn donkere drang, zijn angst, zijn strijd en zijn jubel, kon alleen maar belangrijk zijn, omdat hij van God kwam en naar God ging, omdat hij een stuk tijd-geworden goddelijkheid was in het blinde geweld van de kosmos. Wie de theocentrische visie op de mens laat varen, heeft reeds het fundament van het humanisme prijsgegeven: een tijdlang kan de kolos nog blijven staan. Doch in werkelijkheid ontbreekt reeds de geldige grond om aan zijn humane waarden zo buitengewoon veel belang te hechten, aan zijn heimwee of aan zijn liefde, zijn dromen of zijn lijden. In een profaan humanisme is de mens reeds virtueel de entiteit in de reuzenstaat, de mier in het mierennest. Wat kan een verstandige organisatie verhinderen, de mens eindelijk te verlossen van zijn onverzadigbare drang naar het eindeloze, hem te opereren van zijn dromen, liefdes en heimwee, zijn reflexen te conditioneren, om hem de volmaakt gelukkige, *wijl onbelangrijke*, burger te maken van een *Brave New World*?

De nieuwe generaties vinden reeds dat Michelangelo's gestalten het toch wel erg hoog op hebben met zichzelf, dat zijn mensen hun tragiek opschroeven, te begaan zijn met het lijden en de strijd van de menselijke conditie. Wat achtte de mens van vier eeuwen terug zichzelf toch belangrijk! Welk een zelfoverschatting! Nee, zo kostbaar vindt het nieuwe tijdperk de mens niet meer. Wij geven hem een realistischer visie op zijn bestaan, wij werken voor een bereikbaar doel: een job, een pensioen, een woning, zo mogelijk een wagentje, wat bladgroen, een show voor de vrijetijd. *E basta*. Zoveel had die sukkel van een Michelangelo niet eens. En hij wilde de maan en de eeuwigheid.

DOEM EN HEERLIJKHEID VAN DE CREATUUR

Buonarotti's levensloop ligt bezaaid met onvoltooide meesterwerken. Zijn opdrachtgevers kloegen steen en been, dat hij de aanvaarde bestellingen niet afwerkte. Zij beschuldigden hem van dilettantisme, wispelturigheid, geldzucht die hem meer werk deed aannemen dan hij kon uitvoeren. Zij kwamen in zijn werkplaats en zagen het machtige *abozzo*, schetsmatig uit de steen gekapt, doch steeds onaf. En als zij het zo zagen, als het ware in de act van het geboren worden, werden zij reeds mateloos begeesterd. Zij werden zo verliefd op het komend meesterwerk, dat zij de beeldhouwer, het schrale, magere mannetje, wilden dwingen het af te werken. Dan sloeg hij nog liever op de vlucht, buiten de grenzen van het land, naar een andere hemel en koning. Een latere tijd, met meer begrip voor de republikeinse gevoelens van de fiere, ontembare Florentijn, meent dat hij het niet kon verbijten zijn opdrachten te moeten krijgen van de heersers die hij haatte. Eén enkel vorst is erin geslaagd hem op te sluiten en te dwingen zijn begonnen werk te voltooien: Julius II, voor de Sixtijnse kapel. Daarvoor, méér dan voor alles wat hij daarbuiten nog verrichtte, ging de paus beroemd de geschiedenis in.

Doch de ware reden van Michelangelo's terugschrikken voor de laatste voltooiing, althans naar de opvatting van zijn tijd, ligt dieper. Men vindt ze wel niet duidelijk geformuleerd in zijn brieven, gedichten of theoretische uiteenzettingen. Maar toch duidelijk genoeg uitgesproken in zijn handelswijze zelf. Zo bijvoorbeeld wanneer men hem een enkele keer contractueel kon verplichten de «afgewerkte» bestelling te leveren. Dat sommige opdrachtgevers daarbij de uitzonderlijke waarde van

de zogenaamde «onafgewerktheid» zelf wel aanvoelden, zonder ze
daarom te kunnen rechtvaardigen, bezorgde de kunstenaar ook al eens
een dubbele martelie. Zo de geschiedenis van de *Verrezen Christus*
voor *Santa Maria sopra Minerva.*

In 1514 had Michelangelo die opdracht aanvaard. In 1517 regende het
klachten en bedreigingen van Metello Vari, de voornaamste schenker,
omdat hij er nog niet was aan begonnen. In 1521 tenslotte werd het
beeld naar Rome verzonden. Maar zoals bijna alle werken van de rijpere
meester, was het onafgewerkt. Om zijn opdrachtgever gerust te stellen,
stuurde Michelangelo zijn meest geliefde leerling en helper, Piero
Urbano, naar Rome mee, om het beeld te «voltooien». Toen Metello
Vari echter de ruwe beeltenis zag, wilde hij ze meteen zelf bewaren
zoals ze was. Hij begreep dat in de kerk echter een «afgewerkt» beeld
moest komen, en bestelde derhalve een tweede. Opnieuw kwam een
onvoltooide sculptuur aan, waarvan Piero Urbano het schaven, politoe-
ren en afwerken op zich nam. De kunstenaars-vrienden van de meester
begrepen dat men daarna wellicht voor een voltooid beeld stond, maar
niet meer voor het kunstwerk van Michelangelo. Sebastiano del Piombo
schrijft hem: «[à propos van de rechterarm] Frizzi zegt dat het wel lijkt
of die door een koekenbakker gemaakt is, hij ziet er niet uit als was hij
van marmer, het schijnt of hij van deeg gemaakt is…». Zo denken ook
wij nog over veel «voltooide», glanzend gelikte sculpturen. Men
begrijpt dat de meester dit beeld liever had stukgeslagen … maar het
was niet meer zijn eigendom.

Meer inzichten in het eigenlijke karakter van Michelangelo's schepping verlenen ons ook de details, die we nog kennen, over het ontstaan
van zijn derde-laatste *Pietà*, de Kruisafdoening van de Dom te Florence
(rond 1550). Vooreerst over de vurige, allesbehalve likkende behandeling van het materiaal. De Franse reiziger Blaise de Vigenère zag Michelangelo eraan bezig: «Ik heb Michelangelo aan het werk gezien, schrijft
hij. Hij was over de zestig en hoewel hij niet bijzonder sterk was, had hij
in een kwartier meer splinters van een zeer hard blok marmer afgeslagen
dan drie jonge steenhouwers in drie of vier maal die tijd. Niemand kan
het geloven, die het niet met eigen ogen heeft gezien. En hij ging het
werk met zoveel energie en vuur te lijf, dat ik dacht, dat het in stukken
zou vliegen. Met één slag hiew hij stukken af van drie of vier vingers dik
en zo precies op het aangegeven punt, dat als er maar iets meer marmer
was meegegaan, hij misschien het hele werk had bedorven». Bij Vasari
heet het intussen dat Michelangelo aan die *Pietà* werkte «bij wijze van
tijdverdrijf». In de tweede uitgave van zijn *Vite* vertelt Vasari verder
over dit stuk: «Tenslotte heeft hij de steen stukgeslagen, vermoedelijk

omdat hij vele gebreken vertoonde en zo hard was, dat er onder de bei-
tel vonken afspatten; misschien ook omdat hij tegenover zijn eigen werk
zo kritisch stond, dat niets van wat hij deed hem bevredigde. Om die
reden zijn er, eerlijk gezegd, weinig voltooide werken van hem uit zijn
laatste tijd, toen hij de grootste rijpheid van zijn artistieke scheppings-
kracht had bereikt. Zijn voltooide beeldhouwwerken zijn alle uit zijn
jonge tijd afkomstig». Michelangelo gaf die *Pietà* tenslotte aan Francesco Bandini; die wilde haar later laten voltooien door Tiberio Calcagni. De goede man stierf echter in 1565, en zo ooit een dood provi-
dentieel was, dan deze. Hij heeft alleen de linker figuur tot volkomen
onbenulligheid kunnen afwerken, en de rest onberoerd gelaten.

«Zijn voltooide beeldhouwwerken zijn alle uit zijn jonge tijd afkomstig». Zo oordeelde Vasari als eerste van een lange rij. Inderdaad behoe-
ven we slechts te denken aan de *David*, de *Pietà* van St. Pieter, de
Madonna van Brugge, de eerste praalgraven van de Medici. Het inzicht
in het «waarom» van deze harmonische voltooiing lijkt ons het best
gevat en uitgedrukt door Giovanni Papini: «de wonderbare synthese van
de Helleense volmaaktheid en de middeleeuwse spiritualiteit».

Precies omdat deze tijd, en als haar uitdrukking Michelangelo's kunst,
een harmonieuze synthese bereikt had, kon zijn werk niet in dit stadium
blijven. De hele mensheid bouwt aan het tot stand brengen van synthese
en harmonie. Maar ieder bereikte synthese moet doorbroken worden: de
mens meent dat hij nu een einddoel heeft bereikt, dat hij zijn gevonden
oplossing nog enkel moet toepassen en herhalen. Vanaf dit ogenblik
wordt zijn synthese corrupt, begint haar ontbinding van binnenuit, is zij
onaangepast. Met heel het natuurgebonden deel van zijn wezen zou de
mens immers willen opgaan in de natuur en in haar veilig bestaan: want
natuur is kringloop, leven weliswaar, doch eeuwige cyclus die zich herhaalt, gang van seizoenen, van zaad en vrucht en zaad. Doch het àndere
deel van 's mensen wezen is geschiedenis, een geschiedenis met één
richting, die steeds verder boort en streeft in nooit aflatende onrust.
Daarom moesten de Middeleeuwen worden doorbroken, als zij eindelijk
meenden dat zij in hun theocentrische synthese een wereld hadden uit-
gebouwd waarvan zij enkel de verdere functionering en uitbloei moesten
verwachten. Daarom moest ook de lente van de renaissance doorbroken
worden, na de eerste heerlijke harmonie die zij had gevestigd tussen
Hellenisme en Christendom, tussen Plato en het evangelie.

Telkens opnieuw verzucht de mens naar die uiteindelijke rust en
geborgenheid van het niet-meer-verder-moeten. Zoals bij geen tweede
kunstenaar roepen Michelangelo's sonnetten naar die vrede van de
Nacht, naar het paradijs van geschiedenisloze slaap, zoals het kind ze

eens genoot in de moederschoot. Doch al zijn Madonna's zijn in zich verzonken: geen levende band bindt ze met het Kind. Want het Kind kan niet terug. Hem wacht gevaar en opdracht, avontuur en waagnis: geschiedenis. Dit is de opdracht, door het Christendom aan de mens gegeven. Zo vormen Michelangelo's gedichten de mijmering van de mens die wil rusten; zijn plastische werken echter vormen zijn priester-schap, zijn eigenlijke taak, zijn boodschap waarin hem geen stilstand, geen versagen was gegund.

De rijpe Michelangelo kon zijn beelden afwerken tot waar zij schep-ping van zijn wezen waren, *zijn* kunstwerk. Verder zouden zij opgehou-den hebben kunst te zijn. Hij *verloste* zijn mensengestalten uit het steen-blok. Zo voelde hij het aan, daarvan getuigde zijn werkwijze. Nooit boetseerde hij een schets of model uit klei. Nee, de mens zat gevangen in het geologische blok. Niet door samenvoegen van elementen moest zijn gestalte opgebouwd worden maar, door het wegkappen van alles wat hem omsloot en kluisterde, *in* de stof *uit* de inerte stof bevrijd.

Totdat het punt bereikt werd, waar de mens te voorschijn trad. Waar de vorm de chaos bedwong. Hem verder bevrijden tot afgeronde, zwie-rige gestalte, zou betekend hebben: zijn triomf vieren over de stof, de geest laten wandelen boven de materie, los en superieur. Daar zouden zijn gestalten echter de mensen van zijn innerlijke boodschap niet meer kunnen zijn, doch illusies en droombeelden, *naast* de diepe menselijke opdracht: eeuwig en opnieuw gestalte op te leggen aan de chaos, te strij-den in de schepping om haar te hérscheppen, vonk van liefde, geest, doch *in* de materie zich uitdrukkend, en zo de materie haar laatste zin en verlossing schenkend en de woordeloze zucht van de creatuur haar bevrijdende taal.

Michelangelo's werk geeft dus wel een voltooid, afgewerkt beeld, doch van de worsteling der echte menselijke bestemming. Had hij zijn beelden verder geschaafd en gepolijst, dan hadden zij allerlei andere din-gen uitgedrukt, doch niet meer hun eigenlijke boodschap.

5

VOLGEN EN NAVOLGEN IN DE *IMITATIO CHRISTI*

Thomas a Kempis heeft geen *Imitatio Christi* geschreven. Anno 1400 in Agnietenberg binnengetreden, werd hij er door de prior, zijn oudere broer Joannes Hemerken, jarenlang zeer streng behandeld, wel met de edele bedoeling hem te beproeven en te vormen. In 1424 werd Thomas subprior en novicenmeester. Nu moest hij uit zijn *rapiaria,* de collectie citaten, gevleugelde woorden, treffende formuleringen, die elke ijverige Windesheimer uit zijn lectuur bijeengaarde, gaan putten voor zijn instructies en raadgevingen, en voor de talrijke traktaten over ascese en gebed, waarom men hem verzocht. Van het mooiste, persoonlijkste en oorspronkelijkste onder al die traktaten, het werkje *De interna consolatione,* met het incipit *Audiam quid loquatur*[1], ontstonden de dragende motieven echter wel in de jaren voor zijn aanstelling tot novicenmeester: in intieme dialoog tussen Jezus en de ziel zindert de directe, doorleefde ervaring van de jonge kloosterling na. Niet ten onrechte heeft men *De interna consolatione* het «geestelijk dagboek» van de jeugdige Thomas a Kempis genoemd, de spiritueel-literaire vorm waarin zijn rijpend zieleleven eigen karakter en de hem zo eigen gestalte aannam.

Tot aan zijn dood in 1471 zou Thomas a Kempis nog menige generatie Windesheimer novicen blijven vormen of door zijn spiritualiteit beïnvloeden. Voor latere eeuwen echter zouden slechts de traktaten uit zijn eerste levenshelft van grote betekenis blijven.

Misschien besefte hij zelf, dat een bepaalde periode van zijn innerlijke groei was afgesloten, toen hij een eerste bundel van zijn geschriften, die hem de bewaring en overlevering waard leken, in één codex samenbracht anno 1441: *Finitus et completus anno domini M° CCCC° XLI° per manus fratris thome kempis. In monte sante agnetis prope zwollis.* (Ms. Brussel Kon. Bib. 5855-61)[2].

In 1466 sloot hij een tweede maal een periode van zijn leven af door de bundeling van zijn voornaamste religieuze traktaten (Ms. Brussel

---

1. In onze *Imitatie* nu het derde Boek onder de titel: *Over innerlijke vertroosting,* met als beginwoorden: *Ik zal horen wat God de Heer tot mij spreekt.*
2. *Afgesloten en voltooid in het jaar des Heren 1441 door frater Thomas van Kempen. Op de Agnietenberg bij Zwolle.*

Kon. Bib. 4585-4587). Terwijl de codex van 1466 slechts voor specialisten in de geschiedenis van de spiritualiteit belang heeft, oefende de eerste een ontzaglijke invloed uit op het geestelijk leven van het Westen. Hij bevat de volgende traktaten:

1. *Qui sequitur me, non ambulat in tenebris*
2. *Regnum Dei intra vos est dicit Dominus*
3. *De sacramento. Venite ad me omnes qui laboratis*
4. *Audiam quid loquatur in me Dominus Deus*
5. *De disciplina claustralium. Apprehendite disciplinam*
6. *Epistula devota ad quendam regularem. Ista sunt praecipue necessaria*
7. *Renovamini autem spiritu mentis vestrae*
8. *Cognovi Domine quia aequitas iudicia tua*
9. *Recommendatio humilitatis. Discite a me*
10. *De mortificata vita. Gloriosus apostolus Paulus*
11. *De bona pacifica vita. Si vis Deo digne*
12. *De elevatione mentis. Vacate et videte cum ceteris*
13. *Brevis admonitio. Ab exterioribus*[3].

In deze codex verschijnt het reeds vermelde «geestelijk dagboek» als het 4ᵉ traktaat, al bewees L.M.T. Delaissé dat het wel degelijk eerst geredigeerd werd. Hendrik Tengnagels, Windesheimer koorheer te Nijmegen, kopieerde en dateerde een reeks werken van Thomas a Kempis, waartussen ook de vier eerste van de bovenvermelde codex voorkwamen, in 1427 (Ms. Brussel Kon. Bib. 22084). In dezelfde jaren kwamen Nederlandse vertalingen voor de broeders in omloop.

De vier eerste traktaten van de codex behoren dus tot «jeugdwerken» (relatief) van Thomas a Kempis. Is het niet mogelijk, dat ook Thomas slechts kopiistenwerk leverde, en dus werken van andere schrijvers samenbracht? Een ernstig onderzoek van de codex laat geen andere conclusie toe dan die van L.M.J. Delaissé: «l'hypothèse de Thomas a Kempis remanieur est non seulement sans fondement mais en contradiction flagrante avec les faits, prouvant un réel travail d'auteur»[4]. Tot in 1441

---

3. Men zal in de eerste vier traktaten de boeken van onze *Imitatie* herkennen: *Wie mij volgt, wandelt niet in duisternis* (Boek I); «*Het rijk van God is in uw binnenste*», zegt de Heer (Boek II); *Over het Sacrament.* «*Komt tot mij, gij allen, die vermoeid zijt*» (Boek IV); *Ik zal horen wat God de Heer tot mij spreekt* (Boek III).

4. «De hypothese dat Thomas slechts een bewerker zou zijn is niet alleen ongegrond, maar in flagrante tegenspraak met de feiten, die bewijzen, dat hij echt auteurswerk verrichtte»; L.M.T. DELAISSÉ, *Le manuscrit autographe de Thomas a Kempis et l'Imitation de Jésus-Christ* (Les publications de Scriptorium, 2), Paris, Érasme, 1956. Met dit werk

toe heeft Kempis nl. aan zijn tekst verbeterd op een wijze, die zeker geen enkele Windesheimer kopiist – met hun eerbied voor de oorspronkelijke tekst, met hun eerste pogingen tot tekstkritiek, met hun nauwgezette zorg die een echte, door Gerson hooggeprezen «spiritualiteit van het scriptorium» deed bloeien, zich zou hebben aangematigd. Kempis verbeterde vooral stilistisch; hij schrapte vroeger gegeven titels en zocht er betere, hij verplaatste zinsdelen omwille van het ritme, hij vond kernachtiger uitdrukkingen, die zijn gezegden de vlotte bondigheid van aforismen gaven, hij verving woorden door een synoniem wanneer dit een assonantie deed ontstaan met het volgende zinsdeel, enz.

Meteen vindt men hier de reden, waarom dit artikel op een bijna filologische toon moest beginnen: het gaat om één van die in de geschiedenis niet zo zeldzame gevallen, waarin filologie van direct belang blijkt voor de spiritualiteit. Want, wanneer Kempis nog in de definitieve codex zijn vroegere opstellen schaaft en polijst, niet naar de inhoud doch naar de vorm, dan doet hij het niet uit schrijversliefde (of trots) voor de stijlschoonheid, noch uit humanistische geestdrift voor de *latinitas,* doch met een praktisch doel van bruikbaarheid voor ogen. Dit opent ons meteen een blik op het karakter van die traktaten: iedere zin moet ritmisch opstijgen en neergolven als een psalmvers, waarbij men aan het slot even kan pauzeren en nazinnen; hij moet zo vloeiend en gemakkelijk klinken, dat hij zich licht in het geheugen prent en men hem graag nog enkele keren naprevelt bij zichzelf. Kempis slaagde zo goed in zijn opzet, dat Adriaan de But meende dat hij verzen schreef; in zijn kroniek van de Abdij ter Duinen te Brugge noteert hij anno 1458 bij een vermelding van Thomas a Kempis: *descripsit et quoddam volumen metrice super illud Qui sequitur me*[5].

De pregnante volmaaktheid der formulering moest nl. een hulp zijn tot inwendig gebed, tot overweging. In die jaren immers zijn de Windesheimers niet slechts overtuigd van de noodzaak van het inwendig gebed, ze

---

mag de controverse omtrent Kempis' auteurschap als besloten worden beschouwd; het sluit meteen een eerder beschamend hoofdstuk af uit de geschiedenis van de Nederlandse eruditie. Men kende de codex, had hem gezien, ook wel bezien, doch achtte het blijkbaar beneden de wetenschappelijke waardigheid, hem eerst te onderzoeken, voordat men zich in de controverse wierp (Cf. B. Spaapen's samenvatting van J. van Ginneken's objectie tegen de codex: «De autograaf steekt vol fouten en kan bijgevolg slechts een kopie zijn»; *Inleiding* op G. Wijdeveld's vertaling, *De Navolging van Christus,* Antwerpen, De Nederlandsche Boekhandel, 1957). – Dat anderzijds de geleerden de oudste bibliotheek-catalogen van de bij Windesheim aangesloten kloosters vruchteloos doorzochten naar de vermelding van een aan Thomas a Kempis toegeschreven *Imitatio Christi,* ligt voor de hand.

5. Hij schreef ook een zeker boek in versvorm over het bekende: Wie mij volgt.

proberen er een methodische handleiding voor te vinden. Op het einde van de eeuw zal Wessel Gansfort ze daarbij helpen en het Jan Mombaers mogelijk maken, in zijn *Scala meditatoria* een schema van methodische overweging op te stellen, waaruit Cisneros zal putten en waarvan het essentiële door Ignatius van Loyola zal gevulgariseerd worden. Tegenover de devotie-dodende disputen van de theologen enerzijds, de ascese van de uitvoering (van het psalmgezang in het koor tot de letterlijke observantie der regels) anderzijds, willen de Windesheimers het hele kloosterleven «verinnerlijken». En, waar het moet, daarvoor de uiterlijke observantie naar haar juiste plaats terugwijzen. Dit althans beschouwden zij als hun opdracht bij de kloosterhervormingen waartoe zij werden geroepen. – Niet dat Windesheim met zijn bedoeling overal succes zou oogsten: op het eind van de 15e eeuw moest Jan Mombaers zich, ziek, onverrichterzake terugtrekken uit de beroemde Sint Victors-abdij te Parijs. Vasten en waken waren er zo hard, de officies zo plechtig en lang, dat alle innerlijk leven in de kiem werd gesmoord, dat de mogelijkheid tot bezinning zelfs niet kon opkomen. De monniken verzetten zich tegen alle «verzachting» van het regime; de innerlijke beleving vroeg, naar hun mening, geen eigen beoefening, daar de observantie, die alle energie opslorpte, wel automatisch volmaaktheid en heiligheid produceerde.

De stilistische na-verbetering van zijn geschriften verraadt dan ook Kempis' voornaamste bedoeling: de meditatie bevorderen en haar nawerking overdag, de bij de Windesheimers geprezen *ruminatio* (een geestelijk herkauwen), dank zij de ritmische en assonantische formulering van gedachten en aspiraties.

In de manuscripten en vroegste drukken verschijnen dikwijls de traktaten één, twee en vier (onze Boeken I, II en III) van de autografe codex samengebundeld. Zij kunnen inderdaad als een soort geheel worden beschouwd, wanneer men rekening houdt met de titels, die Kempis ze na meer dan één wijziging uiteindelijk gaf:

> traktaat 1: *Admonitiones ad spiritualem vitam utiles – Nuttige wenken voor het geestelijk leven.* Het bevat een leidraad voor «beginnelingen», in casu voor de te vormen jonge mannen, die binnentreden bij de koorheren en die derhalve geroepen blijken tot het leven in een contemplatieve orde.

> traktaat 2: *Admonitiones ad interna trahentes – Wenken die naar het inwendig leven voeren.* In klassieke vormingsboeken zou men het traktaat wijden aan de «meer gevorderden». De mens leert in zich de voorwaarden scheppen en de geestesgesteldheid ontwikkelen, om van plichtsgetrouw uitwendig gebed naar innerlijk gebed, naar overweging-als-gewoonte over te gaan, en van overweging naar affectief gebed. Dit blijkt voor Thomas a Kempis de vorm van beschouwing, waartoe «roepingen» in een contemplatieve orde ook werkelijk geroepen zijn.

traktaat 4: *De interna consolatione – Over innerlijke vertroosting*. Neerslag en voorbeeld van een groeien naar godverenigd leven in het affectieve gebed, blijkt dit traktaat, wanneer het met de twee eerste gebundeld verschijnt, bekroning en bedoeling van de twee andere: de intieme, persoonlijke omgang met God als dagelijkse levenssfeer.

Minder vaak vindt men in de eerste tijden het derde traktaat, *De sacramento altaris* (in onze *Imitatio* Boek IV), op het einde van de bundel. *De sacramento altaris* is misschien welluidender ritmisch samengesteld, doch niet origineler of dieper dan de gebruikelijke eucharistische beschouwingen en gebeden van de tijd. Het blijkt te gelden als een nuttig bijvoegsel bij een stof van andere aard. Met of zonder *De sacramento* verspreid, krijgen de gebundelde traktaten, ook in vertaling, de titel van het vierde in de autografe codex, dat inderdaad de werkelijke inhoud het best blijkt aan te duiden: *De consolatione interna, L'internelle consolation, Das Buch vom inneren Trost* en, lyrisch origineel in het Engels: *Musica ecclesiastica*. Reeds dragen sommige de titel *Sequela Christi*, – alleszins nog een ander begrip dan *Imitatio Christi*.

Hoe komt het dat deze traktatenverzameling tenslotte toch de wereld veroverde en het «meest gelezen boek na de Bijbel» werd, onder die latere benaming, die minder de inhoud dekt, nl. *Imitatio Christi*? Hoogstens een aanleiding vindt men in het autograaf zelf. Kempis had aanvankelijk als titel voor het eerste traktaat de beginwoorden genomen van het eerste hoofdstuk: *Qui sequitur me*. Als nieuwe titel kreeg het hoofdstuk dan: *De imitatione Christi et contemptu omnium vanitatum mundi – Over de navolging van Christus en de verachting van alle wereldse ijdelheden*. Tenslotte echter voldeed *Qui sequitur me* hem niet als titel voor het geheel, en hij verving hem door het meer zakelijke *Admonitiones ad vitam spiritualem utiles*. Vanaf 1470 ongeveer komt een deel van de nieuwe titel van het eerste hoofdstuk van het eerste traktaat meer en meer in zwang als titel van de vier traktaten samen.

Allerhande *curiosa* zouden daarbij verdienen, dat men er even bij stilstaat, omdat zij voor ons een wellicht onverwacht licht werpen op de geestesgesteldheid van een voorbije tijd. Eén voorbeeld slechts: in 1526 verschijnen bij M. de Eguía te Toledo als één devotieboek de *Imitatie* I onder de titel: *Contemptus mundi* (Spaanse devotiestijl: hier wordt het àndere onderdeel van de titel van het eerste hoofdstuk gekozen voor het hete traktaat, ons huidig Boek I van de *Imitatie)* én de *Sermo al niño Jesu, compuesto por Erasmo Roterodamo*. Thans zou men minder neiging vertonen om de twee auteurs samen te vernoemen of te bundelen als exponenten van een bepaalde spiritualiteit. Maar de Spaanse devoten uit het begin van de 16ᵉ eeuw zagen blijkbaar in beiden de moderne gemeenschappelijke karaktertrek, terwijl de mensen van de 20ᵉ eeuw, althans wat Thomas a Kempis betreft, nauwelijks ziende blijken voor het nieuwe in zijn leer.

Die leer misprijst de volmaakte observantie niet, integendeel; maar zij kan in de volkomen uitvoering van de voorschriften onmogelijk inhoud en doel van het geestelijk streven zien, zij zijn een voorafgaande voorwaarde, een goed middel, dat echter middel moet blijven en destructieve hindernis wordt zodra het een absoluut karakter krijgt. Hetgeen zij nastreeft is de persoonlijke, geestelijk intieme omgang met Christus, een vriendschap. Niet ten onrechte werd Kempis' vierde traktaat (thans Boek III der *Imitatie)* in de kringen van de *Godsvrienden* apart verspreid en aangeduid als het *Liber de amicitia.*

Een historisch onderzoek naar de geleidelijke ontwikkeling van het misverstand of, bescheidener uitgedrukt, van de begripsverwisseling nopens de inhoud van Kempis' traktaten, aangeduid in de verwisseling van titel, zou na veel navorsing waarschijnlijk slechts feiten opleveren, en niets openbaren over de geestelijke evolutie die de verwisseling motiveerde. De hieronder gesuggereerde verklaring kan dan ook slechts hypothetische waarde hebben.

Vooreerst, zo niet meer voor ons, dan toch voor mensen uit het laatste deel van de 15ᵉ eeuw en het eerste van de 16ᵉ, moest het *Boek van de inwendige Troost* dubbelzinnig klinken, omdat de titel scheen aan te sluiten bij een gevestigde literaire traditie van *Troostboeken,* en dus eerder een verleden scheen te bezegelen dan een toekomst te ontsluiten[6]. En leerde het werkje ook geestelijke troost zoeken voor de smart om het geschonden aangezicht der christenheid, op het eind van de 15ᵉ eeuw was het Westers schisma reeds ver verleden, en Kempis' traktaten bedoelden toch vooral een nieuw accent van verinnerlijking op heel het geestelijk leven te leggen. Nog vóór de tweede helft van de 16ᵉ eeuw vallen titels met een zekere kampvaardigheid en vooral met een moraliserende tint meer in de smaak.

De tweede, en voornaamste, oorzaak van het misverstand ligt wel in de vulgarisatie van het humanisme, vooral wanneer de oude zedeleer en wijsheid gaan beschouwd worden als oefenschool en voorbereiding op een volwaardig christelijk leven. Van Erasmus' voorstel, training door antieke cultuur te gebruiken als systematisch opvoedingsmiddel tot bewust en ontwikkeld christendom – later glanzend uitgewerkt in de opvoeding der Jezuïetencolleges – werd Erasmus' werk zelf in een

6. A. AUER, *Johannes von Dambach und die Trostbücher vom 11. bis zum 16. Jahrhundert* (Beiträge zur Geschichte der Philosophie und Theologie des Mittelalters. Texte und Untersuchungen, 27, 1-2), Münster, Achendorff, 1928.

zekere zin het eerste slachtoffer en, met het zijne, dit van Thomas a Kempis: men zag in hen moralisten, en had minder oog voor hun religieuze persoonlijkheid, terwijl beiden toch, de éne bij het begin en de andere op het eind van een eeuw evolutie, de religieuze beleving, de verinnerlijkte verbondenheid met Christus, als centrum en doel van het geestelijk leven beschouwden, veel meer dan de productie van een volmaakte, stoïcijns-christelijke held.

Het gedurfde in de *Imitatie*-spiritualiteit ervaren wij niet meer, en toch ligt het accent, reeds voor de beginnelingen, op de «innerlijke verlichting»:

«*si velimus veraciter illuminari* – als wij waarachtig verlicht willen worden» (I, 1, p. 5, 11)[7].

«*Felix quem veritas per se docet, et non per figuras et voces transeuntes* – Gelukkig, dien de Waarheid zélf onderricht, en niet door vergankelijke beelden en begrippen» (I, 3, p. 8, 21).

«*Taceant omnes doctores* – dat alle doctores (theologiae) zwijgen» staat tegenover: «*desuper lumen intelligentiae accipit* – van boven ontvangt hij het licht van het inzicht» (*ibid.* p. 9, 15-20).

«*Si tantum in istis exterioribus observantiis profectum religiosum ponimus, cito finem habebit devotio nostra* – Indien wij enkel in de uiterlijke observanties de vooruitgang van ons kloosterleven stellen, zal het met onze devotie gauw gedaan zijn» (I, 11, p. 19, 23); men vergelijke met een concrete toepassing I, 19, p. 33, 11: «*si pietatis causa aut fraternae utilitatis proposito quandoque consuetum omittitur exercitium* – indien een gewone oefening wegvalt om reden van devotie of uit broederlijk dienstbetoon»... Ook in de voorgaande eeuwen gold de norm, dat een daad van naastenliefde de voorrang had op de kloosterlijke voorschriften; het *pietatis causa*, het beoefenen van vroomheid als reden om een voorgeschreven oefening te laten vallen, is iets nieuws, en voor velen wellicht onaanvaardbaar. In kloostermilieus, waar de volmaaktheid precies in de uitvoering der voorschriften werd gezocht, moesten dergelijke uitlatingen van de *Devotio Moderna* soms als illuminisme klinken, als inspiraties van *alumbrados*[8]. Het gaat Kempis echter wel degelijk om die innerlijke verlichting, het

---

7. De teksten worden geciteerd naar de kritische uitgave *Thomae Hemerken a Kempis Opera Omnia,* door Michael Josef POHL, I, Freiburg, Herder, 1904.

8. *Alumbrados* of *Illuministen:* op het eind van de Middeleeuwen en in de 16ᵉ eeuw zochten veel devoten een vernieuwing van het christendom in een persoonlijke al of niet «mystieke» innerlijkheid, waarbij zij zich uitsluitend op de leiding van God in de ziel beriepen. De mislukking van de talrijke pogingen tot kerkelijke hervorming bewerkte dat zij zich afkeerden van uiterlijke en institutionele kerkelijkheid. Daar in Spanje de strijd tussen die groepen devoten (bij de onontwikkelden vlug ontaard) en de bestaande kerkelijke organisaties de hevigste vormen aannam, noemt men ze bij voorkeur met hun Spaanse naam. Heiligen als Teresa van Avila, Juan de Avila, Luis de Granada, Juan de la Cruz, Luis de Leon, zijn van illuminisme beschuldigd geworden; de toen nog jonge Jezuïetenorde werd als geheel tot de sekte der *alumbrados* gerekend.

getransformeerde inzicht, vrucht van intieme, persoonlijke verbondenheid
met Christus:

«*Si rationi tuae magis inniteris vel industriae, quam virtuti subjectivae
Jesu Christi, raro et tarde eris homo illuminatus* – Als gij meer steunt op
uw redelijk verstand of op uw ijver, dan op de kracht van de onderwerping
aan Jezus Christus, (N.B. er volgt niet: "dan zult gij laat volmaakt of heilig worden", doch:) zult gij zelden en lààt een verlicht mens worden» (I,
14, p. 25, 27).

In het boek *De amicitia* (*Imitatie* III) vat Kempis het geheel van geboden en voorschriften, nochtans van Gods gezag komend, samen onder de
bijbelse uitdrukking *Mozes en de Profeten,* en, na de aanhef van het eerste hoofdstuk: «*Beata anima, quae Dominum in se loquentem audit* –
zalig de ziel, die de Heer in zich hoort spreken!» (III, 1, p. 143, 6),
werkt het tweede hoofdstuk de oppositie uit tussen de armoede van het
gezag «van buiten» en de rijkdom van de leiding uit het hart:

«*Illi* [= *Moyses et Prophetae*] *foris tantum agunt, sed tu corda instruis et
illuminas* – Zij werken enkel van buiten, maar gij (Heer) leert en verlicht
het hart» (III, 2, p. 145, 11).

«*Quidam solum portant suam devotionem in libris, quidam in imaginibus,
quidam autem in signis exterioribus vel figuris* staat tegenover: *sunt alii,
qui intellectu illuminati et affectu purgati...* – sommigen stellen hun devotie in boeken, sommigen in beelden, sommigen echter in uiterlijke tekenen
of gebaren; doch er zijn anderen, in het verstand verlicht en in het gevoel
gelouterd...» (III, 4, p. 150, 22-27).

Deze enkele citaten mogen volstaan ter aanduiding, dat de bedoeling
der *Imitatie* er zeker niet in gelegen is, een handleiding van praktische
moraal noch zelfs van ascese ter verwerving van de volmaaktheid te ver-
schaffen. De religieuze ervaring die erin gezocht wordt, is mystieke
liefde. Boek III veronderstelt zelfs die ervaring of, zoals P. Stephanus
Axters, o.p., het buiten alle polemiek, bescheiden doch zeer afdoende,
uitdrukt: «(die dialogen) werden niet geschreven zonder een religieuze
ervaring, waarbij Gods aandeel veel aanzienlijker bleek te zijn dan dat
van den Vrome zelf»[9].

De populariteit van de *Imitatie* kende een eclips in de 18e en in de 20e
eeuw. In de 18e eeuw, omdat de schrijver niet erg hoog oploopt met de
rede en met de «wetenschap», – zo dacht men althans; doch met
«wetenschap» bedoelt Kempis, in zijn context en voor de lezers tot wie
hij zich richtte, de steriele begrippen – twisten en *Quodlibeta* der laat-
middeleeuwse theologen; integendeel zijn Kempis' raadgevingen voor

---

9. St. AXTERS, o.p., *Geschiedenis van de vroomheid in de Nederlanden,* dl. 3, Antwerpen, De Sikkel, 1956, p. 191.

het gebruik van de H. Schrift: «*lege humiliter, simpliciter, fideliter* –
lees nederig, eenvoudig, juist» en «*omnis scriptura legi debet eo spiritu
quo facta est* – elk geschrift moet gelezen worden in de geest waarin het
geschreven werd» (I, 5, p. 12, 18 en p. 13, 7), niet slechts maatgevend
voor de eerste pogingen van de Moderne Devotie om de gewijde teksten
van hun corrupties te zuiveren, doch een norm zowel voor Erasmus' eerste kritische uitgaven als voor de hedendaagse exegese.

In de houding tegenover de *Imitatie* van vele tijdgenoten uit deze helft
van de 20e eeuw, kan men een niet zo zelden voorkomend geval bijwo-
nen van veroordeling zonder proces op basis van valse vooronderstellin-
gen. Precies omdat de 19e eeuw de *Imitatie* prees als het volmaakte
handboek van de christen, als «het» veiligst meesterwerk-voor-iedereen
der spiritualiteit, staat de 20e eeuw er afwijzend tegenover. *Als* dit boek
de spiritualiteit van de christen wil voorhouden, dan is het veel te indi-
vidualistisch, het preekt een misprijzen van de wereld, een vlucht voor
haar menselijke en sociale opgaven; het wendt zich af van de aardse
dimensies, waarin de christen toch juist het Rijk Gods wil doen doordringen, en het bekommert zich uitsluitend om de innerlijke beleving!

ALS ... Doch het gaat om een valse voorstelling van de 19e eeuw, om
bedoelingen die de schrijver helemaal niet had. Kempis bedoelde inderdaad niets anders in die hoofdstukken dan affectieve beschouwingen
over het innerlijk leven te schrijven. Hij schreef voor de geroepenen tot,
of de koorheren van, een contemplatieve orde. Thomas a Kempis zou
zich zeker erover verheugd hebben, als zijn traktaten niet slechts voor
contemplatieven, doch ook voor heel de geestelijke stand, en zelfs voor
mensen in de wereld op tijd en stond wat stichting en hulp bij het
gebedsleven zouden brengen, doch als een compendium dat «de» spiritualiteit van «de» christen bevatte, heeft hij ze nooit geschreven noch
bedoeld.

In de Romaanse kruisgang van het Karmelietenconvent te Bamberg
illustreert een «gehistorieerd» kapiteel de vriendschap met Christus. Hij
staat hand in hand met de figuur aan zijn rechterzijde: dit is de leerling
die opgenomen werd in de vriendschap. Christus' linkerhand ligt op de
hals van een voorovergebogen, gekniel d ridder, in harnas en met het
zwaard omgord: dit is de leerling, die tot de vriendschap met Christus
wil toetreden, die zijn *gevolgsman* wordt. Voor Hem opteren, Hem zijn
woord van trouw schenken, met Hem meegaan, Hem volgen: van dit navolgen spreekt Thomas a Kempis, niet van een *imitatie*. De volmaaktheid, waartoe de rijke jongeling wordt uitgenodigd, ligt niet in de ver-
koop en weggave van zijn bezit. Het kan zijn, dat hij daardoor de deugd
van vrijwillige armoede beoefent; doch niet daarin ligt de opdracht,

waartoe Christus hem uitnodigt; hij heeft er alleen een hindernis mee uit de weg geruimd en zich vrij gemaakt, want het eigenlijke volgt pas: «Kom *dan,* en *volg Mij*».

Er zijn vele wijzen om Christus te volgen, en elk van zijn talrijke heilige vrienden deed het waarschijnlijk langs een heel originele, persoonlijke weg. Doch de hagiografie en de systematisch voorgestelde spiritualiteit van de opeenvolgende historische perioden zochten veeleer een bepaalde waardenschaal te verheerlijken *naar aanleiding* van een persoonlijk voorbeeld; zij zagen in de optie voor en de adhaesie aan een Persoon niet steeds het fundamentele, en stelden het vaak voor alsof degenen, die Christus kozen, in Hem eigenlijk voor een bepaalde waardenschaal, een leer, een levensbeschouwing opteerden.

De merovingisch-karolingische hagiograaf zocht de *virtutes* van de heilige, in de oorspronkelijke betekenis van het woord: «kracht». In zijn leven moest de kracht doorbreken van een veel sterker Verbondene, dan alle aardse macht of duivelse toverij; de *virtus* sluit altijd een manifestatie in, zij het van spectaculaire, bovenmenselijke hulp verradende verstervingen, zij het van wonderen en mirakelen. De *Vita* van Gertrudis van Nijvel vertelt dat zij als bruid met Christus omging zoals zij ons meedeelt, dat zij de Bijbel van buiten kende: wetenswaardigheden over deze merkwaardige en hooggeboren vrouw, waarbij de hagiograaf niet verder stilstaat, want dit zijn niet de eigenlijke waarden die hij zoekt; precies bij deze mededeling wrijft een hedendaags historicus zich even de ogen uit: bruidsmystiek, zoveel eeuwen voor Bernardus?

Na Bernardus inderdaad, en zeker in de 13ᵉ eeuw, zou de hagiograaf van dit gegeven het hoofdthema van zijn heiligenleven hebben gemaakt. Het is de eeuw van de *gradus amoris*[10] in de spiritualiteit en van de *cours d'amour* in de ridderwereld. De heilige wordt gekenmerkt door de totale, zichzelf verloochenende, intieme en delicate vriendschap met Christus; de geschiedenis van zijn ziel is een persoonlijke *liefdeshistorie* in de strikte zin van het woord. Het meesterwerk van die periode is Aelred van Rievaux' *De amicitia spirituali,* het stralende voorbeeld Bernardus. Op het einde ervan verschijnt nog eens een hidalgo, Ignatius, die

---

10. De in de middeleeuwen beroemdste voorstelling der «graden van liefde» is wel die van Bernardus, uit het 7ᵉ hoofdstuk van zijn jeugdwerk *De gradibus humilitatis,* ontstaan rond 1126, nl.:
- *amor carnalis* of vleselijke liefde: de mens heeft voor God slechts schrik, en bemint zichzelf om zichzelf;
- *amor servilis* of knechtenliefde: de mens bemint God, doch om zichzelf;
- *amor filialis* of kinderliefde: de mens bemint God om God;
- *amor nuptialis* of bruidsliefde: de mens bemint zichzelf alleen nog om God. (Cf. PL, 182, c. 807).

heel zijn spiritualiteit opbouwt van uit de persoonlijke vriendschap, de keuze voor de Persoon Christus, en die haar vervulling ziet in het ridderlijke jawoord op de uitnodiging: *Mecum.*

Met het humanisme begint men «de volmaaktheid» na te streven; volgens de hagiografen borstelen en bouwen de heiligen geduldig aan zichzelf naar een ideaal van «de volmaakte», zoals de Ouden het deden, doch ernstiger. De geestelijke opgang is een verbeten strijd tegen gebrek na gebrek, en een stage verovering van deugd na deugd. Tot de christelijke volmaaktheid behoort natuurlijk ook de heroïsche liefde; doch de hagiografen stellen de heiligen voor als incarnaties, als realisaties van een «deugden-synthese», waarin de heroïsche liefde als een volmaaktheid méér haar plaats inneemt.

De hedendaagse mens heeft weinig oog voor die modellen van volmaaktheid, voor die superwezens, die uit deugden zijn samengesteld. Hij oordeelt de waarde van een mens naar zijn actieve inzet voor zijn medemens.

De *Imitatie* zoekt de intieme, persoonlijke vriendschap met Christus, niet een systeem of een doctrine, ook niet een geheel van volmaaktheden: deugden zijn een waarde, gebreken een kwaad, voor zover zij het *Mecum,* die voortdurende intieme relatie bevorderen of verhinderen, er uitdrukking van zijn of weigering. Eigenlijk vindt de spiritualiteit van de *Imitatie* zo een wezenlijke karaktertrek van het Evangelie terug, waarvan wij de originaliteit nauwelijks blijken gewaar te worden, doch die in de eerste decennia van het christendom zowel de Joden als de Grieken moet verbaasd, zoniet geërgerd, hebben. De Helleense en Oosterse Wijze, de Profeet en de Heilige uit het Oude Testament, is eenzaam; hij heeft bewonderende en aanhankelijke discipelen, doch nooit worden zijn leerlingen intieme vrienden. Zij zweren bij hun geliefde en vereerde meester, doch zij zouden ophouden, vóór God en vóór hun meester, ware discipelen te zijn, indien zij de meester om zijn persoon aanhingen en zijn leer slechts omwille van zijn persoon aanvaardden. Zij opteren immers niet voor het *Mecum* met iemand, doch voor de waarheid, de leer, het inzicht, waartoe de meester hen bracht[11].

In onze tijd werd het een gewoonte, bij elke behandeling van een bepaald aspect uit de *Imitatie,* een globaal kritisch waarde-oordeel over het werk te verwachten.

Totaal onverantwoord ware het, de vier traktaten van Thomas a Kempis, die wij nu *Imitatie* noemen, te houden voor wat zij niet zijn noch bedoelen te zijn, en ons vervolgens ontgoocheld te verklaren omdat wij

11. A. FEUILLET, *Disciple,* in *Vocabulaire de théologie biblique,* Paris, Cerf, 1962.

er niet in vonden hetgeen wij zochten. Dan hebben wij gewoon het verkeerde boek genomen: niet het boek schiet hierbij te kort.

Minder onverantwoord, doch al te vaak oppervlakkig gesteld en op een oppervlakkig antwoord belust, luidt de vraag: welke boodschap brengt dit werk van een vijftiende-eeuwse schrijver voor de zielenoden en de geestelijke behoeften van de moderne mens? Reinhold Schneider schreef eens: «Wij zijn wellicht de laatste generatie, die historisch leeft». Een nieuwe generatie heeft geen «aansluiting» meer op de geschiedenis, en met het verleden kan men voor de huidige situatie van de mens weinig aanvangen. Zo is men geneigd te denken. Doch ook al is men het zich niet bewust, de historische erfenis is daarom niet verdwenen. Wij blijven ze dragen, blijven erdoor getekend, met het nadeel alleen dat wij het niet willen weten, er geen kennis van wensen te nemen. Een houding, die álle aandacht op «de noden van onze tijd» richt, verandert niets aan het feit, dat én wijzelf én die noden uit het verleden ontstaan en er grotendeels door bepaald zijn. Zij verandert alleen ons inzicht en onze zelfkennis. Degenen, die het meest weten over de noden van de moderne mens, blijken niet altijd evenveel te weten over de mens in kwestie.

Zo enig waarde-oordeel of kritische bezinning op de *Imitatie* mogelijk is, dan moet die gebeuren – wil ze vruchtbaar zijn – van uit het werk zelf en van uit de spiritualiteit waarin het ontstond. Misschien krijgen velen de indruk, dat wij in dit geval moeten verzeilen in een academisch onderzoek, waar onze tijd weinig belang bij heeft. Waarom de vraag niet klaar en eenvoudig gesteld: «Welk nut kunnen wij uit dit oude meesterwerk nog halen?».

Een dergelijke opzet nu is juist de grote vergissing. De vraag herinnert aan het slot van iedere overweging in de oude moraliserende meditatieboeken: «Welk nut kan ik eruit halen voor mezelf?». – In de orde van de *dingen* kan het antwoord op een dergelijke vraag inderdaad wellicht veel nut opleveren; in de orde van de *personen* gaat zij aan het wezenlijke voorbij. Want hier gelden de wetten van de hele menselijke werkelijkheid, of het nu concrete historische getuigen van het verleden betreft of de levenschenkende menselijke relaties van het heden. Zoekt men de ándere, oude getuige of sterfelijke tijdgenoot, niet om zich in te leven in hem uit belangstelling voor hem, maar om het nut dat men uit hem kan halen voor de eigen ontwikkeling en vooruitgang, zo vergaat het de mens precies als wanneer hij iemands vriendschap zoekt om zijn eigen voordeel: hij vindt noch de vriendschap noch de andere noch enige vruchtbare realiteit; hij blijft de volkomen steriele gevangene van zijn *ego*. Zoekt hij echter de ándere, oude getuige of eigentijdse *fellow-traveller* om hemzelf en zonder «nuttige» bijbedoelingen, dan kan uit zijn ontmoeting een gemeenschap groeien van onuitputtelijke vruchtbaarheid. Het gaat niet om een kortere of langere weg, die uiteindelijk toch naar onszelf zou leiden. Het gaat om de enige weg uit onszelf.

Merkwaardig genoeg is een kritisch waarde-oordeel over de *Imitatie* slechts mogelijk van uit die fundamentele wet van elke persoonlijke relatie. Zo wij soms het gevoel hebben, in de spiritualiteit van de *Imitatie* – en niet slechts bij details, die uit opvattingen van de middeleeuwen te verklaren zijn – vóór een begrenzing te staan, die er niet zou moeten zijn, dan kan die enkel ontdekt worden door de bestudering van de spiritualiteit waarin zij ontstond en van de school, waarvan zij één der meesterwerken is. Dan zou wellicht blijken dat de limitatie, die men gewaar wordt en toch niet duidelijk kan bepalen, eigenlijk een limitatie is, waaraan de Moderne Devotie zelf laboreert in enkele van haar markante figuren, wier invloed beslissend is gebleken. Een dergelijk onderzoek valt echter buiten het bestek van deze bijdrage.

6

ALTNIEDERLÄNDISCHE MYSTIK

Die Wiederkehr bestimmter Grundzüge in jeweils eigener Konstellation prägt den konstanten Charakter der altniederländischen Mystik von der karolingischen Zeit bis ins 17. Jh. (das heutige Flandern ist führend im 13. und 14. Jh., im 15. und 16. Jh. die heutigen Niederlande). Die *Vita* der heiligen Gertrud von Nivelles (7. Jh., aus pippinischem Geschlecht) erwähnt schon ihre Brautmystik, die, gemeinhin im Westen als Höhepunkt des Gebetslebens verstanden, sonst auf Bernhard von Clairvaux zurückgeführt wird. Seit der karolingischen Zeit blüht im Bistum Lüttich die Andacht zur Dreifaltigkeit; das Fest wurde zuerst von Stephan von Lüttich († 920) in die Liturgie eingeführt. Aus der Eucharistieverehrung, angeregt von den heiligen Klausnerinnen Juliana von Mont-Cornillon und Eva von St-Martin, entstand im frühen 13. Jh. das Fronleichnamsfest. Der Urheber der Lehre des *amor illuminatus,* Wilhelm von St-Thierry, Freund des heiligen Bernhard, dem sie oft zugeschrieben wurde, stammt ebenfalls aus Lüttich; seine Schriften fanden in den Niederlanden größte Verbreitung.

Innere, persönliche Beziehung zu Christus, Brautmystik, Dreifaltigkeitsmystik, eucharistische und christozentrische Frömmigkeit sowie eine Darstellung der Entfaltung des Gebetslebens, welche die Lehre des *amor illuminatus* weiterentwickelt, sind die Charakteristika der altniederländischen Mystik.

Daher das allgemeine Bild des Seelenaufstiegs dieser *Einkehrfrömmigkeit*: von der Minne berührt (*gherenen*), integrieren sich die niederen und emotionalen Kräfte in die *Einheit des Herzens*; diese geeinte Gefühls- und Geisteskraft ist der *Grund der Seele,* in dem Gottes schöpferische Kraft und Gnade wirken; nicht mehr als einzelne Vermögen, als Gedächtnis, Verstand, Wille, sondern als eine einzige ganzheitliche Dynamik, als Wesensgrund werden sie von der verschleierten Gegenwart des Geliebten ergriffen und daraus tätig. Formulierungen wie *wesentliche Einheit, wesentliches Schauen*[1], *wesentliches Gebet,*

---

1. Schauen = im Mittelniederländischen Fachausdruck für «mystische Erfahrung».

wesentliche Vereinigung deuten auf die Art, in der die Liebeserfahrung erlebt wird, nicht auf ihr Objekt[2].

Das neuplatonische System des Ps.-Dionysius mit seiner Doppelbewegung des Ausfließens aus und Zurückfließens in Gott bietet einen nach 1250 häufig benutzten Vorstellungsrahmen für den Seelenaufstieg; inhaltlich jedoch stellt die altniederländische Mystik eine der pseudo-dionysischen (in der Dunkelheit endenden und alles geschaffene Fassungsvermögen ausschaltenden) Vereinigung entgegengesetzte Geistesbewegung dar, ähnlich der Auffassung Gregors von Nyssa, dessen Einfluß vielleicht hier in der Harmonie der Spannung «Natur-Gnade» nachwirkt, in der die Natur vom Transzendenten her überformt werden kann. Denn auch das natürliche Schöpfungsmoment, ursprünglich schon gemeint als vorbereitend auf die Erhebung zur Partizipation an Gottes Leben, gestaltet den Menschen nach dem *Bilde* des Sohnes und bestimmt ihn zu wachsender *Ähnlichkeit* mit ihm, noch bevor er durch die Gnade in das innergöttliche Leben aufgenommen wird. Daher wird die Möglichkeit einer «natürlichen Mystik» durchaus anerkannt[3]; das Gnadenleben schaltet die Natur keineswegs aus: «denn weder Gnade noch Herrlichkeit vertreiben das natürliche Licht, sondern es wird verklärt»[4]. Zwar wird der negative Weg einer äußersten Entblößung, eines nackten Glaubens (einer von ihm informierten Erkenntnis, welche für den natürlichen Verstand Unkenntnis und Unwissen ist) bis zu einer wahren «Vernichtungsmystik» beim Aufstieg mit einbezogen. Es gilt aber keineswegs die Natur, sondern das *Selbst,* das *Eigene* (im Willen usw.) hinter sich zu lassen, so daß der Geliebte das bestimmende Prinzip des Handelns werde statt des *Ich.*

Seine höchste Entfaltung erreicht das geistliche Leben in der Erfahrung des Mitlebens mit dem göttlichen Leben. Der Vater schaut uns im Sohn, seinem Bild; so sind wir Bild im Bild, und unser ewiges Bild ist, wie alles in Gott, Gott mit Gott. Alles, was geschaffen wurde in der Zeit, war zuerst Leben in ihm (Jo l, 3-4 nach der alten Zeichensetzung); dieses ist unser *Überwesen,* in dem unser geschaffenes Leben west. Das Wort gibt uns durch seine Menschwerdung und seine Gegenwart in uns die Möglichkeit, unser Wesen zu seinem Überwesen zurückzuführen – das ist Sinn und Bestimmung des Lebens in der Zeit –, und geleitet die Menschheit in den Schoß des Vaters zurück. Wie im Urbild aller Liebe, im trinitarischen Leben, die Personen sich immer in den seligen

---

2. Die Übersetzungen *contemplatio* oder *unio essentialis* usw. veranlaßten zahlreiche Mißverständnisse.

3. RUUSBROEC, *Werke* 4 Vol., Tielt, Lannoo, ²1944-1948, I, 13, 15.

4. *Ibid.*, 95.

Abgrund des göttlichen Wesens verlieren und zugleich immer Vater, Sohn und Geist der Liebe sind, so werden wir «überwesentlich» ein Leben mit Gott, sind nach unserem Geschaffensein ewig ein anderes: sonst wäre weder Gott noch Kreatur, noch Liebe[5]. Dieses Leben eignet «allen gläubigen guten Menschen» (Ruusbroec, Maria Petyt); der Unterschied beim Mystiker besteht nur im Bewußtwerden, nicht in einem Heiligkeits- oder Wesensunterschied. Jeder Pantheismus (Sekte des Freien Geistes) und alle falsch verstandene Passivität (Quietismus) werden abgelehnt und bekämpft: der aus Gott «ausfließende» und in tätiger Liebe «zurückfließende» Mensch, der «gemeine Mensch», tätig in der Beschauung, ist der vollendete Mystiker. Und gerade dieses Gleichgewicht ist Norm für die Unterscheidung der wahren Gottesvereinigung. Bevor der Mensch mit Gott vereinigt wird in seiner Gottheit, muß er ihm ähnlich werden in seiner Menschheit (Hauptmotiv von Hadewychs Läuterungsgedichten). Dem modernen Leser bietet diese Schule eine anregende Phänomenologie der Liebe und des interpersonalen Lebens.

Geschichtlich entsteht die altniederländische Mystik in der frommen Frauenbewegung, und zwar nicht in den alten Orden, sondern bei den städtischen Beginen und den zu ihnen in engster Beziehung stehenden Zisterzienserinnen, weil ihre Gedanken- und Erfahrungswelt sich weniger in den vorgeformten Rahmen der Tradition einpaßte, sondern sich zu neuem, ursprünglichem Ausdruck angeleitet sah: Ritterlichkeit und Stolz (*fierheit*), Treue und Bereitschaft zum Ähnlichwerden in sühnendem Mitleiden mit dem Bräutigam sind die Tugenden des Minnedienstes. Von Maria von Oignies, Ida von Löwen, Margareta von Ypern, Lutgart von Tongeren (Herz-Jesu-Mystik mit Austausch der Herzen), Ida von Nivelles kennen wir keine Schriften. Für die Verläßlichkeit der «Viten» jedoch zeugt die Wiederentdeckung eines Teiles der Autobiographie von Ida von Nivelles' Freundin Beatrijs von Tienen oder von Nazareth (nach dem SOCist-Priorat bei Lier): *Van Seven manieren van minne*, entstanden vor 1235, die, nur an den kühnsten mystischen Stellen abgeschwächt, in die *Vita* überging.

Die erhaltenen Werke von Hadewych von Antwerpen[6] vereinigen ursprüngliche Mystik mit höchster dichterischer Aussage; berühmt ist die dynamische Definition: «Seele ist ein Weg des Durchfahrens Gottes in seine Freiheit aus seinen Tiefen, und Gott ist ein Weg des Durchfahrens der Seele in ihre Freiheit, d. h. in seinen Grund, der nicht erreicht

5. RUUSBROEC, *Werke*, III, 26ff.
6. † 1260, hatte regen Kontakt mit den Beginenkreisen.

werden kann, es sei denn, sie berühre ihn mit ihrer Tiefe» (18. Brief).
Der westflämische Dichter der sogenannte *Mengeldichten* 17-28 und
Gerard Appelmans führen in der 2. Hälfte des 13. Jh. endgültig in die
Darstellung des Seelenaufstiegs die Begriffe des wesentlichen und über-
wesentlichen Lebens ein, welche dann die irrtümliche Kennzeichnung
der altniederländische Mystik als «spekulativ» veranlaßten.

Jan van Ruusbroec (1293-1381) war zuerst als Weltpriester in der
Seelsorge tätig in Brüssel, wo auch sein erstes Werk *Dat Rijcke der Ghelieven* entstand. Seit 1343 zog er sich mit Freunden in eine Klause im
Zonienwald zurück, wo sie 1350 eine Ordensregel annahmen; so entstand die Abtei Groenendaal. Hier schrieb er die weiteren 12 Werke,
darunter sein Meisterwerk *Die Geestelike Brulocht*, ein Titel, welcher
Inhalt und Ziel seiner ganzen literarischen Tätigkeit zusammenfaßt.
Seine ersten Schüler waren der Bruder Koch Jan van Leeuwen, der in
derber Volkssprache die Themen des Meisters wiederaufnimmt, und Jan
van Schoonhoven, der in der Kontroverse mit Gerson (dem Kanzler)
nachweist, daß der Vorwurf des Pantheismus gegen Ruusbroec von der
unzulänglichen lateinischen Übersetzung herrührt.

Im 15. Jh. vulgarisiert der Franziskaner Hendrik Herp († 1477) in seinem *Spieghel der Volcomenheit* Ruusbroecs Lehre und systematisiert sie
derart, daß, gegen seine ausdrückliche Absicht, das Gebetsleben von
Anfang an auf Vollendung im Mystischen abgestimmt erscheint; er ver-
wendet die alten Ausdrücke im spätscholastischen Sinn, so daß der Streit
um den Vorrang zwischen Verstand und Wille wiederauftaucht und eine
Schau des göttlichen Wesens auf Erden als möglich erscheint. Machte
Herp die ältere mystische Literatur für ganz Europa zugänglich (direkter
Einfluß auf Teresa von Avila und Benedictus von Canfield), so veran-
laßte er aber auch unfreiwillig kirchliche Maßnahmen gegen ihre Verbreitung.

Im Ideal des «gemeinen Menschen» fanden die «Brüder des Gemeinsamen Lebens» ihre Aufgabe: ein apostolisches Leben zu führen in der
modernen Zeit, außerhalb der gefestigten klerikalen Institutionen, ohne
Ordensgelübde den Menschen die evangelischen Räte vorzuleben in
kleinen Gruppen, die sich mit Schreib- oder Handarbeit den Unterhalt
verdienten. In Deventer, im Hause des Gründers Geert Grote (1340-84),
entstand das erste Schwesternhaus, in dem seines Freundes Florens
Radewijns (1350-1400) das erste Fraterhaus. Die Brüder nahmen sich
der Studenten an, waren als Lehrer tätig, als Verleger Wegbereiter des
christlichen Humanismus.

Das Chorherrenstift von Windesheim, gegründet als Zuflucht für die
Brüder in Vorausahnung von Verfolgungen, richtete die Spiritualität auf

Verinnerlichung der Observanz und des aszetischen Lebens; Ziel war die innige Verbundenheit mit Christus. Gerlach Peters (1378-1411) war der große Mystiker der 1. Generation; die 2., auf affektive Mystik, Freundschaft mit Christus gerichtet, brachte das Meisterwerk der *Devotio moderna,* die Traktate des Thomas a Kempis, hervor, aus denen die *Imitatio Christi* entstand; die 3., verbunden mit einer großen Reformtätigkeit von Klöstern, die sich dann Windesheim anschlossen, stand der mystischen Tradition fremder gegenüber und wollte sie durch ein bescheideneres affektives Gebetsziel ersetzen, auf das man sich durch *methodische Meditation* vorbereitete: Jan Mombaers (1460 bis 1501), *Rosetum exercitiorum spiritualium,* mit Einfluß auf Frankreich, Spanien (Cisneros, Ignatius von Loyola) und Italien (Barbo); diese Richtung ist aber allmählich bedroht vom Psychologismus und von einer komplizierten Selbstbeobachtung.

Das innerliche Mit-Erleben mit Christus, verbunden mit einer extremen «Entwerdungsmystik», ist Hauptmotiv der 2 Meisterwerke einer anonymen Schriftstellerin des 16. Jh.: *Die Evangelische Peerle* und *Vanden Tempel onser Sielen,* und beeinflußt die berullianische Spiritualität *(états intérieurs,* École française).

Noch einmal, im 17. Jh., im Werk der südflämischen Mystikerin Maria Petyt (1623-77), blüht die alte Mystik auf, jetzt aber verbunden mit einer modern anmutenden psychologischen Reflexion, Selbstbeobachtung und kritischen Unterscheidung der Epiphänomene.

LITERATUR

Quellen

BEATRIJS VAN TIENEN, *Seven manieren van minne,* ed. J. VAN MIERLO & L. REYPENS (Leuvense studiën en tekstuitgaven, 11), Leuven, 1926.

Vita Beatricis, ed. L. REYPENS (Studiën en tekstuitgaven van Ons Geestelijk Erf, 15), Antwerpen, Ruusbroecgenootschap, 1964.

HADEWYCH, *Visioenen,* ed. J. VAN MIERLO (Leuvense studiën en tekstuitgaven, 10), 2 Vols., De Vlaamse Boekhandel, 1924-1925; *Strophische Gedichten* (Leuvense studiën en tekstuitgaven, 13), 2 Vols., Antwerpen, Standaard Boekhandel, 1942; *Brieven* (Leuvense studiën en tekstuitgaven, 14), 2 Vols., Antwerpen, Standaard Boekhandel, 1947; *Mengeldichten* (Leuvense studiën en tekstuitgaven, 15), Antwerpen, Standaard Boekhandel, 1952.

JAN VAN RUUSBROEC, *Werken,* 4 Vols., Tielt, Lannoo, ²1944-1948.

JAN VAN LEEUWEN, *Een bloemlezing,* ed. St. AXTERS, Antwerpen, De Sikkel, 1943.

HENDRIK HERP, *Spieghel der Volcomenheit,* ed. L. VERSCHUEREN (Tekstuitgaven van Ons Geestelijk Erf, 1), 2 Vols., Antwerpen, Neerlandia, 1931.

Gerardi Magni Epistolae, ed. W. MULDER (Tekstuitgaven van Ons Geestelijk Erf, 3), Antwerpen, Neerlandia, 1933.

THOMAE HEMERKEN A KEMPIS, *Opera Omnia*, ed. M.J. POHL, 7 Vols., Freiburg, Herder, 1902-1922.

Monographien

J.G.R. ACQUOY, *Het Klooster van Windesheim en zijn invloed*, 3 Vols., Utrecht, Van der Post, 1875-1880.

P. DEBONGNIE, *Jean Mombaer de Bruxelles* (Université de Louvain: Recueil de travaux publiés par les membres des conférences d'histoire et de philologie: 2ᵉ série, 11), Leuven, Uystpruyst, 1927.

R.R. POST, *De Moderne Devotie*, Amsterdam, Brill, ²1943.

St. AXTERS, *Geschiedenis van de Vroomheid in de Nederlanden*, 4 Vols., Antwerpen, De Sikkel, 1950-1960.

L.M.J. DELAISSÉ, *Le manuscrit autographe de Thomas a Kempis et l'«Imitation de Jesus-Christ»* (Les publications de Scriptorium, 2), 2 Vols., Paris, Érasme, 1956.

C. VAN DER WANSEM, *Het ontstaan en de geschiedenis der Broederschap van het Gemene Leven tot 1400*, Leuven, Universitaire Uitgaven, 1958.

A. DEBLAERE, *De mystieke schrijfster Maria Petyt*, Gent, Secretarie der Academie, 1962.

Quartalschrift *Ons Geestelijk Erf*, Antwerpen 1927 ff.

7

GERLACH PETERS (1378-1411)
MYSTICUS VAN DE «ONDERSCHEIDING DER GEESTEN»

Het «Soliloquium» van de ziekelijke, slecht ziende, oudere mede-
broeder van de «junior» Thomas a Kempis bleef de eeuwen door in spirituele kringen hoog aangeschreven, doch werd blijkbaar weinig gelezen. De meest recente uitgave van de originele Latijnse tekst dateert van
1849[1]. In onze eeuw verschenen een nieuwe Nederlandse vertaling, door
de abdij Averbode uitgegeven, en een paar drukken van de Franse vertaling door E. Assemaine (sinds 1921). Toch waren beide laatste publi-
katies meer als devotieliteratuur bedoeld, die de oude schatten van de
spiritualiteit voor hedendaagse, ontwikkelde vromen toegankelijk wilde
maken. In 1960 eindelijk publiceerde Josef Weismayer een nieuwe
Duitse vertaling met wetenschappelijke allures, voorafgegaan door een
grondige, uitvoerige theologisch-spiritule inleiding[2].

Er bestaat geen reden om enkele van Johannes Busch' essentiële infor-
maties in twijfel te trekken, namelijk dat Gerlach geen gebonden traktaten
schreef, doch slechts losse notities en aantekeningen voor eigen gebruik;
noch dat het zijn vriend Jan Schutken was, die na Gerlachs dood in 1411
de opdracht kreeg, die verspreide aantekeningen tot een geheel te ordenen,
waarbij hij ze met kapittels voorzag zoals het een ordentelijk boek betaamt.

Enkele jaren na de heruitgave van Strange, kwam het de navorsingen
van W. Moll toe, in eigen land en in de geschiedenis van de Moderne
Devotie aan Gerlach de ereplaats te geven die hem toekomt. Bij dit eer-
herstel in de wereld van de literatuurgeschiedenis en de filologie ging
men wel eens over tot goed bedoelde, doch minder gelukkige karakteri-
zeringen, als die van O. Clemen «ein zweiter Thomas a Kempis»[3]. De
jonge scholastiek Thomas Hemerken heeft Gerlach Peters nog gekend,
doch zo ooit een vergelijking dient gemaakt, dan zou men Thomas eerder

---

1. *Gerlachi Petri Ignitum cum Deo Soliloquium,* ed. J. STRANGE (Bibliotheca mystica
et ascetica), Köln, Herberle, 1849. [However, in 1996 a critical edition was published:
Gerlachi Petri Opera Omnia, ed. Mikel M. KORS (Corpus Christianorum: Continuatio
Mediaevalis, 155), Turnhout, Brepols, 1996].
2. *Jahrbuch für Mystische Theologie* 6 (1960) 7-83.
3. In *Wissenschaftliche Beilage der Leipziger Zeitung* 35 (21 maart 1896), p. 152.

een gevulgarizeerde Gerlach van de volgende generatie mogen noemen, bij wie het getuigenis van een zuivere en hoge mystiek getransponeerd verschijnt in hooggestemde en zeer vrome, doch eerder psychologische en emotionele belevingen, al zijn die steeds gedragen door het innige verlangen naar mystieke verbondenheid.

Wat de opvattingen betreft over de opgang van de ziel naar en haar vereniging met God – het totaalbeeld, zou men kunnen zeggen, van de mystieke leer, die door Gerlachs persoonlijke notities wordt verondersteld, waarin zijn gebruik van vaste termen en specifieke uitdrukkingen zijn eigenlijke betekenis en diepgang krijgt – is het voor ons duidelijk, dat ze steunen op de mystieke leer van Ruusbroec. Wat men ook moge beweren over de huiverigheid van de Moderne Devotie tegenover Ruusbroec, over haar afwijzing van een mystieke spiritualiteit voor een meer bescheiden ascetische, de persoonlijke notities van de grootste mysticus uit de eerste generatie van Windesheim zijn nauwelijks te begrijpen (tenzij men er fantastische theorieën bijsleurt) indien men niet voortdurend de mystieke synthese van Ruusbroec voor ogen heeft. Men vindt er de zin van de geestelijke groei als uitvoering en óp-voering van het oorspronkelijk meegekregen Beeld, participatie aan de Zoon, tot Gelijkenis; de ontwikkeling van het innerlijke leven, niet door superstructuren en complicaties, maar door inkeer in de «grond» («fundus» bij Gerlach) en de unificatie der vermogens-activiteit onder inwerking der genade; Ruusbroec noemt ze «wezenlijke» vereniging, omdat zij zich afspeelt, niet in de afzonderlijke faculteiten, maar in hun gemeenschappelijke bron, namelijk het wezen; Gerlach noemt dezelfde gesimplificeerde, tot éénheid gegroeide ervaring de «simplex interior aspectus» of «oculus», een enkele maal de «deiformis aspectus». Door totale verloochening van het «zelf» als meester van ons handelen en innerlijke beslissing en zijn vervanging door een nieuw principe: de wil van de Beminde, wordt de mens meer en meer aan Christus gelijk en geassimileerd. De echtheid van de mystieke vereniging die de mens draagt, haar manifestatie als authentisch leven en levengevende kracht, blijkt uiteindelijk door de actieve deelname aan Gods «uitvloeiende» liefde: inzet voor medemensen en schepsellijke taken. De ware mysticus is bij Ruusbroec de «gemeine mensch», degene die helemaal van, uit en voor God levend, alle schepselen bereikt en bemint; bij Gerlach: «ex quo efficiemur tam abundantes et superpleni, ut continue oporteat nos effluere cum Jesu in omnem creaturam; non potest non effluere et non amare; continue effluere et omnibus communicare» (c. 35)[4].

---

4. [Daardoor worden wij zó boordevol en overvloeiend, dat we onophoudelijk met Jezus moeten uitstromen naar heel de schepping; (de liefde) kan niet anders dan uitstromen en liefhebben; steeds uitstromen en zich aan allen meedelen].

Met deze enkele hierboven vermelde trekken zou men in Gerlach wel een groot mysticus kunnen zien, doch hoofdzakelijk een voortzetter van Ruusbroec, met hoogstens de originaliteit van enkele thematische voorliefdes, of met de menselijke originaliteit die vanuit zijn temperament, zijn dreigende blindheid, de pijnlijke ziekte (graveel) waaraan hij zou sterven, wordt getekend en die zijn werk een persoonlijk accent verleent. Gerlach heeft echter een nieuw element als doorlopend motief van het innerlijke leven in de mystieke literatuur van de Nederlanden op de voorgrond en tot gearticuleerd bewustzijn gebracht: hij blijkt in de ontwikkeling van de Nederlandse vroomheid de grote mysticus van de «onderscheiding der geesten» («discretio spirituum»). Het is op zichzelf welhaast merkwaardig, hoe dit centrale motief, dat in nagenoeg al Gerlach's aantekeningen weerkeert, door zijn commentatoren constant over het hoofd werd gezien en dus ook nooit vermeld of behandeld. Of zou, in de traditie van Windesheim, en des te meer bij latere, aan de spiritualiteit van de stichting vreemde commentatoren, met het «Soliloquium» iets analoogs gebeurd zijn van hetgeen in de Jezuïetenorde met de «Exercitia Spiritualia» van Ignatius van Loyola geschiedde? De «Regulae ad dignoscendos spiritus» namelijk, die in de «Exercitia» het oordeel mogelijk maken over de «electio» van een leven naar Gods Wil (en niet de «beroepskeuze» die een rationalistisch tijdperk ervan maakte), verschoven in de officiële commentaren vrij vlug van kernstuk tot de rol van illustratieve randbemerking.

Nu behoort de leer van de «discretio spirituum» tot het levende merg van vele eeuwen christelijke ervaring en spiritualiteit. Zij steunde op de Apostelbrieven[5], en reeds in de oudste christelijke documenten als de «Didachè» en de «Pastor Hermas» kan men haar ontwikkeling volgen. Om na te gaan of men in de geest van Christus leeft, stelt Origenes een totaalbeeld op van de kenmerken, die ons laten herkennen of men met de goede geest, dan wel met een verkeerde is bezield. (In de populaire geestelijke traditie van de monniken wordt die «goede» of «slechte geest» tot «geesten», engelen of duivelen). In zijn «Leven van Mozes» beroept Gregorius van Nyssa zich voor die methode van bezinning op de echtheid van het geestelijk leven reeds op «de traditie der Vaders»: «ek tès patrikès paradoseos». Doch het is vooral de Latijnse vertaling van Athanasius' «Vita Antonii», die bepalend is geworden voor terminologie en begripsvorming van de «discretio spirituum» in de Westerse spiritualiteit. Hier vinden wij de volgende kenmerken opgesomd voor de mens die leeft in de geest van de Heer: *non turbatus; tranquillus; gaudium,*

5. Vooral 1 Kor 12,10; Gal 5,16-24; 1 Tes 5,21; 1 Joh 4,1; Jak 3,17.

fiducia, exultatio; mens non turbida, sed lenis et placida; securitas animae[6]; voor de mens echter die, bij alle schijn van vroomheid, in illusie of zelfbedrog leeft: *mens turbata, cum sono et clamore; trepidatio, timor animae, cogitationes sine ordine, cordis hebetatio*[7].

Alle grote mystieken, ook wanneer zij die traditie niet persoonlijk kenden naar begripsinhoud of terminologie, wisten de illusies in het geestelijk leven te leren herkennen aan de verenging van het bewustzijn, de vernauwing van de levensaandacht en de angst tegenover handeling en verantwoordelijkheid, – zijn kwaliteiten van echtheid daarentegen aan de verruiming van levensaandacht en -intensiteit, de «dilatatio cordis». In het echt geestelijke gebed, waarin de mens niet overgeleverd is aan de drukte en veelvuldigheid van zijn activiteit «naar buiten», dit wil zeggen uitgeoefend op de kosmische orde der dingen, doch waarin zijn activiteit, van de plicht der versnippering even bevrijd, tot één enkelvoudige dynamiek en energie wordt, antwoordt God evenmin met begrippen, veelvuldigheid van woorden, gedachten en stimuli; doch zijn werking als Schepper en als Heiland, die de kern van het zijn raakt, antwoordt ook in dit «zijn»: God antwoordt in het eenvoudig gebed en in het verenigingsleven door een nieuwe, levende kwaliteit-van-het-zijn.

Gerlach oordeelt over zichzelf, zijn gesteltenis en zijn beantwoording aan de genade, steeds naar deze kwaliteit van het zijn. Alle gedachten, innerlijke houdingen, praktijken, hoe goed zij ook mogen schijnen, indien zij het innerlijk leven benauwen, z.g. «vrome» angst verwekken, «kunnen geen teken» ervan zijn, dat men in Gods wil leeft.

Wil zijn geest vluchten in een trouw van observantie zonder nog naar de zin te vragen van de voorschriften of zonder ze te verinnerlijken: *«depressus non potest animus seipsum levare; condensae tenebrae»* omringen hem (c. 3)[8].

Handelt hij uit zelfgenoegzaamheid, of om welk motief ook buiten enkel en alleen Gods wil: «videbit aperte, per haec quodammodo *velum appendi inter se et veritatem; dubietatem et perplexitatem vel scrupulositatem crescere»* (c. 6)[9]. Vooral de veel verbreide zorg, dat men zijn

---

6. [*Rustig; kalm; vreugde, vertrouwen, blijdschap; een niet onrustige, maar zachtzinnige en kalme geest; gemoedsrust*].

7. [*Onrustige geest, luidruchtig; gejaagdheid, vreesachtigheid, wanordelijke gedachten, ongevoeligheid van hart*]. Ontleend aan L.T.A. LORIÉ, *Spiritual Terminology in the Latin Translations of the Vita Antonii with Reference to Fourth and Fifth Century Monastic Literature* (Latinitas Christianorum Primaeva: Studia ad sermonem latinum christianum pertinentia, 11), Utrecht, Dekker & van de Vught, 1955.

8. [*Terneergedrukt, kan de geest zichzelf niet oprichten; dikke duisternissen...*].

9. [Hij zal duidelijk zien dat dergelijke opwellingen als het ware *een sluier ophangen tussen hem en de waarheid; dat twijfel, verwarring en angstvalligheid toenemen*].

reputatie van goed religieus moet indachtig zijn, introduceert in het innerlijk leven de «wereld», het oordeel der mensen: «quod plenum est angustia»[10] – die zorg kán dus niet van God komen (c. 5)[11].

Is echter de «innerlijke blik» van de mens, zijn diepste inzet, erop gericht, de wil van de beminde Heer te zoeken, en is dit het enige levensmotief dat hem doet handelen, «sincere ex intuitu veritatis» (c. 5)[12], dan bevindt hij in de nederigheid en waarheid samen van die volgzaamheid, dat zij *«securae sunt et latae, et quidquid extra illas est, angustum et timidum»* (c. 6)[13].

Volgt hij dit enige motief, dan leert hij vlug wat zijn innerlijke leven mag bezighouden en wat niet, leert hij uit ervaring, dat alleen de Heer die nieuwe kwaliteit van leven schenkt, en dat de mens weer eng, angstig en onvrij wordt, van zodra hij zélf met eigenwil het stuur in handen neemt: «Dominus enim Jesus ipse est qui ab intus illuminat... Dominus Jesus qui *expeditum et liberum facit ascensum nostrum interiorem»* (c. 7)[14]. Gerlach laat de Heer zijn leerling verzekeren: «Neque dignum aliquid fore censeo quod possit *impedire vel deprimere animum mihi unitum»* (c. 7)[15]. – *«De his quae sursum sunt, non est quod timeat,* cum non solum ab his *non deprimatur,* sed et crebrius diversis modis invitetur ad standum cum eis ante conspectum Domini, *ad deambulandum in interiori et superiori latitudine, in qua nulla invenitur angustia»* (c. 7)[16]. Kan de geest niet altijd in die vrijheid en weidse ruimte ademen, doch bedrukt en angstigt hem enige oorzaak, dan komt die nooit van God: steeds is het «ik» weer opgedoken, dat een enge cel rond zich optrekt en de mens van de «latitudo» afsluit.

De onttroning van het «ik» als meester van de beslissingen betekent ont-eigening in de ware zin van het woord; meteen verdwijnt het interesse voor alles wat 's werelds oordeel voor verrijking en bekroning van

---

10. [*Wat één en al benauwing is*].
11. Hoezeer het vooraf aanwezige oordeel over een tekst, wanneer men hem niet helemaal leest «eo spiritu quo scriptus est», ook de vertaling beïnvloedt, getuigt Weismayer's vertaling van «Quod plenum est angustia»: "das ist ein falscher Standpunkt". De lezer wordt immers verondersteld in Gerlach een reeks ascetische stoïcijns-christelijke praecepten te vinden.
12. [Oprecht vanuit het schouwen van de waarheid].
13. [*Betrouwbaar en ruim, en wat daarbuiten ligt, is eng en vol angst*].
14. [De Heer Jezus zelf is het die ons innerlijk verlicht..., de Heer Jezus is het die *onze innerlijke opgang ontdoet van elke belemmering en haar vrijmaakt*].
15. [Niets acht Ik het waard de met Mij verenigde ziel *te hinderen of neer te drukken*].
16. [*Van wat boven is heeft ze niets te vrezen. Niet* alleen *drukken* dezen haar niet *neer,* maar telkens wordt zij op verschillende wijzen uitgenodigd met hen te staan voor het aanschijn van de Heer, *om te wandelen in een innerlijke en verheven ruimte. Daar is geen plaats voor benauwenis*].

het leven houdt; dit juist is geestelijke armoede, de enige sleutel die de poort opent op de ware dimensie van vrije ruimte: «pauper existens, *in magna interiori latitudine*» (c. 1)[17].

Sinds de liturgie Ef 3,18-19, op het feest van Jezus' Hart laat lezen, zijn de spirituele traktaten geneigd, de bevrijdende, grenzeloze dimensie van het werkelijke leven uitsluitend geobjectiveerd in de bron, in Jezus' Hart, te situeren; daarbij verstaan zij het slot van vers 19 steeds als een soort verre toekomst, versta: voor de hemel bedoeld: «opdat gij vervuld wordt tot de Volheid Gods». Voor Gerlach echter is het vanzelfsprekend, dat dit bevrijd leven in eindeloze ruimte niet enkel een eigenschap is van Jezus' Hart, maar ook de enige levensruimte van wie in de Heer leeft. Meer nog: dááraan precies herkent men de waarachtigheid van het geestelijk leven: «Quod non possum sequi *altitudinem, latitudinem, profunditatem,* incomprehensibilitatem, et pervenire in *spatiositatem* supremae affectivae *latissime excedentem* innumeris modis universam creationem, *signum est* quod adhuc *detineor* et *constringor propria quaesitione mei ipsius*» (c. 7)[18]. – «*Nullum* etiam *evidentius indicium et signum est unionis cum Verbo,* quam sic *absque ulla angustia in interiori latitudine conversari*» (c. 35)[19]. Het «ik» eenmaal prijsgegeven, «sic tamquam extra meipsum totaliter constitutus, a longe me aspiciens et contemnens, cum ipsa nuda veritate omnium quae sunt, *procedam alte, profunde, longe et late* secundum modum quo ipsa progreditur ad omnia, aspiciens *inaequalia aequaliter, tumultuosa quiete*» (c. 19)[20].

Steeds verschijnen dezelfde tegenstellingen in de kwaliteit van het innerlijke zijn, waaraan men kan aflezen of men in Gods wil dan wel in eigen-wil leeft: deining tegenover gelijkmoedigheid, tumult tegenover rust, benauwing in angst tegenover dilatatie en bevrijding. Het vermogen tot deze onderscheiding der geesten ontstaat en ontwikkelt zich van uit geleefde waarheid: de inzet zonder zelfbedrog voor de wil van de Beminde – «oportet hominem semper deficere in se, et convalescere in Domino, et frequenter omnia pro omni dare, *si noluerit angustiari*»

---

17. [Hoewel arm *in een weidse, innerlijke ruimte*].
18. [Het feit dat ik niet in staat ben *de hoogte en de breedte, de diepte* en het onbegrijpelijke te volgen en *de ruimte* van de opperste liefde te bereiken, die *op onmetelijke wijze* en in talloze opzichten de gehele schepping *te boven gaat, is een teken* dat ik nog *weerhouden word* en *vastgekluisterd ben door zelfzucht*].
19. [*Geen duidelijker bewijs en kenteken van de vereniging met het Woord bestaat er,* dan *zonder enige benauwing in die innerlijke ruimte te wandelen*].
20. [En zo, als het ware geheel buiten mijzelf geplaatst, terwijl ik mij van op een afstand beschouw en veracht, en met de naakte waarheid omtrent al wat is, *zal ik voortgaan in de hoogte en de diepte, in de lengte en de breedte* op de wijze waarop Zij alle dingen tegemoetgaat, en *gelijkelijk het ongelijke* aanziet en *rustig de onrustige dingen*].

(c. 9)[21] – brengt verenigingsleven en schenkt uit deze vereniging een oordeelskracht, die zich niet moeizaam met abstracte gevolgtrekkingen een opinie vormt, doch die de totale perceptie van een intuïtie heeft: de «aspectus interior» van Gerlach – wellicht was het «zien» voor de met blindheid bedreigde de menselijke activiteit, die hem het scherpst het vitale, de kern van de ervaring bleek te verwoorden, de blik op de «incommutabilis veritas, *lumen oculorum meorum, cum qua late curro, sine qua coarctor undique*» (c. 20)[22].

Dit geldt van het eenvoudigste dagelijkse genadeleven, «qua eundum sit» (c. 25) in de menselijke gedraging, tot in de hoogste mystieke bewustwording van dit genadeleven: *«Nulla* enim *confusio* est in illo aspectu, *nulla angustia, nulla dubietas,* sed *nec ullus timor,* ubi animus videt se consummatum in ipso uno: et videt se unum vel unum spiritum cum idipso, et ipsum quod Deus est, transformatum in se ... ubi satis *quiete et secure* habitat» (c. 9)[23].

Volgens enkele teksten schijnt de vereniging, die een zo wezenlijke blik voor het authentische schenkt, eigenlijk nog een wensdroom, een aspiratie van de leerling – zoals later in het beroemdste traktaat van Thomas a Kempis, vaak «Liber Amicitiae» genoemd, nu Boek III der «Imitatio», – zo wanneer de schrijver de Heer laat spreken: «O si posses me respicere quomodo semper incommutabiliter subsistam, ... *tunc posses et tu ipse liberari ab inaequalitate*» (c. 10)[24]. Meestal echter bestaat er geen twijfel over dat Gerlach van uit ervaren vereniging schrijft; en als wij indachtig blijven, dat die notities voor eigen gebruik waren bestemd en hoegenaamd niet voor publikatie, dan stellen wij vast hoe het hem heeft getroffen, de afstand te kunnen peilen tussen een theologische opinie of overtuiging en de evidentie van die onloochenbare, doorleefde ervaring: «Non sufficit aestimare, sed scire oportet per experientiam, quod animus inspicit illum, qui omnia, praeterita, praesentia et futura, uno intuitu inspicit, et sibi dicitur: "Ecce omnes viae tuae sunt in conspectu meo...". Quae ostensio tam vehemens et fortis est, quod omnia

21. [Zo dient de mens altijd te kort te schieten in zichzelf en sterk te worden in de Heer, en voortdurend alles voor alles ten offer te brengen, *wil hij niet in het nauw geraken*].

22. [Onveranderlijke Waarheid, *Licht van mijn ogen, met Wie ik in een wijde ruimte voortsnel, zonder Wie ik aan alle kanten in het nauw gedreven word*].

23. [*Geen verwarring, geen beklemming of onzekerheid,* zelfs *niet de minste vrees* ligt er in die blik, waarmee de ziel ziet dat zij volkomen één geworden is met die Ene, en zij ziet zichzelf één of één geest met Hetzelfde en hetzelfde wat God is, overvormd in Hem ... in Wie zij zeer *rustig en veilig* woont].

24. [Zou je eens kunnen zien hoe Ik altijd onveranderlijk Dezelfde blijf, ... *dan zou ook jij verlost kunnen worden van je ongelijkheid*].

interiora hominis, non tantum cordis, sed et corporis mirabiliter moventur et a seipsis deficiunt» (c. 10)[25]. Dit «ontdaan worden van zichzelf» betekent geenszins, dat de geest wordt neergedrukt, doch integendeel bevrijd: «Et exinde fit eius aspectus interior *absque omni nubilo clarus*» (c. 10)[26]; «Et ille aspectus *immensus est, non coarctatus undecumque,* et tam vehemens, potens, acutus et fortis est, quod nulla potestas et nulla aliena coram eo subsistere possint, quia quidquid non est veritas vel in veritate, vanitas est, et vanitas nunquam stetit, nec stare poterit coram vultu veritatis» (c. 18)[27]. Vrees komt altijd van het nemen van schijn voor werkelijkheid, en dit waarachtige leven zal dus altijd de vrees verjagen: *«nusquam enim timor nisi ubi non est veritas»* (c. 12)[28]. – «Sic anima particeps effecta quod Deus est, *superabundat exsultatione et laetitia»* (c. 18)[29].

De blik op de realiteit, het inzicht dat men ook zelf moet veroveren, of dat men van buiten af door betoging of overreding verkrijgt, valt juist door dezelfde onderscheiding der geesten op zijn innerlijke kwaliteit te beoordelen; zonder de innerlijke inzet echter, en dus zonder haar eenvoudige intuïtie, zal het vaak slechts een steriele imitatie blijken, die niet tot de kern van de dingen kan doordringen: «Exterior ostensio parum prodest, nisi ipsimet ab intra acuto intuitu per experientiam didicerimus qua eundum sit. Ideo manemus *aridi et tenebrosi,* eo quod non pervenimus ad "quid rei"… In veritate nisi funditus nos abnegaverimus, Spiritus veritatis non veniet ad nos… *Inde est quod moerore deiicimur, et in nobis ipsis angustiamur»* (c. 25)[30]. Graag zou het «ik» genieten van de koninklijke vrijheid en ruimte, waarin de met God verenigde leeft, en is het bereid die prijsgave te spelen, in alles de overgave te beoefenen,

25. [Het volstaat niet te vermoeden, je moet door ervaring wéten, dat de ziel Hem aankijkt die alles, verleden, heden en toekomst in één blik ziet en dat Hij tot je zegt: "Zie, al je wegen liggen open voor mijn aanschijn"… Zo hevig en sterk is deze openbaring dat heel het innerlijk van de mens, niet alleen van zijn hart maar ook van zijn lichaam op wonderlijke wijze getroffen wordt en van zichzelf ontdaan].
26. [Zijn innerlijke blik wordt daardoor *helder en wolkeloos*].
27. [Deze aanblik *is onmetelijk, nergens begrensd* en zo krachtdadig, vermogend, scherp en sterk, dat geen macht noch iets vreemds daarvoor kan standhouden. Want wat geen waarheid is of in de waarheid, is ijdelheid en ijdelheid heeft nooit standgehouden noch zou kunnen standhouden voor het aangezicht van de Waarheid].
28. [*Want vrees komt alleen maar voor waar geen waarheid is*].
29. [Evenzo *stroomt* ook de ziel, deelachtig geworden aan wat God is, *over van verrukking en blijdschap*].
30. [Een aanwijzing van buiten baat weinig, tenzij wijzelf met een scherpe innerlijke blik uit ervaring geleerd hebben waarlangs we moeten gaan. Dáárom blijven wij *dor en duister* doordat we niet doordringen tot de "kern van de zaak"… Zo wij niet in waarheid ons ten gronde toe verloochenen, zal de Geest der waarheid niet tot ons komen… *Vandaar dat we vergaan van hartzeer, dat beklemming ons aangrijpt*].

doch daarbij nog zélf zijn zelf-onteigening ter hand te nemen: het meest subtiele en meest voorkomende zelfbedrog in de religieuze ijver. Daarom is zijn reële uitschakeling noodzakelijk voorwaarde om uit zijn gevangenis-burcht en in de geestelijke vrijheid te treden. Hier zet de zo dikwijls gesmaalde en vals begrepen «vernietigingsmystiek» van onze Nederlanders aan. Zij heeft niets te maken met vernieling of geestelijke verminking van de mens, zijn ontplooiing, zijn natuur, of van iets in de schepping, doch álles met de uitschakeling van de benauwende heerschappij van het «ik»: «funditus nos ipsos annihilantes ... ut omnis *libertas et securitas* nostra ex nullo alio veniat quam ex profunda humilitate, ex abnegatione nostri ipsorum et ex conformitate aeternae et incommutabilis veritatis» (c. 26)[31]. – «Illa annihilatio nostri ipsorum facit nos tam *liberales et liberos, securos et abundantes,* ac si nullo altero opus haberemus... Idcirco *liberalis et expedita est progressio* nostra post Dominum... Ipsa *facit nos libero, illigato corde sine expectatione aut haesitatione agere omnia...* Per hanc *liberamur ab omni vana scrupulositate et anxietate, a metu inferni et diaboli, ab horrore* accidentium diversorum et hominum perversorum..., ab omni denique *quod nos angustiare potest»* (c. 30)[32].

In die notities voor eigen gebruik vinden wij geen uitdrukkelijke vermelding van de leer der Kerkvaders, waarmee Gerlach de eigen methode voor de onderscheiding der gesteldheid door hun gezag zou hebben ondersteund of naar hun aanwijzingen ontwikkeld. Wel geeft hij een paar theologische funderingen voor zijn methode, uiterst eenvoudige tref-argumenten. Zichzelf toesprekend: «Esto sicut nudus viator, nec onere vel ligaturis qualibuscumque exterioribus vel interioribus gravatus vel illigatus in superiori regione animi tui. Quod si sic fueris, ubique, in omni tempore et casibus *securus ambulabis: quia nihil habes quod potes amittere»* (c. 16)[33]. Hij laat de Heer spreken: «Si totus pauper et nudus fueris, et ego divitiae, ornamentum, gloria et fortitudo tua fuero, *nihil*

31. [Hij wil dat wij onszelf ten gronde toe verloochenen... Dan zal geheel onze *vrijheid en kalmte* nergens anders uit voortkomen dan uit diepe nederigheid, uit verloochening van onszelf en gelijkvormigheid met de eeuwige en onveranderlijke Waarheid].

32. [Deze zelfonteigening maakt ons *zo mild en vrij, gerust en overvloeiend,* alsof we niets anders nodig hadden... *Vrij en onbelemmerd is* daarom *onze tocht,* achter de Heer aan... Zij *maakt dat we met een vrij hart, los van alle banden, zonder dralen of aarzelen alles verrichten...* Zij *bevrijdt ons van alle ongegronde gewetensangsten en beklemming, van de vrees voor hel en duivel, van de schrik* voor allerlei gebeurtenissen en slechte mensen...,* en tenslotte van al *wat ons kan beklemmen*].

33. [Wees dus als een van alles ontdane pelgrim, door geen lasten of banden vanbuiten of vanbinnen bezwaard, noch gebonden in het hogere gebied van je ziel. Ben je inderdaad vrij van zulke banden, dan *wandel je veilig,* overal, altijd en in alle omstandigheden *want je hebt niets dat je kunt verliezen*].

habes dubitare; quia non possum meipsum perdere» (c. 16)[34]. De vijanden zullen er zich wel voor hoeden, een dergelijk mens in God te zoeken: «Non enim adversarii tui quaerunt te in me; sed si te invenerint *in te, ecce impugnationes, dubietas et timor* ne forte vincaris» (c. 12)[35].

Het is intussen wel klaar, dat deze vrijheid en levensverruiming, een voorheen onvermoede zijns-kwaliteit, geschonken door de vereniging met Gods wil, niets gemeen heeft met gezapige behaaglijkheid. Wie eenmaal in deze ruimte van God leeft, wordt door zijn genade gelijkgemaakt aan Christus tot in de volle zelf-gave. Hij verlangt ook niet anders. Dit betekent lijden. Het valt echter op dat Gerlach – hiermee verschilt hij in formulering van de grote mystieke auteurs uit de 16ᵉ en 17ᵉ eeuw, vooral van die uit de Latijnse culturen, die veel meer plaats inruimen aan louter psychologische observatie – zelden het woord «lijden» gebruikt, een in zichzelf ongedifferentieerde beleving, doch bij voorkeur «kruis»: lijden-mét-betekenis. Lijden, zoals de meeste realiteiten van het menselijke leven, is ambivalent en onáf omdat het nog-niet is zolang het niet een betekenis krijgt door de mens zelf: daarom kan het evengoed negatief en steriel zijn als positief en vruchtbaar. Doch ook een dergelijke integratie van het lijden in de relatie tussen mens en leven-in-de-wereld zou op een louter menselijk ethisch niveau blijven. De christelijke betekenisgeving van het lijden zou dan een correctie post factum, een redding of adeling van een voorafbestaande, in zich voltooide orde zijn, een soort tweede project van God. Dit soort dualistische visie ontbreekt bij Gerlach: als er lijden is, dan wel omdat het ook als realiteit binnen het natuurlijke leven van alle aanvang af zijn enige zin krijgt vanuit zijn assimilatie met Christus' zelfgave: lijden heeft alleen zin als kruis, Christus' kruis. Hij maakt het voor zichzelf duidelijk, dat het christelijke kruis wezenlijk iets anders betekent dan een soort wellust-in-het-lijden, of het plegen van zelfkwelling, of een zelfcultus van heldhaftigheid. Het kruis is, van ons uit beleefd: «a propria quaesitione deficere»[36], van het genadeleven uit: «in ipsa etiam sincera et necessaria Spiritus sancti exsultatione non cum proprietate quiescere» (c. 11)[37]. Het werkelijke kruis bestaat in ont-eigening van het «ik»; van zodra er toe-eigening, bezitname opduikt in een leven dat steeds geschenk is en enkel

---

34. [Ben je volkomen arm en van alles ontdaan, ben Ik je rijkdom, je sieraad, je glorie en sterkte, *twijfel dan niet, Ik kan Mijzelf niet verliezen*].

35. [Je tegenstanders zoeken je immers niet in Mij. Maar wanneer zij je *in jezelf* vinden, zie, dan zullen *de aanvallen* op je loskomen, *tweestrijd en angst* om je misschien te overwinnen].

36. [loskomen van je zelfzoekerij].

37. [Zelfs in de oprechte en zo noodzakelijke vreugde van de Heilige Geest niet zelfvoldaan rusten].

in zijn eigenschap van ontvangen-zijn vól leven wordt, dan brengt het
kruis bitterheid en angst, terwijl het in het eerste geval binnenleidt tot de
ontzaglijke ruimte van vrijheid en vreugde. Het kruis wordt dan als
«objectieve beleving» even ambivalent als het lijden. Zo schenkt Gerlach aan het lijden, boven alle ethische beschouwingen, zijn religieuze
dimensie en betekenis terug. Zijn aantekeningen over het kruis behoren,
met die over de ware spiritueel als «homo communis» (de «gemeine
mensch» van Ruusbroec, de «in actione contemplativus» van Ignatius)
tot de schoonste van het «Soliloquium» en van de Nederlandse spiritualiteit.

Opnieuw kan de mens door de onderscheiding der geesten leren of hij
in waarheid Christus op het kruis volgt. De aanhef klinkt traditioneel:
«Tota enim vita nostra crux est et esse debet», doch onmiddellijk gaat
Gerlach over naar een getuigenis van directe ervaring, zoals wij het
slechts bij grote mystieken doorschouwd en geformuleerd vinden, even
doorleefd als onsentimentieel: «quam dulcis sit, solus novit qui sentit:
est enim *tam dulcis et plena iucunditate et securitate* crux nostra, ut is
qui veraciter eam amat, *si paululum ab ea declinaverit, amaritudinem et
angustias inveniet.* Quid enim boni non est in cruce, cum in ea sit *longitudo, latitudo, sublimitas et profundum* omnium, quae caste desiderari
possunt? Quae cum ita sint, *quocunque quis pergere voluerit, spatium
inveniet, si tantum in ea permaneat: quod si ab ea declinaverit, undique
angustiabitur...* Haec est recta via Domini, *plena securitate et gloria in
Domino, et absque omni errore,* ita ut omnis *qui in ea non fuerit, plenus
sit anxietate, inutili timore, dubietate multimoda, aliena destructione et
aversione a Domino»* (c. 11)[38].

Onvermijdelijk rijst hier de vraag, in hoever Ignatius het «Soliloquium» of excerpten eruit, heeft gekend. Voor de verschillende weken
van zijn «Exercitia» geeft Ignatius «regulae ad dignoscendos spiritus»,
echter duidelijk gescheiden van de meditaties of contemplaties zelf. Het
object van het menselijk bidden en zoeken is immers de wil van de

38. [Hoe zoet het is, weet alleen hij die het voelt. Want ons kruis is *zo zoet, zo boordevol vreugde en veiligheid,* dat hij die het waarachtig liefheeft *veel bitterheid en
benauwdheid zal ondervinden in het geval dat hij er maar een weinig van afwijkt.* Welk
goed is er niet verborgen in dat kruis, waarin *de lengte, de breedte, de hoogte en de diepte*
te vinden is van al wat we op zuivere wijze kunnen verlangen! Als dit alles in het kruis
besloten is, *zal iemand, waarheen hij ook zou willen gaan, ruimte vinden, op voorwaarde
tenminste dat hij op het kruis volhardt. Wijkt hij ervan af, benauwenis wordt zijn deel aan
alle kanten...* Dit is de rechte weg van de Heer, *volkomen veilig en glorievol in de Heer,
zonder enige dwaling.* Ieder echter die *deze weg niet bewandelt is vol beklemdheid en nut-
teloze vrees,* hij wordt door allerlei twijfels geplaagd, door vreemde invloeden onder-
mijnd en hij keert zich af van de Heer].

Vader, de verbondenheid met het Woord, de realisatie van de menselijke roeping in de Geest. Uit de zijns-kwaliteiten, de zielevrede en -vreugde of haar onrust en gedruktheid, kan de mens vervolgens herkennen of hij Gods wil over hem volgt, of zichzelf iets wijsmaakt «sub specie boni». Jezuïeten van de eerste generatie, nog «getraind» door Ignatius en in zijn geest gevormd, wijzen er met nadruk op, dat die zielsgesteltenissen nooit het object kunnen of mogen zijn van de biddende en zoekende mens: dit ware zelfbedrog, typisch voor het z.g. illuminisme, waarbij een zelfgezochte en -verwekte geestesgesteldheid voor Gods werk wordt verwisseld. Hoe belangrijk ook om na te gaan of men in Gods wil leeft, kunnen de regels tot onderscheiding der geesten deze rol enkel vervullen als reflexief moment ná en náást de wils-overgave, die de eigenlijke geestelijke daad uitmaakt. Worden zij, op welke wijze ook, als object of doel nagestreefd, dan vernietigt de vrome hun zin door zijn onderhandse «propria quaesitio». Men notere bijvoorbeeld de insistentie van Ignatius van Loyola, die men bezwaarlijk kan verdenken van het bedrijven van geestelijke literatuur of van het herhalen-zonder-noodzaak van een woord, in zijn tweede regel voor de onderscheiding der geesten, bij de tweede week van zijn «Exercitia»: «Solius est Dei Domini nostri dare consolationem animae sine causa praecedente... Dico: sine causa, i.e. sine ullo praevio sensu, vel cognitione alicuius objecti, ex quo illa talis consolatio adveniat animae per eius propros actus intellectus et volunta-tis» (Vertal. J. Roothaan)[39].

Meer dan een eeuw vroeger, in zijn notities over de beleving van het kruis, maakt Gerlach een gelijkaardige scherpe opmerking om die verfijn-de vorm van zelfbedrog uit te schakelen; of hij daarbij, zoals Ignatius, dacht aan eventuele geestelijke directie, weten wij niet, doch daar zijn aantekeningen hoofdzakelijk tot bevordering van het eigen geestelijk leven zijn neergeschreven, mag men aannemen dat hij hier een kostbare les uit de ervaring, van hemzelf en van medebroeders, heeft neerge-schreven als ontdekking en zelf-waarschuwing terzelfdertijd. Wanneer een devoot mens hoort herhalen, welke bevrijding en levensrijkdom de geest ontdekt in de kruisiging met Christus, zal hij wellicht ijverig zijn kruis opnemen in de heimelijke verwachting, zelf ook vlug binnengeleid te worden in het rijk, waar de geest zoveel *iucunditas, securitas, spatium* vindt; hij zal er natuurlijk slechts de eenzaamheid en angst van steriel

---

39. Solo es de Dios nuestro Señor dar consolación a la anima sin causa precedente... Digo sin causa, sin ningùn previo sentimiento o conocimiento de algùn obiecto, por el qual venga la tal consolación mediante sus actos de entendimiento y voluntad; *Exercitia Spiritualia sancti Ignatii de Loyola* (Monumenta Ignatiana, Series secunda, Tomus uni-cus), Madrid, Rivadenayra, 1919, p. 528.

lijden ontdekken en teleurgesteld zijn, of zich terdege bedrogen achten door hetgeen men hem voorspiegelde over die spiritualiteit van het kruis: «Quod si idcirco quis crucem Domini amaverit, *quia securitas multa, libertas et latitudo in ea sunt,* non sincere amat, sed in hoc ipso ab ea declinat. Quando autem homo in cruce existens se resignaverit Domino et totus eius est, Deus quodammodo totaliter resignat se homini et totus fit eius, et *fit homo plenus, nullo indigens, nec aliquid deside-rans:* ecce qualis permutatio. *Sed si solum propterea se resignaverit, et placere ei studuerit, non est purum et rectum, sed angustum et impu-rum»* (c. 11)[40].

Dit motief van de onderscheiding der geesten, met hun tegengestelde dimensies en zijnskwaliteiten, kan binnen dit kort bestek niet verder in de diepte ontleed worden. De aangehaalde teksten tonen echter vol-doende, welk belang Gerlach er voor zijn geestelijk leven aan hechtte. Alle commentaren en samenvattingen van het «Soliloquium» gingen echter aan dit motief voorbij, hoofdzakelijk wel omdat zij dit bescheiden schrift te zeer als een leerkundig traktaat over of voor het geestelijk leven beschouwden, en veel minder als aantekeningen bij «een persoon-lijke spirituele geschiedenis». Zij verwijlen derhalve bij de inhouden van zijn overweging, bij de klassificatie van de deugden die hij nastreefde en de daartoe geschikte oefeningen; zij pogen ook, uit Ger-lachs wijze van zich uit te drukken, het theologisch begrippenraam, waarin hij denkt, tot een samenhangend geheel op te bouwen. Nu is dit alles niet slechts nuttig, doch noodzakelijk. Het meest kenmerkende nochtans van Gerlachs getuigenis, dat hem een eigen gestalte en plaats geeft in de mystieke literatuur van de Nederlanden en van Europa, lijkt ons zijn klare en bewuste, trouwe zorg, te handelen in het licht van de «discretio spirituum».

Verscheidene vragen zouden hierbij een verder onderzoek verdienen. Het is voldoende bekend, dat de Windesheimers zich vanaf het begin toelegden op het apostolaat van het scriptorium en op hetgeen men nu een «herbronning» bij de oudchristelijke getuigenissen der Kerkvaders zou noemen. Komt de lof van Busch voor hun werk uit een latere eeuw, en die van Mombaers uit de «derde generatie», men hoeft slechts Tho-mas a Kempis' «Doctrinale Iuvenum», vooral hfdst. 5, te herlezen om te

40. [Maar wanneer iemand het kruis van de Heer liefheeft *enkel omdat er grote vei-ligheid, vrijheid en ruimte in gelegen is,* bezit hij niet de ware liefde, maar wijkt juist daardoor ervan af. Als de mens echter op het kruis blijvend, zich restloos aan de Heer uit-levert en geheel de zijne is, geeft God zich in zekere zin totaal aan de mens en wordt geheel van hem. En *de mens wordt vol, heeft niets te kort en verlangt niets:* zie eens, welk een uitwisseling! *Wanneer hij echter enkel om díe reden zich overgeeft en Hem tracht te behagen, handelt hij niet oprecht en zoals het behoort, maar eng en dubbelzinnig*].

constateren dat zich, reeds in de tweede generatie, een echte spiritualiteit van het scriptorium heeft ontwikkeld, die met haar bezorgdheid om door handschriftencollatie de oorspronkelijke tekst te herstellen een eerste voorteken blijkt van een komend «humanismus devotus»[41]. Gerlach werkte niet op het scriptorium, doch hij zal gedeeld hebben in het geestelijk voedsel, geboden in de «rapiaria» met treffende teksten, die elke Windesheimer zich aanlegde. Heeft hij daar de aanknoping gevonden bij de leer der Kerkvaders over de «discretio spirituum»? Weliswaar verschijnt hij dan als de enige, die zijn eigen geschriften zo uitdrukkelijk onder het licht ervan stelt. Volstonden wellicht enkele aanduidingen uit de traditie om hem bijzonder aan te spreken, en om hem de leer in haar volheid te laten terugvinden, juist omdat de eigen ervaring hem reeds zoveel had geleerd? In zijn boek «Saint Jean de la Croix et les Mystiques rhéno-flamands» komt Prof. J. Orcibal tot een analoge conclusie voor Jan van het Kruis en wijst daarbij, als een soort tegen-proef, op het geval van Juan de los Angeles: deze laatste schreef letterlijk hele bladzijden over uit Ruusbroec en Herp; toch is de lezer er niet bijster mee gevorderd, want de schrijver mist het inzicht om ze te vatten in hun juiste betekenis binnen de synthetische visie van de Nederlanders. Jan van het Kruis echter blijkt wél Surius' vertaling van Ruusbroec te hebben gekend, doch het is ook geweten, dat hij na zijn studiejaren geen groot lezer van lijvige boeken was: voor de Spaanse mysticus volstonden echter weinige teksten van Ruusbroec om exact hun betekenis en draagwijdte binnen de visie van het geheel te beseffen. Dit weinige uit zijn Nederlandse voorgangers liet hem toe, zijn eigen bijdrage te controleren, beter te formuleren, zelfs te verrijken, want zijn persoonlijke mystieke ervaring had onmiddellijk herkend waar het om ging[42].

Een andere vraag, die op een onderzoek wacht, is het reeds even aangeraakte probleem van een mogelijke relatie Gerlach Peters – Ignatius van Loyola. Hugo Rahner heeft aan de leer van de onderscheiding der geesten bij Ignatius een merkwaardige studie gewijd, waarvan echter de bronnenstudie hoofdzakelijk tot de Kerkvaders is beperkt[43]. Historisch beantwoordt dit aan de controversiële situatie in de 16ᵉ eeuw, doch die situatie was door zeer concrete omstandigheden bepaald. Ook in Ignatius' «Oefeningen» immers veronderstelt de capaciteit tot onderscheiding der geesten een werking van God in de ziel en vanwege de mens,

41. Het *Doctrinale Iuvenum* staat in Dl. 4 van de kritische uitgave van M.J. POHL (Freiburg, 1902-1922).

42. *Présence du Carmel*, 6, Brugge, Desclée De Brouwer, 1966, p. 220.

43. *Ignatius von Loyola als Mensch und als Theologe*, Freiburg, Herder, 1964, pp. 312-343.

hoe men ze ook noeme, een directe Godservaring. Ignatius affirmeert
niet, maar veronderstelt bij de mens, die met volledige inzet van zijn wil
de oefeningen doet, in een zekere zin een praemystiek contact met God.
In de geestelijke troebelen der Reformatie had men eerder overvloedig
geargumenteerd met directe inspiratie van God, die men in geweten
behoorde te volgen buiten alle kerkelijk gemeenschapsverband. Vandaar
in de Zuiderlanden, eerst in Spanje, later ook in Italië, een echte ketter-
jacht op de «alumbrados» en «illuminati». Dat Ignatius niet enkel de
directe werking Gods bij de exercitant veronderstelt, doch in zijn
«Annotationes» 14 en 15 voor de geestelijke leider, deze ook de nodige
aandacht en eerbied inprent voor die immediate «obrar al Criador con la
criatura y a la criatura con su Criador y Señor», kon niet anders, dan
hem van illuminisme verdacht maken bij de inquisitie, evenals bij theologen als Melchior Cano en zijn geestesverwanten die Gods leiding uitsluitend langs de zichtbare gezagsapparatuur wilden laten werken. Op
verzoek van aartsbisschop Siliceo van Toledo vaardigde Thomas Pedroche O.P. in 1553 de censuur uit tegen de «Exercitia». Intussen had men
ook te Rome reeds geprobeerd het boekje te laten veroordelen om
dezelfde reden. Nadal en Polanco, uitnemende patrologen, Ignatius'
intieme vrienden en verdedigers, dachten er geen ogenblik aan, Ignatius
vrij te pleiten van de beschuldiging dat hij een directe werking van God
in de ziel en de herkenning ervan door de mens veronderstelde – dit zou
de «Exercitia» als een geraamte zonder merg hebben gelaten; zij bewe-
zen integendeel, dat Ignatius' leer volledig in overeenstemming was met
die van de Kerkvaders en met de doctrine van St.Thomas. Uiteraard zou
bij die apologetische bewijsvoering de verwijzing naar recente auteurs,
met name uit de «Devotio Moderna», van geen kracht zijn geweest. Hun
bronnenopgave uit de traditie zegt echter niets over de vraag, of Ignatius' aandacht langs het contact met de Moderne Devotie op die oude
leer der «discretio spirituum» was gericht geworden.

Drie keer heeft Ignatius intens contact kunnen hebben met de spirituele geschriften van de Moderne Devotie, voordat zijn eigen «Exercitia»
hun definitieve redactie kregen. Het eerste contact, met duidelijke beïn-
vloeding thans wel door niemand meer in twijfel getrokken, tijdens zijn
teruggetrokkenheid in intens gebed te Manresa: toen placht hij voor
geestelijke raad naar de monniken van Montserrat te gaan. Montserrat nu
had de leiding bij de hervorming van de Benedictijnercongregatie van
Valladolid. Bij het begin van de 16de eeuw had de abt van Montserrat,
Garcia Jiménes de Cisneros, de voornaamste spirituele strevingen en
methodes van Windesheim ingevoerd, die hij tijdens een maandenlang
verblijf bij Jan Mombaers te Parijs was gaan bestuderen. Hoewel de

massieve ontleningen in Cisneros' «Ejercitatorio» uit het werk van Mombaers en van Gerard Zerbolt komen, valt het moeilijk te betwijfelen dat bij de keurwerken van de Windesheimse spiritualiteit, waarmee hij wenste kennis te maken, zich ook het Soliloquium heeft bevonden[44].

Een tweede maal leefde Ignatius in de invloedsfeer van de Moderne Devotie tijdens zijn Parijse studiejaren: hij woonde er op het Collège Montaigu, door Kan. Standonck gesticht en ingericht naar het model en de geestelijke discipline van de studentenconvicten van de Broeders van het Gemene Leven. Een derde gelegenheid tot directe kennismaking boden Ignatius' zomervakanties tijdens zijn studententijd: hij kwam in de rijke Vlaamse steden het nodige bedrag samenbedelen om zijn studies te betalen; was hij hoofdzakelijk te gast bij Spaanse kooplui, toch weten wij van zijn relaties met de kringen van het Devoot Humanisme, voornamelijk over zijn landgenoot Luis Vives, die te Brugge niet als een vreemdeling leefde, doch als ereburger van de stad.

Reeds in het eerste kwart van de 15ᵉ eeuw werd het «Soliloquium» ook in het Nederlands vertaald. J.J. Mak vond het echter slechts in drie handschriften terug[45]. Dit schijnt erop te wijzen, dat de verspreiding van dit kleine werk in lekenhanden niet werd aangemoedigd. Verantwoordelijke geestelijke leiders stonden wellicht huiverig tegenover het getuigenis van een geestesleven, dat zich voor zijn gedrag en houding zo sterk liet richten door innerlijke gesteltenissen, die velen van hen voor «vaag» en door subjectiviteit bedreigd moesten houden.

44. Eerst sedert een paar jaar beschikt men over de kritische uitgave van Cisneros' schriften, verzorgd door Cipriano BARAUT, *Garcia Jiménes de Cisneros. Obras completas* (Scripta et Documenta, 15-16), 2 Vols., Montserrat, Abadia de Monserrat, 1965.
45. J.J. MAK, *De Dietsche Vertaling van Gerlach Peters' Soliloquium*, Proefschrift, Utrecht, 1936. Mak meent de afhankelijkheid van Gerlach ten opzichte van Ruusbroec, die door Dom Assemaine werd voorgestaan, te moeten van de hand wijzen. Gerlach is wel degelijk een oorspronkelijke schrijver; daar hij geen traktaat over de zielsopgang in de mystieke ervaring schreef, vinden wij in zijn aantekeningen geen herhaling van Ruusbroec's mystieke leer, het soort afhankelijkheid waar literatuurhistorie vaak bij stilstaat; doch Gerlach's nota's «veronderstellen» bijna voortdurend Ruusbroec's mystieke leer. Mak weerlegt die afhankelijkheid door aan te tonen, dat menig centraal punt van de «theologische systemen», waarin geleerden van onze eeuw Ruusbroec's werk voorstelden, bij Gerlach's mystiek niet aanwezig is, – doch hetzelfde geldt voor Ruusbroec's mystiek.

Studia Missionalia 26 (1977) 117-147

8

TÉMOIGNAGE MYSTIQUE CHRÉTIEN

Expérience directe et passive de la présence de Dieu: ainsi peut-on définir le caractère essentiel de la mystique chrétienne. À condition toutefois de voir dans cette définition non pas l'aboutissement d'une pensée systématique et déductive, mais plus simplement la description, réduite à son résumé le plus strict, de l'expérience que racontent les mystiques. On notera que cette définition descriptive est fort proche de celle proposée par le P. J. Maréchal dans ses *Études sur la Psychologie des Mystiques*[1].

EXPÉRIENCE = SENTIMENT ET CONNAISSANCE

Le P. Maréchal, en effet, parle de «sentiment de présence»: et les mystiques seraient, sans doute, d'accord avec cette expression si le terme était pris dans le sens qu'ils lui donnent; mais il faut constater que ce n'est guère le cas pour la plupart de leurs lecteurs, habitués à localiser le terme dans le cadre d'un système philosophique-psychologique général, où on distingue nettement sentiment et connaissance, l'un appartenant à l'activité de la volonté, l'autre à celle de l'intelligence. Et les mystiques ne souscriraient certainement pas à pareille corrélation, une de leurs premières découvertes intérieures étant toujours que, dans l'expérience mystique, ces deux facultés cessent de s'exercer chacune dans son domaine pour refluer vers leur source commune et ne se manifester que comme un seul dynamisme. Bien que *in religiosis* on ait tendance à abuser du mot «expérience», c'est néanmoins le terme préférable, à condition de ne pas en faire un synonyme d'expériment de laboratoire, ce qui arrive facilement pour ceux qui pratiquent ces branches des sciences humaines où on s'efforce d'imiter la physique ou la biochimie en reproduisant en laboratoire telle ou telle «expérience» pour la «vérifier», alors que l'expérience vitale décrite en ces pages a

---

1. (Museum Lessianum. Section philosophique 2/19), Bruxelles, Édition Universelle, [2]1938.

comme trait fondamental irremplaçable son incapacité à être artificielle-
ment re-produite. Tenant compte de ce que les mystiques disent de la
simplification et unification de l'activité des puissances, on reconnaîtra
dans la définition proposée ici une ressemblance aussi avec celle de Jean
Gerson: *cognitio experimentalis Dei*[2]. On voit aussitôt que Gerson souligne la présence active de l'autre faculté de l'antique psychologie aris-
totélicienne comme convenant davantage à se voir attribuer le rôle pré-
pondérant dans l'expérience d'union mystique. Mais, si Maréchal,
philosophe de notre siècle, préfère l'attribution au sentiment précisément
pour souligner le caractère d'unité (de «non-composé») de l'expérience,
Gerson, théologien du XVe, corrige ce que l'attribution au domaine de la
connaissance pourrait avoir d'unilatéral, en spécifiant qu'il s'agit d'une
connaissance par expérience intérieure. Or, si on tient compte du
contexte religieux-culturel dans lequel s'insère le discours gersonien,
dialogue et correction, on s'aperçoit qu'il ressemble davantage au
contexte contemporain, que le discours de Maréchal, inséré dans et
réagissant à un rationalisme postkantien. La fin du XIVe, et tout le XVe
siècle, en effet, les dévots, confrontés avec les disputes théologiques
entre écoles qui, toutes, prônaient l'impossibilité pour l'homme de
connaître Dieu – le fini ne pouvant jamais saisir l'Infini – n'avaient que
trop tendance à s'évader dans un fidéisme de fait, renonçant à la
connaissance directe de Dieu, pour s'unir d'autant plus intimement à Lui
par l'affection pure, même aveugle s'il le fallait. Or, Gerson s'est toujours méfié des mystiques qui s'évadaient dans le pur sentiment, même
s'il n'est parvenu à reformuler ses propres conceptions que dans les dernières années de sa vie. Le chancelier était trop humaniste, en effet, pour
admettre que Dieu n'attire les hommes à Lui qu'après amputation de la
plus haute faculté dont Il les a doués: il est significatif que le patron de
Paris, St. Denis, décapité, eut soin de ramasser d'abord sa tête pour aller
à la rencontre du Seigneur.

LES ALÉAS D'UNE CLASSIFICATION

Les disciples de Durkheim et de Mauss non moins que de nombreux
anthropologues culturels contemporains seraient ravis, sans doute, de
voir attribuer tant d'importance à la question: comment cataloguer le

---

2. *De theologia mystica lectiones sex*, I: *Secunda consideratio*, in *Œuvres complètes*.
III: *L'œuvre magistrale*, introd., texte et notes par Mgr. Palémon GLORIEUX, Paris, Desclée, 1962, p. 252.

phénomène mystique? – et aux classifications erronées que les sciences religieuses chrétiennes lui ont si longtemps réservées. Mais, pour étrange que la chose paraisse, si l'étude de la mystique[3] ne semble pas s'être développée en discipline méthodique selon des règles quelque peu unifiées, il faut en chercher la raison dans la difficulté de lui procurer un casier propre dans l'éventail des études théologiques. Celles-ci se sont établies selon un esprit de classification clairement aristotélicien; la mystique est contemplation religieuse et donc forme élevée de prière, et la prière appartient à la vertu de religion, nécessaire à l'homme pour arriver à la perfection; donc, l'étude de la mystique trouvera sa place en théologie morale, si pas dans la morale d'obligation, du moins dans celle de conseil[4]. Cette place, quelque peu dans les dépendances fantaisistes, puisque non-obligatoire, ni même à ranger dans l'aire des vertus à conseiller, s'il faut en croire les mystiques, se trouve donc quelque part dans le domaine facultatif des dévotions libres, regardées avec bienveillance par les sciences théologiques, mais manquant trop d'articulation vertébrale

3. On voudra bien lire «l'étude de la mystique», car les mystiques sont les premiers pour affirmer qu'il n'existe pas de «méthode pour enseigner la mystique».

4. Un des grands pionniers catholiques de l'étude de la spiritualité et, en celle-ci, de la mystique, comme science propre, le P. Jos. de Guibert, dut se livrer à de véritables acrobaties classificatrices pour conquérir une place à la théologie spirituelle sous le soleil théologique. En 1952 encore, son remarquable traité essaie de se tailler cette place propre, mais toujours sous le regard bienveillant, à condition de lui rester lige, de la théologie morale. Qu'on relise dans la longue introduction qui définit la spiritualité, cette justification: «Definiri igitur poterit *theologia spiritualis* scientia quae ex principiis revelatis deducit in quo constituenda sit perfectio vitae spiritualis et quomodo homo viator possit in eam tendere eamque consequi. Quae dicetur *ascetica* in quantum proponit exercitia quibus homo potest, gratia adiutus, active conatibus suis tendere in hanc perfectionem. – *Mystica* vero dicitur sensu latiori, in quantum docet quibus gratiis et donis, quibusque viis Deus hominem ad se trahat, sibi uniat et sic ad perfectionem ducat; strictiori autem sensu, in quantum agit de gratiis illis eminentibus quae contemplationem proprie infusam constituunt vel cum ea connectuntur. – Contra quam definitionem obiciet quis eam esse nimis individualisticam et egocentricam, quatenus exordium sumit a nostra propria perfectione, non autem a gloria Dei per Christum et Ecclesiam procuranda. Sed, ut fusius infra explicabitur, revera id quod unusquisque christianus potest facere ad maiorem Dei gloriam procurandam et maiorem cooperationem praestandam operi communi corporis Ecclesiae, est primario procurare propriam perfectionem spiritualem; sine hac enim cetera parum vel nihil proderunt, hac autem habita, et *recte vereque* habita, cetera omnia eo ipso habebuntur: nam anima vere perfecta eo ipso in tota vita sua caritate erga Deum et proximum movebitur»; DE GUIBERT, *Theologia spiritualis ascetica et mystica*, Roma, Universitatis Gregorianae, ⁴1952, pp. 11-12. On voit la possibilité de belles applications de ce raisonnement en d'autres domaines où les relations personnelles jouent un rôle important. À la question: «ne vaut-il pas mieux épouser une jeune fille par amour que pour sa fortune?» la réponse serait: «commence toujours par épouser la fortune et tu verras que, soit que tu le fasses par amour soit pour ton avantage, tu auras dans les deux cas la fille et la fortune».

pour être prise au sérieux; cette place, elle l'occupe toujours dans la plupart des facultés de théologie[5].

Karl Rahner a rompu une lance pour affranchir la mystique de sa grandeur et servitude morales, proclamant qu'il fallait détacher l'étude de la mystique du département de théologie morale, mais pour revendiquer son annexion à celui de la dogmatique[6]. Cette porte une fois ouverte, pareille entreprise ne semble plus exclue dans nombre de facultés théologiques. Mais n'est-ce pas tomber de Charybde en Scylla, et les mystiques seront-ils plus heureux d'être soumis à une lecture selon les grilles conceptuelles dogmatiques plutôt qu'à une clé de lecture empruntée à la théologie morale? On peut dire que Grégoire de Nysse en a surtout souffert après sa mort, ses écrits étant relégués pendant des siècles dans un presqu'oubli volontaire par les théologiens; Ruusbroec ne laisse entendre que dans son tout dernier ouvrage combien il a souffert de pareilles lectures déformantes[7]; les nombreuses fois que Jean de la Croix entre en controverse avec les directeurs spirituels, c'est toujours sur ce fond de malentendu persistant où on applique des normes de conduite, tirées de systèmes théologiques préétablis pour d'autres matières, à la prière contemplative; mais, de tous, le P. Surin paraît en avoir souffert le plus durement – comment expliquer autrement sa saillie ironique contre «quelques docteurs scolastiques qui ont cru, à raison de leur science, avoir droit de juger de semblables auteurs [c. à. d. Tauler, Ruusbroec, Herp et Suso, qu'il vient de nommer] et, comme il est arrivé qu'ils ne les comprenaient pas, ils les ont condamnés, ne pouvant pas comprendre qu'il y eût rien portant le nom de théologie qui ne pût être soumis à leur jugement. Se peut-il faire qu'un docteur scolastique, fort entendu et capable en la science qu'il professe, ne puisse pas entendre ce que dit un docteur mystique? Oui, certainement, s'il n'a autre chose que d'être docteur scolastique»[8].

    5. Lors de la préparation de la *New Catholic Encyclopaedia* l'auteur de ces lignes fut convié à collaborer pour les articles concernant la mystique; ayant accepté en principe, il reçut un projet de contrat soumettant son travail au *Department of Moral Theology* – ce qui termina la collaboration. Les mystiques considèrent l'union à Dieu comme achèvement de toute vie spirituelle, fin en soi; on comprend que les classifications théologiques, la réduisant à une vertu, et faisant ainsi de la fin un moyen, ne préparent guère à la lecture des témoignages mystiques *eo spiritu quo scripta sunt*.
    6. *LTK,* s.v. *Mystik.* VI. *Theologisch,* t. 7, cc. 743-745.
    7. *Vanden XII Beghinen,* in *Werken,* IV, Tielt, Lannoo, 1948, pp. 218-219.
    8. Jean-Joseph Surin, *De la lecture,* in *Guide Spirituel,* éd. M. De Certeau (Christus 12), Paris, Desclée De Brouwer, 1963, p. 178.

ÉCART INFRANCHISSABLE ENTRE EXPÉRIENCE ET LANGAGE

Comme les écrits des mystiques sont très souvent des chefs-d'œuvre littéraires, les meilleures études leur ont été généralement consacrées dans les facultés de lettres, sans arrière-pensées apostoliques ou édifiantes, essayant simplement d'expliquer l'auteur par et pour lui-même, appliquant aussi honnêtement que possible les règles élémentaires de ce qu'on aime appeler, depuis M. Foucault, «l'archéologie de la pensée». L'article présent n'a donc nullement la prétention d'expliquer ce qu'*est* «la mystique chrétienne», mais seulement de résumer dans ses traits essentiels ce que les mystiques chrétiens en ont témoigné; le terme «essentiel» lui-même signifie donc, dans ce contexte, les éléments indispensables et toujours présents, et donc universels en ce sens, dans les descriptions de l'expérience mystique que l'on connaît.

Les mystiques eux-mêmes ont toujours affirmé, et non par fausse modestie d'écrivain, que leurs écrits trahissaient davantage ce qu'ils voulaient décrire qu'ils ne l'indiquaient. On devra constater qu'on ne saurait trop prendre «au mot» leurs protestations. À la déception peut-être de quelque lecteur, on ne cherchera pas à percer le mystère de ces expériences d'union amoureuse, ni à raisonner sur leur possibilité ou leur consistance ontologique. Mais on lira des documents de langage qui constituent un genre littéraire spécial. Bien-sûr, Dieu peut appeler des âmes cachées à de plus hautes transformations par amour que tout ce que les plus grands docteurs mystiques en ont dit, mais par manque de témoignage ils échappent à la possibilité de les étudier.

Avec cette délimitation de la matière il faut signaler la présence, en ces pages, d'un élément non-scientifique, et cela même pour des jugements qui devraient, en dernière analyse, rester littéraires: sans devenir importune, la doctrine chrétienne reste toujours présente comme norme de jugement. Si certains éléments d'une expérience mystique sont incompatibles avec le credo chrétien, on ne prétendra pas que le témoignage soit faux ou qu'il n'exprime pas une expérience authentique; on dira que cette expérience n'est pas de mystique chrétienne.

PERSPECTIVE À EXPLORER
APRÈS ÉTUDE PLUS APPROFONDIE DES TÉMOIGNAGES

Ici il faut toucher deux points qui viennent compliquer le problème de la classification, ou de la collocation, de la mystique dans l'univers des sciences religieuses. Ils sont fort importants pour ne pas prendre dès le début un mauvais départ en traitant le sujet par un biais déformant; mais ils n'appartiennent pas au corps du sujet même et peuvent être brièvement indiqués, – réservant le développement qu'ils méritent à un autre discours. Le premier point est celui d'une théologie mystique *sui generis,* «indépendante» des facultés ou disciplines préexistantes; le second concerne l'attitude envers, ou les relations avec, les témoignages mystiques des autres religions, toujours voisins et souvent proches.

En ce qui concerne une théologie élaborée pour la mystique, moderne ou ancienne, on pourrait suggérer sans danger de trop se tromper, que tous les ouvrages de la maturité de Hans Urs von Balthasar en sont un essai continu et persévérant; mais ici n'est pas l'endroit pour les résumer. Un essai du P. Henri de Lubac, qui esquisse d'une manière aussi magistrale que brève le problème d'une théologie *sui generis* ainsi que celui de la relation aux autres mystiques, préface le grand livre *La mystique et les mystiques*[9]: on se gardera bien de le répéter. Le P. de Lubac y affronte aussi le problème de «la mythologie comparée, l'envahissement de notre Occident déchristianisé par les spiritualités orientales ou pseudo-orientales», «la rencontre des religions (qui) nous apparaît comme une réalité concrète et comme un affrontement d'ordre spirituel». Et, phrase que l'homme contemporain aime tant entendre: une «large confrontation doit s'établir aujourd'hui»[10]. Aussitôt l'Occident lui-même ouvre un champ magnifique à une *disputatio* où entrent en lice, d'un côté l'armée des créateurs d'égalité (souvent, hélas, disciples zélés de Procuste), dans le style Simone Weil: «Les mystiques de presque toutes les traditions religieuses se rejoignent presque jusqu'à l'identité»[11], de l'autre la phalange de la doctrine sûre à compartimentage étanche, dans le style de Dom Anselm Stolz: «en dehors de l'Église, pas de mystique»[12].

9. Rédigé par une équipe de spécialistes, sous la direction de A. RAVIER, Paris, Desclée De Brouwer, 1965. Le P. de Lubac décrit la position du catholique face à l'expérience dans le rapport qu'il met entre ces deux choses: la *mystique* et le *mystère,* p. 23.
10. *Ibid.,* p. 10.
11. Simone WEIL, *Lettre à un religieux,* Paris, Gallimard, 1951, p. 97.
12. Anselm STOLZ, O.S.B., *Theologie der Mystik,* Regensburg, Pustet, 1936, p. 75. Le raisonnement théologique vaut la peine d'être plus amplement cité. «Ohne Christus ist der Mensch der Herrschaft des Teufels unterworfen. Damit ist aber auch der Begriff einer rein natürlich guten Mystik in Frage gestellt. Religionshistoriker und Psychologen mögen eine derartige Mystik annehmen, wenn sie als solche nicht auf dem Boden der Offenbarung stehen und darum auch nicht die Situation des ausserchristlichen Menschen in ihrer ganzen Konkretheit erfassen können. Richtig ist natürlich, dass Gott auch in der Seele des Sünders wegen seiner Allgegenwart unmittelbar gegenwärtig ist. Aber auf Grund dieser Allgegenwart Gottes, abgesehen von allem anderen, zu einer "mystischen Gottesvereinigung" vordringen wollen, schliesst die Behauptung in sich, dass unser Verhältnis zu Gott

Grand explorateur de la planète et du cosmos, l'homme contemporain aime se persuader que la découverte du monde lui a permis de faire de grandes découvertes sur l'homme et de se créer à son sujet des problèmes flambant-neufs, insoupçonnés avant lui. Mais il n'a pas fallu les découvertes géographiques pour permettre aux mystiques de jauger clairement et avec discernement les capacités religieuses de l'homme. Il y a presque sept siècles, dans son tout premier traité déjà, Ruusbroec admettait volontiers la réalité d'une mystique naturelle, religieuse elle aussi: la création étant œuvre d'amour, la relation entre Dieu et la créature spirituelle peut être vécue comme expérience mystique. C'est ce qu'il appelle «la voie naturelle» de la contemplation, l'homme «s'élevant jusqu'à atteindre dans sa simplicité le fond essentiel de l'âme, lequel porte l'image de Dieu et constitue un royaume naturel de Dieu»[13]. «Car lorsque les puissances supérieures sont dégagées des choses temporelles et des satisfactions charnelles, et élevées dans l'unité, il s'ensuit un repos apaisant qui pénètre le corps et l'âme: alors les puissances sont envahies et transformées dans l'unité de l'esprit, et l'unité se fait en elles.

ohne Christus "normal" gestaltet werden könne. Das ist aber nicht der Fall. Ohne Christus steht der Mensch unter der Herrschaft der Dämonen, aus der er sich selbst nicht befreien kann. Der Satz: Extra Ecclesiam nulla salus, ausserhalb der Kirche kein Heil, bedingt also den anderen: Ausserhalb der Kirche keine Mystik. Eine rein natürliche Mystik annehmen, heisst den Glaubenssatz von der Herrschaft des Teufels über die nicht-erlöste Menscheit leugnen (pp. 74-75) – Wahre Mystik ist immer trinitarisch, d.h. besagt bestimmte Beziehungen zu den einzelnen göttlichen Personen. Gotteinigung kann sich nur so vollziehen, wie sie der göttlichen Wirklichkeit entspricht. Der Mystiker steht nie einem göttlichen "Wesen" gegenüber, ohne zugleich in Beziehung zu den einzelnen Personen zu treten. Er kann auch nicht den drei göttlichen Personen in gleicher Weise gegenüber stehen. Das verbietet der wahre Gottesbegriff (p. 241) – Zu dem Erfahren Gottes in der Mystik gehört wesentlich, dass es aus vertieftem übernatürlichen Leben hervorgeht. Dieses Erfahren liegt seinem Wesen nach jenseits der Grenze dessen, was sich rein psychologisch feststellen lässt, es ist nicht notwendig, an ein ganz neues, vorher unbekanntes seelisches Verhalten verbunden (pp. 245-246)». On aurait certainement souhaité une description plus détaillée de cette expérience, qui, selon son essence d'expérience, reste psychologiquement imperceptible; mais ce qui frappe le plus dans ces exposés, c'est la confusion continuelle de la vérité ontologique et de l'expérience qu'en ont les mystiques: p.e. si toute expérience mystique ne s'explique finalement que par une présence active de la Trinité dans l'âme, tous les mystiques chrétiens n'en ont pas toujours l'expérience, – en d'autres mots: *l'expérience* peut croître, rester inachevée ou ne pas arriver à la pleine maturité, car toute vocation mystique est histoire d'amour vécue, n'arrivant pas nécessairement à l'épanouissement de l'union transformante; dire que ces expériences ne sont pas «vraies» pour autant, revient à mêler indûment deux univers conceptuels bien divers. Cf. n. 14.

13. *Le Royaume des Amants*, in *Ruysbroeck. Œuvres choisies*. tr. J.-A. BIZET (Les Maîtres de la Spiritualité chrétienne. Textes et Études), Paris, Aubier, 1946, p. 94. – «Dese wech es te gane dore den mensche doer die nederste crachte, gheciert met natuerlijcken sedelijcken doochden, ende dore die overste crachten, opverhaven in ledicheden inden eenvoldeghen gront des wesens der zielen, die dreghet die beelde Gods, ende es een natuerlijc rijcke Gods»; JAN VAN RUUSBROEC, *Dat Rijcke der Ghelieven*, in *Werken*, I, p. 12.

«Le sommet de la voie naturelle est l'essence de l'âme qui est suspendue en Dieu, se tenant immobile, plus haute que le ciel supérieur, plus profonde que le fond de la mer, plus vaste que l'univers avec tous les éléments, car la nature spirituelle transcende toutes les natures corporelles. Elle constitue un royaume naturel de Dieu et le terme de toute l'activité de l'âme. C'est que nulle créature ne peut agir sur l'essence de l'âme, Dieu seul excepté, car il est l'essence des essences, la vie de tout ce qui vit, le principe et le soutien de toutes les créatures.

«Telle est la voie de la lumière naturelle, où l'on peut s'avancer moyennant les vertus naturelles et dans l'affranchissement de l'esprit; et pour cette raison elle est dite naturelle, car on y peut marcher sans une impulsion de l'Esprit saint et sans les dons divins surnaturels; mais il est rare qu'on arrive à son terme d'une manière aussi excellente sans la grâce de Dieu»[14]. Précurseur sur ce point de Pic de la Mirandole (si sou-

14. Tr. BIZET, *ibid.*, p. 98, légèrement corrigé. – «Dat overste des natuerlijcs weechs es dat *wesen* der zielen dat hanct in Gode, ende es ombeweechleec ende es hogher dan den oversten hemel ende diepere dan den gront des meers ende widere dan alle die werelt met alle den elementen, want gheestelijcke natuere gaet boven alle lijfleeke natuere; ende het es een natuerlijc rijcke Gods, ende het es een inde alle des wercs der zielen. Want gheene creatuere en mach werken in haer wesen, maer God alleene; want Hy es wesen der wesenne ende leven der levenne, ende beghin ende onthout alder creatueren. Dit es den wech des natuerleecs lichtes, diemen gaen mach met natuerlijcken doochden ende met leedicheden des gheests; ende daeromme heet hy natuerleec, want menne gaen mach sonder een driven des heilichs Gheests ende sonder overnatuerlijcke godleke gaven; maer selden wert hy aldus eedelijc volbracht sonder die gracie Gods»; *Dat Rijcke der Ghelieven,* in *Werken,* I, p. 15. – On aura noté, dans le texte ruysbroeckien, que le docteur admirable étaye son affirmation par des adages de saint Thomas: «*In essentiam non intrat nisi ille qui dat esse,* scil. Deus creator, qui habet intrinsecam essentiae *operationem.* (2 *Sent. dist.* 8 q. 1, a. 5, ad 3) – Quamdiu igitur res habet *esse,* tamdiu oportet quod Deus *adsit* ei secundum modum quo *esse* habet; *esse* autem est illud quod est magis intimum cuilibet et quod profundius omnibus inest…, unde oportet quod Deus *sit* in omnibus rebus et intime (S. Th. Iᵃ, q. 8, a. 1)». Si l'on peut se permettre, en prévision des «perspectives à explorer» plus tard, tel le problème d'une théologie *sui generis,* une courte digression en ce domaine, les tenants de la devise «Hors de l'Église pas de mystique» ne semblent pas seulement confondre les langages de l'exposé dogmatique et de l'expérience, mais aussi deux systèmes de pensée théologique. Si le démon est appelé «Prince de ce monde», le terme «monde», pour un chrétien non manichéen, n'y est certainement pas pris selon sa signification dans un système référentiel philosophique ou cosmologique; mais selon sa signification dans le langage religieux biblique, où le «monde» est le royaume de l'orgueil, de la volonté propre non soumise à Dieu. Pour le chrétien, le Prince du mal n'est pas un Dieu du mal, – tentation de nombreuses cultures indo-européennes, de prendre le mode de penser en système binaire d'oppositions (Dieu du bien: dieu du mal) pour un mode de penser logique. Le démon peut séduire, tromper, aveugler l'homme; jamais il ne peut corrompre le fond de son être, sa nature même, domaine souverain de Dieu, image du Fils. Sur ce point, les Pères, depuis saint Irénée et Origène, et les grands mystiques chrétiens sont bien d'accord avec les grands théologiens comme saint Thomas. Sans quoi, le *malheur* du péché et de l'enfer disparaîtraient: ce malheur vient précisément de la contradiction violente entre la volonté propre et la nature restée foncièrement bonne tendant à l'union d'amour.

vent injustement affublé de l'étiquette de syncrétisme) et de de Lubac, le docteur admirable admet donc, dans son traité des années 1320: 1° la possibilité d'une mystique religieuse naturelle; 2° suppose la probabilité d'une action surnaturelle dans les cas pleinement «réussis», et donc leur appartenance à l'Église invisible.

En principe, on n'exclut nullement de lire les témoignages mystiques en clé de système théologique. Mais ce qu'on peut dire, c'est que jusqu'ici ce n'est pas chose faite, pour ne pas dire: provisoirement impossible. On n'a pas étudié sérieusement les *textes* mystiques; souvent on ne dispose même pas d'éditions critiques valables. Bien-sûr, ils ont toujours eu à leur suite une cohorte de commentateurs, prêts à vous expliquer ce que les mystiques ont voulu dire, mais ni prêts ni préparés à examiner d'abord ce qu'ils ont dit. Les règles, établies par Gerson au début du XVe siècle pour pouvoir discourir sur le sujet, sont à ce point de vue d'une actualité étonnante: il faut d'abord savoir écouter ces témoignages, et puis y croire – évidemment en tant qu'expérience, et non en tant que vérité imposée par la foi[15]. Car l'Église ne s'est jamais prononcée sur l'authenticité des révélations privées. Thérèse d'Avila a été canonisée pour sa charité héroïque, non pour ses visions et unions spirituelles. Déclare-t-elle que celles-ci l'ont beaucoup aidée, l'Église, après examen si dans ses écrits il ne se trouve rien contre la foi et les mœurs, statuera qu'ils témoignent donc «d'un bon esprit».

EXPÉRIENCE DIRECTE ET PASSIVE

On peut résumer les descriptions par lesquelles les mystiques essaient de cerner et de qualifier le caractère spécial de leur expérience par les

---

15. Ces règles gersoniennes sont les énoncés introduisant les *considerationes* du premier chapitre des six leçons *De Theologia Mystica:* «1° Aliqua est theologia mystica ultra eam quae symbolica vel propria nominatur; 2° Theologia mystica innititur ad sui doctrinam experientiis habitis ad intra, in cordibus animorum devotorum, sicut alia duplex theologia ex hiis procedit quae extrinsecus ostenduntur. 3° Theologia mystica sicut innititur experientia perfectiori certitudine cognitis, ita perfectior atque certior debet judicari. 4° Theologiam mysticam quamvis nullus attingat perfecte ignoratis ejus principiis quae per experientiam interiorem attinguntur, non est tamen ab ejus doctrina danda vel recipienda desistendum. 5° Quia nemo scit quae sunt spiritus nisi spiritus qui in ipso est, propterea discoli sunt et nequaquam mysticae theologiae idonei auditores qui nolunt credere ut tandem intelligant. 6° Operationes interiores, praesertim in affectu, non ita clare proferuntur nec ita possunt scriptis tradi sicut sentiuntur. 7° Possibile est hominem minus expertum devotorum affectuum plus in eorum disputatione eruditum inveniri. 8° Expedit scholasticos viros etiam expertes devotionis, in scriptis devotis theologiae mysticae diligenter exerceri dummodo credant eis»; Jean GERSON, *Œuvres complètes,* III, pp. 252-256.

termes suivants: «direct» ou «immédiat», et «passif». Les deux qualificatifs sont en quelque sorte complémentaires: bien qu'ayant chacun sa
signification propre, le sens dans le langage traduisant l'expérience mystique devient plus clair si on tient compte des implications fournies par
l'autre terme. On peut néanmoins essayer de dégager les notes typiques,
si pas essentielles, de chacun d'eux.

1. *Directe*

Dès que nos perceptions sont *connues,* c.-à.-d. comparées, inventoriées, cataloguées, elles ne sont plus directes. Toute prise de conscience,
des affections non moins que des connaissances, est une *conclusion,* et
donc *médiate,* un agencement qui se construit lui-même pour autant
qu'il se constitue en «monologue intérieur» (*stream of consciousness*)
sur fond de mémoire, et s'exprime par conséquent, même s'il n'est composé que d'images, en langage. L'expérience intérieure normale est toujours additive dans l'espace et le temps et, comme toute phrase: successive et juxtaposée. Or, les mystiques chrétiens – et en ce qui concerne
cette qualité particulière de l'expérience en son point d'aboutissement ils
concordent avec tous les mystiques de tous les temps – sont d'accord 1°
négativement, que l'aspect «composé» et «multiple» du langage intérieur constitue le grand obstacle à la contemplation; 2° positivement, ils
affirment que l'âme est directement touchée, ce qui présuppose un che-
minement inverse de celui de la prise de conscience naturelle normale.
Sans doute est-ce la raison pour laquelle les mystiques chrétiens, depuis
les Pères grecs, choisissent le *toucher,* c. à. d. le sens le plus grossier,
sensuel, mais immédiat, pour désigner le premier «contact» mystique[16].
Les facultés humaines, aussi bien les «inférieures»: sens, vie émotive et
imagination, que les «supérieures»: mémoire, intelligence, volonté, si
les auteurs mystiques s'expriment selon le système psychologique
augustinien, intelligence et volonté s'ils emploient la psychologie aristo-
télicienne-thomiste, (le même auteur mystique, que ce soit Jean de la
Croix ou Jean Ruusbroec, ne se gênant pas pour employer tantôt l'un
tantôt l'autre selon qu'ils semblent leur offrir un instrument plus
maniable pour s'exprimer) – ces facultés humaines, qui exercent normalement leur activité en tournant leur attention vers l'extérieur, pour
exploiter le monde et y glaner ce qui peut former et enrichir l'homme,
voient cette même attention irrésistiblement attirée vers l'intérieur, vers
«le fond de l'âme», où un Autre l'a saisie. L'homme ne sait pas ce qui

16. *Tactus, gherinen, toque, attouchement.*

lui arrive ni d'où cette nouvelle perception vient. Il ne l'atteindra donc jamais en activant le dynamisme de ses propres facultés dans un effort ascensionnel, additionnel, cumulatif, en se purifiant et se simplifiant bien-sûr, pour monter jusqu'aux cimes. Car cette rencontre n'est pas dans le prolongement des efforts ascétiques spirituels. Il n'y a pas de continuité dans l'expérience intérieure, mais rupture, discontinuité sans commune mesure ou dénominateur commun.

Voilà que les facultés humaines qui, même en collaborant, se voient de par leur nature engagées en activités diverses, successives et éparses selon les lois de l'espace et du temps, deviennent dans ce reflux fasciné vers le mystère de l'attouchement, une activité simple où sens et émotions, intelligence et volonté ne forment plus qu'un seul dynamisme unifié, jaillissant de leur source commune qu'est l'essence ou la substance de l'âme. Ce sera l'oraison de simplicité.

Après les premières «rencontres» toujours passagères, qu'elles soient claires ou obscures, se fera l'accoutumance de l'homme, dans une «purification passive». Il apprendra à vivre intérieurement totalement dénudé de tout le «mobilier», intellectuel, imaginatif, affectif, ou tout simplement «linguistique»[17], qui l'encombre et qui est pourtant nécessaire et

17. Il semble bien que Geert Grote († 1384), le fondateur de la Devotio Moderna, ait été le premier à décrire clairement le caractère inévitablement composé «linguistique» du processus de la pensée comme empêchement à la contemplation; ceci précisément pour ces dévots qui croyaient se préparer à l'«abstraction», au «dénuement» dont parlaient les contemplatifs, en méditant au moyen de *termes* très épurés, très abstraits. Si, aveuglé par le lieu commun historique, contredit par les documents, de l'aversion de Grote pour la mystique, on ne tient pas compte de ce propos dans son traité *De Quattuor Generibus Meditabilium,* on lit ces passages comme des exposés de «philosophie nominaliste». Que Grote ait été nominaliste lors de ses études à Paris est probable, mais qu'il n'a jamais entendu écrire un traité de philosophie est certain. Grote y démontre que c'est ce fait de langage, la *terminologie abstraite,* qu'on abandonne bien plus difficilement que les images et l'application des sens comme adjuvants à la méditation. Il veut surtout préparer l'homme à la contemplation – si «préparer» on peut dire – en lui enseignant la prière qui fera le moins obstacle à la simplification passive au moment où Dieu daignera l'octroyer. Cette prière permettra dans la suite, au mystique devenu «adulte», de rester contemplatif en pleine activité: c'est l'idéal de la «vie commune», célébrée par Ruusbroec dans tous ses traités, repris par le fondateur des Frères et Sœurs de la Vie Commune. Grote la développe sur le thème de Jean 10,9: «et ingredietur, et egredietur, et pascua inveniet». Il s'agit bien de vie contemplative, et il y revient dans son *Epistola IX:* «ut invenirent ingrediendo, ad divinitatem per contemplationem vel egrediendo per activam vitam, pascua» (éd. W. MULDER, Antwerpen, Neerlandia, 1933, p. 31). C'est à juste titre que le Prof. Tolomio, dans l'édition critique du *De Quattuor Generibus,* indique Ruusbroec comme source de Grote, et le double mouvement *inkeer-uutkeer* (ou *utegaen*) comme élément distinctif de la vie contemplative véritable. Cf. *Gerardo Groote. Il trattato «De Quattuor Generibus Meditabilium».* Introd., ed., trad. e note Ilario TOLOMIO (Pubblicazioni dell'Istituto di Storia della Filosofia e del Centro per Ricerche di Filosofia Medievale: Nuova serie, 18), Padova, 1975, pp. 111-112.

utile à son activité; et en même temps il vivra tout aussi attentivement au niveau de cette activité naturelle et normale, matérielle ou spirituelle, mais toujours successive et juxtaposée. «Dans les affaires extérieures une partie de l'âme est occupée dehors», écrit Marie de l'Incarnation à son fils Dom Claude Martin[18]. Elle décrit cet état avec une clarté et une précision remarquables, peut-être pour faire comprendre à son fils l'écart entre ce que les gens avides d'expérience mystique cherchent et la réalité de la véritable expérience mystique chrétienne. Cette simplification et unification de la vie intérieure se rapportent à la prière; mais elles ne constituent pas ce paradis de simplification psychologique-morale qui permette à l'homme de s'évader des labyrinthes épuisants et des complications accablantes de la vie quotidienne, qui sont le sort du commun des mortels et dont tous les adeptes de «mouvements mystiques autogènes» – qu'on veuille pardonner ce néologisme emprunté à la mécanique, mais dont le sens s'applique parfaitement à la tendance spirituelle décrite – aspirent à se libérer. «On jouit de la liberté des enfants de Dieu... Les embarras des affaires, ... les distractions des créatures, les croix, les peines, les maladies, ni quoi que ce soit, ne sauraient troubler ni inquiéter ce fond qui est la demeure de Dieu». – «On peut parler de tout, on peut lire, écrire, travailler, et faire ce que l'on veut, et néanmoins cette occupation foncière demeure toujours, et l'âme ne cesse d'être unie à Dieu». – «Ce troisième état de l'oraison passive ou surnaturelle est le plus sublime de tous. Les sens y sont tellement libres, que l'âme qui y est parvenue y peut agir sans distraction dans les emplois où sa condition l'engage. Il lui faut néanmoins avoir un grand courage, parce que la nature demeure dénuée de tout secours sensible du côté de l'âme, Dieu s'étant tellement emparé d'elle, qu'il est comme le fond de sa substance. En cet état les emplois n'empêchent pas l'union avec Dieu, mais ils laissent toujours l'âme en son centre, qui est Dieu»[19].

Ni à l'Ursuline de Québec dans les difficultés de sa fondation au Canada, ni à Catherine de Gênes dans son dévouement infatigable à l'hôpital Pammatone dont elle gérait l'économat et la comptabilité, ne fut gratifié par la mystique le moyen d'échapper à travers une purification spiritualisante aux servitudes et complications de la condition humaine. Aussi le secrétaire de sainte Catherine, ce brave Marabotto, en reste-t-il tout émerveillé, qu'une personne tellement prise par les affaires puisse vivre en même temps toute perdue en Dieu, et cela sans jamais

---

18. *Lettres,* éd. Pierre-François RICHAUDEAU, t. 2, Tournai, Casterman, 1876, p. 257.
19. *Ibid.,* p. 320; *Marie de l'Incarnation, ursuline de Tours, fondatrice des Ursulines de Nouvelle-France. Écrits spirituels et historiques.* t. 1, éd. A. JAMET, Paris, Desclée De Brouwer, 1929, p. 234.

rien oublier et n'ayant jamais commis une seule erreur dans ses comptes[20]. C'est une note constante de la mystique chrétienne que vocation devient mission, l'appel à l'union avec Dieu mandat de coopération avec le Verbe incarné. Il est dans la «logique» de cette expérience que la petite Thérèse de Lisieux, dont la prière apostolique ne permettait aucun retour sur soi ou sur ses propres «besoins spirituels», devienne la patronne des missions.

2. *Passive*

Devant l'insistance répétée sur ce caractère de passivité de l'expérience, beaucoup de lecteurs de livres mystiques s'imaginent que le mystique est un inactif, tout au moins dans sa prière. Rien n'est moins vrai: aussi faut-il tout de suite éliminer ce que ce terme a d'équivoque. Le terme «passif» (et «passivité») ne pèche guère par exactitude, mais il appartient à un langage établi depuis tant de siècles, qu'une explication dans son contexte est à préférer aux essais, fréquents aujourd'hui, de renouvellement terminologique, qui réussissent invariablement à embrouiller et épaissir davantage les ambiguïtés qu'ils voulaient éclaircir. La suspension de toute activité observable, l'insensibilité plus ou moins extatique, qui accompagnent certaines expériences spirituelles et sont donc à classer parmi les épiphénomènes de la mystique, s'appellent *ligation*. Dans la passivité mystique, au contraire, les facultés humaines sont actives au plus haut point, mais ce n'est pas le sujet qui pourrait occasionner, produire ou diriger cette activité; et il en a nettement conscience. Un Autre a pris en main le timon de sa barque, et toutes les puissances de l'homme, unifiées en une énergie simple, collaborent avec Lui dans un amour libre et spontané. Cette passivité provoque donc une activité plus profonde et unie que jamais, mais tout d'abord au centre même de l'être, puisqu'elle présuppose et effectue en même temps cette simplification, décrite plus haut, des opérations intérieures et leur unification en un seul dynamisme.

Ce ne sont donc pas les facultés, intelligence et volonté, en tant que telles, qui sont actives en ce premier temps; pas plus que ce n'est

---

20. Le texte de la *Vita* vaut la peine d'être cité: «La qualcosa era talle che da tuti era iudicata cosa miraculosa, imperoché pareiva impossibile che una persona tanto occupata in le exteriore facende, podese in lo interiore di continuo sentire tanto gusto; et cosí per lo contrario pareiva impossibile che una persona anegata in tanto focho de amore divino, se podese cosí de continuo exercitare in lo facende, e de tute le cose haveire tanta memoria, imperoché mai una sola volta se domentichò cosa alcuna necessaria. Et cosa mirabile, fece le speize tanti ani di longo et per le mane sue pasava tanti dinari, che mai al dar conto trovò manchare uno solo denaro». Umile BONZI DA GENOVA, *S. Caterina Fieschi Adorno*, t. 2, Torino, Marietti, 1962, p. 142.

l'homme qui, par accumulation de ses efforts, atteindrait le sommet ou la fine pointe de l'âme, de la cime desquels il passerait à flotter dans le transcendant. Le renouvellement, «illuminé et embrasé», de l'activité propre attribuée à chaque faculté – qu'on pourrait paradoxalement décrire comme une *réactivation passive* qui est à l'antipode de toute activité exercée sous quelque pouvoir hypnotiseur étranger – jaillit de l'intérieur; cette «transfiguration» de la capacité spirituelle de l'homme ne peut jamais être recherchée comme un contenu religieux, ne peut jamais être considérée comme un but ou un état d'oraison, mais seulement comme un élément dans une configuration de rencontre amoureuse, et par conséquent comme réponse à la manifestation d'un amour, – manifestation dont toute préfiguration, imagination, conception préalable est impossible et exclue.

Si la vie mystique a l'occasion de se développer jusqu'à la maturité, appelée ces derniers siècles «union pleine» depuis les classiques espagnols et français, mais auparavant «union essentielle» sous l'influence des mystiques du Nord (ce terme indiquant donc une qualité de l'expérience, non son objet, puisque les facultés sont unies dans l'essence de l'âme avant leur diversification spécifique)[21], c'est la richesse de vie intérieure qui déborde du fond de l'être et inonde les facultés, les dotant de cette opération surnaturelle-naturelle transfigurée.

Tous les mystiques insistent sur la discontinuité, la rupture entre tout ce que l'homme peut sentir ou vivre d'expérience avec ce qu'il est permis d'appeler le concours ordinaire de la grâce, et cette sorte d'invasion, d'envahissement par la Présence amoureuse, passivement subis. Il n'y a aucun prolongement entre tout ce qu'on peut préparer, imaginer, attendre, et les découvertes révélées par cette rencontre. Le mystique voit en quelque sorte éclater et s'effondrer tous les archétypes psychologiques, par lesquels l'expérience religieuse humaine s'exprime en symboles psychosomatiques: cette terminologie universelle où l'âme «avance, progresse, monte», où le sanctuaire de la rencontre avec le divin est toujours «devant» et «en haut», où il faut escalader les cimes. Ces archétypes éclatent donc à un certain moment, tout en gardant leur valeur signifiante propre. Dans l'expérience mystique ils ne sont donc pas détruits, bien au contraire, mais ils sont en même temps contredits par un autre caractère fondamental de l'expérience.

Si Origène a été le premier à appliquer l'histoire d'amour du *Cantique des Cantiques,* non seulement à la relation entre le Seigneur et son peuple

---

21. J. ALAERTS, *La terminologie «essentielle» dans l'œuvre de Jan van Ruusbroec, 1293-1381,* Lille, Serv. reprod. thèses, 1973.

élu, pour le chrétien: l'Église, mais à l'histoire personnelle de l'amour entre Dieu et l'âme, Thérèse d'Avila, femme et écrivain de génie, avait l'avantage de ne pas être entravée dans la traduction de son expérience par les cadres un peu rigides d'une formation théologique imposée. Ce caractère nouveau de la relation, qui va au-delà de toute philosophie des essences – transcendance et immanence –, elle en remplaça la structure rédactionnelle classique, d'un certain alpinisme spirituel qui n'en a jamais fini de grimper des montagnes, ou de la goutte d'eau dont la volupté est disparition dans l'océan, par le dévoilement successif d'une intimité personnelle, selon que l'Époux daigne introduire l'âme dans les chambres de plus en plus retirées et secrètes de son palais intérieur.

LA CONTEMPLATION, TOUJOURS INFUSE, JAMAIS ACQUISE, NE S'ENSEIGNE PAS

Ce caractère d'invasion, l'impossibilité de s'attribuer la moindre approche ou préparation à cette expérience, que l'âme ne peut que recevoir passivement, parce que précisément elle n'a pas de commun dénominateur avec aucun des efforts, conquêtes, découvertes, de la spiritualité ascétique habituelle, tout en se manifestant au plus profond de l'être, est nettement perçu comme venant d'un autre, «du dehors» notera, avec étonnement et précision, Dag Hammarskjöld, en son journal de 1952, lors de sa première expérience mystique. Il ignorait encore à ce moment, qu'il reprenait une doctrine déjà établie par les mystiques comme norme fondamentale de toute contemplation, et un des signes indispensables de son authenticité. Dans ce traité classique de la vie mystique, que sont les *Noces spirituelles*, Ruusbroec emploie comme fil rédactionnel la phrase de la parabole évangélique: «Voyez, l'Époux vient: sortez à sa rencontre». L'âme est une vierge bien sage, qui a fait tout ce qui était en son pouvoir pour suivre le Christ. Tout dévot voudrait bien, à la longue, voir celui qu'il a si fidèlement servi. Il se rend compte, hélas, qu'il en sera à tout jamais incapable. Puisqu'il ne peut ni acquérir ni mériter le don de contemplation, même s'il sait d'être appelé à la vie contemplative, il ne lui reste qu'à attendre humblement. Cet homme, «s'efforçant de rapporter toute sa vie et toutes ses œuvres à la gloire de Dieu et à sa louange, poursuivant Dieu par l'intention et l'amour au-dessus de toutes choses, est souvent saisi dans son désir de voir, de savoir, de connaître comment est cet Époux, le Christ qui s'est fait homme pour l'amour de lui et a supporté toute peine avec amour jusqu'à la mort... Il éprouve un désir extrême de voir le Christ son Époux et de Le connaître tel qu'Il est en Lui-même; quand encore il Le connaîtrait dans ses œuvres, cela ne lui semble pas suffisant»[22]. «Mais quand le Christ, l'Époux, se fait attendre avec ses dons et son nouvel influx de grâce, l'âme devient somnolente et endormie et indolente. C'est au milieu de la nuit, quand on y pense et compte le moins, qu'un appel spirituel retentit dans l'âme: "Voyez, l'Époux vient: sortez à sa rencontre"»[23].

Si cette invasion est perçue directement, et non en guise de conclusion, et si elle rend l'homme passif, puisqu'il ne peut d'aucune façon la concevoir, se l'approprier ou maîtriser, il en découle pour les mystiques que les belles discussions ou controverses sur la «contemplation acquise» manquent quelque peu d'objet et qu'ils laisseront tranquillement les théologiens se disputer jusqu'à la fin des temps sur cet être de raison théologique. Mais au-delà de ce problème académique, ils en ont tiré la leçon très concrète, que lorsqu'on parle de contemplation, on ne peut vraiment se faire entendre que par les contemplatifs; et, conséquence peut-être encore plus immédiatement importante, qu'il est impossible d'enseigner la contemplation aux autres[24].

De ce caractère de l'expérience qu'on a essayé de décrire aussi adéquatement que possible en la qualifiant de *directe* et *passive,* ces deux traits étant simultanément présents et complémentaires, découlent deux autres propriétés qui semblent si universellement présentes à l'histoire intérieure du mystique chrétien qu'il est peut-être permis de les faire entrer, comme les notes précédentes, dans la nature même de l'expérience plutôt que de les cataloguer parmi ses aspects consécutifs ou secondaires.

De la première on trouve la description la plus claire et développée dans les *Poèmes strophiques* de Hadewych et la *Nuit obscure* de saint

22. *Les Noces Spirituelles,* trad. J.-A. BIZET (n. 13), pp. 227-228. – «Die mensche die aldus levet in deser volcomenheit alsoe hier bewijst es, ende al sijn leven ende alle sine werke opdraghende es ter eeren Gods ende te love Gods, ende Gode meynt ende mint boven alle dinc, hi werdet dicwile gherenen in siere begheerten te siene, te wetene, te kinnene wie dese Brudegom is, Cristus, die omme sinen wille mensche worden is ende in minnen ghearbeyt hevet tot der doot... Soe werdet hi utermaten seere beweghet Cristum sinen Brudegom te siene ende te kinnen, wie Hi is in Hem selven: al kint hine in sinen werken, dat en dunct hem niet ghenoech»; *Werken,* I, p. 141.

23. *Les Noces Spirituelles,* in *ibid.,* p. 231. «Maer wanneer Cristus de Brudegom merret in trooste ende in nuwen invlote van gaven, soe wert de ziele slaperich ende slapende ende traghe. In midden der nacht, dat es alsmens minst moeyt ende waent, soe wert een gheestelijc gheroep ghemaect inder zielen: "siet, die brudegom comt, gaet ute hem te ontmoete"»; *Werken,* I, *ibid.,* p. 143.

24. «Siet in yeghewelc ghelijckenisse van allen desen, soe toene ic eenen *scouwenden* mensche sijn wesen ende sine oefeninghe. Maer niemen anders in maecht verstaen, want scouwende leven in mach niemen anderen leeren»; JAN VAN RUUSBROEC, *Vanden Blinckenden Steen,* in *Werken,* III, pp. 8-9. Voyez, en chacune de ces comparaisons je montre à l'homme contemplatif son état et son expérience. Mais personne d'autre ne pourra le comprendre, car personne ne peut enseigner aux autres la vie contemplative.

Jean de la Croix, présente aussi bien en la nuit des sens qu'en la nuit de l'esprit: lorsque Dieu est présent, l'homme est sûr que jamais il ne pourra plus perdre ou oublier cette évidence; mais lorsque Dieu retire l'expérience de sa présence, l'homme est incapable de vraiment s'en souvenir: il se persuade qu'il a vécu dans l'illusion. Normalement, en effet, l'esprit glane activement et s'incorpore ses perceptions et acquisitions, et les emmagasine en concepts et images dans les archives de sa mémoire: ses expériences religieuses sont «objet», comme toutes ses autres expériences. Mais l'expérience mystique de la présence de Dieu n'est jamais objet. L'homme en est saisi au lieu de la saisir: il ne pourra donc jamais la «posséder» en ce sens. Bien-sûr, de toutes les descriptions du mariage spirituel ou de l'union transformante (: suressentielle), les mystiques racontent avec émerveillement comment Dieu s'est livré à eux comme leur possession, domaine où ils entrent et dont ils sortent à leur guise[25]. Mais ils ne Le possèdent qu'en tant que pure réception: «in den ontfane: dans l'acte de recevoir», «in ghedoghene begripend» comme le répète Ruusbroec: «passivement nous Le comprenons; au-dessus de nos opérations, là où Il agit et nous subissons, là nous saisissons en subissant au-dessus de tous nos actes. Et c'est cela, saisir Dieu de manière incompréhensible, en subissant et en non-saisissant»[26].

La seconde souffrance, intimement liée au caractère *direct et passif* de l'expérience, est sa non-communicabilité. À ses prochains, aveuglés par la recherche de soi, errants et malheureux, rassasiés mais frustrés, le mystique voudrait tant montrer que le bonheur, qu'ils cherchent si fébrilement aux quatre coins du monde, est en eux, ne demandant qu'à pouvoir se manifester. Hélas, le contemplatif ne peut le faire partager: «Dis-le au monde! Mais non: ne le dis pas, car le monde ne connaît pas l'air pur, et il ne t'écoutera pas, parce qu'il ne peut ni te recevoir ni t'apercevoir (Jn 14,17), ô mon Dieu, ô ma vie»[27]!

25. C'est ce que, dans presque tous ses traités, Ruusbroec nomme «vie commune». cf. note 17; le plus lyriquement sans doute, avec une âme de conquistador, s'exprime Jean de la Croix, dans la *Llama de amor viva*, c. 3, commentant les vers *Con extraños primores / calor y luz dan junto a su Querido.*
26. «In ghedoghene begripen wi Hem; boven onse werken, daer Hi wert ende wi ghedoghen, daer begripen wi ghedoghende boven al onse werke. Ende dit es Gode begripen onbegripelijcker wijs, dat es: ghedoeghende ende niet-begripende»; *Vanden XII Beghinen*, in *Werken*, IV, p. 31; voyez aussi *Spieghel der Eeuwigher Salicheit*, in *Werken*, III, pp. 165-168; p. 214: «Ende al heeft si (scil. de Claerheit Gods) ons begrepen, wi en connen hare niet begripen: want onse gripen es creatuere ende si es God».
27. Jean de la Croix, *Llama de amor viva*, commentaire du vers *¡Oh mano blanda! Oh toque delicado*: «Dilo al mundo. Mas no lo digas al mundo, porque no sabe de aire delgado el mundo, y no te sentirà, porque no te puede recibir ni te puede ver, ¡oh Dios mio y vida mia!».

EXPÉRIENCE DIRECTE ET PASSIVE DE LA PRÉSENCE DE DIEU

☞ Puisqu'il s'agit de l'essence même de cette expérience qui a le nom de «mystique» depuis Gerson (auparavant «mystique» signifiait ce qui a rapport aux mystères de l'Église, de la foi et des sacrements, et «contemplatif de Dieu – *Dei contemplativus*» signifiait ce qu'on nomme aujourd'hui «mystique»), ce caractère sera fondamentalement commun à toutes les mystiques de toutes les religions. Mais avec une différence qui paraît plus qu'une simple nuance. Tandis que dans la plupart des études sur l'expérience mystique on parlera, fort exactement, de «présence divine», on trouvera dans les témoignages des mystiques chrétiens une insistance bien claire à parler de «présence de Dieu» plutôt que de «divine». Non pas que les chrétiens ignorent l'expérience essentielle de «la goutte d'eau qui se perd dans l'océan», ils la chantent autant que les mystiques des autres religions. Mais leur expérience «adulte» ne s'arrête jamais à cette rencontre des essences ou fusion des êtres. Bien-sûr, ils connaissent les joies et les extases de cette découverte, en tant qu'expérience, de l'immanence, mais en même temps cet Autre reste toujours un être bien transcendant, très personnel et exigeant, incitant l'homme à une joute d'amour entre égaux, un duel de réciprocité dans lequel l'homme fera toujours faillite. Ce Dieu est caché sous tous les noms divins, mais en même temps Il n'a qu'un seul nom, très personnel, celui des Personnes trinitaires. Il nous appelle par notre nom, et si, grandeur et capacité infinie de l'âme, Il est déjà en nous comme plénitude de l'Être, surnaturellement Il nous admet à son intimité personnelle comme Autre. De là l'exclamation de Pascal, quand il rédige le souvenir de la grande expérience mystique du 23 novembre 1654. Dieu n'y était pas le «Dieu des philosophes», entendez: des théologiens, l'Être suprême, etc. Il était tout cela, mais là n'était pas la révélation la plus merveilleuse de sa visite:

«Feu.
Dieu d'Abraham, Dieu d'Isaac, Dieu de Jacob
non des philosophes et des savants.
Certitude. Certitude. Sentiment. Joie. Paix.
Dieu de Jésus-Christ.
Deum meum et Deum vestrum.
"Ton Dieu sera mon Dieu".
"Cette est la vie éternelle, qu'ils te connaissent
seul vrai Dieu, et celui que tu as envoyé, Jésus-Christ"».

Épanouissement, dilatation de la conscience, bienheureuse immersion dans l'être infini, chantés par tous les mystiques, – pour grands qu'ils soient, ne sont jamais la totalité pour un mystique chrétien: l'intrusion de l'Autre en tant qu'Autre, au plus profond de l'union amoureuse, reste cette *indiscreta quaedam commixtio*[28] comme saint Bernard l'appelle audacieusement; mais elle suffit à lui faire refuser les perceptions d'union amoureuse, qui feraient la satisfaction, et donc l'*objet,* la plénitude de la nature humaine: «Je refuse les visions... Les espèces angéliques elles-mêmes me dégoûtent»[29]. Seul un mystique qui connaît d'expérience l'union personnelle peut parler de la sorte.

Les spécialistes de la mystique chrétienne soulignent le caractère trinitaire de cette rencontre avec le Dieu personnel dans l'expérience mystique arrivée à sa plénitude. On peut considérer cette affirmation comme exacte, mais cela ne veut pas dire qu'elle est obvie dans la lecture des témoignages. Si chez Origène le Verbe incarné, «Époux de l'âme», chez Grégoire de Nysse le «Christ mystagogue», chez Jean Ruusbroec le «Christ Époux, notre soleil», reconduit l'homme dans son Esprit d'amour au sein du Père, dont l'homme est sorti en tant que création d'amour à l'image du Fils en qui tout est créé, chez d'autres comme Maître Eckhart, et même de longs passages de Jean de la Croix, il faut une lecture attentive et non fragmentaire pour révéler le caractère christocentrique-trinitaire de l'expérience décrite. Dans le mémorial pascalien, on aura remarqué ce caractère trinitaire de la «rencontre» dès sa première manifestation, – on ignore, hélas, tout de *l'histoire* mystique de Pascal, tant de ce qui précède la nuit du 23 novembre 1654 que de ce qui la suit. Mais il est certain qu'il faudrait relire les *Pensées* comme l'essai de fonder une théologie rationnelle sur le fond d'une expérience, essai génial, mais évidemment voué à l'échec.

Lorsque Guillaume de St.-Thierry affirme que le ciel, où la Trinité vit sa vie bienheureuse, est notre âme: «lorsque vous demeurez en nous, nous sommes votre ciel, en toute vérité»[30], il ne fait que reprendre la longue tradition patristique de spiritualité trinitaire, à laquelle Hugo Rahner a consacré une de ses plus belles études[31]. Il semble toutefois fort difficile, même pour un examen attentif, de démêler dans ces témoignages l'influence réciproque d'expérience mystique et de doctrine spirituelle.

Dans ce qui fait le fond de l'expérience mystique: présence personnelle de Dieu dans une union d'amour, il n'y a aucune donnée ésotérique. Évidemment, les épiphénomènes mystiques – extases, visions,

28. *Sermo II super Cantica,* in *S. Bernardi Opera,* I, ed. J. Leclercq & H.M. Rochais, Roma, Editiones cistercienses, 1957, p. 9.

29. «Ipsas quoque angelicas fastidio species»; *ibid.*

30. *Meditativae Orationes,* t. 6: *Méditations et Prières.* Trad. J.-M. Dechanet (Mystiques des Pays-Bas), Bruxelles, Éditions universitaires, 1945, p. 150.

31. H. Rahner, *Die Gottesgeburt. Die Lehre der Kirchenväter von der Geburt Christi im Herzen der Gläubigen,* in *ZKT* 59 (1935) 333-418.

révélations, paroles intérieures, etc. – occuperont beaucoup plus d'espace dans le compte-rendu écrit auquel les mystiques se voient presque toujours obligés; on peut remplir beaucoup de pages avec la description aussi exacte et détaillée que possible de ces «traductions» en termes psycho-somatiques d'une expérience spirituelle; tandis que l'essentiel: l'union amoureuse au Bien-Aimé, est dit en deux lignes. Ce qui frappe surtout chez les mystiques chrétiens, c'est qu'eux-mêmes insistent sur le fait que ce qu'ils «découvrent» directement et passivement n'est autre chose que ce qu'ont tous les fidèles: devenus membres du Christ dans le baptême, participant à la vie divine, ils sont la demeure de la Trinité. Ils découvrent d'expérience ce que tous croient et ce que tous les fidèles en état de grâce possèdent. La mystique consiste donc à vivre de cette expérience spéciale ce que confessent tous les chrétiens: «ce que possèdent toutes les bonnes gens, mais qui leur reste caché toute leur vie»[32].

Problèmes de lecture

Une aussi brève présentation du témoignage mystique chrétien réduit à ses notes essentielles ne saurait qu'en montrer la charpente dépouillée. Les possibilités de réponse humaine, les perspectives profondes, l'enrichissement spirituel que la mystique chrétienne donna à la culture humaine imprégnée de christianisme, permettant à l'homme d'atteindre aux plus hauts sommets de sa grandeur, les innombrables bienfaits, inlassablement créés et généreusement distribués par ces «appelés» dont la vocation à l'union devenait toujours mission avec le Verbe incarné, qui ont transformé la société en transformant la vision sur l'homme et le sens de ses efforts, la description des principales conséquences donc de cette expérience exigerait un développement bien plus ample.

Mais, s'il est exclu de seulement évoquer en ces pages le panorama de l'humanisme chrétien et de la richesse spirituelle apportés par la mystique, il y a un certain nombre de problèmes, dont on n'a pas pu traiter, mais qui sont d'importance, soit qu'ils touchent de près l'expérience essentielle soit qu'ils en dérivent comme conséquence. On se limitera à en indiquer trois.

---

32. JAN VAN RUUSBROEC, *Die Gheestelike Brulocht,* in *Werken,* I, p. 206: «Dit hebben alle goede menschen. Maer hoe dat dit es, dat blivet hem verborghen al haer leven»; cf. *Vanden Blinckenden Steen,* in *Werken,* III, p. 22.

1. *Foi et vision*

Dans son exposé d'une théologie on ne peut plus saine, Karl Rahner souligne à bon droit que, déjà le bon sens peut difficilement admettre que le gros de la troupe chrétienne atteindrait son bonheur final en montant deux gradins: lumière de foi et lumière de gloire, tandis que les mystiques franchiraient la même étape en gravissant trois marches: foi, mystique, gloire[33]. D'une lecture erronée de saint Jean de la Croix comme de Ruusbroec, le grand érudit qu'était le P. L. Reypens concluait que le sommet de la contemplation mystique ici-bas comportait une vision de l'Essence divine. Pour se mettre d'accord avec le Concile de Vienne (1311-1312) qui condamne toute doctrine tenant une vision sur terre, le P. Reypens suggère qu'il suffit de retirer à cette vision son caractère d'éternité pour qu'elle cesse d'être cette vision béatifique dont parle le Concile: on n'aurait cette vision sur terre que *per transennam,* passagèrement; Dom J. Huyben répondit en montrant que les textes employés par le P. Reypens étaient mal interprêtés[34]. On pourrait ignorer ici cette controverse, issue d'une erreur de lecture, le P. Reypens comprenant le terme «essentiel» comme objet de la «contemplation essentielle» au lieu d'y voir la *qualité de cette contemplation*[35], si le P. Maréchal ne s'était appuyé sur la compétence de Reypens pour introduire une possibilité de la contemplation de l'Essence divine dans ses *Études sur la Psychologie des Mystiques.* Les deux grands mystiques eux-mêmes sont bien d'accord à ce sujet: pour Jean de la Croix il reste toujours l'ultime voile de notre condition terrestre à déchirer, pour Ruusbroec la contemplation la plus haute, accordée au mystique, n'est pas encore l'éclat du soleil mais la clarté du nuage qui éclaire Israël au désert. Fait assez étrange: le P. Reypens lui-même, avec l'aide du P. Maur. Schurmans, avait soigné l'édition critique du *Miroir du salut éternel,* dans lequel Ruusbroec se prononce explicitement à ce sujet. Or, il est intéressant de constater que Ruusbroec ne daigne même pas traiter les tenants de ces visions passagères sur terre pour hérétiques, car il ne les trouve qu'imbéciles (*dooere menschen*); il ne fallait vraiment pas attendre la théorie de la relativité pour se rendre compte que temps et espace sont des dimensions de la matière: «ici-bas nous devons marcher en tous ses dons avec une foi ferme et non avec une vision claire et glorieuse, car c'est par notre foi

---

33. *LTK,* s.v. *Mystik.* VI. *Theologisch,* VII, cc. 743-745.

34. L. REYPENS, *Le sommet de la contemplation mystique,* in *Revue d'Ascétique et Mystique* 3 (1922) 250-272; 4 (1923) 256-271; 5 (1924) 39-95; J. HUYBEN, *Ruysbroeck et Saint Jean de la Croix,* in *Études Carmélitaines* 17 (1932) 232-247.

35. Cf. note 21.

totale que nous méritons vision éternelle. Aussi sont-ce des gens stupides, ceux qui veulent faire entrer la vie éternelle et la gloire de Dieu dans le temps, ou porter le temps dans l'éternité: car l'un est aussi impossible que l'autre»[36].

2. *Nuit et gnose*

On considère les *nuits* mystiques comme indiquant le dépouillement passif, par où le contemplatif doit passer afin d'en sortir purifié dans la foi illuminée. Les *nuits* sont *aussi* cela, mais pas seulement. Le symbole de la *nuit* s'est imposé à la suite du magnifique essor de littérature mystique des siècles d'or espagnol et français. D'autres, depuis Origène jusqu'aux béguines flamandes du 13e siècle, avaient préféré le symbole de l'hiver, quelque peu différent pourtant depuis le brouillard du delta du Nil à ceux des deltas des grands fleuves qui ont formé les Pays-Bas. Cet hiver est plus long, plus gris et plus triste que la nuit, mais tout le monde sait qu'il est le temps de la croissance solide vers l'intérieur. Il est rare, par contre, que dans les *nuits* des siècles plus tardifs, l'âme dorme d'un sommeil bienfaisant et restaurateur; elle semble au contraire, exactement comme dans la littérature amoureuse profane, passer ses nuits dans l'insomnie en pleurant l'absence de l'amant. Si on lit leur description plus attentivement, surtout dans les traités de saint Jean de la Croix, qui les a exposées avec le plus d'observation psychologique, on est frappé par la rigueur avec laquelle il définit leur signification comme terme toujours corrélatif à lumière déjà activement présente, c.à.d. comme notre ombre projetée par la lumière. Dans l'expérience de la nuit, ce n'est pas la nuit, c'est la lumière qui opère la purification: comment l'homme pourrait-il se rendre compte de son obscurité, qu'il ignorait, si ce n'est par comparaison avec la lumière? Mais il ne peut s'en emparer, il doit apprendre au contraire le long enseignement de la désappropriation. Et puisqu'il est habitué à acquérir et posséder, il vit l'épanouissement de cette lumière en lui, qui ne peut être perçue qu'en pure réception, tout d'abord comme dépossession et manque, avant d'en être possédé et transformé.

---

36. «Alsoe dat wi hier wandelen moeten in allen sinen gaven met vasten ghelooeve ende niet in claren gloriosen scouwene; want met ganssen ghelooeve verdienen wi eewegh scouwen. Ende hier-omme sijn dat dooere menschen, die eewegh leven ende de glorie Gods willen bringhen in tijd, ochte tijd bringhen in eewegheit; want dit es beide onmoghelec»; *Spieghel der Eewigher Salicheit,* in *Werken,* III, p. 173. Trad. fr. cf. *Œuvres de Ruysbroeck l'admirable,* tr. Bénédictins de Saint-Paul de Wisques, Bruxelles, I, [3]1919, p. 95.

Si une relecture des *nuits* de Jean de la Croix s'impose en termes très différents de ceux d'un système référentiel de théologie morale, il serait bien davantage nécessaire de reprendre la lecture du *gnophos*, de la *caligo* des anciens Pères, p. ex. chez Grégoire de Nysse, en examinant la signification de cette obscurité dans les écrits du mystique lui-même plutôt que d'insérer son explication dans une spiritualité qui lui est foncièrement étrangère. On s'inspire toujours de la *Vie de Moïse,* qui doit passer à travers le nuage obscur pour aller à Dieu. De là toute une littérature contemporaine, qui apprend à lire dans les témoignages des Pères deux voies pour aller à Dieu: par l'obscurité ou par la lumière. Elle peut certainement rendre de grands services en théologie, comme à propos des *viae negativae*. En description d'expérience mystique néanmoins il est inconcevable que *la voie à Dieu* passe par l'obscurité. Ce terme n'est pas à insérer dans une configuration signifiant l'ascension de l'âme, un chemin à parcourir, un tunnel à traverser, ni même dans une corrélation d'«avant» et «après». Ses corrélations significatives sont «le dedans» et «le dehors», ou parfois «l'endroit» et «l'envers». Le même nuage est obscurité pour le peuple et ceux qui restent dehors, il est lumière pour celui qui y entre. Si on compare l'emploi du terme en d'autres ouvrages du même auteur, on voit combien est inacceptable la signification de «tunnel obscur à traverser» lorsque Grégoire l'applique à son saint et regretté frère, Basile: «Combien de fois ne l'avons nous pas vu entrer dans l'obscurité où était Dieu. – Car ce qui ne pouvait être contemplé par les autres, la mystagogie de l'Esprit le rendait clair pour lui»[37]. Il ne s'agit aucunement d'une obscurité à traverser par le mystique pour atteindre le jour, mais bien de la corrélation: obscurité pour qui reste dehors, lumière pour qui est dedans. Grégoire en donne la raison dans son *De Virginitate*: «on ne peut percevoir les rayons de la lumière par l'ouïe, – inutile de les expliquer à l'aveugle-né»[38]. Ici aussi la corrélation signifiée ne semble guère appartenir à un ensemble plus ou moins imprégné de moralité: impureté – purification – pureté; qu'il soit permis de renvoyer à ce qui est dit plus haut sur la souffrance du mystique à cause de l'incommunicabilité de son expérience. L'opposition, finalement, entre une «école de la

---

37. *In laudem Fratris Basilii:* Πολλάκις ἔγνωμεν αὐτὸν καὶ ἐντὸς τοῦ γνόφου γενόμενον, οὗ ἦ ὁ Θεός. Τὸ γὰρ τοῖς ἄλλοις ἀθεώρητον, ἐκείνῳ ληπτὸν ἐποίει ἡ μυσταγωγία τοῦ Πνεύματος (PG, 46, c. 812C).

38. *De Virginitate* c. 10: ὥς καὶ ἐπὶ τῆς ἡλιακῆς ἀκτῖνος, τῷ μὴ τεθεαμένῳ τὸ φῶς ἀπὸ πρώτης γενέσεως ἀργὴ καὶ ἀνόνητος γίνεται ἡ διὰ τῶν λόγων τοῦ φωτὸς ἑρμηνεία … οὐ γάρ ἐστι δυνατὸν τὴν τῆς ἀκτῖνος λαμπηδόνα δι' ἀκοῆς ἐναυγάσαι (PG, 46, c. 360 D).

lumière» avec, comme un des grands maîtres, par exemple Syméon le Nouveau Théologien, et une «école des ténèbres» avec, comme témoin privilégié un Grégoire de Nysse, semble être le fruit d'une lecture sur la contemplation à travers un système théologique quelque peu inadapté, pour ne pas dire superficiel.

Dans les plus anciens textes il s'agit sans doute d'une expérience mystique lorsqu'on parle de *gnose,* car là aussi cette connaissance est toujours non-savoir pour l'intelligence qui veut posséder, toujours don de *foi illuminée,* car on remercie Dieu pour la gnose *et* la foi. Tous les mystiques de tous les temps ont toujours déclaré que Dieu ne demandait qu'à se manifester davantage, si seulement les hommes voulaient Le laisser faire; tout en proclamant la gratuité absolue du don de contemplation, les «mouvements gnostiques» ont donc voulu collaborer un peu plus efficacement avec la grâce en ce domaine: le gnosticisme, ancien ou moderne, offre une méthode sûre, qui fera fonctionner l'Esprit qui, évidemment, se concédera en toute liberté. Il ne s'agit que de passer à travers le tunnel d'un non-savoir, pour être gratifié à l'autre bout d'un savoir différent. «C'est le mode de connaître, qui est différent» disent les mystiques, «l'objet en est toujours le simple contenu de la foi». Les gnosticismes se voient donc obligés d'offrir à la fin de leur initiation à la contemplation un *mode* de connaître différent. Mais, comme il restera toujours de plain pied avec celui d'avant le passage à travers le tunnel de l'obscurité mystique, ce mode prétendu, il faut le produire, et il prend inévitablement la forme de contenu ésotérique. Ces contenus des doctrines gnostiques sont secondaires, imaginés après coup pour correspondre à l'attente spirituelle, et intéressent bien davantage la fonction fabulatrice dans l'ethnologie, que l'étude des témoignages mystiques des grandes religions.

Les «nuages de l'inconnaissance» artificiels des écoles gnostiques servent surtout à créer une Église des justes, à dresser une barrière d'un sacré rassurant entre les fidèles qui se sont soumis aux purifications et techniques de l'initiation, et les profanes, qui n'ont pas fait ce long noviciat de la contemplation. Aussi, les premiers mystiques ont-ils bien plus violemment attaqué ces amis de la contemplation, faux-monnayeurs, que les pires ennemis païens de la doctrine chrétienne.

3. *Mérite et amour*

Hiver, nuit, nuage obscur, toutes expressions qui soulignent combien l'expérience de la rencontre mystique est aux antipodes de l'expérience normale, psychologiquement menée et gouvernée par le sujet.

Les mystiques rhénans préféreront l'expression «pauvreté d'esprit», sans doute parce qu'elle met en relief ce caractère de désappropriation que doit subir l'activité humaine, sa «purification passive». Les plus belles descriptions de cette pauvreté spirituelle se rencontrent chez Tauler et l'auteur de la *Theologia deutsch*. Mais il faut constater qu'à cause du vocabulaire commun on peut leur conférer un sens moral. Et une fois qu'on se met à lire ces textes en clé de théologie morale, on ne sortira plus guère des mal-entendus, et on finira par condamner aux «enfers» des bibliothèques religieuses les écrits mystiques qui célèbrent la pauvreté sous sa forme la plus haute: la substitution du «moi» au gouvernail par «le Christ en moi» (Gal 2,20), la mystique de l'anéantissement (*Vernichtung, annichilazione*). Comment, en effet, justifier *moralement* les excès suivants: «L'amour dans l'abandon complet n'aspire à aucune perfection; ne s'arrête sur aucune faveur; ne considère point le degré supérieur qu'il pourrait atteindre... Il ne craint aucune tentation, mais au contraire l'embrasse et l'étreint... Car la créature, en proie à cet amour d'abandon, n'a cure de la façon dont il plaît à Dieu d'agir en elle... Amour oisif, qui opère de grandes choses. – *L'amour de satiété* jouit de Dieu, se délecte en lui, oriente vers lui toutes ses œuvres, les initiant et les terminant en lui. Cet amour ... n'est pas parfait, parce qu'il possède le goût de Dieu. Le *dernier amour* (= *d'anéantissement*) est comme mort: il ne veut, ne désire, ne recherche rien, parce que l'âme, dans cet amour, fait à Dieu l'inerte abandon de soi-même, et ne désire plus le connaître, l'entendre, le goûter. Elle ne veut rien, ne sait rien, ne désire rien pouvoir»[39]. Ces paroles invitent à toutes les ironies de La Bruyère dans son célèbre *Pater de l'abandon* du quiétisme[40]. Mais comme elles venaient d'une aussi grande sainte que Marie-Madeleine de' Pazzi, on ne pouvait que difficilement les condamner lors de la grande chasse au quiétisme des 17e et 18e siècles: on a donc préféré les reléguer aux rayons les plus poussiéreux des bibliothèques.

Qu'on ne mélange pas description d'expérience mystique et théologie morale. Les mystiques ont toujours été assez formels sur ce point: la mystique est une *gratia gratis data,* non une *gratia gratum faciens,* c.à.d. qui rendrait l'homme plus saint et plus agréable à Dieu, ce qu'il n'obtient que par ses vertus et ses mérites. Comme indiqué au début de ces pages, on manque jusqu'ici d'une collocation exacte,

39. M. VAUSSARD, *Ste Marie-Madeleine de' Pazzi* (Les Saints), Paris, Lecoffre, 1925, pp. 151-153.
40. A. POULAIN, *Grâces d'oraison*, Paris, Beauchesne, [10]1922, pp. 541-542.

et donc d'un système référentiel adapté, pour établir une science des témoignages mystiques chrétiens. De là certains effets de corrélation inattendus: Grégoire de Nysse s'émerveille de ce que la rencontre avec Dieu soit toujours neuve, jamais du «déjà connu», et l'union d'amour toujours plus grande que celle qu'on croyait possible, et cela pour l'éternité; comme l'explosion de l'atome primordial repousse les frontières du cosmos vers un indéfini grandissant, ainsi l'explosion de bonheur qu'est le ciel; J. Daniélou, résumant l'épectase du grand Cappadocien, comme une «croissance infinie», ajoute prudemment: «même, semble-t-il, de la vision béatifique»[41]. Car, dans le cadre d'un système théologique, on pose du même coup le problème d'une croissance infinie des mérites, béatitude et mérites devant être rigoureusement proportionnels. Heureusement on n'a pas trop étudié Ruusbroec sous cet angle, car le docteur admirable est, avec Grégoire de Nysse, le mystique qui insiste le plus sur le caractère «toujours neuf» (*nuwe* devient parfois un véritable refrain dans ses plus belles descriptions), toujours repris au départ et s'étendant au-delà de tout le déjà-donné de l'union amoureuse, ici-bas, «et pour l'éternité».

Il faudra bien un jour établir une grille de lecture des mystiques, qui ne réduise pas leurs témoignages à un vague lyrisme poétique à côté des systèmes conceptuels théologiques. L'établissement d'une méthode de lecture exacte ne semble pas impossible, mais ce n'est pas chose faite. On pourrait par exemple construire la vision mystique sur l'homme de façon «descendante», commençant par ce que les mystiques disent avoir pressenti du ciel, sommet de l'évolution et de l'épanouissement humains, et qui par conséquent pourrait déjà diriger les premiers pas spirituels de ceux que Dieu appelle. Or, on trouve à ce sujet une ligne de continuité étonnante, depuis Grégoire de Nysse, en passant par les sermons eckhartiens, jusqu'au grand mouvement mystique des femmes, de Hadewych d'Anvers à Catherine de Gênes. Sans rien enlever aux droits de la théologie morale, ni aux mérites qu'elle décerne à chacun comme *capacité* de bonheur éternel, pour les mystiques le ciel ce sera la gloire des autres. Ainsi le 7ᵉ sermon eckhartien explique les dons extraordinaires, attribués à la Vierge: tous les privilèges et grâces qui ornent au ciel la Vierge Marie, ma Mère, sont bien davantage miens que siens: «le saint se réjouit plus de ces grâces que possède Marie, que si elles avaient été en lui-même»[42].

---

41. *Grégoire de Nysse, Epectase,* s.v. *Contemplation* in *DS,* t. 2, 1953, c. 1874.
42. «Wan swaz Maríâ hât, daz hât allez der heilige und ist mê sîn unde smeket îme mê diu gnâde diu dâ ist in Marîen, denne ob si in ime wêre». *Deutsche Mystiker des vierzehnten Jahrhunderts,* ed. Franz PFEIFFER, t. 2: *Meister Eckhart,* Neudruck der Ausg. Leipzig 1857, Aalen, 1962, p. 39.

Mais c'est peut-être Catherine Fieschi Adorno, cette grande dame de la renaissance italienne, qui fut aussi «la grande Dame du Pur Amour»[43], qui osa prendre position entre ces deux langages, encore aujourd'hui séparés comme deux mondes, avec le plus d'audace créative et de précision lumineuse. «Un jour, un prêcheur lui dit qu'il était plus capable d'aimer qu'elle ... parce qu'il était *en religion*». Son secrétaire-biographe raconte que donna Caterinetta se leva d'un élan et lui répondit «avec tant d'ardeur, que sa coiffure se défit et que ses cheveux se déroulaient sur ses épaules... "Si je croyais que votre habit pût me procurer la moindre étincelle d'amour, je vous l'arracherais au besoin morceau par morceau. Que vous méritiez plus que moi par le renoncement que vous avez fait et par votre ordre religieux qui vous fait continuellement mériter, – à la bonne heure! Je ne cherche pas ces choses-là, elles sont vôtres. Mais jamais vous ne me ferez admettre, que je ne peux pas aimer autant que vous"»[44].

«Aucun saint, je ne peux l'appeler "bienheureux", car cela me semble une parole corrompue. Et je ne vois aucun saint, qui soit "bienheureux", mais ce que je vois, c'est que toute la sainteté et béatitude qu'ont les saints, elle est toute hors d'eux-mêmes, toute en Dieu. Je ne peux voir aucun bien, aucune béatitude, en aucune créature si ce n'est pour autant que cette créature est toute anéantie en soi-même et tellement noyée en Dieu, que seul Dieu subsiste en elle et la créature en Dieu.

«Et telle est la béatitude que peuvent posséder les bienheureux, et que néanmoins ils ne possèdent pas. Je veux dire en tant qu'ils sont anéantis en eux-mêmes et revêtus de Dieu. Ils ne la possèdent pas pour autant

43. Titre du livre que lui consacre P. DEBONGNIE (Études carmélitaines), Paris, Desclée De Brouwer, 1960.

44. «Una fiata uno predicatore li disse che lui era più apto ad amare che lei, perché haveiva renuntiato tuto dentro e di fuora, et per questo era più apto et libero ad amarlo che lei, con molte altre raxone che se podeivano alegare a quello proposito, masime contra di lei la quale era maritata al mondo, e lui era *in religione*. Or quando hebe dicto circa questo cose asai, ... se drisò im pede con tale fervore, che pareiva fuora di sì, et disse: Se io me credese che questa vostra capa me dovese acrescere una minima sintila de amore, io vi la *tirería* da le spale a pecio a pecio quando non podesse fare altramenti. Circa che voi meritati più che mi per le renuntie che aveti facto per Dio e per ordinatione de la religione, chi ve fa continuamente meritare; in buona hora! Non cercho queste cose, sono vostre! Ma che io non lo posia amare tanto como voi, non me lo dareti mai ad intendere! – Et questo diceiva con talle fervore che tuti li capelli le cadeivano zu per le spale...»; BONZI DA GENOVA, *S. Caterina Fieschi Adorno* (n. 20), t. 2, pp. 191-192.

qu'ils existent dans leur être propre, de sorte que l'un d'eux pourrait
dire: "moi, je suis heureux"»[45].

---

45. «Non posso dire beato ad alcuno sancto, perchè me pare parola corrota, e non
vedo alcuno sancto beato, ma sì vedo che tuta la sanctità e beatitudine che hano li sancti,
è tuta fora di loro, e tuta è in Dio. E non poso vedeire ne alcuno bene, ne beatitudine in
alcuna creatura, salvo se, totalmente essa creatura è in se de tuto anichilita et tallemente
annegata in Dio, che solo Dio rimanga in la creatura e la creatura in Dio. E questa è la
beatitudine che pono haveire li beati et tamen non la hano. Dico la hano in quanto sono
anichilati in loro medemi et vestiti de Dio. Non la hano in quanto se trovano in lo essere
proprio, che possano dire alcuno di loro: Io sono beato»; *ibid.*, pp. 148-149.

Dizionario degli istituti di perfezione, t. 4, 1977, cc. 1291-1296

9

GIOVANNI (JAN VAN) RUUSBROEC

Beato. Massimo esponente della mistica fiamminga, detto *Doctor admirabilis,* nato a Ruusbroec (attualmente Ruisbroek), presso Bruxelles (Belgio) nel 1293, morto a Groenendaal (Belgio) il 2.12.1381. Il suo culto fu confermato da s. Pio X il 9.12.1908[1]. Festa liturgica: 2 dicembre.

VITA

Fece i suoi studi nella scuola capitolare di S. Gudula a Bruxelles, dove suo zio, Giovanni Hinckaert, era canonico. Ivi fu ordinato sacerdote a 24 anni e, a partire dal 1317, eletto vicario. Già prima del 1330 aveva composto le prime due opere. Secondo la *Vita* del Pomerius (†1469), che s'ispira al primo storico di Groenendaal, Sayman van Wijc (†1438), il giovane vicario fu implicato nelle dispute tra scuole mistiche, che dividevano i circoli devoti delle città fiamminghe. La casa Hinckaert, dove egli viveva, era situata di fronte al beghinaggio; e Ruusbroec si vide indotto a difendere la mistica ortodossa e cristocentrica, citando del resto Hadewych, contro le tendenze panteistiche e quietistiche, varianti del «libero spirito».

Nella Pasqua del 1343 si ritirò, con lo zio e un confratello, Frank van Coudenbergh, nella foresta di Soignes: il duca Giovanni III gli concesse un romitorio con vivai e terreni, il futuro Groenendaal.

Il canonico Coudenbergh, che sarà il primo superiore, andò a consultare Pietro de Saulx, priore di S. Vittore a Parigi, che consigliò loro la vita canonicale agostiniana. Si recò poi a Cambrai, dove il vescovo Pietro Andreae benedisse la vocazione religiosa dei suoi sacerdoti di Bruxelles. Questi emisero la professione nel 1350. Più tardi, e per molti anni, Ruusbroec sarà priore di Groenendaal.

OPERE

Dat Rijcke der Ghelieven («Il regno degli amanti»): il fiorire della vita mistica vi è descritto di getto, in uno stile magnifico, ma questa

---

1. Cf. *Acta Apostolicae Sedis* 1 (1909) 164-167.

prosa lirica ha trascurato di presentare tutte le definizioni e distinzioni e si espone cosí alla critica dei teologi. Ruusbroec dichiarerà più tardi di aver proibito la diffusione di questo trattato, meravigliandosi di non essere stato obbedito.

Die gheestelike Brulocht («Le nozze spirituali»): è considerato il capolavoro di Ruusbroec per l'equilibrio e l'esposizione ordinata; è stata anche l'opera più tradotta. La descrizione completa degli stati mistici, ben distinti dagli epifenomeni, il raffronto dell'esperienza interiore con una teologia a base scritturale, soprattutto giovannea e paolina, l'accento posto sulla «vita comune» in unione al Cristo, infine la magistrale analisi dei sintomi che permettono di distinguere la vera mistica dalle sue contraffazioni fanno di questo libro un classico.

Vanden blinckenden Steen («La pietra sfolgorante»): probabilmente redatto ancora a Bruxelles, questo breve trattato offre la sintesi più geniale dell'opera. Se le sintetiche descrizioni dell'esperienza religiosa costituiscono altrettanti gioielli letterari, la loro comprensione presuppone tuttavia la lettura delle spiegazioni più dettagliate, contenute in altre opere.

Vanden kersten Ghelove («La fede cristiana»): breve e lucido catechismo per persone formate, in cui si unisce dogma e spiritualità.

Vanden gheesteliken Tabernakel («Il tabernacolo spirituale»): iniziato a Bruxelles e terminato a Groenendaal, questo trattato, il più voluminoso di Ruusbroec, fu anche il più diffuso e rinomato nei sec. XIV-XVII. Partendo da un'ispirazione paolina (cf Eb e Ef 2,21-2) e prendendo come «figura» la costruzione del tabernacolo dell'Esodo, questo filo conduttore redazionale, che rivela una notevole erudizione, offre un tesoro di allegorie per sviluppi spirituali. Ma ciò che un tempo costituì il fascino del libro, ne crea ora la difficoltà: secondo i nostri metodi, le tematiche vi si presentano troppo sparse e sovraccariche. Resta tuttavia molto importante, poiché spesso vi si riscontrano tutte le implicazioni, per esempio, morali o psicologiche, appena accennate altrove.

Vanden vier Becoringhen («Le quattro tentazioni»): queste tentazioni dello spirituale, formato teologicamente, sono di tutti i tempi; in nessun altro lavoro sono stati notati con più umorismo i difetti di alcune qualità, spesso nocive, ma sempre ridicole.

Dat Boecsken der Verclaringhe («Il libro della più alta Verità»): a richiesta del certosino Gerardo de Hérinnes, suo amico, Ruusbroec spiega alcuni suoi termini che sembrano inaccettabili agli Scolastici, soprattutto l'aspetto dell'esperienza d'amore, chiamata «unità senza differenza». È un breve trattato, indispensabile per chiarire la profonda semplicità di una dottrina che soltanto una lettura intesa a innalzarla a complicato sistema concettuale, può far passare come «astratta».

Vanden seven Sloten («Le sette clausure»): scritto per Margriet van Meerbeke, divenuta clarissa, questo trattato parte dall'osservanza ascetica per seguire una vocazione spirituale che, centrata sulla devozione eucaristica, sboccia nella contemplazione. Con il citato opuscolo *La pietra sfolgorante,* quest'opera è il più bel gioiello della prosa medio-neerlandese.

Den Spieghel der eeuwigher Salicheit («Lo specchio della salvezza eterna»): indirizzato a una figlia spirituale, questo trattato è il più profondo, ma anche il più difficile di Ruusbroec. Fondato sulla mistica dell'Eucaristia, sacramento di comunione e di «vita comune», esperienza di unione mistica che abbraccia tutti gli uomini e il mondo intero, il concetto racchiuso nell'attuale espressione «spirito apostolico» sarebbe troppo povero per corrispondervi, poiché esso parte da un'esperienza di separazione, che la grazia e la buona volontà vogliono colmare, non già da una comunione che sta all'origine e la cui inesauribile vita dev'essere rivelata.

Vanden seven Trappen («I sette gradini»): indirizzato a una religiosa, questo libro mostra come la sua vocazione è chiamata a diventare unione mistica che, da sola, costituirà la vita comune perché vita di lode in unione al Cristo.

Vanden XII Beghinen («Le dodici beghine»): queste recitano a turno una strofa che riassume il loro programma spirituale. La pia conversazione serve come filo conduttore del libro, che raccoglie in modo un po' sconnesso, ma molto bello, esposizioni non ancora pubblicate da Ruusbroec. È il trattato della maturità, in cui l'autore annuncia la sua intenzione di non scrivere quasi più[2].

Delle *Lettere* spirituali di Ruusbroec non si sono trovati che pochi frammenti degli originali, ma il Surius ne dà la traduzione latina di 7, conservate ancora nel sec. XVI.

DOTTRINA

Ruusbroec non ha formulato un sistema teologico, né ha composto trattati di morale o di ascetica, pur avendo una solida formazione in queste discipline; ad eccezione di *La fede cristiana* e *Le quattro tentazioni,*

---

2. Cf. *Werken,* IV, p. 219.

egli scrive sulla vita interiore per contemplativi allo scopo di illuminarli su quanto accade loro. Avverte gli altri lettori che non potranno comprenderlo, poiché è impossibile insegnare la contemplazione[3]. Sin dall'inizio la controversia tra contemplazione infusa e contemplazione acquisita è relegata nel campo delle false problematiche. Tutto dev'essere ricevuto: questo è il significato della «passività» mistica; quando l'anima, stanca dei propri sforzi, si addormenta, nel mezzo della «notte», e quando meno se l'aspetta, allora risuona la voce del Signore e si rimane «colpiti»[4]. Non esiste continuità tra l'esperienza normale e l'esperienza passiva, poiché il mistico non comprende quanto gli accade[5]; quindi, pur desiderandola, non c'è possibilità di prepararvisi né di meritarla: Dio «la dona quando vuole, dove vuole e a chi vuole»[6]. Ruusbroec tratta solo brevemente tutti gli epifenomeni della mistica (visioni, estasi, ecc.) per fermarsi alla sostanza dell'esperienza; il suo contenuto non ha nulla di esoterico o di speciale, pur restando un segreto come tutti i grandi amori. Ruusbroec si compiace di ripetere: il mistico vive ciò che credono e confessano tutti i cristiani, «ciò che hanno tutte le buone persone, ma che resta loro nascosto per tutta la vita»[7], la realtà della grazia e della comunione amorosa di Dio. La mistica, essendo un modo diverso di prender coscienza della fede, una «fede illuminata», non significa, di per sé, né merito né santità: è una grazia *gratis data* e non *gratum faciens*. Essa narra sempre lo stesso incontro con Dio, ma a un livello sempre più profondo, ricco e imprevedibilmente nuovo; Ruusbroec insiste, come Gregorio di Nissa, sulla «novità» dell'incontro amoroso, sia quaggiù che in cielo.

La terminologia della «introversione» (*inkeer, innigh leven* – «vita intima») permette la descrizione di questa esperienza passiva: è il «tocco» dell'Altro che fa distogliere le facoltà umane dalla successività e dalla giustapposizione («molteplicità») pesanti e complicate della loro azione, rivolta all'esterno; esse rifluiscono irresistibilmente verso il centro toccato, dapprima verso il «cuore», dove svolgono solo un'attività spontanea «semplice», la preghiera «affettiva» o «semplice» nella «unità del cuore». Tale movimento implica il distacco dell'attenzione dalla cosa esteriore – «astrazione» in senso letterale; a torto, quindi, si leggerebbe questa «mistica astratta del nord» come una filosofia dai concetti astratti. Tuttavia Ruusbroec rifiuta l'evasione nell'affettività:

3. Cf. *Werken*, I, p. 151; III, pp. 8-9.
4. Cf. *ibid.*, I, p. 143.
5. Cf. *ibid.*, I., p. 153.
6. *Ibid.*, I., p. 180: cit. dalla *Epistola aurea* di Guglielmo di Saint-Thierry.
7. *Ibid.*, I, p. 206; III, p. 22.

una mistica che permetterebbe d'incontrare Dio soltanto a un uomo privato della sua intelligenza: «Né la grazia né la gloria eliminano il lume naturale, ma lo trasfigurano»[8]. L'esaltazione della grandezza naturale dell'uomo, dovuta alla sua creazione, fa di Ruusbroec un pre-umanista cristiano; egli ammette, d'altronde, una mistica naturale sulla base del rapporto creatura-Creatore[9]. Le facoltà superiori – memoria, intelligenza, volontà – sono toccate, a loro volta, dall'incontro interiore «in fondo allo spirito»: esse rifluiscono verso il loro centro per esservi liberate parimenti dalla loro molteplicità e diventare una sola energia spirituale, semplice e spontanea, nella stessa «essenza» donde erano scaturite come facoltà separate. Si tratta della «unione» o «contemplazione essenziale»: questo termine indica, perciò, una qualità della preghiera mistica, la sua estrema semplificazione, non il suo oggetto. A torto si vedrebbe in Ruusbroec un contemplativo dell'Essenza divina quaggiù, anche solo in maniera transitoria. Egli usa un modo delicato per non curarsi già dei futuri commentatori, neppure compiacendosi di chiamarli eretici, poiché li trova solo ottusi: «Quaggiù noi dobbiamo camminare con tutti i suoi doni in una fede stabile e non in una visione chiara e gloriosa, poiché è per la nostra fede totale che meritiamo la visione eterna. Sono quindi persone ottuse quelle che vogliono far entrare la vita eterna e la gloria di Dio nel tempo, o trasferire il tempo nell'eternità: infatti è impossibile sia l'una che l'altra cosa»[10].

La vita che segue la «unione trasformante» (*overvorminghe* = «matrimonio mistico»), in cui l'uomo trova per sempre il suo centro in Dio e Dio nell'uomo, è detta «unione» o «contemplazione superessenziale»: il termine è preso dall'Areopagita, ma per una mistica il cui sviluppo – vero significato di *Chierheyt* = splendore – segue un movimento opposto alla disincarnazione sempre più trascendente della mistica neoplatonica. In effetti, è nell'assimilazione al Cristo che il mistico non può trattenersi dal diventare, come e con il Verbo incarnato, «uomo comune» e di aprirsi alla «vita comune» della partecipazione alla redenzione e alla trasfigurazione del mondo; egli diventa il «distributore dei tesori e della gloria di Dio»[11].

L'ispirazione scritturale, sulla quale è basato questo dinamismo, parte dalle parole del *Genesi,* già ampiamente usate dai Padri greci per lo sviluppo della preghiera contemplativa, adoperate qui nel senso che costituisce il *leitmotiv* in san Bernardo: «Fece l'uomo a sua immagine e

8. *Ibid.,* I, p. 95.
9. Cf. *ibid.*, I, p. 15.
10. *Ibid.*, III, p. 173.
11. *Ibid.,* I, pp. 186, 220.

somiglianzà». La «immagine» è, ontologicamente, il dato, il modello impregnato in noi; la «somiglianzà» sarà la realizzazione morale e spirituale di affinità a questo modello. Tale dinamismo viene trasferito nel «circuito vitale» cristocentrico e trinitario del Nuovo Testamento (conosciuto nel testo della Volgata, ripreso anche nei suoi errori): «secondo la forza di Dio, che ci ha liberati e chiamati con la sua vocazione santa, non per merito delle nostre opere, ma in virtù del suo proprio disegno e secondo la sua grazia, che ci è stata data in Cristo Gesù prima dei tempi secolari» (2Tm 1,9); «in Lui (Dio) ci aveva eletti prima ancora della fondazione del mondo..., predestinandoci all'adozione di figli suoi per mezzo di Gesù Cristo» (Ef 1,4-5); «ci ha trasportati nel regno del Figlio del suo amore..., che è l'immagine di Dio invisibile...» (Col 1,13-6).

Bisognerebbe citare molti testi del vangelo di Giovanni, il cui movimento spirituale in Ruusbroec non è che la trasposizione in esperienza contemplativa vissuta. La nostra superessenza al di là del nostro essere creato nello spazio e nel tempo – immagine del Verbo, immagine di Dio – non ha mai lasciato il seno del Padre; pur venendo nel mondo, il Verbo è *principium qui et loquitur vobis* (Gv 8,25), sempre unito al Padre (cf Gv 10,38; 14,6-12.20), e il nostro destino finale è la partecipazione alla vita intratrinitaria (preghiera sacerdotale: Gv 17). «Ciò che è stato fatto in Lui era vita» (Gv 1,3-4: cit. secondo l'antica punteggiatura) e costituisce sia il punto di partenza di Dio verso di noi, sia il «ritorno all'origine» dell'evoluzione mistica: «Coloro che Egli preconobbe, li ha pure predestinati ad essere conformi all'immagine del suo Figlio» (Rm 8,29); «Noi tutti che, a faccia svelata, rispecchiamo la gloria del Signore, siamo trasformati nella stessa immagine...» (2 Cor 3,18).

INFLUSSO

Si sa che Geert Grote (†1384) ha conosciuto le opere di Ruusbroec probabilmente presso i Certosini, dove circolava la traduzione latina di *Le nozze spirituali* a cura di Jordaens, che Grote giudicò troppo retorica, tanto da farne una più letterale. In occasione della sua visita a Groenendaal, il vecchio Ruusbroec mostra all'apostolo preoccupato la via della pace e della contemplazione. L'ideale del contemplativo secondo Ruusbroec, l'«uomo comune», ispirerà il fondatore dei Fratelli e delle Sorelle della vita comune: il termine medio-neerlandese *ghemeyn* non ha mai il significato economico-sociale delle traduzioni per indicare una vita in comune o di comunità; nulla vi sarebbe stato di *devozione «moderna»* in uno stile di vita ben noto a tutti gli Ordini religiosi. Per proteggere i suoi devoti, Grote consigliò a Florentius Radewijns di fondare Windesheim; il discepolo e difensore di Ruusbroec, Jan van Schoonhoven, unirà Groenendaal a Windesheim nel 1413.

L'influsso della spiritualità di Ruusbroec si farà sentire nelle riforme religiose che irradieranno da Windesheim e tendenti alla interiorizzazione e alla personalizzazione della vita di preghiera. A ciò si ispirerà Garcia Jiménez de Cisneros per la riforma benedettina della congregazione di Valladolid, di cui Montserrat sarà il capofila. Ignazio di Loyola imparerà a conoscere la *devotio moderna* e il suo ideale dell'«uomo comune» a Manresa, ma anche durante il suo soggiorno nel collegio di Montaigu, a Parigi, e nei suoi viaggi in Fiandra. Egli ne riferisce il contenuto con molta esattezza quando auspica che il Gesuita sia un «contemplativo in azione». L'autore che maggiormente ha diffuso l'influenza di Ruusbroec è lo scrittore mistico francescano Enrico Herp («il divino Harphius»), che ha meritato giustamente il soprannome di «araldo di Ruusbroec». Già rettore dei Fratelli della vita comune a Delft e a Gouda (Paesi Bassi), si fece Minore Osservante nel 1450: da Mechelen (Belgio), dove vivrà fino al 1477, egli esercitò un immenso influsso con la sua direzione spirituale e i suoi scritti. Questi ispireranno direttamente s. Teresa d'Avila, ma soprattutto il mistico cappuccino inglese Benedetto da Canfield (William Filch, morto nel 1610), dando alla Scuola mistico-cappuccina una struttura tipicamente ruusbroechiana. Ruusbroec ha saputo ispirare Giovanni della Croce, nonché, fin nella terminologia, la riforma carmelitana turonense e il suo più grande mistico, Giovanni (Moulin) di San Sansone (†1636).

[BIBL.]

I riferimenti rinviano alla II ed. critica provvisoria delle opere di Ruusbroec nella lingua originale e curata dalla Ruusbroecgenootschap di Anversa: JAN VAN RUUSBROEC, *Werken,* 4 Vols., Tielt, Lannoo 1944-1948. La migliore traduzione rimane quella di Laurentius SURIUS (SAUER), pubblicata dalla Certosa di Colonia nel 1552 (ried. anast., Farnborough, Gregg, 1967).

Monografie:

S. AXTERS, *Geschiedenis van de Vroomheid in de Nederlanden,* t. 2: *De eeuw van Ruusbroec,* Antwerpen, De Sikkel, 1953 (bibl.: pp. 482-552).
J. ORCIBAL, *Saint Jean de la Croix et les mystiques rhéno-flamands* (Présence du Carmel, 6), Brugge, Desclée De Brouwer, 1966.
A. AMPE, *Jean Ruusbroec,* in *DS,* t. 8, 1974, cc. 659-697 (discutibile e con affermazioni da ricontrollare sui testi di Ruusbroec).
J. ALAERTS, *La terminologie «essentielle» dans l'œuvre de Jan van Ruusbroec,* Lille, Service thèses, 1973.

Dizionario degli istituti di perfezione, t. 4, 1977, cc. 754-762

10

FRATELLI DELLA VITA COMUNE

Significato

Per comprendere il movimento dei Fratelli e delle Sorelle della vita comune bisogna tener conto del fatto che questo appellativo è la traduzione di *Ghemeyn Leven*. I significati dell'aggettivo *ghemeyn* in medioneerlandese sono dedotti dall'uso e per quanto concerne il nostro tema, si possono distinguere tre principali campi di applicazione:

a) «Ordinario». Nella lingua olandese moderna il termine ha conservato lo stesso significato, ma con una connotazione di qualità negativa: oggi *gemeen* si applica sia a una condotta riprovevole, sia a persone o cose da evitare. Nella lingua medio-neerlandese, al contrario, *ghemeyn* indicava l'uomo comune, normale, inteso indistintamente nel suo carattere universale; lo stesso si dica di *het ghemeyn,* che significa il popolo, i suoi usi e costumi (*ghemeynlic* = abituale).

b) «Valido per tutti», nel linguaggio giuridico. Poiché questo si è presto cristallizzato, il termine ritiene ancora lo stesso significato in olandese moderno. La società era divisa in ordini «verticali» o «stati» (in ciascuno dei quali, i beni o il potere potevano far sorgere le stratificazioni orizzontali, le sole conosciute come «classi» nella concezione attuale della società); ciascuno di tali stati – clero, nobiltà, terzo stato – aveva la sua propria legislazione. Ora, i Comuni degli antichi Paesi Bassi (ecco il significato del termine «Comune») consideravano un trionfo l'aver abolito sul proprio territorio i diritti dei suddetti stati per non riconoscere che il diritto e la giustizia della città stessa. Al sovrano era consentito l'accesso alla città solo dopo aver riconosciuto il diritto unico per tutti i suoi abitanti: è il significato delle *Joyeuses Entrées*. Ora, già nel sec. XIV, allorché le città non sono ancora all'apogeo del loro sviluppo economico e culturale, inizia la sorda lotta secolare tra potere centrale e autonomia comunale. Gli Ordini mendicanti, accolti prima con favore «intra muros», divennero ben presto proprietari di terreni sottratti all'amministrazione comunale, rappresentanti un potere centrale esterno, di manomorta e praticamente inalienabili nonché esenti da imposte, in Comuni già in ristrettezze nel loro territorio.

Che questo secondo significato di «vita comune», fondamento stesso del diritto nelle città giustamente orgogliose di tale conquista, sia stato senza dubbio il più importante per i Comuni in cui si insediano i nostri gruppi di devoti e devote, è confermato dai più antichi atti ufficiali delle fondazioni: in essi viene espressamente specificato che, senza l'autorizzazione del magistrato della città di Deventer, i Fratelli non potranno associarsi o unirsi ad alcun Ordine religioso[1].

c) Spirituale. Questo terzo significato è il più importante per i primi Fratelli. L'atto ufficiale precitato è esplicito a questo proposito: la casa di Florentius Radewijns, situata in *Enghe straet* (via stretta), unitamente a quella adiacente, donata da uno dei primi amici-compagni Giovanni van de Gronde, troppo esposta ai rumori della strada, è permutata con «la casa delle donne, più ampia e più appartata dalla strada, quindi più nascosta (*heymelijcker*) per uomini buoni contemplativi (*goede ennieghe*), affinchè perseverino meglio nella loro preghiera intima (*ennicheit*)». Ivi essi dovranno sempre «pregare intimamente (*innichlijke*) per noi tutti e per la nostra città, ed esercitarsi con maggiore intimità (*innicheit*) al servizio del Signore»[2].

Il significato di *innig* («intimus») è piuttosto diverso dalla nota sentimentale che il termine ha assunto fin dal romanticismo; l'orazione *intima* o, più semplicemente ancora, la *vita intima* è un termine tecnico che indica la contemplazione mistica. Ora, nella letteratura mistica del tempo la «vita comune» (*ghemeyn leven*) designa la maturità della vita mistica cristiana, e l'«uomo comune» ne è l'ideale, «poiché nessuno può avere la vita comune se non è uomo contemplativo»[3]. La vita interiore è talmente assorbita in intima unione con Dio, che l'attività delle facoltà è semplificata e unificata nel suo centro (*innig* viene tradotto dai contemporanei «intimus» o «introversus»); l'uomo scopre la comunione intima di Dio a tutte le sue creature e partecipa all'amore trinitario traboccante nella Incarnazione del Verbo; con il Verbo incarnato l'uomo entra in comunione con tutti gli uomini ed è *comune* a tutti gli uomini. Anche la sua propria vita interiore *comunica* ormai tanto alla contemplazione che all'attività, appartenendo talmente a Dio, da far traboccare in carità l'abbondanza di contemplazione.

In tutti i suoi libri Ruusbroec sottolinea questo tratto essenziale quale sintomo di autenticità della contemplazione cristiana e, nello stesso

---

1. «Voert so en solen sie ghene religie ofte oerden annemen die wijle dat sie bynnen den erven ende huysen woenen willen buten onsen consente»: atto del 31.1. 1391, in G. DUMBAR, *Het kerkelijk en wereltlijk Deventer*, t. 1, Deventer, Van Welbergen, 1732, pp. 404.

2. DUMBAR, *ibid.*

tempo, afferma che tale vita comune presuppone la mistica per non essere «molteplicità», cioè, febbrilità e agitazione. Tuttavia certi studiosi – tra i quali, nel nostro secolo, P. O'Sheridan[4] – hanno ritenuto di vedere in lui un discepolo di Gioacchino da Fiore: questa insistenza sulla «vita comune» viene spiegata con il sogno millenario del possesso in comune dei beni della terra. L. Reypens aveva già mostrato che, per giungere a una simile lettura, bisogna eliminare i testi fondamentali degli autentici inni in prosa che Ruusbroec consacra alla «vita comune» e dei quali il più famoso è senza dubbio quello contenuto in *Die gheestelike Brulocht* («Le nozze spirituali»): la vita comune culmina, in effetti, nell'istituzione del sacramento della Comunione[5]. Senza entrare nell'analisi della dottrina su questo tema, S. Axters fa notare più semplicemente ai suddetti storici che *ghemeyn,* in lingua medio-neerlandese, non si riferisce mai a cose materiali concernenti la vita economico-sociale di un gruppo[6]. D'altronde gli stessi Fratelli, quando vogliono indicare quest'aspetto materiale della loro vita, che si denominava *vita communis* in latino e che sarà detta «vita di comunità» nelle lingue moderne, si dicono sempre «devoti homines simul commorantes». I beni materiali si possiedono «insieme», come si vive in «assemblea» (*vergaderinghe*) o in «ordine» (*ordene*). È strano che, per un argomento come quello sui Fratelli della vita comune che ha provocato una letteratura sovrabbondante[7], pochi storici si siano preoccupati di verificare innanzitutto il significato dei termini nel *Middelnederlandsch Woordenboek* di E. Verwijs e J. Verdam, i cui volumi peraltro si succedono dal 1885. È sintomatico che Geert Grote, fondatore del movimento dei Fratelli e delle Sorelle della vita comune, abbia tradotto proprio *Le nozze spirituali* di Ruusbroec, in cui si trova la più ampia e più cristocentrica esposizione su questa maturità della mistica cristiana che è la «vita comune». Ancora verso la metà del sec. XV il superiore generale Guglielmo Vornken, alla questione «Ma qual è la finalità di questa *devotio moderna?*» risponderà: «la vita apostolica nel nostro tempo».

---

3. JAN VAN RUUSBROEC, *Werken,* III, Tielt, Lannoo, 1947, p. 41.

4. *Une tentative malheureuse de Ruysbroeck: La fondation du second ordre prédit par Joachim de Flore,* in *Revue belge d'histoire* 1 (1914) 98-147; *Ce qui reste de la plus ancienne vie de Ruysbroeck,* in *RHE* 21 (1925) 51-78, 215-48; *La doctrine vauvertine sur le communisme ecclésiastique,* in *RSR* 8 (1928) 196-229, 552-567; 9 (1929) 43-60.

5. Cf. L. REYPENS, *Jan van Ruusbroec. II: Ruusbroec Joachimiet?,* in *Dietsche Warande & Belfort* 26 (1926) 104-105; RUUSBROEC, *Werken,* I, Tielt, Lannoo, 1944, pp. 184-194.

6. Cf. S. Axters, *Geschiedenis van de Vroomheid in de Nederlanden,* t. 2, Antwerpen, De Sikkel, 1953, p. 228.

7. Già nel 1941 J.M.E. DOLS pubblicava 2 Vols. di bibliografia, a Nimega sulla Devo-

L'esigenza di una riforma nella Chiesa e la nostalgia dei tempi apostolici sono associate nell'esperienza della «vita comune» in *Vanden XII Beghinen* («Le 12 beghine»), dove Ruusbroec descrive il sorprendente contrasto tra gli Apostoli, rannicchiati insieme nel cenacolo e riuniti per la paura, e gli stessi dopo la comunicazione dello Spirito Santo, divenuti «uomini comuni», che affrontano i potenti e predicano il Cristo senza temere nulla e nessuno[8].

Storia

Molti storici protestanti vedono nei Fratelli della vita comune un movimento precursore della Riforma che mette l'accento sulla interiorizzazione e sul contatto diretto con Dio, al di fuori della Chiesa-istituzione o delle sue forme socialmente istituzionalizzate. Questa interpretazione non si ottiene che isolando il movimento dal suo contesto storico, senza il quale è impossibile valutarlo nelle sue giuste dimensioni. Siamo, difatti, in pieno scisma occidentale. Grote osserva che non si sa da quale dei due papi sia stata lanciata la scomunica e interdetta la regione che si attraversa. Ma il potere supremo, Roma o Avignone, spesso serve soltanto come pretesto nelle sordide lotte per territori e interessi. L'interdetto e l'impossibilità di ricevere i sacramenti possono variare da città a città. Solo dopo il ricongiungimento delle province degli antichi Paesi Bassi Filippo il Buono, duca di Borgogna, ottiene – nel Concordato con la S. Sede del 1434 – la clausola per cui, d'ora in poi, i *decani* non potranno più proclamare l'interdetto se non per motivi estremamente gravi. In un simile ambiente caotico in cui anche i devoti non sanno più a quale Chiesa votarsi e molti zelatori, impegnati a migliorare le strutture della Chiesa, rendono queste più vacillanti, è comprensibile che l'attenzione di tali devoti si sia rivolta all'essenziale della vita religiosa, la vita interiore, e alla riforma sempre possibile, quella di se stessi.

I Fratelli e le Sorelle della vita comune appartengono a questo movimento, chiamato *Devotio moderna,* e rappresentano una tappa particolarmente originale nella storia della vita religiosa. Infatti, il loro metodo di vita è un fenomeno tipicamente cittadino, un tentativo di vita perfetta in un contesto esteriore non monastico, e una interessante esperienza per mettere i consigli evangelici alla portata di chi non si sente chiamato a entrare in un monastero o in un convento di Frati mendicanti.

---

zione moderna.
    8. Cf. *Werken,* IV, Tielt, Lannoo, 1948, *passim,* ma soprattutto, in prosa rimata,

Fondatori dei Fratelli della vita comune sono Geert Grote e Florentius Radewijns. Toccato dalla grazia nel 1374, il Grote, messosi in relazione con Giovanni Ruusbroec, abbandona i suoi benefici ecclesiastici e mette la propria casa di Deventer (diocesi di Utrecht) a disposizione di donne devote e giovanette in cerca di asilo. Questa fondazione darà origine alle Sorelle della vita comune. Grote, ordinato diacono, inaugura una serie di predicazioni ambulanti nella regione e raccoglie intorno a sé un certo numero di giovani chierici e sacerdoti, avidi di perfezione che egli organizza in piccole comunità senza far loro emettere i voti: i Fratelli della vita comune. Tra essi la figura più ragguardevole è quella di Radewijns, nato verso il 1350 a Leerdam, presso Utrecht, che, dopo aver compiuto gli studi all'università di Praga, è «magister artium» nel 1378 e ottiene una prebenda di canonico a Utrecht e Deventer. Nel 1380, su consiglio di Grote, che l'aveva da poco conquistato a una vita di perfezione, si fa ordinare prete; nel 1383 stabilisce nella propria casa di Deventer la prima comunità di Fratelli della vita comune, che aiuterà presto i gruppi di devoti di Hoorn (1385), di Amersfoort (1395), di Almelo (1395) e di Zwolle (1396) a costituirsi sullo stesso modello. Grote muore nell'epidemia di peste del 1384.

I Fratelli non hanno regole ma solo *Consuetudines*. Quelle di Deventer, redatte secondo lo spirito di Radewijns, e quelle di Zwolle, redatte nel 1420 da Dirk van Herxen sul modello delle prime, riproducono i testi dei consueti capitoli delle regole religiose del tempo; vi si tratta essenzialmente dell'organizzazione della vita interna della casa, perciò: orario e occupazioni della giornata, vita liturgica, incarichi e uffici, disciplina regolare. Di nuovo, nei discepoli di Grote e di Radewijns, c'è la tonalità particolare che essi intendono dare a questa vita completamente regolare. Si rimane colpiti dal carattere semplicissimo del genere di vita che si osserva a Deventer e a Zwolle.

I Fratelli vivono in piccole comunità: quella di Deventer nel 1391, contava 4 sacerdoti, 8 chierici e alcuni famigli, pii e umili laici assegnati alle faccende domestiche. Per la Messa quotidiana, nessun luogo proprio di culto: si va alla chiesa parrocchiale. Le risorse sono assicurate dalla comunanza delle rendite ecclesiastiche dei preti e da un lavoro di trascrizione e di miniatura dei libri. È una vita di preghiera e di studio, nella quale al singolo è lasciata una certa libertà circa l'utilizzazione del proprio tempo; la sera, dopo cena, ciascuno, nella sua camera, fa quel che vuole: si distrae, studia o lavora.

I Fratelli della vita comune evitano con cura tutto quello che esce dall'ordinario. La loro casa non ha nulla del monastero o del convento: è una casa di andamento comune. A capo è posto un rettore che, come si

precisa, ha le funzioni del padre di famiglia. Gli si deve obbedienza per
la necessità della pace domestica. Gli abiti non devono essere uniformi;
anzi, si chiede a tutti d'indossare tessuti di diverso colore. Fin dall'inizio
le *Consuetudines* avvertono i membri della comunità che non vi è
l'obbligo di osservare le regole in virtù di un voto o di qualsivoglia professione religiosa: non si deve dare l'impressione di fondare un nuovo
Ordine, per non essere costretti a rientrare nei quadri canonici tradizionali, ciò che farebbe perdere a tutta la famiglia ogni sua originalità.

Questa vita semplice e l'assenza di un contesto monastico o conventuale ponevano i Fratelli allo stesso livello dell'ambiente circostante e
permettevano loro di agire sul prossimo in modo rapido e facile. Le
Consuetudines chiedono loro di essere di esempio agli altri e di lavorare
con la parola e la conversazione alla salvezza delle anime. Nei giorni
festivi i Fratelli, dopo il pranzo, avevano tutti insieme un trattenimento
spirituale della durata di circa un'ora: era la *collatio,* che serviva sia per
l'informazione religiosa che per la vita spirituale. La domenica questa
collatio era accessibile alle persone esterne che lo desideravano. Perciò,
dopo i Vespri, persone secolari andavano da loro: si leggeva e si com-
mentava loro un testo della Sacra Scrittura, non sotto forma di predica
o di lezione, ma di semplice colloquio. Oltre a tali discussioni fraterne,
destinate a tutti, sarà bene – dicono le *Consuetudines* – parlare in privato con l'uno o l'altro degli ascoltatori ed esortarli al bene; ciò si potrà
fare nella camera dei Fratelli. Nei casi difficili bisogna indirizzare la
persona al rettore. Questi incontri personali e sperimentali col prossimo
devono essere oggetto di grandi cure perché – si dice – nulla è più gradito a Dio che lo zelo per le anime. Il fatto di vivere sullo stesso piano
del popolo circostante, dell'ambiente, come si direbbe oggi, permette ai
Fratelli di meglio comprendere le condizioni di vita degli altri. Ed ecco
allora che le *Consuetudines* domandano loro, se il pasto è sembrato un
po' scarso, di pensare alla povertà e alla penuria di molte persone,
anche secolari, che sanno contentarsi di cose ancor meno buone o meno
abbondanti.

Per non perdere il contatto tra le diverse case, senza per questo diventare una congregazione con direzione generale, i rettori si riuniscono
tutti gli anni nel *Concilium patrum,* per confrontare e discutere esperienze e problemi. Ben presto a Zwolle si tiene anche un *Colloquium*
annuale con un intento di unificazione, ma senza accordare ad esso
l'autorità di un capitolo generale; questo *Colloquium* deve obbligatoria-
mente precedere il capitolo di Windesheim. Divenuti numerosi, i Fratelli
di lingua tedesca si riunirono a Münster in *Colloquium,* favorendo così
la formazione di due rami, i cui contatti divennero meno intensi.

Gli Ordini religiosi, soprattutto i Mendicanti, temendo di veder diminuire il numero dei candidati e la fonte degli introiti, li diffidarono come un'associazione con regolamenti segreti e con l'intento di raccogliere doni ed elemosine dai fedeli. Per difendersi dalla visita dell'Inquisizione e dalle accuse a questa pervenute, Radewijns fece consultare numerosi canonisti e personalità di grande prestigio nel mondo ecclesiastico e nei grandi monasteri per un parere sul genere di vita dei Fratelli. Da un certo numero di essi, pur avendo avuto giudizi favorevoli e anche elogiativi, i Fratelli furono consigliati tuttavia di chiedere l'approvazione del vescovo per il loro tipo di vita. Si videro così indotti a inserirsi in un apparato giuridico che avevano voluto evitare e a diventare un'istituzione ecclesiastica mediante l'approvazione della loro fondazione da parte del vesc. di Utrecht, Federico di Blankenheim, nel 1401.

I Fratelli della vita comune delle case di Deventer e di Zwolle sciamarono in altri luoghi. Nelle Fiandre e in Olanda, case analoghe vennero fondate nel sec. XV a Delft (1403), Albergen (1406), Hulsbergen (1407), Bruxelles (1422), 's-Hertogenbosch (1424), Doesburg (1426), Lovanio (1433), Groningen (1435), Harderwijk (1441), Gent (prima del 1446), Gouda (1446), Liegi (1464), Emmeri (1467), Geraardsbergen (1469), Nimega (1470), Utrecht (1475), Berlicum (1482). In Germania i Fratelli si insediarono a Münster (1401), Osnabrück e Osterberg (1410), Colonia (1417), Herford (1426), Wesel (1435) e Hildesheim (1440). Molte altre case furono istituite in Germania nel corso del sec. XV. In ciascuna di queste comunità i Fratelli erano pochi: da 5 a 7. Solo a Deventer, Zwolle e Münster il loro numero era più elevato.

Ancor prima di stabilirsi in gruppi di Fratelli, i primi devoti pongono un'attenzione particolare alla formazione dei giovani. Grote è amico di parecchi rettori di scuole e d'insegnanti; allorché il suo intimo amico Giovanni Cele – direttore della scuola superiore di Zwolle, mistico e discepolo fervente di Ruusbroec al quale fece visita insieme con Grote – entra fra i Certosini, è lo stesso Grote a persuaderlo di tornare nel mondo per riprendere il suo compito di educatore che eserciterà per 40 anni, associandolo all'apostolato eccezionale di predicatore laico per giovani tra i 12 e i 18 anni. Radewijns raccoglie nella propria casa giovani scolari e procura loro borse di studio, di cui Tommaso da Kempis sarà tra i primi beneficiari. Così l'apostolato più apprezzato dei Fratelli resterà l'educazione degli scolari e studenti. Inizialmente essi non hanno che pensionati per i giovani che vengono da fuori per studiare nelle scuole delle città; questi sono sottoposti a una disciplina in cui partecipano ampiamente alle devozioni dei Fratelli, i quali si dimostrano, nel contempo, eccellenti

insegnanti per ripetizioni e tutori. Ancora alla fine del sec. XV il canonico Giovanni Standonck fonda su questo modello il collegio Montaigu
per studenti all'università di Parigi: Ignazio di Loyola vi partecipa agli
esercizi di pietà, propri della *Devotio moderna*.

Numerosi Fratelli diventano insegnanti e ciò introduce la seconda fase
della loro attività scolastica: le città restano proprietarie delle scuole, ma
contratti a lungo o medio termine ne affidano la direzione pedagogica e
l'istruzione ai Fratelli. Solo in una terza fase i Fratelli saranno proprietari di scuole famose, come quelle di Utrecht, Gouda e Liegi. Anche se
l'impegno con le amministrazioni comunali non consente loro una
profonda trasformazione delle strutture dell'insegnamento, i Fratelli
sono tuttavia in grado di introdurvi un metodo e uno spirito completamente nuovi. La tipografia dei Fratelli di Deventer fu una delle prime nel
mondo a pubblicare testi classici per l'insegnamento: dal 1480 al 1500
furono edite opere in latino, di Plauto, Virgilio, Terenzio, Esiodo,
Tibullo, Ovidio, Cicerone, Seneca, Plutarco, Platone, Lorenzo Valla,
Enea Silvio Piccolomini (il futuro papa Pio II) e Petrarca. Erano gli anni
in cui Erasmo vi compiva i suoi studi.

Le ultime case di Fratelli scomparvero nel corso del sec. XVII e i col-
legi dei Gesuiti continuarono la fase del passaggio agli studi classici, già
abbozzato nell'umanesimo pedagogico dei Fratelli.

Nel 1387 il Radewijns aveva fondato, parallelamente ai Fratelli della
vita comune, il monastero di Canonici regolari a Windesheim. Occorre
distinguere bene le due famiglie talvolta confuse dagli autori. Windesheim godeva d'un certo diritto di controllo sui Fratelli. Una volta
all'anno un membro del monastero, col titolo di superiore, accompa-
gnato da un prete secolare, faceva una specie di visita canonica alle loro
comunità. Tra i più famosi Fratelli della vita comune bisogna ricordare:
Gerardo Zerbolt van Zutphen († 1398); Giovanni Brinckerinck, uno dei
primi compagni di Grote e organizzatore delle Sorelle della vita comune
(† 1419); Dirk van Herxen, secondo rettore di Zwolle († 1457); Giacobbe
Voecht († 1510), che ci ha lasciato interessanti dettagli sulla vita dei Fratelli a Zwolle. Durante tutta la giovinezza visse tra i Fratelli della vita
comune Tommaso da Kempis, che a 20 anni entrò nel monastero di St-
Agnietenberg, presso Zwolle, dipendente da Windesheim; alcune sue
opere (*Vita Gerardi Magni, Vita Domini Florentii, Chronicon Montis
sanctae Agnetis*) sono ottime testimonianze sulle figure di Grote,
Radewijns e loro discepoli.

Se i Fratelli della vita comune incontrarono serie opposizioni da parte
degli Ordini religiosi, trovarono anche celebri difensori, come il cancel-
liere Giovanni Gerson e i cardinale Pietro d'Ailly e Niccolò Cusano.

Declino

È vero che molte case dei Fratelli della vita comune scomparvero con la Riforma, ma troppo facilmente e troppo spesso gli storici hanno dedotto che essi ne costituivano un movimento preparatorio e che passarono al protestantesimo. È una conclusione che non resiste all'esame dei fatti: è ovvio che queste comunità, strettamente dipendenti dai Comuni, dal loro diritto e dai loro magistrati, non avevano una struttura internazionale e un assetto istituzionale generale, quindi una base dove ripiegare per sopravvivere alle burrasche. Allorché un nuovo signore protestante, che proclama la libertà di religione, incarica i Fratelli di fare della loro casa il deposito di munizioni, oppure che essi si vedono promossi a custodi del giardino zoologico, si comprende che abbiano preferito scomparire nuovamente nell'anonimato dei loro concittadini. Ciò per quanto concerne le pressioni dall'esterno, derivanti da eventi storici.

Tuttavia la scomparsa di un tale movimento ha sempre motivazioni interne. Sembra che S. Axters abbia toccato i veri punti deboli indicando dapprima l'assenza stessa di una struttura istituzionale, poi, e soprattutto, la mancanza di una solida formazione intellettuale, filosofica e teologica. Le due cause sono strettamente connesse: non disponendo di severe norme circa l'ammissione e la selezione si è senza difesa di fronte a chi ha buona volontà, ma non le qualifiche richieste o la vera vocazione. S'incoraggiano le vocazioni religiose personali, e ben presto Windesheim e altre congregazioni vedono i Fratelli solo come un prenoviziato o un vivaio di vocazioni. Quelli che restano dopo la partenza dei «migliori», finiscono per ritenersi «meno buoni» e imporre questa mediocrità come modestia. La complementarietà secondo il pensiero di Grote sembra, perciò, invertita. Infatti il fondatore aveva chiaramente previsto gli attacchi e le difficoltà che i Fratelli avrebbero dovuto affrontare da parte delle istituzioni già stabilite: aveva concepito le comunità di Fratelli come la linea del fronte più esposta e più minacciata mentre la fondazione di un monastero di canonici regolari, sul tipo di Groenendaal, doveva essere secondaria, come base difensiva in cui i Fratelli avrebbero trovato rifugio in caso di persecuzione. D'altra parte, non diventa contemplativo chi lo desidera, per quanto pio possa essere. Fin da circa la metà del secolo XV le esperienze morbose e le contraffazioni dell'esperienza religiosa ispirano una diffidenza accentuata per tutto ciò che si chiama mistica. Il più grande mistico olandese di questa generazione, Enrico Herp (†1477), dopo essere stato rettore delle case di Fratelli a Gouda e Delft, in occasione del giubileo del 1450 entra nell'Ordine minoritico all'Aracoeli di Roma e come francescano scriverà i suoi capolavori. La fedeltà alle pratiche religiose sostituisce la ricerca dell'interiorità.

Un livellamento analogo si verifica in molte case dal punto di vista intellettuale. Dopo la sua conversione, Grote si era proposto di evitare le dispute teologiche, considerandole inutili e tempo perso[9]; anziché vederci una condanna della decadenza in cui era piombata la teologia delle scuole, i teologi del tempo, ritenendosi i rappresentanti della scienza, attribuirono a Grote e discepoli un partito preso antiscientifico: imputazione di cui sono stati spesso gratificati sino ai nostri giorni e che fu ripresa per proprio conto, con un certo orgoglio, da gruppi di Fratelli ostili allo sforzo mentale, e che cercavano un livellamento alla «vita comune» del popolo. Ma Grote, al contrario, aveva preconizzato il ritorno allo studio approfondito della Sacra Scrittura e dei Padri quale scienza religiosa, degna di questo nome[10]. Un certo numero dei suoi discepoli, sia tra i Fratelli che a Windesheim, saranno fedeli a questo spirito che ha reso possibile il rinnovamento degli studi teologici sotto l'ispirazione di un umanesimo cristiano: «Omnis Scriptura sacra eo spiritu debet legi quo facta est», è l'adagio formulato da Tommaso da Kempis[11] e ripreso dall'esegesi moderna. Infatti i Fratelli, ispirati da questa nuova mentalità scientifica, avevano preso s. Gerolamo quale patrono e modello; è tipico che, in molte città, gli abitanti li conoscevano come «i Fratelli geronimiti».

CONCLUSIONE

Non si può, quindi, ritenere il movimento dei Fratelli della vita comune diretto contro gli Ordini religiosi, bensì in vista della riforma e rivalorizzazione di questi ultimi. I Fratelli hanno reso possibile Windesheim che, proprio con tale programma d'interiorizzazione e di personalizzazione della vita religiosa, eserciterà, nel corso di oltre un secolo, il suo importante ruolo di riforma monastica e conventuale.

Nella festa dell'Assunta 1975 è stata ricostituita, in Germania, l'associazione dei «Fratelli della vita comune», secondo lo spirito delle origini, cioè: essere «contemplativi in actione», sotto l'egida della congregazione di Windesheim, il cui ramo maschile, già fisicamente estinto, ha ripreso anch'esso un nuovo sviluppo.

pp. 217-219.
9. Cf. THOMAS A KEMPIS, *Conclusa et proposita, non vota,* in *Opera omnia,* ed. M.I. POHL, t. 7, Freiburg, Herder, 1922, pp. 93-94.
10. Cf. THOMAS A KEMPIS, *ibid.,* pp. 97-102.

[BIBL.]

Fonti

G. Dumbar, *Analecta seu vetera aliquot scripta inedita*, t. 1, Deventer, Van Wijk, 1719.

—, *Het kerkelijk en wereltlijk Deventer*, t. 1, Deventer, Van Welbergen, 1732.

J. Busch, *Des Augustinerpropstes Joannes Busch «Chronicon Windeshemense» und «Liber de reformatione monasteriorum»*, ed. K. Grube, [Halle, 1886] ed. anast. Farnborough, Gregg, 1968.

P. Frédéricq, *Corpus documentorum inquisitionis hereticae pravitatis Neerlandicae. Verzameling van stukken betreffende de pauselijke en bisschoppelijke inquisitie in de Nederlanden*, t. 1: *Geschiedenis der Inquisitie in de Nederlanden tot aan hare herinrichting onder Keizer Karel V (1025-1520)*, Gent, Vuylsteke, 1889; t. 2: *Stukken tot aanvulling van het eerste deel (1177-1518)*, Gent, Vuylsteke, 1897.

Thomas a Kempis, *Vita Gerardi Magni, Vita Domini Florentii, Chronicon Montis sanctae Agnetis*, in M.J. Pohl (ed.), *Opera omnia*, t. 7, Freiburg, Herder, 1922.

J. Voecht, alias Trajecti, *Narratio de inchoatione domus clericorum in Zwollis*, ed. M. Schoengen (Werken uitgegeven door het Historisch Genootschap III, 3), Amsterdam, Muller, 1908.

Consuetudines domus Deventer, in A. Hyma, *The Christian Renaissance*, New York, Century, 1924, pp. 440-474.

Consuetudines Fratrum vitae communis, ed. W.J. Alberts (Fontes minores medii aevi, 8), Groningen, Wolters, 1959.

Studi

J.H. Gerretsen, *Florentius Radewijns*, Nijmegen, Ten Hoet, 1891.

E. Barnikol, *Die Brüder vom gemeinsamen Leben in Deutschland*, Marburg, 1910.

—, *Studien zur Geschichte der Brüder vom gemeinsamen Leben*, Tübingen, Mohr, 1917.

H. Watrigant, *La méditation méthodique et l'école des Frères de la vie commune*, in *RAM* 3 (1922) 134-155.

A. Hyma, *The Christian Renaissance. A History of the «Devotio Moderna»*, Grand Rapids, Reformed Press, 1924.

—, *The Brethren of the Common Life*, Grand Rapids, Eerdmans, 1950.

V. van den Heuvel, *De jure existendi Fratrum vitae communis ante approbationem episcopalem a. 1401*, Tilburg, 1953.

S. Axters, *Geschiedenis van de Vroomheid in de Nederlanden*, t. 3, Antwerpen, De Sikkel, 1956.

P. Debongnie, *Dévotion moderne*, in *DS*, t. 3, 1957, cc. 727-747.

C. Van der Wansem, *Het ontstaan en de geschiedenis der Broederschap van het gemene Leven tot 1400*, Leuven, Universiteitsbibliotheek, 1958.

W. Oeser, *Die Brüder des gemeinsamen Lebens in Münster als Bücherschreiber*, in *Archiv für die Geschichte des Buchwesens* 5 (1962) 197-398.

T.P. Van Zijl, *Gerard Groote, Ascetic and Reformer*, Washington, Catholic University of America Press, 1963.

M. VAN WOERKUM, *Florent Radewijns,* in *DS,* t. 5, 1964, cc. 427-434.

R.R. POST, *The Modern Devotion,* Leiden, Brill, 1965.

W. SCHÜLTKE, *Die Brüder vom gemeinsamen Leben und Peter Dieburg (1420-94) als der kritische Repräsentant Hildesheimer Eigenart,* Rostock, 1969.

E. PERSOONS, *De Broeders van het gemene Leven in België,* in *Ons Geestelijk Erf* 43 (1969) 3-30.

G. ÉPINEY-BURGARD, *Gérard Groote (1340-84) et les débuts de la Dévotion moderne,* Wiesbaden, Steiner, 1970.

11. *Imit.* I, 5.

11

FLORENTIUS RADEWIJNS

Devoto olandese, nato a Leerdam nel 1350, morto a Deventer, il 24. 3. 1400.

Di famiglia benestante, nel 1378 si laureò in lettere e filosofia all'università di Praga, dove s'iscrisse anche alla facoltà di diritto. Tornato nei Paesi Bassi, usufruí di una prebenda della collegiale di San Pietro a Utrecht, ch'egli scambiò con una vicaría a San Lebuino di Deventer *ut apud magistrum Gherardum staret*[1]. Poiché il suo novo incarico esigeva il sacerdozio, Geert Grote l'inviò a Worms con una commendatizia per farsi ordinare[2]; sembra che Florentius Radewijns sia stato il solo ad essere avviato al sacerdozio dal Grote, che invece restò diacono: *Semel feci unum ordinari in presbyterum: et spero quod dignus sit. De cetero cavebo, ne leviter quid simile faciam: quia paucos ad hoc idoneos cerno*[3]. Il fatto potrebbe costituire un indizio della decadenza del clero locale e del rispetto per il sacerdozio da parte dei primi devoti.

Ben presto *Dominus Florentius* fu chiamato *pater omnium devotorum* e la sua casa vicariale divenne un centro di rinnovamento spirituale in cui si riunivano i devoti, sia di passaggio[4], sia in gruppo stabile. Lo stesso Florentius, tra un accesso e l'altro di febbre, era spesso in viaggio per difendere i diritti dei devoti dalle invadenze dall'alto e dagli attacchi degli Ordini religiosi. Un esempio tipico può far capire meglio la loro situazione: Florentius appoggiava il sacerdote Ugo Goudsmit[5], direttore delle beghuine, ottenne che il duca Alberto rinunciasse al suo patronato sul beghinaggio di Haarlem e che le beghine potessero sceglier si il proprio rettore: voto ducale che sarà confermato dal vescovo solo dopo la morte di Florentius, nel 1401[6].

1. THOMAS A KEMPIS, *Opera omnia*, t. 7, p. 140: cf. *infra*, bibliografia, p. 164.
2. Cf. *Gerardi Magni Epistolae*, ed. W. MULDER (Tekstuitgaven van Ons Geestelijk Erf, 3), Antwerpen, Neerlandia, 1933, pp. 11-13.
3. THOMAS A KEMPIS, *o.c.* (n. 1), p. 139.
4. *Advenientes*: R. Dier van Muiden – biografo spesso più preciso di Tomasso da Kempis – descrive questa «casa di ritiri» avanti lettera: *Scriptum...*, c. VIII: cf. bibl.
5. *Aurifaber dictus*: THOMAS A KEMPIS, *o.c.* (n. 1), p. 187.
6. Per comprendere la posizione dei primi Fratelli nella confusa situazione del mondo ecclesiastico dell'epoca: cf. «Fratelli della vita comune».

Per Florentius la riforma della Chiesa, da tutti richiesta, e il ritorno all'integrità dei tempi apostolici (nei documento coevi è il senso dell'espressione *vita apostolica*) esigevano senz'altro la crociata di predicazione dell'amico Grote, ma era più urgente iniziare tale riforma in se stessi: *ipse utebatur paucis verbis et lenibus et protractis*[7]. Comprenzione psicologica, grande esigenza e bontà nello stesso tempo, discernimento della vocazione di ciascuno lo resero padre spirituale piú che organizzatore. Grote, sempre impegnato con la gioventù studentesca, gli inviò i propri copisti divenuti suoi discepoli e futuri «padri spirituali» delle varie istituzioni della Devotio moderna: Giovanni Brinckerinck († 1419) che organizzò le Sorelle della vita comune e fondò il monastero delle canonichesse di Diepenveen, Giovanni Vos van Heusden († 1424), primo priore di Windesheim, i due fratelli Giovanni († 1432) et Tomasso († 1471) Hemerken da Kempis, ma il suo figlio spirituale preferito sembra essere stato Gerlach Peters († 1413), il più grande mistico delle prima generazione delle congregazione di Windesheim. Tuttavia, se l'influsso spirituale di Florentius fu molto vasto, è sintomatico il fatto che, oltre ad una regola di vita per i *devoti homines simul commorantes* nella sua casa, egli non abbia intrapreso che una sola fondazione, quella dei Canonici regolari della congregazione di Windesheim, promessa all'amico Grote e realizzata nel 1387 (consacrazione delle chiesa) sul fondo patrimoniale di uno dei primi fratelli, Bertoldo ten Hove.

Florentius ha scritto poco, e ciò che ha lasciato si riduce quasi sempre al genere dei *rapiaria* (centoni): massime o raccolte di testi di grandi autori, che gli sembravano utili per la meditazione o l'approfondimento della vita religiosa. Ma se i testi non sono suoi, è nella loro scelta che si rivela l'originalità di Florentius. Guidato interiormente da un criterio di sorprendente chiarezza, non si può affermare ch'egli sia stato influenzato dagli autori da cui attingeva: al contrario, ne ha desunto solo quanto potesse confermare la sua vocazione originale. Queste fonti risultano eloquenti: *Vitae Patrum, Collationes* e *De institutis coenobiorum* di Cassiano, *Scala paradisi* di Giovanni Climaco, *Sermones* di san Bernardo, *Epistola ad fratres de Monte Dei* di Guglielmo da St-Thierry, *Sermo de vita et passione Domini* di Egberto da Schönau, *Speculum monachorum* e *Profectus religiosorum* di Davide d'Augusta, *De triplici via* e *Lignum vitae* di san Bonaventura, *Legenda aurea* di Giacomo da Varazze, *Horologium Sapientiae* di Enrico Susone. La scelta di questi autori e le stesse citazioni – spigolate

---

7. DIER VAN MUIDEN, *Scriptum...*, p. 21.

nell'ufficio liturgico e desunte sia dalla Sacra Scrittura che dai Padri, soppratutto dai *Moralia* e dalle *Omelie* di san Gregorio Magno – si distinguono per il loro orientamento contemplativo o per il carattere d'intimità personale con Cristo; questo tratto essenziale della spiritualità di Florentius sarà confermato anche dall'atto di fondazione della *Domus Florentii*, dotazione di Enrico e di Gheze Buyrman: per aiutare i sacerdoti poveri «a servire Dio nel distacco dal mondo»[8]; infatti la trascrizione di manoscritti non era ovviamente sufficiente ad assicurare il sostentamento dei primi fratelli. Non basta accumulare scienza teologica, bisogna vivere la propria religione: *Non est vera scientia nisi ad hoc comprehendatur ut agatur*[9].

L'accento sullo sforzo personale d'interiorizzazione si ritrova in tutti i suoi scritti: *Modus vivendi Deo tam in interioribus quam in exterioribus sotto forma di lettera*[10]; *Libellus «Omnes, inquit, artes»* utilizzato da Gerardo Zerbolt per *De spiritualibus ascensionibus* e *De reformatione trium virium animae*[11]; *Libellus «Multum valet»* o *Tractatulus de spiritualibus exercitiis*[12]; *Quaedam puncta*, taccuino di propositi e delucidazioni personali[13].

I suoi amici e figli spirituali raccolsero anche i suoi «dicta»: *Notabilia verba* o *Admonitiones*[14], dove colpisce la somiglianza dei principali tra questi adagi con le massime di san Ignazio: «Qualsiasi cosa si faccia, bisogna agire solo per la gloria di Dio», «cercare Dio in tutto», «conquistare anime a Dio», ma con «spirito di discrezione», cominciando dalla propia vita interiore: «ordinare la vita»; «vincere i desideri con i desideri, gli affetti con gli affetti»; esercitarsi nella meditazione di buoni pensieri «poiché, come l'amore è vinto dall'amore, cosí la consuetudine si supera con la consuetudine»; per questo occorre conoscere se stesso: al mattino ci si propone un punto particolare, la sera si procede all'esame[15]. Queste massime hanno profondamente influenzato Tomasso da Kempis e talvolta sono riportate alla lettera nei suoi trattati che avrebbero formato il *De imitatione Christi*; Gerardo

---

8. L'Atto del 28.06.1383 in G. Dumbar, *Deventer*, t. 1, p. 563, cf. bibl.

9. *Libellus*, I, p. 20.

10. Thomas a Kempis, *o.c.* (n. 1), pp. 195-198 e J. Busch, *Chronicon Windeshemense*, pp. 110-111; cf. bibl.

11. Ed. M. van Woerkum, ciclost., 3 Vols., Nijmegen, 1950 e *Ons Geestelijk Erf* 25 (1951) 113-158, 225-268.

12. Ed. H. Nolte 1862, J.-F. Vregt 1882 e L.M.A. Goossens, *De Meditatie in de eerste tijd van de Moderne Devotie*, Haarlem, Gottmer, 1952, con bibl.

13. Ed. D. Wüstenhoff in *Archief Nederlandsche Kerkgeschiedenis* 5 (1895) 89-105.

14. Ed. Thomas a Kempis, *o.c.* (n. 1), pp. 198-210.

15. Cf. A. Liuima – A. Derville, *Examen particulier*, in *DS*, t. 4/2, 1961, c. 1844; P. Debongnie, *Exercices spirituels*, in *DS*, t. 4/2, 1961, cc. 1924-1925.

Zerbolt e Giovanni Mombaer le riprendono, e García Jiménez de Cisneros le mutua per il suo *Exercitatorio de la vida espiritual*. Non c'è, quindi, da meravigliarsi se le ritroviamo sotto la penna dell'eremita di Manresa.

[BIBL.]

R. DIER VAN MUIDEN, *Scriptum: Vita domini Florencii prioris nostri*, ed. G. DUMBAR, in *Analecta seu vetera aliquot scripta inedita*, t. 1, Deventer, Van Wijk, 1719, pp. 12-52.

G. DUMBAR, *Het kerkelijk en wereltlijk Deventer* (cit. Deventer), t. 1, Deventer, van Welbergen, 1732.

J. BUSCH, *Chronicon Windeshemense*, ed. K. GRUBE [Halle, 1886], ed. anast., Farnborough, Gregg, 1968.

THOMAS A KEMPIS, *Vita domini Florentii*, in M.-J. POHL (ed.), *Opera omnia*, t. 7, Freiburg, Herder, 1922, pp. 116-195.

R.R. POST, *De Moderne Devotie. Geert Groote en zijn stichtingen*, Amsterdam, Van Kampen, ²1950.

—, *The Modern Devotion*, Leiden, Brill, 1965.

M. VAN WOERKUM, *Florens Radewijns: Leven, geschriften, persoonlijkheid en ideeën*, in *OGE* 24 (1950) 337-64.

S. AXTERS, *Geschiedenis van de vroomheid in de Nederlanden*, t. 3, Antwerpen, De Sikkel, 1956.

P. DEBONGNIE, *Dévotion Moderne*, in *DS*, t. 3, 1957, cc. 727-747.

C. VAN DER WANSEM, *Het ontstaan en de geschiedenis van de Broederschap van het Gemene Leven tot 1400* (KUL. Publicaties op het gebied der geschiedenis en der philologie: Reeks 4, 12), Leuven, Universiteitsbibliotheek, 1958.

M. VAN WOERKUM, s.v., *DS*, t. 5, 1964, cc. 427-434.

G. ÉPINEY-BURGARD, *Gérard Groote et les débuts de la Dévotion Moderne*, Wiesbaden, Steiner, 1970.

12

L'ART, LANGAGE DU MYSTÈRE

Comme vous, j'ai appris le sujet de cette conférence en lisant le programme. Le sujet en est fascinant, la formulation inépuisable. Si j'appartenais à la corporation des sociologues culturels, le pluralisme pratiqué par celle-ci ne nous permettrait que des divagations dans un espace illimité et indéfini, tout simplement par manque de définitions. Car il y a un tel pluralisme de définitions et de descriptions de l'art, du langage et du mystère, qu'en ce triple domaine la pléthore de définitions sur ce qu'est leur essence revient à un manque de définition. Tous, nous découvrons la beauté de l'art, tous nous connaissons d'expérience le langage, la vie nous confronte tous avec des mystères. Mais apparemment personne n'a réussi à définir l'art, le langage, le mystère, d'une façon généralement acceptable pour ses congénères.

Des sciences spécialisées fort différentes étudient les mêmes phénomènes et y découvrent des réalités différentes selon les règles de leurs méthodes et de leurs intentions préétablies. En outre, il faut bien constater que ce sont très souvent des *a priori* ouvertement proclamés comme axiomes scientifiques qui décident, avant toute observation, du caractère des phénomènes observés et de la nature observable. Ainsi, tout le monde étant d'accord que l'art et le langage appartiennent à l'univers des signes, l'anthropologie culturelle – dans ses titres, mais biologique dans ses préjugés et procédés – s'emparera dans les sciences du langage de tout ce qui peut lui servir. Et si, en 1966 encore, George Gaylord Simpson pouvait remporter l'approbation des linguistes et anthropologues en désignant le langage comme «l'unique trait spécifique permettant de diagnostiquer l'homme», le dernier livre de Desmond Morris dévoile l'inanité de cette belle distinction, en établissant que toutes les espèces et même sous-espèces animales se distinguent par le même fait: un langage qui n'est propre qu'à eux seuls. Il semble, en effet, qu'aucun chat ne se soit jamais mis à aboyer ni aucun merle à imiter le chant du coq. Le titre même de l'ouvrage de Morris, que nous choisissons comme exemple typique d'une école d'anthropologie extrêmement active dans toutes les universités occidentales, indique clairement son caractère hautement scientifique, et combien peu modeste: *Manwatching*, dérivé du *birdwatching* bien connu, car on se met à l'affût pour observer l'homme comme on le fait pour le comportement des oiseaux, et de leurs communications. Le sous-titre l'appelle d'ailleurs *A Field Guide to Human Behaviour*. On y accapare la sémiologie non comme un élément du langage mais au contraire l'englobant, la science des signes comportant un département de communication verbale et un autre par signes non-verbaux. Ce genre de sémiologie exhume comme précurseurs au siècle dernier: Kleinpaul, avec son étude *Sprache ohne Worte* (1888) et le Dr. Hamilton, qui examine l'asemasia, cette maladie de la vieillesse qui ne réussit plus à communiquer avec les signes établies. Exactement comme Kinsey avait commencé son observation taxinomique du comportement d'une espèce de guêpes pour remplir de la même façon son papier quadrillé de petites croix dans sa recherche du comportement sexuel de l'homme, devenant de la sorte une autorité éthique et psychologique, ainsi l'anthropologue culturel contemporain commence par réduire tout signe à un signal, puis de noter les signaux de l'enfance, de la sexualité, du danger etc. des animaux, depuis les poissons aux oiseaux, pour passer à l'interprétation des signaux de l'espèce humaine. Si, jusqu'à maintenant, notre anthropologue avait toujours eu des difficultés pour ramener au même niveau ces deux autres activités humaines s'exprimant par signes que sont le culte religieux et l'art, le voilà tout réjoui d'avoir enfin intégré à la signalisation du règne animal toute une gamme des arts, ceux qui impliquent une activité corporelle: le chant, le théâtre, la danse, le ballet. Comme c'était joli, en effet, de voir, au Congo, les grues couronnées exécuter leur danse aérienne pour la bonne sœur qui leur portait à manger; le visiteur curieux qui accompagnait la religieuse ne semblait guère éveiller leur méfiance; peut-être ces gracieux volatiles ne daignaient-ils même pas me remarquer, tout absorbés qu'ils étaient par l'exécution de leur ballet. Et qui n'a jamais admiré le chant du rossignol? Est-ce du langage? Est-ce de l'art? Dans les quelques traits qu'on vient de donner de leurs méthodes actuelles, on aura remarqué que les nouveaux sémiologues qui étudient l'ethos-comportement de l'animal humain, se sont associé en cours de route encore deux autres spécialités: l'informatique et la psychologie. Pour ces dernières aussi, le sens du langage est la communication – réduction qu'aucun linguiste sérieux n'a jamais acceptée. Il notera d'ailleurs assez vite que ces anthropologues ont beaucoup étudié les animaux et leurs cris, mais très peu les langues humaines et leurs mystérieuses structures. Il faut hélas dire la même chose de toute une classe de psychologues et de philosophes, qui se donnent le titre de linguiste, et qui vous expliqueront le comment et le pourquoi de la genèse et de la logique du langage, en trahissant très vite leur manque de connaissance élémentaire des langues, peut-être même de la leur. Mais moins on connaît une chose, plus on peut en discourir.

Quant aux ethnologues devenus plus ou moins structuralistes, on ne peut qu'admirer l'imperturbable sérieux avec lequel ils secrètent certaines conclusions sur le langage. Il y a quelques années une expédition d'ethnologues français séjourna pendant plusieurs mois parmi les tribus de la Côte d'Ivoire ou d'un pays voisin; lorsque furent publiés les résultats de l'expédition, les relations qu'ils avaient pu établir entre structures sociales et langage firent sensation: par exemple, pour ces peuples le soleil était féminin, correspondant à la structure matriarcale de leur société. Si ces ethnologues s'étaient contentés d'aller jusqu'aux bords du Rhin, ils auraient entendu les indigènes parler de *die Sonne* et *der Mond*, et ils auraient pu déceler un rapport bien plus sensationnel encore entre société et langage, en mettant à nu, par exemple, les origines matriarcales du militarisme prussien.

L'Origine du langage

Où donc voulons-nous en venir? Mais tout simplement à cette règle fondamentale, déjà exprimée bien clairement par de Saussure: que tout langage est conventionnel, et n'est pas d'origine naturelle. Cette règle fondamentale, fruit d'observation et de comparaison scientifiques, même un structuraliste aussi matérialiste que Roland Barthes a fini par s'y convertir. Mais, si le vocabulaire aussi bien que la structure du langage sont conventionnels, ils ne sont donc pas inscrits dans le déterminisme de la nature comme les communications animales? Précisément. Si je suis incapable de juger ces sciences anthropologiques sur la plupart de leurs méthodes, j'ose être formel en ce qui concerne leur conception du langage, tant verbal que signalisateur: c'est de la science-fiction. Caché par un amas de considérations spécieuses et compliquées, toutes leurs assertions ont comme point de départ unique un dogme jamais vérifié: que l'homme n'est qu'un animal; tout ce qu'il fait n'est donc que mécanique du déterminisme, toute sa culture est inscrite dans les lois de l'espèce. Écoutez le langage des oiseaux: de même les langues humaines des différents peuples. L'application du terme «langage» à la communication des animaux n'est qu'une image, à faible analogie. Le sens et la nature du langage, n'est-ce pas la communication? Non, répèteront les linguistes; bien qu'il serve admirablement à communiquer, ce n'est pas là sa nature première, pas plus que le sens de l'art est de servir au culte, de propager des valeurs sociales ou morales, de faire de la publicité pour les automobiles et les détergents, bien qu'il ait produit des chefs-d'œuvre dans tous ces domaines. Le point de départ des anthropologues culturels est donc un dogme: il n'y a pas d'esprit ni d'énergie spirituelle. Il n'y a que de la matière et ses réactions biochimiques et thermodynamiques dissipatives. Nous ne connaissons pas encore tout le mécanisme cérébrospinal de l'homme, mais nous le découvrirons: il n'est qu'un peu plus compliqué que celui des autres espèces.

CONVENTIONS ET COMMUNION

Or, si la première règle du langage, qui vaut aussi pour l'art, est la *convention* – qui, seule, permet la communion spirituelle: *libere convenire* – qui dépasse de loin le *signal* ou la communication, la seconde règle fondamentale est que le fait de langage ou le fait artistique n'est jamais que le fait physique auquel veulent le réduire les sciences positivistes. Comme le dit Émile Benveniste – peut-être le plus grand linguiste contemporain des langues indo-européennes et dont je conseille à tous mes élèves la méditation de ses *Problèmes de linguistique générale* – le langage est un fait physique au second degré: une quantité n avec un quotient. On pourra, bien sûr, le décrire lui aussi dans l'ordre physique, mais seulement lorsqu'on aura été initié à sa nouvelle dimension, souvent immense, et qui n'était pas prévue dans la réalité des lois physiques. Et cela après avoir été éduqué (et: «éducable»!) à la convention. Un exemple: si des paléontologues découvrent par hasard une série de crânes dont les dimensions sont si modestes qu'il faudrait les attribuer à des singes, mais qui, tous, seraient tournés vers le soleil de midi, on saurait par le fait même qu'on a à faire à la sépulture des êtres humains et non à des animaux ensevelis. Il arrive que pour toutes sortes de raisons fonctionnelles des animaux enfouissent des charognes, mais ils n'ajoutent jamais au fait physique ce nouveau signe non prévu et non nécessaire, qui jette pour ainsi dire au-dessus du monde physique un filet de nouvelles significations – relations et rapports qui n'expriment pas seulement, mais qui *créent*, dans le monde matériel, un nouvel univers: c'est le fait physique n au second degré.

Ce monde de signifiants au second degré n'existait pas, n'était pas prévu physiquement, il est une création. Il y a un décalage, un saut de qualité, qui exclut la continuité entre les signaux des espèces animales et les signes de l'homme. Comme le souligne encore Benveniste, l'homme n'est pas créé deux fois, une fois sans le langage et une fois avec le langage. C'est dans et par le langage que ce primate – biologiquement parlant! – devient homme. On ne rencontre, scientifiquement, pas d'homme qui ne parle pas encore, mais on a un homme qui parle, et qui parle à un autre homme selon des conventions, donc des règles, formelles certes, mais non issues du déterminisme. (N.B. Et les enfants? La réponse dans l'émerveillement d'un de Saussure qui, tout positiviste qu'il fût, dut se rendre à l'évidence: avant les signaux fondamentaux, avant les mots, les enfants apprennent l'ossature abstraite du langage!). En résumé: ces hommes – ce n'est plus Benveniste que je cite – créent un monde de signifiants + significations spirituelles dans le monde physique, les phonèmes du langage et les images de la communion spirituelle.

LANGAGE ET SYMBOLE

Nous connaissons tous la réclame: «dites-le avec des fleurs». C'est bien cela; ces jolies plantes ne sont que des végétaux et elles le resteront, mais nous les revêtons de significations nouvelles. Comme le faisait remarquer Chesterton, le singe ne commence pas par dessiner, même maladroitement, le profil de sa bien-aimée tandis que l'homme y réussit et l'achève. Le singe ne perd pas son temps et son énergie en une occupation aussi aléatoire, futile et inutile que la transposition, toute conventionnelle, d'un organisme chaud et vivant, en une ligne abstraite, morte, sur une surface plate. Mais le clergé et les religieux, non moins que les laïcs, sous l'influence de méthodes biochimiques et semblables, paraissent infectés de cette persuasion de la continuité, de l'évolution déterminée, de la fonctionnalité vérifiable, qu'on applique aprioristiquement à toutes les sciences humaines. En ce domaine ils sont redevenus aussi utilitaristes et fonctionnels que les animaux. Or, vous pouvez pendant des heures promener une vache dans la via Frattina avec l'espoir qu'elle finira par développer au moins quelque perception de la beauté des étalages ou de l'élégance des toilettes. Une seule chose retiendra son attention: la fleuriste du coin, non pas parce qu'elle aura compris le langage des fleurs, mais parce que celles-ci sont comestibles. La bonne vache est un être naturel: tout cet univers de superstructures conventionnelles la laisse indifférente, parce qu'elle reste solidement installée au niveau de l'utile et du fonctionnel. Tout le reste n'est que fiction.

Notre vache très raisonnable, mais qui ne connaît que les lois et les règles de la matière, nous met devant cette notion lourde d'ambiguïté: le fictif ou la fiction. Troisième démarche de notre approche, ou, si l'on veut, troisième marche à gravir dans le mystère du langage, avant d'entrer dans le sanctuaire de l'art comme langage du mystère. Nous

nous établissons fermement, maintenant, dans la linguistique vraiment
scientifique; mais même ici, nous sommes encore une fois confrontés
avec le dogme matérialiste. Prenons comme exemple une des plus
grandes autorités mondiales, le linguiste, théoricien littéraire et critique,
Roman Jakobson. D'abord linguiste de l'école de Prague, puis néo-formaliste de la littérature à Petrograd et Moscou, il s'établit aux États-Unis
en 1941, deux ans après cet autre grand néo-formaliste, l'anglais I.A.
Richards. En 1949, Jakobson devient lui aussi professeur à Harvard.
Pendant des années il travaille à établir une typologie scientifique du discours littéraire, qui distingue celui-ci du langage commun. Il arrive à la
conclusion que la différence fondamentale entre les deux, c'est la *fiction*.
Les moyens élémentaires dont dispose la fiction pour créer son univers
artistique littéraire se réduisent à deux types: la métaphore et la métonymie. La métaphore délaisse les signifiants communs prosaïques, et sélec-
tionne une image étrangère au niveau du langage pédestre: elle exécute
un saut vertical. La métonymie exécute un saut horizontal: le carré, ou
l'intersection linguistique où on se trouve, pour s'exprimer par un élément contigu. Ainsi elle effectue un beau raccourci en vol plané, élimin-
ant des anneaux du processus commun. Tout cela est très vrai et fort
joli, mais pourquoi appliquer à ces artifices du langage l'étiquette de *fiction*? Malgré tous les services éminents que ces néo-formalistes rendent
à la littérature et à l'art, tous les signes qui éloignent l'homme de la
logique du langage unidimensionnel, n'indiquent, selon eux, que de
l'irréel, du fictif.

RÉALITÉ ET FICTION

Tout d'abord: le souvenir raconté d'un amour, d'une séparation
déchirante, ne seraient donc pas littéraire parce que réels? Le *Mémorial*
de 1654 de Pascal doit-il être fictif pour pouvoir être un chef-d'œuvre
littéraire? Un grand théologien très orthodoxe me disait un jour: «Tout
ce qu'écrivent ces mystiques, c'est de l'imagination». Je lui ai répondu:
«De votre part, cela constitue un hommage. Cela veut dire que ce qu'ils
écrivent n'entre pas dans le rationalisme de l'utile et du fonctionnel. Par
manque d'autres catégories, "imaginaire" est le seul terme dont vous
disposez pour indiquer les choses vraiment spirituelles». On ne chante
«que les choses absentes» disait Valéry. Est-ce à dire que l'absent est
fictif? C'est bien là «poièsis» dans le sens aristotélicien, qui rend possible «le travail qui fait vivre en nous un monde qui n'existe pas». C'est
encore Valéry, mais on pourrait dire plus exactement: «qui n'existait

pas». Bien sûr, le langage littéraire parlera de ce qui est dans le monde, de ce qu'on peut toucher, voir, entendre – mais non moins de ce qui est invisible, de ce qu'on n'entend pas, de ce qu'on ne peut pas atteindre. Mais nommer ces choses absentes nous délivre précisément de l'oppression et de l'hypnose des objets qui nous emprisonnent. Déjà dans le langage, l'art signifie l'invasion d'une catégorie de valeurs autre de celle de l'ordre établi: «le commencement d'un monde»[1]. Il y a une trentaine d'années, un sculpteur flamand avait créé une tête de moine admirable. Il en vendit 2000 exemplaires en assurant à chaque acheteur qu'il entrait en possession d'une des seules 15 répliques existantes. Était-ce encore de l'art, c'est-à-dire de la création? Non, c'était de la production.

On s'est tellement mis à la remorque des sciences de la nature et de leurs déterminisme qu'un grand nombre de contemporains ont en horreur le concept même de «convention». Or, c'est le *convenire, cumvenire*, sur un signe non nécessaire qui rend possible l'expression de l'homme et la communion spirituelle. Dans ces contes qui semblent dater de l'aube des temps, que ce soient les contes de Grimm ou ceux de la mer Égée, c'est ce signe convenu qui donne au récit la profondeur des relations humaines. La princesse témoignera de sa fidélité à son chevalier en laissant prendre tel foulard de sa fenêtre, mais la sorcière méchante l'enlève; Thésée, devenu coupable, oublie de changer la couleur des voiles de son navire et cause le suicide de son père Égée.

Vérité de l'art

Cette *conventio*, doit-elle reposer sur quelque chose de réel pour la distinguer de la convention «purement fictive»? La question elle-même témoigne d'un retour à la fausse distinction entre réel et fictif qu'on vient de critiquer, et surtout le mot «purement» n'y fait que lever un nuage matérialiste. Le grand historien de l'art Max Friedländer donne comme exemple un incendie dans une pièce de théâtre: le spectateur pourra en admirer le réalisme à condition que l'incendie soit fictif; mais il serait criminel de ne pas intervenir si un incendie véritable se déclarait sur scène – ou plutôt le publique provoquerait une panique dans un «sauve qui peut» général au lieu d'en admirer le vérisme. La vérité dans l'art appartient à un autre univers, selon des conventions bien établies. Ce qui cause à ce propos beaucoup de faux problèmes chez les jeunes, c'est qu'ils n'ont plus la moindre formation artistique, de sorte qu'ils

1. Idées et citations de l'essai *Poésie et pensée abstraite*.

font des discours plus ou moins philosophiques à propos d'œuvres d'art, mais ils sont incapables de les voir par ignorance de leurs conventions élémentaires. Par exemple, l'espace d'une sculpture est toujours le même que l'espace du spectateur; l'espace d'une peinture ne peut pas l'être, ne fût-ce que parce qu'il est deux-dimensionnel et donc abstrait. Ainsi on peut parler des espaces infinis des matines hollandaises du XVIIᵉ siècle, mais cet estuaire lumineux, ce ciel immense d'un Jan van Goyen peut avoir les dimensions matérielles de 12 cm sur 25. Les peintres romantiques de scènes historiques voulaient en imposer par les dimensions «réelles» de leurs tableaux, et ils en peignaient au kilomètre carré; mais comme ils ne disposaient que d'un mur à deux dimensions, la prétention de rester de plain-pied dans l'espace du spectateur a un effet destructeur sur l'art. Nous n'avons pas le temps de développer ici les lois conventionnelles de l'espace dans l'art le plus difficile et peut-être le plus mystérieux: l'architecture. Sa matière première, ce ne sont pas les colonnes, les poutres, les murs, les pierres, etc., tous ces éléments sont instruments secondaires. La matière première de l'architecture est l'espace réel matériel dans lequel l'homme vit et se meut et que l'art doit transformer en un espace «qui n'existait pas», mais qu'il crée, qui magnifie et change l'homme et qui lui impose, reprenant l'expression de Benveniste pour le langage, un sens «d'espace au second degré». Les plus beaux espaces sacrés de l'Europe occidentale sont, je crois, S. Apollinare in Classe et la basilique de Vézelay. Mais comme tous les grands styles y ont réussi, depuis l'antiquité, le roman, gothique, renaissance et baroque, par contre la monotonie et le morne ennui qu'exsudent tant de réalisations de l'habitat urbanistique contemporain vient de ce que l'architecture utilise et adapte l'espace réel aux besoins, aux fonctions sociales de la vie humaine, ce qui est très bien, mais elle n'offre pas à l'homme un espace transformé de nouvelles dimensions signifiantes, qui échappent à l'ordre du «service» productif. Si vous ne saisissez pas aussitôt ce que je dois indiquer ici trop brièvement, allez donc vous promener sur les piazze italiennes, la piazza de Todi, d'Orvieto, de ce nid d'aigle de Volterra, les piazze de Vérone, de Mantoue – et les piazze de Rome, pensez à celle de Saint-Ignace, de la Minerve, si nos contemporains n'en avaient pas fait des parkings, étouffant l'expression de leur dignité et liberté humaines et régressant au stade de termites agités et conditionnés.

Or, l'espace humain est une matière qui ne se laisse pas manipuler arbitrairement: il faut se soumettre à ses lois. Comme aux lois de toutes les matières employées par les arts. Et ici on touche le point où, n'en déplaise aux linguistes et poètes, les arts plastiques me paraissent une expression plus parfaite de l'homme, et une découverte plus révélatrice du mystère de l'homme par l'homme, que le langage et même la musique. Bien sûr, le poète lui aussi doit employer la matière linguistique selon les lois et possibilités – les mots du lexique – mais cette matière est extrêmement malléable. Benvenuto Cellini haïssait ses patrons Médici, non parce qu'ils le forçaient à fondre des statues en bronze, matière récalcitrante, dangereuse et capricieuse s'il en fut! – mais parce que son contrat l'obligeait à faire des sculptures en beurre pour les dîners d'apparat. Léonard est peut-être un plus grand génie que Michelange, mais il est certainement moins grand artiste. Et ici nous devons laisser se disputer entre eux les philosophes de l'art comme la plupart des historiens de l'art, dont les élucubrations trahissent bien vite qu'ils n'ont pas l'habitude de manier pinceau ou ciseau. Michelange se voyait appelé à *délivrer* la forme prisonnière dans le bloc de marbre; Léonard voulait faire obéir la matière aux formes que lui imposait son génie. Mais ses statues équestres en bronze se sont effondrées misérablement, son admirable *Dernière Cène* devait déjà être restaurée durant la vie de l'artiste, les couleurs se diluaient entre elles: il n'avait pas voulu obéir aux lois du métier, et il avait fallu des siècles d'expériences sur les couleurs et les préparations de fonds pour permettre aux peintres d'imposer leurs formes à la matière tout en lui obéissant. La matière est sourde, obstinée, muette, et pourtant elle a son langage à elle qui est son caractère, son grain; le bois, la pierre, le marbre, le granit, le bronze ont le langage de leur nature qu'il faut respecter. Mondriaan, devenu un peu théosophe, cherche à rendre dans ses tableaux les équilibres des forces cosmiques, à exprimer les lois elles-mêmes universellement présentes et actives. C'est une des recherches principales des grands artistes du XXᵉ siècle. Pourtant, ceux qui me paraissent les plus conscients de ces lois, mais que l'on comprend le moins par ignorance, ce sont les artistes baroques. Comment, l'art qui change le marbre en guirlandes de fruits juteux et le fait fleurir en gerbes de végétation exotique, mais qui soumet les jardins et les arbres à la géométrie la plus rigide? Précisément: le paradoxe n'étouffe pas la vérité, il la met en évidence par un clair-obscur essentiel. Que l'on songe aux escaliers et aux églises de Balthasar Neumann, ou aux autels des frères Asam en Bavière. Mais, objectera le classicisme, les formes y sont devenues folles, c'est le jeu d'une imagination effrénée, un délire échevelé de colonnes torses sur base en porte-à-faux, de frontons brisés et d'entablements rongés par des flots de lumière, de fonds percés à jour comme des broderies? Regardez de plus près: cette rampe d'escalier qui flotte en l'air, ces autels qui sont un défi aux lois de la gravité et de la pesanteur, se seraient écroulés avant même d'être dressés, s'ils avaient été la création de l'imagination échevelée que vous y voyez. Ils sont au contraire des chefs-d'œuvre de calcul et de mathématique appliquée, unis à la connaissance exacte de la résistance des pierres et des différents matériaux – obéissance totale, mais raffinée, aux lois de la matière.

CONCLUSION

Puisque ces quelques considérations sont destinées à clôturer un cycle de réflexion sur la civilisation occidentale, j'ose affirmer que jamais art n'a servi la religion comme l'art occidental la religion chrétienne. Non pas parce que l'art en soi ait un caractère religieux ou sacré, ni même parce que la religion chrétienne ait pu mettre à son service autant de génies: car pareille collaboration peut être très bonne mais également très mauvaise. Mallarmé avait toujours peur qu'on ne lui demande ce qu'il avait voulu dire par telle ou telle poésie. Alors que la réponse était des plus simples – «une belle poésie» –, ses interlocuteurs voulaient à tout prix faire de la poésie, comme de l'art en général d'ailleurs, une fonction d'autre chose: le poète devait se faire prédicateur ou philosophe, ou moraliste ou éducateur, ou révolutionnaire. Non, la supériorité de l'art occidental lui vient de ce que la religion chrétienne dise exactement cette vérité sur l'être mystérieux qu'est l'homme, que l'art lui-même révèle. En effet, si toutes les grandes religions veulent sauver l'homme en le spiritualisant, et même si les chrétiens n'ont jamais nié le règne du Père ni celui de l'Esprit, ce ne sont pas ces règnes-là qu'ils affirment avec intransigeance dans leur credo, mais celui du Christ, le scandale du Verbe incarné *cuius regni non erit finis*. La révélation sur la vocation de l'homme nous permet de comprendre pourquoi l'art occidental n'a jamais été statique, répétition millénaire de soi-même dans quelque forme réussie, mais, comme le disait Malraux, «monnaie de l'absolu». Si cet absolu, le chef-d'œuvre parfait était possible, le monde s'arrêterait: on n'aurait plus qu'à le reproduire, et donc à régresser. Pour celui qui croit au dogme *cuius regni non erit finis*, il est permis d'espérer que, même au ciel, les artistes géniaux, au nom de quelque domination plus parfaite de la matière, n'en seront pas réduits à sculpter dans du beurre, mais qu'ils auront, à vaincre la matière, quelque modeste rayon de gloire.

Studia Missionalia 28 (1979) 97-132

13

HUMANISME CHRÉTIEN ET VOCATION MONASTIQUE

VOCATION: FAIT FONDAMENTAL QUI ÉCHAPPE À LA VÉRIFICATION MAIS CHANGE LA SOCIÉTÉ

Parfois certains laïcs s'étonnent encore de trouver des moines en dehors de l'Église catholique. Celle-ci, possédant la religion révélée, et les moines incarnant l'exemple par excellence de son application vécue, la vie monastique devrait être un apanage du christianisme. Mais les moines cultivés se sont toujours rendu compte qu'ils avaient eu des précurseurs dans l'Ancien Testament, et l'étude plus sérieuse, au cours des derniers siècles, de phénomènes analogues dans les autres grandes religions les a davantage touchés qu'ébranlés – à moins d'avoir regardé les grandes règles monastiques comme autant de révélations dictées par l'Esprit-Saint, ce qui impliquerait une singulière dépréciation du génie des fondateurs.

Au lieu de dire «grandes religions» il aurait été préférable, dans ce contexte, de pouvoir parler de «religions véritables», n'était-ce que, prise sous le dénominateur le plus commun, toute religion est véritable par le simple fait d'être religion. Mais une esquisse phénoménologique élémentaire permet toutefois de distinguer deux tendances fondamentales, dont l'une ou l'autre domine en toute religion: dans les unes l'homme essaie de soumettre et d'unir sa volonté à la volonté divine; dans les autres l'homme essaie d'imposer sa volonté au dieu: une religion pareille est en quelque sorte l'antipode, la caricature ou l'inversion des premières. C'est la magie qui enseigne les stratagèmes pour séduire la divinité et l'amener à se montrer complaisante. Évidemment, en toute religion comme phénomène vécu, social ou individuel, les deux tendances sont présentes; mais la religion «véritable» condamne la magie et ne l'admet pas dans sa doctrine. Il semble bien qu'on ait le droit d'appliquer l'épithète «véritable», fruit d'une pensée philosophique et de l'élaboration d'une échelle de valeurs, aux grandes religions spirituelles, et de reconnaître dans la magie une religion invertie, plutôt qu'un degré plus ou moins primitif de religion, car toutes les religions peuvent être primitives ou évoluées selon la culture dans laquelle elles se manifestent. L'adjectif «primitif» ne peut s'appliquer que là ou il y a évolution et gradation, comme on le voit en tant d'aspects de la vie sociale, de la conservation et de la reproduction des espèces; mais chez les animaux on ne trouve pas un premier signe, encore sous-développé, un commencement de religion, qui s'épanouirait chez l'homme. Dans le monde animal la religion est tout simplement absente.

Or, devant ce fait fondamental universel, que l'homme religieux cherche à unir sa volonté à celle de Dieu, on constate dans toutes les grandes religions que certains de ces hommes se sentent, mieux: se *savent* spécialement appelés par Dieu. C'est la vocation. Pour étrange que cela paraisse, ce premier élément essentiel de la vie monastique est souvent oublié dans les études sur le monachisme, qui s'évertuent à se tenir aux règles et aux textes. Ce glissement de l'attention est pourtant compréhensible, la certitude de la vocation ne faisant pas objet d'investigation scientifique. On peut s'attribuer le droit, bien sûr, et même le devoir, d'examiner et d'analyser la donnée «vocation», ne fût-ce que pour la rendre acceptable à ceux qui ne sont pas «appelés». Mais, plus encore que pour la notion de «sacré», on se verra obligé de la réduire à un composé, à une construction complexe d'autres expériences. Dans l'expérience du sacré p. ex. on a distingué la frayeur respectueuse (*awe*) et la fascination; or, si des éléments ressemblant à ces expériences y sont certainement présents – mais la *crainte* de blesser un amour se laisse-t-elle comparer à la *crainte* d'un accident ou d'un mauvais coup du sort? – le sens du sacré est une expérience *sui generis*, qui ne se laisse nullement réduire à une somme ou à une concoction d'autres ingrédients, connus d'expériences en d'autres domaines. Bien moins encore pourra-t-on faire comprendre l'expérience *sui generis* qu'est la vocation; tout au plus pourra-t-on se risquer à la comparer au grand amour humain. Et encore. Car le grand amoureux peut se rendre compte de ce que tous les hommes sont capables d'un amour pareil, même s'il n'y a qu'un petit nombre qui le vit effectivement; tandis que celui qui est appelé par Dieu, sait aussitôt qu'il constitue l'exception. Ce que Jésus disait des appelés au service du Royaume, que ceux qui auraient des oreilles pour l'entendre, l'entendraient, vaut pour toute vocation religieuse. D'autres pourront essayer alors d'expliquer pareille vocation, de la défendre ou d'en faire l'apologie, ceux qui sont appelés n'ont cure de se justifier, tellement les préoccupations et les raisonnements humains deviennent insignifiants à côté de l'appel et de la rencontre intérieure. Celle-ci absorbe toute l'attention, et l'homme serait malheureux s'il ne pouvait abandonner la mesquinerie de tous les autres problèmes et soucis, pour se consacrer à cet unique nécessaire qui le laisse cependant souverainement libre.

Il fuira le tumulte de la société, la foire aux empoignes des intérêts en conflit, les rumeurs et les vociférations par lesquelles les hommes se font valoir, et il cherchera le silence, la solitude, la tranquillité: la *hèsuchia* dans laquelle se consacrer à la prière et à la contemplation. Là ou la religion a cessé d'être un instrument de pression collective, où la civilisation humaine a atteint un niveau de culture spirituelle, la réponse de l'homme à sa vocation religieuse aura beaucoup de composantes communes avec le monachisme chrétien: en partie celles-ci seront dictées par la nature même de la vocation personnelle, en partie par le fait que formant une communauté avec des frères en esprit il faut des règles et un certain ordre.

Ceux qui sont appelés sont souvent capables de discerner la présence ou l'absence d'une vocation chez ceux qui se croient appelés à leur tour. Et il se peut qu'à ceux-là ils révèlent quelque chose de leur propre aventure. Non pas parce qu'ils calculent nombre, succession ou progéniture spirituelle, ou quelqu'autre sublimation de l'instinct de reproduction, mais pour obéir à l'ordre que leur enjoint la vérité qu'ils servent. Une des marques les plus certaines de l'authenticité de leur vocation sera qu'ils ne peuvent songer à la justifier ou à en donner une image acceptable à leurs contemporains. La vérité requiert toute l'attention, mobilise toutes les énergies, pour servir à la beauté et à l'épanouissement de sa vie; si elle pouvait en détourner son regard pour se soucier de son «image» ou de l'impression qu'elle fait, elle s'occuperait d'apparences et ne serait déjà plus vérité. Il n'y a que le mensonge qui doive s'occuper de sa crédibilité, la vérité n'en a pas le temps.

C'est dans cette fidélité intégrale qui ne se soucie pas de l'opinion publique que les moines ont peut-être rendu le plus grand service à la société et y ont établi la possibilité, la condition *a priori* de l'humanisme: en faisant éclater l'emprise de cette société sur la personnalité spirituelle, en transcendant ses exigences de service et d'utilité, ils la délivrent de son immobilisme et mettent en mouvement le dynamisme de l'histoire. Durkheim déjà décrivit admirablement cette tendance de toute société humaine à se perpétuer dans la pure répétition (Bergson comparait à bon droit ces sociétés closes à certaines républiques d'insectes), l'égalitarisme où tous se valent, sont égaux et interchangeables, d'un horizontalisme auquel personne n'échappe: une société pareille exerce la surveillance sur et exige la justification de toute dédication de vie de ses sujets. Elle constitue un tribunal populaire en session permanente, unique moyen d'éviter l'aventure créatrice incontrôlable qui menacerait sa conservation et celle de ses habitudes. La vocation du moine place la société devant la révélation de la personnalité; et suivre sa vocation est le plus grand service qu'il peut lui rendre. Mais précisément: en suivant sa vocation, et non pas en la réduisant à un programme, à proposer à cette même société.

Or, l'appel intérieur à la vie véritable et la réponse intérieure échappent à l'enquête scientifique. Ils constituent la condition *a priori sine qua non* de la vie monastique.

CARACTÈRE PERSONNEL DE LA VOCATION MONASTIQUE:
L'UNION INTIME AVEC DIEU

Il faut prendre au sens littéral le *Prologue* de la règle de Saint Benoît: c'est un discours-qui-précède l'exposition de la règle de l'ordre. Cet avant-propos nécessaire est, déjà, conclusion d'un dialogue présupposé advenu. C'est d'abord à tous ses élus que le Seigneur s'y adresse: «Qui a des oreilles pour entendre, qu'il entende ce que l'Esprit dit aux Églises». Dans cette foule, Dieu se cherche ensuite son *operarius*: «Et se cherchant un ouvrier dans la foule du peuple, à laquelle il lance cet appel, le Seigneur dit de nouveau: "Quel est l'homme qui veut la vie et désire voir des jours heureux?". Si, en entendant cela, tu réponds: "C'est moi!" Dieu te dit: "Si tu veux avoir la vie véritable et perpétuelle, interdis le mal à ta langue et que tes lèvres ne prononcent point la tromperie. Évite le mal et fais le bien, cherche la paix et poursuis-la. Et quand vous aurez fait cela, j'aurai les yeux sur vous et je prêterai l'oreille à vos prières, et avant que vous m'invoquiez, je dirai: me voici!" Quoi de plus doux que cette voix du Seigneur qui nous invite, frères bien aimés? Voici que, dans sa bonté, le Seigneur nous montre le chemin de la vie»[1].

Dans l'épilogue de sa règle, Saint Benoît rend hommage aux «saints Pères catholiques» en général, et reconnaît sa dépendance des *Collationes Patrum*, et de leurs *Instituta* et *Vitae;* mais le seul qu'il cite de

---

1. «Qui habet aures audiendi audiat quid spiritus dicat ecclesiis, ... et quaerens dominus in multitudine populi cui haec clamat operarium suum, iterum dicit: "quis est homo qui vult vitam et cupit videre dies bonos?". Quod si tu audiens respondeas: "ego", dicit tibi deus: "si vis habere veram et perpetuam vitam, prohibe linguam tuam a mala et labia tua ne loquantur dolum; deverte a malo et fac bonum, inquire pacem et sequere eam, et cum haec feceritis, oculi mei super vos et aures meas ad preces vestras, et antequam me invocetis dicam vobis: ecce adsum". Quid dulcius nobis ab hac voce domini invitantis nos, fratres carissimi? Ecce pietate sua demonstrat nobis dominus viam vitae»; cf. *La Règle de Saint Benoît*. Introduction et notes par Adalbert DE VOGÜÉ. Texte établi et présenté par Jean NEUFVILLE (Sources chrétiennes, 181), Paris, Cerf, 1972, pp. 414-417.

nom est «notre saint Père Basile»[2], Or, Saint Basile le Grand «ne fut ni fondateur ni supérieur»[3]. Néanmoins, si tous les réformateurs prônent le retour à la vie évangélique, il n'y en a pas un qui sut, comme lui, mettre toute sa culture d'humaniste grec à l'interprétation spirituelle de l'Évangile. Avec autant de pénétration que de discernement il demande: «Qui donc ignore que l'homme est un animal doux et sociable, et non pas monastique ni sauvage?» – ὅτι ἥμερον καὶ κοινωνικὸν ζῷον ὁ ἄνθρωπος, καὶ οὐχὶ μοναστικὸν οὐδὲ ἄγριον; c'est ainsi que commence l'exposé de sa troisième *Grande Règle* traitant de l'amour du prochain, préparant la critique sans appel des anachorètes dans la *Grande Règle* 3[4]. C'est la seule fois, dans tous ses *Écrits ascétiques*, que Saint Basile emploie le terme *monasticos*: ce n'est donc pas involontairement qu'il a ignoré dans toutes ses règles ni sans allusion humoristique qu'il l'introduit une seule fois pour l'associer à «sauvage». Il semble d'ailleurs que le terme, venu d'Égypte, ait sonné comme un néologisme barbare aux aureilles hellénistiques raffinées des Cappadociens; ils préfèrent le terme μονάζων, linguistiquement correct; Saint Basile lui aussi l'emploie pour désigner les groupes qu'il a inspirés, mais seulement lorsqu'il en parle à des étrangers, jamais pour usage «interne» entre ses disciples[5].

Hans Urs von Balthasar avait eu l'oreille perceptive des intentions de l'auteur, et pour que sa traduction ne perde pas la saveur de l'original, il y ajouta le terme grec entre parenthèses[6]. La traduction la plus récente, par contre, va jusqu'à changer la construction de la phrase, sans doute pour adoucir un énoncé qui a la brièveté d'un axiome, et certainement

2. «Aut quis liber sanctorum catholicorum Patrum hoc non resonat ut recto cursu perveniamus ad creatorem nostrum? Necnon et Collationes Patrum et Instituta et Vitas eorum, sed et Regula sancti Patris nostri Basilii...»; *ibid.*, II (Sources chrétiennes, 182), Paris, Cerf, 1972, p. 672.

3. J. GRIBOMONT, *Obéissance et évangile selon saint Basile le Grand*, in *La Vie Spirituelle, Supplément* 6 (1952) 192-215, p. 213. Pour l'exemple et les pensées de Saint Basile, qui illustrent ce texte, on s'est appuyé en grande partie sur les études de Dom Jean Gribomont, non seulement son *Histoire du texte des Ascétiques de saint Basile* (Bibliothèque du Muséon, 32), Louvain, 1953, mais aussi les articles qui ont accompagné et suivi cette étude magistrale, en particulier: *Eustathe le philosophe et les voyages du jeune Basile de Césarée*, in RHE 54 (1959) 115-124; *Le Monachisme au IVe siècle en Asie Mineure: Du Gangres au Messalianisme*, in *Studia Patristica*, Vol. 2 (Texte und Untersuchungen, 64), Berlin, 1957; *Le Monachisme au sein de l'Église en Syrie et en Cappadoce*, in *Studia Monastica* 7 (1965) 7-24.

4. *Grande Règle* 3 (PG, 31), c. 917A.

5. Cf. A. ADAM, *Grundbegriffe des Mönchtums in sprachlicher Sicht*, in *ZKG* 65 (1953-54) 209-239; J. GRIBOMONT, *L'«Exhortation au renoncement» attribuée à Saint Basile*, in *Orientalia Christiana Periodica* 21 (1955) 375-398.

6. H.U. VON BALTHASAR (éd.), *Die grossen Ordensregeln* (Menschen der Kirche in Zeugnis und Urkunde, 6), Einsiedeln, Benziger, 1961, p. 70.

pour ne pas blesser des oreilles dévotes insuffisamment éclairées: «Qui ne se rend compte que l'homme, être sociable et doux, n'est pas fait pour la vie solitaire et sauvage?»[7]. En émoussant la pointe, voulue par Saint Basile, on efface en même temps le singulier paradoxe, qui équivaut à une de ces leçons inattendues, délivrées par l'histoire elle-même: c'est que ces mêmes écrits ascétiques ont survécu aux siècles sous le nom de *Règles ... Monastiques.* À juste titre d'ailleurs. Si pour Cassien, même pour Saint Benoît, l'ermite présente l'image du moine parfaitement réussi, et que seuls les «parfaits» sont capables d'affronter cette vie la plus haute qui est celle de la contemplation du solitaire, Saint Basile reste néanmoins le Maître et le Père à citer personnellement. C'est sans doute parce que dans ces Règles ascétiques la raison d'être, le fondement même de la vie monastique reste toujours consciemment et visiblement présent. Les *Règles,* en général, expriment les formes que l'homme donnera à sa réponse à la vie religieuse. Mais les Règles basiliennes sont construites de telle manière jusque dans la rédaction, que *la vocation elle-même* soustend toutes les réponses, en est le souci et le motif constant, et l'épine dorsale de l'expression qu'on donne à la vie religieuse. En ce sens, les Règles basiliennes ne sont ni un programme ni un système: il avait assisté à trop d'extrémismes et de déviations pour se fier à la dévotion et aux bonnes intentions. Il avait été tenté, certes, de suivre l'exemple d'Eustathe de Sébaste et de ses disciples, qui voulaient vivre l'Évangile dans une pureté absolue et exaltée – ils se feraient d'ailleurs condamner –, et il alla visiter les cénobites pour voir s'il trouverait chez eux le mode de vie qui correspondait à sa vocation. Comme il le racontera plus tard, dans la longue et célèbre lettre, précisément à Eustathe:

> «Un jour, je m'éveillai comme d'un profond sommeil, je tournai les yeux vers l'admirable lumière de la vérité évangélique et je vis l'inutilité de la sagesse des princes de ce siècle...
>
> Donc, ayant lu l'Évangile et y ayant observé qu'un moyen très efficace d'atteindre à la perfection était de vendre ses biens, d'en partager le produit avec ses frères pauvres, d'être complètement affranchi des soucis de cette vie, et de ne permettre à aucune complaisance de tourner notre âme vers les choses d'ici-bas, je souhaitais de trouver parmi les frères quelqu'un qui eût choisi ce chemin de la vie. Alors, ce flot profond de la vie, j'en pourrais avec lui faire la traversée. Je découvris beaucoup de ces hommes à Alexandrie, beaucoup dans le reste de l'Égypte, d'autres en Palestine, en Coelésyrie, en Mésopotamie. J'admirai leur abstinence dans la nourriture, j'admirai leur endurance dans les travaux, je fus frappé de leur constance dans les

---

7. Saint Basile, *Les Règles Monastiques,* Introd. et trad. Léon Lèbe, Maredsous, Éditions de Maredsous, 1969, p. 55.

prières et de la façon dont ils dominaient le sommeil: aucune nécessité naturelle ne pouvait les faire fléchir, ils gardaient toujours haute et inasservie la pensée de leur àme, dans la faim et dans la soif, dans le froid et dans la nudité, sans faire attention à leur corps, sans consentir à en prendre le moindre soin. Comme s'ils vivaient dans une chair étrangère, ils me montrèrent par leurs actes ce que c'est que d'être étranger ici-bas et ce que c'est que d'avoir une cité dans le ciel. J'admirai une pareille vertu, *je déclarai bienheureuse la vie de ces hommes, parce qu'ils montraient dans leurs actes qu'ils portaient dans leur corps la mort de Jésus*, et je formai moi-même le souhait, dans la mesure ou je pourrais y parvenir, d'être l'émule de ces grands hommes»[8].

Saint Basile est explicite: ce qui l'a touché le plus profondément, ce n'était pas que ces saints hommes eussent réussi à trouver la paix, la liberté intérieure, la domination de soi, ni même la perfection morale et la contemplation, mais qu'*ils ressemblaient au Christ, qu'ils l'avaient suivi jusqu'à «porter la mort de Jésus dans leur corps»* – comme Saint Paul l'avait témoigné de sa propre vie, dans la seconde Épître aux Corinthiens (II, 6). Ce sera pour suivre Jésus et lui ressembler que Saint Basile relit et remédite le Nouveau Testament, en note et ordonne près de 1500 citations qui, précisément, deviendront les règles fondamentales d'une vie qui correspondra à l'enseignement de Jésus et indiquera à ses disciples la voie de la *sequela Christi*.

Ce florilège d'enseignements évangéliques est passé à l'histoire sous le nom d'*Éthiques* ou de *Règles Morales*. La structure de la grande expérience intérieure de Saint Basile montre un parallélisme frappant avec celle, tant de siècles plus tard, de la grande grâce mystique de Pascal, en la nuit du 23 novembre 1654: «Jésus Christ. Jésus Christ. Je m'en suis séparé; je l'ai fui, renoncé, crucifié. Que je n'en sois jamais séparé. Il ne se conserve que par les voies enseignées dans l'Évangile».

Ce ne sont donc pas la perfection, la paix de l'âme, ni même la contemplation mystique qui sont recherchés par le ferme propos de suivre désormais les préceptes évangéliques, si soigneusement recueillis en «règles», sous-divisées en petits «chapitres», mais l'union à Jésus. Union très personnelle, selon l'élection souverainement libre du bon vouloir de Dieu. C'est dans la *Règle morale 12* que Saint Basile exprime sans doute le plus explicitement le fond et la raison d'être de sa spiritualité. Cette Règle importante est introduite par la dernière «note» ou «petit chapitre» de la *Règle 11*, insistant sur le fait que c'est le bon vouloir divin qui choisit ses élus, et lui seul:

---

8. SAINT BASILE, *Lettres*. Texte établi et trad. Y. COURTONNE (Collection des Universités de France), t. 3, Paris, Belles Lettres, 1966, pp. 10-11.

Lc 4,25-26: Je vous le dis en vérité, il y avait beaucoup de veuves en Israël au temps d'Élie, lorsque le ciel fut fermé pendant trois ans et demi et qu'une grande famine sévit dans tout le pays, et cependant Élie ne fut envoyé chez aucune d'elles, mais bien à une veuve de Sarepta, au pays de Sidon.

1 Cor 10,1-5: Je ne veux pas vous laisser ignorer, frères, que nos pères ont tous été sous la nuée, ils ont tous traversé la mer, ils ont tous été baptisés en Moïse, dans la nuée et dans la mer; ils ont tous mangé le même aliment spirituel, ils ont tous bu du même breuvage spirituel, car ils buvaient à un rocher spirituel qui les accompagnait, et ce rocher c'était le Christ. Mais le plus grand nombre d'entre eux déplut à Dieu puisque leurs corps jonchèrent le désert[9].

À cette citation de la première Épître aux Corinthiens fait alors suite la

Règle 12: «Toute contestation, même si elle part d'une disposition amicale et respectueuse éloigne le Seigneur de celui qui conteste; la parole du Seigneur doit être reçue, en effet, avec une entière adhésion.
Jn 13,5-8: Ensuite il versa de l'eau dans un bassin et se mit à laver les pieds de ses disciples et à les essuyer avec le linge dont il était ceint. Il arriva donc à Simon-Pierre et celui-ci lui dit: "Toi, Seigneur, tu me laves les pieds?". Jésus lui répondit: "Ce que je fais, tu ne le comprends pas maintenant, mais tu le comprendras plus tard". Pierre lui dit: "Non, jamais tu ne me laveras les pieds". Jésus lui répondit: "Si je ne te lave pas, tu n'auras point de part avec moi"».

La traduction, en changeant le ton et la construction de l'original, l'a malheureusement «dépersonnalisé». La vieille traduction latine de Migne: «omnis contradictio, etiamsi *ex amico ac pio affectu oriatur*» rend bien davantage le sens de l'original, surtout en ce qui concerne la conséquence, car la phrase poursuit: «*a Domino abalienat contradicentem*». «Rend étranger au Seigneur celui qui contredit», et non le mouvement opposé «éloigne le Seigneur...» qui fait de Dieu l'objet du verbe[10]. C'est alors que Saint Basile fait suivre le précepte: «Il ne faut pas suivre les traditions humaines rendant vain le commandement de Dieu»[11].

---

9. SAINT BASILE, *Les Règles morales et Portrait du Chrétien*. Introd. et trad. Léon LÈBE, Maredsous, Éditions de Maredsous, 1969, pp. 73-74. La traduction française sera toujours ambiguë. La traduction latine dans Migne correspond bien davantage à la lecture à travers une grille conceptuelle religieuse plutôt que morale. Le principe, que Saint Basile tire de ses citations du Nouveau Testament, se traduit en français: «La masse des pécheurs ne fléchit pas Dieu, mais bien celui qui lui est agréable, homme ou femme». Le latin traduit: «qui ipsi acceptus est, sive vir sive mulier sit». L'original: ὁ εὐαρεστῶν αὐτῷ, κἂν ἀνὴρ τυγχάνῃ κἂν γυνή (PG, 31, cc. 721-722).
10. PG, 31, c. 721D.
11. PG, 31, cc. 723-724A. Ici encore, la traduction française a dépersonnalisé l'énoncé: le «commandement de Dieu» y devient «la loi divine». Cf. LÈBE (n. 9), p. 74.

La fin désirée est bien «l'intimité avec le Seigneur», comme le formule succinctement la *Règle morale 22*:

> c. 2: «L'intimité avec le Seigneur ne s'expérimente pas dans la naissance commune selon la chair mais se réalise dans le zèle pour accomplir les volontés de Dieu.
> Jn 8,47: Celui qui est de Dieu écoute la parole de Dieu.
> Lc 8,20-21: On vint lui dire: "Ta mère et tes frères sont dehors, ils veulent te voir". Il répondit: "Ma mère et mes frères sont ceux-là qui écoutent la parole de Dieu et l'exécutent".
> Jn 15,14: Vous êtes mes amis si vous faites ce que je commande.
> Rm 8,14: Tous ceux qui sont conduits par l'Esprit de Dieu sont enfants de Dieu»[12].

IL FAUT NÉCESSAIREMENT DISTINGUER VOCATION RELIGIEUSE ET PERFECTION MORALE

Le refus répété de Saint Basile de faire une distinction entre un manquement grave et une négligence légère – distinction généralement reprise, dans les lectures plus tardives, sous les catégories «péché grave – péché véniel» (on évitera plutôt d'introduire la catégorie du «mortel») – lui a procuré au cours des siècles une réputation de rigoriste moral, d'un volontarisme inhumain. Jugement inévitable, si on lit ses règles de perfection comme règles d'un système de perfection morale.

Dans l'introduction à un livre récent de la collection «Le Point Théologique», *La Part des Moines*, l'abbé de Ligugé, Dom Pierre Miquel, indique comme cinquième et ultime «caractère d'une théologie monastique»: «Elle est *contemplative:* sa vision est lyrique et enthousiaste: le Beau et l'Un sont pour le moine autre chose que des transcendentaux abstraits, ce sont des attributs de Dieu – mieux même, son essence»[13]. Cet énoncé attire tout d'abord l'attention sur un fait historique indéniable: la théologie, telle qu'elle s'est développée depuis de nombreux siècles, n'a guère d'usage pour le Beau: elle le révère du bout des lèvres, lui fait une belle révérence, comme il convient à un transcendental abstrait, elle le vénère peut-être même comme attribut de Dieu, mais le laisse ensuite dans son coin sacré pour se consacrer à des problèmes qui lui paraissent plus utiles et plus nécessaires. N'est-ce pas pour désigner une tout autre dimension

---

12. LÈBE (n. 9), p. 88 – PG, 31, c. 741B: ἡ πρὸς τὸν Κύριον οἰκειότης.
13. P. MIQUEL, *La part des moines. Théologie vivante dans le monachisme français* (Le point théologique, 28), Paris, Beauchesne, 1978, p. 9.

de la réalité, que l'abbé de Ligugé fait appel à des termes comme «vision lyrique et enthousiaste», termes que l'on n'a pas coutume de rencontrer sur le terrain normalement foulé par les systèmes conceptuels théologiques? Mais l'usage même de ces termes révèle surtout, combien fait défaut un langage pour désigner la vérité la plus vivante de la religion, de sorte que l'on emprunte au culte du Beau par l'art.

Examinant attentivement le texte original de Saint Basile, une étude récente de Dom Étienne Baudry rejoint admirablement la remarque de l'abbé de Ligugé: le fameux rigorisme attribué à Saint Basile change en culte passionné lorsqu'on ne le lit pas à travers la grille conceptuelle d'une morale de ces derniers siècles; ce dont le saint parle, appartient à une tout autre dimension de la vie. On en trouve le témoignage le plus clair dans la célèbre *Petite Règle 157*:

> «Dans quelle disposition d'âme faut-il servir Dieu, et qu'est-ce, en général, que cette disposition?
>
> La bonne disposition, je pense que c'est un désir de plaire à Dieu ardent, insatiable, inébranlable et immuable. Elle s'affirme dans une contemplation attentive et assidue de la grandeur des gloires de Dieu, dans des pensées de reconnaissance et dans un souvenir incessant des bienfaits reçus de Dieu: c'est là ce qui fait naître dans l'âme le: "Tu aimeras le Seigneur ton Dieu, de tout ton cœur, de toutes tes forces, de tout ton esprit", à l'exemple de celui qui dit: "Comme le cerf aspire aux sources des eaux, ainsi mon âme aspire vers toi, ô Dieu". C'est avec une telle disposition qu'il faut servir Dieu...»

On notera que Dom Ét. Baudry a sainement corrigé la traduction française la plus récente des *Règles Monastiques* (Maredsous, 1969, p. 253) où on lit: «Ainsi l'âme obéit au commandement: ...», traduction par trop interprétative qui ne se trouve nullement dans l'original. Baudry suit le texte: «ce qui fait naître dans l'âme (*egginetai*)»; malheureusement, il y ajoute quand même «le commandement», quoique entre parenthèses, et en le faisant clairement *naître* dans l'âme; tandis que l'omission du terme semble correspondre à l'intention bien explicite de Saint Basile, tout commandement étant imposé, tandis qu'ici tout est spontanéité qui jaillit de l'intérieur; tout au plus pourrait-on faire une comparaison avec une loi physique ou les lois de l'amour passion: Ἀφ' ὧν ἐγγίνεται τῇ ψυχῇ τὸ Ἀγαπήσεις..., que le latin dans Migne rend très bien: *Ex quibus animae innascitur illud: Diliges,* etc. Mais l'étude de Baudry ne cite cependant que le premier paragraphe de la réponse de Saint Basile; or, le second jette la lumière exacte sur la manière dont il faut lire le tout: c'est le *Quis separabit nos a caritate Christi?* de l'Épître aux Romains (8,35), le cri de tous ceux qui sont épris d'un grand amour que défie le destin, les hommes et même la nature: «Qui donc nous séparera?»[14].

En lisant ces textes, il est bon de se souvenir que Saint Basile parle de la vie contemplative à des contemplatifs.

Mais il semble que la philosophie et la théologie couramment pratiquées aient négligé de développer un système conceptuel adapté à désigner la dimension de la beauté qui, pour le contemplatif, n'est pas plus secondaire que celle des autres transcendentaux. Ce qu'ils ont produit de considérations sur la beauté reste dans l'esthétisme ou la philosophie de l'expérience esthétique. On en approcherait davantage – mais seulement par analogie, car toute comparaison cloche – en cernant le rapport de l'homme avec la création artistique. Rien de tel qu'un exemple bien profane pour remettre dans la bonne voie le lecteur qui se sentirait menacé de mystification lyrique. Supposons qu'une jeune fille douée soit acceptée pour une période d'essai au corps de ballet de la Scala. Mais voilà qu'après quelque temps elle vient demander au Maître de ballet combien de fautes elle peut se permettre, et quand celles-ci seront considérées comme graves? Elle recevra l'assurance, qu'elle n'a pas la vocation à l'art de la danse. Ou supposons qu'à l'occasion du jubilé d'un abbé ou d'un prieur on décide de léguer son souvenir à la postérité par un beau portrait. Mais voilà que l'artiste peintre invité demande quand les imperfections qu'il commet seront considérées impardonnables? Ne lui répondra-t-on pas qu'un véritable artiste aspire toujours à la perfection, et qu'il laissera toujours encore assez d'imperfections dans son œuvre, même s'il fait de son mieux?

Combien le problème du «rigorisme moral» de certains fondateurs est à côté de la question se révèle encore davantage si on prend comme exemple le modèle offert par un monde qui, quoiqu'à un autre niveau, est encore plus proche de la vie monastique. Celle-ci est, en effet, vocation à la vie contemplative, c.à.d. à l'intimité avec Dieu. Or, dans l'amour entre personnes humaines, le refus à une demande en mariage ne comporte ni péché grave ni péché véniel, bien que la félicité ou la faillite d'une vie peuvent en dépendre. Il en va de même dans la vocation à la vie religieuse[15]. L'invita-

---

14. Dom Étienne BAUDRY, *À propos du rigorisme de S. Basile: Gravité du péché, libération du pécheur*, in J. GRIBOMONT (éd.), *Commandements du Seigneur et Libération évangélique* (Studia Anselmiana, 70), Rome, Ed. Anselmiana, 1978. – PG, 31, cc. 1185-1186AB.

15. On peut partager l'aversion d'Érasme pour le terme «religieux» que s'octroient ceux qui entrent dans un ordre ou une congrégation, comme si les prêtres séculiers (c'était la catégorie à laquelle pensait Érasme) et les laïcs n'étaient pas religieux étant de bons et pieux chrétiens. La même objection vaut pour l'accaparation de l'appellation «vie consacrée», comme si la vie d'un bon chrétien dans le monde ne l'était pas. L'allemand parle plus correctement d'*Ordensleute*. C'est à bon droit que les historiens du monachisme soulignent que toutes ces formes de vie «sub regula» que l'histoire postérieure finira par désigner sous le nom de «vie religieuse» trouvent leur modèle dans la vie monastique.

tion à la perfection morale, à la conversion, et à l'union à Dieu dure toute la vie; elle est permanente. Mais tout comme l'invitation à des fiançailles humaines ne peut s'éterniser sans qu'un «oui» ou un «non» y mette un terme, ainsi en va-t-il de l'invitation à la vie monastique, qu'on nomme vocation.

Mais cette dimension propre de la vie religieuse s'est toujours vue confrontée à la tendance des sages, moralistes, philosophes ou théologiens, de la réduire aux dimensions de la perfection morale. La masse a suivi leurs indications, et on les entend résonner dans certaines critiques: «La vie des moines veut-elle donc appartenir à un état plus parfait?». «Croient-ils donc être meilleurs, en s'imposant un mode de vie si différent de celui du commun des mortels?».

Les grands fondateurs, Saint Benoît aussi bien que Saint Augustin, s'en sont toujours défendus de vouloir autre chose qu'une vie pleinement chrétienne; les règles ne faisaient qu'offrir un cadre pour rendre son exécution plus facile; le fondement en est le baptême comme pour tout chrétien. Dans son *Prologue* au grand *Commentaire doctrinal et spirituel* de la *Règle de Saint Benoît*, Dom Adalbert de Vogüé parle avec une concision admirable de «cette sorte de convertibilité entre monachisme et christianisme»[16]. Selon ces maîtres «la conversion monastique correspond purement et simplement à l'Évangile, le monastère ne se relie à rien d'autre qu'au baptistère, et l'école de service du Seigneur ne peut être comparée qu'avec l'Église»[17]. Le grand spécialiste de la Règle de Saint Benoît revient plusieurs fois sur ce point au cours de son étude. La raison fondamentale qui modèle la vie de ces hommes et femmes n'appartient à aucun ésotérisme moral, mais est vocation religieuse: ils sont épris de quelqu'un. Et ils doivent s'avouer que Dieu, inexplicablement, est épris d'eux.

La similitude ou la différence de leur réponse, dans l'organisation d'un mode de vie qui permette de suivre l'appel, dépendra de l'égalité ou de la différence des natures humaines, et des aspects que prennent les cultures humaines auxquelles ne cessent d'appartenir ceux qui suivent l'appel. C'est ainsi que les Pères égyptiens, même supérieurs d'un grand nombre de moines, considéreront l'anachorète, l'ermite, comme mode de vie correspondant le mieux à la vocation contemplative. Ils seront suivis sur ce point par Cassien, le Maître, et Saint Benoît: bien que le monastère soit nécessaire comme *schola* de formation, l'anachorète reste pour eux l'idéal. Saint Basile au contraire se méfie très fort de la vie

16. *La Règle de Saint Benoît*, t. 7: *Commentaire doctrinal et spirituel*, Paris, Cerf, 1977, p. 42.
17. *Ibid.*, p. 71.

solitaire, où l'homme croit trop facilement être ce qu'il s'imagine, tandis que ce n'est qu'en communauté et grâce à ces frères, qu'on garde le sens de la réalité. Saint Augustin part dès le début de la fraternité spirituelle qui est le modèle et l'achèvement de toute vie monastique: l'union au Christ se réalise et se reconnaît comme authentique dans la communion fraternelle.

PROBLÈMES DE MÉTHODE

Peut-être la controverse qui s'est développée depuis bientôt une géné-ration entre les tenants d'un monachisme universel, commun à toutes les grandes religions, ne différant que par certaines motivations selon les cultures, et les défenseurs d'un seul monachisme véritable, «forme d'Église» en quelque sorte, vient-elle du fait qu'on pratique des méthodes bien différentes pour étudier ces «deux» monachismes. C'est ainsi que le jugement de Dom Adalbert de Vogüé, que l'on vient de citer, est prononcé sur ce fond de controverse; l'auteur souligne qu'aux yeux des fondateurs dont il parle, le phénomène monastique n'est nulle-ment «... un fait religieux universel, originellement indépendant du christianisme, et que celui-ci aurait assumé tant bien que mal»[18].

La comparaison des différents monachismes, existant de fait depuis bien avant le christianisme dans les grandes religions, a suscité, surtout depuis le Concile Vatican II, une littérature abondante, tellement vaste que seul un spécialiste pourrait la dominer. Comme cette littérature ne brille pas toujours par la pénétration de sa pensée ou par la perspicacité de son observation, on s'en remet à la sélection judicieuse, opérée dans cette masse, par Dom Jean Leclercq, qui consacra plusieurs études au problème, et qui fait le point de la situation actuelle dans ses articles récents: *Fenomenologia del Monachismo, Espansione monastica fuori dell'Europa,* et *Problematica attuale*[19].

Comme tant de controverses, qui ont l'avantage d'éveiller l'attention et d'inciter à la recherche, celle-ci finira sans doute par être reconnue comme fondée sur un problème artificiel: car les niveaux d'approche des méthodes suivies ne peuvent pas se rencontrer.

La méthode sociologique, ou parfois socio-psychologique, qui prévaut nécessairement jusqu'ici en religion comparée, doit attribuer à tous les fac-teurs qu'elle observe, un coefficient quantitatif. Elle énumère et classifie

---

18. *Ibid.*
19. *Dizionario degli Istituti di Perfezione*, t. 5, 1978, cc. 1673-1684, 1733-1742.

similitudes et dissimilitudes. C'est à bon droit que, résumant certaines formes analogiques universelles, Dom J. Leclercq les nomme «des structures essentielles qui sont les mêmes partout: désappropriation et mise en commun des biens, célibat et continence, soumission aux supérieurs». Personne n'oserait affirmer, que les vœux religieux de pauvreté, chasteté, et obéissanee, n'appartiennent guère à la «structure essentielle» de la vie monastique. Cependant, d'autres caractères, peut-être plus essentiels encore parce que plus spirituels, mais n'ayant pu se couler dans une charpente institutionnelle et juridique, se trouveront certainement aussi universellement présents, aussi bien dans l'Antiquité que dans les autres religions: l'ascèse et la mortification, le renoncement et la charité, le silence contemplatif. Ces ressemblances naissent surtout du fait que la nature elle-même est universelle et que, arrivée à un certain degré de développement, les réponses à la vocation religieuse seront analogues. C'est dans la spécificité des motivations donc, que Dom J. Leclercq souligne la principale différence entre monachisme chrétien et monachisme des autres religions. On oublie parfois que la reconnaissance des similitudes n'est pas une découverte de notre temps: déjà Saint Clément d'Alexandrie note que les «sages» grecs pratiquaient l'ascèse et la chasteté, mais ses éloges vont surtout aux «sages» et aux «vierges nombreuses de l'Inde» (Citations dans l'art. *Fenomenologia del Monachismo*, III: *Motivazioni*). «Mais nous» continue-t-il, «c'est par amour du Seigneur et du bien que nous gardons la continence». Dans la ligne de ce témoignage, il faut encore, après tant de siècles, mettre la différence dans la réponse à l'appel du Christ: on le *suit*, on l'imite dans la chasteté, dans son renoncement, sa soumission, on porte sa croix pour répondre à son invitation.

Mais, sur ce point aussi, on est confronté avec les limites de la méthode sociologique: elle est cumulative, procède par addition de tous les éléments, et tous ces éléments s'associent sur un même niveau, comme les couleurs et les contours sur une toile. Un facteur peut être jugé plus important, distinctif, unique même – il reste dans l'orde de la juxtaposition. Le sociologue cesserait d'être scientifique s'il s'éloignait de la quantification (et du jugement par pourcentages), s'il introduisait dans son exposé des notions philosophiques de cause et d'effet, de création et de reproduction. La règle, établie au début de notre siècle par Marcel Mauss pour l'étude de *La Prière,* par les sciences humaines dont la méthode a l'obligation de quantifier son objet, est toujours valable en ethnographie comme en religion comparée: dès qu'on voit dans la prière (et la règle ne vaut pas moins pour les vocations contemplatives) «une institution sociale. Dès lors, en effet, la question essentielle n'est plus de se demander quel auteur a imaginé telle prière, mais quelle collectivité l'a employée, dans quelles conditions, à quel stade de l'évolution religieuse. On ne cherche plus le texte original, mais le texte reçu, traditionnel et canonique; ce ne sont plus les idées d'un homme qu'on essaie de retrouver sous les mots, mais celles d'un groupe»[20].

«Car l'essentiel est que nous restions sur le terrain exclusif des faits, et *que nous ne systématisions ensemble que des faits du même ordre*»[21]. En ce sens, ce n'est pas Jésus qui a fondé l'Église, c'est l'Église qui a reconnu en Jésus son fondateur. Et, de fait, Saint Benoît n'a jamais voulu être fondateur ou législateur d'un ordre religieux, pas plus que Saint François d'Assise ou Saint Ignace de Loyola tant de siècles plus tard. Mais les conseils spirituels que le premier rédigea pour ses frères en esprit, furent reconnus par ceux-ci et par leurs disciples d'une telle génialité, qu'ils obtinrent une autorité de législation, et furent introduits comme tels dès l'époque carolingienne. Ce furent les amis d'Ignace qui le chargèrent de rédiger des règles, qui devraient leur permettre de rester en communion, frères en esprit, même si la vie les séparerait physiquement et les mènerait aux quatre coins du monde: en ce sens, le groupe a créé le fondateur. L'historien, par contre, n'est nullement obligé de réduire toutes les données de l'histoire au même niveau afin «de systématiser des faits du même ordre»; et il pourra très bien discerner d'abord en Ignace l'homme qui sut réunir ces amis autour de soi et sut les inspirer de son idéal religieux. De même l'historien de la pensée pourra tracer le portrait de Socrate et étudier les dialogues de Platon pour eux-mêmes, sans devenir pour autant moins «scientifique» s'il n'y lit pas les significations que le mouvement platonicien de philosophie religieuse leur a données, même si c'est grâce à ce mouvement que les écrits de Platon sont si bien conservés.

Les sciences humaines qui réduisent à la quantification les phénomènes de culture et de civilisation, rendent, il va de soi, d'immenses services, et proposent à l'observation des résultats d'une valeur indéniable. La sociologie de la littérature, par exemple, démontre que les plus grands écrivains révolutionnaires allemands étaient fils de pasteur. Il est entendu, toutefois, que la sociologie de la littérature ne traitera jamais de la valeur littéraire

20. *La Prière. Ses origines*, in M. MAUSS, *Les fonctions sociales du sacré* (Le sens commun; Œuvres Marcel Mauss, 1), Présentation par Victor KARADY, Paris, Éd. de Minuit, 1968, p. 392.

21. Marcel MAUSS, *Cohésion sociale et divisions de la sociologie* (Le sens commun; Œuvres Marcel Mauss, 3), Paris, Éd. de Minuit, 1969, p. 367. – Un ancien élève s'était épris des écrits d'un mystique de l'Inde, inspirateur d'un mouvement spirituel au siècle dernier. Il alla s'inscrire à une université britannique, où de grands spécialistes eussent pu diriger ses études. Mais au nom de la science il lui fut strictement interdit de s'occuper des écrits de son cher mystique: scientifiquement celui-ci n'existait que dans le mouvement, dans son école.

et ne peut même jamais aborder ou cerner le sujet «littérature», si ce n'est par la tangente – les matières dont elle s'occupe sont interchangeables, et c'est le bon goût, la critique, et le jugement de l'histoire qui décident des qualités littéraires; c'est ensuite que la sociologie de la littérature s'occupera des écrivains qui lui sont ainsi désignés, mais elle ne saurait ni les découvrir ni les discerner, si ce n'est, peut-être, par leur chiffre de vente en librairie, ce qui ne constitue guère un critère très sûr. Maintes fois, donc, ce sont des problèmes de non-rencontre de méthode qui se posent dans les sciences du comportement: pour les rendre utilisables statistiquement, ces sciences doivent réduire toutes les données au niveau quantitatif. En constatant le nombre de divorces, le sociologue amateur sera tenté de se faire moraliste; mais la morale, tout en tenant compte des statistiques du comportement, doit-elle déduire ses règles morales de la taxinomie? La question se pose d'une façon plus nette encore en ce qui concerne la religion; car pour un contemporain non-religieux, il faudra la réduire au statut de comportement afin de l'étudier scientifiquement en religion comparée. Il peut être très intéressant de voir Jésus et ses disciples, et, dans le cas traité ici: les moines, comme d'abord marginaux, faisant évoluer une structure sociale établie dans laquelle ils s'installent par la suite comme endogènes, et provoquant par leur intégration la mutation de cette société. Mais c'est à nouveau réduire tous les éléments au même niveau d'un ordre quantitatif. Jésus n'avait-il donc pas l'intention de convertir et de réformer la société? Certainement, telle était bien sa mission. Mais, en parlant de «mission», dans le langage de ces sciences, on place celle-ci à un autre niveau, dans un ordre bien différent de celui qui était le motif principal de Jésus, sa «raison d'être», qui était de faire la volonté du Père, constamment invoqué par lui-même comme sa véritable raison de vivre et d'agir.

Or, et ici se situe la difficulté de méthode pour l'historien qui tient compte du témoignage, sans le réduire à des catégories préétablies ou au nivellement de la taxinomie, le motif principal de la vie monastique qui était de suivre le Christ, ne peut en aucune façon s'intégrer dans la liste des autres motifs, ou même des caractères essentiels et universels des vocations monastiques de toutes les religions.

LE MAÎTRE EST LE BUT

Sans doute parce que nous avons perdu le contact avec les grandes expériences religieuses de l'Antiquité, il est difficile de nous réaliser le choc en quelque sorte «traumatique» que signifie la conversion au christianisme, surtout pour les hommes pieux venant des plus nobles religions naturelles. Mais les premiers Pères, éduqués dans les grandes civilisations romaine et hellénistique, en étaient bien conscients. Si Platon avait dit à Socrate: «Maître, je te suis reconnaissant, parce que tu m'as montré le chemin qui conduit à la vie véritable et à Dieu», son guide aurait été heureux et comblé. Mais s'il lui avait dit: «Maître, dorénavant, toi seul tu es ma vérité. Je suis la voie que tu m'indiques, parce que c'est la tienne», il se serait fait rabrouer et chasser: «Va-t-en! Tu n'as donc jamais rien compris à ce que je t'ai enseigné. Avec tout ce que j'ai fait pour toi, je n'ai voulu que te conduire au seuil de la vie et de la vérité, non pas à moi!».

Ainsi parlent les prophètes de l'Ancien Testament et «le plus grand des fils de l'homme» selon le témoignage de Jésus lui-même; ainsi parlent les saints de l'Inde, les sages de la Grèce antique. Jésus dit: «Moi», et reste un scandale pour la religiosité naturelle. Après tant de siècles, on admire, non sans la mettre parfois en discussion, l'harmonie établie dans la culture humaine entre la pensée grecque et la religion chrétienne; on ne se rend plus compte de ce que la conversion d'un Basile, d'un Jérôme, d'un Augustin, exigeait et signifiait. C'était s'écorcher vif, sortir d'un monde d'essences, d'êtres, de perfections – von Wilamowitz-Moellendorff souligne justement qu'en grec θεός est un *Prädikatswort*, un terme *attribut* – pour suivre une personne parce que c'était cette personne. La prière contemplative, la paix de l'ame, tout ce que les religions chantent et proposent comme l'épanouissement suprême de la vie religieuse, le moine chrétien le connaîtra, l'aura en estime comme un bien incomparable, il y aspirera – mais parce qu'indiqué par le Christ; jamais la plénitude, l'expérience de la présence de Dieu, la paix et l'harmonie profonde de l'âme, ne constituent le but ou le contenu véritable de sa vie, qui est de suivre le Christ.

Si donc on lit dans son contexte exact le *leitmotiv* de Saint Basile, l'idée-force qui l'inspire dans l'énoncé de tous ses conseils, *l'intimité avec le Christ* ne se laisse aucunément réduire au niveau des autres éléments qui seront jugés caractéristiques de la vie monastique.

C'est bien dans le même contexte d'une expérience encore vive de la différence entre vision religieuse naturelle et vocation chrétienne, qu'il faut lire Saint Jérôme: lorsque Saint Pierre fait valoir à Notre Seigneur que les apôtres ont tout quitté pour le suivre, il commente, en effet: «Jésus ne dit pas: "Vous qui avez tout abandonné"; Cratès le philosophe en fit autant, et beaucoup d'autres encore méprisèrent la richesse. Mais bien: "Vous, qui m'avez suivi"...»[22]. Ce n'est certes pas le hasard

---

22. «Non dixit: Qui reliquistis omnia; hoc enim et Crates fecit philosophus, et multi alii divitias contempserunt; sed: Qui secuti estis me; quod proprie Apostolorum est atque credentium»; *L. III in Mattheum,* c. 19 (PL, 26), c. 141B.

qui fit choisir pendant tant de siècles ce texte de Saint Jérome pour
l'homélie dans l'office du «commun des abbés».

Le choix, non d'un idéal, bien que, évidemment, le bel idéal ne soit pas
exclus mais bien plutôt inclus, mais de la personne du Christ reste présent
comme seul motif à ce niveau le plus profond de réponse à la vocation,
irréductible à la simple juxtaposition avec d'autres éléments d'un même
ordre de grandeur, – et cela au cours de tous les siècles. Si, pour les *Exercices* de Saint Ignace de Loyola, on a abondamment étudié leur dépendance des écrits des Pères, pour le grand choix entre les deux Étendards,
le motif et le fondement du choix y est bien le *Mecum,* «avec Moi», l'intimité personnelle avec le Christ. Mais le choix le plus crucial, d'ailleurs le
plus célèbre, des *Exercices,* et qu'on reconnaît comme leur étant essentiellement propre, celui désigné par le fameux «troisième degré» d'humilité,
est cependant tout aussi fidèle à la tradition et ne semble qu'une nouvelle
formulation de ce qui, déjà pour Saint Basile, constituait le fondement de
la vocation, la raison de son admiration pour les cénobites «qui portaient
la mort du Christ dans leur corps»: non pour quelque vision ou intelligence de l'ultime valeur de la pauvreté, des opprobres et du mépris, ni
pour une découverte de la perfection en soi, mais simplement, et pour
aucune autre raison, pour suivre le Christ et *ei magis actu similis fiam.*

Or, celui qui a suivi le Christ *sait* le sens et la valeur de ces souffrances, mais ils restent cachés à celui qui voudrait *d'abord* voir la patrie
où conduisent ces souffrances, pour se décider par après à suivre le
Christ. Ce serait duplicité et illusion, que de prendre sa croix et de suivre
le Christ pour arriver à cette paix contemplative profonde. L'auteur qui
a peut-être le plus clairement stigmatisé la fausseté de ceux qui sui-
vraient le Christ pour arriver à cette terre promise, est Gerlach Peters, le
plus grand mystique de la première génération de Windesheim, dans son
Soliloque enflammé: «Combien la croix est douce, celui-là seul le sait
qui en a fait l'expérience: notre croix est en effet si douce et si pleine de
joie et de sécurité, que celui qui l'aime vraiment, pour peu qu'il s'en
détache, ne trouve plus qu'amertume et angoisse. Quel bien ne trouve-t-
on pas dans la croix, puisqu'en elle se trouvent la longueur, la largeur, la
hauteur et la profondeur de tout ce que l'on peut désirer chastement. Si
quelqu'un vit ainsi, où qu'il veuille aller il trouvera de l'espace, à condition de rester sur sa croix; mais s'il s'en détache, il sera à l'étroit de
toutes parts.

«Telle est la voie droite du Seigneur, pleine de sécurité et de gloire
dans le Seigneur, et sans la moindre erreur, de sorte que tout homme qui
n'est pas dans cette voie sera rempli d'angoisse, de crainte inutile, de
doutes nombreux, d'aliénation dévastatrice et d'aversion de Dieu.

«Mais si quelqu'un aime la croix du Seigneur, *parce qu'*en elle il y a tant de sécurité, de liberté et d'espace, il n'aime pas sincèrement, et par là même s'en détache. Lorsque l'homme vivant sur la croix s'abandonne au Seigneur et lui appartient entièrement, Dieu en quelque sorte s'abandonne entièrement à l'homme et lui appartient totalement, et l'homme possède la plénitude, et n'a plus besoin de rien: quel échange! Mais si c'est seulement pour cela qu'il s'abandonne à Dieu, il n'est ni pur ni droit, mais étroit et impur»[23].

Une moniale qui avait connu de longues et pénibles épreuves, accablée par l'incompréhension de ses consœurs et de son abbesse, reçut du directeur spirituel, du même ordre, l'enregistrement d'une belle méditation, composée par un saint homme mystique d'Extrême-Orient. Écoutant et méditant ce message, elle avait compris que ses plus grandes souffrances lui venaient de sa volonté: si elle pouvait parvenir à renoncer à tous ses désirs, à ne plus vouloir imposer sa volonté à la vie, elle se sentirait intérieurement délivrée et retrouverait la paix de l'âme. C'est ce qui était arrivé. Inutile de lui demander, qui porterait dorénavant sa croix pour suivre le Christ, puisqu'elle l'avait suivi pour en être délivrée.

Or, les sciences du comportement humain par méthode de juxtaposition quantitative sont toujours prêtes, certes, à traiter les témoignages avec le plus grand respect: elles noteront donc un B suivi de A, plutôt qu'un A suivi de B, bien que, une fois dans l'ordre additionnel des éléments réduits au même niveau, la différence ne portera plus guère à conséquence. Le problème sera un rien plus compliqué pour une fiche de computer, non pas à cause du message, mais de la méthode dont on aura «nourri» la machine. Mais totalement différent se présentera l'ordre des valeurs à l'historien de la pensée: il y verra la différence entre la relation d'une union d'amour personnel vécu dans la fidélité et le compte-rendu de sa prostitution.

---

23. «Quam dulcis crux sit, solus novit qui sentit: est enim tam dulcis et plena iucunditate et securitate crux nostra, ut is qui veraciter eam amat, si paululum ab ea declinaverit, amaritudinem et angustias inveniet. Quid enim boni non est in cruce, cum in ea sit longitudo, latitudo, sublimitas et profundum omnium, quae caste desiderari possunt? Quae cum ita sint, quocumque quis pergere voluerit, spatium inveniet, si tantum in ea permaneat: quod si ab ea declinaverit, undique angustiabitur. Haec est recta via Domini, plena securitate et gloria in Domino, et absque omni errore, ita ut omnis qui in ea non fuerit, plenus sit anxietate, inutili timore, dubietate multimoda, aliena destructione et aversione a Domino. (…) Quod si idcirco quis crucem Domini amaverit, quia securitas multa, libertas et latitudo in ea sunt, non sincere amat, sed in hoc ipso ab ea declinat. Quando autem homo in cruce existens se resignaverit Domino et totus eius est, Deus quodammodo totaliter resignat se homini et totus fit eius, et fit homo plenus, nullo indigens, nec aliquid desiderans: ecce qualis permutatio. Sed si solum propterea se resignaverit, et placere ei studuerit, non est purum et rectum, sed angustum et impurum»; *Gerlachi Petri Ignitum cum Deo Soliloquium.* Éd. J. STRANGE (Bibliotheca mystica et ascetica), Cologne, Heberle, 1849, pp. 33-35.

FONDEMENT DE L'HUMANISME CHRÉTIEN

Il semble bien que cette personnalisation du sens de la vie, la réponse à la vocation sur laquelle s'établit la vie monastique, découvre en même temps le sens ultime de la vie et jette le fondement même de l'humanisme chrétien. On ne niera nullement la valeur des systèmes philosophico-religieux, auxquels la pensée la plus élevée de l'homme doit recourir, on l'exaltera au contraire: ces systèmes d'essences et d'êtres, ces discours sur l'immanence et la transcendance, aussi fertiles qu'interminables, ils n'offriront que la glèbe, le sol riche où s'exprimera et se développera une histoire d'amour personnelle qui ne sera jamais répétée et par là universelle (d'où irréductible aux universaux nécessaires en système conceptuel), parce que toute personne est constituée de relations uniques.

Ce fondement de l'humanisme chrétien, qu'on ne peut ici que brièvement indiquer, porte à des conséquences inestimables, parfois perdues de vue. Dans une conception religieuse du sens de la vie, qui ne s'établit pas sur un système d'essences et d'êtres comme réalité dernière, l'auto-immolation sous forme de suicide est inacceptable. Ce «sacrifice», *suicidium,* dans lequel l'étymologie du mot reprend son sens plénier, retourne, en effet, à la réalité des essences et de leurs échanges, de «vie pour vie», «être pour être», «essence pour essence», c.à.d. à la chosification de la personne humaine. On respectera le geste d'un Jan Palach, on comprendra sa douleur devenue insupportable, son désespoir devant une foi humaine et sociale trahie, mais, précisément son auto-immolation montre plus clairement encore la victoire de l'Orient dans son âme, que l'occupation de sa capitale adorée par les blindés du grand ami allié[24].

Jésus a daigné nous révéler que le moteur secret de sa propre vie, sa raison d'être et d'agir, est cette relation personnelle. Saint Basile l'avait bien compris et il met cette révélation que Jésus fait de sa propre vie en exergue de ces Maximes religieuses, qui sont venues jusqu'à nous à travers les siècles sous le nom de *Petites Règles*:

---

24. À des élèves qui ne distinguent pas toujours confusion mentale de compréhension et de charité universelles, il faut parfois présenter la différence entre sacrifice chrétien et auto-immolation d'une façon un peu brutale: supposons des vacances d'été dans un port de pêche. En jouant sur l'estacade, un enfant tombe à l'eau. Un homme plonge pour le sauver, mais une forte lame le projette contre un des piliers de l'estacade; perdant conscience, il se noie. A-t-il donné sa vie pour cet enfant? Certainement, même s'il n'a pas réussi à le sauver. – Mais supposons qu'un autre villégiateur, ému par cet exemple héroïque, veuille l'imiter dans une situation analogue: voyant tomber un enfant à la mer, il saute lui-même à l'eau en s'écriant: «Je donne ma vie pour cet enfant!». Mais le pauvre ne sait pas nager. A-t-il donné sa vie? ... Il n'appartient pas à nous de détruire notre vie en appelant cet acte «sacrifice». La relation personnelle est une réalité, non un artifice ou une étiquette.

«*Question 1*: Est-il permis ou expédient de faire et de dire librement ce que l'on croit bien sans tenir compte des Saintes Écritures?

Réponse. – Notre Seigneur Jésus-Christ a déclaré au sujet du Saint-Esprit: "Il ne dira rien qui vienne de lui, mais il répétera ce qu'il aura entendu" (Jn 16,13), et à son propre sujet: "Le Fils ne peut rien faire de lui-même" (Jn 5,19). Il ajoute ailleurs: "je n'ai point parlé de mon propre chef, mais mon Père en m'envoyant m'a prescrit lui-même ce que je devais dire et ce dont je devais parler, et je sais que son commandement est vie éternelle; quand je parle, je parle comme mon Père me l'a ordonné" (Jn 12,49-50).

Qui, par suite, serait assez fou pour oser de lui-même ne fut-ce que concevoir une pensée? Car l'homme a besoin d'être conduit avec bonté par l'Esprit-Saint pour se diriger sur le chemin de la vérité, qu'il s'agisse de pensées, de paroles ou d'actes. Il est un aveugle plongé dans l'obscurité s'il ne possède le soleil de justice, Notre Seigneur Jésus-Christ, pour l'éclairer par ses commandements comme par des rayons lumineux: "Le précepte du Seigneur, est-il dit, éclaire et illumine nos yeux" (Ps 18,9).

(…) et le Seigneur a dit: "Celui qui veut être grand parmi vous doit être le dernier et le serviteur de tous" (Mc 4,39). Cela signifie évidemment: renoncer à ses volontés propres et imiter le Christ: "Je suis descendu du ciel, a-t-il dit, non pour faire ma volonté mais la volonté de mon Père qui m'a envoyé" (Jn 6,38)»[25].

Toutes les «Règles» des ordres monastiques ne feront qu'indiquer à ceux qui sont appelés le chemin de la réponse, «sous la conduite de l'Évangile»[26]. Aucune règle ni institution ne saurait donner cette vocation. Toutes la présupposent. Et seule, la vie la démontre ou la prouve. Bien sûr, les théologiens scruteront les desseins de Dieu, et rendront compte des raisons salvifiques de son choix. Mais l'aspect, en un certain sens corrélatif inverse, du caractère personnel de la vocation religieuse, qui troublera toujours les moralistes et les calculateurs «justes», est le refus, peut-on dire, de la part de Dieu, de justifier son choix. À toute question concrète: «Pourquoi celui-là?» ou «Pourquoi pas les autres?» la réponse du Seigneur sera aussi brève que celle que reçut Saint Pierre lorsqu'il lui demanda au sujet de Saint Jean: «Et celui-là?» – c.à.d. qu'Il a ses élus et n'entend pas justifier son choix.

Les psychologues essaieront de dégager les structures de l'expérience vocationelle, d'en établir les motifs et les composantes, progressant inévitablement du simple au compliqué, puisque c'est la méthode de toute science d'observation de procéder de plus épars et périphérique au plus structuré et plus synthétique. Ce qui est absolu-

---

25. SAINT BASILE, *Les Règles Monastiques*, trad. L. LÈBE, p. 175; PG, 31, cc. 1080C-1081A.

26. *per ducatum Evangelii*, Règle de Saint Benoît, Prologue.

ment nécessaire, d'ailleurs, car il faudra cataloguer et classifier tous ces éléments. Même si le psychologue sait parfaitement que la vocation religieuse est primordiale, est cause, il doit l'examiner et la traiter comme effet, ayant des causes et préalables multiples. Parce que la psychologie s'est tout d'abord développée pour aider les hommes à recouvrer autant que possible l'équilibre et la santé psychiques, son vocabulaire et ses classifications sont empruntés aux symptômes pathologiques, de sorte qu'elle définit souvent la santé mentale en termes de maladie. Un des grands psychologues de la religion contemporains décrivait, il y a peu, l'amour comme «une hystérie réussie». En médecine, on pourrait tout aussi bien décrire la vie comme la seule maladie absolument mortelle. C'est joli, mais ne collabore guère à l'art de guérir.

Une description de la vie monastique comme source créatrice d'humanisme véritable – et peut-être la source la plus importante – ne saurait donc expliquer la base même du monachisme: la vocation. Celle-ci pourtant en constitue le fait le plus important: un fait indéniable, répété, parfois éclatant, parfois choquant, qui existe et que l'on retrouve à toutes les générations, aujourd'hui comme par le passé. Mais déjà la prise de conscience de ce fait par les appelés eux-mêmes l'imbrique dans un autre ordre, l'ordre du langage et donc de la culture. Car, si la vocation peut sembler tout à fait personnelle (aucun chrétien ne pourra jamais prétendre qu'elle est «individuelle», terme et concept qui viennent d'un langage bien divers), les langues ne le sont jamais: toute prise de conscience culturelle est déjà maniement, par une personne, d'une donnée linguistique collective, aux lois et aux références établies bien que mouvantes. L'historien ne peut que supposer l'histoire intérieure, mais ce dont il dispose, ce sont les documents et un texte. Ceux-ci, toutefois, permettent d'affirmer l'existence d'un écart infranchissable entre vocation religieuse et poursuite d'un idéal, entre fidélité personnelle et idéologie, entre foi et système salvifique. Car l'idéal, l'idéologie, le système salvifique, si beaux qu'ils soient, sont toujours abstraits et pleins d'autosuggestion. L'écart entre ces deux mondes s'illustre par d'innombrables exemples de l'histoire. Le plus frappant en est peut-être la consécration de la fondation de l'Église de Rome par le martyre de Saint Pierre: les Romains, pour se venger de l'incendie de Rome, l'exécutèrent dans un esprit de pogrom contre ce qui leur semblait être une secte juive particulièrement fanatique; les juifs considéraient Saint Pierre comme un apostat; mourir ainsi, victime des lieux communs aveugles d'un moment, c'est aussi: donner sa vie pour le Christ.

LES MOINES, LE TEXTE, ET LE CONTEXTE

Après la description de ce qui constitue, dans la vie monastique, le fondement même de l'humanisme chrétien, description réduite et assez sommaire, il faut indiquer quelques points considérés parfois comme étant la quintessence de l'humanisme, et qui peuvent certainement être jugés essentiels, si l'on considère leur impact sur la culture générale.

Il ne se passe guère de siècle sans que les ordres monastiques ne se soient penchés pendant quelques années, ou même pendant toute une génération, sur leur propre destin. Si un observateur insuffisamment préparé, et qui ne les connaîtrait que de l'extérieur, serait tenté d'y déceler un certain narcissisme institutionnalisé, ou une admiration exagérée devant le témoignage de vie que ces ordres monastiques offrent au monde, c'est qu'il ne se rend pas compte que les moines eux-mêmes sont les premiers à avoir le droit de s'étonner de leur propre existence; et, davantage peut-être, le devoir d'en être étonnés, car le phénomène de leur style de vie change ce monde de la vie humaine là ou ils apparaissent, et cela dans tous les siècles et à toutes les latitudes. Mais si, avec une telle prise de conscience, ou conscientisés et sensibilisés *ad hoc* (comme l'exige le langage socialisé), ils se mettaient à faire le moine pour changer le monde, ils ne seraient plus qu'une caricature de la vie monastique et ne produiraient plus que du folklore religieux. C'est que la vérité vivante, qu'ils entendent servir, demande une attention totale, ou ne laisse même plus deviner en quelle direction on pourrait la chercher. Or, c'est bien face à face avec la vérité, comme face à tout grand amour, que l'on apprend la véritable *connaissance de soi*, prônée par tous les sages, antiques et modernes, et par tous les saints, pour émerger au niveau d'une vie humaine adulte, libre et responsable. Une littérature abondante, engendrée par les moines, par les témoins admirateurs ou dénigrateurs, les accompagne dès leur apparition dans le monde hypercivilisé de l'Antiquité tardive.

Certains siècles ont été particulièrement féconds pour la qualité et l'abondance en même temps de cette littérature: le 12ᵉ, le 18ᵉ, et le nôtre en particulier. Les études de grande valeur sur la vie monastique, publiées en ce 20ᵉ siècle, forment déjà une bibliothèque immense, aux rayons hautement spécialisés, qu'aucun érudit ne saurait dominer, de sorte qu'il faut presque le génie de la synthèse pour s'atteler à de timides esquisses générales provisoires, presque toujours sous la pression du «siècle», plus avidement curieux que jamais de connaître «le secret des moines». Dans cette immense littérature scientifique on peut distinguer deux grands genres, ou deux courants principaux d'intérêt: études sur les sources de l'institution, études sur les sources de la spiritualité. La première, l'investigation historique des documents sur les institutions, qui connut un moment de recherche intense et éclairée au 16ᵉ siècle, en confrontation avec les critiques protestantes, s'est avérée fertile surtout de nos jours. Cependant, ce retour aux sources, les premières règles, le rétablissement de leur texte et de leur histoire, se révélerait pour le moins inutile, mais plus souvent encore néfaste, si on se mettait à les lire et à les commenter à travers les systèmes conceptuels et les terminologies contemporaines, sans esprit critique à l'égard de ces derniers.

Aussi essaye-t-on, très tôt déjà, d'aborder ces règles dans leur contexte, dans la spiritualité dont elles sont issues, et selon la signification que leur donnaient les premières générations de «Pères». De nos jours, le premier genre de recherches aussi bien que le second connaît un essor exceptionnel.

S'il faut en croire les documents – et il n'y a aucune raison pour ne pas les croire – au cours de l'histoire du monachisme, il n'est question que de décadences, relâchements, réformes nécessaires; ce sont les termes des siècles passés, le nôtre préfère se trouver en état de «crise». Avec cette suite interminable de situations déplorables, il faudrait conclure que les monastères, incroyablement déchus, étaient en train de continuellement mourir, ce qu'ils ne manquaient d'ailleurs pas de faire, mais pour refleurir aussitôt. La littérature à ce sujet offre donc une perspective aux teintes dominantes assez sombres. Toutefois, elle ne représente que l'application particulière d'une loi littéraire universelle, dont on ne tient pas toujours assez compte: seule la littérature un peu pessimiste sur l'homme et son milieu résiste au temps. La littérature optimiste à son sujet disparaît dans un néant miséricordieux; parfois il suffit d'une génération pour révéler combien elle est insupportablement fausse, les chantres du progrès devenant rapidement des pompiers grandiloquents d'une bêtise affligeante, de sorte qu'on s'empresse avec honte de les oublier. Pour la fête du bicentenaire des États-Unis, il y a quelques années, Gore Vidal composa un livre avec rien d'autre que des articles et des discours solennels, qui avaient embelli leur premier centenaire, dont le clou avait été l'exposition internationale de 1876 à Philadelphie; le résultat: Gore Vidal a produit un livre d'un comique irrésistible. Aussi, les seules œuvres optimistes sur l'homme, qui ont résisté au temps, sont du genre férocement satyrique, depuis Aristophane, Érasme et Thomas More, à Voltaire et Aldous Huxley.

La recherche contemporaine semble surtout fascinée par l'aube du monachisme chrétien et ses toutes premières formes. On chercherait si possible au-delà de Saint-Pacôme, mais certainement on s'attache aux formes plus antiques dans l'espoir de retrouver dans ces manifestations primordiales l'explication illuminatrice de ce genre de vie. Peut-être se trouve-t-on devant un reste de la conception romantique sur la continuité de l'évolution biologique, transposée dans le domaine de la libre création de la part de l'homme. Comme si on pouvait le régénérer en restituant au monachisme sa forme primitive, – n'est-ce pas de la même façon que Goethe chercha pendant toute sa vie la *Urpflanze*, à partir de laquelle toutes les diversifications et espèces de plantes se seraient diversifiées et, par conséquent, «ex-pliquées»? Or, dans l'évolution de la culture humaine il y a bien plus que le déterminisme ou la continuité de l'évolution; il y a de véritables créations géniales qui signifient un saut de qualité, un discontinu *dans* la tradition. On ne peut énumérer ici tous ces changements dans la vie monastique, qui révèlent l'intervention d'une créativité géniale. Se limitant à quelques faits exemplaires, on devra constater que ces changements au cours de l'histoire signifient à chaque fois aussi une remarquable victoire de l'humanisme.

La tentation de presque tous les mouvements dévots, de mépriser la science et d'exalter l'ignorance au nom de Dieu s'est manifestée plusieurs fois dans l'histoire du monachisme. Saint Basile devait arriver, quelque temps déjà avant A.J. Festugière, à la constatation que «les moines incultes sont proprement ingouvernables». Il aurait certainement été étonné d'entendre qualifier «d'action moralement indifférente» l'ordre, donné aux membres de la communauté, d'«apprendre à lire, de vaquer à la lecture»[27]. Pour le Maître, comme pour Saint Benoît, l'abbé est en même temps *doctor,* le monastère est une *schola* de formation permanente, tout comme la *schola Christi* est un thème favori de Saint Augustin. Or, l'étude exige de la discipline, la domination de soi, le silence, et la concentration; elle enseigne la régularité et, à l'hygiène mentale qu'elle requiert, s'associe immanquablement une hygiène d'ordre physique et matériel. Si le grand contemporain de Saint Basile, Évagre le Pontique, estimait encore que le moine qui se laissait distraire par une morsure de pou ou de puce ne jouissait pas encore de l'*apatheia* de la contemplation véritable[28], ce symptôme ne paraîtra plus, sous la plume des Bénédictins, comme une marque qui permet de reconnaître l'authenticité de la prière contemplative: apparemment les poux et les puces avaient préféré quitter le monastère pour retourner dans le siècle. Peut-être les moines eux-mêmes, en traitant d'un sujet

---

27. De Vogüé, *Règle de S. Benoît*, t. 7 (n. 16), p. 152.
28. I. Hausherr, *Les Leçons d'un Contemplatif. Le traité de l'Oraison d'Évagre le Pontique*, Paris, Beauchesne, 1960, p. 140.

pareil, se laissent-ils davantage porter à des considérations d'une élévation plus qualifiée. Elévation qui est d'ailleurs nécessaire si l'on veut
être juste, – telle l'admirable synthèse que donne du sens de ces efforts
Dom Guy-Marie Oury à propos de la Congrégation de Saint-Maur:
«Conscients ... de la part imputable au manque de formation intellectuelle et à l'oisiveté des religieux dans le déclin du monachisme, les
mauristes se sont montrés dès l'origine partisans des études, et d'études
sérieuses, y voyant une sauvegarde pour l'esprit de prière, de solitude et
de contemplation»[29].

Mais on ne peut songer à reprendre ici, même en synthèse, qui
tournerait d'ailleurs au catalogue, l'évocation de ces études et
recherches, patientes et respectueuses, au cours de tant de siècles, qui
sont à l'origine de l'expression «un travail de bénédictin» – sentence
historique s'il en fut! Il est probable que les moines, en chaque siècle,
et même à chaque génération, avaient d'autres motifs pour s'attaquer
à l'ignorance, origine de toutes les erreurs selon Saint Augustin[30],
mais le fait saillant, conclusion pour ainsi dire d'une histoire séculaire, est que la stagnation religieuse commence exactement là ou
s'installe la paresse intellectuelle, et que le renouveau religieux se
nourrit d'un effort de concentration mentale, d'un acte de courage du
cerveau. Rien de plus humaniste donc que ce sens religieux de la
responsabilité, qui fit, en des siècles d'ignorance, de ces «moines
missionnaires et réformateurs ... des grammairiens»[31], venus de ces
îles des saints comme des pays de culture méditerranéenne. Et l'on ne
saurait mieux résumer le rapport étroit et nécessaire entre fidélité
monastique et *fides illuminata* que ne le fait le titre même de
l'ouvrage que Dom Jean Leclercq consacra à cette immense épopée
d'enseignement et d'éducation de l'Occident: *L'amour des Lettres et
le Désir de Dieu*.

En ce qui concerne le sens des études monastiques pendant les
siècles de la renaissance, on ne peut ici que renvoyer à l'histoire de la
Congrégation de Saint-Maur[32]. Les publications de notre siècle enfin,
se distinguent par le niveau scientifique et la reprise en profondeur de
l'étude des sources: que l'on songe, par exemple, à la part des moines

29. *La tradition monastique toujours vivante*, in MIQUEL, *Part* (n. 13), p. 21.
30. *Enchiridion* c. 17 (PL, 40), c. 239.
31. On aura reconnu l'expression heureuse et concise de Dom Jean LECLERCQ dans
son *Initiation aux auteurs monastiques du Moyen Âge*: *L'amour des lettres et le Désir de
Dieu*, Paris, Cerf, 1957, p. 40.
32. É. MARTÈNE, éd. G. CHARVIN (Archives de la France monastique, 31-35; 42-47),
Paris, Picard, 1928-1943 en 9 volumes. Les tables en ont paru en 1954. On pourra fort uti-
lement aussi consulter la *Revue Mabillon*.

dans l'édition de la grande collection *Sources Chrétiennes* ou du *Corpus Christianorum*[33].

Évidemment les historiens qui, comme Goethe cherchant dans son *Urpflanze* toutes les indications qui expliqueraient l'évolution et les diversifications ultérieures, sont persuadés que l'étude des tous premiers textes nous révélera l'essence de la vocation monastique, nous montrera celle-ci dans toute sa pureté, et nous permettra de juger l'authenticité ou la déviation de tout ce que les siècles postérieurs ont édifié, proclameront bien haut que jamais aucun des saints fondateurs n'eut l'intention de promouvoir pareille recherche de culture humaniste. Mais cependant, il semble bien, qu'en conclusion à cette brève esquisse, il faille associer cet «amour des lettres» à d'autres caractères d'une incommensurable importance et grandeur civilisatrices; caractères, que, d'une parte, ces saints fondateurs n'ont certes jamais eu l'intention de programmer, mais auxquels ils ont, d'autre part, indubitablement donné l'impulsion, beaucoup plus qu'aucune autre instance civile ou ecclésiastique. C'est tout à l'honneur des moines, même si ce n'est pas à leur instance, que Saint Benoît a été proclamé patron de l'Europe.

SPIRITUALITÉ DE L'INCARNATION

On est parfois frappé par ce besoin de découvrir l'évolution continue et pour ainsi dire linéaire que beaucoup d'historiens monastiques cherchent dans leur histoire, comme si celle-ci répondrait à une évolution biologique, avec ses mutations et développements, bien sûr, mais où toute intervention créatrice non prévue signifierait excroissance et menace de déviation.

Or, pour un observateur moins «engagé», il est évident que Saint Benoît, par exemple, tout en greffant sa *Règle* sur la tradition antérieure, a fait œuvre de génie créateur pour l'histoire de l'humanisme, et même de l'humanité tout court. On se bornera à n'en indiquer ici que trois aspects: l'équilibre ascétique, la conscience de l'historicité de l'homme, le nouveau sens de son attachement terrestre.

1. *Prière – étude – travail*

Il y a un siècle que Montalembert publia ses *Moines d'Occident* (1860-1877), et depuis lors de nombreux historiens ont démontré par des

---

33. Dans l'ouvrage déjà cité *La part des moines* (n. 13), Dom Roger GAZEAU donne un aperçu fort bien documenté sur la contribution des moines aux études ecclésiastiques durant les 40 dernières années: *Un travail de bénédictin*, pp. 49-103.

études particulières le rôle des moines dans l'œuvre civilisatrice. C'est quelque peu en controverse avec E. Delaruelle, J.R. Palanque, et L. Cognet, que Dom Adalbert de Vogüé résume les intentions du fondateur: «Il ne s'agissait pour Benoît ni de faire une œuvre sociale et civilisatrice, comme le veulent certains modernes, ni d'empêcher ses moines de rester oisifs, ainsi que d'autres imaginent. Les premiers se représentent Benoît comme un novateur hardi, rompant avec l'eschatologisme de ses prédécesseurs et engageant le monachisme dans des tâches utiles à l'humanité ici-bas. Les seconds croient que les anciens moines – et Benoît avec eux – ne voyaient dans le travail qu'un passe-temps ascétique. En réalité, Benoît se tient exactement dans la ligne tracée par les Pères, sans prétention originale et sans visée civilisatrice, mais sans rien perdre non plus des motivations variées de la tradition. Pour lui, le travail n'est pas seulement un exercice d'ascèse, une occupation qui chasse l'oisiveté. C'est aussi une obligation vis-à-vis d'autrui, les moines devant gagner leur vie et faire l'aumône»[34]. Bien sûr, c'est par nécessité économique que les moines sont obligés de faire la récolte – l'abondance italienne de jadis est réduite à un souvenir par les guerres entre Goths et Byzantins. Mais en ce domaine comme en d'autres, la création géniale est le plus souvent une réponse à une nécessité bien prosaïque et limitée. N'empêche que l'*ordre* que donne à la vie humaine l'équilibre prière – étude – travail est une norme géniale de simplicité et d'humanisme universel. L'expérience démontre d'ailleurs abondamment que dans les monastères on s'aperçoit assez rapidement des conséquences néfastes pour la vie religieuse autant qu'humaine, si on accepte ou, pire encore, si on prône, le déséquilibre entre ces trois occupations fondamentales.

Que Saint Benoît n'ait pas eu l'intention de faire une création géniale d'ordre religieux – et il faut accepter ici l'*ordre* dans le sens original du terme – ni de fonder une œuvre civilisatrice incomparable, est le moins que l'on puisse espérer. Puisque le sujet traité ici revient au problème de l'influence d'un grand saint sur la culture, il ne sera pas inutile de se rappeler que l'art et la sainteté ont ceci en commun: que c'est de l'extérieur qu'on est le mieux placé pour les juger. Si quelqu'un te confie qu'il vient de créer une œuvre de génie, ou qu'il est en train de réussir

---

34. DE VOGÜÉ, *Règle de S. Benoît*, t. 7 (n. 16), pp. 337-338. Cf. E. DELARUELLE, *S. Benoît et la civilisation de son temps*, in *Le Christianisme et l'Occident barbare*, éd. Jean-Rémy PALANQUE – Serge BARRAULT – Jean-Baptiste GAI, Paris, Cerf, 1945, pp. 399-432; J.R. PALANQUE – E. DELARUELLE, *Le rôle temporel de l'Église du IVe au VIIe siècle*, in H.C. DESROCHES, et al. (éds.), *Inspiration religieuse et structures temporelles* (Bases de l'humanisme. Économie et humanisme), Paris, Éd. Ouvrières, 1948, pp. 77-106; L. COGNET, *Spiritualité monastique et laïcs d'aujourd'hui*, in *Écoute* 164 (1966) 19-20.

la sainteté, l'on sait à peu près à quoi s'en tenir. Normalement ce seront les autres qui pourront le discerner. Pour cette raison seule déjà, il est si raffraîchissant de lire les ouvrages de Léo Moulin, aussi bien *Le Monde vivant des Religieux*, de 1964, que le plus récent: *La vie quotidienne des Religieux au Moyen Age*[35]. Dans les pages où l'auteur ne trouve rien d'extravagant au projet de ces religieux, que leur genre de vie s'inscrit souvent, en effet, dans les nostalgies de leurs contemporains, ou que l'effort requis par leurs pratiques ascétiques correspond à ce qu'on peut normalement exiger de la nature humaine pour réussir dans n'importe quel domaine, Léo Moulin ne se rappelle pas, peut-être, qu'il ne fait que reprendre le *leitmotiv* des saints fondateurs eux-mêmes: qu'ils ne proposent rien d'exceptionnel ni de spécial, mais tout simplement la vie chrétienne telle qu'elle vaut la peine d'être vécue.

2. *Historicité de l'homme*

Il est permis de voir en Saint Benoît le premier génie occidental des temps modernes. Avant lui, même pour un Saint Basile, la vie humaine était jugée à l'aune d'un absolu, qui se trouvait en dehors des vicissitudes de l'histoire: Le Beau, le Parfait, en art comme en morale. Et les civilisations, aussi bien que les hommes, étaient jugées sur leur valeur selon qu'elles s'approchaient ou s'éloignaient de cet idéal. On ne considérait pas les hommes d'une période déterminée selon le chemin accompli par eux-mêmes, tenant compte de la situation au départ, des possibilités et des limites de développement dans des circonstances concrètes; tout au plus tenait-on compte des heurs et malheurs de leur existence qui leur venaient du dehors, pour mitiger le verdict sur la distance qui les séparait de l'idéal absolu. Ce besoin de ranger les valeurs culturelles selon une norme absolue située en dehors de l'histoire, et non selon les réalisations dans un temps et des circonstances données, réaffleure à toutes les époques qui se veulent «classiques», valables pour tous les siècles et universelles. Il est clair que Saint Benoît révère profondément cet absolu, mais il n'est pas moins clair qu'en le regrettant il ose décider qu'on ne peut l'appliquer ni imposer aux hommes de son temps. L'idéal était fait pour des générations plus robustes, plus fortes et plus aguerries moralement. Il répétera plusieurs fois, tout au long de sa *Règle*, que l'abbé doit tenir compte des possibilités d'un chacun, et ne pas taxer du même fardeau les forts et les faibles, en somme: considérer davantage les capacités personnelles que l'idéal convoité. De nos jours, où refleurit

35. Paris, Hachette, 1978.

l'usage primitif de mettre la religion au service des impératifs de la collectivité, on voit souvent encore dans cette souplesse de Saint Benoît, dans son souci de guider selon les capacités relatives des personnes, une concession au subjectivisme, un renoncement forcé à l'idéal absolu. Il se peut que le fondateur l'ait senti comme une concession aux faiblesses concrètes de ses contemporains; mais la chose importante est qu'il ait jugé juste de la faire, cette concession, introduisant de la sorte un jugement sur les valeurs humaines selon les données historiques, forcément relatives. Or, la lucidité et le courage mental qu'une telle prise de position suppose, et cela dans des Règles proclamées jadis une fois pour toutes comme modèle de vie eschatologique, constitue, sans doute, un des éléments qui ont le plus frappé son biographe et admirateur, Saint Grégoire le Grand. Il est certain que c'est une perception pareille de l'historicité de l'homme qui a donné à Saint Grégoire le dynamisme qui devait changer l'Église et le monde: au lieu de voir, comme tant de ses grands contemporains, dans le naufrage de l'Empire la fin de la civilisation et de la chrétienté, il a entrepris de traiter avec les envahisseurs «barbares», et envoyé Saint Augustin en Angleterre.

3. *Stabilité*

L'aversion de Saint Benoît pour les «gyrovagues» est restée proverbialement célèbre. L'apparition de ces religieux «mendiants» avant la lettre tombait en un temps peu propice: tout le monde, et les monastères en tout premier lieu, croyait de son devoir de combattre la pauvreté plutôt que de la répandre par des pratiques; il est certain que le nomadisme de ces moines gyrovagues n'était pas précisément considéré comme un ornement de l'Église. Mais la volonté du fondateur d'imposer la stabilité à la vie monastique se révèle, à y regarder de plus près, comme une de ces intuitions géniales qui ont changé le monde et établi une des lois fondamentales de l'humanisme chrétien.

Les nomades au nom de la religion représentent un phénomène spirituel indéniable. Le résumé de l'esprit du «monde», tel que le donne Saint Jean: «la convoitise de la chair, la convoitise des yeux et l'orgueil de la richesse» (1 Jn 2,16) correspond à la conscience religieuse universelle. Le but de la possession est la puissance. L'instinct de domination, l'avidité du pouvoir prend toujours un caractère spatial: il se consacre par la possession terrienne, s'exerce sur un territoire, délimite son royaume contre celui d'un rival ou d'un adversaire. Le réflexe de la plus haute religiosité naturelle sera le détachement de cette soif de domination, et par conséquent de ces possessions terrestres qui en forment la défense et la garantie. Détachés de la possession matérielle, les esprits religieux se purifient de l'instinct de possession, et deviennent libres de toute attache à la terre. La figure du vagabond-pèlerin est de tous les siècles, depuis le chevalier errant jusqu'au pèlerin russe, depuis la «queste» du Graal à la *comitiva* bourgeoise de Chaucer. Mais ce grand détachement de l'esprit de possession, qui est universellement religieux, devient aussi détachement de la terre et de tout ce qu'elle représente, et ce détachement n'est pas chrétien. Au fond du dynamisme religieux s'est introduit, une fois de plus, la logique de la chosification de la réalité. C'est la soif de domination, l'avidité de possession qui est mauvaise, mais non la terre qui, pour le chrétien, attend précisément d'être délivré de ce joug de l'égoïsme dominateur, pour être aimée dans sa réalité, pour *recevoir sa signification*, pour être travaillée et servir à la charité. La stabilité de la vie bénédictine attache le moine à la terre au lieu de l'en détacher. Au lieu de le déraciner spirituellement, la vie monastique l'y enracine chrétiennement.

Dans un territoire dominé par la loi du plus fort, la loi de la jungle, l'instinct de domination commet la violation dernière du sens même de la vie humaine dans sa dimension locale et spatiale. Et voilà que, au milieu de ce désordre, des hommes viennent vivre l'ordre. Ils n'abandonnent pas cette terre humiliée, en la méprisant, ils la libèrent en l'aimant activement. Les moines restituent à la dimension terrestre son sens véritable, ils rédiment cette terre, toute une province, toute une région, rien qu'en la servant pour en remettre un petit morceau au service de l'amour et de la charité. On comprend que les puissances du mal aient poursuivi les moines d'une haine séculaire. Elles auraient certainement préféré qu'ils s'en aillent errer en «spirituels purs».

Il suffit que quelques hommes vivent, sur cette même terre, l'ordre de l'amour, opposé à l'esclavage de l'égoïsme, pour que soit ébranlée la dictature du mal qui y régnait. La présence humaine, dans l'ordre véritable, est le seul apostolat vraiment et définitivement efficace dans toute une région. Le rêve de l'Antiquité qui fit construire les temples grecs devient réalité chrétienne. On pouvait bien monter jusqu'au sanctuaire, pour y brûler de l'encens en honneur du dieu; mais la fonction du temple était surtout vécue de l'extérieur; il sanctifiait le paysage; par sa présence il consacrait toute une région, toute une province. En le contemplant de loin on priait: car il signifiait qu'à travers lui la bienveillance divine descendait sur la terre, bénissant les travaux et les efforts des hommes. Aujourd'hui encore, au retour de quelqu'île du Dodécanèse, après le long trajet sur une vieille malle asthmatique, lorsqu'on voit apparaître les colonnes du temple de Poseidon sur la cime du Cap Sunion, on a envie de verser aux divinités quelque libation à l'approche des bons vieux rochers de l'Attique. Or, ce rêve antique de toute l'humanité, les moines chrétiens le réalisent: là où ils viennent habiter, ils vivent l'ordre de Dieu qui est le seul ordre rédempteur de notre vieille terre; dans toute cette région le règne du mal est brisé, et déjà la grâce y opère le retour de l'ordre véritable, qui libère et trans-forme la terre elle-même autant que ses habitants. Car ces moines ado-rent un Dieu qui s'est fait homme, non pas seulement comme faisant usage de son humanité afin de les sauver, de sorte qu'Il puisse déposer son enveloppe terrestre lorsque l'œuvre rédemptrice sera terminée, ni comme un avatar du visage spirituel humain de la divinité, mais formé du même protoplasme pour toujours. Dans leur *credo* ces moines confes-sent depuis des siècles – et confesseront toujours, le *Cuius regni non erit finis*. Ils vivent pour le Royaume, royaume eschatologique, certes, et le Dieu qu'ils servent est un homme-Dieu. Celui qui a peut-être le plus clairement indiqué ce revirement, cette re-conversion aux valeurs ter-restres qu'exige la foi dans l'Incarnation, est le frère du grand Saint Basile, Saint Grégoire de Nysse, dans ce chef-d'œuvre qui a toujours été loué comme étant le manuel parfait du contemplatif, sa *Vie de Moïse*. Lorsque Moïse s'est formé aux lettres profanes à la cour des Pharaons, lorsqu'il a combattu le bon combat entre la vérité et l'erreur, et le com-bat de l'ascèse entre vices et vertus, et qu'il a finalement fait régner l'ordre moral et spirituel dans sa vie intérieure, alors il pourra faire la rencontre du Seigneur. Or, si tout en lui le préparait à chercher cette ren-contre, cette révélation personnelle qui appelle à une vocation spéciale, dans une spiritualisation toujours plus élevée, cette lumière divine, «ce n'est pas de quelque luminaire situé parmi les astres qu'elle rayonne, – mais sortant d'un simple buisson de la terre, elle surpasse pourtant par ses rayons les astres du ciel»[36].

36. PG, 44, c. 332D: οὐκ ἀπό τινος τῶν περὶ τὰ ἄστρα φωστήρων λαμπόμενον ... ἀλλ' ἀπὸ γηΐνης θάμνου τοὺς κατ' οὐρανὸν φωστῆρας ταῖς ἀκτῖσιν ὑπερβαλλόμε-νον.

DS, t. 10, 1980, cc. 1187-1191

14

MICHEL DE SAINT-AUGUSTIN

Vie

Jan van Ballaert (selon le catalogue de la province flandro-belge de 1680; la *Biographie nationale* de Belgique donne Ballaer) naquit à Bruxelles le 15 avril 1622. Il fit de brillantes études d'humanités au collège réputé que les augustins avaient ouvert à Bruxelles au début du siècle; il entra dans l'ordre des carmes chaussés et y fit ses vœux le 14 octobre 1640. La famille van Ballaert était aussi pieuse que nombreuse: ordonné prêtre le 10 juin 1645, Michel de Saint-Augustin eut l'assistance à sa première messe de ses trois frères prêtres séculiers et de ses trois frères franciscains, et durant ces prémices un autre de ses frères fit ses vœux au Carmel sous le nom de Marius de Saint-François[1]. Nommé professeur de philosophie à Gand, Michel accepta, à peine âgé de vingt-cinq ans, la direction spirituelle de Maria Petyt, plus jeune que lui d'un an, et qui y vivait alors au petit béguinage: leur relation spirituelle devait devenir une des amitiés mystiques les plus fécondes de ce siècle pourtant bien riche sous cet aspect. Si Michel conserva les comptes rendus de sa dirigée, on ignore ce qui advint de ses lettres, dont on peut reconstruire certains éléments grâce aux réponses de Maria Petyt; car ils ne purent, providentiellement, s'entretenir longtemps de vive voix, Michel ayant été rapidement appelé à des charges qui l'éloignèrent de Gand, de sorte que sa dirigée dut lui envoyer ses relations par écrit.

Michel devint successivement maître des novices, définiteur et assistant du provincial, et deux fois prieur à Malines. Élu en 1656 prieur à Bruxelles, il fut la même année nommé à l'unanimité des voix provincial de Belgique («Nederlandt») au chapitre de Bruges. Il fut encore provincial en 1666 et en 1677, et pendant quelque temps commissaire général de l'ordre. Continuant les efforts de Martin de Hooghe et de Liévin de la Trinité pour renouveler dans les couvents de Belgique la stricte observance et la spiritualité contemplative par l'adhésion à la reforme de Touraine[2],

1. Cf. *DS,* t. 10, 1980, cc. 615-616.
2. *DS,* t. 2, 1953, c. 169.

Michel devint le meilleur collaborateur en cette tâche de Philippe Thibault. Directeur spirituel recherché aussi bien par les gens du monde que
par les religieux, c'est au service de l'intériorisation de la vie de prière
que furent écrits tous ses livres; il n'hésite pas à y reprendre les mêmes
motifs fondamentaux, les mêmes conseils, mieux ou autrement exposés
selon les besoins de cet apostolat. Il mourut à Bruxelles le 2 février 1684.

ŒUVRES

1. *Introductio in terram Carmeli et gustatio fructuum illius seu Intro-*
ductio ad vitam vere carmeliticam seu mysticam et fruitiva praxis ejus-
dem, Bruxelles, Fr. Vivien, 1659; bientôt suivi de la publication néerlandaise du même ouvrage: *Inleydinghe tot het Landt van Carmelus...*
(mêmes lieu et date).

2. *Het Godtvruchtigh Leven in Christo voor de Beghinnende, Voort-*
gaende ende Volmaeckte, met een kort Begryp vande Bekoringhen ende
Remedien der selve, Bruxelles, J. Mommaert, 1661.

3. Cet ouvrage fut repris et très amplifié en latin: *Pia vita in Christo*
pro incipientibus, proficientibus et perfectis cum compendio tentationum
et remediorum earundem pro eisdem, ibidem, 1663.

4. *Onderwysinghe tot een grondighe verloogheninghe sijns selfs ende*
van alle creaturen, ende tot een Godtvormigh goddelijck Leven in Godt
om Godt... Met een Byvoeghsel ... van een Marie-vormigh Marielijck
Leven in Maria om Maria, Malines, G. Lints, 1669.

5. Reprenant en partie la *Pia vita,* suivie de la rédaction en latin du 4°:
Institutionum mysticarum libri quatuor. Quibus anima ad apicem per-
fectionis, et ad praxim mysticae unionis per gradus deducitur, Anvers,
M. Parys, 1671 (4 t. en 2 vol.); c'est la somme de l'enseignement spirituel de Michel de Saint-Augustin.

6. *Eensaemheydt van thien daghen, oft XXX Meditatien voor d'exerci-*
tien van thien daghen, Bruxelles, E.-H. Fricx, 1677.

7. *Spieghel der Religieuse Volmaecktheyt, voorghestelt in 't leven*
ende deughden van den dienaer Godts Fr. Arnoldus a S. Carolo.., Courtrai, J. van Gemmert, 1677.

8. *Exercitien van thien daghen* (autre série), Ypres, 1681.

9. *Het enghels Leven,* Ypres, 1681.

10. *Collectio decretorum pro exactiori observantia constitutionum*
reformationis in provincia Flandro-Belgica conditarum a ... J.A. Philip-
pino et H. Ari, generalibus in suis visitationibus.., Bruxelles, P. vande
Velde, 1631.

11. *Kort Begryp van het Leven van de Weerdighe Moeder Sr. Maria a S. Teresia (alias) Petijt, Gheestelijcke Dochter..*, Bruxelles, P. vande Velde, 1681. Cette première *Vie* de Maria Petyt est dédiée à l'abbesse Barbara Petyt du couvent dos sœurs urbanistes à Ypres, tante de Maria Petyt. Elle avait paru aussi la même année, sous le titre *Het Wonder Leven..*, dans la collection de saintes vies contemporaines illustrant la spiritualité carmélitaine, compilée par Jacques de la Passion, *De Stralen van de Sonne van den H. Vader en Propheet Elias*, Liège, H. Hoyoux, 1681.

La *Bibliotheca catholica neerlandica impressa* (La Haye, 1954) ignore l'édition du *Kort begryp...* A. Staring en a conclu à son inexistence[3]. J. Merlier en découvrit un exemplaire au couvent des carmes à Courtrai[4]. L'appellation «fille spirituelle» donnée dans le titre à Marie Petyt démontre que, quatre ans après sa mort, les carmes ne l'avaient pas encore incorporée à l'ordre comme carmélite.

12. *Het Leven vande Weerdighe Moeder Maria a Sta Teresia, (alias) Petyt, vanden derden Reghel vande Orden der Broederen van Onse Lieve Vrouwe des berghs Carmeli, tot Mechelen overleden den 1 November 1677*, Gand, J. vanden Kerckhove, 4 t. en 2 vol., 1683-84. Sur cet ouvrage, voir la notice de Maria Petyt.

G. Wessels a réédité les principaux traités des *Institutiones mysticae* avec la *Vita* de Michel par Timothée de la Présentation sous le titre: *Introductio ad vitam internam et fruitiva praxis vitae mysticae*, Rome, 1926. On y trouve: *De tribus votis essentialibus* (= livre 3, traité 1), *De connexione vitae activae cum contemplativa* (= tr. 2), *Brevis instructio ad vitam mysticam* (= tr. 3), *Fruitiva praxis vitae mysticae* (= tr. 4), *De vita Maria-formi et mariana in Maria propter Mariam* (= livre 4, tr. 3).

SPIRITUALITÉ

Ce qui donne à la spiritualité de Michel de Saint-Augustin son caractère d'abondance vivante et spontanée, c'est l'union qu'elle réalise entre l'esprit fondamental du Carmel et la richesse de la tradition contemplative des Flandres. Si on ne s'en tenait qu'aux documents écrits, on aurait tendance à attribuer l'inspiration carmélitaine à Michel et l'apport de l'héritage mystique flamand à Maria Petyt. Mais la famille van Ballaert

---

3. *Carmel* 1 (1948-49) 287-305.
4. J. MERLIER, *Het Leven van Maria Petyt (1623-1677). Het probleem van de eerste druk (1681)*, in *OGE* 49 (1975) 29-41.

était elle-même imprégnée de cette tradition: Michel avait deux sœurs béguines à Bruxelles, dont l'une devint même grande demoiselle du béguinage, et une troisième se fit «fille spirituelle» comme Maria Petyt, mais tertiaire franciscaine, restant dans le monde pour soigner ses parents.

Les relations entre Michel et ses sœurs semblent avoir été suivies et normales, comme nous l'apprend un détail de sa *Vie,* rédigée par son ancien novice, devenu son ami, Timothée de la Présentation († 1710)[5]. Lorsque ses deux sœurs béguines lui apprirent combien la nouvelle de la prise de Valenciennes par Louis XIV, en 1677, les avait affectées, Michel leur répondit qu'il avait été averti dans sa prière de la chute de la ville au moment même de l'événement. Le biographe s'est donc renseigné sur Michel auprès de ses sœurs béguines; il relate évidemment le fait pour attirer l'attention du postutateur général sur certains traits merveilleux de l'oraison de son sujet.

Quoi qu'il en soit, le traité de Michel sur les trois vœux de religion[6] se termine par un exposé sur la pauvreté spirituelle (ch. 52-72), achèvement véritable, pour lui, du vœu de pauvreté selon ses implications économico-sociales. On y retrouve le vocabulaire, admirable et intransigeant, du dénuement intérieur cher à la mystique du nord. Si le titre du chapitre 63: *En quoi consiste la parfaite pauvreté de l'esprit propre à la vie mystique,* semble ne s'adresser qu'aux contemplatifs, le texte en fait la règle de tous les religieux «intérieurs» (*omnes interni religiosi*). Elle exige «le dénuement de toute créature: de sorte qu'on reste en Dieu, sans vouloir, sans connaître, sans comprendre, sans sentir quoi que ce soit des choses créées, même des charismes divins…, ne désirant rien, ne possédant rien avec attachement…, ni grâces ni vertus, ni choses de la terre ni du ciel, ni naturelles ni surnaturelles». Cette pauvreté spirituelle est vue comme condition de la *sequela Christi* et réponse à son appel.

Michel semble supposer que ceux qui sont appelés au Carmel le sont aussi à la contemplation, et dans sa *Brevis instructio ad vitam mysticam*[7] les trois conditions nécessaires à tout développement de l'oraison intérieure sont «la solitude, le silence et la mortification» (ch. 3). Le fait qu'il y montre sainte Catherine de Sienne donnant des conseils à son confesseur laisse penser qu'il concevait la direction spirituelle comme un échange plus que comme un mouvement à sens unique.

---

5. Éd. G. WESSELS, Rome, 1926.
6. *Institutiones mysticae,* liber 3, tract. 1.
7. *Inst. myst.,* liber 3, tract. 3.

La mortification est abnégation de soi dans le dénuement intérieur total: «L'âme véritablement extatique est celle qui ne s'appuie sur, ni n'est aidée par aucune expérience sensible ou illumination intérieure, mais tend à Dieu par foi nue et amour simple, abstrait et aliéné des sens» (ch. 13). Elle prépare à l'union essentielle, dans le sens que lui donne Michel: cette âme n'adhère à Dieu pour aucun de ses dons ou de ses attributs, mais simplement parce que c'est Lui, «en Soi et pour Soi» (= *nuda essentia Dei*). «Car aussi longtemps que l'âme n'est pas dénudée de tout, elle ne pourra pas être unie à Dieu essentiellement ou sans intermédiaire»[8]. Aussi cette âme-là sera la mieux disposée à recevoir la transformation en Dieu[9]. Elle devra toujours pratiquer l'anéantissement de toutes choses en Dieu, et se vider en Lui de toute affection d'attachement (*annihilatio omnium in Deo; sui in ipso ab affectu adhaesivo exinanitiones*); mais tout cela se fera *suaviter,* sans forcer l'esprit, sans se casser la tête (*sine violentatione spiritus, sine fractione capitis*)[10].

Le contemplatif se rend compte «qu'il est contre la simplicité de réfléchir beaucoup à son état de désolation, ou de discerner et distinguer avec une sollicitude anxieuse entre une disposition et l'autre, entre aridité et douceur, entre lumière et ténèbres, car il lui suffit d'avoir la présence de son Bien-Aimé essentiellement... Il estime, en effet, avoir et posséder inamissiblement tout ce qu'il pourrait désirer, c'est-à-dire Dieu essentiellement ou selon son essence, que personne ne pourra lui enlever» (ch. 2).

Si, dans sa *Fruitiva praxis vitae mysticae*[11], Michel traite aussi des touches, illuminations, irradiations, ravissements, extases, ligatures et lévitations qui peuvent accompagner la vie mystique, décrivant soigneusement leurs symptômes, l'expérience intérieure concomitante, les conséquences, et donnant le plus simplement et le plus posément du monde les conseils de comportement dans ces divers états comme s'ils constituaient le régime ordinaire du Carmel, jamais il n'oublie les fondements solides du renoncement et de l'union essentielle.

Mais la vocation au Carmel est vocation à la vie mixte. Si Dieu appelle quelqu'un par une certaine voie, il ne faut pas le chercher par d'autres voies spirituelles. Si on est appelé à suivre le prophète au désert intérieur, c'est aussi comme Élie et Elisée que le carme établira

8. *De paupertate spirituali,* ch. 63.
9. *Instit. myst.,* liber 3, tract. 3, *Brevis instructio,* ch. 13; mais il faut noter, par contre, que Michel emploie l'expression «vie déiforme» aussi bien pour l'ascèse que pour la mystique.
10. Dans *Instit. myst.,* liber 3, tract. 4, *Fruitiva praxis vitae mysticae,* ch. 8.
11. *Instit. myst.,* liber 3, tract, 4.

sa vie «sur la montagne à double cime de la vie religieuse»: «Le pro-pos» des carmes «doit être double, la vie contemplative et la vie active. Et c'est pour cela qu'ils se glorifieront en Dieu»[12]. Ils devront réunir en leur propre vie celle de Marie et de Marthe, sachant que Marie a choisi la meilleure part, et lui donnant par conséquent la priorité.

La spiritualité de Michel de Saint-Augustin peut paraître exigeante, mais la nécessité mystique des renoncements, dénuements et de l'union essentielle devient sous sa plume la doctrine du bon sens même présentée avec la bonhomie la plus équilibrée, – caractéristique d'écrivains ayant une expérience personnelle dont ils évitent de parler. Notre auteur a tendance à attribuer son penchant pour les vertus inté-rieures plutôt austères à un «naturel heureux» ou plus simplement encore à sa «complexion physique». Ses développements mystiques s'appuient volontiers sur des images du monde naturel et de la vie courante; ainsi, parlant du «contemplatif dans l'action», de «l'homme commun» idéal mystique des anciens Pays-Bas, il ajoute: «Celui qui exécute quelque travail au soleil a conscience *actuellement* de travailler dans les rayons du soleil»[13]. Bon humaniste, il ne dédaigne pas une citation d'Horace ou les images des travaux des champs, mais il tire ses meilleures comparaisons des techniques des arts et métiers. Le seul traité de Michel qui soit encore traduit et publié est celui sur la vie «marie-forme»[14]; c'est aussi celui où il est le plus tributaire de Maria Petyt: il n'a, en effet, que copié ou traduit en latin les comptes rendus de sa dirigée, spécifiant qu'il s'agit de faveurs, accordées à «certaines âmes».

Les attaques contre les mystiques du nord sont sans doute pour une grande part dans l'oubli où sont tombés ses autres ouvrages. Les théolo-giens qui s'attachèrent à faire triompher la réforme thérésienne du Car-mel lisaient ces écrits selon une grille de significations philosophico-théologiques qui en faussait le sens: l'abstraction dont parle Michel et qu'il faut entendre au sens littéral d'*abstrahere* (détourner l'attention des objets extérieurs vers l'intérieur) était comprise par eux au sens figuré de concepts intellectuels abstraits, et tendant donc à exclure l'humanité du Christ; de même l'union essentielle leur apparaît non comme un terme situant le lieu de l'expérience spirituelle, mais comme un concept pan-théiste; et ainsi de suite.

12. *Instit. myst.*, liber 3, tract. 2, *De connexione vitae activae cum contemplativa*, ch. 7.
13. *Brevis instructio*, ch. 9.
14. *Instit. myst.*, liber 4, tract. 3.

[BIBL.]

Biographie nationale de Belgique, t. 1, 1866, cc. 670-673.

DTC, t. 10, 1929, cc. 1707-1710 (bibl. ancienne).

S. Axters, *La spiritualité des Pays-Bas,* Louvain, Nauwelaerts, 1948, pp. 91-95.

Geschiedenis van de vroomheid in de Nederlanden, t. 4, Anvers, De Sikkel, 1960, pp. 190-197, 200-201.

A. Deblaere, *De mystieke schrijfster Maria Petyt,* Gand, Secretarie der Academie, 1962, spéc. pp. 19-22.

C.M. Catena, *La consacrazione a Maria in S. Luigi Maria Grignion ... e nel V.P. Michele di S. Agostino,* dans *Analecta ordinis carmeliticae* 16 (1951) 3-43.

J. Moynihan, *Two Carmelite Lovers of the Blessed Virgin,* in *Doctrine and Life,* 5 (1955) 147-152.

V. Hoppenbrouwers, *Devotio mariana in ordine ... de Monte Carmelo,* Rome, Institutum Carmelitanum, 1960, table.

DS, t. 1, c. 1150; t. 2, cc. 1462, 2044; t. 3, c. 925; t. 5, cc. 661, 1371; t. 7, cc. 74, 1917, 2104; t. 10, c. 401; Petyt (Maria).

15

JEAN MOMBAER (MAUBURNUS, DE BRUXELLIS)

V<small>IE</small>

Né à Bruxelles vers 1460, Jean Mombaer fit ses études à la célèbre école des Frères de la Vie Commune à Utrecht. On a suggéré qu'il y connut Érasme, élève lui aussi de cette école dès son jeune âge; il semble plus probable que l'amitié qui lia les deux hommes ait sa source dans la conviction qu'ils partagèrent que la vie religieuse devait s'intérioriser, devenir plus spirituelle et personnelle, et que ce renouvellement ne pourrait se réaliser que par une formation prolongée, humaniste autant que dévote, durant la jeunesse. Ni l'un ni l'autre n'accepte que l'obéissance extérieure aux statuts et la pratique des observances produisent d'elles-mêmes la sainteté; mais, tandis que Mombaer voit dans cette réduction un manquement grave à l'esprit (*non sic patres nostri, non sic*[1]), Érasme en viendra à traiter de superstition l'observance pratiquée pour elle-même.

À Utrecht, on enseigne déjà les humanités: Mombaer y étudie Quintilien, Cicéron, Térence, Virgile, Horace, etc. Ses études terminées, il demande son admission chez les chanoines réguliers de Saint-Augustin d'Agnietenberg; la chronique du monastère, menée jusqu'en 1477, ne le cite pas; son entrée aura donc eu lieu dans les années suivantes.

Selon l'usage de Windesheim, Mombaer se constitue un *rapiarium* ou *collectarium,* recueil d'extraits de ses lectures pour avoir toujours bonne matière à *ruminare,* à méditer. La soif de lecture et d'étude le conduit au surmenage puis à la maladie. Sa santé en restera ébranlée pour le reste de sa courte vie. Pour aider à son rétablissement, on lui confie la charge facile de *socius* du recteur des chanoinesses de Bronope sur l'Yssel. Sa passion de la lecture n'en diminue pas et il entretient une correspondance à propos de citations exactes et de livres prêtés; ce souci d'établir le texte exact des sources est encore un trait de Windesheim qui marquera l'humanisme chrétien. Afin de concilier son amour des livres et le soin de sa santé, on le nomme inspecteur des bibliothèques des maisons,

---

1. *Rosetum...* (cf. bibl.), Titulus 17/18, *De exercitiis internis.*

ce qui lui favorise la rencontre d'hommes érudits dont il se fait des amis. Il gardera toute sa vie ce don d'éveiller des amitiés qui s'avèrent profondes et fidèles. On le rencontre à Corsendonck, Groenendaal, Rouge-Cloître, Sept-Fontaines, Springiersbach, Cologne, etc. Il enrichit son *rapiarium* déjà célèbre et élabore son *Venatorium,* relevé des vies et des écrits des saints hommes de la congrégation[2].

Il retourne, rétabli, à Agnietenberg, mais est bientôt envoyé comme sous-prieur à Gnadenthal (duché de Juliers), couvent qu'il appelle «Val de misère» ou «Vallée de larmes»; la réforme qui y est tentée échoue au point que Mombaer conseille la suppression de la maison. Après un an, le sous-priorat dans de telles circonstances l'écrase: «Sans nul espoir désormais, je ne puis le supporter davantage sans péril tant pour le corps que pour l'esprit»[3]. Il est déchargé du sous-priorat et nommé procureur.

Cependant, par l'intermédiaire de Jan Standonck, ancien élève lui aussi des Frères de la Vie Commune, principal du collège Montaigu à Paris, on demande à Windesheim des religieux pour réformer des abbayes de France.

Les amis influents de Standonck avaient appris à connaître et à estimer la spiritualité de la *Devotio moderna;* lui-même était devenu directeur spirituel du grand amiral Louis de Graville, l'ami du confesseur du roi Jean de Rély, évêque d'Angers, du vicaire général de l'évêque de Paris, Jean Quentin, du président de la Chambre des enquêtes du Parlement, du pénitencier de Sens, Philippe Hodoart. Lorsque Charles VIII convoque l'assemblée du clergé à Tours en 1493, c'est Standonck qui est chargé d'en rédiger les articles préparatoires. C'est aussi à lui que s'adresse Jacques d'Aubusson, abbé de Saint-Séverin à Château-Landon où il avait en vain tenté de faire revivre la vie religieuse: il demande quelques religieux de Windesheim. Après de longues tractations, le chapitre général envoie en 1496 une équipe réformatrice: six chanoines (de Windesheim, Agnietenberg et Groenendaal) sous la direction de Mombaer, un frère convers et un commissionnaire laïc connaissant le français.

La «réforme» fut un exil dont les épreuves défient l'imagination. À Château-Landon comme en beaucoup d'abbayes, «et les murs et les mœurs avaient croulé»[4]. Un sac de chiffons sert de chaise à Mombaer; l'hiver, faute de couverture, un confrère essaye de dormir sous son matelas; les nouveaux arrivés chantent Matines à minuit, les anciens à quatre heures, etc.

---

2. Mss à Paris, Bibl. Sainte-Geneviève, et Bruxelles, Bibl. royale.
3. Paris, Bibl. Sainte-Geneviève, ms 1149, f. 111v.
4. Relation de Cornelis van Beeck au chapitre de Windesheim, Mons, Bibl. publique, ms 69-82.

Cependant les amis protecteurs veulent que les frères de Windesheim gagnent aussi à la réforme la prestigieuse abbaye Saint-Victor à Paris.

Un malentendu divisa à l'époque les esprits et continue de diviser les historiographes. Le terme «réforme» était compris par les chanoines de Saint-Victor dans son sens moral et, à ce point de vue, leur abbaye n'était certes pas déchue; les quelques abus, surtout de la part des supérieurs, furent aussitôt corrigés de leur propre initiative; aussi les six frères venus des Pays-Bas que Mombaer y installa, furent-ils tenus en marge de la communauté. Si, au contraire, on comprend la réforme dans le sens du renouvellement de la vie spirituelle par l'intériorisation chère à Windesheim, les austérités, doubles offices, jeûnes prolongés étaient si épuisants à Saint-Victor qu'ils compromettaient la vie intérieure et le recueillement, au point que Mombaer exprima l'espoir que les chanoines parisiens «consentent à tempérer les rigueurs de leurs observances pour adopter les statuts modérés de Windesheim»[5]. Après neuf mois, les Windeshémiens durent renoncer à cette réforme qui aurait réalisé le rêve de Standonck et de ses amis: faire de Saint-Victor le centre d'où rayonnerait le renouveau spirituel de la *Devotio moderna*.

En 1498, Charles de Hautbois, abbé commendataire de Notre-Dame de Livry, s'adresse aux chanoines de Windesheim pour réformer son abbaye, avec engagement de laisser la mitre à Mombaer; ceci fait hésiter Windesheim qui ne veut que des prieurs à la tête de ses couvents. Les deux frères prêtés pour la réforme se retrouvent seuls, les anciens occupants ayant préféré quitter la place. L'opposition est au contraire physique et violente à l'essai de réforme de l'abbaye Saint-Callixte de Cysoing, dont l'abbé Jean Salembien a obtenu de Standonck quelques Windeshémiens (1499). En 1501, Mombaer devient abbé de Livry, après des adieux déchirants de ses confrères de Château-Landon. Mais Livry est humide et malsain; Mombaer tombe bientôt gravement malade. Standonck, pris de remords sans doute d'avoir demandé à son ami des efforts surhumains, le fait transporter à Paris pour mieux le soigner, mais Mombaer est déjà trop atteint et il meurt à Paris la même année 1501, dans les derniers jours de décembre.

Notons que, si Mombaer avec ses confrères a réformé des abbayes, il n'a réussi à réformer aucun de leurs anciens habitants. Des interventions de l'autorité durent chaque fois priver ces derniers de tout droit de vote actif et passif et de la faculté de recevoir des candidats, qui tous devaient être formés selon les statuts de Windesheim.

---

5. Paris, Bibl. Sainte-Geneviève, ms 574, ff. 79-80.

SPIRITUALITÉ

Mombaer n'a pas aspiré à créer une spiritualité originale, mais à nourrir et développer celle de Windesheim. Cette spiritualité, Gerlach Peters l'exprime bien: «Si, en tout ce qui se fait, on ne s'efforce pas constamment avec grande application à voir pourquoi on fait ces choses et quel est leur sens, surtout en l'office divin, on glissera très facilement vers une insensibilité intérieure, avant même de s'en rendre compte»[6]. Les moyens auxquels Mombaer a recours pour éduquer à cette intériorisation de la vie de prière et pour la prolonger au cours de la journée peuvent se classer en trois méthodes, qui sont presque des techniques.

1. Il y faut d'abord de la bonne matière: la *copia* dont il parle souvent est l'abondante récolte de pensées bien exprimées constituant un *rapiarium;* mais ces pensées doivent être celles d'hommes saints, consacrées par la tradition et ayant donc valeur de maximes dont on s'imprègne pour inspirer sa conduite. Sur les instances de ses confrères, Mombaer publia son *rapiarium* pour la première fois en 1494: *Rosetum exercitiorum spiritualium et sacrarum meditationum* (à Zwolle?).

D'autre part, friand d'hexamètres et en particulier de distiques, Mombaer avait composé un grand nombre de vers mnémotechniques visant à réveiller le sens spirituel des observances. Ces vers sont très denses, presque chaque mot étant gros de signification, au point que la traduction ne peut que paraphraser et éliminer leur force d'adage. Ils constituent généralement le résumé lapidaire d'un exposé de quelque spirituel, Hugues de Saint-Victor, David d'Augsbourg, Guillaume d'Auvergne, Bonaventure, Ruusbroec, Gérard Zerbolt, Gerson, etc. À la demande de ses frères, Mombaer accepta de les publier en 1491: *Exercitia utilissima pro horis solvendis, et sacra communione, cum considerationibus variis de vita et passione Domini et sacramento eucharistie* (Zwolle); par la suite, il incorpora ces «formules» à son *Rosetum;* très appréciées, elles consacrent Mombaer comme maître spirituel. En voici quelques exemples.

Pour se disposer à la prière:

> «Occurrans clamo, miser eiulo, rugio, plango
> Et gemo, suspiro, singultio, pasce, Jesu, me».

Pour le scriptorium:

> «Excutiens, intende, petens, ad opus preparato.
> Scribito correcte, distincte, protrahe recte,
> Nec nimis acceleres, ne qua imperfecta relinquas».

---

6. *Soliloque enflammé*, ch. 3 ed. J. STRANGE (Bibliotheca mystice et ascetica), Cologne, Heberle, 1849.

Il est bon de s'examiner tous les soirs sur la fidélité à la vie intérieure; l'examen de conscience de Mombaer résume la méthode déjà établie dans la *Devotio moderna* selon l'anonyme *Formula spiritualium exercitiorum* et le chapitre 8 du *De spiritualibus ascensionibus* de Gérard Zerbolt qui ne fait que rédiger l'enseignement de Florent Radewijns[7]. Mombaer l'exprime ainsi:

«Sis memor, attendens, convertere, mensio, plura.
Proponens, quaerere, gratus, post simul offer».

Cette méthode visant à fixer l'attention et à marquer la mémoire s'insérait dans la suite de Thomas a Kempis dont les rythmes, les assonances, les rimes rendaient la prose facile à retenir et à «ruminer».

2. Mombaer établit ensuite une *méthode de méditation* personnelle et active; il pose clairement le problème: tous les docteurs expliquent abondamment les conditions pour bien méditer et proposent des modèles déjà faits, non à faire. Thomas a Kempis lui-même, voulant montrer comment méditer, n'avait réussi qu'à élaborer le sujet présenté. Comment préparer soi-même son aliment, sans digérer les mets préparés par autrui? Le frison Wessel Gansfort (1419-1489), ancien élève des Frères de la Vie commune, théologien, philosophe, humaniste, grand voyageur, grand ami des chanoines et leur hôte à Agnietenberg, leur proposa une méthode de méditation inspirée des procédés de la logique, de la philosophie et de la rhétorique, adaptant les règles d'Aristote, de Cicéron et de Ramon Llull. Mombaer adopte entièrement la méthode, l'*échelle* de Gansfort, dont on trouvera une présentation à l'article *Méditation*[8]. Il est aisé de constater que toutes les méthodes ultérieures en découlent ou s'en inspirent, pourvu qu'il s'agisse bien d'une méthode au sens précis de ce terme[9].

3. Pour Mombaer, l'*office divin* doit passer avant les dévotions, qui ne sont pas de précepte, mais il cède le pas en dignité à l'oraison mentale. Il s'appuie sur Bonaventure pour classer les *religiosorum exercitia* selon leur degré de dignité pour ainsi dire ontologique: *Primum et praecipuum*

7. Cf. *DS*, t. 5, 1964, cc. 1820-1822; H. WATRIGANT, *De examine conscientiae juxta Ecclesiae Patres … et Fratres vitae communis* (Collection de la Bibliothèque des Exercices de Saint Ignace, 23), Enghien, Bibliothèque des exercices, 1909.
8. *DS*, t. 10, 1980.
9. *Ibid.*, cc. 917-919; ajouter à la bibliographie: E.W. MILLER – J.W. SCUDDER, *Wessel Gansfort, Life and Writings*, 2 Vols., New York, G.P. Putnam's sons, 1917; M. VAN RHIJN, *Wessel Gansfort*, La Haye, Nijhoff, 1917, et ID., *Studiën over W. Gansfort en zijn tijd*, Utrecht, Kemink, 1933.

est studium immaterialis orationis, exercitiumque internae et spiritualis orationis; les prières liturgiques du chœur viennent ensuite, parce qu'elles sont *exercitia corporis, quae tamen connectuntur exercitio mentis*; du même type sont les génuflexions, les prières vocales, etc. En troisième lieu vient l'étude des Écritures et des auteurs spirituels, et enfin les exercices «mécaniques et manuels»[10].

Pour mieux réaliser cette prière liturgique, à la fois corporelle et mentale, Mombaer conçut son *Chiropsalterium,* dont il donne le dessin dans le *Rosetum*[11]. Les diverses parties de la main figurent une sorte de carte géographique; pendant l'office on touche successivement l'un ou l'autre endroit selon le contenu des Psaumes récités, en se remémorant l'intention qui y est attachée. Tous les actes et devoirs du religieux envers Dieu sont localisés sur les cinq doigts. L'éminence du pouce est divisée selon les trois degrés de la vie spirituelle, son extrémité est réservée à la louange, les deux jointures à l'admiration et à l'action de grâces. Du pouce on touche chaque phalange de chaque doigt; par exemple, la première phalange de l'auriculaire pour solliciter la fin d'une épreuve, la médiane pour l'obtention d'une grâce, la troisième pour implorer l'intercession d'un saint. Le tout est encore divisé, en surinscription, selon les jours de la semaine qui sont dédiés à la méditation de la vie de Jésus, de sa passion et résurrection, ainsi qu'à la Vierge Marie.

Certains trouvèrent le *Chiropsalterium* génial; d'autres assurèrent, avec Mombaer, que sa pratique leur avait permis de redécouvrir et d'approfondir le sens religieux de l'office; d'autres s'égarèrent dans les complications de cette méthode qui ajoutaient encore à leurs distractions et gênaient la simplification de la prière. Du vivant de Mombaer déjà, et bien plus après sa mort, on oublia facilement, qu'il s'agisse du *Chiropsalterium* ou de la *Scala meditatoria,* la règle première et universelle clairement exprimée par Mombaer à la fin de la *Scala*: ces méthodes ne sont à utiliser que lorsqu'on manque d'inspiration.

4. On a eu tendance à oublier la même règle dans l'usage de l'*imagination* que propose Mombaer, tant dans la composition de lieu[12] que dans l'application des sens[13], qu'il met au service de la méditation d'une façon très enrichissante. Dans son enseignement comme dans sa *Scala,* il exclut pourtant l'imagination, partageant à son endroit la méfiance du

10. *Prologus totius Roseti,* éd. de Milan, 1603, *Correlarium* 4, p. 4; ce prologue fut rédigé par Mombaer en France; on ne le trouve que dans les éditions posthumes.
11. Titulus 5, éd. citée, p. 166.
12. *DS,* t. 2, 1953, cc. 1322-1323.
13. *DS,* t. 1, 1937, cc. 810-828.

moyen âge[14]. Mais en pratique, il n'hésite pas à suivre l'usage déjà établi dans la *Devotio moderna* et qui s'inspire de Bonaventure et de Ludophe le chartreux: s'imaginer présent à la scène méditée; plutôt qu'éliminer l'imagination, tâche impossible à la plupart, mieux vaut la mettre au service de l'oraison.

Dans les deux articles du *Dictionnaire de Spiritualité* que nous venons de mentionner, l'usage de l'imagination est étudié dans le cadre de la méditation; or, si le premier but de cet usage est de bien méditer, le but ultime est de dépasser la méditation, et cela est vrai aussi bien d'Ignace de Loyola que de la *Devotio moderna*. Contrairement à ce que beaucoup croient, ce n'est pas en méditant d'une manière déjà très spirituelle et abstraite qu'on se prépare le mieux à l'«abstraction» de la contemplation: le méditant reste habituellement très attaché aux concepts, et c'est des scènes imaginées qu'il se laisse plus facilement abstraire, c'est-à-dire passivement dénuder, parce qu'il se les fabrique et sait leur caractère provisoire, ce qui permet de n'y pas attacher trop d'importance; Gérard Grote le dit explicitement[15]. Le but n'est pas la méditation, mais bien la *vie commune* dans le sens ruusbroeckien, analogue à l'*in actione contemplativus* de Jérôme Nadal. Bien avant Ignace de Loyola, la *Devotio moderna* a insisté sur le fait qu'il ne faut pas s'appliquer avec trop d'érudition à la représentation des scènes méditées dans leur cadre historique: l'exactitude est impossible et Grote en avait déjà conclu que le mieux était encore de se figurer les scènes de la vie du Christ comme contemporaines[16]. L'influence de cet usage de l'imagination a été incalculable; les peintres flamands l'ont rapidement appliquée. C'est ce triomphe de l'imagination au service de la dévotion qu'on appelle le réalisme flamand.

INFLUENCE

Après Thomas Hemerken, Mombaer est l'auteur qui a le plus contribué à répandre la spiritualité de la *Devotio moderna;* c'est grâce à lui en grande partie que, pendant des siècles, «vie intérieure» fut pratiquement synonyme de «religion», et «exercice de piété», de «prière». Quant à l'influence directe de Mombaer sur Garcia de Cisneros et, par lui, sur

14. Cf. par exemple, Titulus 20, Prologus in *Scalam,* ch. 8, notula 4, éd. Milan, 1603, p. 428; P. DEBONGNIE, *Jean Mombaer de Bruxelles*, Louvain, 1927, p. 217.

15. *De quattuor generibus meditabilium,* éd. I. TOLOMIO, Padoue, Antenore, 1975, p. 110.

16. *Ibid.,* p. 56.

Ignace de Loyola, on sait qu'envoyé à Paris en 1496, Cisneros y rencontra Standonck et peut-être Mombaer à Château-Landon. Dans son *Ejercitatorio,* les chapitres 1-3, 5, 9-10 viennent directement de notre auteur, et des apports moins considérables se retrouvent dans tout l'ouvrage[17]; mais c'est plus encore le *Directorio de las horas canonicas* de Cisneros qui est composé entièrement d'extraits empruntés au *Rosetum.* Le jugement du jésuite Antoine Possevin résume bien l'estime dont jouit l'ouvrage de Mombaer: *Neque enim librum legi, in quo uberior materia et quasi opulentior thesaurus inveniatur*[18].

[BIBL.]

Rosetum exercitiorum spiritualium..., s.l., 1496; Bâle, 1504; Paris, 1510 (considérablement augmenté); Milan, 1603; Douai, 1620.
P. DEBONGNIE, *Jean Mombaer de Bruxelles,* Louvain, Librairie Universitaire, 1927.
A.J. PERSIJN, *De dietse vertaling der «Scala sacre communionis» van Joannes Mauburnus,* 2 Vols., Rijswijk, Excelsior, 1960.
DS, outre les références déjà données: t. 1, c. 981 (Ascèse), cc. 1140-1141 (dévotion à l'Autel); – t. 2, cc. 472-473 (Chanoines réguliers), c. 2008 (Contemplation); – t. 4, cc. 221-222 (Écriture sainte), cc. 1928-1932 (Exercices spirituels); – t. 5, cc. 881, 884, 894-895 (France); – t. 7, c. 753 (Horloges spirituelles), c. 778 (Hortus); – t. 8, cc. 695-696 (Jean Ruusbroec); – t. 9, cc. 492-493 (Lectio divina), c. 501 (Lecture spirituelle), c. 521 (Lefèvre d'Étaples), cc. 689-692 *passim* (Fr. Le Roy).

17. Cf Cipriano BARAUT, *Garcia Jiménez de Cisneros, Obras completas* (Scripta et documenta, 15-16), Montserrat, Abadia de Monserrat, 1965; bon résumé dans *DS*, t. 4, 1961, cc. 1931-1932.
18. *Apparatus sacer,* Cologne, 1608, sub voce *Joannes Mauburnus.*

Carmelus 26 (1979) 3-76

16

MARIA PETYT, ÉCRIVAIN ET MYSTIQUE FLAMANDE
(1623-1677)

INTRODUCTION

En général, les exposés sur la littérature mystique néerlandaise ne vont que jusqu'au 16ᵉ siècle[1]. C'est même avant 1550 que l'on situe les deux dernières œuvres de renommée mondiale, *De groote Evangelische Peerle* et *Vanden Tempel onser Sielen*[2]. Il faut, d'ailleurs, renoncer à toute synthèse ultérieure, les publications de textes et de documents inédits faisant pratiquement défaut. Cet état de choses s'explique par un

---

1. Le meilleur ouvrage d'ensemble est celui du P. M.M.J. SMITS VAN WAESBERGHE, *Katholieke Nederlandse Mystiek* (Nederlandse Mystiek, 1), Amsterdam, Meulenhof, 1947; l'ouvrage du P. Stephanus AXTERS, *Geschiedenis van de vroomheid in de Nederlanden,* 4 Vols., Antwerpen, De Sikkel, 1950-1960, embrasse une matière à la fois plus vaste et plus restreinte: il donne un relevé aussi complet que possible de toutes les sources non seulement des écrits littéraires en langue vulgaire, mais aussi des sources latines, *vitae,* chroniques, etc., et en fait brièvement la critique historique; l'enquête du P. Axters se poursuit jusqu'au 18ᵉ siècle. Aussi offre-t-elle un matériel abondant, mais dont l'étude, quant au contenu et à la valeur spirituelle, reste encore à faire. Enfin, la revue *Ons Geestelijk Erf,* publiée par le Ruusbroecgenootschap d'Anvers depuis 1927, s'occupe de l'héritage spirituel néerlandais jusque vers 1780. Toutefois, à de rares exceptions près, les articles ayant trait aux 17ᵉ et 18ᵉ siècles ne touchent pas à la mystique, mais à la littérature de dévotion: livres de prières, pratiques pieuses, voire même d'une piété à l'aspect apologétique ou polémique.

2. Études du P. L. REYPENS, *Nog een vergeten mystieke grootheid,* in *OGE* 2 (1928) 52-76, 189-213, 305-341; et de Dom J. HUYBEN, sous le même titre, dans *OGE* 2 (1928) 361-392; 3 (1929) 60-70, 144-164; 4 (1930) 5-26; 428-473. Sur l'influence de *La Perle évangélique,* cf. Dom J. HUYBEN, *Aux sources de la spiritualité française du XVIIᵉ siècle,* in *La Vie Spirituelle* 25 (1930) [113]-[139]; 26 (1931) [17]-[46], [75]-[111]; 26 (1932) [20]-[40]. A.L.J. DANIELS, *Les rapports entre Saint François de Sales et les Pays-Bas 1550-1700,* Nimègue, 1932; J.P. VAN SCHOOTE, *La Perle Évangélique,* in *RAM* 37 (1961) 79-92, 291-313; P. MOMMAERS, *Benoît de Canfeld et ses sources flamandes,* in *Rev. Hist. Spir.* 48 (1972) 401-434; 49 (1973) 37-66; P.J. BEGHEYN, *Kanttekeningen bij de Evangelische Peerle VII. De «iniqua censura» van Maarten Donck en Frans Silverschoen,* in *OGE* 47 (1973) 323-343; ID., *Nawerking van de Evangelische Peerle. Gerhard Terstee- gen en zijn Kleine Perlenschnur,* in *OGE* 49 (1975) 133-171; *De verspreiding van de Evangelische Peerle,* in *OGE* 51 (1977) 391-421; *De Evangelische Peerle in Spanje en Portugal,* in *OGE* 52 (1978) 244-246; ID., nouvel essai d'identification de l'auteur: *Is Reynalda van Eymeren, Zuster in het St. Agnietenklooster te Arnhem en oud-tante van Petrus Canisius, de schrijfster der Evangelische Peerle?* in *OGE* 45 (1971) 339-375. Édition critique de *Vanden Tempel,* par A. AMPE, Antwerpen, Ruusbroecgenootschap, 1968.

singulier préjugé, transmis depuis plusieurs générations, d'après lequel l'école mystique néerlandaise, si florissante au moyen âge, n'aurait pas échappé aux lois d'un certain dogme évolutionniste: ayant produit les chefs-d'œuvre de Hadewych, de Ruusbroec, de Herp, elle devait nécessairement suivre la courbe de toute évolution, qui mène au déclin et finalement à la disparition. Les nombreux traités et opuscules mystiques du moyen âge finissant, qui ne font que reprendre, vulgariser et délayer la doctrine spirituelle robuste des grands ancêtres, semblent, en effet, illustrer cette théorie. Quant aux deux œuvres citées plus haut, il est convenu de les considérer comme les derniers bourgeons sur un vieux tronc mourant.

Puisque avec elles l'école mystique néerlandaise s'était définitivement éteinte, point n'était besoin d'aller fouiller dans les bibliothèques à la recherche d'autres témoignages dignes d'intérêt.

Un admirable sens de la symétrie venait, d'un autre domaine littéraire, étayer cette théorie. C'est que le 17e siècle vit l'âge d'or de la littérature hollandaise; au moyen âge, la Flandre avait été le centre de la vie littéraire, mais après les troubles du 16e siècle elle en avait passé le flambeau à la jeune république des Sept Provinces. Tout comme à l'épanouissement de la littérature dans les Pays-Bas méridionaux avait correspondu l'aridité des provinces septentrionales, ainsi à la gloire du 17e siècle hollandais devait correspondre l'étiolement de la vie littéraire flamande.

Depuis un demi-siècle environ on s'est courageusement attelé à un essai de réhabilitation des provinces flamandes. Hélas, si la moisson des recherches littéraires dans le 17e siècle flamand s'est avérée abondante, les intentions louables de la plupart des auteurs ne suffisent guère à compenser la pauvreté en valeur humaine et artistique de leur production. Les dissidents ayant préféré émigrer vers la Hollande, les littérateurs des Pays-Bas méridionaux se sont généreusement mis au service de la Contre-Réforme. Rares sont les écrits sans préoccupation confessionnelle, voire controversiste. C'est précisément en la replaçant au sein de la littérature religieuse de son temps, que l'on peut apprécier le caractère tout particulier et d'autant plus attachant de l'œuvre de Maria Petyt. Les écrits de ses contemporains s'animent d'un grand souffle combatif. Ils veulent démontrer et convaincre, instruire et édifier, défendre et conquérir. Même le plus grand poète des Pays-Bas méridionaux du 17e siècle, Lucas van Mechelen, à force de vouloir édifier, émousse le caractère authentique de sa poésie: l'expression de son expérience mystique réelle, coulant spontanément en vers d'une simplicité naturelle, se voit trop souvent entraînée vers les longueurs et les jeux de mots de la rhétorique dévote[3]. Or, Maria Petyt n'eût jamais songé à mettre son talent d'écrivain au service de la Contre-Réforme. Aucune trace, chez elle, de cette veine didactique qu'on retrouve jusque dans les plus grands chefs-d'œuvre de l'école mystique flamande. Elle ne composa pas de traité et n'eut jamais l'intention de rien publier. Mais elle écrivit sur sa vie intérieure de longues relations qu'elle envoya à son père spirituel. Ses lettres contiennent le compte rendu minutieux de ses expériences mystiques, la confession de ses doutes, de ses incertitudes et de ses angoisses, mais aussi la confidence de ses joies et de son union à Dieu.

Ce qui rend l'œuvre encore plus attachante, ce n'est peut-être pas tellement l'élévation même de l'expérience, mais la présentation, dans un document très humain, d'un témoignage direct, dénué de toute ambition doctrinale ou théologique.

La lecture de ces lettres nous impose une prudente réserve, provisoire sans doute, mais nécessaire: sommes-nous en droit d'attribuer aux termes mystiques flamands qu'elle emploie le même contenu que celui qu'ils avaient au moyen âge? N'oublions pas que le 17ᵉ siècle flamand fut un siècle baroque, et que les contemporains de Maria Petyt ont tendance à ne pas refuser aux états d'âme modestes d'une dévotion affective les plus hautes appellations mystiques. Trop souvent répétés depuis les temps lointains, où Ruusbroec l'Admirable les employait dans leur toute première saveur, ces termes mystiques n'ont pas échappé au danger de l'inflation verbale. Est-ce la faute de notre auteur, si elle emprunta les modes d'expression de son temps, les seuls qu'elle eût à sa disposition?

Nous devons la conservation et la publication de ces écrits au P. Michel de Saint-Augustin, qui fut un des grands directeurs spirituels de sa génération. Ne les couvre-t-il pas en quelque sorte de son autorité? Grâce à l'autobiographie qu'il lui ordonna de rédiger, nous sommes amplement renseignés sur la jeunesse de Maria Petyt, sur sa famille et son éducation, sur le milieu naturel dans lequel elle grandit et vécut, mais aussi sur l'atmosphère spirituelle qui régnait dans les milieux dévots des anciens Pays-Bas méridionaux, ainsi que sur les influences qu'elle y subit.

Le premier chapitre de notre étude fera donc connaître l'état du texte et s'arrêtera un moment à la figure de Michel de Saint-Augustin, le Carme qui l'a publié; le second nous permettra d'entrer dans le vif du

---

3. K. PORTEMAN, *De mystieke lyriek van Lucas van Mechelen (1595/96-1625)*, 2 Vols., Gent, Secretariaat van de Koninklijke Academie voor Nederlandse Taal- en Letterkunde, 1977-1978.

sujet. Il sera consacré à la biographie de la mystique: son enfance à
Hazebrouck, son milieu, sa vocation, sa vie ultérieure à Gand et à
Malines. Le troisième chapitre essaiera de retracer son itinéraire spirituel, pour autant qu'on puisse encore l'entrevoir à travers l'arrangement
des écrits tel qu'il a été entrepris par le premier éditeur. Ceci nous permettra de replacer Maria Petyt dans la grande tradition de la mystique
néerlandaise, et d'en retrouver certains caractères essentiels dans son
œuvre. Mais d'autres éléments sont venus s'y associer, tels le besoin de
la description et de la justification psychologiques, l'expérience des
nuits mystiques et la soif d'anéantissement, l'abondance des visions
imaginaires intérieures. Ces traits sont-ils originaux? Ou sous quelle
influence Maria Petyt les a-t-elle introduits dans la formulation de son
expérience? Ce sera le sujet des chapitres suivants. Enfin, quelques
aspects particulièrement importants de cette expérience méritent d'être
étudiés séparément: l'épiphénomène des visions et son influence sur
l'évolution de la vie intérieure, et finalement deux éléments vitaux, dont
notre mystique n'a pris conscience que progressivement, mais qui sont
devenus la force vive de son union avec Dieu: la mystique christocentrique et la mystique mariale.

Presque tous les grands mystiques que nous connaissons ont été de
grands écrivains. Il y en a d'autres, peut-être les plus grands, dont nous
ignorons l'existence ou de l'expérience desquels nous sommes incapables de déchiffrer le message, parce qu'ils ne sont point parvenus à le
traduire en termes humains. La valeur de l'expression réussie pose un
problème, que la plupart des théologiens ou historiens de la spiritualité
préfèrent ne pas aborder. Ils le jugent plutôt frivole. Traiter les mystiques en artistes ne témoignerait pas seulement d'une mentalité mondaine, qui laisserait de côté l'essentiel spirituel et lui manquerait foncièrement de respect. Parler littérature lorsqu'on assiste au contact
direct entre une âme humaine et le Dieu vivant: quel manque de jugement, et même de goût! Pourtant, si nous savons quelque chose sur la
vie intérieure des mystiques, si certains de leurs écrits ont exercé une
influence immense, si de savants théologiens ont, de nos jours, la possibilité de les étudier, nous le devons le plus souvent à leurs formules
heureuses, à leurs images frappantes, à leur haute valeur littéraire. Les
siècles ont englouti les essais manqués, ils ont miraculeusement
conservé, au sein de l'Église, l'œuvre parfaite, consacrée et rendue
immortelle par sa beauté. Rôle étrange, certes, et présence mystérieuse
de l'art dans l'histoire de la grâce: mais le don de la parole n'est-il pas
un charisme autant que la prophétie? Ainsi les écrits de Maria Petyt
viennent enrichir d'un trésor nouveau le patrimoine littéraire de son

pays. On a essayé de traduire aussi fidèlement que possible le texte original, écrit en flamand du 17e siècle, et rendu plus savoureux et direct par de nombreuses tournures ouest-flamandes, que Maria Petyt a retenues du parler de sa terre natale, même après de longues années de séjour à Gand et à Malines. Hélas, déjà sa langue se raidit lorsqu'il faut la transposer en néerlandais moderne. La traduction ne lui enlèvera-t-elle pas quelques-unes de ses qualités les plus attachantes?

Dans les pays de culture néerlandaise on a, à part quelques spécialistes, ignoré jusqu'à nos jours l'existence de Maria Petyt et de son œuvre. En France, par contre, grâce à la traduction de quelques passages par M. Louis van den Bossche[4], elle ne resta pas inconnue. La publication de ces fragments en français servit de base à plusieurs traductions anglaises, qui conquirent à notre humble dévote un public d'outre-atlantique[5].

Il existe, de plus, une volumineuse traduction latine de la plupart des lettres de notre mystique, rédigée par son confesseur qui lui survécut jusqu'en 1684, et conservée en manuscrit aux archives des Pérès Carmes à Rome. Hélas, tout comme les traducteurs qui suivirent son exemple trois siècles plus tard, le bon P. Michel s'est vu obligé de sacrifier certaines nuances, de sauter mainte expression vivante et pittoresque, impossible à traduire; le contenu essentiel de l'original, toutefois, n'y est pas modifié et généralement il est bien rendu, même s'il fallut recourir à certaines longueurs et périphrases. Mais le service que peut rendre ce manuscrit est surtout appréciable dans un autre domaine, qui prête à controverse. Car parfois on peut douter du sens exact qu'a pris au 17e siècle telle ou telle

---

4. *De la vie «Marie-forme» au mariage mystique,* in *Études Carmélitaines* 16 (1931) 236-250; 17 (1932) 279-294; *«Le grand silence du Carmel».* *La vocation de Marie de Sainte Thérèse,* in *Études Carmélitaines* 20 (1935) 233-247. Le premier article s'appuie, plus que sur le texte original, sur la traduction latine de ces pages publiées par Michel de Saint-Augustin dans ses *Institutionum mysticarum Libri quatuor.* L. IV: *De totali abnegatione sui, et omnium creaturarum, et de Vita Divina et Mariana; ac de adoratione Dei in spiritu,* Anvers, 1671. Du même auteur: *L'union mystique à Marie* (Les Cahiers de la Vierge, 15), Juvisy, Cerf, s.d.

5. Les deux premières, *Life with Mary,* par le P. Thomas McGINNIS, New York, Scapular, 1953, et *Life in and for Mary,* par le P. Venard POSLUSNEY, Chicago, Carmelite Third Order Press, 1954, attribuent ces fragments à Michel de Saint-Augustin; la troisième publiée également par le P. Thomas McGINNIS, *Union with Our Lady. Marian Writings of Ven. Marie Petyt of St. Teresa,* New York, Scapular, 1954, les restitue à leur auteur. Quelques années après la publication de notre étude *De mystieke Schrijfster Maria Petyt (1623-1677),* Gent, Secretarie der Academie, 1962, les anciens Pays-Bas, tant méridionaux que septentrionaux, découvrirent en notre mystique une gloire de la littérature nationale. L'édition critique de son autobiographie soignée par J.R.A. MERLIER, eut droit, dès lors, à la publication dans la galerie des auteurs classiques: *Het Leven van Maria Petyt* (Klassiek Letterkundig Pantheon, 214), Zutphen, Thieme, s.d. (mais dont la date semble coïncider avec le troisième centenaire de sa mort).

expression mystique ou spirituelle durant les trois siècles qui la séparent
de la période classique de la mystique flamande, dont la terminologie est
beaucoup mieux connue; c'est ici que le manuscrit latin nous est d'un
grand service en apportant maintes confirmations. Grâce à lui, en effet,
nous savons en quel sens les descriptions de Maria Petyt étaient comprises par ce contemporain, flamand comme elle et, de plus, auteur de
plusieurs traités spirituels latins, fort appréciés de son temps.

L'OUVRAGE ET SON ÉDITEUR

Une courte *Vie de Maria Petyt,* tirée de ses écrits, fut publiée à
Bruxelles en 1681, par le P. Michel de St. Augustin:

KORT BEGRYP / *Van het Leven / Van de Weerdighe Moeder / Sr.* MARIA
A S. TERESIA, / *(alias)* / PETYT, / *Gheestelijcke Dochter, van den Derden
Regel van de Orden / der Alder-glorieuste Maghet* MARIA *des Berghs
Carmeli; / over leden met opinie van Heyligheydt, binnen Mechelen, / den
I. November. 1677. / Ghetrocken Uyt haer Leven, in het langh en breeder
beschreven: door den seer Eerw.* / P.F. MICHAEL A S. AUGUSTINO *Provin-
ciael van de Neder-landtsche / Provincie der Eerw. PP. Lieve-Vrouwe-
Broeders. / Men vindt-se te koope, / Tot Brussel, by* PEETER VANDE VELDE,
op den hoek / van de Munte, in de nieuwe Druckerye. 1681.

L'historien sera intéressé par le fait que, quatre ans après sa mort,
Maria Petyt est encore désignée comme *Gheestelijcke Dochter,* «Fille
spirituelle», ce qui correspond aux spécifications concrètes de sa situation qu'elle donne dans son autobiographie[6]. Dans la grande édition de

---

6. Cf. notice biographique dans la nouvelle *Biographie Nationale,* t. 33, 1966, p. 591;
Nationaal Biografisch Woordenboek, t. 2, 1966, p. 684. Lors de la préparation de notre
étude en néerlandais sur Maria Petyt, nous avions signalé l'existence de cette première
Vie sans avoir réussi à en retrouver un exemplaire. E.H.J. REUSENS avait mentionné cette
édition dans sa notice sur Jan Van Ballaer de la *Biographie Nationale Belge;* la *Bibliotheca Carmelitana,* Rome, Collegii S. Alberti, 1927, t. 2, p. 446, la cite sous le nom de
Maria Petyt. Le P.A. STARING, aidé par le P. DANIEL A VIRGINE MARIA, avait cherché cette
édition avec davantage de persévérance, mais toujours en vain: il finit par supposer que
cette première édition n'avait peut-être jamais été réalisée (*Een Carmelitaanse kluize-
nares Maria Petyt a S. Theresia,* in *Carmel* 1 (1948-49) p. 288. Il avait bien identifié une
première biographie de la mystique dans une compilation mentionnée dans son article
précité (pp. 287-305), sous le titre HET WONDER LEVEN / *Van de Weerdighe Moeder / Sr.*
MARIA A S. THERESIA, / *(alias)* / PETYT, / *Gheestelijcke Dochter van den Derden Regel, van
de Orden / der Alder-glorieuste Maghet Maria des Berghs Carmeli; / over-leden met opinie van Heyligheydt binnen Mechelen, / in de Cluyse, naest de Kercke van de / Eerw. PP.
Onse-Lieve- / Vrouwen-Broeders, den 1. November, in't Jaer 1677.* Elle parut dans une
série de vies exemplaires, de personnes sanctifiées par la spiritualité carmélitaine, publiée
par le compilateur-hagiographe fécond que fut le P. Jacobus a Passione Domini († 1716,
Bruxelles, cf. Bibliotheca Carmelitana, 1, p. 694); un premier recueil est consacré à

deux ans plus tard, l'ordre se l'est déjà incorporée. Cette édition définitive parut à Gand en 1683-1684, en 4 tomes:

HET LEVEN / VANDE WEERDIGHE MOEDER / MARIA A STA TERESIA,
(alias) / PETYT, / *Vanden derden Reghel vande Orden der Broederen van*
/ *Onse* L. VROUWE DES BERGHS CARMELI, / *Tot Mechelen overleden den*
I. November 1677. / *Van haer uyt ghehoorsaemheyt, ende goddelijck*
ingheven beschreven, / *ende vermeerderinghe van't selve Leven.* / *Uyt*
haere schriften ghetrocken, ende by een vergadert door den seer Eerw. /
P. MICHAEL A SANCTO AUGUSTINO, / *Provinciael vande Paters onse*
Lieve Vrouwe Broeders des / *Berghs Carmeli, inde Neder-duytsche Pro-*
vincie. / *Vol van volmaeckte deughden, om naer te volghen, van godde-*
lijcke / *jonsten, verlichtinghen, ende bewerckinghen om van te* / *verwon-*
deren, ende Godt te Loven. / *Van alderleye onderwysinghen tot de*
volmaecktheyt voor de beghinnende, voortgaende, ende volmaeckte. /
Godt is wonderlijck in sijne Heylighen. Psal. 67.36. /

TE GHENDT, / *Ghedruckt by de* HOIRS *van* JAN VANDEN KERCKHOVE, /
op d'Hooghpoorte in't ghecroont Sweerdt, Deel I en II, 1683, 26, 300,
16 pp. in-4°, 404, 24 pp.; Deel III en IV, 1684, 4, 286, 22 pp. in-4°,
330, 26 pp[7].

l'Allemagne et aux Pays-Bas, en 1681; le second, de 1682, contient des *Vies* de saintes
personnes françaises et italiennes; le troisième, en 1687, contient des traductions de *Vies*
espagnoles. Les deux premiers tomes s'appellent *De Stralen / van de / Sonne,* le troisième
Den Schat van Carmelus. La *Vie* de Maria Petyt se trouve aux pp. 243-344 du premier
volume, dont le titre complet: DE STRALEN / *van de* / SONNE / *van den* / H. *Vader en*
Propheet / ELIAS, / *dese eeuwe verspreydt* / *door Duytsch-landt en Neder-landt.* / *Dat is:*
/ *De levens van eenighe Religieusen, van de Orden der Broederen, vande Alder-hey-*
lighste Maghet Maria des Berghs Carmeli, die dese 17. Eeuw / *met opinie van Heylig-*
heydt, al-daer zyn over-leden. / *Uyt verscheyde Autheurs in't kort by-een vergadert; en*
met Fyne Platen / *verciert, door den Eerw.* P.F. JACOBUS A PASSIONE DOMINI, / *Priester*
in de selve Orden. / *Aen-nemen de Deughden van de Deughdelijcke is het alder-saelighste*
leven. / *Seneca in Epist.* // TOT LUYCK. / *by* HENDRICK HOYOUX, *in den* H. *Franciscus*
Xaverius. 1681. // *Men vindt-se te Koop:* / *Tot Brussel, by* PEETER VANDE VELDE, *by de*
Munte, in de nieuwe Druckerye. Bien que les termes de la vie spirituelle correspondent à
ceux employés par Maria Petyt dans ses relations, tout est résumé et traité à la troisième
personne. Ce fut finalement J. MERLIER qui trouva un exemplaire de cette édition, portée
disparue, de 1681, un volume in-4° de 101 pages, à la bibliothèque des Carmes de Courtrai. Cf. *Het Leven van Maria Petyt (1623-1677). Het probleem van de eerste druk*
(1681), in *OGE* 49 (1975) 29-41. Détail intéressant: l'édition est dédiée à Barbara Petyt,
abbesse du couvent des Sœurs Claires «Urbanistes» d'Ypres, la tante religieuse que
Maria Petyt évoque plusieurs fois dans ses souvenirs.

7. *Vie de la Vénérable Mère Marie de Ste Thérèse (alias) Petyt, du Tiers Ordre des*
Frères de N. Dame du Mont Carmel, décédée à Malines le 1ᵉʳ novembre 1677. Ecrite
par elle-même en vertu de l'obéissance et de l'inspiration divine; et prolongement de
la même Vie, tiré de ses écrits et collecté par le Très Rév. P. Michel de Saint-Augus-
tin, Provincial des Pères Frères de N.D. du Mont Carmel, en la Province des Pays-
Bas. Pleine de vertus parfaites à imiter, de faveurs, d'illuminations et d'opérations
divines, dignes qu'on en loue Dieu d'admiration; de toutes sortes d'enseignements sur

Maria Petyt a écrit sur l'ordre de son directeur, qui eut le souci de respecter le texte original: «Il faut que le lecteur soit averti que, pour des raisons graves (autant que j'aie pu en juger), il fut ordonné à cette vénérable Mère, par moi, qui ai été, bien indignement, pendant 31 ans son directeur spirituel et son confesseur, d'écrire l'histoire de sa vie, et aussi de noter les grâces spéciales et les opérations divines, que par la grâce de Dieu elle sentit en elle; afin de pouvoir juger, examiner et distinguer avec plus de sévérité et de prudence, si son esprit venait de Dieu, et s'il s'y mêlait quelque tromperie ou illusion... Je n'ai pas jugé bon d'y changer quoi que ce soit, et je n'y ai rien ajouté, hormis les divisions en chapitres et la présentation de leur contenu»[8].

Michel de Saint-Augustin a notamment divisé le récit autobiographique en 155 chapitres; au-dessus de chacun de ces courts chapitres il place un résumé qui, à force de vouloir être édifiant, n'en rend pas toujours les traits essentiels. Le récit de la vie remplit la plus grande partie du premier tome. Mais au fur et à mesure qu'elle avance vers les années plus proches du moment de la rédaction, Maria Petyt commence à insérer dans la relation de ses souvenirs le texte de comptes rendus de conscience, dont elle avait sans doute gardé le brouillon. Le récit très circonstancié de ses souffrances physiques et spirituelles finit par y occuper un espace quelque peu disproportionné. D'autre part, l'énumération de ces épreuves ne figurait apparemment pas dans l'index analytique de vertus et de dévotions que Michel de Saint-Augustin s'était composé pour la classification des lettres et cahiers nombreux remplis par sa dirigée. Maria Petyt note parfois que, malgré sa répugnance à raconter sa vie intérieure, elle entame néanmoins un nouveau «quaternéon». Le Père imita son exemple: il joignit toutes les lettres traitant des souffrances au récit autobiographique.

Il y ajoute ainsi plus de cent pages, dont le contenu est essentiellement destiné à montrer la diversité des états d'âme de la mystique, qui

la perfection, pour les commençants, les plus avancés et les parfaits. Dieu est admirable en ses saints. Ps. 67. 36. À Gand, en la Hoochpoorte, à l'Épée Couronnée. T. I-II: 1683; T. III-IV: 1684. Les livres sont reliés en deux volumes in-4°, chacun contenant deux tomes. Vol. I: gravure de Martin Bouche, d'Anvers, d'après un portrait de la mystique; elle est représentée contemplant un crucifix qu'elle tient des deux mains. T. I: 26, 300, 16 pp.; T. II: 4, 404, 24 pp.; Vol. II: gravure de R. Collin, de Bruxelles, représentant la mystique en adoration devant le saint-Sacrement exposé; T. III: 4, 286, 22 pp.; T. IV: 4, 330, 26 pp. Toutes les citations, dans les pages qui suivent, seront faites d'après cette édition unique, dont les exemplaires sont devenus rares. Pour la présente étude nous avous pu employer un exemplaire conservé à la bibliothèque de spiritualité du Ruusbroecgenootschap, à Anvers. Dans les notes, ce texte est désigné par la lettre L.

8. L. I, Avant-propos, f. *** 3v.

sont comme «le jour et la nuit, l'hiver et l'été»[9] et que, aussi bien, «les âmes parfaites» peuvent, après avoir joui de consolations ineffables, connaître les délaissements les plus cruels, «même sans fautes de leur part»[10].

Insensiblement, l'autobiographie a ainsi pris la forme de ce que seront les trois tomes suivants, exclusivement composés des comptes rendus spirituels: «parce que sa Vie fut écrite bien dix ans avant sa mort» – elle fut donc achevée vers 1667 – «et que depuis lors elle a mis par écrit beaucoup d'autres choses, et qu'elle me les a transmises pour m'éclairer sur l'état de son âme, ... il m'a paru bon et utile d'en faire un choix et d'en faire suivre sa Vie»[11]. Le P. Michel les classe donc d'après ses vertus et ses mortifications, sa dévotion à la Ste Trinité, à l'eucharistie, à la Vierge, à St Joseph, aux anges, aux âmes du Purgatoire, etc. Est-ce assez dire que ces critères ne touchent que de l'extérieur ce qui, pour nous, semble être l'essentiel de la vie mystique? Il serait aisé, pourtant, de l'y retrouver, si dans la plupart des cas le P. Michel n'avait omis de nous donner la date exacte des lettres qu'il copie. Les indications de dates qu'il nous a conservées ne sont pas assez nombreuses pour nous permettre de suivre fidèlement l'évolution spirituelle de la mystique. Tout au plus pourrons-nous la retracer dans ses grandes lignes. La confrontation avec les données de sa vie nous permet de situer certaines expériences à une période déterminée de son existence. Il eût été facile de reconstituer son itinéraire spirituel, si on avait pu retrouver l'original de ces lettres. Il est peu probable qu'elles soient encore conservées, car, dans ce cas, le P. Michel de Saint-Augustin eût agi à l'encontre des règles générales que la prudence et le droit au secret de leurs dirigés imposent aux directeurs. À moins qu'il n'ait songé à conserver ces lettres en vue d'un procès éventuel de béatification: tel fut l'avis qu'exprimèrent plusieurs Pères Carmes lors de notre itinéraire infructueux à travers les couvents de l'ordre et les archives des anciens Pays-Bas. D'autres avant nous y avaient en vain cherché la trace des originaux et avaient fini par supposer qu'ils avaient été expédiés à Rome. Nous n'avons pas connaissance de documents relatifs à l'introduction de la cause de Maria Petyt. Mais aux archives du Collège romain de l'ordre, Saint-Albert, se trouve le manuscrit latin contenant la traduction de Michel de Saint-Augustin[12].

9. L. I, p. 196.
10. L. I, p. 290.
11. L. I, *Voor-reden*, f. *** 3v.
12. N° d'arch.: Post. III, 118.

Ce manuscrit a été récemment restauré à la Bibliothèque Vaticane; ou, plutôt, il y a été sauvé de la destruction totale[13]. Cette traduction latine semble-t-elle indiquer que Michel de Saint-Augustin l'ait entreprise dans l'espoir qu'elle pût servir à l'instruction éventuelle du procès? Nous ne le pensons pas. Car deux étiquettes, collées au recto et au verso de la première feuille, en écriture du 17e siècle, portent des instructions typographiques à l'intention de l'imprimeur[14]. Cet état de choses semble donc indiquer que Michel de Saint-Augustin a bien plutôt envisagé une édition en latin de l'ouvrage, le jugeant sans doute assez important pour qu'un public international pût en prendre connaissance. Le manuscrit fut probablement envoyé à Rome pour y passer à la censure: il y resta dans le tiroir des censeurs. Indice révélateur d'un changement d'esprit, qu'on voit se répandre assez rapidement à travers toute l'Europe, au cours de la seconde moitié du 17e siècle: il ne devait plus sembler opportun, après 1680, d'encourager la publication d'un ouvrage mystique dont, visiblement, l'auteur se laissait conduire par des voies très passives, et dont quelques-unes des plus belles pages étaient consacrées à la mystique de l'anéantissement. La même peur du quiétisme paraît avoir fort réduit la diffusion de l'original aux Pays-Bas.

Pas plus que ceux de la spiritualité, les historiens de la littérature n'avaient cherché à remettre en honneur l'œuvre de Maria Petyt: le fait

---

13. La moitié inférieure des 85 premières feuilles a été rongée: les coins inférieurs manquent jusqu'à la feuille 125. Le manuscrit mesure 23,5 x 17 cm. et compte 452 feuilles. Il est composé de fascicules de 2 feuilles pliées en deux. Il reste des vestiges d'un ancien numérotage par fascicule. Une main postérieure numérota, en commençant par 1, les feuilles 50 à 117. À la feuille 118 commence un nouveau numérotage, par fascicule encore. À partir de la feuille 216 toute indication fait défaut; seules les f. 220 et 230 portent encore un ancien numéro de fascicule. Il apparaît que tous ces essais de classification datent d'avant la reliure du ms. en un seul volume. On le relia sans malheureusement faire attention à l'ordre des feuilles ou des fascicules, de sorte que le texte s'en présente comme un véritable labyrinthe pour philologues. Après la reliure, les feuilles furent à nouveau numérotées dans cet ordre fortuit, où le hasard les avait assemblées. Le ms. n'est pas de la main de Michel de Saint-Augustin: on y distingue l'écriture de trois copistes. Ceux-ci ont probablement travaillé en même temps: souvent, en effet, la première phrase d'un fascicule fait immédiatement suite à la dernière d'un autre fascicule, dont le reste de la dernière page resta vide: les copistes se sont donc départagé le travail à l'avance.

14. La première feuille se présente comme suit: recto: en haut, une étiquette: *Titulus generalis praefigendus initio totius libri;* suit le titre: *Maria Vita venerabilis matris Mariae a Sta Teresia / Tertiariae ordinis Bmae Virginis Mariae / de Monte Carmelo. / Mechliniae defunctae Kalendis novembris / anno 1677. / Ab ipsa ex obedientia et instinctu divino conscriptum / Et / Auctarium vitae illius / Ex eius scriptis collectum et compositum / per Rdum Adm P. Michaëlem a Sto Augustino / eiusdem ordinis provincialem provinciae Flandro Belgicae, dictae V. matris per 31 / annos directorem spiritualem. / Mirabilis Deus in Sanctis* (le reste de la page a été dévoré); verso: étiquette: *praefatio generalis praefigendus* (sic) *toti libro;* suit le texte: *Praefatio ad lectorem / et / Protestatio Auctoris.* – Nous renvoyons à ce ms. par la lettre M.

peut s'attribuer, sinon à la rareté des exemplaires, au style édifiant profondément ennuyeux de la présentation qu'en fit Michel de Saint-Augustin, ainsi qu'au titre décourageant dont il la décora.

Un certain nombre de circonstances et de noms propres, trop familiers sans doute à des lecteurs flamands, ont été rayés du livre néerlandais, mais conservés dans le manuscrit latin. Cette particularité démontre tout d'abord, que la traduction latine s'est effectuée sur les originaux et non sur le texte établi pour l'édition néerlandaise; ensuite, la concordance parfaite pour tout le reste, entre le manuscrit et le livre, prouve que celui-ci est la copie fidèle des lettres. Nous n'avons donc aucune raison de mettre en doute la bonne foi de Michel de Saint-Augustin, lorsqu'il déclare: «Je n'ai pas trouvé bon d'y changer quoi que ce soit».

Mais avant d'aborder l'œuvre de la mystique, nous ne pouvons passer sous silence la figure de ce fidèle directeur. En son temps, Michel de Saint-Augustin jouit d'une grande autorité en matière de spiritualité; il fut une des personnalités marquantes de la vie religieuse de son pays. Jan van Ballaer, tel était son nom dans le monde, naquit à Bruxelles en 1621. Il fit ses études au célèbre Collège des Augustins de sa ville natale, entra au Carmel à 17 ans, et remplit dans son ordre un nombre de charges importantes: il fut professeur de philosophie, puis de théologie, maître des novices, deux fois prieur à Malines, prieur à Bruxelles, provincial de la province des Pays-Bas dès 1656, charge qu'il assuma une seconde et une troisième fois en 1667 et en 1677, et pendant quelque temps Commissaire Général de l'ordre[15]. Il fut aussi le grand propagateur aux Pays-Bas de la réforme de Touraine. Émanant de Rennes au début du siècle, cette réforme pénétra dans les provinces du Nord lorsque son initiateur, Philippe Thibault, gagna à sa cause, en 1624, le Carmel de Valenciennes[16]. La Réforme de Touraine met l'accent sur les tendances contemplatives dans l'ancienne observance; Jean de Saint-Samson fut son grand mystique[17]. Ce fut grâce aux efforts de Michel de

15. E.H.J. REUSSENS, *Ballaer,* in *Biographie Nationale de Belgique,* t. 1, 1866, cc. 670-673; introd. de G. WESSELS, à la réédd. de l'*Introductio ad vitam internam,* Rome, Collegio S. Alberti, 1925; JEAN-MARIE DE L'ENFANT JÉSUS, *Michael a S. Augustino, De Vita Mariae-formi et Mariana in Maria, propter Mariam,* in *Études Carmélitaines* 16 (1931) 221-223; A. MUNSTERS, *Mariaal Verenigingsleven,* Bussum, Brand, 1947, pp. 5-12.

16. Henri BREMOND, *Histoire littéraire du sentiment religieux en France,* t. 2, Paris, Bloud & Gay, 1916, pp. 372-377; ANTOINE-MARIE DE LA PRÉSENTATION, *La Réforme de Touraine,* in *Études Carmélitaines* 17 (1932) 185-203; Killian J. HEALY, *Methods of Prayer in the Directory of the Carmelite Reform of Touraine* (Vacare Deo, 1), Rome, Institutum Carmelitanum, 1956.

17. Louis VAN DEN BOSSCHE, *Actes de la vie chrétienne – Jean de Saint-Samson,* Paris, 1948; Suzanne-Marie BOUCHEREAUX, *La réforme des Carmes en France et Jean de Saint-Samson* (Études de théologie et d'histoire de la spiritualité, 12), Paris, Vrin, 1950.

Saint-Augustin et de son aîné, le P. Martinus de Hoogh, que la réforme put s'établir dans les Pays-Bas méridionaux. Malgré les lourdes charges dont l'investit son ordre, le P. Michel trouva le temps d'écrire des livres de spiritualité, en latin et en néerlandais: en 1659 parut à Bruxelles son *Introductio in terram Carmeli;* en 1661, à Bruxelles aussi, *Het Godt-vruchtigh Leven in Christo* (La Vie pieuse en Jésus-Christ); en 1669, à Malines, l'*Onderwysinghe tot een grondighe Verloocheninghe* (Enseignement pour parvenir à une abnégation foncière); en 1671 enfin parut à Anvers le grand ouvrage *Institutionum mysticarum Libri quatuor quibus Anima ad apicem Perfectionis, et ad praxim Mysticae Unionis deducitur.*

Bien que ces deux derniers ouvrages, de loin les plus importants, n'aient été publiés que pendant les dernières années de la vie de Maria Petyt, on ne peut douter de l'influence profonde que la direction de Michel de Saint-Augustin a exercée sur sa fille spirituelle. C'est grâce à son insistance qu'elle accorda une large place à l'humanité du Christ dans sa vie de prière; car la doctrine de Michel de Saint-Augustin est entièrement édifiée sur une base christocentrique et sacramentelle. À plusieurs reprises, du moins pendant les premiers temps de sa direction, Maria Petyt décrit la profonde impression que sa doctrine laissa en elle: «Afin de mieux retenir ses exhortations spirituelles, j'avais pris l'habitude de les noter, mot pour mot, toutes les fois que je revenais de confesse ou que l'étais allée le voir; ainsi, au cours des seize mois qu'il avait été notre confesseur, j'avais rempli presque tout un livre... Je le faisais très discrètement; de sorte que, lorsque arriva le moment de son départ et qu'il dit à ma consœur: "J'ai donné tant de beaux enseignements à Sœur Marie, j'aimerais bien les avoir en écrit", elle lui répondit: "Rév. Père, ils sont déjà mis en écrit". ... Il me fit dire alors de les lui apporter. Après les avoir parcourus, il me les fit recopier et emporta la copie avec lui»[18].

Elle lut évidemment ses livres. Dans une lettre, qu'elle lui écrivit de Malines à Bruxelles, elle dit: «Je ne sais pas expliquer ces perfections à cause de ma stupidité et de mon peu d'intelligence, mais dans le 4° Traité de l'*Introduction au Carmel,* chapitre après chapitre, je retrouve notre esprit comme s'il était transcrit de mon cœur»[19].

Michel de Saint-Augustin subit-il l'influence de sa dirigée? Sans aucun doute, bien qu'il soit difficile d'en relever les traces dans ses écrits d'un caractère fort systématique et impersonnel. Pour le Traité *De*

18. L. I, pp. 62-63.
19. L. IV, p. 25.

Vita Mariana la chose ne fait aucun doute, comme l'a fait déjà remarquer M. Louis van den Bossche[20]. Une allusion très discrète dans l'ouvrage néerlandais de 1669 laissait déjà deviner sa source d'inspiration: «L'esprit semble encore enseigner et faire sentir effectivement» y est-il dit[21]. Mais les *Institutionum mysticarum Libri* de 1671 la laissent entrevoir bien plus clairement: «Videtur spiritus ulterius instruere et experientia aliquas pias animas docere»[22]. Après ces mots d'introduction l'auteur suit presque mot pour mot le texte d'une lettre de Maria Petyt. Elle-même avait noté à propos de cette expérience: «Ce sont choses étranges qui se passent en moi: jamais je n'ai rien entendu ni lu de pareil. Je pense qu'on aurait peine à les croire, à moins que quelqu'un n'ait fait la même expérience. Et pourtant il en est bien ainsi. Mon Bien-Aimé sait que je ne mens pas»[23].

Quant à l'influence que Michel de Saint-Augustin en tant que membre de son ordre a exercée sur sa dirigée en lui enseignant la spiritualité du Carmel, on ne peut guère la distinguer de celle qu'elle subit de ses lectures: il en sera question plus loin.

LE RÉCIT DE SA VIE

L'enfance

Maria Petyt est enfant de famille nombreuse. Sa mère, Anna Folque, était originaire de Poperinghe, en Flandre occidentale. Elle avait deux fils d'un premier mariage: Ignace et Jacques Warneys, lorsqu'elle se remaria avec Jan Petyt, de Hazebrouck. Maria fut la première enfant de ces secondes noces; elle naquit à minuit, le jour de l'an 1623. Elle allait être suivie de six autres enfants, toutes des filles. De ses sœurs, deux moururent en bas âge, une troisième, Sofina, lorsqu'elle eut atteint l'âge de jeune fille, la quatrième, Clara, quelque temps après son mariage. Ce dernier deuil datait d'un an au moment où Maria Petyt commence la rédaction de ses souvenirs; seules elle et sa sœur Anna-Maria étaient donc encore en vie. De ses deux demi-frères, le plus jeune fit une belle carrière: il survécut à notre mystique, et c'est à lui que Michel de Saint-

---

20. *L'union mystique à Marie* (Les Cahiers de la Vierge, 15), Juvisy, Cerf, s.d., p. 19.
21. *Godt-vormigh goddelijck Leven,* Appendice: *Marie-vormigh Marielijck Leven,* Malines, 1669, p. 14.
22. *Institutionum mysticarum libri quatuor,* l. IV, Anvers, 1671, p. 146.
23. L. II, p. 354. L. van den Bossche traduit *wondere dinghen* par «choses merveilleuses»; nous croyons devoir garder le sens premier du mot: *wonder* = étrange.

Augustin dédia l'édition de sa *Vie*: «à Messire Jacques Warneys, ci-devant bailly de la ville de Hazebrouck, collégial de la Cour de Cassel, etc.». Ignace, l'aîné, paraît avoir nourri pendant quelque temps l'idée d'une vocation religieuse; il y fut d'ailleurs encouragé par sa mère. Mais lors d'une épidémie («de la peste» dit Maria Petyt) qui menaça d'approcher de la petite ville d'Hazebrouck, les enfants furent envoyés chez un oncle maternel à Poperinghe. Il semble que la vie y fût menée à une allure plus vive et plus mondaine qu'au foyer paternel: l'oncle «ne cessait de se moquer d'Ignace, qui avait résolu d'entrer en religion». Le jeune homme y perdit sa vocation, «au grand chagrin de ma mère, car, comme elle le disait parfois, son plus grand bonheur et contentement auraient consisté à voir un de ses fils à l'autel, ou en chaire»[24]. Ignace devait, lui-aussi, mourir jeune: au cours d'un voyage qu'il fit en Espagne, il alla nager, fut assailli d'une crampe et ne pouvant être secouru à temps, se noya.

Voyage d'études ou d'affaires? Nous ne savons. La vie de la famille Petyt paraît avoir été fort aisée. «Notre maison était une maison de grand commerce et trafic»[25]. Son mari étant presque toujours en chemin pour ses affaires, la gestion du magasin, en plus de la direction du ménage, incombait à la mère. Maria Petyt se souvient de plusieurs détails concrets qui nous la montrent comme une femme remarquable. «Ma mère était une femme tranquille, recueillie, pieuse. Elle aimait faire la charité aux pauvres». Charité qu'elle pratiquait d'une façon fort intelligente, devenant «le refuge de maintes personnes honnêtes, sérieuses, mais qui se trouvaient en difficultés»: elle leur donnait une somme d'argent assez grande pour les renflouer ou pour leur permettre d'entreprendre quelque chose. «Deux fois seulement dans ma vie je l'ai vue en colère, parce que quelqu'un des domestiques avait offensé Dieu, avait violé son précepte et avait été pour d'autres une occasion de péché».

«Dans son commerce elle parlait peu; toutes choses avaient leur prix fixe; point n'était besoin de marchander, ça coûte autant, sans plus ... et les marchands s'étaient habitués à la croire sur parole, car sa parole était en toute sincérité oui, oui, non, non, sans malice ni fraude; pour rien au monde aurait-elle menti ou se serait-elle écartée de la vérité».

La méthode qu'employait cette bonne mère pour inciter ses enfants aux pratiques religieuses était fort concrète, et répondait d'ailleurs au réalisme du caractère flamand. Consultant ses souvenirs, Maria Petyt la trouve excellente. Sachant que l'effet d'un ordre péremptoire et d'une

---

24. L. I, p. 14.
25. L. I, p. 4.

obligation imposée est peu durable, sa mère rendait l'accomplissement des devoirs religieux attirant en l'assaisonnant de quelque douceur. «Pour m'allécher à la dévotion et aux pratiques religieuses, ma mère me promettait beaucoup de belles choses et des habits neufs. Ou bien, toutes les fois que je l'accompagnais à l'église, elle me donnait un peu d'argent de poche. Elle m'apprit à le mettre dans une tirelire, pour pouvoir acheter quelque chose de beau après; elle ne pouvait supporter que j'eusse dépensé mon argent en friandises, comme le faisaient les autres enfants: à l'entendre en exprimer son dégoût et son aversion, tous les enfants qui le faisaient n'étaient que gaspilleurs et voyous…

«Elle nous exhortait à rester fidèles à la dévotion de chanter tous les samedi-soirs les litanies de la Sainte Vierge devant notre petit oratoire. Elle l'avait fait admirablement accommoder et nous y réunissait tous; mon frère y avait pendu une petite sonnette, avec laquelle il nous appelait quand il était temps; il remplissait l'office de chantre et nous répondions en chœur *ora pro nobis*. Alors maman nous donnait à tous un sou, c'était notre pension hebdomadaire aussi longtemps que nous étions si petits».

Envers le père la distance mais aussi la déférence étaient plus grandes. «Papa et Maman se comportaient toujours très décemment et dignement devant leurs enfants et les domestiques; ceux-ci, et nous aussi d'ailleurs, éprouvions un tel respect pour eux, principalement pour mon père, que nous osions à peine parler en sa présence, surtout lorsque je commençai à grandir un peu». Étant son premier enfant, Maria était la préférée de son père. Elle dit, en toute simplicité, qu'elle paraît l'avoir bien mérité: «À plusieurs reprises j'ai entendu dire à mes parents, que dès mon plus jeune âge j'étais douée de beaucoup de grâces et de dons naturels (bien que je ne les aie plus maintenant); on m'a dit parfois que Notre Seigneur m'avait faite très gracieuse, gentille, sociable, aimable, avenante, polie, douce de caractère, etc. Je plaisais beaucoup à toutes les personnes qui m'approchaient. Mon père me chérissait extraordinairement; souvent il se divertissait en jouant avec moi». La petite fille n'était pas seulement la préférée de son père, mais la coqueluche du voisinage, «surtout d'un couvent de Sœurs du Tiers Ordre de St. François, où j'allais à l'école. Ces bonnes sœurs me gardaient parfois auprès d'elles pendant plusieurs jours, je mangeais avec elles au réfectoire, je dormais avec elles dans une petite cellule, j'y étais comme l'enfant de la maison, plus à mon aise que chez nous»[26]. Les enfants de la famille Petyt étaient envoyés à l'école très tôt: Maria se rappelle qu'elle n'avait que cinq ou six ans. Elle dit avoir gardé ses bonnes dispositions naturelles jusque vers l'âge de sept ou huit ans.

---

26. L. I, pp. 4-6.

Déjà elle rêvait de devenir l'épouse du Christ, plus sous l'influence de son père que de sa mère. Jan Petyt, en effet, avait coutume de lire à ses enfants des passages des *Vies des vierges saintes*; sa piété devait être marquée d'une ombre de pessimisme puritain: non seulement «il nous faisait tellement l'éloge de la virginité…, nous disant le bonheur d'avoir Jésus pour époux, … que c'était bien autre chose de s'unir à un époux immortel, etc.» que ses filles ne songeaient plus à des fiançailles terrestres; «en même temps il nous dépeignait combien tout ce qu'on pouvait trouver sur terre était vain et périssable. C'était son expression favorite: tout est vanité des vanités, le monde entier n'est que vanité». L'harmonie de ce petit monde d'une enfance trop parfaite fut ébranlée par une épidémie de petite vérole. Maria en fut atteinte; «j'en perdis la beauté, l'agrément et la grâce de mes traits». Ce passage de l'autobiographie vaut d'être cité en entier, pour la façon originale qu'a notre auteur de mêler aux pensées édifiantes un sens de l'humour constamment en éveil:

«Dieu permit que cela me survint – ce me semble – pour modérer quelque peu l'amour excessif que me portaient mes parents; ils m'étaient vraiment trop attachés: de crainte de me voir attraper la petite vérole, ma mère me conduisit chez ma grand-mère, à quatre lieues de là; car ma compagne de jeux, une petite fille du voisinage, en était atteinte, et ma mère ne réussissait pas à m'empêcher d'y aller. Mais voilà qu'en chemin la vue d'une petite fille toute déformée par la petite vérole m'épouvanta; de frayeur j'attrapai la maladie, et bien qu'on n'épargnât ni frais ni soins pour éviter que j'en sois défigurée, je fus la seule enfant à la maison de grand'mère – car je transmis la contagion aux autres – à en être si visiblement marquée.

«Lorsque je fus guérie, mon père vint me chercher pour me ramener à la maison. La bonne Sœur Noire qui m'avait soignée et servie, s'attendait à recevoir de grandes félicitations de sa part – elle avait vraiment tout fait pour me garder en vie et empêcher que je ne devienne aveugle –, mais mon père fut si affligé en me voyant qu'il dit: est-ce là mon enfant? Il semblait à peine me reconnaître. Mais grâce à sa piété il se résigna à la volonté de Dieu. Pourtant, il ne s'occupait plus de moi comme auparavant, peut-être parce que j'avais moi-même beaucoup changé intérieurement. Car, intérieurement, je perdis beaucoup de grâces depuis lors. Je devins plus turbulente et sauvage, aussi folâtre que les autres enfants, je me passionnais de jeux de cartes, j'allais jouer sur la glace à longueur de jours au lieu d'aller à l'école, j'étais devenue paresseuse pour le service divin et la dévotion»[27].

27. L. I, pp. 6-8.

Mais Dieu «donnant un signe visible qu'il veillait sur moi», pourvut
à faire revivre la piété de l'enfant par un autre moyen. Comme il est normal à cet âge, les enfants ont parfois plus affaire aux domestiques
qu'aux parents. Vers ce moment une «servante très pieuse» entra en service dans la famille Petyt. C'était une Dévote[28]. Au 17ᵉ siècle, les
Dévotes étaient presque une institution, comme les béguines l'avaient
été au moyen âge. Mais depuis que les béguines avaient été institution-
nalisées au sens propre du terme, les femmes pieuses qui aspiraient à la
perfection, sans désirer pour autant entrer en religion, prononçaient des
vœux privés, le plus souvent temporaires. Ce n'est pas seulement dans
les Tiers-Ordres, qu'elles trouvaient un certain groupement religieux et
une direction spirituelle suivie, car les Jésuites avaient, eux aussi, leurs
Dévotes ou *Gheestelijcke Dochters*[29]. La nouvelle servante se plaisait à
raconter de belles histoires de la vie des saints. Sous son influence la
petite Maria reprit goût à la piété. «Lorsque j'avais dix ans, je fis à mon
Bien-Aimé le vœu de chasteté perpétuelle, sans que personne n'en sût
rien; je m'offris totalement à mon cher Jésus, lui promettant fidélité, le
choisissant pour mon unique Époux. Je ne savais toutefois pas encore ce
que c'était que garder la chasteté ou la perdre, mais ce que je savais,
c'était que les vierges qui épousaient Jésus, ne pouvaient plus se marier
à personne d'autre». Le fait qu'elle ait gardé la pureté pendant ses
années d'enfance, elle l'attribue autant à son tempérament qu'à la grâce:
«parfois quelques-uns des enfants, avec qui je jouais, m'incitaient à certains jeux impurs … mais j'en avais comme peur, par une sorte d'aversion naturelle pour tout ce qui était contraire à la pureté, aussi se lassè-
rent-ils bien vite de moi»[30].

Elle fit sa première communion à dix ans. Sa mère lui avait fait donner des leçons de catéchisme. La petite fille rêvait de se faire ermite. Lui
avait-on déjà raconté la vie de sainte Thérèse? Le fait est que, de tout

28. Dans le texte: *Gheestelijcke Dochter,* littér. «fille spirituelle».
29. Le fait qu'elles ne constituèrent jamais un institut religieux, ne les empêcha pas de
devenir une véritable institution sociale. Nous trouvons déjà ces dévotes dans l'entourage
de Maria Van Oisterwijck, où il faut très probablement chercher l'auteur de *La Perle
Évangélique.* Appelées *Gheestelijcke Dochters* dans les Pays-Bas méridionaux, elles
reçurent au Nord le nom de *Klopjes.* Au 18ᵉ siècle, un édit de Marie-Thérèse d'Autriche
leur interdit, aux Pays-Bas méridionaux, la prononciation de vœux et les oblige à se
consacrer soit à l'éducation des enfants soit au service d'assistance. Elles furent les premières à ouvrir des «jardins d'enfants». Cf. E. THEISSING, *Over Klopjes en Kwezels,*
Utrecht – Nimègue, 1935; J.B. KETTENMAYER, *Uit de Briefwisseling van een Brabantse
mystieke,* in OGE 1 (1927) 278-293; L. REYPENS, *De Schrijfster der Evangelische Peerle,*
in *OGE* 2 (1929) 194-213; ID., *Pelgrum Pullen (1550-1608),* in OGE 3 (1929) 24-44; J.
LORTZING, *Maria van Oisterwijck die Zeitgenossin Luthers,* in *Zeitschr. für Asz. u. Myst.*
7 (1932) 250-260.
30. L. I, pp. 9-10

temps, les enfants d'une même époque sont attirés, voire fascinés, par le même type de sainteté spectaculaire qui, lui, varie de génération en génération. «Très souvent, alors et même plus tard, cette tentation m'est venue de disparaître en secret et de m'enfuir de chez mes parents. Mais jamais je n'osai risquer l'aventure, tellement j'avais peur des bandits et des animaux sauvages, car ma foi et ma confiance en Dieu n'étaient pas encore assez grandes»[31].

À onze ans elle fut envoyée comme pensionnaire à un couvent de St.-Omer, «pour y apprendre la langue et les belles manières». Elle y resta un an et demi[32]. «Les religieuses y étaient très bonnes et très pieuses; je crois qu'elles m'aimaient beaucoup, parce que je leur paraissais prendre à cœur leurs enseignements et leurs exhortations spirituelles. Notre Seigneur me donna depuis lors la grâce de la prière intellectuelle et, à ce qu'il me semble aujourd'hui, quelque chose de plus que la prière intellectuelle; oui, parfois la prière surnaturelle... Habituellement on nous faisait méditer la passion et la vie du Christ: je les méditais avec goût et plaisir... Depuis ce temps-là j'ai eu une grande facilité à méditer, et à recueillir les puissances de l'âme, car j'étais d'un naturel paisible... C'est alors aussi que je voulus faire quelques pénitences pour imiter l'exemple des saints, bien que j'y allasse de manière enfantine. Mais souvent je serrais une corde autour de mon corps nu. À mon confesseur je demandai à dormir sur une planche, mais il ne voulut pas me le permettre; il raconta la chose à mes maîtresses; celles-ci en rirent de sorte que j'en étais toute confondue, n'osant plus jamais parler de chose semblable, surtout que sans permission je n'osais rien entreprendre, car nos maîtresses nous inculquaient bien fortement l'obéissance».

C'est l'année qui suivit son retour de pension, que Maria Petyt se rappelle que la peste approcha si dangereusement de Hazebrouck, qu'elle fut envoyée avec ses frères et sœurs chez son oncle de Poperinghe. Non seulement son frère Ignace perdit sa vocation dans ce milieu, où la vie paraît avoir été menée d'une façon plus mondaine et plus libre, mais la jeune fille elle-même y vit s'évaporer ses bonnes dispositions: «Vivant en dehors de toute autorité et en pleine liberté, j'abandonnai ma piété et toutes mes dévotions; je devins paresseuse et indifférente aux services religieux, je n'entendais plus la messe que le dimanche et aux fêtes de précepte, et j'y assistais inattentive, distraite et indolente. C'est à peine si je récitais parfois une prière le matin ou le soir, comme l'avait été notre habitude. Jamais pendant la journée je n'élevais mon cœur à Dieu

---

31. L. I, p. 11.
32. St.-Omer était encore une ville flamande. «La langue» y était donc le néerlandais, le ouest-flamand qu'on parlait à la maison n'étant qu'un dialecte.

ni ne pensais à Lui. Je ne me souviens pas que, pendant les six mois que je vécus là, je sois allée une seule fois à confesse ou à la communion…

«J'aimais bien les conversations avec la jeunesse, jeunes filles et garçons, les jeux de cartes, les sorties, je faisais la grasse matinée, etc… J'avais complètement oublié le vœu de fidélité que j'avais fait à mon cher Jésus; je n'y pensais tout simplement pas; les plaisirs, la richesse, le luxe du monde m'attiraient tellement que je ne pensais qu'à me marier. L'oncle chez qui nous habitions alors était en effet quelque peu mondain».

«Lorsque nous fûmes revenus à la maison, je repris bien quelque pratique pieuse, mais plus par égard pour mes parents que par amour et affection pour Dieu, car mon cœur était attaché au monde et mon unique souci était de me faire belle et de me parer pour plaire aux yeux des hommes: j'aimais beaucoup me promener, jouer aux cartes, aller à la comédie, danser, etc. (bien qu'en toute honnêteté, de par la grâce de Dieu)».

Même une maladie grave ne suffit pas à lui faire retrouver sa première ferveur: «Ma mère vint me dire de me préparer à la confession et au Saint Viatique; mais hélas, je ne trouvais rien à accuser, tellement j'étais aveuglée par ma perversité…»[33].

Son âme connaîtra ainsi, pendant plusieurs années, cette alternance de ferveur religieuse et d'attachement au monde, qui constitue un phénomène en somme assez normal dans la plupart des vies chrétiennes. Mais, et ceci paraît important, elle en reste lucidement consciente. Elle appartient au nombre de ceux qui ont le pressentiment d'un choix inéluctable, dont ils ne pourront s'affranchir et dont ils essaient néanmoins de retarder le moment décisif. Car s'ils écoutent l'appel intérieur, il finira par exiger tout. Entre-temps ils s'épuisent en vains efforts pour installer leur vie en un semblant d'équilibre entre piété et plaisirs naturels, – situation dont les autres paraissent jouir avec sérénité. Jugeant cet équilibre du bon sens acceptable aux autres, ils l'éprouvent pour eux-mêmes comme une trahison envers l'exigence la plus intime de leur être, et ils cherchent en vain à mettre leur vie au diapason de celle de leur entourage. C'est donc sans résultat que Maria Petyt cherche à vivre de la même vie que les autres jeunes filles de son âge.

La vocation

Lorsqu'elle eut seize ans, ses parents l'envoyèrent à Lille «pour m'éloigner, ce me semble, de l'occasion ou du péril qu'ils appréhendè-

33. L. I, pp. 13-15.

rent de la part d'un officier de notre armée, cantonné chez nous, et qui paraissait vouloir prétendre à ma main ou me séduire».

Ce sont des années difficiles pour les habitants du Sud de la Flandre. Nous sommes en plein dans la guerre de Trente Ans, qui ne se terminera qu'avec le Traité de Westphalie en 1648. Le front passe et repasse à travers la contrée aux bourgades paisibles. Frédéric-Henri envahit les Pays-Bas espagnols par le Nord, les armées françaises de Richelieu les attaquent au Sud. Aussi longtemps que le Cardinal-Infant, Don Fernand, eut à sa disposition des généraux comme le Prince Thomas de Savoie, Piccolomini et Jan De Weert, il réussit à mener une guerre offensive. Mais, en 1639, l'amiral Tromp décima l'Armada espagnole dans les *Downs,* Piccolomini fut rappelé par l'empereur et, en 1640, les Français conquirent Arras: tout le Sud de la Flandre leur était désormais ouvert.

À Lille, Maria Petyt vit chez une demoiselle pieuse, assidue aux services religieux; elle se voit obligée de l'y accompagner: «Ainsi je pris l'habitude de fréquenter les services à l'église, mais sans dévotion, ou très peu. Je passais le plus clair de mon temps à lire, sans profit aucun mais avec grand plaisir, les romans de chevalerie.

«À lire leurs aventures, tellement tristes parfois, j'étais émue aux larmes par une compassion toute naturelle. Ma mère me comblait de robes et de bijoux, autant que je le souhaitais sans jamais s'y opposer. Mon cœur ne m'inspirait d'autre désir que de me marier. Pour réussir un beau mariage selon mes espérances, je fis un pèlerinage à une Image miraculeuse de la Madone, et je lui adressai une prière très sotte. – Souvent depuis lors j'en ai bien ri en moi-même, tellement j'étais sotte et aveugle. – Je priai la Sainte Vierge de bien vouloir me rendre belle et de figure avenante, afin de mieux plaire à quelqu'un et de l'attirer à mon amour. Je craignais, en effet, d'être affectée d'un défaut qui déplût fort aux yeux du monde: une de mes épaules était notamment plus haute que l'autre, défaut que je m'étais procuré en tournant trop le bras pour me serrer le corsage par derrière»[34].

Qu'il soit permis, à propos de ce détail, de souligner un des aspects les plus attachants du style de notre mystique. Aux longues descriptions abstraites de son état d'âme et de sa façon de vivre, elle préfère un détail concret; l'image de la jeune fille bourgeoise, se déboîtant presque l'épaule à force de vouloir se procurer la taille de guêpe, imposée par la mode espagnole, nous en dit bien plus long que toutes les considérations générales sur sa vanité.

Mais au moment, précisément, où sa vie semble être désormais remplie par les mille et une futilités d'une existence banale la grâce fait

_____

34. L. I, pp. 16-17.

irruption dans sa conscience endormie. L'élément religieux, toujours latent, se manifeste d'une façon douce et violente à la fois: le son des cloches, à la veille de la fête de Saint Étienne, la réveille de son rêve mondain. L'émotion qu'elle en ressent est indéfinissable, vague peut-être, plus sentimentale que raisonnée, avec une pointe de romantisme avant la lettre, mais d'un romantisme tout frais et naïf. Hélas, les représentations théâtrales d'un *Faust* bien postérieur nous empêchent désormais de revivre, avec cette jeune fille du 17ᵉ siècle, le bouleversement intérieur, produit par le son pur des cloches, dans toute sa fraîcheur originale. «Peu de temps après (le fameux pèlerinage), raconte-t-elle, je fus subitement touchée en mon âme et éclairée d'un rayon divin, qui me fit voir clairement combien les choses périssables et tout ce qui est en ce monde est abject et méprisable...

«Cette révélation de la vérité produisit dans mon âme une émotion et un élan puissants, à quitter le monde et à aller servir Dieu dans un monastère. Il me semble que Dieu m'accorda en ce moment un avant-goût de la gloire et de la joie du ciel, afin que mon cœur se détachât plus efficacement de toute affection terrestre et se prît d'amour pour les jouissances éternelles. Cela m'arriva la veille de la Saint-Étienne, notamment de la fête de son Invention, en août. À Lille on en célèbre la fête avec grande solennité, car il est le patron de l'église principale. Ce soir donc je fus très touchée, et émue jusqu'aux larmes par le son de la cloche, et je me souviens de la grandeur des saints...

«Depuis ce moment je conservai mon inclination à la piété et à la dévotion, je commençai à prendre goût aux choses de Dieu; j'eus même envie de faire quelque pénitence et je dormis tout un temps sur une planche, jusqu'à ce que la demoiselle chez qui je vivais s'en aperçût et m'en empêchât... De jour en jour mon affection se détachait davantage du monde, mais pas d'un seul coup, car je n'avais encore pris aucune résolution ... j'aimais surtout les belles toilettes».

Revenue à Hazebrouck à dix-sept ans, après une année de séjour à Lille, elle persévéra dans ses bonnes dispositions, mais aussi dans son indécision. «C'est que je restais fort attachée aux richesses, en biens et en argent, que je voyais en grande abondance en notre maison. Mon cœur se délectait de les posséder, d'en user et d'en jouir»[35]. Il ne faut pas oublier que cette jeune fille, quoique de la province, était bien flamande, et contemporaine des Anversoises aux toilettes éclatantes, peintes par Rubens.

Un jour, elle entendit un prédicateur faire l'éloge de l'état religieux. «Ses paroles percèrent mon cœur comme un glaive. Aussitôt, intérieure-

---

35. L. I, pp. 17-18.

ment, le Bien-Aimé se mit à m'apostropher bien durement, sans douceur mais avec énergie, avec réprimandes et menaces en quelque sorte, me disant qu'il était temps de me décider à entrer en religion. Je m'opposai à ce mouvement intérieur avec une froide résolution, comme lorsqu'on se met contre le vent debout, tout en marchant vite pour ne pas entendre ce qu'on dit». Mais voici que, peu de temps après, un religieux, de passage à Hazebrouck, «voulut me donner à lire un petit livre avec quelques vies de saintes nonnettes[36] de son ordre. J'étais si mauvaise, et amoureuse du monde, que je refusai d'accepter le livre; car j'y voyais un piège, un filet où je me laisserais prendre – ce qui, de fait, arriva. Le religieux, en effet, insista tellement pour que je prenne son livre et le lise, que je finis par l'accepter, bien qu'à contrecœur. Lorsque j'y jetai un coup d'œil, mon cœur s'adoucit insensiblement et se fit docile à saisir le mouvement des inspirations divines; je finis par y trouver tant de goût que je ne pouvais me rassasier de sa lecture, et je méditais ces vies avec tant de plaisir, que j'y passais la moitié de mes nuits»[37].

Elle sait qu'elle s'est laissée prendre dans le filet, mais d'être prisonnière la remplit de joie. Le consentement intérieur à la vocation religieuse constitue en quelque sorte, pour Maria Petyt, une «seconde conversion». Non que l'attrait du monde ait perdu tout son charme – elle doit encore apprendre à connaître la naissance de l'amour humain et le renoncement à cet amour – mais c'est bien ici qu'il faut situer dans sa vie cette décision intérieure dont dépendra son envergure: grandeur ou médiocrité. Extérieurement elle tardera encore longtemps à lui trouver une expression concrète et définitive. Mais déjà elle cherche à la concrétiser: la solitude et la prière l'attirent, et elle s'abandonne à leur attrait avec toute la spontanéité de son tempérament. Elle n'est toutefois qu'une simple jeune fille dans une famille nombreuse, vivant dans une maison de commerce où la vie était loin d'être tranquille et «où souvent de nombreux marchands étaient invités». Lorsque, beaucoup plus tard, l'obéissance lui commandera de raconter sa vie, nous entrevoyons encore, dans le style de la «recluse» de Malines, le sourire dont s'accompagnait l'évocation de ces souvenirs de jeunesse. Ainsi, lorsqu'il y avait des invités, «je ne restais à table que le temps qu'il fallait; aussitôt que le repas était terminé, j'enlevais mon couvert et, ayant fait révérence à la compagnie, je quittais sans mot dire la table et montais tout droit à notre chambre». Elle la partageait avec une cousine, qui vivait auprès de sa famille, et dont elle dit – l'équivoque est délicieuse – qu'elle «était *aussi* très dévote».

36. Le texte néerlandais a le diminutif.
37. L. I, pp. 19-20.

Depuis que le romantisme a traversé l'Europe, nous ne sommes plus guère frappés par l'association du sentiment de la nature et du sentiment religieux: ses abus ont fini par nous lasser. Nous devrions être capables d'en retrouver toute la fraîcheur dans ce témoignage naïf du 17ᵉ siècle: «Parfois je me retirais toute seule au fond du jardin, assise au bord d'un ruisseau: cet endroit retiré et solitaire m'emplissait de joie et de contentement. Je méditais sur toutes les créatures que j'y voyais, m'élevant par elles à la connaissance et à l'amour de leur Créateur. Il me semble que là, au bord de l'eau, j'aie reçu quelque visitation spéciale et consolation intérieure de mon Bien-Aimé, comme d'un époux très aimant à son élue: c'étaient de douces invites et caresses d'amour pour me lier à lui d'un amour réciproque». Dans ce milieu aisé, aux relations sociales multiples, elle essaie de vivre *eremytersken*: en «petite ermite». «Je me sentais très attirée par la prière intérieure, intellectuelle, et j'y passais une grande partie de mon temps». Laissée à ses propres moyens, elle développa une méthode personnelle de méditation, s'aidant d'images ou d'objets de piété: «Sans une image devant les yeux j'étais incapable de rester quelque temps en prière». D'autres fois elle pratique la lecture méditée «surtout de *Thomas a Kempis* et de *Cantvelt*[38]. Bien qu'incapable de bien comprendre ce dernier livre, j'en fis pourtant mon profit, surtout de la première partie: elle me donna quelque lumière pour pratiquer la mortification des sens extérieurs»[39].

Apparemment elle ne reçut aucune direction spirituelle: sa vie de prière se développa uniquement sous l'attrait de la «voix intérieure». Il y a quelque chose de poignant dans l'image de cette jeune fille qui suit une vocation sans être aidée ni conseillée. Peut-être faut-il chercher ici la raison de cette «vocation à la solitude» qui marquera toute sa vie. À Hazebrouck Maria Petyt n'a personne à qui s'adresser. Dans les bonnes familles de la bourgeoisie flamande on ne parle pas de sa vie intime. Cette fille de dix-huit ans, qui passe des nuits entières sans se coucher, «priant, la tête appuyée au montant du lit», n'ose même pas se confier à sa mère. Celle-ci, «ne sachant quoi penser de ce changement», l'observe discrètement et finit par interroger la cousine, qui partage la chambre de la jeune fille. La cousine répond: «Je crois que cousine Marie a choisi la meilleure part, avec Marie-Madeleine». Si lointains que soient ces souvenirs, Maria Petyt insiste pour dire que jamais elle ne lui fit de confidences: «Jamais, au grand jamais, je ne lui avais parlé de mes projets».

---

38. Benoît de Canfield.
39. L. I, pp. 20-21.

Enfin, prenant son courage à deux mains, elle alla trouver ses parents dans leur chambre, chose que les enfants ne faisaient qu'aux très grandes occasions. «Je m'approchai du lit, et je m'agenouillai avec humble et affectueuse supplication pour obtenir leur consentement. Mon père me reçut fort mal, avec de dures paroles, rejetant ma prière et s'en moquant, disant que tout cela n'était qu'enfantillage». Mais la Dévote, à la rédaction de ces souvenirs, interprète miséricordieusement la réaction paternelle: «Je crois qu'il voulait m'éprouver, car j'étais encore bien jeune».

«Je n'osais plus en parler à mon père. Je m'adressai donc à ma mère, la priant de vouloir intercéder pour moi. Elle aussi, cependant, faisait ce qu'elle pouvait pour m'éprouver avec beaucoup d'astuce et d'habileté. Elle commença par m'interroger sur les raisons que j'avais de vouloir me faire religieuse, s'il y avait quelque chose dont je n'étais pas satisfaite, que si je désirais plus de robes et de bijoux, elle me les donnerait volontiers; ou bien, si je ne voulais pas d'un marchand pour mari, qu'elle me ferait épouser un avocat»[40].

Le consentement paternel enfin obtenu, il s'agit de se décider pour une des formes existantes de vie religieuse. Il semble que Maria Petyt n'ait pas examiné avec diligence cette décision ultérieure, la jugeant sans doute d'importance secondaire. Elle l'est, en un certain sens, mais la ferveur religieuse peut faire oublier à la jeunesse que l'homme est un être fort concret, dont l'organisme s'adapte mieux à telle forme de vie qu'à telle autre: si notre jeune fille avait pris le soin de s'informer davantage, elle eût sans doute évité mainte souffrance et maint détour avant de trouver sa voie véritable. Mais peut-être aussi, comme la mystique évoquant ses souvenirs aime à le croire, sans ces détours elle ne serait jamais arrivée là où la voulait le Seigneur.

Sa famille désirait la voir entrer chez les Sœurs Urbanistes à Ypres, où une de ses tantes était religieuse. Elle-même, bien qu'ayant ces sœurs en haute estime, craignait qu'Ypres fût bien trop près de Hazebrouck, et qu'elle ne pût s'y dérober aux fréquentes visites de sa famille et de ses amies. Son confesseur connaissait fort bien une abbaye de Chanoinesses de Saint-Augustin à Gand, où il avait une sœur. On opta pour ce monastère, et le confesseur adressa à la Dame Abbesse une lettre de recommandation. Priée de venir se présenter Maria Petyt, accompagnée de sa mère, fit le voyage à Gand: au monastère du *Groenen Briel*[41]: «Le couvent et les sœurs me plurent beaucoup, et moi aussi je leur fis bonne impression, d'autant plus que j'avais une belle voix pour chanter au

---

40. L. I, pp. 22-23.
41. Le toponyme s'est conservé jusqu'à nos jours: au *Groenen Briel,* tout près du Grand Séminaire de Gand, s'élève maintenant un autre couvent.

chœur… On m'a raconté après, que toute la communauté était allée supplier l'Abbesse de m'admettre tout de suite».

Cette fois-ci, les événements politiques et militaires succèdent au refus paternel pour retarder l'exécution du projet. «À peine étais-je de retour à la maison, que les Français commencèrent à envahir la Flandre pour mettre le siège devant Saint-Omer. Nous avions eu tout juste le temps de fuire dans la forêt, que les Français pillèrent notre village et en massacrèrent les habitants. À cause des grandes pertes, subies dans ce pillage, et de la situation troublée de toute la région, mon père ne me permit pas d'entrer au couvent. Je fus ainsi obligée d'attendre encore une année entière, d'autant plus que le monastère demandait une dot élevée, dont mon père, en pareille conjoncture, ne pouvait si facilement disposer. Mes parents nous envoyèrent tous ensemble à Menin, chez une tante, en attendant que l'orage se calmât»[42].

Un premier siège de Saint-Omer avait eu lieu en 1638: Maria Petyt avait alors quinze ans. Puisqu'elle se rappelle avoir été âgée «d'environ dix-huit ans» lorsqu'elle alla se présenter chez les Chanoinesses de Saint-Augustin, c'est vers 1641 qu'il faut situer les faits de guerre dont elle parle. De 1638 à 1642, le front resta mouvant, les combats intermittents, l'issue de la campagne indécise. Maria Petyt vivra déjà à Gand lorsque, en 1643-44, les troupes françaises envahiront définitivement cette région méridionale de la Flandre, y compris la petite ville de Hazebrouck. En 1644 elles occuperaient même Menin, où peu auparavant les enfants de la famille Petyt avaient trouvé un refuge temporaire. C'est que, en effet, la campagne se terminerait par un désastre pour les armes espagnoles: le successeur du Cardinal-Infant au gouvernement des Pays-Bas espagnols, Don François de Melo, favori d'Olivarez, après avoir débuté au commandement par une victoire sur de Guiches à Honnecourt, fut, l'année suivante, en 1643, écrasé devant Rocroy par le duc d'Enghien. Puis, entraîné dans la disgrâce de son protecteur, Melo abandonna les Flandres dans un état de ruine et de chaos. Tels furent les temps troublés, dont nous percevons encore l'écho dans l'histoire de la vocation de notre jeune postulante: ils faillirent même l'en détourner. Car, décidément, cette histoire n'est peut-être pas aussi sereine qu'on voudrait la voir pour une future mystique.

Chez ses parents à Menin elle «eut honte de dire qu'elle voulait se faire religieuse». Elle se voit bientôt entourée de prétendants et, persévérant dans son silence, «je faisais comme si leur conversation et leurs assiduités m'eussent été agréables. Elles finirent d'ailleurs par l'être

_____

42. L. I, p. 25.

pour de bon. Mon affection tomba sur l'un d'eux. N'eût été que mes parents me rappelèrent à la maison, chose sûrement inspirée par mon Bien-Aimé, je me serais trouvée en grand danger de me noyer dans le monde et d'abandonner la vie religieuse. Car l'amour était grand, de part et d'autre».

De retour dans cette maison paternelle, où elle avait vécu les premières joies spirituelles après le consentement à l'appel intérieur, la jeune fille se reprend et retrouve la sérénité de son âme. Elle trouva le courage de ne pas répondre aux lettres de son amoureux, et même de ne pas les lire, «ce dont il faut remercier Dieu, qui me retenait de la main». La guerre ne lui permet toujours pas de partir pour Gand; mais elle dispose désormais de ses toilettes mondaines et de ses bijoux, et ne paraît plus que vêtue «d'un habit simple ... comme une demi-Dévote»[43].

Cette période d'attente dura environ un an. Bien que Maria Petyt ne cachât plus ses intentions et qu'elle eût «porté tous ses bijoux en or et ses pendants à une statue de la Sainte Vierge, pour l'en parer», elle fut encore une fois demandée en mariage, raconte-t-elle «par un jeune homme beau, riche, et sérieux, qui auparavant déjà m'avait recherchée. Je lui parlai donc avec beaucoup de franchise, de courage et de décision, lui disant que j'avais choisi de vivre une vie d'ange, que je n'étais plus capable d'aimer quelque chose en ce monde, et autres propos de ce genre dont je ne me souviens plus très bien... Ne s'attendant pas à pareille réponse, le jeune homme en resta tout penaud. Il me fit ses adieux et depuis ce jour me laissa la paix»[44].

Son désir d'entrer au couvent devenant plus pressant de jour en jour, elle en voyait la réalisation différée par une guerre qui semblait devoir s'éterniser. Souvent elle alla «pleurer amèrement» auprès de sa mère. Un jour c'en fut trop pour la bonne femme, de voir l'aînée de ses filles toujours en larmes. Elle sut convaincre son mari de ne plus attendre que la paix fût revenue, pour la laisser suivre sa vocation. Jan Petyt fit donc le voyage à Gand et y régla avec l'abbaye la question de la dot. Bientôt après la mère et la fille refirent le même voyage: «Ainsi ma mère alla m'offrir au couvent, et y fit ses adieux avec grand bonheur et contentement»[45].

---

43. M. 53r traduit: *quasi filiae devotae*. Mais le texte original: *een halve Gheestelijcke dochter* semble bien indiquer que, parmi les Dévotes, s'était établie une certaine hiérarchie, reconnaissable à la façon de s'habiller.
44. L. I, pp. 26-27.
45. L. I, p. 28.

Les voies du Seigneur

Maria Petyt nous a laissé très peu de détails sur sa vie à l'abbaye du *Groenen Briel*. Il semble que dans sa vie spirituelle ce séjour ait laissé peu de traces et que la formation qu'elle y reçut ne l'ait guère marquée. Elle parle cependant avec la plus grande vénération des moniales et de leur esprit de prière et de mortification. Comme les autres postulantes et novices, elle commença l'année de probation qui précède la vêture. Elle y fut toutefois admise après huit mois seulement «parce que je connaissais si bien le chant». Ce fut la dernière bonne nouvelle qu'elle put écrire à sa mère: celle-ci mourut peu de temps après. «Sa mort me causa une très grande tristesse, non pas parce que je lui étais restée trop attachée, mais parce qu'il me semblait que j'aurais eu besoin de son appui jusqu'à ma profession. L'abbesse me donna beaucoup de consolation, disant qu'elle allait désormais me la remplacer, et que je devais prendre la Sainte Vierge pour mère».

Mais, encore avant d'avoir pris l'habit, elle avait noté par moments certaines défaillances de sa vue. Elle cacha soigneusement ce défaut. Cependant, peu après la cérémonie de la vêture, il lui arriva de devoir interrompre soudain soit le chant au chœur, soit la lecture au réfectoire: elle n'y voyait plus. Comme les symptômes de cette maladie n'étaient pas apparents, certaines moniales prétendaient qu'elle simulait, pour avoir un prétexte de quitter l'ordre. On attendit cinq ou six mois encore, puis il fut décidé de la renvoyer, puisqu'elle était incapable de satisfaire aux exigences de l'Office, et qu'on ne pouvait en dispenser. «Ce m'était une souffrance au-delà de toute souffrance, il me semblait épuiser en pleurs toutes les sources de mon être, et perdre la vue par l'excès de mes larmes».

Puisqu'elle ne pouvait être admise comme moniale, désirant ardemment rester à l'abbaye, Maria Petyt supplia qu'on la gardât comme sœur converse. Les religieuses l'en dissuadèrent «par affection, disaient-elles: que, jeune comme je l'étais et délicate de constitution, je n'aurais pas la force de supporter les fatigues et les travaux qu'on demandait aux sœurs converses, surtout en ce couvent où elles devaient, comme les hommes, exécuter les travaux serviles. Elles me disaient: mon enfant, tu ne sais pas ce que tu demandes. Le jour où tu t'en rendrais compte, tu ne pourrais plus être heureuse en ton état. Il me semblait donc mourir de douleur à la pensée d'être obligée de retourner à la maison paternelle»[46].

«La décision de me laisser partir fut donc fermement arrêtée. À partir de ce moment, je fus séparée de la communauté: ainsi on ne me per-

46. L. I, p. 30.

mit plus de partager la vie régulière des autres; je me trouvai comme un membre amputé du corps. Sans communication ou relation aucune avec les religieuses, pendant trois semaines environ, jusqu'à ce que mon père fût venu me chercher. Tel était l'usage, apparemment, en ce couvent: lorsque le renvoi de quelqu'un avait été décidé, on ne permettait plus aucun contact avec la communauté. Cette séparation cependant me fut extrêmement dure, une lourde croix, d'autant plus que je remarquai bien que plusieurs continuaient à se persuader que je feignais mon infirmité aux yeux pour avoir un bon prétexte de m'en aller. D'aucunes se moquaient de moi, d'autres me firent comprendre que si j'avais été plus fervente, on ne m'aurait pas renvoyée. À leur avis, on n'avait pas noté en moi toute la ferveur désirable. Car, disaient-elles, les novices doivent être si ferventes qu'il faut les retenir: elles ne se contentent pas d'obtempérer aux prescriptions de la Règle, mais cherchent toujours à faire davantage». Et Maria Petyt d'ajouter une remarque, qui nous révèle déjà l'attitude d'une âme appelée à l'oraison passive, devant un système de règles et de prescriptions, qu'on ne voit plus pour ce qu'elles sont: des indications montrant le chemin à l'obéissance, mais que l'on considère en quelque sorte comme une formule dont l'application intensifiée procurerait infailliblement la perfection: «Mais moi, je n'étais pas si fervente, car je ne me souciais guère de faire plus que ce que les règles du couvent prescrivaient et que ce que me commandait l'obéissance à ma Maîtresse. Tout cela, je l'accomplissais, je pense, avec fidélité et zèle. Car, étant d'un tempérament modéré, peu ou guère sujette aux mouvements de passion, je me contentais facilement de se que j'avais à faire»[47].

La première fois qu'elle vit, au couvent, «des instruments de pénitence, chaînettes et disciplines», elle n'avait pu réprimer un mouvement naturel de répulsion; s'étant ensuite administré quelques bonnes disciplines, elle ne s'en effraya plus.

Maria Petyt ne connaissait personne à Gand. Au moment où elle va rentrer dans le monde, sa meilleure amie parmi ses anciennes conovices, devenue «Dame Victoria» au moment où ces souvenirs sont rédigés, la recommande à une béguine du Petit-Béguinage. Maria Petyt vit la porte du couvent se refermer derrière elle, elle se trouva toute seule dans les rues de la grande ville inconnue; mais, forte de sa recommandation, elle alla frapper à la porte de la béguine qui avait promis de la recevoir. Hélas, celle-ci était tombée malade: c'était dans un couvent de bonnes sœurs, où elle était soignée, qu'elle la retrouva. Par charité on

47. L. I, pp. 31-32.

accepte de loger la jeune fille au couvent, pour une seule nuit. Le lendemain cependant, on se dévoue pour lui trouver un logis. Mais dès qu'on en a découvert un, on la laisse à ses propres moyens, «et je me trouvai là, toute seule, désolée, abandonnée et comme répudiée du monde entier».

C'est qu'elle-même, poussée par une sorte d'instinct, avait refusé de retourner à Hazebrouck. Pourquoi? Mystère. Maria Petyt ne répond pas à cette question. Au moment de la rédaction de ses souvenirs, elle a pu juger, avec raison, que sa vie ultérieure était la réponse la plus claire et la plus valable. Mais au moment des événements, la vie lui impose une solitude, et des plus dures, que certainement elle ne cherchait pas. Elle se sent perdue et n'a pas de relations à Gand; on refuse de la recevoir à l'abbaye du *Groenen Briel* lorsque, dans sa détresse, elle y cherche un contact humain: «au susdit couvent je ne trouvai aucun refuge, bien au contraire»[48].

Dame Victoria encore lui avait recommandé comme directeur spirituel un certain Père Carme. Le Père se montra taciturne, lui refusant toute direction, se contentant d'écouter sa confession. Malgré les instances de Maria Petyt, qui désirait vivement quelque conseil précis et éprouvait plus que jamais le besoin d'un peu de direction, il préféra attendre un mois avant de se prononcer. Ce fut peut-être le mois le plus dur de sa vie. On pourrait difficilement soutenir qu'une influence extérieure ait poussé Maria Petyt à la vie contemplative: l'atmosphère familiale, déjà, n'y avait guère été propice; aux moments décisifs toute direction véritable lui manqua. Et pourtant sa vie de prière s'était mise à fleurir, petite plante sauvage, loin des sentiers tracés ou des jardins clos des «écoles».

Le noviciat ne semble lui avoir donné ni grande lumière, ni méthode pour faire oraison. Elle y avait appris, toutefois, la valeur de l'humble obéissance aux pratiques de la règle et, par là, probablement pour la première fois de sa vie, la nécessité d'une direction spirituelle.

Les premiers temps de son séjour à Gand, elle vécut seule. Le mot *woninghe*: «habitation», qu'elle emploie, peut aussi bien désigner une maison qu'une chambre. Probablement on lui avait trouvé une maisonnette de béguine: il appert bien du texte, que cette maison était située «à presqu'une demi-lieue de l'église». Mais, précisément, les habitantes du Petit Béguinage n'avaient-elles pas coutume d'assister aux offices à l'église du Grand Béguinage? Quelques pages plus loin, en effet, Maria Petyt raconte: «J'avais pris une telle habitude de mortifier ma vue, que certaines béguines demandèrent à notre Grande Demoiselle si j'étais

48. L. I, p. 33.

aveugle»[49]. Les béguines, pour proverbialement curieuses qu'elles fussent, ne se seraient pas adressées à la Grande Demoiselle pour s'informer au sujet d'une Dévote vivant dans un autre quartier de la ville. Et Maria Petyt ne parlerait pas de «notre Grande Demoiselle» si, tout en n'étant pas béguine, elle n'avait pas vécu au béguinage et ne s'était sentie un peu de la famille.

Autant qu'on puisse en juger, son nouveau milieu n'influença pas plus sa vie spirituelle que ne l'avait fait son noviciat. Elle parle de pratiques religieuses, comme du chemin de la croix qu'elle fait avec les béguines, mais non d'incidences qui auraient agi sur sa vie de prière ou qui lui auraient donné une nouvelle direction ou orientation. Pourtant, au début du 17ᵉ siècle encore, sous l'impulsion de Pelgrum Pullen et de Claesinne de Gand, le béguinage de Gand avait été un centre de vie spirituelle, et même mystique. Maria Petyt, toujours empressée à nous signaler les bons conseils, les vues enrichissantes et les influences reçues de son entourage, n'eût pas manqué de nous en parler, si elle avait rencontré au béguinage une âme capable de comprendre ses aspirations ou de lui donner quelque directive spirituelle. Même son confesseur, le Père Carme dont elle ne dit pas le nom, paraît avoir été plus zélé qu'éclairé: lorsqu'il eut accepté, après quelques semaines de prudent refus, de la diriger, il semble assez embarrassé sur les conseils à prodiguer. Cette jeune Dévote, à l'âme assoiffée de contemplation, mais qui venait d'être déclarée inapte à la vie religieuse par des moniales hautement réputées, devait un peu l'inquiéter. S'agissait-il d'une véritable vocation ou d'une tendance morbide, d'une inclination un peu fanatique et, au fond, d'une dureté de caractère plutôt orgueilleuse? Bien plus que la détresse spirituelle, où se débattait Maria Petyt durant les premiers temps de sa situation incertaine, la fidélité tenace de sa pénitente et la sérénité surnaturelle de son assurance d'être appelée, quoique d'une manière muette et indéfinie encore, durent le persuader d'assumer la direction. Entretemps, en l'absence de toute aide humaine, Dieu se chargea de sa conduite et l'amena à un acte intérieur d'abandon total, décisif pour sa vie ultérieure. En effet, la pauvre fille découragée renonçait désormais à toute tentative d'entrer en religion, mais aussi à la tâche, louable et charitable pourtant, de retourner à la maison paternelle pour s'occuper de sa famille: «Ma mère étant morte quelques mois auparavant, et moi-même étant l'aînée des enfants, ce devoir semblait m'incomber. De plus, me trouvant si seule, abandonnée et repoussée de tous, ne connaissant personne en cette ville, pas plus que si j'y fusse tombée du ciel, je ne savais ni vers où me tourner ni quoi entreprendre.

49. Le titre de la supérieure d'un Béguinage était *Groot-Juffrouw* L. I, p. 37.

«J'endurai un extrême combat, suspendue comme en balance avec moi-même: allais-je me tourner entièrement vers Dieu, consacrant tout doucement le reste de ma vie à son service, dans la solitude, aussi loin que possible des hommes? Ou bien allais-je rentrer à la maison paternelle? ... Quant à retourner dans le monde d'une autre manière, la pensée ne m'en est jamais venue.

«Me trouvant ainsi irrésolue, Dieu fit pénétrer un rayon dans mon âme, m'attirant à lui pour que je me jette comme un enfant dans son sein paternel, avec amour filial et confiance en Lui seul. Ce rayon de grâce opéra instantanément, de sorte que je me sentis soudain toute réconfortée et affermie en Dieu. Toute souffrance et angoisse disparurent. Que j'eusse à souffrir des autres avait perdu toute importance. Je me sentais tellement comblée et à mon aise avec mon Bien-Aimé qu'il ne me semblait plus rien désirer ni faire aucune attention aux hommes: ce qu'ils me faisaient, ce qu'ils disaient ou pensaient de moi, j'en faisais cas comme du vent.

«Il me semble que, pour une grande part, à partir de ce moment, cette grâce me soit toujours restée»[50].

«Mon confesseur, notant combien la grâce progressait, augmentait, et opérait en moi, semblait se demander par quelle voie me diriger et quels exercices spirituels m'imposer. Il m'enjoignit donc de me rendre à une église quelque part, d'y rester en silence devant le saint sacrement et de prier avec instance pour recevoir la grâce et la lumière de connaître la voie par laquelle il plairait à Sa Majesté de me conduire, et de m'attirer à Elle. Lorsque j'en aurais reçu l'inspiration, je devais mettre tout par écrit et le lui transmettre. Ce que je fis.

«Or, au cours de cette prière, mon Bien-Aimé me donna une telle connaissance de la manière de prier, et des exercices intérieurs à accomplir, il me fit voir si clairement par quelle voie il voulait me mener, que j'en remplis bien une feuille entière[51]. Mais le contenu de mes lumières était d'une si grande perfection et d'une telle pureté, qu'aujourd'hui même je ne les ai pas encore pleinement mises en œuvre. Mon Bien-Aimé me montra la fin à laquelle il m'appelait. Mais je n'en comprenais pas la substance comme je la comprends maintenant, car il me semble que toute ma vie, à longueur de journées, j'aurais assez à faire pour vivre à la perfection l'enseignement qu'alors intérieurement je reçus.

«Lorsque mon confesseur eut lu ma feuille, il m'humilia et me mortifia joliment: vous ne savez ni ne comprenez rien, dit-il, à ce que vous avez écrit là. Et il disait vrai. Souvent en moi-même j'en ai été toute

50. L. I, p. 34.
51. Feuille: *blad,* normalement pliée en quatre = 8 pages de cahier.

confuse, et j'en ai bien ri à part moi. Comment osai-je arriver avec ces doctrines très élevées et plus que pures, moi qui, pour ainsi dire, faisais à peine les premiers pas dans le sentier de la vertu et de la vie intérieure? Je suppose que mon Bien-Aimé me proposa et m'enseigna alors le terme où je devais arriver, afin que mon confesseur lui aussi s'en inspirât un peu pour ma direction, – ce qu'il fit d'ailleurs selon la grâce qui était en lui».

Notre auteur s'est-il permis une ombre d'ironie? La direction qu'elle allait recevoir pendant environ quatre ans, consistait surtout dans l'accumulation des pénitences et dans la complication des pratiques: «Avant tout il me fit faire beaucoup de pénitences, et la mortification très stricte de tous les sens, surtout de la vue et de la parole… Parfois il m'ordonna de froisser ma belle collerette, d'enduire de craie blanche la coiffe de ma cape. Quant aux pénitences corporelles, elles étaient assez lourdes … il m'ordonna de prendre tous les jours la discipline pendant six semaines. Je devais, en outre, porter jour et nuit sur mon corps, aux bras et aux jambes, des chaînettes à pointes. Elles me mettaient à la torture, surtout aux repas, alors que le corps se dilate et que les pointes pénètrent dans la chair. Ce que les jambes en souffraient, lorsqu'il fallait faire un long trajet, s'agenouiller, dormir, etc.! Jamais je n'osais faire le moindre signe que cela me faisait atrocement souffrir, craignant de manquer à la simple obéissance. Car il m'avait ordonné de les porter jusqu'au moment qu'il dirait.

«Après trois semaines, il me demanda comment je m'en trouvais. Je lui répondis: Mon Père, je sens que j'en suis très affaiblie. Peut-être ne me comprit-il point, je ne sais. Il m'ordonna donc de continuer jusqu'à nouvel ordre, et moi j'y persévérai en toute simplicité. Après six semaines il me demande si je portais toujours ces instruments de pénitence. Je répondis que oui. Alors il en fut tout perplexe et consterné, s'excusant de ce qu'il eût oublié de révoquer l'ordre donné»[52]. La mystique en porta les cicatrices toute sa vie.

D'autres décisions de son confesseur cependant témoignent de plus de jugement et même d'une certaine ingéniosité. Il sut respecter la liberté de sa dirigée tout en empêchant qu'elle ne se développât trop en solitaire et par là ne devînt une individualiste trop originale. Il ne lui imposa pas de compagnes, dont le caractère peut-être eût trop différé du sien, mais «après que j'eus vécu cinq ou six mois au Béguinage, mon confesseur m'envoya une Dévote, pour que nous fassions ensemble le pèlerinage à Sainte Anne de Bottelaar. Sur le chemin du retour, nous eûmes, sans le

---

52. L. I, pp. 37-38.

savoir l'une de l'autre, une même inspiration, au même instant. Cette Dévote me dit: "Ma sœur, il me vient quelque chose à l'esprit au sujet de nous deux, mais je n'ose pas le dire". À quoi je répondis: "À moi aussi, il m'est venu quelque chose à l'esprit". Elle insista donc pour que je dise de quoi il s'agissait. Je dis: "Il me semble que Dieu ait disposé que nous habitions ensemble". Sur quoi elle répondit avoir eu la même pensée, mais de ne pas bien voir comment la chose pourrait s'arranger, vu que quelques cousines auxquelles sa mère était fort attachée, habitaient chez elle.

Elle fit part à notre confesseur de l'idée qui nous était venue sur la route de Bottelaar. Il l'approuva, et vint même expliquer la chose à la mère. Celle-ci se déclara tout de suite d'accord, et fit déménager les cousines. On en fit de grands commentaires dans le cercle des amis: qu'à cause de moi elles avaient été obligées de s'en aller»[53].

Cette nouvelle demeure ne semble pas avoir été située au Béguinage, et Maria Petyt n'a plus guère eu de relations suivies avec les béguines: ces relations, quoique très amicales, n'avaient jamais pris le caractère d'échanges spirituels.

Jusqu'au moment où il relate la rédaction du fameux programme de vie spirituelle, le récit de Maria Petyt suit plus ou moins fidèlement le cours des événements. À partir de ce moment il abandonne l'ordre chronologique, se laisse aller à des considérations sur les vertus, mêle un peu les époques (p. ex. les dernières années de la vie de son père et sa mort édifiante, survenue seulement en 1663, mais racontée ici), et donne des conseils sur la pénitence et sur la modération. Elle s'excuse de ces digressions, essaie de reprendre le récit au point où elle l'a laissé, mais l'oublie aussitôt pour quelqu'autre remarque qu'elle juge importante. Ces pages d'une prose en quelque sorte impressionniste peuvent être intéressantes pour l'histoire de la littérature néerlandaise. Ici cependant, nous nous contenterons d'en noter les textes qui nous donnent des informations, bien modestes d'ailleurs, sur la vie extérieure de notre mystique. Parfois il sera possible d'en dégager quelque trait, permettant d'éclairer l'un ou l'autre aspect qui n'est pas sans retentissement sur son évolution spirituelle.

L'ordre de vie de Maria Petyt et de sa nouvelle compagne est décalqué sur celui des couvents. Certains éléments en sont empruntés à la règle des Carmélites, tout en préparant à l'émission des promesses du Tiers-Ordre. Leur confesseur établit un règlement. Elles eurent deux heures de méditation par jour, les observances du jeûne et de la discipline des Carmélites,

---

53. L. I, pp. 45-46.

des temps fixes pour les lectures et les colloques spirituels. Maria Petyt suit l'ordre du jour à la lettre, s'imposant l'observation la plus stricte de la *Regulariteyt:* «Afin de pouvoir, tout au long du jour, observer et suivre ponctuellement les heures indiquées par l'ordonnance du temps, je portais toujours le sablier sur moi: me promenant au jardin à l'heure de la récréation, ou allant à l'église, je l'emportais et je l'attachais sous mon tablier. Aussi ma consœur disait-elle souvent en riant que, s'il eût fallu me peindre, on aurait dû me représenter tenant un sablier à la main». Dieu «m'accorda la grâce qui me rendit admirablement service, que par charité je me consacrais volontiers au service domestique, pour faire la cuisine, faire la vaisselle ou la lessive lorsque ma consœur en était empêchée ou ne pouvait s'en tirer toute seule... Ainsi il se fit que sa mère et elle-même s'accommodèrent parfaitement de notre penchant intérieur et de notre attrait à la dévotion. Je gagnais leur cœur, apparemment, par mes services, et elles s'attachèrent à moi avec grande affection. Elles finirent par déposer entre mes mains toutes choses concernant leur famille pour que j'en dispose d'après mon jugement et à ma satisfaction. J'en profitai comme d'une occasion envoyée de Dieu pour tout arranger selon que sa grâce parut m'y pousser ou attirer». Voici les invitations et les visites réduites au strict minimum, le menu devenu plus sobre: un seul repas complet par jour. Le soir, sauf les dimanches et jours fériés, on se contente d'une «tartine». Les fruits sont, tout doucement, rationnés. Nous ignorons ce que dut en penser la famille de cette «Veuve spirituelle et de sa Fille, qui s'accommodaient entièrement à notre désir, au grand contentement et à la satisfaction de leur âme». Les médisances dont pendant quelque temps les Dévotes feront l'objet, s'expliquent quelque peu par ce mode de vie assez singulier pour des personnes qui ne sont pas des religieuses. Nos Dévotes, comme nombre de leurs consœurs, sont, au 17e siècle, aussi mal vues des autorités ecclésiastiques que les Béguines l'avaient été aux siècles précédents. Les trouvant établies sous la direction des réguliers, le clergé séculier des paroisses avait peu d'autorité sur elles. Si, tout en refusant d'entrer en religion, elles se mettaient à former des petites communautés, somme toute indépendantes, celles-ci devenaient facilement des foyers d'illuminisme ou de mystique peu orthodoxe, et par le fait même de leur existence suspectes. Mais au cours des six années à peu près, que Marie Petyt vécut à Gand, la méfiance et les commérages se calmèrent peu à peu: elle finit même par y jouir d'une certaine réputation de sainteté. Ce lui fut «une grande croix»: «J'ai toujours haï toute expression affectée de dévotion dans la figure ou la façon de parler... Il y avait des gens qui me priaient de les assister dans leur agonie, comme s'ils avaient espéré obtenir de Dieu, par notre présence, quelqu'aide et consolation spirituelle.

D'autres, même des religieux, m'ont plusieurs fois demandé ma bénédiction, me priant de bien vouloir les instruire en des choses concernant leur
vie intérieure et leur conscience: mais je n'ai jamais voulu le faire (si ce
n'est tout récemment, lorsque l'obéissance m'en donna l'ordre). Je fuis
ces choses comme un serpent.

«Les enfants de la rue et les mendiants à la porte de l'église criaient
parfois – s'ils se moquaient de moi ou s'ils prenaient la chose au sérieux,
je ne l'ai jamais su –: "Voici la sainte qui vient, faites-lui place", en me
saluant profondément. Parfois, quand je pensais qu'ils se moquaient de
moi, la chose me faisait rire; d'autres fois, tout cela m'affligeait au point
que je ne pouvais m'empêcher d'en pleurer abondamment...»[54].

Elle n'était pas, cependant, restée insensible à l'estime des hommes.
Lorsque plus tard, avec ses deux compagnes, elle aura quitté Gand pour
aller vivre à Malines, les cercles dévots du lieu virent les nouvelles
recrues d'un mauvais œil. Pendant «dix ou onze ans» Maria Petyt y sera
l'objet de suspicions et de calomnies, de visites «spirituelles» qui ressemblent à des perquisitions, enfin de tous les agacements dont le milieu
«croyant» très fermé d'une ville de province se sert parfois pour se délas-
ser. «Un jour on nous avertit qu'un préposé du tribunal ecclésiastique[55]
était en route pour venir visiter notre maison afin de nous séparer, à cause
de notre mauvaise vie, et pour nous renvoyer ainsi de la ville. À cause de
notre conduite scandaleuse et malhonnête l'Évêque nous avait chassées
de la ville de Gand. Autour de la maison tous nos voisins étaient à leur
porte pour voir comment les choses se passeraient». Mais personne ne
vint: le bruit n'avait été qu'une calomnie de plus.

Plus tard, la mystique jouit à Malines d'une plus grande estime encore
qu'à Gand: les bonnes gens y prirent l'habitude de venir recommander
toutes sortes de causes à sa prière.

Revenons à la jeune Dévote et à ses deux compagnes, telles qu'elles
étaient établies à Gand. Après une année de «noviciat», son confesseur
l'autorisa à faire entre ses mains la «profession» de tertiaire du Carmel:
«Un vendredi saint, promettant obéissance, et chasteté perpétuelle, selon
le susdit Tiers-Ordre, et choisissant le nom de Sainte Thérèse, à côté de
mon propre nom, à savoir Sœur Marie de Sainte-Thérèse, à cause d'une
dévotion particulière que j'éprouvais pour cette sainte Mère»[56].

---

54. L. I, pp. 78-79.
55. Le texte néerlandais, L. I, p. 80, a simplement: *dat men op wegh was* = «qu'on
était en route». Nous suivons M 72v, qui semble rendre la version originale: *Quodam
tempore nobis denunciabatur officialem curiae spiritualis esse in via*.
56. L. I, p. 52.

Sous la direction de Michel de Saint-Augustin, elle renouvellera, quelques années après, ses promesses de tertiaire. Maria Petyt n'a jamais prononcé des vœux de religion. Même si, après sa mort, on a plus ou moins incorporé la mystique à l'Ordre auquel elle avait été liée d'une grande affection et dont elle avait pleinement vécu la spiritualité, Maria Petyt n'a jamais été une religieuse au sens reconnu par l'Église, n'ayant même jamais prononcé les trois vœux. La désigner sous un nom de religion, comme certains auteurs récents ont tendance à le faire, ne peut que prêter à équivoque. Nous préférons donc lui laisser son nom de famille.

Son directeur s'évertuera encore pendant trois ans à lui trouver nombre de mortifications et d'exercices, aptes à la faire parvenir à une plus grande abnégation de soi. Alternativement les deux Dévotes exerçaient la fonction de supérieure pendant quinze jours. Toutes les semaines elles changeaient de chambre. «De même, il m'ôta mon crucifix et tous mes petits tableaux, pour lesquels je paraissais avoir quelque dévotion, afin que je ne m'y attache pas trop sensiblement, – car, au début, mon affection était fort portée sur de tels objets…

Il jugea bon, de nous laisser prendre plusieurs fois par an, par manière de délassement, quelque chose de plus en nourriture et en boisson. Nous devions par exemple boire un peu de vin. Pour ces choses-là j'ai toujours éprouvé en moi une certaine souffrance et contrariété. Mais pour rendre cette récréation plus spirituelle, nous y invitions quelques bonnes âmes pauvres, qui en avaient bien besoin: tout notre délassement consistait à procurer à ces pauvres épouses du Christ un peu de douceur et de joie».

«Après quatre ans, il plut à Dieu que notre confesseur allât vivre ailleurs». C'est alors que Maria Petyt et sa compagne s'adressèrent à un jeune Père Carme, nommé professeur de philosophie à Gand, pour qu'il voulût bien se charger de la direction de leurs âmes.

«Auparavant déjà il m'avait semblé qu'il servirait bien notre esprit et y serait adapté, car je le considérais comme un homme vertueux, mortifié, silencieux, recueilli, spirituel et intime, qui m'aurait bien fait avancer dans la perfection, et dans la vie de prière que je désirais si ardemment. J'avais l'impression, en effet, que j'avais besoin d'un autre enseignement et d'une direction différente». Michel de Saint-Augustin lui enseigna le véritable esprit du Carmel, résumé par Maria Petyt en ces termes: «À savoir, prière continuelle, et conversation avec Dieu par l'exercice diligent de la présence divine, nourrie et entretenue par une mortification constante et le renoncement à toutes choses créées, enfin les trois vertus divines de foi, d'espérance et de charité… Je ne me trompai pas dans mes prévisions, et je trouvai même beaucoup plus que ce que j'avais espéré. Lorsque je commençai à entendre et à goûter son enseignement, je sentis bien que Dieu même m'avait menée à lui, et qu'il devait être mon guide spirituel pour me mener là où Dieu voulait me voir»[57].

Michel de Saint-Augustin ne cherche pas tant à bourrer la journée de sa dirigée de nombreux exercices extérieurs ou de pratiques multiples, qui sont censées procurer l'union avec Dieu du seul fait qu'elles requièrent une abnégation continuelle, qu'à donner à sa vie intérieure un contenu et une orientation. Il lui apprend à méditer sur l'humanité du Christ. Dans les chapitres consacrés à la vie intérieure de la mystique, nous verrons comment cette méditation s'allie à la simplification graduelle de l'oraison.

Nous ne possédons plus les notes que Maria Petyt recueillit de cet enseignement durant les seize mois que Michel de Saint-Augustin fut son confesseur à Gand. Nous pouvons être persuadés cependant que les écrits spirituels de la mystique sont tout imprégnés de cette doctrine. Pour la première fois de sa vie, après tant d'années de solitude spirituelle, où elle avait instinctivement et avec une fidélité obstinée, malgré l'apparente faillite de sa vocation religieuse, tenté d'interpréter l'appel de Dieu et d'y répondre avec les pauvres moyens à sa disposition, cette âme assoiffée de prière rencontre quelqu'un qui comprend sa vocation et qui est capable de la diriger. Maria Petyt a vingt-quatre ou vingt-cinq ans. Trouvant enfin un confesseur qui soit en même temps un vrai père spirituel, il aurait été étonnant qu'elle ne se fût pas attachée à lui. Elle l'idéalise, l'entoure de toute l'admiration fervente des âmes simples. Elle ne s'en cache pas, et, au moment de rédiger ces souvenirs, elle décrit son attitude en ces années lointaines avec une bonne grâce non dénuée d'humour: «Je le considérais véritablement comme un ange dans un corps humain. Lorsque je me trouvais en sa présence, mon respect et ma vénération étaient aussi grands que si je m'étais trouvée devant Dieu. C'est à peine, si j'osais le regarder et, si parfois je levais les yeux sur lui pendant qu'il disait la messe ou pendant l'office, sa vue m'élevait toujours à Dieu, et m'incitait au bien et à la vertu. M'étant mise à douter si je pouvais bien agir de la sorte, et s'il ne s'y mêlait pas quelque sensualité cachée, je lui demandai comment faire pour agir au mieux. Il me répondit: il est plus sûr de vous mortifier en cela».

Au moment où Michel de Saint-Augustin fut nommé maître des novices et dut quitter Gand, pour assumer bientôt des charges plus importantes dans l'Ordre (il ne serait plus désormais que prieur, provincial, commissaire général), Maria Petyt traversait précisément une

57. L. I, p. 53.

période de grande aridité spirituelle. Aussi avait-elle l'impression de pouvoir moins que jamais se passer de ses conseils. «Il m'assura que de trois choses l'une: ou bien Dieu enverrait quelqu'un pour m'aider, ou bien Il me réconforterait Lui-même, ou bien Il me délivrerait de mon supplice et de ma souffrance spirituelle. Il en fut comme il avait prédit: peu de jours après son départ le Bien-Aimé me délivra de toute peine et souffrance»[58].

Maria Petyt l'avait prié de continuer à la diriger. Tout d'abord il avait refusé; sur ses instances il finit pourtant par accepter: elle lui écrirait tous les quatre mois pour rendre compte de sa vie intérieure. Elle s'y tint pendant quelque temps, du moins à en juger d'après les écrits publiés: très peu semblent dater d'avant les années 1657-58. Après 1659, Maria Petyt lui écrit plus longuement et plus fréquemment, rendant compte de toutes ses expériences mystiques et de tous les mouvements de son âme: alternances d'angoisse désolée et de plénitude, descriptions des épiphénomènes de l'expérience mystique, doutes et certitudes. Plusieurs fois même elle entreprend le voyage à la ville où son directeur réside, afin de solliciter des conseils ou un enseignement plus explicites. C'est ainsi qu'elle obtient, étant venue le voir à Malines, de pouvoir renoncer à tout usage de viande. Michel de Saint-Augustin toutefois, fort sagement, ne lui accorde pas immédiatement cette permission: Dieu doit donner d'abord quelque indication de son bon plaisir. Revenue à Gand, notre Dévote commence à éprouver un vif dégoût pour les plats de viande; elle se sent indisposée chaque fois qu'elle se force d'en manger. Son père spirituel cependant ne lui permet l'abstinence totale qu'après une période d'essai plus prolongée, et après s'être informé par écrit auprès des pieuses compagnes dont elle partage la vie. Si l'abstinence avait constitué un dur sacrifice, exigeant un effort quotidien de la volonté, il la lui aurait interdite. Mais il ne s'y oppose plus lorsqu'il croit pouvoir constater que la grâce agit *suaviter,* et que le sacrifice correspond en quelque sorte au désir d'une nature qui y est déjà prédisposée.

Mais, toujours davantage, Maria Petyt se sent attirée vers une vie encore «plus *abstraite,* solitaire, inconnue, pauvre, comme celle d'une ermite ou d'une recluse». À cette époque elle reçoit la visite d'une «âme pieuse» qui a exactement les mêmes aspirations qu'elle. Elles voudraient bien s'unir pour les mettre à exécution, mais les circonstances ne semblent guère s'y prêter: la veuve et sa fille, qui avaient ouvert leur maison à Maria Petyt, se trouvaient moins de goût pour une vie dévote contemplative que pour la vie active. Il fallait donc, en toute discrétion, chercher un nouveau domicile.

---

58. L. I, p. 64.

Mais voilà «qu'en ce temps vint à mourir un vieillard, qui vivait à Malines, dans une maison appartenant à nos Pères, située tout juste à côté de et attenante à l'église. On l'appelait l'*Ermitage,* parce que jadis une recluse avait vécu dans cette maison.

Le Supérieur jugea que cette maison convenait parfaitement à un genre de vie aussi *abstrait* et retiré que je le désirais. En y installant un petit oratoire, d'où nous pourrions faire nos dévotions et entendre nuit et jour les offices des religieux, nous aurions la possibilité de vivre comme retirées du monde.

Le projet me plut beaucoup, et je me rendis aussitôt à Malines»[59]. Toutes choses étant réglées, Maria Petyt occupa la maison en octobre 1657, accompagnée des deux bonnes femmes chez qui elle avait habité à Gand, et qui lui étaient trop attachées pour la laisser partir seule. Mais la maison étant maintenant à elle, elle y introduisit aussi le mode de vie qui était de son goût. L'allure en fut trop sévère pour nos deux Gantoises. Après un an et demi de mortifications elles s'en retournèrent à Gand «sous quelque beau prétexte», mais en toute amitié. Heureusement l'âme sœur, qui partageait ses aspirations et qui était déjà venue lui en parler à Gand, put se libérer des obligations qui la retenaient encore et la rejoignit après quelque temps à Malines. Elles commencèrent une vie plus austère et plus retirée qu'auparavant. «Après qu'elle se fut exercée pendant deux ans ou plus, et qu'entretemps notre ordonnance et forme de vie avaient été approuvées par notre T.R. Père Général, toutes deux nous en fîmes profession, avec vœux perpétuels d'Obéissance, de Chasteté, et de Pauvreté *pour autant qu'il soit possible d'observer la pauvreté en dehors d'un couvent proprement dit.*

Un an plus tard, le Bien-Aimé nous envoya encore une sœur capable de nous servir et de nous apporter le nécessaire. Elle aussi fit sa profession. Sans plus»[60].

L'expression «sans plus» (*sonder meer*) est quelque peu énigmatique. Maria Petyt fait-elle une distinction entre sa propre profession et celle de la sœur qui faisait en quelque sorte office de converse auprès des deux contemplatives? Ou veut-elle dire, plutôt, qu'elles sont restées trois pendant une assez longue période, c'est-à-dire, jusqu'au moment de la rédaction des mémoires? C'est plus probable. Pourtant, en 1668 ceux-ci ne sont pas encore achevés. Dans une lettre de la même année, elle dit

---

59. L. I, p. 101.
60. L. I, pp. 103-104. Nous soulignons. Le texte a: *Buyten een formeel Clooster,* litt.: en dehors d'un couvent formel. Maria Petyt a donc bien conscience de la distinction. La tendance, d'ailleurs compréhensible, à la présenter maintenant comme une religieuse véritable, membre d'un ordre, est en contradiction avec la réalité historique.

qu'elle travaille encore à son récit, mais par intervalles et non sans une certaine répugnance[61]. Il existe, d'autre part, une lettre du P. Michel de Saint-Augustin, adressée à *la pieuse Sœur Françoise Engrand, Dévote, à Malines,* dans laquelle il lui recommande, pour diriger ses pas dans la vie d'oraison, de demander conseil à une autre sœur plutôt qu'à notre mystique: elles étaient donc certainement plusieurs[62]. Ailleurs, Maria Petyt parle de ses prières pour une de ses consœurs décédée[63]. Une petite communauté s'était donc formée autour d'elle pendant les dernières années de sa vie.

Elle indique assez clairement que ce petit groupement n'a pas le statut juridique des religieuses. Deux fois auparavant, elle avait fait les promesses de tertiaire. Cette fois-ci elle a prononcé les vœux d'obéissance et de chasteté perpétuelle. Nous pouvons donc parler de vœux privés, émis par un membre du Tiers-Ordre.

Entre mars et juillet 1669 un peintre exécuta deux portraits de Maria Petyt. Nous ignorons si ces tableaux existent encore. Son demi-frère Jacques Warneys la pria de bien vouloir poser pour un peintre, afin que dans la famille on eût un portrait d'elle. Il fallut un signe de Michel de Saint-Augustin et un mouvement intérieur «qui l'inclinait tendrement à satisfaire au désir humble, pieux et pur de cette bonne âme» pour qu'elle s'y prêtât. Le peintre fit «un très petit tableau, qu'ainsi mon frère peut toujours porter avec lui», probablement donc une miniature ou un médaillon: elle y était peinte «regardant les spectateurs». Ensuite il exécuta un grand portrait, où elle regarde le crucifix qu'elle tient dans les bras. Elle eût voulu y faire ajouter «un rayon sortant de sa bouche», portant ces mots: «Mon unique Amant». Michel de Saint-Augustin fit preuve de bon goût en ne lui accordant pas son «rayon»[64]. La gravure de Martin Bouche qui ouvre le premier volume de l'édition ancienne, est faite d'après ce portrait; celle, postérieure semble-t-il, de R. Collin, existe en deux variantes, mais paraît bien provenir du même portrait, l'une n'en étant que l'image réfléchie. Seuls les accessoires changent d'après l'objet de la dévotion; ils sont moins sobres et auraient davantage correspondu aux goûts de notre mystique: dans la première, qui ouvre le second volume de l'édition ancienne, elle croise les mains sur la poitrine et contemple l'hostie, dans un petit ostensoir, exposé sur un

---

61. L. I, p. 261; voir aussi L. I, p. 223.
62. La lettre de Michel de Saint-Augustin à *Godtvruchtighe Suster Françoise Engrand, Gheestelijcke Dochter tot Mechelen* me fut aimablement communiquée par le regretté P. Valerius HOPPENBROUWERS.
63. L. I, p. 189. Le texte néerlandais ne donne aucun nom. M 144va: *charissimae nostrae Sororis M.M. a J.*
64. Les péripéties de cette histoire sont délicieusement racontées, L. I, pp. 258-259.

reposoir sous baldaquin. Le rayon y est, mais il part de l'hostie vers le cœur de l'adoratrice, et porte les mots: *syt geheel voor mij*: «Sois toute à moi». L'autre gravure de Collin, fut probablement imprimée comme image. Elle montre Maria Petyt priant pour les âmes du Purgatoire: celui-ci s'ouvre devant elle, et du milieu des flammes deux figures humaines lui adressent un geste suppliant.

Maria Petyt qui, sans doute, ne s'était plus regardée dans un miroir depuis qu'elle avait quitté le monde, voyant pour la première fois son visage tel que le voyaient les autres, eut un mouvement d'étonnement douloureux: «Il me paraît tout de même étrange, que la douceur intérieure, la suavité, et l'amour de mon cœur, ne soient pas davantage réfléchis dans l'expression de mon visage. Car si le cœur est rempli de Dieu, il me semble que la figure devrait en rayonner. Mais regardez donc comme la figure a l'air sombre et sévère!». Et pourtant, si on compare cette bonne tête flamande avec maints portraits de grands «spirituels» de son temps, on est frappé par son expression bien affable et humaine, à côté des froides ardeurs d'un volontarisme stoïque et d'une anxiété à peine dominée, que nous montrent tant de portraits «religieux» du 17e siècle. Sa figure ronde de bonne bourgeoise est évidemment amaigrie par les mortifications: la partie inférieure du visage est étroite, les pommettes par contre sont larges et saillantes; dans les orbites, bien circulaires et profondes, le relief nettement contourné des grandes paupières trahit le pouvoir intense d'émotion. Le dos du nez est clairement dessiné et se termine en une pointe légèrement retroussée, curieuse et vive. La bouche est fine et spirituelle, et les lèvres n'ont rien de cette minceur aigre, qui effraie si souvent le simple mortel dans les portraits de femmes «de grande piété».

Plusieurs fois au cours de son existence, Maria Petyt a été très malade. Elle souffrait «de la bile», nous dit-elle. Les crises chroniques durèrent parfois fort longtemps. Cette inflammation de la bile serait aussi la cause de sa mort: tel du moins fut le diagnostic de la faculté. On peut glaner de ses écrits, et de quelques notes de son père spirituel une description des symptômes de cette maladie. Les crises s'en espaçaient sur plusieurs années, avec de longues périodes de calme intermittent. Elles provoquaient des vomissements de matière noire, mêlée de sang, s'accompagnaient d'une soif dévorante, de contractions du péritoine si douleureuses pour le corps entier que la malade devait rester complètement immobile. L'ensemble de ces symptômes semblerait plutôt indiquer la présence d'un ulcère.

Michel de Saint-Augustin fait suivre la publication des écrits de sa dirigée d'une brève relation sur les derniers jours de la mystique et sur sa mort. «Un mois environ avant sa mort, notre Révérende Mère est tombée gravement malade. La maladie qui a causé sa mort était celle dont elle avait plusieurs fois souffert au cours de sa vie, à savoir une abondance de bile noire, qu'elle rendit mêlée de beaucoup de sang, avec telle douleur et véhémence qu'elle en paraissait rendre l'âme. Ainsi en est-elle arrivée peu à peu à une telle extrémité, faiblesse, et perte de forces, étant épuisée par les grandes souffrances durant de longues journées, qu'elle ne pouvait plus se mouvoir, mais était obligée de rester étendue sur le dos sans bouger. Elle fut un exemple véritable de patience, de résignation parfaite, et d'endurance, souffrant de douleurs si atroces que parfois elle disait que, parlant selon la nature, elle aurait fui la vie elle-même, pour s'en délivrer.

«Lorsque, au cours de sa dernière maladie, le P. Marius, Sous-prieur, lui dit un jour qu'il allait à Gand, et lui demanda si elle ne désirait pas envoyer quelque message au R.P. Provincial, son père spirituel, qui, en cette ville, était en ce moment lui aussi gravement malade et en danger de mort, elle répondit avec une mine joyeuse et presque riante: "N'ayez aucune crainte, le P. Provincial ne mourra pas de cette maladie". Car elle avait compris en esprit, qu'il n'en mourrait pas.

«Un jour, alors qu'elle semblait sur le point d'expirer, tellement elle était affaiblie, réduite et opprimée par la violence des douleurs, quelqu'un s'écria: "Notre Mère se meurt, elle ne passera pas le jour!". Elle dit: "J'irai au ciel à la Toussaint". Le Père Sous-prieur, et d'autres personnes encore, affirment avoir entendu plusieurs fois ces mots de sa bouche. Ils en déduisirent qu'elle avait connu d'avance et prédit le jour de sa mort.

«En effet, en la Fête de la Toussaint de l'an 1677, entre minuit et une heure, au temps de matines, elle expira doucement dans le Seigneur, au milieu des prières du Père susdit et des sœurs, et elle rendit son âme pure aux mains de son Créateur et cher Époux. Elle était âgée de 55 ans. Après sa mort son corps resta blanc et rayonnant comme de l'albâtre.

«À partir du matin, très tôt, dès que la nouvelle de sa mort se fut répandue, une foule de gens, de toute condition et de tout état, accourut pour voir le corps vénérable, attirés qu'ils étaient par son renom et par sa mort en odeur de sainteté. Tous parlaient d'elle avec le plus grand respect, avec haute estime et grandes louanges, et c'est à peine s'ils purent se rassasier de regarder sa figure. Nombreux furent ceux qui revinrent plusieurs fois, disant que son corps devenait de plus en plus beau et resplendissant. De fait, c'était bien ainsi: il semblait rayonner de plus en plus. La morte était étendue comme si elle dormait, revêtue de l'habit de l'Ordre, comme elle l'avait porté durant sa vie. Enfin, après les obsèques à l'église paroissiale de Saint-Jean, le corps fut porté à l'église des Pères Carmes, Frères de Notre Dame, en la ville de Malines, et y reçut une digne sépulture, à côté de l'autel de la Sainte Vierge, dans l'enceinte du banc de communion, du côté de l'épître»[65].

Lors de la démolition de l'ancienne église des Carmes, les dalles et les pierres funéraires en furent achetées par la fabrique d'église de Saint-Rombaut, pour la restauration, au début du siècle dernier, des marches du grand perron devant le portail principal de la cathédrale.

ITINÉRAIRE SPIRITUEL

Extérieurement, la vie de Maria Petyt est bien insignifiante, elle ne présente aucun aspect remarquable, aucune action éclatante. Tout au plus la description de cette existence, telle qu'elle se présente à nos yeux, offre un tableau pittoresque, dans le style des scènes de genre flamandes, des petits cercles dévots du temps. Cette vie ne peut même pas s'appeler une «réussite»: l'enfance d'une fille de marchands bourgeois qui s'est écoulée, malgré quelques vagues d'agitation provoquées par la guerre, au sein de sa famille, ou auprès de parents et de connaissances appartenant au même milieu; la jeunesse d'une adolescente moyenne qui, à un certain moment, se croit une vocation, mais est jugée inapte à la vie religieuse au noviciat d'un grand monastère; enfin, les longues années austères d'une demi-recluse, écoulées dans l'exercice d'une dévotion qui a dû paraître terne aux yeux des contemporains, oubliée du monde et l'oubliant.

Mais en nous racontant les hauts faits de sa vie, l'auteur se rend compte de leur insignifiance. Âme de petite envergure, elle les eût dramatisés, elle eût essayé de leur conférer une certaine importance. Mais non, c'est elle-même qui semble tout doucement s'en moquer en nous racontant cette histoire de Dévote: dans le style, dans le choix des expressions et la peinture des détails, on devine constamment la présence de son sourire. Seule, la distance intérieure que donne l'humour permet de contempler les contingences de la vie quotidienne, son cadre médiocre et ses péripéties obscures, avec un détachement si serein. Y parvient celui qui peut regarder la réalité, même sa propre existence, d'une position plus élevée, d'un point non submergé dans cette contingence, celui qui peut la voir sous une lumière différente, qui a fondé sa vie au cœur d'une certitude d'un autre ordre.

---

65. L. IV, pp. 328-330.

Car cette vie extérieure sans relief n'a servi qu'à cacher une vie intérieure qui fut une véritable aventure. Aventure extraordinaire, mystique certes, mais avant tout histoire d'amour, de l'amour le plus total, le plus exigeant, le plus renoncé qui soit. Tous les grands témoignages de la littérature ont comme thème la rencontre: rencontre au niveau de l'homme dans le mystère de l'amour humain, rencontre avec une autre présence, invisible, mais infiniment plus mystérieuse et plus puissante encore, dans le secret de l'âme; ou bien la nostalgie de ces rencontres, dans le sentiment de la solitude et du délaissement.

Avant de suivre la mystique dans son itinéraire spirituel, il sera bon de déterminer l'attitude adoptée en ces pages, devant le témoignage de la mystique. C'est bien un témoignage, en effet, que nous étudions. Quant aux réalités ontologiques, évoquées par ce témoignage, nous ne saurions en juger. Non seulement nous ne donnons aucune réponse aux questions telles que: «Était-ce vraiment Dieu qui se manifestait à la mystique lorsqu'elle se sentait toute transformée par sa présence? Était-ce bien le Christ qui se montrait lorsque, dans une de ses visions, elle put baiser la plaie de son Cœur?». Mais nous ne les posons pas. L'Église elle-même n'a jamais donné de réponse à ceux qui l'interrogeaient sur la «réalité», en ce sens, d'une révélation privée, fût-elle accordée aux plus grands saints. Elle a canonisé Sainte Thérèse d'Avila pour l'héroïsme de sa charité, non pour ses visions. Les consolations mystiques et les visions ontelles aidé les saints à vivre pour Dieu et pour le prochain d'un amour plus complet? L'Église – tout comme les saints eux-mêmes d'ailleurs – dira que ces phénomènes mystiques «témoignent d'un bon esprit». Mais jamais l'Église ni les saints ne s'y appuieront, comme si les expériences mystiques pouvaient nous procurer la vérité ou la certitude que, seule, donne la foi. Tout au plus l'Église louera-t-elle *la doctrine* ascétique et spirituelle des mystiques, lorsque celle-ci est conforme à l'esprit et à la doctrine catholiques, et en constitue une illustration exceptionnellement réussie.

Mais il est un tout autre domaine de vérité, moins inaccessible à l'examen; celui de la vérité humaine. Et à la question: «Maria Petyt a-t-elle réellement vécu les expériences intérieures qu'elle nous raconte?», l'étude de ses écrits peut donner une certaine réponse. Ces expériences, en effet, même mystiques, se situent dans le champ de la psychologie humaine. C'est même en tant que psychologiquement conscientes qu'elles sont formellement mystiques. N'oublions pas que les grands mystiques eux-mêmes ont toujours été les premiers à affirmer que, du point de vue ontologique, il n'existait aucune différence entre la vie en état de grâce d'un simple croyant et la leur. La seule différence – et c'est précisément ce qui les caractérise comme mystiques – c'est que chez eux la vie surnaturelle affleure à la conscience et devient expérience humaine. Si l'on étudie un témoignage mystique en tant que tel, c'est donc forcément et formellement en tant qu'expérience humaine, sous peine de s'écarter de l'objet même de son étude dès que l'on quitte le domaine de l'humain.

De la méditation à la contemplation

Nous avons vu comment Maria Petyt a trouvé la voie de la prière intérieure par une sorte d'attraction instinctive, sans être aidée ou guidée par une discipline méthodique ou une direction éclairée. Après sa nouvelle «conversion» à la veille de la fête de l'Invention de Saint Étienne, et, plus encore, après avoir pleinement accepté sa vocation à une vie religieuse, il semble bien qu'elle ait connu pendant plusieurs années l'enthousiasme des novices pour la littérature de piété. Elle lit beaucoup de livres de dévotion. Michel de Saint-Augustin devra l'inciter à une certaine modération et même à la mortification dans ses lectures spirituelles: «Je me trouvai fort bien de ne pas satisfaire ma curiosité en lisant toutes sortes de livres spirituels, bien que je m'y sentisse très attirée quelquefois»[66].

Étant encore dans le monde, elle apprend déjà à méditer. Parfois, lui semble-t-il, elle a connu des moments d'oraison affective intense. Mais en général elle doit essayer elle-même de nourrir son attention dans la prière: elle le fait à l'aide d'objets de piété, d'images et de tableaux, afin d'appliquer son imagination au sujet de la méditation.

Il est intéressant, en suivant l'évolution de sa vie de prière, de pouvoir y distinguer si clairement ces espèces de «paliers», où l'âme semble s'arrêter, heureuse et comblée d'abord, avec le sentiment de piétiner sur place ensuite. Après quelque temps elle n'a pas seulement l'impression de ne plus avancer, mais celle de rétrograder. En fait, son sentiment d'impuissance ne fait que préluder à une simplification et unification plus grandes de sa vie intérieure; bien plus, chez une âme de bonne volonté, ce sentiment d'impuissance ne s'explique que par le fait que le mouvement de progression par rapport à l'état antérieur s'est déjà amorcé. Telle est la loi de toute éclosion de vie.

Bien que Maria Petyt n'en parle pas formellement, il y a tout lieu de croire que son premier confesseur à Gand, qui fut aussi son premier père spirituel, en lui imposant deux heures de prière par jour, lui ait aussi

66. L. I, p. 67.

conseillé l'une ou l'autre méthode pour faire la méditation. Mais elle n'y fait aucune allusion, sans doute parce que la méthode qu'on lui suggérait ne s'adaptait guère à son tempérament. Maria Petyt ne manqua certainement ni de bonne volonté ni de persévérance pendant les quatre années qu'elle reçut la direction de ce père: mais elle avait l'impression de n'être pas dirigée, de rester sur place, et à force de luttes et d'application, en était même venue à un état d'épuisement physique. Quels que soient les efforts que l'homme s'impose et la concentration qu'il exige de ses facultés, il vient un moment où il constate que les pensées qu'il se fait de Dieu restent toujours les mêmes, simplement parce que ce sont bien toujours les siennes, et que toutes les images que son cerveau parvient à développer, restent bien le produit de sa propre imagination. Si, au début, la méditation constituait un véritable enrichissement, parce que son esprit, trop tourné encore vers les choses terrestres, découvrait au fur et à mesure le paysage du monde religieux, et que les sentiments qu'il éprouvait, étant d'une qualité nouvelle, lui procuraient un certain goût de satisfaction et de plénitude, l'homme arrive à un stade qui lui semble être le point mort de sa vie spirituelle. Il y est envahi par cette expérience accablante d'avoir fait littéralement le tour de toutes ses possibilités, de tout ce que son esprit peut penser ou imaginer. Alors il sent combien ce petit monde, dans le cercle duquel il avait cherché à emprisonner Dieu, ne l'a pas seulement atteint, combien il est vide et mesquin, et combien sa prière reste loin de la grande rencontre tant désirée. Il ne s'en doute pas, la plupart du temps – et il faut ajouter: hélas! – mais il vient de découvrir cette vérité fondamentale pour toute vie de prière, que le surnaturel est au-dessus de la nature, que l'homme ne peut forcer Dieu à se révéler. Vérité de catéchisme, bien sûr, mais dont on paraît oublier de tirer les conséquences en ce moment de l'évolution intérieure. Aussi sont-ce précisément les âmes pieuses qui se voient menacées de découragement, de fausse résignation.

Il semble bien que Maria Petyt ait éprouvé ce sentiment de désappointement, cette menace de vide intérieur. Son confesseur voulut y parer en multipliant exercices et pratiques, pénitences et mortifications, de sorte qu'elle s'en trouvât réduite à un état de tourment. Lorsqu'elle rencontra Michel de Saint-Augustin, il commença, lui aussi, par la faire méditer d'après les méthodes usuelles, tout en lui donnant comme sujet la vie de Jésus, d'après les évangiles. Mais assez vite, ayant eu le temps de mieux connaître son âme et ses dispositions, il lui enseigna les rudiments d'une prière plus contemplative: «Après deux ou trois mois, il nous amena, par le renoncement à l'activité de la méditation, à plus de silence et de simplicité»[67]. Il dut certainement constater que Maria Petyt était parvenue à

67. L. I, p. 34.

ce moment critique de l'évolution intérieure, où celle-ci menaçait de se renfermer dans le cercle clos d'une activité mentale sclérosée. Il la vit se cramponner, par une fidélité bien intentionnée mais mal éclairée, à une méthode qui était devenue, en ce point, un obstacle plutôt qu'une aide. Le moment était venu, où l'âme doit se taire si elle veut entendre la voix de Dieu, où elle devait donc apprendre à réduire au silence l'agitation de sa propre activité[68] pour qu'elle n'élève pas un mur opaque entre Dieu et elle-même. Son père spirituel l'amena donc «à laisser tomber de plus en plus toute activité propre, à exercer continuellement *la foi nue* en la présence de Dieu, et de même l'amour qui entraîne vers lui»[69].

Avant de suivre, chez notre auteur, le développement de cet exercice de simplification de la prière, il faut indiquer la place de cette méthode dans la direction générale qu'envisageait Michel de Saint-Augustin. Maria Petyt nous en a laissé un résumé remarquable:

«L'enseignement qu'il me proposait avait le dessein de faire place à la grâce divine, de purifier et de vider l'homme intérieur de toute propriété, à savoir de toute affection déréglée, de toute attache, passion, et préférence pour les biens de l'âme, pour les dons et les grâces de Dieu. Il fallait réduire au silence tout désir véhément des choses bonnes et spirituelles: car j'en désirais tellement, je souhaitais tant obtenir ce qu'il y a de meilleur, que j'étais incapable de me contenter et me satisfaire de moins.

«Il m'apprit donc comment prendre à cœur la mortification intérieure… Il me découvrit l'exercice de la pauvreté en esprit, qui consiste à accepter docilement la privation de tous les dons spirituels et divins, et à me contenter uniquement de leur Donateur; à renoncer fondamentalement à tout ce qui n'est pas Dieu; avec l'abnégation de moi-même, afin d'exclure tout amour-propre, toute complaisance et tout retour sur moi-même, pour le temps et pour l'éternité.

«L'humble assouplissement de ma volonté, et la soumission entière à la volonté de Dieu, m'abandonnant à tout ce qu'il peut ordonner ou permettre, concernant moi ou les autres.

«De même, une grande humilité par la connaissance de moi, qui m'amènerait à m'estimer indigne de toute grâce.

«Un amour pur et sincère de Dieu. Le servant pour lui-même, parce qu'il en est digne, et non par espoir d'avantages ou de récompenses.

«L'attachement à Dieu, et l'adoration en esprit et en vérité, par une foi nue et pure en la présence de Dieu en mon âme et en toutes créatures.

«Il m'enseigna à faire peu de cas des douceurs ou dévotions sensibles,

---

68. *Eyghen-werckelijckheyt.*
69. L. I, p. 55.

d'entretenir un courage spirituel et un amour fort, qui incitent l'âme à la fidélité totale, dans l'accomplissement continuel de ce qui plaît davantage à Dieu.

«Il me montra que le *fond*[70] étant ainsi vidé de tout attachement déréglé, de toute préférence et passion naturelles, j'obtiendrais facilement la paix intérieure durable, la pureté du cœur, la tranquillité de l'esprit, l'*introversion à l'objet divin*. Ainsi je converserais toujours intérieurement avec Dieu, étant tout le temps occupée de lui par la foi et la charité, dans le sens indiqué par l'esprit du Carmel – car il s'employait avec zèle à nous inculquer cet esprit»[71].

Il en coûte, au début, à notre Dévote «de se voir sevrée de la consolation intérieure sensible et des douceurs» pour «un état d'abandon spirituel». – «Parce que je n'étais pas habituée à me tenir intérieurement occupée, et attentive à Dieu, d'une manière si dépouillée, simple et spirituelle, et je n'avais pas encore vraiment accès à l'*unité de l'esprit*. Parce que mon esprit était encore trop mêlé aux sens, il ne savait pas mieux que de procéder avec sentiment et saveur, avec la coopération de la partie sensitive de l'âme»[72].

La spiritualité de l'école mystique flamande mettait l'accent sur l'unification de l'activité des différentes facultés. Il fallait les amener à se recueillir d'abord, à se retirer ensuite par l'*introversion* en leur *fond commun,* qui est l'*unité de l'esprit*. On pourrait plus ou moins comparer l'acte de l'esprit ainsi unifié à l'intuition, telle que la conçoit la psychologie moderne. (Ruusbroec appelle l'état d'activité spirituelle unifiée *eenicheit* de l'esprit, Maria Petyt *eenigheyt* et *eensaemheyt* indistinctement.) Depuis le moyen âge, en effet, dans ses méthodes pour faire oraison, l'école flamande quant à l'effort ascétique à fournir par l'homme met l'accent sur cette unification des activités mentales. Il s'agit d'abord de recueillir les facultés de l'éparpillement de leurs actes, et d'en simplifier la multiplicité. On amène ensuite ses facultés, déjà pacifiées et simplifiées en elles-mêmes, à se pencher vers et à rejoindre en quelque sorte leur origine, dans le fond commun qu'elles possèdent en l'unité de l'esprit. Or – on l'a trop

70. *Gront:* «fond» est un des termes qui reviennent le plus fréquemment dans la mystique flamande. Nous préférons ne pas entreprendre ici la description de sa signification: il en sera traité dans le contexte suivant.

71. L. I, pp. 60-61.

72. L. I, p. 55. Nous traduisons *eensaemheyt des gheests* par «unité de l'esprit». Dans la langue de notre auteur, *eensaemheyt* peut avoir deux sens: unité, et solitude. Son équivalent moderne *eenzaamheid* n'a plus que cette dernière signification. Michel de Saint-Augustin, ne trouvant pas dans le vocabulaire technique latin le terme exactement équivalent, traduit aussi bien *eensaemheyt* que *eenigheyt* par *unitas* et *solitudo,* ou inversement; parfois, pour plus de sûreté, il met *solitudo seu unitas.*

souvent oublié, et il faut reconnaître que, déjà, l'œuvre de maint épigone semblait y inviter – de l'étude attentive des textes des grands maîtres il ressort, que cette *introversion* est considérée comme une grâce qui opère passivement et rend l'esprit capable, en le purifiant et le simplifiant, de recevoir le don d'une contemplation intuitive (ne parlons pas encore d'infuse). Il est bon de le garder à l'esprit, lorsque Maria Petyt nous fait part de ses difficultés pour y parvenir. Car l'homme spirituel est censé s'y préparer: il doit s'y efforcer par une mortification intérieure constante, tout en sachant que ses efforts ne peuvent lui faire atteindre cette unité, mais seulement l'y prédisposer. Toutefois, les textes ne nous permettent pas de répondre à la question, si on considérait cette grâce de «vivre en l'unité de l'esprit», fruit de l'introversion, comme déjà «mystique», ou bien si on la jugeait comme appartenant encore à la voie normale, bien que préparant au contact mystique, puisque, en soi, elle ne comportait aucunement le sentiment passif de la présence divine.

Maria Petyt a l'impression que, quoi qu'elle fasse, elle ne réussira jamais à prier aussi simplement. C'est la première expérience, combien salutaire, de l'impuissance de l'homme: tout est grâce. Mais elle sait que cette expérience lui est nécessaire: «pour m'humilier plus profondément, pour me conduire par là à la connaissance fondamentale et à la défiance de moi-même. Car je m'appuyais beaucoup trop sur mes propres forces»[73].

Tout doucement ainsi, elle apprend en quoi consiste le détachement spirituel, non seulement des créatures, mais surtout d'elle-même: elle doit renoncer à se cramponner à ses propres convictions, méthodes et efforts. C'est en cela que consiste la vraie «*liberté de l'esprit,* à ne plus se laisser entraîner vers la nature par aucun événement intérieur ou extérieur, par aucun changement dans les dispositions de l'âme. – Indifférence donc à tout ce qu'il plairait à Dieu d'opérer ou de ne pas opérer en moi, à la possession ou à la privation, à la lumière ou à l'obscurité, à la pauvreté intérieure ou à l'abondance, à la douceur ou à l'amertume, recevant tout de Dieu comme nous étant le plus utile». Il faut que son âme repose en Dieu seul, et se tienne à l'égard des vicissitudes, même spirituelles, «comme cet oiseau qui bâtit son nid sur l'eau, et quoique l'eau monte avec la marée ou descende, il reste bien fermement et paisiblement dans son nid, sans se soucier de la montée ou de l'abaissement des eaux: il se laisse bercer sur l'eau au gré des flots»[74].

Jusqu'à ce point l'homme peut se préparer à la rencontre avec Dieu. Il ne peut aller au-delà: lorsque son esprit est *nu,* dépouillé de toutes

73. L. I, p. 58.
74. L. I, pp. 61-62.

choses humaines, *introverti dans le fond de l'âme,* il «devient capable de recevoir choses divines»[75].

Au moment où Dieu daigne communiquer à l'âme, qui se tient ainsi humblement tournée vers lui dans la foi nue, le sentiment de sa présence, l'homme entrera dans ce qu'on pourrait appeler le «premier degré» de l'oraison mystique, – que les maîtres flamands nommaient *la prière intime.* Nous laisserons ici aux controverses entre théologiens l'élucidation de la question spécieuse – qui les occupe, d'ailleurs, depuis pas mal de siècles – de savoir si cette *prière intime* est bien entièrement mystique. Ce qui est bien plus intéressant, c'est de constater qu'en plein 17e siècle Michel de Saint-Augustin, dans sa direction, reste absolument fidèle à la tradition de la spiritualité flamande du moyen âge. Il ne se préoccupait guère, bien sûr, de la préservation ou de la continuation de cette école, ou d'une attitude qui ressemblât, même de loin, à notre intérêt pour la sauvegarde des monuments historiques, car il ne songeait qu'à faire revivre le véritable esprit du Carmel. Mais si l'esprit du Carmel recommande le silence et la solitude, il veut dire surtout le silence et la solitude intérieurs. Lorsque l'homme se recueille, il découvre, au plus profond de son être, sa dépendance de Dieu. Or la spiritualité de l'introversion tendait principalement à découvrir ce fond de l'être, où Dieu opère par sa force créatrice et non moins par sa grâce. C'est pourquoi cette spiritualité jouit d'une telle faveur dans certains grands ordres contemplatifs, comme celui des Chartreux et celui des Carmes. La doctrine de l'introversion n'a, au fond, rien de bien particulier. Elle découle de l'acceptation de deux dogmes fondamentaux, celui de notre création et celui de l'habitation de Dieu en nous par la grâce.

De notre création d'abord: Dieu ne nous donne pas seulement l'être, mais nous conserve continuellement dans l'existence. Il est présent au cœur même de notre être: en se penchant vers ce centre intime de l'être, nous l'y rencontrons dans l'effet de son activité créatrice. L'homme peut apprendre à vivre en ce centre où son être jaillit continuellement des mains du Créateur. Ruusbroec s'appuie sur cette vérité pour affirmer la possibilité d'une mystique naturelle[76].

De l'habitation de Dieu en nous par la grâce ensuite: Dieu agit par la grâce dans ce même centre de l'être, quand il nous élève, transforme, et recrée pour nous laisser participer à sa vie divine.

---

75. L. II, p. 40. *Ontvanghbaer* est intraduisible en un seul mot: «capable de recevoir» affaiblit la force de l'expression. De même le M, qui propose *capax:* susceptible, l'affaiblit en sacrifiant un de ses deux éléments.

76. *Dat Rycke der Ghelieven, Werken,* I, Tielt, Lannoo, 1944, p. 15.

Pour décrire cette introversion au fond de l'être, où celui-ci repose entre les mains de Dieu, Maria Petyt emploie tous les termes tradition-nels de la spiritualité flamande qui, elle-même, les emprunta à la psy-chologie augustinienne du haut moyen âge. Elle parle des «puissances sensibles» qui incluent, en plus des sens, la vie émotionnelle[77] et l'ima-gination. Ces puissances doivent se dépouiller de leur activité multiple et se concentrer dans «l'unité du cœur». Les «puissances spirituelles» par contre, mémoire, intelligence, et volonté, doivent se retirer et s'unifier dans «l'essence de l'esprit» (dont, précisément, elles ne sont que les facultés). Ces deux «introversions» ne sont, en pratique, ni subordon-nées l'une à l'autre, ni absolument parallèles ou de valeur égale: elles constituent tout simplement les deux domaines qui englobent l'ensemble de la vie consciente. Il ne serait donc pas tout à fait exact de les compa-rer à deux «paliers» successifs de cette descente vers le fond de l'être. On pourrait plutôt imaginer deux escaliers, dans les ailes différentes d'un bâtiment, conduisant vers les fondations. Lorsque la vie intérieure s'est ainsi concentrée dans l'unité du cœur et dans l'essence de l'esprit, c'est alors qu'elle pourra se recueillir dans son fond, qui est atteint par la véritable et ultime «unité de l'esprit». Pour cette libération progressive de toute diversification et multiplicité, l'auteur emploie de préférence le mot *ontmenghelinghe,* littéralement «le dé-mêler», la restitution de sa simplicité à ce qui a été mélangé. L'unification dépouillée en l'esprit rendra l'homme capable de prier *intimement.* Le recueillement par l'introversion des facultés qui prédispose l'homme à cette prière dans «l'attachement nu de la volonté à l'Être divin sans formes» correspond à peu près à l'oraison de simplicité[78].

Prière intime à la Divinité sans formes

Quelque temps après le départ de Michel de Saint-Augustin, tout comme il l'avait prédit, la prière de Maria Petyt «commença à devenir quelque peu surnaturelle, s'accomplissant par un silence intime et un repos en Dieu, par une foi nue ou vivante de la présence de Dieu. Toute activité grossière, toute multiplicité des puissances intérieures s'évanoui-rent, et je gardais seulement, intérieurement, un simple regard de foi, et une disposition analogue, douce et tranquille, inclinant l'amour vers Dieu.

---

77. Il nous paraît impossible de traduire par un seul mot le terme *ghemoet,* néerl. moderne *gemoed,* allem. *Gemüt.*

78. M traduit *passim ongebeeld* ou *onvormigh* par *informis;* nous préférons la péri-phrase *sans formes.* De même M traduit *Wesen* par *Essentia.* Or, c'est précisément cette

Toute autre activité personnelle m'ennuyait et me fatiguait grande-ment. Elle ne servait qu'à troubler la paix de mon âme, à en obnubiler la clarté intérieure, à faire sortir l'esprit de sa simplicité intime pour le livrer à une agitation dispersée et nocive».

L'effort ascétique ne doit pas remplacer l'œuvre de la grâce, mais il est appelé à «mieux conserver l'esprit dans sa pureté, afin qu'il ne se mêle pas aux puissances sensitives et sensibles».

«La lumière divine était d'abord plutôt sobre, tout comme la lumière d'une aube commençante qui croît lentement par degrés»[79].

Sous la conduite de la grâce, la mystique apprendra de plus en plus à faire taire ses facultés, à descendre et à se reposer en la Présence «sans formes», jusqu'à ce que cette disposition devienne l'attitude habituelle de son esprit. C'est «un repos auprès du Bien-Aimé, dans le fond ... contemplant parfois ce fond d'un simple regard, sans perception notable de quelqu'attrait ou opération divine.

«Parfois, l'amour se retire davantage vers l'intérieur, et alors il opère plus intimement et plus noblement, en une nudité sans images d'aucune créature. D'autres fois j'éprouve seulement une orientation[80] intérieure de mon être vers l'objet divin sans formes. Cette orientation s'opère uni-quement par un simple regard vers l'objet, à l'exclusion de toute autre activité des puissances et des sens»[81].

«Si je me tourne activement (vers Dieu), si j'emploie les puissances et les sens, si je les mets à l'œuvre de ma propre initiative, sans l'invita-tion, la conduite, et la collaboration de l'esprit divin, j'éprouve aussitôt un remords comme d'une infidélité. Mais dès que je renonce à mon acti-vité propre, dès que je l'exclus et l'anéantis, la lumière spirituelle réap-paraît dans sa clarté antérieure, et le fond se pacifie et se simplifie, tan-dis que toute image du créé s'évanouit»[82].

---

traduction malheureuse, usuelle depuis deux siècles déjà lorsque Michel de Saint-Augus-tin la reprend ici, d'un terme qui a gardé son sens actif, étant l'infinitif du verbe *Être* employé substantivement, qui est cause, pour une très large part, du discrédit où tomba l'école mystique flamande au cours des trois derniers siècles. La traduction par *Essentia,* en effet, pour des lecteurs qui étaient tous plus ou moins formés à l'école de la termino-logie thomiste et imprégnés des distinctions de sa méthode de pensée philosophique, ne pouvait pas ne pas trahir une tendance au panthéisme dans les écrits mystiques flamands: or, les *unions essentielles* qu'ils décrivent ne veulent nullement indiquer une *fusion des essences,* mais la prise de conscience d'une *participation à l'être* qui est œuvre d'amour. Cf. art. *Essentiel, suressentiel* dans *DS,* t. 4/2, 1961, cc. 1346-1366, in this volume pp. 3-31.

79. L. I, p. 65.

80. Une périphrase rend le mot *toekeeringhe,* intraduisible: il désigne l'acte par lequel l'esprit se tourne vers quelque chose, et l'attitude qui en résulte: un «se-tourner-vers» dans sa continuité.

81. L. IV, pp. 251-252.

82. L. IV, p. 275.

L'expérience mystique est mouvante. Elle prend les aspects les plus variés: abattement et désolation, extase et embrasement d'amour, languissement et liquéfaction en Dieu, illuminations soudaines qui transportent l'âme et la laissent ravie en Lui. Mais toutes ces expériences sont de caractère transitoire. C'est de l'oraison intime qu'elles éclosent doucement ou jaillissent avec force. C'est dans l'oraison intime que l'âme se retrouve après leur passage. L'union croissante avec le Christ, l'assimilation progressive à Lui, ne feront qu'approfondir la simplicité de cette prière, tout comme l'étonnante mystique mariale ne la troublera d'aucun «mélange», mais la rendra seulement plus intime. Même les dons exceptionnels des dernières années de notre mystique, comme l'invitation à l'union transformante, ne seront que l'épanouissement final de l'oraison intime.

Lorsque Dieu semble se retirer, lorsque l'intensité brûlante de l'expérience décroît, l'âme retourne se poser sur la terre ferme de l'oraison de simplicité: le renoncement à toute aspiration personnelle que celle-ci exige constitue la base de la fidélité. Après des expériences dont le passage laisse à l'âme un sentiment de manque et de regret, Maria Petyt écrit: «Je me laisserai donc descendre vers un état d'union plus commun par l'adhésion simple de la volonté à Dieu, ou bien, me tournant vers Lui, par le simple repos en Lui»[83].

Se défiant d'ailleurs des illuminations et autres expériences extraordinaires, elle acquiert la conviction que, contre le danger d'illusions, la vie spirituelle ne peut se bâtir sur une fondation plus solide que l'adhésion à Dieu dans la foi nue: «Puisque, selon la parole de l'Apôtre, nous sommes les temples de l'Esprit Saint et que, selon la doctrine du Christ, le royaume de Dieu est en nous, je ne pouvais faire mieux que de me tourner vers le fond de l'âme, où se trouvent ce temple et ce royaume de Dieu, pour y apprendre toute vérité. En ce *fond déiforme*» – expression familière à la mystique flamande, mettant en lumière que l'âme est créée à l'image de Dieu – «se cache la vérité; là elle prend sa source. Je compris aussi que celui-là peut s'estimer heureux, qui est capable de découvrir ce *fond intime,* d'y avoir accès, de s'y retirer, et d'y trouver le repos»[84].

La lumière dans laquelle l'âme vit la présence divine, surpasse la capacité des facultés humaines. Imagination ou représentation, mémoire ou raison, elles reconnaissent leur impuissance et se taisent. Expérience de lumière, mais surtout de présence qui reste obscure: l'intelligence est incapable de l'éclairer de ses rayons car elle dépasse tout concept, mais

---

83. L. IV, p. 276.
84. L. IV, p. 279.

cependant l'âme saisit la réalité de cette présence d'autant plus intensé-
ment: «Elle m'attire vers une grande profondeur, où l'âme vit dans une
unité merveilleuse, le corps étant presqu'oublié. L'âme s'y trouve comme
dans l'obscurité: elle y voit et y entend le Bien-Aimé sans savoir ce qui
se passe en elle»[85]. Dans ce texte nous traduisons *met een merckelijcke
vervreemdinghe van 't lichaem* par «le corps étant presqu'oublié».
L'auteur emploie *vervreemdinghe,* litt. «aliénation», et *afghetrockentheyt,*
litt. «abstraction», comme synonymes, de même *vervremt,* litt. «aliéné»
et *afghetrocken,* litt. «abstrait». Le manuscrit traduit les deux par *abstractus,* de même que les deux substantifs par *abstractio.* Ces termes
signifient la disposition des facultés humaines, tant spirituelles que sensitives, lorsque, par *introversion* passive, elles ont été détachées de l'objet
naturel de leur activité. Vus en relation avec l'effet spirituel résultant de
l'*abstraction,* ils peuvent être synonymes d'*introverti* et d'*introversion.*
Ces derniers termes pourtant mettent l'accent sur l'aspect positif de l'état
spirituel, les premiers en soulignent l'aspect négatif, ascétique (bien
qu'opéré sous l'action de la grâce), décrivant surtout la suspension graduelle des activités divergentes et successives des facultés.

L'homme apprend ainsi à suivre docilement la direction de la grâce et
à ne pas la troubler par les initiatives de la volonté propre, aussi bien
intentionnées qu'elles soient: «Une fois que la grâce du Bien-Aimé
m'avait profondément introvertie pour me guider et œuvrer en moi, par
inadvertance j'entrepris un travail de ma propre initiative. Mais je fus
retenue par quelqu'un de plus fort que moi, avec la perception intérieure,
sans formes, mais douce, de mon Bien-Aimé et mon Tout. Il m'attira
doucement et m'invita à me laisser entièrement à sa direction, comme
s'il m'avait dit: Dorénavant je dois et je veux seul vivre et opérer en toi,
sans que tu te mettes à y mêler du tien»[86].

L'activité la plus haute de l'esprit humain, qui lui permet d'affirmer
Dieu dans une pensée, dans un concept ou «image intellectuelle» comme
dit très bien notre mystique, lui apparaît maintenant comme inférieure à
cette perception obscure de la présence divine dans le renoncement à tout
concept intellectuel: «Une infusion, ou une communication plus noble et
plus haute de la présence divine en l'esprit m'a été découverte; en dehors
de toute image intellectuelle. Cette manière de rencontrer la présence
divine est plus noble que la précédente. Car dans la première la présence
du Bien-Aimé en moi se manifestait en quelqu'image de l'intelligence,
comme sa grandeur, sa gloire, sa majesté, pensées qui procuraient à l'âme
un goût sensible, un réconfort, une douce découverte, auxquels la partie

---

85. L. II, p. 3.
86. L. II, pp. 10-11.

inférieure (de l'esprit) elle aussi participait un peu, les percevant comme dans une énigme. Mais cette nouvelle présence de Dieu est totalement étrangère à toute connaissance par les puissances sensibles. L'esprit a découvert, de même, la manière d'annihiler plus noblement une certaine activité propre très subtile, une certaine impression qui se mêlait à l'opération de l'esprit sans que j'y prisse garde. Elle causait cependant comme de légers nuages qui en voilaient la clarté et qui formaient un obstacle à peine perceptible, à son unification»[87].

Le texte original porte littéralement: «qui causaient une médiation (*vermiddelinghe*) à peine perceptible». Ici ce «médiation» pouvait encore être rendu par «obstacle». Mais pour comprendre par la suite le langage de l'auteur, le lecteur se verra dans l'obligation de se familiariser avec un nouveau terme encore, cher à la mystique flamande: *middel* et *vermiddelinghe,* que les traducteurs de Ruusbroec déjà ont rendu par *medium* et *mediatio,* et que Michel de Saint-Augustin reprend encore, deux siècles plus tard dans son manuscrit. La pensée que cette terminologie veut exprimer est bien simple: moins il y a de moyens termes entre l'esprit et son objet, ou entre deux esprits, plus l'unité sera grande et l'union directe. La mystique considère les termes intermédiaires comme des obstacles. D'après la théorie scolastique de la connaissance, l'homme ne connaît aucun objet directement, mais toujours dans une image ou un concept. Il en résulte que l'objet de la connaissance, en tant que connu, est constitué pour une part par l'activité de l'homme lui-même. Or, cette connaissance par *medium in quo* et *medium quo,* exercée dans les actes de la foi ou de la vie de prière aussi bien que dans les autres activités intellectuelles, est considérée par nos mystiques comme un obstacle à la saisie directe de la réalité surnaturelle. Il s'ensuit que l'homme doit renoncer à l'activité propre de ses facultés, s'il espère jamais découvrir la présence de Dieu sans une trop grande multiplicité d'intermédiaires opaques. Celui qui reçoit le don de l'expérience mystique de la présence divine, ne doit et ne peut donc plus la chercher par l'intermédiaire des choses créées. Au contraire, celles-ci forment écran désormais: *vermiddelen* dit l'auteur, *mediare* traduit Michel de Saint-Augustin. Par là les intermédiaires, aide puissante dans toute vie de foi normale, constituent un obstacle pour l'homme arrivé à un certain degré de vie mystique car, moins il y a de *media,* plus l'union sera immédiate. Dans le passage qu'on vient de lire, Maria Petyt décrit la découverte qu'elle vient de faire: les pensées élevées qu'auparavant sa prière éveillait en elle, de la grandeur, de la gloire, de la Majesté divines, étaient encore des termes intermédiaires, dont

87. L. II, pp. 12-13.

l'âme, ayant coopéré à leur établissement, se délectait, et auxquels, par conséquent, elle s'arrêtait, au lieu de monter toujours plus directement vers Dieu.

L'oraison intime constitue donc bien le fondement de sa vie contemplative. À toutes les époques, dans ses écrits, nous en trouvons le témoignage, parfois admirable. Ainsi lorsqu'elle dit avoir trouvé «accès à l'oraison de simplicité, d'intimité, et de quiétude, avec une rencontre de l'Être divin sans formes, en laquelle l'esprit pouvait respirer comme en une atmosphère douce et tranquille, en laquelle il pouvait s'occuper et s'élever sans nul effort et sans se faire violence»[88].

«Lorsque l'amour brûlant et enflammé se retire, et prolonge ses effets uniquement dans l'esprit, alors je dois m'abstraire, et me retenir de toute expansion de cet amour, je ne dois et ne peux rien percevoir, si ce n'est l'Unité divine sans formes, vers qui, seule, monte la flamme d'amour.

Et il me semble alors recevoir cet enseignement: que tout ce qui, en ces moments, s'éveille en l'âme, de connaissance, d'intelligence, ou de perception de choses divines, l'esprit doit l'annihiler et le laisser tout doucement tomber. Afin que, étant élevé en la flamme d'amour, il ne soit pas *médiatisé* par ces images, par cette perception, mais soit transporté plus facilement en l'Être divin incréé, sans formes»[89].

Le jour de la Pentecôte, en 1668, elle décrit comme suit la disposition de son âme, «toute retirée en la partie supérieure (de l'esprit) avec une austère abstraction de tout ce qui eût pu affleurer au sentiment, sans réflexion, sans mouvement ou pensée de quoi que ce soit, me trouvant dans une obscurité divine, en une grande unité et un silence de toutes les puissances intérieures, comme en un profond sommeil en Dieu»[90].

Le 27 juin 1671: «Je contemple Dieu dans l'obscurité, dans la nuit, en mon fond, avec une quiétude paisible ou un silence parfait de toutes les puissances de l'âme, par un regard de l'esprit, très simple et très intime. Ce regard lui-même est plus passif qu'actif»[91].

Par sa fidélité aux mouvements de la grâce, la contemplative a ainsi appris à séjourner habituellement «en une sainte nudité de l'esprit, en son unité abstraite, en un dépouillement de toutes images et formes, et en l'obscurité de la foi»[92].

Cette description de l'oraison intime et de la «contemplation en la lumière obscure» correspond en ses éléments essentiels à celle qu'en

88. L. III, p. 97.
89. L. III, pp. 114-115.
90. L. IV, p. 23.
91. L. IV, p. 13.
92. L. I, p. 295.

avaient donnée, deux et trois siècles plus tôt, les classiques de la littérature mystique flamande, Jan van Ruusbroec et Hendrik Herp. Mais tandis que ces grands maîtres en faisaient l'exposé, nous en retrouvons chez Maria Petyt une des rares relations directes, vécues, décrite avec toutes ses constituantes et répercussions en tant qu'expérience psychologique[93].

La purification

Maria Petyt doit passer par l'épreuve qui, chez les âmes appelées à la vie contemplative, semble sans exception possible faire partie de la croissance spirituelle. Heureuse d'avoir trouvé la paix de l'oraison intime, elle croit que désormais le simple recueillement en ce fond de l'âme où se découvre l'unité de l'esprit, lui procurera infailliblement le sentiment de la présence obscure du Seigneur. De l'avoir goûté lui paraît constituer un droit: elle l'attend comme son dû, pourvu qu'elle même reste fidèle aux règles de l'introversion spirituelle. C'est une loi générale de la nature humaine: elle s'attache à l'expérience du bonheur, au sentiment de satisfaction. Sans s'en apercevoir, l'âme commence insensiblement à rechercher moins Dieu que ses dons. Il suffit ainsi d'un léger décalage de l'optique spirituelle pour que les perspectives religieuses ne s'ouvrent plus sur Dieu comme point ultime et central de toutes les aspirations. L'âme se délecte de son progrès et de ses propres achèvements. Mais là où elle s'arrête, où elle se penche sur une situation acquise, celle-ci fût-elle d'une harmonie parfaite, elle renonce à continuer sa marche, elle cesse de croître. Heureusement pour elle, Dieu veille. Il fait éclater le cercle clos du bonheur médiocre où elle voulait s'installer. Car elle a besoin d'être encore purifiée de tant d'égoïsme naïf!

Comme il arrive à un grand nombre d'âmes pieuses et ferventes, lorsqu'elles ont joui pendant quelque temps d'un sentiment de plénitude en leur vie de prière, Maria Petyt est incapable de dire quand, comment, ou pourquoi ses belles dispositions se sont modifiées. Il ne s'est produit aucune rupture, aucun changement brusque. Elle n'a pas «chassé» la grâce par le péché ou par l'infidélité consentie. Au contraire, elle a conscience d'avoir persévéré en toute loyauté. Mais voilà que le sentiment de la présence intime de Dieu commence à se voiler. Tout doucement, il s'estompe, s'efface, disparaît. C'est en vain que, désespérément, elle cherche à le retenir, à en garder ne fût-ce qu'un reflet: «Pendant

---

93. Cf. la prière *in innigher oeffeninghen* chez RUUSBROEC, *Die Gheestelike Brulocht*, in *Werken*, t. 1, Tielt, Lannoo, 1944, pp. 144, 152, 158; *Vanden XII Beghinen*, in *Werken*, t. 4, p. 200; *Het Rijcke der Ghelieven*, in *Werken*, t. 1, pp. 14-15; chez HERP, *Spieghel der Volcomenheyt*, éd. Lucidius VERSCHUEREN, Anvers, Neerlandia, 1931, pp. 185, 269.

assez longtemps, dans mon âme, la grâce et la lumière divine n'avaient fait que croître, jusqu'à atteindre la clarté pleine du jour. Mais il plut à Dieu de laisser diminuer peu à peu cette grande lumière, cette activité intime de l'esprit. L'influx de la grâce divine, etc., ne cessa pas d'un seul coup, mais baissa si doucement, si insensiblement que je m'en aperçus à peine, jusqu'au moment où j'avais tout perdu et où je découvris que j'étais abandonnée à ma seule nature, sans recevoir d'en haut la moindre aide ou le moindre réconfort.

«Cela se passa tout à fait comme quand, à midi, le soleil vient d'atteindre son zénith: l'après-midi il descend tout doucement; déjà le soir approche et la lumière diminue de quelques degrés, sans qu'on s'en aperçoive, jusqu'à ce que la nuit tombe et qu'on se retrouve tristement dans l'obscurité.

«Cet état de délaissement m'était nécessaire: je devais être purifiée et éprouvée comme l'or, par le feu de multiples souffrances intérieures et extérieures, par la tentation, les combats et une longue endurance»[94].

Nombreux sont ceux qui aspiraient uniquement au sentiment de bonheur que procure la prière. Dans l'abandon leur patience se lasse du vide intérieur et de la monotonie de la fidélité. Ils n'ont pas le courage d'aller au bout de leur nuit. Jamais, non plus, ils ne sauront ce que signifie la nouvelle rencontre avec Dieu dans la lumière d'une aube purifiée. La vie, pour eux, doit s'écouler désormais dans la mélancolie des médiocrités: l'union intime avec le Seigneur, dont ils ont joui pendant quelque temps, deviendra tout simplement le plus beau souvenir de leur «jeunesse religieuse». Ceux-là seulement qui ont le courage d'accepter la plénitude de la souffrance, de s'y laisser plonger sans restriction, ont la chance de se voir purifiés de leur égoïsme, et de cet égocentrisme inconscient auquel l'homme s'accroche avec les meilleures intentions. Car nul n'est capable de s'en libérer soi-même: l'essai, d'ailleurs, n'en constituerait qu'une forme plus subtile, la quintessence en quelque sorte de l'orgueil spirituel et de la recherche de soi. Mais il faut que l'homme la laisse s'accomplir, ne s'y oppose pas: c'est là le renoncement à la volonté propre – son «anéantissement» dira Maria Petyt –, pour l'unir à celle de l'Amant mystérieux et exigeant.

Elle s'aperçoit que la raison peut très bien savoir ce que signifient «la pureté intérieure, le dépouillement de toutes choses, l'amour sans mélange». Mais: «Très différentes sont la connaissance et les bonnes intentions, de l'exercice patient et de la consommation.

«Car le Bien-Aimé frappa la nature, coup sur coup, lui fit blessure après blessure: elle n'avait d'autre issue que de mourir à soi, c'est-à-dire à

94. L. I, p. 104.

l'amour propre et à toutes ses volontés, auxquelles elle était encore intimement attachée, et dans lesquelles elle trouvait une jouissance, particulièrement dans les bienfaits de Dieu. Mais avant d'être arrivée à cet état de dépouillement et de dénuement total, je ne m'en étais pas rendu compte»[95].

Cet état de désolation, accompagné de ces tourments spirituels et de ces épreuves physiques, dura «bien quatre ou cinq ans». Rarement il fut interrompu par des éclaircies permettant à l'âme de respirer et de prendre de nouvelles forces dans la conscience obscure de la fidélité de son Maître. Maria Petyt se rappelle que deux années surtout lui ont été particulièrement dures. Beaucoup plus près de nous, sainte Thérèse de Lisieux ne parle-t-elle pas, elle aussi, de deux années d'épreuves crucifiantes, durant lesquelles elle ne savait même plus ce que c'était que «croire», ayant le sentiment, pendant tout ce temps, d'être séparée de Dieu par un «mur de fer», s'élevant de la terre jusqu'au ciel? Plus de deux siècles auparavant Maria Petyt avait employé la même image:

«L'excès des tourments intérieurs – écrasement, angoisse, désolation et délaissement de l'esprit – dura pendant deux ans environ. Au cours de cette période je reçus peu ou point de réconfort ou de consolation de la part de Dieu et des hommes. Le ciel paraissait s'être fermé pour moi: aucune goutte, ni de pluie ni de rosée, n'abreuvait le sol aride de mon esprit, qui semblait se décomposer de sécheresse... Il y avait comme un mur de fer entre Dieu et mon âme»[96].

La description des infirmités corporelles qu'elle eut à subir fait songer à un épuisement physique complet par suite d'austérités déraisonnables, accompagné d'une grave dépression nerveuse. Elle raconte qu'elle «souffrit de douleurs physiques insupportables. Personne n'y comprenait rien. Quelques-uns supposaient que ces maux ne pouvaient pas être naturels, vu que les remèdes naturels ne les soulageaient pas. J'avais l'impression que mon corps était transpercé de toutes parts de lames et d'épées. Parfois c'était comme si on m'arrachait brutalement les entrailles. Les sœurs pleuraient de me voir en pareil tourment. Ni jour ni nuit elles ne pouvaient fermer l'œil à cause de mes cris et quelquefois de mes hurlements de douleur».

La maladie la rend susceptible à l'excès: «Je n'ai pas fini, aujourd'hui, de m'étonner de ma sensibilité à l'époque. Il suffisait qu'une sœur eût une mine un peu contrariée, dît un mot qui ne fut pas de mon goût, de moins encore: d'une appréhension, d'une pensée, pour me blesser et me heurter.

«Mon aridité finit quelquefois par me faire soupçonner que j'avais perdu à tout jamais la grâce de Dieu: aussitôt j'éclatais en sanglots.

95. L. I, pp. 105-106.
96. L. I, pp. 107 et 114.

«L'angoisse et l'oppression réduisirent mon corps à ce point, en l'espace de huit ou dix jours, que je paraissais avoir vieilli de vingt ans.

«Parfois je me sentais comme un corps couvert de plaies de la tête aux pieds, que des mains brutales, gantées de fer, maltraitaient sauvagement. D'autres fois il me semblait être suspendue étranglée entre ciel et terre, ou bien entre deux glaives qui me transperçaient cruellement au moindre mouvement. Souvent je me sentais torturée comme si j'avais été étendue sur un chevalet, avec distension de tous mes membres et tiraillement de tous mes nerfs... J'en perdais la voix et la respiration»[97].

À l'épreuve physique, bientôt, vient se joindre le doute: «Dieu m'avait-Il bien appelée à cette manière de vie?». Elle ne lui plaisait certainement pas; le désespoir: «Il me semble qu'aucune tentation ne m'ait assiégée avec plus de véhémence et de ténacité que celle du désespoir. Pendant quelque temps je fus tentée de me suicider: la méthode et les moyens s'en présentaient à moi aussi clairement que si on m'avait dit: à quoi bon continuer pareille existence? Choisis la douleur la plus brève.

«J'étais sûre d'être éternellement réprouvée, que tous remèdes et médicaments étaient donc vains, puisque j'étais tout de même perdue».

Désemparée, elle ne pouvait pas ne pas se mettre à haïr la vie religieuse elle-même: «Notre mode de vie ne me causait plus qu'accablement, peine, aversion profonde. Il me paraissait bien impossible de passer de la sorte une existence entière. Le silence, et la solitude continuelle surtout, me devenaient insupportables. D'horreur, les cheveux se dressaient sur ma tête lorsqu'il me fallait regagner ma cellule. Parfois mes yeux en parcouraient les murs, n'y voyant qu'une affreuse prison dont je ne sortirais plus jamais, et m'y voyant moi-même comme un petit oiseau enfermé dans une cage, voltigeant vainement en tous sens pour trouver une issue.

«Que de fois j'ai été tentée d'abandonner ce genre de vie et de m'enfuir en secret!

«Impossible de trouver les mots pour exprimer l'ennui et la contrariété que j'éprouvais dans les exercices spirituels, surtout pendant la méditation et les services religieux. Il me venait alors des pensées effroyables, des blasphèmes contre Dieu et ses saints, un sentiment de dérision et de mépris de la dévotion, la perte de la foi au Saint-Sacrement, et finalement en Dieu lui-même».

---

97. Michel de Saint-Augustin rassemble les notes des supplices physiques et des plus cruelles épreuves spirituelles de sa dirigée. Il en résulte une description effrayante et compacte, remplissant une cinquantaine de pages (L. I, pp. 106-156). On aurait tort d'oublier qu'elle est recueillie de relations espacées, s'étendant en réalité sur une période de quatre à cinq ans.

Précisément tout ce qu'elle avait tant recherché, entretenu et cru, lui semble maintenant perdre sa consistance, devenir irréel: illusion et tromperie. C'est que la fidélité doit passer par la disparition des certitudes humaines.

Cette longue épreuve avait commencé quelque temps après que Maria Petyt avait fait à Dieu l'oblation de sa vie, afin, d'obtenir d'endurer et de souffrir pour les péchés des hommes. Elle ne se souvint que plus tard d'avoir fait cette offrande: c'était comme si ses épreuves en avaient effacé jusqu'au souvenir. Faut-il y voir le signe d'une bienveillance certaine de Dieu à son égard? Pareille oblation, en effet, est une très belle chose en soi, et elle témoigne d'un amour peu commun ainsi que d'un bel esprit de sacrifice. Mais souvent elle recèle encore autre chose: la conviction bien cachée, et informulée à soi-même – qui donc oserait y songer? – qu'au fond on appartient à la race des âmes choisies, à l'élite appelée à sauver les pécheurs. Chez les âmes très pieuses, ce besoin de s'offrir en sacrifice pour le salut des «moins bons» n'est pas tellement rare. C'est en même temps un appel à l'héroïsme et une tentation. L'histoire de la spiritualité prouve que de tous temps les grands directeurs ont mis les âmes en garde contre ces magnifiques oblations à la souffrance: ils ne les permettent qu'en des cas très rares, très clairs, et uniquement sous la sauvegarde de l'obéissance. L'âme pieuse, de sa part, croit facilement constituer le cas absolument exceptionnel. Maria Petyt avait été animée, elle aussi, du désir sincère de répondre aux grâces divines par la générosité du sacrifice. Or le Seigneur, appréciant le don, n'oublie pas le donateur. La prière est exaucée. Mais le premier fruit de son acceptation est, pour celui qui l'a faite, l'expérience profonde que non seulement on ne vaut pas mieux que les pécheurs qu'on voulait sauver, mais qu'on ne peut rien, dans le domaine de la grâce, ni pour les autres ni pour soi-même, expérience réelle cette fois-ci et non issue d'une activité mentale, ni suscitée et distillée par une «vertu d'humilité» consciente et par conséquent presque toujours fictive. Comment sauver les autres si on est incapable de se sauver soi-même? – bien plus, si on est totalement impuissant à poser le moindre acte salutaire?

Humiliation profonde, donc, pour notre mystique, mais porte d'accès à l'humilité réelle. Car l'humilité n'est que la vérité vécue. Elle fait ainsi la découverte concrète, ressentie jusqu'aux tréfonds de son être, qu'il faut tout recevoir, que toute grâce est un don de Dieu, accordé de son propre choix, en souveraine liberté. Vérité de catéchisme, mais combien dure à admettre! Maria Petyt l'ayant découverte à ses dépens, ne pourra plus guère se faire des illusions à ce sujet. Désormais sa prière pour les pécheurs pourra porter ses fruits, car elle est des leurs. «Je devais être menée par ce chemin pénible et dur pour arriver à sentir effectivement mon impuissance, mon incapacité à tout bien, mon néant, ma fragilité, déjection et misère, et à en faire vraiment l'expérience. Il était nécessaire que je fusse établie, à l'aide de tous ces moyens, en une humilité profonde, en la connaissance de moi-même. À la fin, il ne restait nulle autre issue: il fallait me laisser écraser et annihiler»[98].

«Antérieurement la grâce avait paru élever mon âme pour la laisser monter, telle un aigle, à la contemplation du soleil, à la vie en Dieu d'une créature céleste qui n'a plus rien de commun avec les choses de la terre. Mais maintenant j'étais devenue un ver, rampant par terre, se vautrant dans sa basse nature, se roulant dans mille pensées terribles»[99].

Même la prière, même la possibilité de prier, constitue un don immérité auquel l'homme ne peut prétendre de ses propres forces. La mystique entrevoit enfin la vérité simple de la parole «Sans moi vous ne pouvez rien» lorsqu'elle en vit l'accomplissement en son âme.

On peut être assuré que corroborée par de telles preuves, cette vérité sera désormais à la base de son existence et de ses actes: «Au temps de l'oraison, je faisais effort sur effort. Mais en vain. Maintes fois je me levais de prier sans avoir pu obtenir même la moindre bonne pensée. Je ne faisais que chercher sans trouver. Le Bien-Aimé m'en avait retiré le don au point que je ne savais plus ce que c'était que "prier"».

En désespoir de cause, elle va chercher un peu de sympathie, de lumière et de réconfort auprès des hommes. Cruelle déception: ou bien ils ne semblent même pas comprendre de quoi elle parle, ou bien leurs bonnes paroles et leurs conseils ne font qu'aggraver son mal: «C'est comme si j'étais incapable d'ouvrir mon cœur à quelqu'un. Tout ce que je constate, c'est que la douleur, la nuit, les tentations n'en deviennent que pires. Il vaut encore mieux endurer tout en silence. Car tout ce qu'on me dit en guise de consolation ou de réconfort n'a pas le moindre effet»[100].

En ces circonstances, elle sent croître un abîme entre elle et son directeur. Ne ferait-elle pas mieux de mettre fin à l'illusion dans laquelle elle l'a entraîné au sujet de sa vocation? «Parfois il me prenait de lui une telle aversion que je frémissais d'horreur rien qu'à le voir, à l'entendre, ou simplement à penser à lui. Un jour j'étais si complètement défaite, que je congédiai ouvertement Sa Révérence, le remerciant de ma résidence, de l'habit que j'avais porté et de la peine qu'il s'était donnée avec moi pendant tant d'années. Car j'étais fermement déterminée à quitter cette résidence, cet habit, et mon directeur lui-même».

98. L. I, p. 106.
99. L. I, pp. 112-113.
100. L.I, p. 199.

«Mais je ne devinais rien de la Providence divine en toutes ces choses, ni de l'ingéniosité merveilleuse de Sa Sagesse et de Sa Bonté. En traitant mon âme de la sorte, Il l'amenait à une connaissance claire et expérimentale de soi-même, de son propre néant»[101].

«Car il fallait y mettre le temps prescrit, il fallait mourir de tant de morts terribles, entièrement comme le Bien-Aimé en avait disposé. J'appris ainsi que tous nos efforts, tout notre acharnement, sont totalement impuissants, si le Bien-Aimé lui-même, par sa grâce, ne met pas la main à l'œuvre. Nous devons bien le confesser, en vérité et en fait: toute force nous vient uniquement de Dieu»[102].

Avant de récolter, avec notre mystique, la moisson spirituelle de sa longue épreuve, quelques remarques s'imposent. Les mystiques flamands qui la précèdent avaient bien parlé, eux aussi, des épreuves que tout vrai contemplatif doit subir pour sa plus grande purification; Maria Petyt est la première à les nommer des «nuits» et à introduire ainsi dans la spiritualité flamande cette image, devenue bientôt terme technique, de Saint Jean de la Croix. Mais les classiques flamands du 14e au 16e siècle traitent le thème de la purification passive avec sérénité et discrétion. Il faut remonter jusqu'au 13e siècle pour trouver dans la littérature des anciens Pays-Bas des accents aussi déchirants, des expressions jaillies aussi fraîchement de l'expérience directe des tourments de la nuit mystique. Mais si Hadewych d'Anvers dit parfois qu'elle erre à travers une nuit sans fin, elle s'est choisi un autre terme pour la désigner: elle préfère comparer ce temps de l'épreuve, si long et si obscur, à l'*hiver,* image qui lui a inspiré quelques-uns des plus beaux poèmes de la littérature mystique.

En épiloguant sur ses «nuits», Maria Petyt fait une remarque que l'on trouve rarement exprimée avec tant de bonheur dans les écrits mystiques, bien que leurs auteurs paraissent en avoir tenu compte dans la pratique.

Cette remarque n'est pas sans importance. Grâce à la purification passive, l'âme apprend à ne pas s'attacher aux dons de Dieu plus qu'à Dieu. Sur ce point tous les auteurs mystiques sont d'accord. Mais il leur arrive – et bien plus encore à tous ceux qui, après eux, se sont mis à écrire des traités de spiritualité – de mettre si fortement l'accent sur la première partie de cette règle de conduite, que le lecteur non mystique finit par en oublier la seconde. Or, sans la seconde, la première est une contre-vérité, une insulte à la grâce, et surtout la source d'un dommage irréparable, causé à grand nombre d'âmes religieuses. L'âme, en effet, a le droit et le devoir de s'attacher aux dons de Dieu, mais jamais «plus qu'à Dieu». Si donc l'on applique le premier membre de l'axiome à la vie spirituelle, en

101. L. I, pp. 137-139.
102. L. I, p. 149.

oubliant sa subordination au second, ou, pis encore, en l'érigeant en règle absolue, on rejette l'âme dans la solitude d'une ascèse semipélagienne. L'histoire a abondamment illustré la réalité de ce danger. Tant de formes de direction spirituelle en ce sens aboutissent à un parfait stoïcisme, baptisé par une belle terminologie chrétienne. Mais rien n'est plus étranger à la spiritualité chrétienne que le stoïcisme. Comme s'il fallait ne pas accepter avec gratitude la consolation et la joie obtenues dans la prière, mais au contraire passer à côté d'elles avec dédain et indifférence! Une infinité d'exemples de la vie des mystiques et des saints nous prouve manifestement le contraire. De Hadewych d'Anvers à Thérèse d'Avila, de François d'Assise à Ignace de Loyola, chez tous, nous remarquons le prix élevé qu'ils accordaient à ces dons intérieurs, et le rôle important que ceux-ci ont joué dans leur vie. Un des exemples les plus significatifs est celui d'Ignace de Loyola, que, décidément, on aurait quelque peine à accuser d'un penchant exagéré pour le piétisme sentimental. Ignace, à la fin de sa vie, a brûlé son journal spirituel. Seules quelques feuilles détachées, glissées par hasard entre les pages d'un livre, et oubliées, échappèrent à la destruction. On ne les y découvrit que beaucoup plus tard. Elles datent du temps de la rédaction des Constitutions. Ces notes nous révèlent que, avant de décider si telle ou telle règle était à admettre pour son Ordre, ou à rejeter, Ignace consultait patiemment l'abondance de ses larmes. Si, pendant la célébration de la messe, elles l'inondaient de consolation, plusieurs jours de suite, il y voyait le signe de la bénédiction du ciel. Ses yeux restaient-ils secs, il en concluait que l'ordonnance, même très sainte ou pleine de bon sens, n'agréait pas au bon plaisir de Sa Majesté divine. C'est assez dire s'il appréciait les dons de Dieu. Mais cela ne signifie nullement qu'il les estimait «plus que Dieu».

Notre mystique flamande est un des rares auteurs qui soulignent avec tant de clarté, en même temps, et le détachement indispensable de toute délectation égoïste dans les dons de Dieu et la valeur inestimable de ces mêmes dons: «Ces faveurs sont pour (l'âme) très utiles et extrêmement profitables. Elles lui font faire de grands progrès, aussi longtemps que Dieu la laisse en cet état et ne l'amène pas à un autre. Et lorsqu'Il décide de la conduire par des voies plus élevées et plus ardues, et qu'Il estime le moment venu de l'introduire en la nuit de l'âme, en l'état de privation d'aide et de faveurs sensibles, l'âme garde alors ces mêmes dons et continue à les posséder en quelque sorte, sans en jouir cependant. Il en résulte qu'ils conservent ses affections en un tel état de renoncement et de mortification, qu'elle est incapable de se retourner vers les choses créées et qu'elle n'y trouve plus aucun goût ni plaisir.

C'est pourquoi, lorsque ces faveurs divines lui sont accordées, elle doit en faire grand cas, les recevoir avec gratitude et humilité, et coopérer avec vigilance à leur préservation»[103].

Le fruit principal de sa longue purification est l'état habituel «de dénuement de toute certitude palpable et de tout soutien sur lesquels la nature pourrait se reposer»[104]. La mystique a appris cette dépendance totale de Dieu qu'est «la résignation essentielle»[105]: celle-ci prend racine dans le fond de l'âme, finit par se confondre avec l'être même, et en devient en quelque sorte l'expression constante: «Je constate que j'ai surtout avancé dans la connaissance profonde de mon néant. Je me tiens en petite estime et je me défie de moi-même. L'esprit, ce me semble, est plus dépouillé de tout attachement, de penchant ou d'affection pour le créé, voire pour le surnaturel. Dieu est maintenant mon objet d'une manière beaucoup plus dénudée et plus essentielle, c'est-à dire pour ce qu'Il est et non plus pour ses dons. La subtile recherche de soi et l'amour-propre de la nature ont été vigoureusement mortifiés. J'ose davantage me risquer et m'abandonner en Dieu»[106].

«Toutefois, je restai encore pendant assez longtemps dans un état d'aridité et de désolation. Néanmoins, mon Bien-Aimé me visitait quelquefois en me faisant éprouver un certain réconfort; très brièvement la plupart des fois, un peu plus longuement en de rares occasions. À ces moments, je voyais le chemin vers et l'accès à Dieu si ouverts et si lumineux, que rien ne paraissait plus s'interposer entre Lui et mon âme. La clarté d'un plein jour brillait en moi. Aussitôt je m'attendais à ce qu'il n'y eût plus de nuit; mais je me trompais: voilà que bien vite brouillards et nuages s'amoncelaient à nouveau»[107].

Il est très intéressant d'apprendre de notre mystique que, pendant toute cette période d'équilibre renaissant, il ne lui fut pas permis de suivre les mouvements intérieurs de l'esprit ou les inspirations de la grâce. Par un retour actif aux efforts de l'ascèse, elle doit se conduire à la lumière froide de la raison; avec cette différence importante cependant, que dorénavant l'étincelle de la bonne volonté reste fixée en Dieu. «Lorsqu'approcha la fin de l'état que j'ai décrit, je ne me retrouvai ni dans les ténèbres ni dans la lumière, mais comme dans une aube entre les deux. La faible lumière ne me guidait nullement dans ce que j'avais à faire ou à laisser selon la volonté de Dieu. J'étais obligée de me diriger à la lumière de la raison qui

---

103. L. I, pp. 105-106.
104. L. I, p. 159.
105. L. I, p. 153.
106. L. I, p. 155.
107. L. I, p. 158.

est, de par soi, obscure. Mais elle suffisait néanmoins pour me montrer à chaque moment ce que le Bien-Aimé voulait me voir faire»[108]. À un autre endroit, dans une lettre de la même époque, à l'analyse de cet état d'âme elle ajoute: «Il ne restait qu'une infime étincelle: c'est une force très secrète et cachée; elle opère intérieurement que je me tourne vers Dieu et que je reste suspendue en Lui, essentiellement et dans une foi nue, d'une façon tout abstraite et insensible»[109].

Non seulement elle a reconnu l'impuissance foncière de l'homme, mais cette misère elle-même devient source d'une perte en Dieu, insoupçonnée de ceux qui n'ont pas passé par le creuset de l'épreuve: «Intérieurement j'ai été instruite de la manière de voir toutes les créatures comme entièrement annihilées en Dieu, et d'en faire usage comme telles, étant moi-même en quelque sorte engloutie dans l'immensité lumineuse de l'Être divin»[110]. – «Voici les fruits que cet esprit d'humilité engendrait en moi: une union plus parfaite de tout vouloir et non-vouloir avec Dieu, en toutes choses, par rapport à moi ou aux autres, pour ce qui me plaisait ou me dégoûtait, en l'amertume ou en la douceur. Il me semble que jamais auparavant je n'aie exercé à un tel degré la conformité ou plutôt l'uniformité de la volonté avec Dieu»[111]. Comme par un don de seconde nature, après l'acceptation de son humiliation fondamentale, la volonté humaine ne tend désormais plus qu'à s'identifier à la volonté divine. À l'expérience vécue de pareille soumission, on doit l'un des traits les plus caractéristiques de la mystique de Maria Petyt: sa spiritualité de l'anéantissement. La doctrine de l'anéantissement ou de l'annihilation mystique, dont nous essaierons plus loin de reconnaître les sources, se répète comme un leitmotiv dans l'œuvre entière. L'auteur y consacre quelques-unes de ses plus belles pages:

«Il me semble que maintenant ma demeure a été établie dans une vallée profonde, dans l'humiliation de l'être, dans le mépris, la défiance, et l'anéantissement de moi-même.

«De même qu'au cours des années précédentes j'avais paru monter, comme par degrés, en vives lumières sur la pureté intérieure, la connaissance de Dieu, l'élévation du cœur, les ascensions spirituelles dans l'ardeur brûlante de l'amour, ainsi maintenant je semblais m'abaisser et descendre, d'étage en étage, non vers les choses créées, les sens, ou la

---

108. L. I, p. 159.
109. L. I, p. 212.
110. L. I, p. 216.
111. L. I, p. 163. La traduction trahit inévitablement la force de l'original, car, pour exprimer la concordance parfaite de la volonté humaine avec celle de Dieu, Maria Petyt n'a pas hésité à créer un mot nouveau: *eenwilligheyt* qui, traduit littéralement, donnerait: «la disposition d'uni-volonté».

nature, mais par les enseignements renouvelés d'anéantissements toujours plus profonds, vers un engloutissement me conduisant plus bas encore, et vers une compréhension plus intime de mon indignité»[112]. «J'étais comme insatiable de cet abaissement de moi-même, de cet écoulement, de cette descente abyssale. Plus je me submergeais en mon néant, établissant ma demeure encore plus bas, plus je sentais à toute heure et moment le besoin de me plonger encore plus profondément dans l'abîme… Car cette grâce, ce fond humble, m'ouvrait des chemins si sûrs pour aller à Dieu, qu'il n'y avait en eux ni ombre ni soupçon d'illusion ou d'errement possible»[113].

«Il n'y a vraiment pas de quoi s'étonner, qu'une âme si petite, annihilée à ce point, soit si tranquille et satisfaite en tout: le *Rien* ne peut s'incommoder d'aucune chose; au *Rien* on ne peut infliger ni injure ni dam; au *Rien* il n'y a rien à enlever ou à prendre; le *Rien* ne sait, ne veut ni ne possède ceci ou cela; le *Rien* ne se soucie pas de soi, il est indifférent à tout! Ah, quel trésor possède celui qui a découvert les propriétés de son *Rien*!»[114]. La conscience de son propre néant ouvre à l'homme la voie de la vérité, c'est-à-dire de l'humilité: «Ce fond d'humilité prend sa source en la connaissance claire de mon propre néant: qu'en moi-même, donc, et de par moi, je ne suis que pur néant. Cette connaissance s'étant comme imprégnée en mon être et m'étant devenue en quelque sorte essentielle, m'attire à une profonde et douce humiliation du cœur»[115]. C'est comme si le Seigneur lui-même lui disait: «Tu dois être morte avec toutes les créatures, tu dois être un *Rien* et Moi le *Tout*»[116]. «Cette abstraction de toutes choses est suivie d'une union pure à Dieu, bien que l'âme, en cette disposition abstraite, y mette peu de sa part et subisse bien plutôt l'action divine. De la sorte elle est comme abîmée et annihilée en Dieu, en une grande aliénation de soi. Lorsque l'action de Dieu ne se laisse plus sentir aussi vivement et que l'âme est davantage laissée à elle-même, elle continue néanmoins à vivre en cette abstraction, doucement occupée à l'anéantissement de soi et de tout le créé en l'Être indéfini et infini de Dieu»[117].

En 1671 encore, elle parle de cette «spiritualité de l'anéantissement»: «Telle est ma disposition intérieure habituelle, qui me procure une paix divine et une tranquillité ineffable: c'est que je suis si essentiellement établie en mon néant et que j'ai essentiellement un même vouloir et non-vouloir avec Dieu»[118].

112. L. I, pp. 164-165.
113. L. I, p. 167.
114. L. II, p. 63.
115. L. II, p. 58.
116. L. II, p. 36.
117. L. II, p. 4.
118. L. IV, p. 236.

Nous terminons l'exposé de cette union de l'âme purifiée avec Dieu par une description, datant de la même année 1671. Maria Petyt y donne un résumé de cet état intérieur, qui n'est sûrement pas sans intérêt pour l'historien de la spiritualité: «Dans les ténèbres, dans l'obscurité de mon fond, avec silence et repos paisible de toutes les puissances de l'âme, je contemple Dieu d'un regard très simple et très intime. Ce regard est passif plus qu'actif. Toute connaissance qu'en cette prière je reçois de Dieu est un non-connaître et un non-savoir de tout ce que l'esprit humain peut connaître et savoir de Lui. Alors, l'esprit se perd dans l'abîme caché de cet Être inconnaissable, dans un anéantissement total, en cet Être, de soi-même et de toutes choses. En s'annihilant, en disparaissant en Lui, l'âme devient une avec le *Tout*»[119].

119. L. IV, p. 13.

DS, t. 10, 1979, cc. 1902-1919

17

LA LITTÉRATURE MYSTIQUE AU MOYEN ÂGE

TÉMOINS ET TEXTES

Il est très difficile d'écrire l'histoire de la mystique médiévale de façon quelque peu scientifique. D'abord à cause d'une certaine confusion terminologique; ensuite à cause des genres littéraires assez différents dont relèvent les sources qui, par ailleurs, nous sont parvenues en grande abondance.

1. *Le terme «mystique»*

Le sens religieux de mystique, tel que le connaît le christianisme, c'est-à-dire l'expérience directe et passive de la présence de Dieu, prévaut à partir du 15ᵉ siècle. Mais le terme *mystique* existe auparavant: depuis les Pères, il signifie ce qui a rapport aux mystères de la foi et de l'Église, par exemple les sacrements[1]; les *Théologies mystiques* du haut moyen âge n'excluent donc pas la signification que les modernes donnent au mot, mais la contemplation infuse n'y est qu'un élément du «mystère» parmi d'autres. Ce que l'on nomme *mystique* aujourd'hui s'appelle alors *contemplatio* ou *vita Dei contemplativa*. En Occident, le langage qui permet d'en parler, avec les grandes distinctions, les termes techniques et la description de leur contenu, s'est établi durant plusieurs siècles à partir des *Moralia in Job* et des *Homélies sur Ézéchiel* de Grégoire le Grand († 604)[2]. Pour un conspectus panoramique de cette époque, on peut presque toujours renvoyer aux auteurs de l'article «Contemplation» [dans le *Dictionnaire de Spiritualité*][3], comme source d'information sur les théories concernant la mystique; l'acceptation d'une «contemplation acquise» ne fait son apparition dans la littérature religieuse et les théologies de la mystique qu'à partir du 17ᵉ siècle.

1. Cf. A. SOLIGNAC, *Mystère,* in *DS,* t. 10, 1980, cc. 1861-1874.
2. Cf. *DS,* t. 6, 1967, cc. 888-910.
3. *DS,* t. 2, 1953, cc. 1929-2013; cf. aussi *Pseudo-Denys, Influence en Occident,* in *DS,* t. 3, 1957, cc. 318-484.

Le sens actuel du terme, avec l'accent sur le caractère expérientiel et l'importance accordée aux éléments et conditions psychologiques permettant de le discerner, apparaît pour la première fois et s'impose pour ainsi dire d'emblée dans les leçons *De mystica theologia* données par Jean Gerson à la Sorbonne au début du 15ᵉ siècle[4]. Gerson y essaye d'établir les conditions a priori qui permettent une étude de cet étrange phénomène d'expérience religieuse, car c'est bien en *expérience* qu'il le situe. Même si le système conceptuel scolastique dont il dispose ne permet pas toujours un développement adéquat, ses principes sont d'une validité étonnante jusqu'à nos jours[5]. Le chef-d'œuvre de la seconde moitié du 15ᵉ siècle, qui fixera ces termes dans le même sens et en consacrera l'usage dans toute l'Europe, sera la *Theologia mystica* de Henri Herp[6].

2. *L'expérience et les textes*

La seconde raison pour laquelle il serait hasardeux d'écrire l'histoire de la mystique à cette époque est qu'on *ignore presque tout de l'expérience elle-même*. On ne possède que des *textes* relatant des souvenirs. Or, ces textes sont toujours déjà le résultat d'une confrontation.

D'abord entre la nouveauté de l'expérience du mystique et le bagage de représentations culturelles et religieuses qu'il avait acquis au cours de sa vie. Parfois, mais rarement, on dispose d'un texte rédigé au niveau de l'expérience, comme les pages d'un journal intime. Plus fréquemment, la rédaction prend la forme de mémoires: on y trouve bien une relation d'expériences, mais celles-ci sont triées et inventoriées selon une signification et des rapports qu'ils ont acquis ou qu'on leur attribue à partir d'un point d'arrivée dans le temps; il s'agit donc d'une perspective créée de toutes pièces par l'assemblage actuel d'éléments antérieurs épars dans une histoire.

Mais le niveau le plus fréquent, et par conséquent beaucoup moins personnel, de rédaction des textes mystiques, est celui de la confrontation avec les idées reçues et le langage religieux du milieu. Cette confrontation peut prendre des formes très variées: ressembler par exemple à des mémoires, mais dont les éléments sont assemblés et ordonnés pour informer le directeur, viser à une défense des contemplatifs, fournir une direction spirituelle, ou même se constituer en un traité proprement dit. On aura donc toujours à faire avec des témoins littéraires nécessairement assez éloignés de l'expérience. Il faut prendre à la lettre

---

4. *Œuvres complètes,* éd. P. GLORIEUX, t. 3, Paris, Desclée De Brouwer, 1962, pp. 250-292.
    5. Cf. *DS*, t. 6, 1967, cc. 318-331.
    6. Cf. *DS*, t. 7/1, 1969, cc. 349-366.

l'avertissement répété des auteurs que leurs descriptions trahissent bien davantage l'expérience qu'ils ne la traduisent.

Fidèle aux témoignages sur la simplification et l'unification passives des puissances, Jean Ruusbroec en rappelle clairement la loi universelle à propos du ravissement mystique: «L'homme peut être élevé au-dessus de lui-même et au-dessus de l'esprit, sans être cependant tiré hors de lui-même, et plongé dans un bien incompréhensible qu'il ne saurait exprimer ou décrire d'une manière adéquate à ce qu'il a vu et entendu; car *voir et entendre n'est qu'une seule et même chose dans cette opération toute simple*»[7].

Il en résulte que le langage humain, faisant appel aux opérations distinctes des puissances, demeure toujours successif et juxtaposé, de sorte que même le *souvenir* de l'expérience constituera pour le mystique une reconstruction additive défectueuse. Ensuite, si la traduction littéraire de son expérience est pour l'homme, non moins qu'en tout art, «monnaie de l'absolu», cette monnaie en tant que langage lui est fournie comme un produit collectif. Finalement, quoi que nous apportent d'intéressant sur leur origine les étymologies et les images primordiales des éléments linguistiques, leur signification est déterminée uniquement par l'usage, – règle scientifique fondamentale qu'oublient la plupart du temps les commentateurs des *textes* mystiques.

D'un genre à part, encore plus difficile à déchiffrer et utiliser, sont les notes prises par les disciples ou amis des mystiques, d'abord recueillies et rassemblées, puis triées pour être reproduites dans les *Vitae* selon l'idéal édifiant de l'hagiographie. Parfois un heureux hasard fait découvrir une partie des écrits originaux du mystique, de sorte qu'on peut comparer cet original avec le remaniement qu'en a fait l'hagiographe dans la *Vita*: tel fut le cas des «Sept manières d'aimer» de Béatrice de Tirlemont († 1268)[8].

Aux origines d'un essor exceptionnel de vie contemplative

1. *Saint Bernard*

C'est dans le sillage de la spiritualité de saint Bernard que l'intérêt pour la mystique sort des cloîtres et devient l'aspiration pour ainsi dire

---

7. *Noces spirituelles*, trad. J.-A. BIZET (Les maîtres de la spiritualité chrétienne, Textes et études), Paris, Aubier, 1946, pp. 257-258; *Werken*, I, Tielt, Lannoo, 1944, p. 165.
8. *DS*, t. 1, 1937, cc. 1310-1314; cf. H. VEKEMAN, *Vita Beatricis in seuen Manieren van Minne*, in *OGE* 46 (1972) 3-54, avec résumé en français.

normale des milieux dévots. On peut suivre l'évolution de cette tendance aussi bien dans l'art sacré que dans les témoins littéraires: le *Pantocrator,* Dieu qui s'est fait homme, cède là place à l'homme qui est aussi Dieu[9]. L'union affective intime avec Jésus introduit l'âme à l'union spirituelle à sa divinité. Les «noces spirituelles» constituent le sommet auquel aspire toute vie de prière[10].

Mais, contemporaine de cette mystique d'intimité avec le Verbe incarné, qui se sert abondamment du vocabulaire et des images du *Cantique,* se développe une théologie nouvelle qui, sous l'influence de la philosophie gréco-arabe, exalte tellement la transcendance divine qu'elle menace de conduire toute pensée religieuse à un fidéisme de fait.

Y. Congar croit pouvoir situer ce phénomène dans le courant des épigones nominalistes d'Ockham: «À la dévalorisation de la connaissance rationnelle répond nécessairement une attitude fidéiste. Les deux choses se suivent selon une progression rigoureuse. Non qu'il faille taxer tous les nominalistes de fidéisme total, mais, dans l'ensemble, le fidéisme est une attitude répandue chez eux»[11]. Or, si l'étiquette appliquée à ce mouvement ne suit que de loin dans le temps les triomphes du thomisme – sans doute en raison du besoin qu'éprouvent maints historiens de sauver le mythe de ce paradis harmonieux du siècle d'or «des sommes et des cathédrales» – le désarroi intellectuel et le fidéisme étaient déjà bien invétérés un demi-siècle avant saint Thomas. Car, si l'Écriture promettait la vision de Dieu *sicuti est,* la mineure de tous les syllogismes la réduisait à un pâle reflet, puisque *finitum non potest capere infinitum.* Pour donner raison tant à la foi qu'à l'intelligence qui proclamait Dieu inconnaissable, les *Quaestiones* enseignées à Paris en 1200 dénotent déjà un nominalisme de la plus pure espèce:

> Utrum [Deus] totus videbitur? Videtur quod non, quia infinitus, intellectus non... Obicitur: infinitas non est in Deo ex parte essentiae. Probatio: quia infinitas dicit rationem quam essentia non; ergo infinitas non impedit totam essentiam videri... Ad objectorum solutionem, notandum quod, licet essentia sit infinita, non tamen in quantum essentia habet rationem infiniti[12].

Même Albert le Grand et le jeune Thomas d'Aquin devront encore, en tant que théologiens, pour sauver la jeune philosophie, vider la promesse évangélique de sa substance:

9. Cf. art. *Humanité du Christ,* in *DS,* t. 7/1, 1969, cc. 1053-1063.
10. Cf. art. *Mariage spirituel,* in *DS,* t. 10, 1980, cc. 391-408.
11. *Théologie,* in *DTC,* t. 15, c. 406.
12. Qu. 480 Douai, ms Paris B.N. lat. 3032, f.295r; éd. H.-F. Dondaine, *L'anonyme 3032 de Paris,* dans *RTAM* 17 (1950) 79-89; 19 (1952) 60-130.

Deus a nullo potest videri quid est, ita quod comprehendantur termini essentiae eius, nec ab homine, nec ab Angelo; potest tamen mens nostra et Angeli videre sine medio et velamine, essentiam eius attingendo, non comprehendendo prout est obiectum beatitudinis[13].

Eodem modo aliquis cognoscit quid est res quo cognoscit essentiam rei, cum ipsa essentia sit quidditas rei; et ideo ille solus comprehendit quid sit res, qui comprehendit essentiam; unde sicut sancti videbunt essentiam divinam, sed non comprehendent ipsam, ita videbunt quid est Deus, sed non comprehendent[14].

2. *Les théologiens*

Confrontés avec cette impasse, les théologiens cherchent dans la *Théologie mystique* de l'Aréopagite, où Dieu est toujours *superessentialis* et *supercognitus* dans la négation de toute connaissance, la clef d'une réponse qui satisfasse philosophie et foi. Ce n'est donc pas des «hasards de cette influence»[15] qu'il convient de parler en constatant qu'à partir de la seconde moitié du 12ᵉ siècle tout théologien qui se respecte se met à commenter Denys. «Puisque ni l'œuvre mal dégrossie ni la personne assez suspecte d'Érigène n'inspiraient confiance, comment peut-il se faire que vers 1140 le moine Jean Sarrazin et Hugues de Saint-Victor aient étudié consciencieusement sa traduction?...». Dans son très bel ouvrage, *Le Corpus,* H.-F. Dondaine vient de nous donner la réponse: Sarrazin et Hugues avaient pour guide un exemplaire de la traduction de Scot puissamment éclairée par des notes marginales et interlinéaires tirées du travail des scoliastes Jean de Scythopolis, Maxime le Confesseur, Anastase le Bibliothécaire[16].

Ces notes marginales attendaient depuis longtemps les lecteurs intéressés; elles ne devinrent actuelles, avec le manuscrit qu'elles éclairaient, qu'au moment où les plus grands penseurs religieux de l'Occident refusèrent ce fidéisme de fait, qui plaçait le chrétien devant l'option d'une vie intérieure déchirée: d'une part l'intelligence affirmant que Dieu est et sera toujours inconnaissable, de l'autre la foi dans les promesses de l'Évangile. Or, il est inévitable que, confrontée avec le déchirement intérieur des meilleurs et des plus doués, la dévotion de l'ensemble du clergé et des fidèles s'évade dans une piété toute sentimentale et affective. Bientôt, et pour des siècles, «dévotion» et «mys-

---

13. ALBERT LE GRAND, *In libr. de Caelesti hierarchia,* c. 4, ad 8.
14. THOMAS D'AQUIN, *In IV Sent.,* d. 49, q. 2, a. 3, ad 5.
15. P. CHEVALLIER, *Denys,* in *DS,* t. 3, 1957, c. 318.
16. *DS,* t. 3, 1957, c. 321; cf. H.-F. DONDAINE, *Le Corpus dionysien de l'Université de Paris au 13ᵉ siècle,* Rome, 1953.

tique» deviennent des phénomènes associés à un niveau de sous-développement mental. Mais les grands mystiques ont toujours enseigné que l'union mystique à Dieu est fruit de la *foi illuminée* et non de la foi obscurcie. Aussi est-ce l'étude consciencieuse de leurs témoignages qui obligera Gerson à définir la mystique: *cognitio Dei experimentalis*[17].

3. *Guillaume de Saint-Thierry*

On trouve déjà les éléments d'une réponse à l'impasse théologique dans les écrits de Guillaume de Saint-Thierry (†1148), qui reprend le leitmotiv «*amor ipse notitia est*» de Grégoire le Grand[18], surtout dans son *Epistola ad Fratres de Monte Dei*[19], connue et célébrée par les mystiques sous le nom d'*Epistola aurea,* ses *Orationes meditativae* et son *Expositio in Canticum*[20]: ce qui caractérise l'expérience mystique, c'est précisément la simplification et l'unification de l'opération des puissances en un seul dynamisme, au lieu d'un écartèlement entre intelligence et volonté. Les mystiques laisseront tranquillement les écoles théologiques disputer sur la priorité à donner soit à l'intelligence soit à la volonté dans la prière contemplative ici-bas ou dans la vision béatifique; ce problème n'existe pas pour eux, puisque tous s'accordent pour affirmer l'unification passive de l'opération des puissances.

L'autre point fondamental, pour lequel les écrits de Guillaume leur offrent la clef, est la grandeur de l'homme. On concède à la philosophie sa mineure: *atqui finitum non potest capere infinitum,* mais l'homme est aussi infini que Dieu, car ce que Dieu est par nature, il le confère à l'homme en tant que don[21].

4. *Les femmes*

Tandis que les hommes, formés au système bien établi d'une école théologique, paraissent incapables de sortir des rails conceptuels de ce système, les femmes osent développer un mode de pensée original et dynamique, qui correspond davantage au caractère de l'expérience et qui est corroboré par l'Écriture. Dans ses lettres spirituelles, Hadewych insiste explicitement sur les réponses à donner à cette théologie d'un

---

17. *De mystica theologia speculativa* (vers 1402) éd. P. GLORIEUX, dans *Œuvres complètes*, Paris, 1960-1968, t. 3, pp. 250-292, ici p. 252.
18. Cf. *DS,* t. 6, 1967, c. 899.
19. Éd. J. DÉCHANET (SC, 223), Paris, Desclée de Brouwer, 1975.
20. Éd. J. DÉCHANET (SC, 82), Paris, Cerf, 1962.
21. *Exposé sur le Cantique* 30 (SC, 82), pp. 112-114; *Lettre...* 263 (SC, 223), p. 383.

Dieu inconnaissable, infiniment grand en comparaison de l'homme; c'est seulement entre égaux qu'un véritable échange d'amour est possible:

> La raison sait que Dieu doit être craint, qu'il est grand et que l'homme est petit. Mais si elle a peur de la grandeur divine à côté de sa petitesse, si elle n'ose pas l'affronter et doute d'en être l'enfant préférée, ne pouvant concevoir que l'Être immense lui convienne, – il en résulte que beaucoup d'âmes ne tentent plus une vie si grande.

> Comprenez donc la nature profonde de votre âme, et ce que cela veut dire: "âme". L'âme est un être qu'atteint le regard de Dieu, et pour qui Dieu en retour est visible... L'âme est un abîme sans fond en qui Dieu se suffit à lui-même, tandis que réciproquement elle se suffit en lui. L'âme est pour Dieu une voie libre, où s'élancer depuis ses ultimes profondeurs; et Dieu pour l'âme en retour est la voie de la liberté, vers ce fond de l'Être divin que rien ne peut toucher sinon le fond de l'âme. Et si Dieu ne lui appartenait pas entièrement, il ne lui suffirait pas[22].

La contemporaine de Hadewych, Béatrice de Tirlemont (ou de Nazareth, du nom du prieuré que son père Barthélémy van der Aa fit construire pour elle et sa sœur près de Lierre) reçoit comme première grâce mystique la «connaissance de soi» qu'elle avait vainement cherchée par des examens et des introspections. Or, cette connaissance est la révélation de la grandeur et de la dignité naturelles de l'homme; elle reçoit en même temps le don de larmes abondantes par repentir d'avoir si longtemps négligé et méprisé ces dons de la nature. Aussi cette grâce lui fait-elle découvrir que la première vertu de l'âme consacrée à Dieu doit être la *fierté* (*fierheyt*). Le moine bénédictin, directeur du couvent et traducteur en latin des mémoires de Béatrice, ne connaît la fierté que sous la forme de l'orgueil, premier péché capital; aussi doit-il traduire en style un peu contorsionné: *superbia illa nobilis et naturalis*[23].

On connaît les nombreux contacts entre les mystiques du Nord et ceux de l'Italie, *via* «le Rhin mystique» et les *Gottesfreunde* suisses, auxquels Ruusbroec enverra encore ses manuscrits[24], et dont *Bruder Klaus* sera l'expression pure, quoiqu'un peu spectaculaire, au 15e siècle. Dans le même sens que les mystiques flamands, Jacopone da Todi († vers 1306)[25] chante la fierté (*superbia*) dans ses *Laude*. Les théologiens ne manqueront pas de le condamner pour de pareilles audaces; mais ce seront les seuls vers que citera Catherine de Gènes (1447-1510)[26], cette grande dame de la Renaissance:

---

22. *Lettres* 4 et 18, trad. J.-B.-M. P. [= Porion], Genève, Martingay, 1972, remaniée.
23. *Vita Beatricis,* éd. L. Reypens (Studiën en tekstuitgaven van Ons Geestelijk Erf, 15), Anvers, Ruusbroecgenootschap, 1964, p. 87.
24. Cf. *DS,* t. 8, 1974, c. 695.
25. *DS,* t. 8, 1974, cc. 20-26.
26. *DS,* t. 2, 1953, cc. 290-325.

> La superbia in celo ce è
> e damna se la humilitade[27].

Catherine reprend parfois textuellement les motifs de Hadewych dans son refus de toute union à Dieu qui serait par intermédiaire (*terminus in quo* ou *terminus quo*), – ce sont toujours les théologiens qui citent ces passages de l'Aréopagite; les spirituels le vénèrent plutôt parce que ses exposés décrivent l'union à Dieu comme un dynamisme, une vie, et non comme une arrivée, un terme ou un arrêt. De même, Catherine refuse toute union qui ne serait que faible participation, et non possession totale de Dieu:

> Signore ío te vogio tuto... Se ío credesse che di te me dovese mancare alcuna sintilla, certamente non podería vivere[28].

> Lo amore necto non pò dire che voglia da Dio cosa alcuna, per bona que posia essere, chi habia nome di partecipatione, ma vole eso Dio tucto puro, necto et grande come he. E se ne manchase tanto quanto è une minima buscha, non se podería contentare, ma sí se parería in inferno[29].

> Lo mio essere sí è esso Dio, non per participatione ma sí per transformatione[30].

5. *Amour de réciprocité*

Ce motif de la grandeur infinie de l'homme et donc d'un amour de réciprocité entre égaux (la psychologie moderne ne parle pas autrement pour désigner cette condition nécessaire de tout amour adulte) était déjà devenu pour ainsi dire un lieu commun de toute mystique véritable à la fin du moyen âge, même chez les auteurs moins originaux, tel celui du *Nuage de l'Inconnaissance* vers la fin du 14e siècle. Cet auteur, probablement identique au chartreux qui traduisit *La Pierre brillante* de Ruusbroec, après avoir affirmé d'abord l'égalité de grandeur de par la nature entre l'homme et Dieu, ajoute quand même prudemment que c'est la grâce qui rend l'homme *sufficient at the fulle to comprehende al him by love*:

> Car il est de grandeur égale (*even mete*) à notre âme par la dimension de sa Divinité, et notre âme est de grandeur égale (*even mete*) à lui par la dignité de notre création à son image et à sa ressemblance. Et lui-même, sans plus, et personne sauf lui, peut satisfaire pleinement, et bien davantage, la

---

27. Umile Bonzi da Genova, *S. Caterina...*, t. 2, Turin, Marietti, 1962, p. 172, citant *Laude,* éd. Sonzogno, II, 60.
28. *Ibid.*, p. 146.
29. *Ibid.*, p. 167.
30. *Ibid.*, p. 170; autres textes cités en *DS*, t. 2, 1953, cc. 313-314.

volonté et le désir de notre âme. Et notre âme, en vertu de la grâce qui nous reforme, est rendue *pleinement capable de le comprendre entièrement par amour* (ch. 4).

Aucune des traductions françaises modernes ne rend l'original: dans ces traductions, Dieu daigne descendre à la mesure de notre petitesse. Il «descend au niveau de notre âme, et lui proportionne sa Divinité»; ou bien «Il vient même à la convenance de notre âme par la mesure qu'il donne à sa Divinité». Ces traductions insistent sur l'inégalité, alors que l'auteur répétait expressément la *even mete* de la réciprocité d'égal à égal.

Ceci n'est qu'un exemple entre mille; et c'est le moment opportun de le dire une bonne fois (dans un ouvrage de consultation comme le *Dictionnaire de Spiritualité*, qui a gardé quelque prétention scientifique): pour un lecteur francophone qui ignore l'anglo-saxon, le moyen-anglais, le moyen-haut-allemand ou le moyen-néerlandais (on pourrait ajouter le castillan de Jean de la Croix), la lecture de ces mystiques est rendue *inaccessible* par les traducteurs. À quelques rares exceptions près, comme la traduction de deux ouvrages de Ruusbroec par J.-A. Bizet[31], celle de quelques poèmes de Hadewych et de l'auteur des *Mengeldichten* par J.-B. Porion[32], celle de Julienne de Norwich présentée par É. Baudry[33], celles des *Traités*[34] et des *Sermons* allemands[35] d'Eckhart, et des *Œuvres* de Suso[36] par J. Ancelet-Hustache, les traducteurs français semblent surtout soucieux d'aménager les écrits de ces génies aux dimensions de leur théologie un peu courte, et, dans ce lit de Procuste, ils leur coupent allègrement tête et pieds. Étant ainsi assurés que ces textes manipulés ne feront plus tort aux âmes dévotes, ils s'étonnent de voir ces mêmes âmes se demander pourquoi ces auteurs sont tellement exceptionnels et remarquables.

On aurait tort d'attribuer *l'écart,* linguistiquement et conceptuellement parfois infranchissable, qui *sépare désormais théologie et mystique,* au fait que «les clercs pensaient en latin», alors que «leurs ouailles n'entendaient bien que la langue vulgaire», en ajoutant que «si les mystiques avaient été tous thomistes bon teint, les extases et les

---

31. *Œuvres choisies* (Maîtres de la spiritualité chrétienne: Textes et études), Paris, Aubier-Montaigne, 1946.

32. HADEWIJCH, *Poèmes des béguines: Écrits mystiques des béguines* (La vigne du Carmel), Paris, Seuil, 1954.

33. JULIENNE DE NORWICH, *Une révélation de l'amour de Dieu* (Vie monastique, 7), Bégrolles-en-Mauges, Bellefontaine, 1977.

34. MAÎTRE ECKHART, *Les Traités,* Seuil, Paris, 1971.

35. MAÎTRE ECKHART, *Sermons,* 3 Vols., Seuil, 1974-1978.

36. HENRICUS SUZO, *Œuvres complètes,* Paris, Éditions du Seuil, 1977.

unions qu'ils croyaient y découvrir ne leur auraient sans doute inspiré qu'une réserve méfiante», comme le dit Fr. Rapp[37]. Ce livre est pourtant un des rares ouvrages d'histoire générale, en dehors des monographies spécialisées, où le mouvement mystique, surtout chez les femmes, reçoit la place et la considération qu'il mérite.

Non seulement Eckhart, Tauler, Suso, Ruusbroec, Gérard Grote, Gerlach Peters, etc., connaissent parfaitement le latin, mais lorsque Hadewych au siècle précédent définit déjà d'une manière dynamique la grandeur de l'âme, elle le fait après avoir traduit du latin quelques passages de Guillaume de Saint-Thierry[38].

6. *Développement culturel de la bourgeoisie*

On assiste, en effet, à un fait culturel nouveau en Europe occidentale: l'extraordinaire développement culturel de la bourgeoisie après l'essor économique des nouvelles cités puissantes. L'aristocratie poursuit son mode de vie rural, tandis que le tiers état prend désormais en main les échanges internationaux, la promotion de l'art et de l'instruction. Les filles de cette classe de type nettement urbain n'étaient guère reçues en égales dans les anciens monastères, bien que plus instruites et mieux formées que les moniales. De là le succès des nouvelles fondations, Cîteaux d'abord, les ordres mendiants ensuite. Or, déjà au début du 13e siècle, ces derniers se voient obligés d'instituer des tiers ordres pour se faire accepter, à cause du grand nombre de dévots qui entendaient s'associer à leur spiritualité tout en vivant la vie évangélique dans le monde.

Sainte Lutgarde (†1246)[39], première mystique du Sacré-Cœur (avec veillées de réparation et échange des cœurs), quitte son monastère bénédictin de Saint-Trond pour entrer dans la jeune fondation cistercienne d'Aywières. L'*Ancren Riwle,* chef-d'œuvre de la spiritualité contemplative médiévale, est écrit pour ses contemporaines anglaises, qui laissent leur monastère pour vivre en anachorètes dans le monde. Julienne de Mont-Cornillon (†1258) quitte les augustines pour suivre l'exemple des béguines, partageant sa vie entre la contemplation et le soin des lépreux. Au siècle suivant encore, Catherine de Sienne ne sera que *mantellata* des dominicains pour pouvoir soigner les pestiférés dans les quartiers populeux de sa ville. Julienne propage la dévotion au Saint-Sacrement et se fait recluse à Fosses. Se faire ainsi reclus ou recluse auprès d'une église

37. *L'Église et la vie religieuse en Occident à la fin du Moyen Âge* (Nouvelle Clio: L'histoire et ses problèmes, 25), Paris, PUF, 1971, p. 235.
38. Cf. *DS,* t. 7/1, 1969, c. 20.
39. *DS,* t. 9, 1976, cc. 1201-1204.

devient une expression fréquente de la nouvelle mystique eucharistique; on en trouve des exemples jusqu'au 16ᵉ siècle, comme la poète contemplative Zuster Bertken à Utrecht (†1514).

Mais le témoignage le plus célèbre de ces mystiques recluses se trouve dans les *Révélations de l'amour divin* de Julienne de Norwich (†1442)[40]. Il ne faut pas oublier que plusieurs traités de Ruusbroec, écrits pour ses filles spirituelles, ne commencent à parler de contemplation qu'en traitant de l'eucharistie. Son livre le plus profond, écrit pour la fondatrice du premier couvent de clarisses au Pays-Bas septentrionaux, à Bois-le-Duc en 1359, appelé maintenant *Le miroir du salut éternel,* a comme thème principal la mystique eucharistique et fut, en effet, pendant plusieurs siècles, désigné sous le nom *De Sacramento*[41].

7. *Les femmes contemplatives*

Face au désarroi des clercs, ce sont ces femmes contemplatives qui prennent en main la direction spirituelle pour tout ce qui concerne la vie de prière. Leur chef de file est sans doute Hildegarde de Bingen († 1179)[42], mère spirituelle de l'empereur Barberousse; les plus célèbres sont Claire d'Assise (†1253)[43] et Catherine de Sienne (†1380)[44]: les critiques à l'adresse du clergé, de la hiérarchie, voire de la papauté, ne ternissent en rien l'autorité de ces femmes et le rayonnement de leur sainteté, – bien que Catherine de Sienne ait dû se justifier sur son orthodoxie au chapitre général des dominicains de Florence; au nord des Alpes, la mystique Marguerite Porète[45], fut brûlée vive à Paris en 1310, accusée de l'hérésie du Libre Esprit, pour des critiques bien plus modérées, nommant les «cadres» de l'Église visible (hiérarchie et clergé) «notre mère sainte Église la petite», et les rares âmes appelées à une vie cachée de contemplation «sainte Église la grande», distinction qui n'eût pas déplu à Jean de la Croix. J.-B.-M. Porion a justement souligné le caractère *laïc* de ce mouvement, à côté de son aspect *extatique,* aspect que le terme *contemplatif* cernerait plus exactement[46].

L'attitude des historiens envers ce mouvement contemplatif est aussi variée que le fut celle de ses contemporains[47]. Un peu partout on attribue

40. *DS,* t. 9, 1976, cc. 1605-1611.
41. Cf. *DS,* t. 8, 1974, cc. 677-678.
42. *DS,* t. 7/1, 1969, cc. 505-521.
43. *DS,* t. 5, 1964, cc. 1401-1409.
44. *DS,* t. 2, 1953, cc. 327-348.
45. Cf. *DS,* t. 5, 1964, cc. 1252-1253, 1260-1268.
46. Cf. art. *Hadewijch,* in *DS,* t. 7/1, 1969, c. 20.
47. Cf. *DS,* t. 2, 1953, cc. 1329-1352.

à ces femmes le nom de *béguines*. L'origine la plus probable de ce nom vient de leur premier défenseur, le prêtre liégeois Lambert li Bègue (†1177), tout comme on parle de «franciscains», «dominicains». C'est l'explication qu'en 1251 donne déjà le cistercien Gilles d'Orval. Tandis que certains cisterciens semblent tenir en vénération ces dévotes, souvent leurs grandes bienfaitrices (ceux de Villers font enterrer Julienne de Mont-Cornillon dans le chœur de leur église), beaucoup de membres du clergé et des ordres religieux les accusent d'hérésie panthéiste, d'appartenir à la secte du Libre Esprit, de mépriser les sacrements.

Or, dans sa lettre au pape Callixte III, Lambert li Bègue dit au contraire qu'on leur refuse la communion parce qu'elles ne sont pas moniales. Mais le *Dialogus Miraculorum* de Césaire d'Heisterbach[48], mine inépuisable de détails révélateurs, raconte qu'en 1199 Gauthier de Vaucelles fit le voyage du Brabant pour obtenir d'une femme dévote le don des larmes; un religieux à qui il en parle lui demande, irrité: «Pourquoi vas-tu chercher ces choses-là chez les béguines?»[49]. Ce détail nous révèle sans doute la raison véritable des persécutions dont ces femmes furent souvent l'objet de la part du clergé: une question d'influence et de domination spirituelle menacées. Le chroniqueur anglais Matthieu Paris note dans son *Historia Maior*[50], pour l'année 1243, sous le titre *De beguinorum multiplicatione,* que beaucoup d'hommes et de femmes, ces dernières étant plus nombreuses, «prétendaient être religieux (*se asserentes religiosos esse*), … mais sans être soumis à la Règle d'un saint et sans être entourés des murs d'une clôture. Leur nombre s'accrut tellement qu'à Cologne et dans les environs il y en eut plusieurs milliers (*plura millia*)».

Surtout depuis que le chapitre général de Cîteaux en 1228 décide de ne plus admettre de nouvelles communautés féminines, et de refuser la direction des groupes que l'on ne peut empêcher d'imiter les usages de l'ordre, béguines et cisterciennes s'entraident et s'instruisent mutuellement dans la vie spirituelle. Souvent les historiens, projetant dans le passé les structures institutionnelles de l'Église du présent, confondent et cataloguent trop aisément ces formes diverses de vie religieuse sous les catégories d'aujourd'hui. Si Béatrice de Tirlemont et ses compagnes réussissent, grâce à leurs puissants amis, le prince évêque de Liège, le duc de Brabant, la comtesse de Flandre, à faire reconnaître en 1237 par Cîteaux leur fondation de Nazareth (avec inspection des abbés de Vil-

---

48. Cf. *DS,* t. 2, 1953, cc. 430-431.
49. Éd. J. Strange, Cologne, 1851, t. 1, p. 89.
50. Éd. F. Madden (Rerum Britannicarum medii aevi Scriptores, 44), London, Longmans – Green, Readre & Dyer, 1886, t. 2, p. 476.

lers, Val Saint-Lambert et Grandpré), elles doivent par contre demander un directeur aux bénédictins d'Affligem. D'autres groupes eurent moins de chance, et se virent parfois condamnés ou même excommuniés pendant quelque temps, précisément parce que non institutionnalisés et non soumis au droit canon.

La plus célèbre de ces communautés, dont finalement les dominicains assument la direction spirituelle, est certainement le groupe d'Helfta, près d'Eisleben, s'inspirant tellement du mode de vie cistercien qu'on prit souvent ces «sœurs» pour des cisterciennes[51]. Les plus célèbres de ces mystiques sont Mechtilde, béguine de Magdebourg (†1283), qui adhère au groupe en 1270, Gertrude de Hackeborn (†1299), bientôt rejointe par sa sœur Mechtilde (†1299), qui eut le bonheur de former à la prière Gertrude la Grande (†1302). Mechtilde de Magdebourg compose le premier écrit mystique d'une certaine envergure en allemand, *Das fliessende Licht der Gottheit*[52].

J. van Mierlo a montré que, pour décrire l'ascension de l'âme dans la vie contemplative, les mystiques d'Helfta emploient le vocabulaire technique qui apparaît déjà comme fermement établi vers 1230-1240 dans les écrits de Hadewych et de Béatrice (v.g. *ghebruken-gebrauchunge* pour l'amour fruitif); il en va de même pour le *Liber specialis gratiae,* sans doute dicté par Mechtilde de Hackeborn, mais rédigé par une de ses filles spirituelles, peut-être la grande sainte Gertrude, et qui ne fait que reprendre les grands motifs de la mystique du Sacré-Cœur et du Saint Sacrement[53]; ceux-ci connaissent déjà leur développement le plus marqué vers le milieu du 13e siècle, chez Lutgarde et les dévotes liégeoises et brabançonnes, – Marie d'Oignies (†1213) avait déjà annoncé l'instauration de la Fête-Dieu comme fruit de cette nouvelle dévotion.

Enfin, tous les motifs et aspects qui caractérisent ce grand mouvement mystique des femmes se trouvent réunis, unifiés et théologiquement fondés dans les cinq livres des *Révélations* de Gertrude d'Helfta[54].

Il faut attirer l'attention sur le sens des *Visions* dans la littérature des 13e-14e siècles: elles constituent un genre littéraire, et donc une convention spéciale, comme on peut avoir la «vision» d'une belle mosaïque ou d'une fresque d'abside (v.g. le motif de l'*étymasie* dans une des visions d'Hadewych). Ces descriptions peuvent comporter des souvenirs de rêves ou d'extases, et normalement l'auteur l'indique alors avec précision, mais

---

51. Cf. G. MÜLLER, *Das Beginenwesen eine Abzweigung von den Zisterzienzerinnen,* in *Cistercienser Chronik* 27 (1915) 33-41.
52. Cf. *DS,* t. 10, 1980, cc. 877-885.
53. Cf. *DS,* t. 10, 1980, cc. 873-877.
54. Cf. *DS,* t. 6, 1967, cc. 331-339.

en général le terme indique que ce qui est décrit linéairement doit être contemplé d'un coup d'œil d'ensemble, comme un tableau.

8. *La langue des mystiques*

Seule une lecture superficielle, et plutôt ignorante des sources, peut discerner dans cette abondante littérature mystique des menaces de panthéisme, là où elle affirme que nous sommes par grâce ce que Dieu est par nature, ou y voir une distinction fondamentale entre mystique affective et mystique spéculative, entre une mystique nuptiale et une mystique essentielle, cette dernière se révélant déjà dans la terminologie de dénuement et d'abstraction totale de l'amour «sans pourquoi» (*sonder waeromme*) et «sans mode» (*wiseloos*). En effet, avec ces motifs, devenus véritables *leitmotiv,* il est vrai, dans la mystique féminine, on se trouve en pleine spiritualité bernardienne, comme on l'a indiqué au début de ce chapitre.

Le «fieri meretur homo Dei, non Deus, sed tamen quod est Deus: homo ex gratia quod Deus ex natura» est un des textes les plus cités de la 3ᵉ partie de *Epistola ad Fratres de Monte Dei.* Les expressions «sans pourquoi» et «sans mode» ne font que développer en formules lyriques l'exorde célèbre du *De diligendo Deo* de Bernard: «Vultis a me audire quare et quomodo diligendus sit Deus? Et ego: causa diligendi Deum Deus est, et *modus sine modo*». Pour un des points les plus célèbres de la mystique gertrudienne: le Père engendre le Fils dans l'âme du fidèle, H. Rahner a démontré que la mystique médiévale ne fait que reprendre une doctrine traditionnelle, fort développée chez les Pères grecs[55].

Quant à la terminologie «essentielle», il est à noter que les écrits mystiques féminins l'ignorent jusque vers 1300 (le *Dreifaltigkeitlied*); mais elle apparaît au dernier tiers du 13ᵉ siècle, avant Eckhart, d'abord chez l'ermite Gérard Appelmans[56] et le poète des *Mengeldichten* 17-26 (ce dernier étant sans doute brugeois, car il emploie dans une comparaison humoristique le nom du port de Bruges, le *Zwin,* ceci dans une de ses strophes les plus paraphrasées dans la suite, entre autres par la onzième béguine de Ruusbroec), Or, cette école plus tardive, surtout vivante aux 14ᵉ et 15ᵉ siècles, n'entend guère désigner par contemplations «essentielles» (dont la formulation eût déjà sonné comme une abomination aux oreilles du très «suressentiel» Aréopagite) l'*objet* de la

55. *Die Gottesgeburt. Die Lehre der Kirchenväter von der Geburt Christi im Herzen der Gläubigen,* in ZKT 59 (1935) 333-418; repris dans *Symbole der Kirche: Die Ekklesiologie der Väter,* Salzbourg, Müller, 1964, pp. 11-87.
56. Cf *DS,* t. 4, 1961, cc. 1348-1351.

contemplation, mais sa *qualité*; elle ne met pas en discussion une vérité religieuse, mais le fonctionnement de la psychologie telle que l'enseignait l'École.

Le mystique est, par ailleurs, le premier à admettre que le dynamisme spirituel normal s'exerce par les facultés ou puissances (intelligence et volonté dans le système psychologique aristotélicien; mémoire, intelligence et volonté dans le système exemplariste augustinien); mais dans l'expérience mystique elles s'introvertissent spontanément et rejoignent ce fond (*grond*) dont elles jaillissent en tant qu'activités distinctes, pour s'y unir en un seul dynamisme simple, «activation passive», car l'homme est incapable de se procurer cette simplification par lui-même. Or, ce fond n'est autre que l'*essence* elle-même, d'où *contemplation essentielle*[57]. L'école qui emploie ces termes s'appuie sur Guillaume de Saint-Thierry, qui décrit maintes fois ce dynamisme, en reprenant l'*amor ipse notitia est* de Grégoire le Grand (cf. *supra*).

Gerson, qui avait critiqué Ruusbroec pour ses «contemplations essentielles», fut un des rares génies théologiques capables de se rendre compte de sa lecture erronée; lorsqu'on lui demande son opinion sur la doctrine mystique d'Ubertin de Casale (†1330), dont la *Vita Christi*[58] puisait son succès dans l'exaltation de l'affectivité sans intelligence, il ne peut accepter cette évasion dans le sentiment et note, en octobre 1425:

Summa perfectionis in contemplatione devotorum consistit in unione cum Deo, sicut dicit Apostolus: *qui adhaeret Deo, unus spiritus est cum eo*; et haec est theologia mystica super quam multi multa scripserunt et dixerunt, nonnulli ponentes eam in cognitione primae veritatis, vel abstractiva in suis attributis, vel quodammodo intuitiva et experimentativa sentimentis. Constituerunt hanc alii in sola dilectione synderesis vel apicis mentis, cum cessatione omnis operis intellectualis, *sicut aliquando credidit studiositas mea, sequens vel insequi putans* expositores beati Dionysii cum Bonaventura...

Nunc autem hodie primo mysticum nescio quid aliud aperitur; quod si scolastico more debeat reserari, videtur quod huiusmodi theologia mystica docens unionem cum Deo *neque consistit in opere intellectus nec in operatione affectus,* quamvis praeexigantur tanquam necessariae dispositiones de communi lege. Consistit autem, *essentia* animae simplificata, ... dum *perditis alteritatibus,* ut Dionysius loquitur ... ineffabilibus et ignotis ineffabiliter et ignote coniunguntur[59].

---

57. *DS,* t. 4, 1961, cc. 1346-1366.
58. Ou *Arbor vitae crucifixae*, Venise, 1485.
59. Lettre 55, éd. P. GLORIEUX, *Œuvres complètes,* t. 2, Paris, Desclée, 1960, pp. 261-262; à part la citation de 1 Cor 6,17, c'est nous qui soulignons; cf. A. DEBLAERE, *Notae historiae spiritualitatis,* S. XV (cours de l'Université Grégorienne, Rome, 1962), pp. 50-51.

En cette même année 1962, A. Combes donnait au Latran un cours sur la *Theologia mystica* de Gerson; il daigna faire de notre note sa propre découverte, sans en comprendre les implications, mais en l'amplifiant dans son livre *Théologie mystique de Gerson*[60] (tout en conservant les parties déjà rédigées, ce qui ne contribue pas à l'unité de l'ensemble), pour y trouver enfin la preuve que le chancelier était mystique. Or, bien que le vieux Gerson note que c'est peut-être un *mysticum quid* qui l'a aidé à voir clair, il avait tout simplement découvert que sa clé de lecture (comme on dirait aujourd'hui), empruntée à un système scolastique de classification ontologique par essences, utilisait ces termes selon une grille conceptuelle aux références de signification bien différentes de la constellation employée dans le langage des mystiques.

Il est tout à fait remarquable qu'un des plus grands penseurs religieux de la génération suivante, Nicolas de Cuse (†1464), croit devoir intervenir dans le même sens, lorsque les bénédictins, devenus méfiants devant le succès facile de la *Mystica theologia* de Vincent d'Aggsbach, lui demandent son opinion sur cette doctrine préconisant exclusivement l'affectivité; le cardinal non seulement rejette pareille conception, mais y trouve l'occasion de rédiger son célèbre *De docta ignorantia*[61]. De ce redressement de certaines classifications en «écoles mystiques», on peut retenir que les plus grands théologiens du 15ᵉ siècle se sont rangés du côté des grands mystiques pour rejeter toute forme de «mystique fidéiste». On pourrait d'ailleurs suivre la même ligne jusqu'aux grands classiques espagnols: très peu d'auteurs semblent s'apercevoir que Jean de la Croix parle surtout de *noticias amorosas* dans la description des grâces de l'Époux à l'Épouse: c'est toujours la *noticia,* «la connaissance», qui est substantif, tandis que le sentiment doit se contenter du qualificatif *amoroso.*

Grand protecteur des contemplatifs de la *Devotio moderna,* Nicolas de Cuse engagea un moment comme secrétaire le chartreux Denys de Rijkel (1402-1471)[62], mystique qui semble l'incarnation de l'idéal de l'*homme commun* de cette école: le contemplatif en action. Visionnaire depuis son enfance, assurant en toute simplicité que ses visions l'avaient beaucoup aidé dans sa vie spirituelle, d'une santé mentale incroyable, entre voyages et fondations, Denys lut et résuma en 169 traités tout ce que les grands auteurs avaient dit sur la perfection de la vie spirituelle et la contemplation, réalisant ainsi une première véri-

---

60. *Théologie mystique de Gerson. Profil de son évolution,* t. 2, Roma, Desclée, 1965, pp. 468-539.
61. Cf. *DS,* t. 3, 1957, cc. 375-378.
62. *DS,* t. 3, 1957, cc. 430-449.

table encyclopédie de la vie spirituelle[63]. Denys possède le don de rendre tous ces enseignements dans le langage de ses contemporains: ce qui facilita à l'époque l'accès à ses écrits et en assura l'influence constitue actuellement la barrière principale à leur lecture, du fait qu'on n'est plus habitué au maniement des techniques conceptuelles de la scolastique tardive.

Finalement, les mystiques *affectifs* ne s'opposent pas aux *spéculatifs* au sens que théologiens et philosophes donnent à ce dernier terme, et que l'on trouve indéfiniment répété ou recopié dans toutes les histoires de la spiritualité, de la théologie ou de l'Église. Ces spéculatifs affirment simplement que l'homme est un *miroir vivant*[64]. Ils emploient ce terme dans son sens scripturaire, associé à celui de l'*image,* lui aussi d'origine scripturaire, et non platonicienne.

Si le «père» de l'application de Gn 1,26-28 à l'ascension de l'âme est bien Origène[65], sa popularité dans les écoles mystiques du moyen âge tardif est due à saint Bernard. Si on lit les écrits du plus ardu de ces soi-disant spéculatifs, Ruusbroec l'admirable, dans le sens de l'Écriture et non celui d'un néoplatonisme ésotérique, on sera édifié de leur simpli-cité: il ne fait qu'appliquer à la vie spirituelle la doctrine de saint Jean et de saint Paul (notons qu'avant Érasme presque tous les auteurs suivent la Vulgate, erreurs comprises):

> Secundum virtutem Dei, qui nos liberavit et vocavit vocatione sua sancta … secundum propositum suum et gratiam, quae data est nobis in Christo Jesu ante tempora saecularia (2 Tm 1,9).

> Elegit nos in ipso ante mundi constitutionem … qui praedestinavit nos in adoptionem filiorum per Jesum Christum (Ep 1,4-5).

> Transtulit in regnum Filii dilectionis suae … qui est imago Dei invisibilis, primogenitus omnis creaturae, quoniam in ipso condita sunt universa (Col 1,13-15).

> Quos praescivit et praedestinavit conformes fieri imaginis Filii sui (Rm 8,29).

> Nos vero omnes, revelata facie, gloriam Domini speculantes, in eandem imaginem transformamur (2 Co 3,18).

De Jean, il faudrait citer trop de passages, depuis le prologue («quod factum est in Ipso vita erat», toujours cité d'après l'ancienne ponctua-tion), jusqu'à la prière sacerdotale.

63. *Doctoris extatici D. Dionysii carthusiani Opera omnia,* 44 Vols., Montreuil, Typis Carthusiae S.M. de Pratis, 1896-1935.
64. Cf. M. SCHMIDT, *Miroir,* in *DS,* t. 10, 1980, cc. 1290-1303, spéc. 1295-1296.
65. *De principiis* III, 6, 1; cité en *DS,* t. 6, 1967, c. 819.

9. L'histoire

Après ces éclaircissements terminologiques indispensables, on peut retourner à l'histoire proprement dite de ce mouvement, tout d'abord et surtout laïc et féminin. S'il eut beaucoup de détracteurs parmi les clercs et les moines, on a vu qu'il avait aussi ses grands amis.

Le plus intéressant peut-être, parce que le plus directement concerné dont on possède assez d'écrits, est sans doute le cardinal légat Jacques de Vitry (†1240)[66]. Il se glorifie de devoir tout le développement de sa vie religieuse à la direction de sa mère spirituelle, Marie d'Oignies[67], dont il devint aussi le biographe; on reconnaît de plus en plus la valeur historique de cette *Vita Mariae Ogniacensis*[68]. Issu d'une famille patricienne de Reims, docteur en théologie de Paris, Jacques fait le voyage des Flandres par curiosité de connaître personnellement ces femmes mystiques. Il semble que Marie avait déjà persuadé son mari de la laisser vivre comme «converse» auprès des chanoines de Nivelles, afin d'échapper à ses nombreux admirateurs, dont elle amena un certain nombre à imiter la vie des chanoines. Jacques se met aussitôt sous sa direction, et elle le nomme «son prédicateur» pour enseigner la religion aux foules ignorantes, tâche dont il s'acquitte avec un esprit organisateur tout à fait moderne, aidé d'un bureau de secrétaires et d'interprètes. Il devient ensuite évêque auxiliaire de Liège, évêque d'Acre, cardinal légat, et surtout ami intime de saint Grégoire IX, qui, encore cardinal Ugolino, avait sympathisé avec le premier mouvement franciscain, issu du même courant mystique, et avait réussi à le faire intégrer à l'Église par Innocent III, au lieu de le condamner. Jacques réussit à son tour à faire reconnaître ces *mulieres religiosae, virgines continentes, dilectae Deo filiae,* comme il les appelle; mais dès ce moment, elles deviennent une espèce d'ordre religieux «assimilé».

De cette assimilation on peut mieux suivre les étapes dans l'histoire matérielle de leurs domiciles que dans les écrits du temps. L'archiviste L.J.M. Philippen[69] distingue quatre périodes:

1) On les appelle d'abord *conversae a saeculo*; vivant près d'un monastère auquel elles rendent service, elles sont nommées aussi *matres* ou *sorores fratrum.*

---

66. *DS*, t. 8, 1974, cc. 60-62.
67. *Epistolae*, éd. R.B.C. HUYGENS, Leiden, Brill, 1960; trad. franç., Paris, 1965.
68. *Bibliotheca hagiographica latina* n. 5516; *Acta sanctorum* 23 juin, t. 4, Anvers, 1707, pp. 636-666.
69. Dans toute une série de publications; meilleure vue d'ensemble dans *Het ontstaan der begijnhoven,* Antwerpen, De Nederlandsche Boekhandel, 1943.

2) Pour se distinguer des *boni christiani* et d'autres sectes exaltées ou ésotériques qui se disent appelées à convertir et changer le monde sans mission hiérarchique, elles se constituent en *associationes beguinarum disciplinatarum.*

3) Reconnues par la bulle *Gloriam Virginalem* de Grégoire IX, elles se voient de plus en plus obligées de vivre dans une *curtis;* celles qui ne se font pas *beguinae clausae* seront désormais exposées à toutes les calomnies.

4) L'église du béguinage devient église paroissiale. Ainsi est contourné le dernier privilège que les béguines voulaient garder à tout prix, celui de se choisir elles-mêmes leur directeur, car les curés sont directement nommés par l'évêque.

Thomas a Kempis nous décrit encore comment Florent Radewijns, co-fondateur des Frères et Sœurs de la vie commune, et fondateur de Win-desheim, entre deux accès de fièvre monte dans son carrosse pour aller défendre auprès du duc de Bavière, comte de Hollande, le directeur qu'avaient choisi les béguines de Haarlem, Hugo Goudsmit[70]; il obtient que le duc renonce à son *patronatus* sur le béguinage, mais le «vœu ducal» ne sera exaucé par l'évêque d'Utrecht qu'après la mort de Flo-rent. Ce détail historique, parmi beaucoup d'autres, montre comment s'insèrent et où se situent, dans les courants religieux de leur temps, les premiers «dévots» de la *Devotio moderna,* traitée trop souvent comme un bloc erratique tombé du ciel, dans les histoires de la spiritualité et de l'Église (cf. *infra*).

On a déjà remarqué que les historiens récents expliquent souvent les faits concernant ces mouvements à travers les catégories du présent. Ainsi, St. Axters note que les béguines n'ont eu besoin que d'une bonne génération pour se faire reconnaître, – alors qu'en fait elles ont fait tout ce qui était en leur pouvoir pour ne pas devenir une institution reconnue, se couvrant du quatrième concile de Latran (1216) pour proclamer qu'elles n'entendaient devenir ni une nouvelle congrégation ni un nou-vel institut religieux. Il en sera de même au 15e siècle pour les Frères de la Vie Commune, phénomène typiquement urbain, qui voulaient vivre une vie évangélique dans le monde, tout en restant simples citoyens de leur ville; ils furent tellement harcelés par les visites de l'Inquisition, accusés de constituer une secte hétérodoxe et de former une société secrète, qu'ils finirent par se laisser quasi institutionnaliser[71].

70. À la mode humaniste, Thomas traduit fidèlement le nom en *aurifaber dictus;Vita Domini Florentii,* dans *Opera omnia,* éd. M.J. POHL, t. 7, Freiburg, Herder, 1921, p. 187.
71. Cf. P. FREDERICQ, *Corpus documentorum hereticae pravitatis Neerlandicae,* t. 2, Gand, Vuylsteke, 's Gravenhage, Nijhoff, 1902, surtout pp. 159-167.

On comprend que des historiens très sérieux aient pris comme règle générale de mettre entre parenthèses l'orthodoxie ou l'hétérodoxie des sujets dont ils traitent, pour s'en tenir strictement aux documents, c'est-à-dire aux sentences ecclésiastiques sur les mouvements spirituels et les contemplatifs de ce temps[72].

Pour se rendre compte cependant de la portée exacte de mainte condamnation ou excommunication de ces temps, qui, évidemment, allèguent toujours des raisons religieuses, il suffira de rappeler par exemple que, en 1434 encore, le concordat entre Philippe le Bon et le légat papal Rodolphe de Diepholt stipule que les *doyens* ne seront plus autorisés à jeter l'interdit, si ce n'est pour raisons graves. Gérard Grote raconte qu'au cours de ses voyages, il était souvent impossible de savoir par quelle autorité on était excommunié et quelle région était interdite, administrations et ordres religieux optant pour des papes opposés. Les populations se voyaient immanquablement excommuniées et leur région interdite par le représentant du pape qui arrivait le dernier, pour se faire payer une seconde fois les dîmes. Même les plus grands saints ne parvenaient parfois plus à supporter les abus de pouvoir: ainsi Vincent Ferrier, après vingt ans de fidélité absolue à Benoit XIII, rompt toute relation avec lui et ne se proclame plus que *legatus a latere Christi* et a papa *Jesu*[73].

On n'a pu qu'évoquer ici quelques faits significatifs, mais comme règle générale il est permis d'énoncer qu'il ne faut pas juger de l'orthodoxie ou de l'hétérodoxie d'un sujet selon les sentences ecclésiastiques de l'époque. Sur cette toile de fond, où se révèlent quelques aspects des déficiences des structures ecclésiastiques qui auraient dû être la charpente de la vie religieuse, on comprend mieux la signification et l'importance de cet immense mouvement contemplatif: les dévots laïcs, souvent mieux formés et plus instruits que leurs supérieurs religieux, renoncent aux discussions et *disputae* stériles et préfèrent donner à leur vie spirituelle la direction d'une plus grande intériorité.

Quant aux grands docteurs classiques de la mystique du 14ᵉ siècle, Eckhart[74], Jan van Ruusbroec[75], Henri Suso[76], Tauler, Catherine de

72. Ainsi H. GRUNDMANN, *Religiöse Bewegungen im Mittelalter,* Darmstadt, Olms, ²1961; R. MANSELLI, *Studi sulle eresie del secolo XII* (Studi storici, 5), Roma, Istituto storico italiano per il Medio Evo, ²1975.

73. Cf. Martin DE ALPARTILS, *Chronica actitorum temporibus D. Benedicti XIII*, éd. F. EHRLE, t. 1: *Einleitung, Text der Chronik, Anhang, Ungedruckte Aktenstücke* (Quellen und Forschungen, 12), Paderborn, Schöningh, 1906, p. 204.

74. *DS,* t. 4, 1961, cc. 93-116; t. 5, cc. 650-661.

75. *DS,* t. 8, 1974, cc. 659-697.

76. *DS,* t. 7/1, 1969, cc. 234-257.

Sienne[77], on peut renvoyer aux notices qui leur sont (ou seront) consacrées dans le *DS* (l'édition critique de l'*Opus caterinianum* demanderait un supplément d'information, qui sort des limites de cet aperçu général). S'il reste vrai que ces auteurs ont créé en quelque sorte des écoles de mystique, ou du moins que de nombreux contemplatifs ont suivi leur enseignement, il faut néanmoins tenir compte de ce qu'eux-mêmes se sont insérés dans un mouvement préexistant, dont la vocation ou le sens du devoir leur a fait prendre la direction; leur courage spirituel et leur génie consistent dans le fait qu'ils ont rassemblé des éléments épars et des intuitions remarquables en une doctrine unifiée, solidement fondée sur des bases théologiques, établissant les normes de discernement et les indications de conduite à suivre dans des aventures spirituelles parfois trop indisciplinées.

10. *Devotio Moderna*

Le dernier mouvement contemplatif d'une certaine envergure avant la Renaissance fut celui de la *Devotio Moderna*[78]. Quoi que se plaisent à répéter les manuels et certains historiens sur l'aversion de ce mouvement pour toute spéculation, les documents sur la vie des premiers dévots ainsi que leurs écrits ne laissent aucun doute: ils continuent le mouvement contemplatif qui existe avant eux, et qui se répand surtout sous l'influence de Groenendaal: Ruusbroec, Jan van Leeuwen[79], Willem Jordaens[80], Jan van Schoonhoven[81]; ce dernier est appelé à Windesheim précisément pour y instaurer le mode de vie propice à la vie contemplative, comme à Groenendaal.

Ainsi a-t-on déjà mentionné le *pater omnium devotorum,* Florent Radewijns, intercédant pour protéger l'indépendance spirituelle des béguines. Tout comme Gérard Grote[82] rassemblait dans sa grande maison de Deventer les femmes contemplatives, ainsi son ami Radewijns, vicaire de Saint-Lebuïn, accueillait les premiers *devoti homines simul commorantes*. Mais cette maison étant située dans la *Enghe straet,* où le bruit du trafic de la ville en pleine expansion empêchait tout recueillement, les premiers frères obtinrent du conseil municipal – c'est la commune qui doit fournir le domicile au clergé – de l'échanger contre une

77. *DS,* t. 2, 1953, cc. 327-348.
78. *DS,* t. 3, 1957, cc. 727-747.
79. *DS,* t. 8, 1974, cc. 602-607.
80. *DS,* t. 6, 1967, cc. 1214-1218.
81. *DS,* t. 8, 1974, cc. 724-735.
82. *DS,* t. 6, 1967, cc. 265-274.

maison plus retirée dans une rue plus tranquille; l'acte notarial est très clair à ce sujet: la ville leur offre une maison «plus cachée (*heymelijcker*) pour des hommes bons contemplatifs (*goede ennieghe*) afin qu'ils persévèrent davantage dans leur contemplation (*ennicheit*)». Ils y devront «toujours prier intimement (*innichlijke*) pour nous tous et pour notre ville, et s'exercer avec plus d'intimité (*innicheit*) au service du Seigneur»[83].

On notera que la terminologie de la vie contemplative est aussi familière à l'administration communale et au notaire qu'aux contemplatifs eux-mêmes. Or, si *innich* (*intimus, introversus, introtractus*) est depuis Ruusbroec le terme le plus employé pour désigner le mystique et le caractère de sa prière, les copistes du temps écrivent parfois *eenich*, parfois *innich*, dont la prononciation diffère peu, les deux qualificatifs indiquant les mêmes hommes, soit comme solitaires (*eenich; eenicheit* = solitude), soit comme recueillis. Que la ville les connaisse comme «solitaires» concorde avec la première histoire du mouvement, racontée dans le *Scriptum* de Rodolphe Dier de Muiden[84] qui distingue entre les dévots établis à demeure chez maître Florent et les *advenientes*: véritable maison de retraites donc, où des *solitaires* venaient se retremper dans le recueillement. Analogie étrange: ces précurseurs des solitaires de Port-Royal s'attirent, comme ces derniers, la faveur des autorités locales et l'hostilité du pouvoir central. La fondation de l'Agnietenberg, près de Zwolle, aura une histoire semblable, mais le «Mont-Sainte-Agnès» deviendra un monastère associé à Windesheim.

L'*homme commun* de Ruusbroec, à qui contemplation et action sont toujours également accessibles, et que l'on peut qualifier comme le mystique chrétien à la vie contemplative pleinement épanouie, devient l'idéal, presque la norme, pour le fondateur de la *Devotio moderna*, Gérard Grote. Dans son exposé sur les différentes méthodes de pratiquer la prière intérieure, il cherche à établir celle qui fera le moins obstacle à la contemplation, à l'heure où Dieu daignera l'accorder, prière qui devra donc être de plus en plus intériorisée et simplifiée, quoique passivement, «licet non praecipitanter, licet non ex propria praesumptione, nec propriis viribus, … ut tam homo interior quam exterior, tam ingrediens quam egrediens, ut ait Christus, pascua inveniat; – ut inveniret, ingrediendo ad divinitatem per contemplationem vel egrediendo per activam vitam, pascua». C'est ainsi que Grote commente Jean

---

83. Acte du 31 janvier 1391, dans G. DUMBAR, *Het kerkelijk en wereltlijk Deventer,* t. 1, Deventer, Van Welbergen, 1732, pp. 404-406.

84. Éd. G. DUMBAR, *Analecta seu vetera aliquot scripta inedita,* t. 1, Deventer, Van Wijk, 1719, pp. 12-52, surtout ch. 8.

10,9, tant dans son traité sur la méditation[85] que dans ses lettres spirituelles[86].

Cet esprit se perd déjà, chez les Frères de la vie commune, vers 1450: on voit la tendance moralisante et utilitaire l'emporter sur la vocation contemplative. Peut-être est-ce la raison pour laquelle le dernier grand représentant de la mystique du 15e siècle, *Henri Herp* (†1477)[87], passe des Frères de la vie commune aux Franciscains et devient, comme gardien à Malines, un des plus grands directeurs de contemplatifs de son temps. Dans son *Spieghel der Volcomenheit* («Miroir de la perfection») comme dans sa *Theologia mystica,* Herp unit la spiritualité affective de la méditation bonaventurienne à la doctrine mystique de Ruusbroec. Mais surtout, il s'efforce de fondre à nouveau le langage de la théologie scolastique et celui de la mystique, séparés depuis des siècles, quoiqu'employant les mêmes termes, mais dans un système référentiel fort différent. Or, l'unité dans laquelle Herp fond ces deux langages a été une source d'ambiguïtés et de problèmes pour les lecteurs qui l'étudient dans le cadre de l'histoire de la pensée; d'autre part, et c'est un fait remarquable, les mystiques des générations suivantes, presque tous lecteurs assidus de Herp, ont toujours trouvé dans ses ouvrages l'enseignement dont ils avaient besoin et qui les aidait à mieux se comprendre, tandis que ces mêmes ouvrages paraissent avoir peu aidé les théologiens à comprendre les mystiques.

[BIBL.]

1. Écrits «de mystica theologia»

HUGUES DE BALMA, *Viae Sion lugent* ou *Theologia mystica,* fin 13e s.; cf. *DS,* t. 6, 1967, cc. 859-873; l'édition critique annoncée n'a pas paru; lire le texte dans Bonaventure, *Opera omnia,* éd. A.C. PELTIER, t. 8, Paris, Vivès, 1866, pp. 1-53.
GUIGUES DU PONT, *De contemplatione* (*DS,* t. 6, 1967, cc. 1176-1178).
JEAN GERSON, *De mystica theologia speculativa* (vers 1402); *De mystica theologia practica* (1407); cf. *DS,* t. 6, 1967, cc. 318-319; éd. A. COMBES (Thesaurus mundi: bibliotheca scriptorum latinorum mediae et recensioris aetatis), Lugano, Thesauri mundi, 1958, et dans *Œuvres complètes,* t. 3, éd. P. GLORIEUX, Paris, Desclée, 1960-1968, pp. 250-292, et t. 8, pp. 18-47.
DENYS LE CHARTREUX, *De contemplatione* (vers 1440-1445), dans *Opera,* t. 41, cc. 135-289.

85. *De quattuor generibus meditabilium,* éd. I. TOLOMIO, Padoue, Marietti, 1975, pp. 110-112.
86. Éd. W. MULDER, *Epistolae,* Anvers, Neerlandia, 1933, p. 31.
87. *DS,* t. 7/1, 1969, cc. 346-366.

VINCENT D'AGGSPACH (†1464), «Traité contre Gerson», éd. E. VANSTEENBER-
GHE, *Autour de la docte ignorance, une controverse sur la théologie mys-
tique...* (Zur Geschichte der Philosophie des Mittelalters, 14/2-4), Münster,
Aschendorff, 1915, pp. 189-201.

VANSTEENBERGHE signale aussi (p. 23), de JEAN SCHLITPACHER (†1482), un
Tractatus de ascensione cordis et un *Tractatus de contemplatione* (ce der-
nier non mentionné dans l'art. du *DS*, t. 7/1, 1969, cc. 723-724), mss à
Melk.

NICOLAS KEMP, *Tractatus de mystica theologia,* éd. K. JELLOUSCHEK – J. BARBET
– F. RUELLO (Analecta Cartusiana, 9), 2 Vols., Salzbourg, 1973 (cf. *DS,* t.
8, 1974, cc. 1699-1703).

JEAN DE HAGEN (†1475), *De theologia mystica,* ms (cf. *DS,* t. 8, 1974, cc. 545-
546).

HENRI HERP (†1477); sur le caractère composite de sa *Mystica theologia,* cf. *DS*
t. 7/1, 1969, cc. 349-361.

JÉROME DE WERDEN ou DE MONDSEE (†1475), *Tractatus de contemplatione Dei,*
peu avant 1470, ms (cf. *DS,* t. 8, 1974, c. 943).

2. Études sur la mystique médiévale outre celles mentionnées en cours de texte

Allemagne et Suisse:

K. RICHSTÄTTER, *Die Herz-Jesu Verehrung des deutschen Mittelalters,* Paderborn, 1919 [Munich, ²1924]; ID., *Christusfrömmigkeit in ihrer historischen
Entfaltung,* Cologne, Bachem, 1949.

G. LÜERS, *Die Sprache der deutschen Mystik des Mittelalters im Werke der
Mechtild von Magdeburg,* Berlin, 1935 [Darmstadt, ³1970] (traite aussi
d'autres mystiques).

W. WENTZLAFF-EGGEBERT, *Deutsche Mystik zwischen Mittelalter und Neuzeit,*
Berlin, de Gruyter, 1944 [³1969].

H.S. DENIFLE, *Die deutschen Mystiker des 14. Jahrhunderts* (Studia Friburgen-
sia, 4), éd. O. SPIESS, Freiburg, Paulusverlag, 1951.

J.-A. BIZET, *Mystiques allemands du 14ᵉ siècle,* Paris, Aubier, 1957.

L. COGNET (éd.), *Introduction aux mystiques rhéno-flamands,* Paris, Desclée,
1968.

La mystique rhénane. Colloque de Strasbourg 16-19 mai 1961 (Bibliothèque
des Centres d'études supérieures spécialisés, 1963/1), Paris, PUF, 1963.

Altdeutsche und altniederländische Mystik, éd. K. RUH, Darmstadt, Wissenschaftliche Buchgesellschaft, 1964.

A.M. HAAS (éd.), *Sermo mysticus: Studien zu Theologie und Sprache der deutschen Mystik,* Freiburg, Universitätsverlag, 1979 [²1989].

Mens Deo informata: Studien zu Theorie und Sprache der deutschen Mystik, à
paraître. (?= A.M. HAAS (éd.), *Das «Einig ein»: Studien zu Theorie und
Sprache der deutschen Mystik* (Dokimion, 6), Freiburg, Universitätsverlag,
1980).

Pays-Bas:

St. AXTERS, *Geschiedenis van de vroomheid in de Nederlanden,* 3 Vols.,
Anvers, De Sikkel, 1950-1956. Nombreux articles dans *OGE.*

Angleterre:

E. COLLEDGE (éd.), *The Mediaeval Mystics of England*, New York, Scribner, 1972.

Italie:

M. PETROCCHI, *Storia della spiritualità italiana* (Letture di Pensiero e d'Arte), 3 Vols., Rome, Edizioni di Storia e Letterature, 1978-1979.
Voir *DS*, art. *Italie*.

France: voir *DS*, art. *France*.

Il n'y a pas d'ouvrage d'ensemble qui traite de notre sujet à un niveau scientifique. On consultera avec utilité l'*Histoire de la spiritualité chrétienne*, t. 2: *La spiritualité du moyen-âge*, par J. LECLERCQ – F. VANDENBROUCKE – L. BOUYER, Paris, Aubier, 1961, spéc. pp. 275-644.

18

LA PREGHIERA TRA LE BEGHINE
E NELLA «DEVOTIO MODERNA»

CONDIZIONAMENTO AMBIENTALE

Verso l'«autunno del medioevo» vari fattori contribuirono alla evoluzione della preghiera, sia per quanto concerne il concetto della preghiera stessa, sia nelle sue forme e nella sua articolazione. Il primo di questi fattori è, molto semplicemente, il mutamento rapido della società occidentale; gli altri, che, a prima vista, sembrano negativi, sono la deficienza istituzionale della Chiesa, soprattutto lo scisma d'Occidente e la dottrina conciliarista, poi l'incapacità di un clero decadente e ignorante, e, a partire dal secolo XIV, l'assenza di una teologia viva che potesse illuminare la spiritualità. Fenomeno notevole: questi fattori negativi hanno suscitato nel popolo risorse e dinamismi insospettati, fornendo alla preghiera una dimensione più creativa e personale. I fattori esterni indicati esercitano il loro influsso in una continua interazione, sì che non possono essere trattati separatamente nella descrizione dei cambiamenti subiti dalla concezione della preghiera e delle qualità fondamentali che essa richiede.

Nell'evolversi della preghiera accanto a forme più tradizionali del culto e della liturgia si possono indicare due versanti. Il primo si distingue per il suo carattere di movimento di massa: se ha scosso l'Europa del suo tempo, non lascia però tracce se non cambiando totalmente carattere. Nato per opera di personalità ben identificabili (Valdo, Roberto d'Arbrissel, s. Norberto, ecc.), esso trascina le folle. Nessun valido argomento ha confutato sinora la tesi di H. Grundmann[1], cioè che tali movimenti furono la risposta delle folle credenti all'appello dei papi, soprattutto di s. Gregorio VII, ai laici, per essere da costoro aiutati nella conversione e nella riforma di un clero decadente e ostinato. L'appello del Papa galvanizza le altre cause, certamente presenti, come il millenarismo deluso, il regno dello Spirito Santo che deve subentrare a quello del Cristo, attesa che sfocia immancabilmente in qualche gioachimismo materialista, il bisogno di riprendere *da capo* la storia della Chiesa, tornando alla purezza dei

---

1. *Religiöse Bewegungen im Mittelalter,* Hildesheim, Olms, ²1961.

tempi apostolici, abolendo il militarismo e il capitalismo nascente che già appaiono ben ancorati nelle società cristiane. Ma tutti questi movimenti di ritorno alla Chiesa primitiva, spiritualmente pura (Catarismo), di penitenza collettiva (Flagellanti), finirono o col farsi condannare – essendo malvisti sia dalla gerarchia che dagli istituti religiosi esistenti e accettati con alterno umore dai fiorenti comuni – o col lasciarsi incorporare nelle istituzioni ecclesiastiche.

Priva d'istruzione e di qualsiasi forma dottrinale e sacramentale, la preghiera del popolo assume tutte le forme: fioriscono pellegrinaggi, culto delle reliquie, superstizioni e liturgie più o meno magiche (se da ogni parte si accorre alla consacrazione della messa, è perché chi ha guardato l'ostia alla elevazione, in quel giorno non morrà di morte improvvisa). I devoti delle città, al contrario, sviluppano per conto proprio una preghiera sempre più personale: si riuniscono per parlare di religione e approfondire la loro pietà, per recitare insieme l'ufficio, condividere i propri lumi e metodi di meditazione. Il clero e gli Ordini religiosi, incapaci di dirigerli e anche solo di seguirli, li calunniano e perseguitano; cercano di farli condannare, dalle beghine, dai «Gottesfreunde» ai «devoti homines simul commorantes», alla «Accademia platonica», che riuniva regolarmente intorno a Marsilio Ficino (1433-99), alla Villa Medici di Careggi, i pii e istruiti devoti fiorentini. La preghiera cerca sempre più il silenzio invece del rumore e della folla, e nelle case del terzo stato si trovano modesti oratori per la preghiera personale o in piccoli gruppi di affinità spirituale. Questo è il secondo versante che prende la devozione: non già movimenti di massa che vogliono cambiare il mondo, ma l'approfondimento personale della preghiera, che inizia con il mutare se stessa e prepara così lo sviluppo dell'umanesimo cristiano. E questa seconda forma che sopravvivrà e cambierà effettivamente il mondo della pietà.

TRA LE BEGHINE

Sono le donne che fanno riscoprire la preghiera interiore o d'intimità con Dio. Sono ancora le donne a far nascere e sviluppare una nuova devozione sacramentale. Le figlie della nuova borghesia cittadina ricevono una formazione più universale e una istruzione più letteraria che non il clero e i religiosi. Mancando qualsiasi direzione adeguata da parte di questi ultimi[2], sono tali donne che si assumono il compito della

2. Cf. l'autobiografia della b. Beatrice di Nazareth, ed. critica di L. REYPENS, *Vita Beatricis,* Antwerpen, Ruusbroecgenootschap, 1964.

formazione alla preghiera. La filosofia greco-araba aveva impregnato il pensiero delle scuole teologiche; la rigorosa logica aristotelica guida la teologia alla confessione non già della morte di Dio, ma di un Dio inconoscibile. La ragione ci dice che Dio esiste, ma noi non potremo mai conoscerlo veramente, poiché «finitum non potest capere infinitum». Nello stesso tempo i più grandi dottori affermano la possibilità di una relazione immediata con Dio, di una contemplazione faccia a faccia come la promette il Vangelo, e l'impossibilità per la ragione umana di ammettere tale contatto: un fideismo totale, unito a un agnosticismo intellettuale di fatto. Basti citare qui i più grandi dottori, da Alberto Magno – «Deus a nullo potest videri quid est, ita quod comprehendantur termini essentiae eius, nec ab homine, nec ab Angelo»[3] – al giovane Tommaso d'Aquino: «Sancti videbunt essentiam divinam, sed non comprehendent ipsam; ita videbunt quid est Deus, sed non comprehendent»[4]. San Bernardo e Riccardo di S. Vittore avevano condannato la nuova filosofia: ma ciò non significava risponderle né arrestarne lo sviluppo. Perciò si assiste alla comparsa di due specie di «buoni sacerdoti» tra coloro che ricevono ancora una formazione: quelli che rifiutano la nuova teologia per aderire nella fede alla possibilità di una unione e amicizia diretta con Dio; l'altro gruppo che accetta una coscienza religiosa profondamente lacerata, dato che l'intelligenza rinuncia a qualsiasi comunicazione diretta con Dio. Ne consegue che in tutta l'Europa si sviluppa una preghiera puramente affettiva che rinuncia in maniera esplicita all'uso dell'intelligenza e della conoscenza. Il beato Guglielmo di Saint-Thierry aveva già ammonito contro questa *evasione* della devozione nel sentimento: infatti una tale fuga davanti ai problemi dell'intelligenza costringeva la preghiera a diventare una pratica per analfabeti e sottosviluppati. La *Epistola ad fratres de Monte Dei* di questo teologo cistercense, diffusa sotto l'autorità di san Bernardo, diviene la *magna charta* della dottrina sulla evoluzione della preghiera degna di tal nome: da orale a razionale («negotium cogitationis»[5]) a spirituale a contemplativa; egli vi sottolinea la necessità della «scientia Dei» nello sviluppo della vera preghiera, e restituisce, per i secoli futuri, alla conoscenza di Dio il suo ruolo fondamentale, riprendendo autorevolmente il *leitmotiv* «amor ipse notitia est», caro a s. Gregorio Magno.

La direzione spirituale data dalle donne – da Hadewych di Anversa e Gertrude di Helfta a Caterina da Siena e Caterina da Genova – offre la

---

3. *In libr. De coelesti hierarchia,* c. IV, ad 8.
4. *In IV Sent.,* dist. 49, q. 2, art. 3, ad 5.
5. Cf. ed. critica di J. DÉCHANET (SC, 223), Paris, Cerf, 1975, nn. 235-248.

risposta *all'impasse* teologica: certamente «finitum non potest capere infinitum», ma l'anima è grande e infinita quanto Dio; un vero scambio è possibile solo tra uguali:

> La ragione sa che Dio dev'essere temuto, ch'egli è grande e che l'uomo è piccolo. Ma se essa ha paura della grandezza divina di fronte alla sua piccolezza, se non osa affrontarlo e dubita di esserne la figlia prediletta, non potendo concepire che le si addica l'Essere immenso – ne risulta che molte anime non tentano più una vita così grande[6].

> Comprendete dunque la natura profonda della vostra anima, e che cosa voglia dire "anima". L'anima è un essere che lo sguardo di Dio raggiunge e per il quale Dio, di rimando, è visibile... L'anima è un abisso senza fondo, in cui Dio basta a se stesso, mentre reciprocamente essa basta a se stessa in lui. L'anima è per Dio una strada libera in cui slanciarsi fin dalle sue estreme profondità; di rimando, Dio è per l'anima la strada della libertà, verso questo fondo dell'Essere divino che nulla, tranne il fondo dell'anima, può toccare. E se Dio non le appartenesse interamente, egli non le basterebbe[7].

> Signore, io te vogio tuto... Se ío credese che di te me dovese mancare alcuna sintilla, ío certamente non podería vivere... Lo mio essere *si* è esso Dio, non per participatione ma sí per transformatione[8].

La lista sarebbe troppo lunga solo citando qui anche i soli nomi delle donne più famose che, in tutti i paesi occidentali, hanno suscitato un vastissimo movimento di preghiera contemplativa.

Simultaneamente esse introducono un elemento di profonda trasformazione nella devozione popolare, diffondendo la preghiera e il culto eucaristici. Quasi dovunque si assiste all'apparizione di un fenomeno che durerà per oltre due secoli: vi sono devote che diventano «recluse» di fronte a una chiesa, da s. Giuliana di Mont-Cornillon, presso Liegi, a Giuliana di Norwich. In poco tempo ci si allontana dalle orde di «erranti» e di flagellanti, espressione di devozione sincera, ma rude. L'eucaristia, conservata sinora come viatico per i moribondi, riceve un monumento separato: il tabernacolo, dove è oggetto di adorazione perpetua. In un primo tempo la pietà eucaristica viene concepita quale applicazione del «sacerdozio dei fedeli»: il prete è «ordinato» dalla Chiesa per celebrare la messa in un culto pubblico e solenne; i fedeli la celebrano applicandola alla vita. A partire dalla metà del sec. XIII la devozione al Verbo incarnato nella sua presenza tra gli uomini diventa il

---

6. *Lettera* IV.
7. *Lettera* XVIII: cf. HADEWYCH, *Lettres spirituelles,* trad. di J.-B.M. P. [=PORION], Genève, Martingay, 1972, leggermente corretta.
8. *S. Caterina Fieschi Adorno,* ed. critica di Umile BONZI DA GENOVA, Torino, Marietti, 1962, pp. 146, 166, 170.

centro delle altre preghiera. Si può scorgere in ciò uno sviluppo della spiritualità bernardiana: questa aveva sostituito, agli occhi del fedele, il Pantocrator – il Dio che è *pure* uomo – con l'uomo nel quale s'incontra Dio, attraverso l'intimità con l'*umanità di Cristo*.

S. Giuliana di Mont-Cornillon († 1258) e la sua amica s. Eva, reclusa di S. Martino a Liegi († 1265), ottengono l'istituzione della festa del *Corpus Domini*. La prima, madre spirituale dei Cistercensi di Villers, sarà sepolta nel coro della loro chiesa. Queste devote non entrano negli Ordini esistenti, ma ne diventano spesso benefattrici, fondando ospizi per le donne più povere che intendono abbracciare la loro forma di vita (e si constata l'intervento di papi in loro favore presso vescovi che volevano proibirglielo, come si verificò a Valenciennes). Lo storiografo inglese Matteo di Parigi († 1259) nota nei suoi annali per l'anno 1243 che a Colonia esse sono *plura millia*: «sostengono di essere religiose, ma senza vivere sotto la regola di un santo né essere circondate dalle mura di un chiostro[9]». In questa *Historia major* il «Parisiensis» ne parla sotto il titolo *De beguinarum multiplicatione*[10]. L'origine più probabile di questo termine – e che è già quella data nel 1251 dal cistercense Egidio di Orval – è che esse ricevettero tale nome dal sacerdote Lamberto li Bègue († 1177) del principato di Liegi, primo sostenitore delle beghine. Queste donne venivano accusate di ribellione all'autorità ecclesiastica, di appartenere alla setta dei Fratelli del libero spirito, di disprezzare i sacramenti. Nella sua lettera al papa Callisto III, Lamberto li Bègue dice, al contrario, che si rifiuta loro la comunione frequente perché non sono monache. Ma la nuova devozione eucaristica vince le resistenze del clero: s. Margherita di Ypres († 1237) può fare la sua prima comunione all'età di 5 anni. Sono proprio queste donne che instaurano dovunque le nuove preghiera eucaristiche: s. Maria d'Oignies († 1213), del resto, aveva già predetto l'istituzione della festa del *Corpus Domini*.

Da quando (1228) il capitolo generale di Cîteaux decide di non ammettere più associazioni di donne e di rifiutare qualsiasi direzione spirituale ai gruppi a cui non si poteva però impedire di seguire le consuetudini di Cîteaux, monache cistercensi e beghine si aiutano a vicenda nella formazione spirituale. Molte devote adottano esteriormente l'austerità della vita contemplativa cistercense, associando la più spoglia preghiera contemplativa all'unione intima con l'umanità del

9. Ed. crit. F. MADDEN (Rerum Britannicarum medii aevi scriptores, 44/2), London, Longman, 1886, p. 476.
10. [Cf. *Ex rerum Anglicarum scriptoribus saeculi XIII*, ed. F. LIEBERMANN (Monumenta Germaniae historica, Scriptores, 28), Hannover, Hahn, 1888, p. 234 (cf. *ibid.*, pp. 320, 430, 449, 453)].

Verbo incarnato: è la preghiera «introversa», *introtracta, intima, wesentlich o essenziale* che si troverà, durante alcuni secoli, negli scritti di numerosi «spirituali» (Giovanni Ruusbroec). L'imitazione del genere di vita cistercense ha talvolta indotto in errore gli storici: il gruppo di Helfta fu denominato «una diramazione delle Cistercensi»[11]. Queste devote si sono viste talora scomunicate per un certo tempo proprio perché non si lasciavano istituzionalizzare e sottomettere al diritto canonico, che le avrebbe fatte passare dallo «stato civile» allo «stato ecclesiastico». Le più famose sono certamente: Matilde, beghina di Magdeburgo († 1283), che aderisce al gruppo nel 1270; s. Gertrude di Hackeborn († 1299), presto raggiunta da sua sorella s. Matilde di Hackeborn (o di Helfta, † 1299); quest'ultima educa alla preghiera s. Gertrude la Grande († 1302) e il suo trattato *Specialis gratia* riprende la devozione al *Sacro Cuore,* insegnata da s. Lutgarda di Tongres († 1246), – aspetto particolare della devozione all'umanità del Verbo incarnato, che ha le caratteristiche della devozione al Sacro Cuore propagata dai Gesuiti qualche secolo più tardi: preghiera espiatoria e di riparazione, con mistica dello «scambio dei cuori». Fu senza dubbio questa forma di preghiera «intima ed eucaristica» a far passare s. Lutgarda dal monastero benedettino di St-Trond alle Cistercensi di Aywières. Lo stesso movimento fa abbandonare il loro monastero alle sue contemporanee inglesi, che vogliono condurre una vita austera di eremite contemplative fuori della cerchia del chiostro: è per esse che viene scritto l'*Ancren Riwle,* capolavoro della pietà medievale.

Le teorie della storiografia positivista spiegano il movimento di pietà delle donne innanzitutto col fatto del loro soprannumero rispetto agli uomini disponibili, decimati dalle Crociate e dalle guerre; poi adducono motivi socio-economici: queste dame, non volendo maritarsi al di sotto del loro rango sociale e non avendo la dote richiesta per entrare nei monasteri, preferivano consacrarsi a Dio nel secolo. Simili teorie vengono riprese dagli storici del materialismo, che le aggiungono alla loro abituale spiegazione del gran numero di religiosi col fatto che l'ingresso negli Ordini era spesso la sola strada adatta per fare carriera e averne i mezzi. Teorie del genere sono sempre rassicuranti, in quanto riducono il fenomeno religioso a una compensazione di frustrazioni o a motivi economico-sociali. Ma esse non resistono ai fatti: se le beghine si dissociano esplicitamente dal movimento dei *boni christiani,* che raccoglie più uomini che donne, è perché essi, come tutti i movimenti maschili

---

11. G. MÜLLER, *Das Beginenwesen eine Abzweigung von den Cistercienserinnen*, in *Cistercienser-Chronik* 27 (1915) 33-41.

precedenti e successivi, intendono cambiare la società; costoro non vivevano solo per Dio, ma volevano impartire la lezione del buon esempio e predicare la conversione mediante il ritorno al cristianesimo apostolico. Ebbene, la predicazione non è consentita se non a coloro che ne ricevono il mandato dalla gerarchia. Tali movimenti di uomini, non meno numerosi di quelli femminili – Umiliati, *pauperes Christi, hermandades* di penitenti, *Graubrüder,* begardi, ecc. – furono o condannati oppure inseriti nel primo «stato» e perciò divennero «clero», come i Premostratensi e i Francescani. Ancora: mentre gli antichi monasteri combattevano la povertà grazie a una vita sobria senza proprietà privata, i grandi movimenti di povertà volontaria del tardo medioevo provengono sempre da una società che conosce il benessere materiale: il movimento religioso si manifesta, quindi, in una luce esattamente opposta a quella che vorrebbe far credere la storiografia materialista.

Sono queste donne contemplative che prendono in mano la direzione spirituale. Il loro capofila è certamente e senza dubbio s. Ildegarda, madre spirituale dell'imperatore Federico Barbarossa: le più celebri sono s. Chiara (sec. XIII) e s. Caterina Benincasa (sec. XIV), che era solo terziaria domenicana, ma che diresse papi ed è considerata a giusto titolo dai Domenicani la nuova fondatrice del loro Ordine. A volte siamo ben informati sui loro metodi di formazione alla preghiera interiore non dai rispettivi scritti o lettere spirituali, bensì dagli stessi loro figli spirituali. L'influsso di queste donne non risultò sempre gradito agli ambienti ecclesiastici e monastici. Nel suo *Dialogus miraculorum* il cistercense Cesario di Heisterbach racconta che già nel 1199 Gauthier di Vaucelles facendo un viaggio nel Brabante per ottenere il dono delle lacrime grazie a una devota, si sentí chiedere da un religioso irritato: «Perché vai a cercare queste cose tra le beghine?». Ma queste ebbero anche dei sostenitori, di cui il più illustre è il card. legato Giacomo di Vitry († 1240), amico intimo di Gregorio IX; nato in una famiglia patrizia di Reims, dottore in teologia a Parigi, intraprende un viaggio nelle Fiandre, curioso di conoscere personalmente queste donne eccezionali. Vi incontra s. Maria d'Oignies, che subito diventa la sua madre spirituale, lo nomina suo predicatore per insegnare la religione alle folle ignoranti e gli fa seguire una regola di vita che imita quella dei canonici regolari. Pare che essa consigliasse questa preghiera equilibrata tra uffici recitati in comune e meditazione personale a tutti i suoi «discepoli». Suo marito, i suoi fratelli, tra cui il celebre orafo Ugo d'Oignies, i suoi numerosi ammiratori provenienti da tutta l'Europa – era una delle donne più affascinanti e belle del suo tempo – fanno sembrare normale l'accettazione della direzione spirituale da parte delle donne e la ricerca di una vita di «preghiera intima» su loro modello[12].

Dopo circa un secolo, e soprattutto nel corso del XIV, questo movimento di élite, che s'impone un genere di vita atto a consentire l'evoluzione della preghiera verso una autentica contemplazione, si trasforma da ristretto in popolare e la preghiera «intima» viene universalmente ricercata: è a questa aspirazione che risponde la *devotio moderna*. Il detto «In een hoeksken met een boeksken» (*in angello cum libello*), sopravvissuto fino ai nostri giorni, indica il devoto che si ritira in un angolino tranquillo, lontano dall'agitazione e dalla molteplicità della vita sociale, e, servendosi di qualche pia meditazione, cerca di ritrovare il raccoglimento e il silenzio, necessari a questa orazione tutta interiore.

EVOLUZIONE DELLA DOTTRINA SULLA PREGHIERA NELLA «DEVOTIO MODERNA»

Dopo la graduale trasformazione della preghiera in quanto realtà vissuta e applicata, si assiste ai tentativi di fornire a tale esperienza una dottrina e un insegnamento. Si è colpiti dalla continuità nelle successive concezioni sulla preghiera dalla fine del medioevo sin nel pieno dell'epoca moderna. In mezzo alle peggiori crisi di ordine ecclesiastico e teologico, in un mondo in completa evoluzione dalle autarchie regionali al commercio internazionale e da un mosaico di principati feudali alle monarchie assolute, gli scritti sulla preghiera e i manuali di preghiera abbondano per varietà, originalità, non esclusi gli eccessi di una immaginazione sfrenata (per es., una preghiera per ciascuna delle migliaia di ferite del Cristo, raffigurate in maniera viva). Si nota, tuttavia, una fondamentale unità che impone a questa abbondanza una ispirazione ben determinata e continua, che si può riassumere sotto i denominatori comuni di *interiorizzazione* e di *personalizzazione,* uniti alla costante preoccupazione di elaborare un metodo per siffatta preghiera.

a) Di fronte *all'impasse* teologica e allo smarrimento del clero, il movimento femminile aveva introdotto sin dalla fine del sec. XII, e poi finalmente imposto, come ideale della preghiera, la sua forma contemplativa. Tale movimento, seguito dagli spirituali del sec. XIV, come Ruusbroec e Suso, considera sempre più l'unione spirituale intima al

12. Ultima ed. critica delle *Lettere* di Giacomo di Vitry: R.B.C. HUYGENS, Leiden, Brill, 1960.

Cristo, nozze spirituali o amicizia familiare, come la forma normale di compiutezza della preghiera. Se i movimenti spontanei di devozione si lasciano istituzionalizzare per sfuggire alle incriminazioni, essi accetteranno le forme della preghiera collettiva del culto, della liturgia e degli uffici, osservandole con venerazione e fedeltà, ma ne faranno una espressione piuttosto che il fondamento o lo scopo della loro preghiera, ritrovando, d'altra parte, in questo modo la prima ispirazione benedettina[13].

L'«uomo comune» secondo Ruusbroec, la cui attività è traboccamento di preghiera contemplativa[14], diventa semplicemente norma della preghiera adulta nel padre della *devotio moderna,* Geert Grote, fondatore dei Fratelli della vita comune e ispiratore dei Canonici regolari della congregazione di Windesheim. La fedeltà alla pratica di una preghiera sempre più semplificata e interiore, divenuta abitudine, permetterà, «licet non praecipitanter, licet non ex propria praesumptione, nec propriis viribus, ... ut tam homo interior quam exterior, tam ingrediens quam egrediens, ut ait Christus, pascua inveniat»; «ut invenirent, ingrediendo ad divinitatem per contemplationem vel egrediendo per activam vitam, pascua». Così Grote commenta Gv 10,9 sia nel suo trattato sulla meditazione[15], sia nelle sue lettere spirituali[16].

All'inizio del sec. XV, con il grande mistico della prima generazione di Windesheim, Gerlaco Peters († 1411), si assiste alla distinzione esplicita tra l'*osservanza,* o la fedeltà all'esecuzione della preghiera prescritta, e la preghiera interiore che accompagna questi stessi esercizi di preghiera collettiva in una maniera attuale; la preghiera interiore, cosciente, dev'essere il vero scopo anche dell'ufficio divino:

> Nisi multo labore interiore studeat homo continue inspicere in omnibus quae fiunt, propter quid sunt et fiunt, maxime in divino officio: valde leviter declinabit ad insensibilitatem interiorem, antequam sciet, et satis videbitur sibi habere folia, non curans de fructu. Et tali modo depressus non potest animus se ipsum levare, aut in suam originem se dirigere, et lucem incomprehensibilem, quantum fieri potest, dissimilitudine et condensis tenebris suis contradicentibus, intueri, ad quam tamen perfruendam solus creatus est[17].

---

13. Cf. A. DE VOGÜÉ, *La Règle de Saint Benoît,* t. 7: *Commentaire doctrinal et spirituel* (SC, 186 sup.), Paris, Cerf, 1977, soprattutto pp. 184-206.

14. Cf. le ultime pagine di *Il regno degli amanti, Le nozze spirituali, La pietra sfolgorante.*

15. Ed. I. TOLOMIO, Padova, Antenore, 1975, pp. 110-112.

16. Ed. W. MULDER, *Epistolae,* Antwerpen, Neerlandia, 1933, p. 31.

17. *Gerlachi Petri Ignitum cum Deo soliloquium,* ed. J. STRANGE, Köln, Heberle, 1849, c. III, p. 16.

Alla fine dello stesso sec. XV, il windesemense Giovanni Mombaer (o Mauburnus de Bruxellis, † 1501), chiamato a riformare le abbazie di Francia, dove «erano crollati i muri e i costumi», non insegna soltanto la sua *Scala meditatoria* (cf infra) per formarsi all'esercizio metodico della preghiera mentale, ma si serve dell'autorità di s. Bonaventura per stabilire una scala della dignità delle preghiera secondo il loro grado di spiritualizzazione: in primo luogo viene perciò lo «studium immaterialis orationis, exercitiumque internae et spiritualis orationis»; benché Windesheim attribuisca un'importanza estrema alla solennità e alla perfezione dell'ufficio divino (cf i suoi magnifici e celebri *libri ordinis),* le preghiere liturgiche non vengono che in secondo luogo perché «exercitia corporis, quae tamen connectuntur exercitio mentis. Cuiusmodi sunt cantus psalmistarum, exercitium divini officii, genuflexionum, gemituum, et vocalium clamorum»[18].

Interi capitoli del *Rosetum* di Mombaer, come pure degli scritti *De reformatione virium animae* e *De spiritualibus ascensionibus* del Fratello della vita comune Gerardo Zerbolt di Zutphen, passeranno nel programma del grande riformatore della congregazione benedettina di Valladolid, l'abate di Montserrat Garcia Jiménez de Cisneros († 1510); come programma di rinnovamento religioso egli compose un *Directorio de las horas canónicas* e un *Exercitatorio de la vida espiritual* in due opere ben separate, distinzione inconcepibile in tempi che consideravano proprio l'ufficio divino come il vertice della preghiera e l'espressione perfetta della vita spirituale.

Ma se, a partire dal sec. XVI, «vita interiore» diventa praticamente sinonimo di «preghiera» e se Giovanni Mombaer fu il grande volgarizzatore, attraverso l'Europa, della interiorizzazione metodica della preghiera, come l'insegnava la *devotio moderna,* è Tommaso da Kempis – con le sue *Admonitiones ad spiritualem vitam utiles, Admonitiones ad interna trahentes, De interna consolatione* – che diviene il maestro indiscusso dell'introduzione alla preghiera interiore e ne esprime ardentemente e appassionatamente il desiderio, che sembra rispondere all'aspirazione più cosciente e universale del suo secolo. La prima edizione di Augusta (1471, anno della morte dell'autore) raccoglie le istruzioni precitate e vi aggiunge la sua *Exhortatio ad Sacram Communionem* sotto il titolo dell'*Incipit* del c. I: *De imitatione Christi,* che corrisponde perfettamente al nuovo umanesimo; essa diventa il libro più stampato, letto e meditato dopo la Bibbia. Ebbene, agli stessi esordienti Tommaso da

---

18. *Rosetum exercitiorum spiritualium, Prologus,* ed. Milano 1604, *corrolarium* 4; Mombaer redasse questo Prologo in Francia, negli ultimi anni della sua vita; perciò lo si trova soltanto nelle edizioni postume.

Kempis non predica né l'esecuzione perfetta degli uffici né la santità, ma: «si velimus veraciter illuminari...»[19], e oppone chiaramente le illuminazioni interiori alle osservanze: «si tantum in istis exterioribus observantiis profectum religiosum ponimus, cito finem habebit devotio nostra»[20]. Se si fa troppo affidamento sui propri sforzi industriosi, «raro et tarde eris homo illuminatus»[21]. Anche tutto ciò che viene dal di fuori, per quanto santo possa essere, e riassunto sotto la denominazione «Moyses et Prophetae», si trova opposto alla preghiera interiore: «Illi foris tantum agunt, sed tu corda instruis et illuminas»[22].

È comprensibile che questo autore sia stato ritenuto il precursore di una religiosità protestante tutta interiore, o il padre degli «illuminati». Nessuna meraviglia che l'Inquisizione spagnola abbia sospettato anche s. Ignazio di Loyola di essere un *alumbrado*: sembra, infatti, che egli abbia ripreso la stessa scala di valori concernenti le forme di preghiera ed è certamente rimasto fedele alle concezioni della *devotio moderna* in questa materia, nonché lettore assiduo della *Imitazione*.

b) L'altra caratteristica principale di questa preghiera – non ancora studiata seriamente, benché spesso segnalata – è la sua *personalizzazione*. Uno dei motivi di questa lacuna è senza dubbio che il suo massimo propagatore, Ignazio di Loyola, è oggetto di studio più nelle interpretazioni fornite dai suoi successori, che nelle fonti che lo precedono. Una volta appresa la distinzione tra la preghiera «ufficiale» – la cui forma e contenuto sono prescritti dall'autorità – e la preghiera che è «conversari cum Deo», «familiaritas cum Deo», si cercherà di esprimere questo rapporto, che è storia personale, in un discorso dalle forme non mutuate. Fin dagli inizi della *devotio moderna,* ciascuno viene esortato a comporsi innanzitutto un *rapiarium*: geniali formulazioni o aforismi, trovati negli scritti dei santi, o raccolte di preghiere, dovute ad altri che ne hanno la facoltà creatrice, ma che al devoto sembrano applicarsi particolarmente bene al proprio caso. Egli le mediterà e rileggerà durante la giornata, ed esse daranno alla sua preghiera continuità e carattere più personale. I più celebri *rapiaria,* dopo quelli di Florentius Radewijns, sono dovuti a Enrico Mande (†1431), già segretario del duca-conte di Olanda, nelle sue compilazioni *Een boekskijn van drien staten* («Liber de tribus statibus») e *Een devoet boecxken vander volmaecster hoecheit der minnen* («Libellus devotus de summa perfectione amoris»). Questa

19. *De Imitatione Christi*, I, 1.
20. *Ibid.*, I, 9.
21. *Ibid.*, I, 14.
22. *Ibid.*, III, 2.

ripetizione di un pio pensiero durante la giornata è detta *ruminatio*. Tutti costoro cercano, ma senza risultato, di sviluppare un metodo che non si servisse più di cibi spirituali preparati da altri. Quando Grote tenta di elaborare le grandi linee che avrebbero dovuto offrire le migliori condizioni per la meditazione metodica, egli applica i suoi consigli all'esempio concreto della Natività; ma i suoi contemporanei, nonché i suoi lettori dei secoli successivi, crederanno che Grote proponesse loro un *Sermo de Nativitate*; si riteneva quindi perduto il suo trattato *De quattuor generibus meditabilium*, finché Alberto Hyma dimostrò l'identità dei due. Parecchi volumi delle opere complete di Tommaso da Kempis contengono meditazioni ch'egli avrebbe voluto proporre alla riflessione personale, ma che l'autore finiva inevitabilmente con lo sviluppare personalmente. Fu il suo amico, l'umanista frisone Wessel Gansfort († 1489) – spirito ricercatore, talvolta inquieto, grande viaggiatore, spesso ospite dei canonici di Windesheim – a elaborare per i suoi amici un metodo che si potesse applicare a qualsiasi meditazione, quale che ne fosse l'argomento: egli suggerí di applicare le regole della retorica al modo di organizzare la propria meditazione; in effetti la retorica, prima di essere un'arte di persuasione, è una tecnica di ermeneutica personale e offre regole per sviluppare un soggetto: una volta ancora, un problema religioso si rivelò un problema di formazione culturale[23]. Nel suo *Rosetum*, Mombaer pubblicherà lo schema più sviluppato di tale metodo, la *Scala meditatoria*.

Essa distingueva vari gradi (qui presentati nell'ordine di esecuzione), ognuno dei quali con proprie suddivisioni:
– *Modus recolligendi (Quaestio)*;
– *Gradus praeparatorii (Excussio – Electio)*;
– *Gradus processorii et mentis (Commemoratio – Consideratio – Attentio – Explanatio – Tractatio)*;
– *Gradus processorii et iudicii (Diiudicatio – Causatio – Argumentatio – Ruminatio)*;
– *Gradus processorii et affectus (Gustatio – Querela – Optio – Confessio – Oratio – Mensio – Obsecratio – Confidentia)*;
– *Gradus terminatorii (Gratiarum actio - Commendatio – Permissio)*;
– *Gradus commorandi (Complexio)*.

Questa *scala,* che ovviamente bisognava conoscere a memoria, ampiamente sfruttata dallo stesso Mombaer, è certamente la più metodica di

23. Cf. E.W. MILLER – J.W. SCUDDER, *Wessel Gansfort. Life and Writings*, 2 Vols., New York, G.P. Putnam's Sons, 1917; M. VAN RIJN, *Wessel Gansfort*, Den Haag, Nijhoff, 1917; ID., *Studiën over Wessel Gansfort en zijn tijd*, Utrecht, Kemink, 1933.

quelle offerte dalla *devotio moderna* ed è quella che mostra meglio di tutte a quale punto si possano sistematizzare e metodizzare i propri rapporti con Dio. Arricchito da tavole sinottiche, «rosari», scale, «mani salmodiche», ecc, il *Rosetum* cercava di fornire ai religiosi i mezzi appropriati a ogni esercizio della loro giornata.

Nei secoli seguenti, tuttavia, troppo spesso i direttori spirituali dimenticarono di tener conto del consiglio che Mombaer fa seguire, come conclusione, alla sua *Scala:* «Ecce hi sunt gradus intellectivi qui copiis sunt pleni; *in quibus tamen non est fidendum sed mentis vela gratiae ventis sunt pandenda et inspiratio magis quam practicatio est sequenda*».

NOTA SULL'USO DELL'IMMAGINAZIONE E DELL'APPLICAZIONE DEI SENSI

Si sa che l'immaginazione, «la pazza di casa», è una facoltà che filosofi e teologi non apprezzavano molto; gli spirituali, pur condividendo il parere dei primi, non esitarono a impiegare l'immaginazione nella preghiera, piuttosto che perdere il loro tempo nel cercare di scacciarla da essa. I grandi maestri dell'inserimento della immaginazione furono s. Bonaventura e il certosino Ludolfo di Sassonia († 1377): bisogna immaginarsi di partecipare attivamente alla scena della vita di Nostro Signore o della Vergine, sulla quale si medita. Nei trattati dottrinali si continua a condannarla per i numerosi pericoli di illusione ai quali essa espone soprattutto le persone semplici. Il giudizio del *Rosetum* mostra chiaramente la duplice tendenza: condanna astratta ma fedeltà ai consigli della *devotio moderna;* da una parte, perché la meditazione sfoci nella contemplazione, occorre «ut sine phantasmatibus meditari conentur», appoggiandosi sull'autorità di Giovanni Gersone († 1429); dall'altra: «et quia amor in affection magis erumpit, quam curiosius rem intuetur, liberat a phantasmatibus quae multis fuerunt gravium periculorum graves occasiones[24]». Ebbene, Grote, fondatore della *devotio moderna,* era già arrivato alla conclusione che dalla applicazione dei sensi si potrebbe giungere più facilmente alla scoperta dei «significati spirituali» e che l'uso della immaginazione potrebbe condurre più agevolmente all'esercizio della preghiera nella fede nuda[25]. Oltre un secolo prima di s. Ignazio,

---

24. Cf. P. DEBONGNIE, *Jean Mombaer de Bruxelles. Notulae doctrinales circa scalam,* n. 4 (Université de Louvain: Recueil de travaux publiés par les membres des Conférences d'Histoire et de Philologie, 2e série, 11), Leuven, Librairie Universitaire, 1927, p. 217; P. GLORIEUX (ed.), *Jean Gerson. Œuvres complètes,* t. 3: *L'Œuvre magistrale,* Paris, Desclée De Brouwer, 1962, pp. 259-260.

25. *De quattuor generibus meditabilium,* pp. 102 e 104.

la *devotio moderna* aveva insistito sul fatto che non bisogna applicarsi con troppa erudizione alla rappresentazione delle scene meditate nel loro contesto storico: ciò che noi ci figuriamo non sarà esatto lo stesso; perciò Grote ne aveva concluso che il modo migliore era ancora quello di figurarsi le scene della vita di Cristo come accadute nel nostro tempo e in mezzo a noi[26]. L'influsso di questo metodo spirituale è stato incalcolabile: i pittori fiamminghi lo hanno applicato quasi subito e per oltre un secolo – da Van Eyck, Van der Weyden, Dieric Bouts, a Ugo Van der Goes, Memling, Gerardo David. La grande arte religiosa non esprime soltanto un atteggiamento di preghiera di una certa cultura in un certo periodo della sua evoluzione, ma ne imprime uno in parecchie generazioni.

[BIBL.]

Bibliografia e riferimenti indispensabili sono stati offerti nel corso dell'articolo. Nessuno studio tratta scientificamente l'insieme dell'argomento. Si possono consultare le rispettive bibliografie dei vari movimenti o personaggi citati.

---

26. *Ibid.*, p. 56.

CONTRIBUTIONS IN MEMORY
OF ALBERT DEBLAERE, S.J.

LE(S) SENS DE L'ANÉANTISSEMENT
DANS LA RELATION AUTOBIOGRAPHIQUE
DE MARIE DE L'INCARNATION

INTRODUCTION

Dans son article *Leven «in de grond»* («Vivre dans le fond»; 1964) le père A. Deblaere a mis en parallèle Maria Petyt et Marie Guyart (en religion Marie de l'Incarnation). La première a écrit en néerlandais et mourut en 1677 à Malines, alors que sa contemporaine française est morte à Québec en 1672. Il s'exprime comme suit:

> La ressemblance dans la formulation définitive de l'expérience [rencontre de Dieu dans le fond] de Maria Petyt avec celle d'une autre grande mystique de son temps, Marie de l'Incarnation, ursuline de Québec, est trop évidente pour la passer sous silence – et les deux protagonistes n'ont pas eu la possibilité de se connaître. (pp. 213-214)

Il fait remarquer toutefois que les deux femmes, malgré cette grande ressemblance, ont suivi différentes voies:

> Maria Petyt appartient à ce type de mystiques dont la vie intérieure, en dépit des fluctuations, des hauts et des bas, présente une évolution constante vers une richesse et profondeur plus intenses. Une «croissance» comme nous nous l'imaginons et comme nous le voyons chez Thérèse d'Avila. Marie de l'Incarnation par contre est du type dont la vie spirituelle débute sur les cimes du mariage mystique et de la transformation, alors que la suite de son existence n'est que l'accomplissement fidèle, et parfois en toute aridité, de cette première expérience, comme c'était le cas de Catherine de Gênes, d'Alphonse Rodriguez et maint autre converti. (p. 214)

Dans le même article A. Deblaere mentionne la spiritualité d'anéantissement de Maria Petyt, cette mystique flamande à laquelle en 1962 il avait consacré une monographie magistrale et où il avait traité ce thème de manière détaillée. Il avance la thèse qu'au début elle recherchait la pratique d'un anéantissement ascétique, «allant par la voie d'une spiritualisation extrême, un dénuement total de toute représentation, de toute créature, une exclusion de tout ce qui est terrestre» etc. (pp. 212-213).

À ce propos et à juste titre il fait remarquer que «les plus grands Maîtres, tels que Ruusbroec, Catherine de Gênes, Jean de la Croix, ont moins accentué cet anéantissement: il reste une "voie", une voie que l'on ne peut pas entreprendre de sa propre initiative mais par laquelle on doit être conduit. Jamais cet anéantissement ne peut être un but, car l'homme qui vit parfaitement en Dieu n'est pas séparé du monde, n'est pas cet être retiré dans le pur esprit, mais l'homme "commun", *in actione contemplativus*» (p. 213).

La présente étude n'aura d'autre but que le seul examen de l'emploi des termes «anéantir» et «anéantissement» dans le récit autobiographique de Marie de l'Incarnation (de 1654). C'est sur ordre de son confesseur qu'elle l'a écrit pour son fils bénédictin, qui depuis longtemps en avait fait la demande. Elle avait posé une seule condition, à savoir ne pas le faire lire à d'autres. Heureusement pour nous, il l'a publié après la mort de sa mère. Nous prenons comme base le texte tel qu'il a été édité par Dom Albert Jamet en ²1985, chez Les Ursulines de Québec: Marie de l'Incarnation (…), *Ecrits spirituels et historiques* (…) avec des annotations critiques, des pièces documentaires & une biographie nouvelle; tome deuxième.

Dans deux lettres à son fils, datées 26 octobre 1653 et 12 août 1654, Marie cite les circonstances concrètes et les motifs qui l'ont incitée à rédiger enfin sa relation autobiographique. Ces lettres se retrouvent dans l'excellente édition de sa *Correspondance* par Dom Guy Oury (Solesmes, 1971), qui a édité également une étude bien documentée en deux tomes: *Marie de l'Incarnation* (Québec / Solesmes, 1973).

Ces mêmes lettres nous apprennent que Marie a écrit son récit en juin/juillet 1653 et pendant le printemps de 1654. Une période assez restreinte quand il s'agit d'un texte de deux cents pages! La répartition en treize états d'oraison a été faite par Marie elle-même en 1653, lors de sa retraite entre l'Ascension et la Pentecôte. En tout, la relation comprend soixante-huit chapitres ou articles, de longueur inégale. En 1654, Marie y met fin en ces termes: «Je finis ces cahiers le 4e jour d'août, peu après avoir fait les exercices spirituels» (éd. Jamet: 356,26-27). Dans son texte, tout imprégné de prières, c'est Dieu le vrai protagoniste. L'œuvre de Marie, aussi bien le contenu que le style, a tellement fasciné Henri Brémond qu'il commence son étude en affirmant: «Avec Marie de l'Incarnation, à qui est consacrée la première partie du présent volume, nous atteignons les plus hauts sommets de la mystique» (*Histoire du sentiment religieux en France … VI. La conquête mystique: Marie de l'Incarnation – Turba Magna;* Paris, 1922; p. I).

Nous avons repéré dans la «relation de 1654» quelque vingt passages où figurent le verbe «anéantir» ou le substantif «anéantissement». La méthode que nous appliquerons dans la présente étude est celle que le père A. Deblaere nous a apprise. Reprenant la présentation de cette méthode, qui a paru dans la revue «Ons Geestelijk Erf» en 1975 – là, il s'agissait d'une étude sémantique de la terminologie «essentielle» dans l'œuvre de Ruusbroec – nous l'adaptons ici quelque peu à notre sujet:

> La méthode que nous suivons comporte deux démarches complémentaires, dont la première est analytique: après avoir rassemblé tous les passages de la *Relation de 1654* qui contiennent le verbe «anéantir» ou le substantif «anéantissement», nous avons soigneusement analysé l'emploi de ces mots, déterminant à chaque fois: 1°) la situation du passage dans l'ensemble du récit, 2°) le contexte conceptuel du mot employé: références, oppositions, concepts concomitants, 3°) la signification du mot, pour autant que les deux points précédents permettent déjà de la déterminer. La deuxième démarche sera synthétique: en réunissant et en comparant les passages, ou parties de passages, de signification semblable, nous espérons parvenir à une exégèse plus sûre et plus nuancée de cette terminologie. (Cf. «La terminologie "essentielle" dans Die gheestelike brulocht», p. 251)

Voilà donc la méthode que, dans cette étude, nous voulons suivre le plus fidèlement possible. Nous osons espérer que les modestes résultats aideront le lecteur à mieux comprendre ce témoignage mystique bouleversant.

QUATRE PASSAGES DE LA DESCRIPTION DE SA VIE DE PRIÈRE
MYSTIQUE AVANT SON «MARIAGE SPIRITUEL»

Situation générale

Les quatre passages se situent dans quatre «états d'oraison» différents. Les états II à VI décrivent l'évolution rapide de sa vie de prière mystique dans la période de ses vingt à vingt-cinq ans. Le verbe «anéantir» se retrouve une fois dans les états II (article 6), III (article 9) et IV (article 10); le substantif «anéantissement» est employé une fois dans VI (article 18).

Analyse des quatre passages

Texte 1: 67,14-69,18 (surtout 68,24-69,11)

p. 68   Enfin, il ne se peut dire
l. 25   ce que l'âme conçoit en ce prodige. Mais de voir qu'outre
p. 69   cela que personnellement on est coupable, et que
        quand on eût été seule qui eût péché, le Fils de Dieu
        aurait fait ce qu'il a fait pour tous, c'est ce qui con-
        somme et comme *anéantit* l'âme. Ces vues et ces opé-

l. 5   rations sont si pénétrantes qu'en un moment elles
         disent tout et portent leur efficacité et leurs effets. En
         ce même moment, mon cœur se sentit ravi à soi-même
         et changé en l'amour de celui qui lui avait fait cette
         insigne miséricorde, lequel lui fit, dans l'expérience de ce
l. 10   même amour, une douleur et regret de l'avoir offensé la
         plus extrême qu'on se la peut imaginer.

A. *Situation*

À l'âge de vingt ans Marie Guyart avait surmonté déjà de grandes
épreuves: le décès de son mari Claude Martin, suivi de la liquidation de
son entreprise. À partir de ce moment elle a la charge de leur bébé,
nommé Claude comme son père. Sa vie spirituelle jusqu'à ce moment
peut être considérée comme une vie de foi intense. Au moment où elle
écrit son rapport (en 1654), elle définit cette première période de sa vie
comme un «premier état d'oraison» que Dieu lui a bien voulu donner
pour la préparer à recevoir ses dons mystiques.

Dès le début de sa description du deuxième état d'oraison, qui est
manifestement mystique, elle écrit:

> Après tous les mouvements intérieurs que la bonté de Dieu m'avait donnés
> pour m'attirer à la vraie pureté intérieure, en laquelle je ne pouvais entrer de
> moi-même (…) sa divine Majesté voulut enfin elle-même me faire ce coup
> de grâce: me tirer de mes ignorances et me mettre en la voie où elle me vou-
> lait et par où elle me voulait faire miséricorde: ce qui arriva la veille de
> l'Incarnation de Notre-Seigneur, l'an 1620, le 24e de mars. (67,1-13)

La signification de «la vraie pureté intérieure» sera élucidée au cours du
récit. Il s'agit d'une pureté radicale du lien amoureux entre Dieu et son âme,
une pureté qu'elle ne peut acquérir par ses propres moyens (cf. texte 4).
Après l'introduction solennelle du deuxième état d'oraison, Marie fait
la description d'une expérience surprenante mais indubitablement passive (cf. 67,14-68,15), qui a eu lieu à la vigile de l'Annonciation, fête
liturgique associée à l'incarnation de Dieu. Plus tard, religieuse ursuline,
elle choisira le nom de Marie *de l'Incarnation*.
«Texte 1» fait partie de son commentaire de cette expérience (cf.
68,15-69,18): «ce que l'âme conçoit en ce prodige» (68,25).

B. *Emploi du verbe «anéantir»(69,4)*

La forme «anéantit» du verbe fait partie de l'*expression globale:*
«consomme [= consume] et comme anéantit l'âme» (69,3-4).

Le *sujet* de cette expression est une conscience, très vive et ressentie comme un don de Dieu, «de voir (...) que personnellement on est coupable, et que quand on eût été seule qui eût péché, le Fils de Dieu aurait fait ce qu'il a fait pour tous» (68,25-69,3). L'*objet direct:* l'âme.

Après cela, Marie décrit une expérience *complémentaire* («En ce même moment»): «mon cœur se sentit ravi à soi-même et changé en l'amour de celui qui lui avait fait cette insigne miséricorde» (69,7-9).

C. *Sens du verbe «anéantir»*

Dans l'expression globale «consomme et comme anéantit» le mot «comme» en révèle le caractère métaphorique. La notion de sa propre culpabilité et de l'extrême charité du Fils de Dieu, qui la comble, agit profondément sur l'intériorité humaine (l'âme, le cœur), les anéantit quasiment: la solitude de l'individu s'évacue pour permettre une relation amoureuse personnelle avec le Fils de Dieu.

Texte 2: 87,17-88,16

p. 87   Toutes les puissances de
l'âme ne veulent et n'appètent rien que d'être dans
Jésus, par l'Esprit de Jésus, et de le suivre dans sa vie
l. 20   et dans son esprit.
Quoique l'âme ait ces désirs si embrasés, elle est
néanmoins dans un abaissement intérieur très grand,
se reconnaissant très indigne de la possession où elle
aspire. Elle cherche de faire abaisser la partie inférieure,
l. 25   de sorte qu'elle voudrait l'*anéantir* du tout. Cette
partie se laisse conduire et réduire où l'Esprit la veut
p. 88   mener, lequel lui fait part de ses biens par une onction
qui adoucit tous ses travaux, de sorte qu'elle court
dans les abaissements, comme si c'était la possession
de choses très précieuses, qu'elle tient si chères qu'elle
l. 5   n'a point d'autre souci que la crainte qu'on s'aperçoive
qu'elle souffre trop et que, par cette connaissance, on
vienne à lui ôter son bonheur.
Il est vrai que je fus plus de trois ou quatre ans de
suite dans la vue des abaissements du Fils de Dieu, –
l. 10   lorsque je fus en la maison de mon frère, – que l'Esprit
de grâce qui me conduisait me faisait cacher tous les
talents naturels que Dieu avait mis en moi pour diverses
affaires ... etc., pour me réduire à être cachée comme
une pauvre créature qui ne savait rien et n'était capable
l. 15   de rien que d'être servante des serviteurs et servantes
de la maison.

A. *Situation*

Avec l'accord de son directeur spirituel, Marie a cessé de s'astreindre à la méditation systématique qui lui donnait des maux de tête. Le texte cité se trouve dans le troisième état d'oraison, qu'elle décrit brièvement comme: «je fus plus de trois ou quatre ans de suite dans la vue des abaissements du Fils de Dieu» (88,8-9). À propos de cet état, elle fera observer: «Il n'y a que l'Esprit de Jésus-Christ qui le puisse communiquer» (89,5-6).

B. *Emploi du verbe «anéantir»(87,25)*

Le passage «elle voudrait l'anéantir du tout» (87,25) est un *renforcement* de ce qui précède: «Elle cherche de faire abaisser la partie inférieure» (87,24). Tout le contexte à partir de 87,17 fait ressortir que l'Autre est la *source* des désirs de l'âme: «par l'Esprit de Jésus» (87,19); l'âme même *est dans* «un abaissement intérieur très grand» (87,22). Marie signale également que la partie inférieure «se laisse conduire et réduire où l'Esprit la veut mener» (87,26-88,1).

Le *contenu* de cet événement est explicité plus loin: «l'Esprit de grâce qui me conduisait me faisait cacher tous les talents naturels» etc. (88,10-12).

C. *Sens du verbe «anéantir»*

Il ne s'agit pas ici d'une destruction, mais bien d'une vie amoureuse et humble, avec corps et âme, «dans la vue des abaissements du Fils de Dieu». C'est le résultat de l'action de l'Esprit de Jésus; c'est lui, en fait, qui «anéantit» la partie inférieure. Pour Marie, cela revient à «cacher tous les talents naturels» etc., en cette période de sa vie.

Texte 3: 92,20-94,15 (surtout 93,2-94,8)

p. 93   On lui ouvre l'esprit de nou-
veau pour la faire entrer en un état comme de lumière.
Dieu lui fait voir qu'il est comme une grande mer,
l. 5   laquelle, tout ainsi que la mer élémentaire ne peut
souffrir rien d'impur, aussi que lui, Dieu de pureté
infinie, ne veut et ne peut souffrir rien d'impur, qu'il
rejette toutes les âmes mortes, lâches et impures.
Cette lumière opère choses grandes en l'âme. Il faut
l. 10   avouer que, quand j'eusse fait l'imaginable pour confesser et *anéantir* tout ce que j'avais d'impur en moi,

que je vis en une si grande disproportion de la pureté
de l'esprit humain pour entrer en union et communication avec la divine Majesté, que cela est épouvantable.
l. 15 O mon Dieu! qu'il y a d'impuretés à purger pour arriver
à ce terme auquel l'âme, esquillonnée de l'amour de
son souverain et unique Bien, a une tendance si ardente
et si continuelle! Cela n'est pas imaginable, non plus
que l'importance de la pureté de cœur en toutes les opé-
l. 20 rations intérieures et extérieures qui est requise, car
l'Esprit de Dieu est un censeur inexorable et, après
tout, l'état dont je parle n'est que le premier pas, et
l'âme qui y est arrivée en peut déchoir en un moment.
Je frémis quand j'y pense, et combien il importe d'être
l. 25 fidèle.
Il est vrai que la créature ne peut rien de soi; mais
p. 94 lorsque Dieu l'appelle à ce genre de vie intérieure, la
correspondance est absolument requise avec l'abandon
de tout soi-même à la divine Providence, supposée la
conduite d'un directeur, duquel elle doit suivre les
l. 5 ordres à l'aveugle, pourvu que ce soit un homme de
bien: ce qui est bien aisé à reconnaître, car Notre-
Seigneur en pourvoit lui-même ces âmes-là qui se sont
ainsi abandonnées de bon cœur à sa conduite.

A. *Situation*

Avant de parler du quatrième état d'oraison, Marie se souvient de son expérience très concrète de la présence divine (cf. 91,1-92,1); puis elle annonce le nouvel état: «Dieu fait expérimenter à l'âme qu'il la veut tirer du soutien de ce qui est corporel, pour la mettre dans un état plus détaché» (92,1-3); «pour la faire entrer en un état de lumière» (93,3).

B. *Emploi du verbe «anéantir» (93,11)*

Le verbe «anéantir» fait partie du *couple* «confesser et anéantir» (93,10-11). Ce couple a comme *objet:* «tout ce que j'avais d'impur en moi» (93,11). Marie distingue *deux genres* de pureté: «la pureté de l'esprit humain pour entrer en union et communication avec la divine Majesté» (93,12-14), et «la pureté de cœur en toutes les opérations intérieures et extérieures» (93,19-20).

Le couple «confesser et anéantir» est régi par un *conditionnel:* «quand j'eusse fait l'imaginable pour» (93,10) – ce qui, aux yeux de Marie, en suggère l'impossibilité pratique. Elle *affirme*, au contraire, sans aucune réticence: «Il est vrai que la créature ne peut rien de soi» (93,26). Ce qui est attendu vraiment de la créature, en «ce genre de vie intérieure» (94,1), c'est sa réponse affirmative «avec l'abandon de tout soi-même à la divine Providence» (94,2-3), et «la conduite d'un directeur» (94,3-4).

C. Sens du verbe «anéantir»

La liaison inattendue de «confesser et anéantir» fait ressortir une expérience très personnelle du sacrement de la confession. Marie parle d'ailleurs de «la conduite d'un directeur», qu'elle considère sûrement comme confesseur. La confession de son «impureté» aux niveaux de l'esprit et du cœur est pour elle l'occasion de la voir pardonnée, voire «anéantie», par le Seigneur. Elle trouve «épouvantable» (93,14) que sa vie est encore tellement éloignée de la pureté à laquelle elle se sait appelée. Il reste matière pour d'autres confessions et absolutions.

Texte 4: 119,1-6

p. 119 La divine Majesté me poursuivant sans cesse par la
communication de ses grâces et des ses lumières,
voulant m'en faire quelques-unes extraordinaires, me
donnait une disposition de pureté extraordinaire et qui
l. 5 me portait dans l'abaissement en dans l'*anéantissement*
de moi-même.

A. Situation

Ce texte est la première phrase du sixième état d'oraison, dans lequel Marie décrira la première de ses trois expériences trinitaires. Il s'agit d'un prologue, un don préparatoire: «une disposition de pureté extraordinaire» (119,4).

B. Emploi du substantif «anéantissement» (119,5)

La *source* de tous les dons est «la divine Majesté» (119,1) qui lui fait la cour (cf. «me poursuivant»). Le premier don («une disposition de pureté extraordinaire»; 119,4) a comme *conséquence* (cf. «qui me portait dans»; 119,4-5) que Marie se voit elle-même en tant qu'*objet* d'un abaissement et d'un anéantissement (cf. 119,5-6). «Anéantissement» *renforce* «abaissement» (= soumission).

C. Sens du substantif «anéantissement»

L'anéantissement ne peut désigner une destruction pure et simple de la personne, puisqu'il s'agit de la conséquence d'un don d'amour, un don de ce Dieu qui fait la cour à Marie.

Comme élément du prologue de sa première vision de la Trinité, le mot «anéantissement» réfère à une attitude fondamentale qui lui ouvre l'esprit pour la révélation du mystère de Dieu.

PASSAGE À UNE VIE MISSIONNAIRE: NEUVIÈME ÉTAT D'ORAISON

Situation générale

Marie a dix ans de plus et est ursuline depuis quatre ans. Dans sa vie de prière elle a connu la plus haute faveur mystique. Vers sa trente-cinquième année elle est intimement convaincue qu'elle doit suivre l'attrait croissant pour le salut des âmes et se rendre au Canada. Vers la fin du neuvième état d'oraison le substantif «anéantissement» reprend sa place.

Les mots «anéantissement» et «anéantir» n'ont pas été employés dans les états VII et VIII, mais certaines descriptions à propos de la deuxième vision de la Trinité (cf. état VII) et de la troisième (cf. état VIII) semblent mentionner la même expérience.

Lors de la deuxième vision elle parle de la perte du «moi» en ces termes:

> Ce fut par des touches divines et des pénétrations de lui en moi et d'une façon admirable de retours réciproques de moi en lui, de sorte que n'étant plus moi, je demeurai lui par intimité d'amour et d'union, de manière qu'étant perdue à moi-même, je ne me voyais plus, étant devenue lui par participation (138,23-139,2).

La troisième vision se termine par une expérience analogue:

> En toute cette opération, je me voyais le néant et le rien que ce grand Tout choisissait pour porter les effets de ses grandes miséricordes. Je ne pouvais dire autre chose que: "O mon grand Dieu! ô suradorable Abîme! Je suis le néant et le rien!" Et lors, m'était répondu: "Encore que tu sois le néant et le rien, toutefois tu es toute propre pour moi". Cela me fut répété plusieurs fois, à proportion de mes abaissements; et plus je m'abaissais et plus je me voyais agrandie, et mon âme expérimentait des caresses qui ne sauraient tomber sous la diction humaine. Ah! qui est-ce qui pourrait dire l'honneur avec lequel Dieu traite l'âme qu'il a créée à son image, lorsqu'il lui plaît de l'élever dans ses divins embrassements? C'est une chose si étonnante, eu égard au néant et au rien de la créature, que si, par la douceur et tempérament de l'Esprit du même Dieu, cette âme n'était soutenue, elle serait réduite à néant pour n'être plus. Je ne puis m'exprimer autrement (173,2-19).

Texte 5: 203,25-205,5

p. 203, l. 25 Etant dans les dispositions susdites, un jour étant
en oraison devant le très saint sacrement, appuyée en
la chaise que j'avais dans le chœur, mon esprit fut en
p. 204 un moment ravi en Dieu, où lui fut représenté ce grand
pays qui lui avait été montré en la façon que j'ai déduite ci-devant avec toutes les circonstances. Lors,
cette adorable Majesté me dit ces paroles: «C'est le
l. 5 Canada que je t'ai fait voir; il faut que tu y ailles faire
une maison à Jésus et à Marie». Ces paroles qui
portaient vie et esprit en mon âme, en cet instant la
rendirent dans un *anéantissement* indicible au commandement de cette infinie et adorable Majesté, laquelle
l. 10 lui donna force [pour répondre], disant: «O mon grand
Dieu, vous pouvez tout et moi je ne puis rien; s'il vous
plaît de m'aider, me voilà prête. Je vous promets de
vous obéir. Faites en moi et par moi votre très adorable
volonté!». Il n'y eut point là de raison ni de réflexion:
l. 15 la réponse suivit le commandement, ma volonté ayant
été à ce moment unie à celle de Dieu, d'où s'ensuivit
une extase amoureuse dans laquelle cette infinie Bonté
me fit des caresses que langue humaine ne pourrait
jamais exprimer, de laquelle s'ensuivirent de grands
l. 20 effets intérieurs de vertu. Je ne voyais plus d'autre pays
pour moi que le Canada, et mes plus grandes courses
étaient dans le pays des Hurons, pour y accompagner les
ouvriers de l'Evangile, y étant unie d'esprit au Père
Eternel, sous les auspices du sacré Cœur de Jésus, pour
l. 25 lui gagner des âmes. Je faisais bien des stations par tout
le monde; mais les parties du Canada étaient ma demeure
et mon pays, mon esprit étant tellement hors de moi et
abstrait du lieu où <était> mon corps, qui pâtissait
p. 205 cependant beaucoup par cette abstraction, que même
en prenant ma réfection, c'étaient les mêmes fonctions et
courses dans le pays des Sauvages pour y travailler à
leur conversion et aider les ouvriers de l'Evangile. Et
l. 5 les jours et les nuits se passaient de la sorte.

A. *Situation*

Au début du dernier chapitre (article 41) du neuvième état d'oraison,
Marie décrit comment de la part de Dieu elle reçoit mission de se rendre
au Canada et comment, intérieurement, elle éprouve cela.

B. *Emploi du substantif «anéantissement» (204,8)*

L'expression «dans un anéantissement indicible» désigne *un état
de l'âme* qui est *rendue* «au commandement de cette … Majesté»

(204,8-9). Cet état est présenté comme le *résultat* (cf. «Ces paroles ... la rendirent»; 204,6-8) d'une opération divine qui *accompagne* (cf. «en cet instant»; 204,7) l'ordre donné (cf. «il faut que tu y ailles»; 204,5).

Le *contenu* de l'anéantissement est suggéré par: «laquelle lui donna force» (204,9-10), «s'il vous plaît de m'aider, me voilà prête» (204,11-12), «Je vous promets de vous obéir. Faites en moi et par moi votre très adorable volonté!» (204,12-14), «ma volonté ayant été à ce moment unie à celle de Dieu, d'où s'ensuivit une extase amoureuse» (204,15-17).

C. *Sens du substantif «anéantissement»*

Dans ce contexte mystique où l'âme ne voit, n'entend que son Amant et son avenir apostolique, l'anéantissement n'a rien d'actif. C'est un don par lequel l'âme, dont la volonté est unie à celle de Dieu, ne s'intéresse plus à elle-même, ni à son impuissance; et elle est prête à tout ce que Dieu voudra faire par elle.

AU CANADA: LA GRANDE PURIFICATION
DOUZIÈME ÉTAT D'ORAISON

Situation générale

Le 1er août 1639, Marie Guyart met pied sur terre à la Nouvelle-France. Depuis son départ son état d'oraison s'est changé imperceptiblement, et deviendra une grande épreuve qui durera jusqu'au 15 août 1647. Son amour se purifie, «impitoyablement». Malgré la «révolte des passions», son contact avec Dieu reste très intime: une vie d'oraison mystique.

Quoique dans les états X et XI elle n'employât point le verbe «anéantir», ni le substantif «anéantissement», la réalité désignée par ces mots y semble présente, par exemple au premier chapitre (article 42) de l'état X:

> La divine Majesté me voulant entièrement dépouiller et dénuer de mon propre vouloir dans les choses mêmes qu'elle m'avait commandées, voulant que tout fût d'elle et non de la créature, me le fit connaître et expérimenter un jour que j'étais en oraison devant le saint sacrement (211,1-6).

Dans état XII, elle emploie deux fois le substantif «anéantissement» et cinq fois het verbe «anéantir».

344   J. ALAERTS

Analyse des sept passages

Texte 6: 262,24-264,5

p. 262 Pour revenir plus au particulier de mes dispositions
l. 25   intérieures et conduites de Dieu sur moi depuis notre
          embarquement, j'entrai dans l'expérience que ce que la
p. 263 divine Majesté m'avait fait connaître et signifié, me
          devait arriver.
          Dans l'abord, cela commença par le changement de
          cette paix qu'il me donna durant la navigation: paix
l. 5   intense et profonde, quoiqu'en moi éloignée de moi
          pour sa subtilité. Je l'expérimentais en une région si
          éloignée, qui est une chose très pénible à la nature et
          crucifiante l'esprit humain. Et comme en un autre
          état, j'ai dit que les puissances de l'âme n'opérant pas,
l. 10   Dieu les ayant comme perdues et *anéanties* en son
          fond lorsqu'il en prit la possession, elles demeurent et
          il semble qu'elles soient mortes, ce qui est comme j'ai
          dit être crucifiée: mais cette croix, par l'acquiescement
          de l'âme, s'est rendue volontaire: [l'âme], ne pouvant
l. 15   vouloir ni aimer autre chose que ce que l'Esprit de Dieu
          opère en elle qui ne se soucie point de ce que pâtit la
          partie inférieure ni de ses privations, elle n'a son compte
p. 264 que dans ces divines ténèbres où elle est perdue. Ici,
          la partie inférieure, dans l'extérieur <et> en son
          tout, expérimente ce que c'est de servir Dieu à ses
          dépens. C'est en ce point où l'on voit si l'on a
l. 5   quelque habitude dans les vertus.

A. *Situation*

En ce qui concerne la grande purification qui commence, une révélation avait déjà été faite à Marie:

> J'eus une vue de ce qui me devait arriver en Canada. Je vis des croix sans fin, un abandon intérieur de la part de Dieu et des créatures en un point très crucifiant, que j'allais entrer en une vie cachée et inconnue. Il m'était avis que la Majesté de Dieu me disait, par une insinuante pénétration: "Allez, il faut que vous me serviez maintenant à vos dépens; allez me rendre des preuves de la fidélité que je vous dois par la correspondance fidèle aux grandes grâces que je vous ai faites". Je ne puis dire l'effroi qu'eut mon esprit et toute ma nature en cette vue (236,6-16).

D'après les manuels classiques qui traitent la vie mystique, cette espèce de purification précède habituellement le mariage spirituel. Marie est une exception à la règle générale.

B. *Emploi du verbe «anéantir» (263,10)*

Le participe «anéanties» fait partie de l'*expression globale:* «les ayant comme perdues et anéanties» (263,10). L'adverbe «comme» indique l'emploi métaphorique de «perdues et anéanties». Le *sujet* de cette expression est Dieu lui-même; l'*objet direct* («les») est explicité à la ligne précédente: «les puissances de l'âme» (263,9). L'activité divine dont il s'agit est *située* dans le fond de l'âme («en son fond»; 263,10-11) et *datée* («lorsqu'il en prit la possession»; 263,11). La *conséquence* de cette activité: «les puissances de l'âme n'opérant pas» (263,9), «elles demeurent [= s'arrêtent] et il semble qu'elles soient mortes» (263,11-12).

Marie en décrit l'*expérience:* «ce qui est comme j'ai dit être crucifiée» (263,12-13); elle y consent de plein gré («l'acquiescement de l'âme»; 263,13-14) et par amour («ne pouvant vouloir ni aimer autre chose»; 263,14-15). Ceci *implique* qu'elle «ne se soucie point de ce que pâtit la partie inférieure», *car* «elle n'a son compte que dans ces divines ténèbres où elle est perdue» (263,16-264,1).

C. *Sens du verbe «anéantir»*

L'expression «comme perdues et anéanties» est clairement une métaphore pour illustrer la force transformatrice de l'action divine dans le fond de l'âme. L'activité propre et normale des facultés de l'âme cesse, mais alors une nouvelle possibilité de vouloir et aimer se fait jour; l'âme ne se préoccupe plus que de l'action de l'Esprit de Dieu en elle. Quoique la «partie inférieure» souffre et «expérimente ce que c'est de servir Dieu à ses dépens» (264,3-4), l'âme dorénavant insouciante reste perdue dans les divines ténèbres.

Texte 7: 266,25-267,31

p. 266, l. 25 Quelquefois je voyais les diverses raisons <du changement> d'état auquel je me trouvais. Lors, j'avais pouvoir d'en parler au suradorable Verbe Incarné, et comme je lui parlais par des exclamations pressantes,

p. 267 toutes les fautes, imperfections et impuretés que j'avais commises en la vie spirituelle, depuis que sa divine Majesté m'y avait appelée, m'étaient présentes. Ce qui autrefois ne m'avait rien paru m'était horrible, eu égard

l. 5 à la grande et infinie pureté de Dieu, laquelle voulait exiger de moi une exacte satisfaction par tout ce que j'expérimentais dans l'état que tenait sur moi sa divine

Justice. Ah! qui est-ce qui pourra exprimer les voies
de cette divine Pureté et de celle qu'elle demande et
l. 10   veut exiger des âmes qui sont appelés à la vie purement
spirituelle et intérieure? Cela ne se peut dire, ni combien
l'amour divin est terrible, pénétrant et inexorable en
matière de cette pureté, ennemie irréconciliable de l'esprit de nature. Lors même qu'on le voit *anéantir* et
l. 15   qu'on croit être au-dessus de lui et toute dans celui de
grâce, ce sont des coins, des tours, des labyrinthes que
la nature corrompue, qui sont incompréhensibles, et il
n'y a que l'Esprit de Dieu qui connaisse ces voies et qui
les puisse détruire par son feu très intense et subtil
l. 20   et par son souverain pouvoir. Et quand il veut et
qu'il lui plait d'y travailler, c'est un purgatoire plus
pénétrant que le foudre, un glaive qui divise et fait
des opérations dignes de sa subtilité tranchante. Dans
ce purgatoire, on ne perd point la vue du sacré Verbe
l. 25   Incarné, et Celui qui n'avait paru qu'Amour et qui
auparavant consommait l'âme dans ses divins embras-
sements est Celui qui la crucifie et la divise d'avec
l'esprit [dans] toutes ses parties, excepté en son fond
où est le cabinet et le siège de Dieu, qui en cet état,
l. 30   paraît un abîme et lieu séparé. Je ne puis autrement
m'exprimer, cet état portant cela.

A. *Situation*

Marie comprend mieux le pourquoi de la purification. C'est dans sa
relation avec le Verbe Incarné qu'elle voit ses fautes, imperfections et
impuretés comme détestables, «eu égard à la grande et infinie pureté de
Dieu» (267,4-5). Pureté et impureté ont affaire à la qualité de l'amour.
Il ne s'agit pas ici de vrais péchés. Elle le sait bien, et laisse entendre que
seulement les humains appelés à «la vie spirituelle» (cf. 267,1-3; 8-11)
connaissent cette grande sensibilité.

B. *Emploi du verbe «anéantir» (267,14)*

Marie observe: «Lors même qu'on le [= l'esprit de nature] voit
anéantir» (267,14); c'est l'amour divin («l'amour divin … terrible,
pénétrant et inexorable en matière de cette pureté, ennemie irréconciliable de l'esprit de nature»; 267,12-14) qui *opère* ici. Non pas la nature
mais «l'esprit de nature» est mis en cause. Plus loin elle parle à nouveau
de cet esprit: «ce sont des coins, des tours, des labyrinthes que la nature
corrompue, qui sont incompréhensibles, et il n'y a que l'Esprit de Dieu
qui connaisse ces voies et qui les puisse détruire par son feu … et par

son souverain pouvoir» (267,16-20). Là aussi, seul l'Esprit de Dieu peut détruire l'esprit de nature, pour sauver l'amour.

En effet, l'esprit de nature est *opposé à* «celui de grâce»: «... et qu'on croit être au-dessus de lui et toute dans celui de grâce» (267,14-16).

L'intervention destructive de Dieu est *ressentie* par Marie comme une crucifixion de tout son être (cf. 267,27-30).

C. *Sens du verbe «anéantir»*

Il a le même sens que détruire, et signifie une action purifiante et crucifiante de Dieu pour éliminer «l'esprit de nature».

Texte 8: 269,5-270,21 (surtout 269,5-270,10)

p. 269, l. 5 Or, ce que j'ai voulu dire au commencement du
précédent article, au sujet de la présence du sacré
Verbe Incarné, en voyant les raisons de mes souffrances,
c'est que, me condamnant moi-même, je m'accusais
à lui par un excès intérieur qui me poussait de me con-
l. 10 fesser à lui de toutes les impuretés que j'avais commises, qui avaient souillé ses dons et fait injure à l'esprit
de grâce par lequel il m'avait conduite, et que par mes
incorrespondances, j'y avais donné fondement et, en
quelque façon, vigueur à celui de nature: ce qui est un
l. 15 tort et une injure indicible à ses adorables desseins.
Or, il ne peut se dire combien ces vues, venantes de
celui qui a été constitué Juge des vivants et des morts,
sont efficaces, pénétrantes et crucifiantes l'esprit humain; et de plus, que l'âme, avec la qualité qu'elle
l. 20 conçoit de Juge dans le sacré Verbe Incarné, elle le
connaît être son Époux, lequel, nonobstant les impuretés
qui sont en elle, ne lui <a> pas ôté la qualité d'épouse,
mais il la veut sans pitié examiner par le feu secret de
sa divine Justice, sans lui donner la vue des suites [ni]
l. 25 de la durée de cette examination: et c'est ce qui l'*anéan-*
tit et la réduit au néant d'une humiliation indicible.
p. 270 Ce qui fait que [l'âme est] piquée d'un amour douloureux, qui fait son poids qui la fait crier, comme un
autre Job sur son fumier, adressant ses exclamations
au sacré Verbe Incarné, en s'accusant et confessant
l. 5 d'être coupable, lui disant: «Qui est-ce qui me donnera
des larmes de sang pour pleurer toutes les impuretés
que j'ai commises contre la pureté de votre divin Esprit?
O mon céleste Epoux! comment avez-vous supporté
qu'une âme que vous avez tant chérie vous ait fait ce
l. 10 tort?»

A. *Situation*

Les premières lignes de ce texte se rapportent au début du chapitre précédent (article 52), reproduit ci-devant comme «texte 7». À partir de 270,5 jusqu'à 274,29 Marie fait sa confession générale directement au Verbe Incarné.

B. *Emploi du verbe «anéantir» (269,25-26)*

«Anéantit» est *explicité* comme «réduit au néant d'une humiliation indicible» (269,25-26). Comme il ressort de la phrase précédente, l'*objet direct* d'«anéantit» est l'âme. Le *sujet* («c'est ce qui»; 269,25) est développé avant, en 269,19-25. Il s'agit de la fine perception chez Marie que, malgré ses impuretés, elle reste l'épouse du Verbe Incarné et que ce Verbe, comme un Juge implacable, veut l'examiner, sans toutefois lui faire connaître la durée ni les suites de cet examen. Dès le début il est fait mention de la *source* de ce savoir: «au sujet de la présence du sacré Verbe Incarné» (269,6-7), «par un excès intérieur qui me poussait» (269,9), «ces vues, venantes de celui qui a été constitué Juge» (269,16-17).

En cet état («Ce qui fait que l'âme»; 270,1) d'humiliation indicible, l'âme est blessée par «un amour douloureux» (270,1-2) qui la pousse à une confession générale au Verbe incarné.

C. *Sens du verbe «anéantir»*

Il s'agit d'un événement qui n'a pas été produit par l'âme, mais qu'elle subit plutôt comme une purification de sa relation amoureuse avec le «sacré Verbe Incarné». Une âme vraiment anéantie, dans le sens littéral du mot, ne pourrait jamais être blessée par «un amour douloureux».

Texte 9: 272,12-34

p. 272 Etant [religieuse], en une occasion,
     je fis, ainsi qu'il me paraît, un acte d'hypocrisie. J'eus
     de faux sentiments d'humilité, qui me firent aller deman-
l. 15 der à ma supérieure d'être humiliée, et je crois qu'elle
     m'eût bien mortifiée si elle m'eût prise au mot, car,
     mon intention, comme je crois, n'était point pure:
     j'avais un orgueil secret qui me faisait agir; c'est
     pourquoi, je mérite toutes sortes d'humiliations de la
l. 20 part de votre divine Justice. Or donc, sans pitié, exter-

minez le néant et la poussière! Il n'y a châtiment qui
ne soit trop doux pour moi. Une fois, sous ombre de
justice, je fus donner un avis à ma supérieure. Au fond,
ce n'était que par une vertu plâtrée, mais plutôt un
l. 25 orgueil, qui me faisait avancer par et au-delà mon
devoir, et par conséquent commettre une imprudence,
qui fut le fruit de ma prétendue justice et de ma témérité. Et vous avez, ô mon divin Époux, souffert tout
cela sans arrêter le cours de vos miséricordes! Il est
l. 30 donc maintenant juste que vous en preniez la ven-
geance. Me voilà courbée. Châtiez-moi selon les lois
que votre amour a établies pour châtier mes infidélités.
Ah! je vous en demande pardon, mon divin Époux,
anéantie jusque sous les pieds des démons.

A. *Situation*

Ce passage se situe au milieu d'une confession générale assez
détaillée de Marie. Elle continue à considérer le Seigneur en tant que
Juge (cf. 272,20) et lui demande d'être humiliée et châtiée; mais en
même temps elle le voit comme Epoux.

B. *Emploi du verbe «anéantir» (272,34)*

Le participe «anéantie» *se réfère* au sujet («je») de «demande pardon» (272,33). Marie prie son Époux de lui pardonner en suite de sa
demande d'être châtiée selon les lois décrétées par son amour (cf.
272,31-32). La demande de châtiment vient après son aveu d'un faux-
pas (cf. 272,22-28); puis elle s'écrie: «vous avez, ô mon divin Époux,
souffert tout cela sans arrêter le cours de vos miséricordes» (272,28-29).
La portée d'«anéantie» est renforcée par une *image:* «jusque sous les
pieds des démons» (272,34).

C. *Sens du verbe «anéantir»*

Ici le mot a sans doute la même teneur que dans le passage précédent
(texte 8). Ce qui y a été exprimé par «au néant d'une humiliation indicible» (269,25-26) est formulé ici par l'image «jusque sous les pieds des
démons» (272,34).
Si la personne avait été littéralement anéantie, elle aurait été dans
l'impossibilité de demander pardon au divin Epoux. Il est manifeste
qu'il s'agit donc d'un aspect concomitant d'une rencontre en vérité et en
amour.

Texte 10: 287,24-288,24

p. 287 Cet esprit censeur
l. 25 et jaloux du pur amour est inexorable, et se fait obéir
sans remises, faisant voir et expérimenter à l'âme qu'il
est aussi bien ennemi des remises que des récidives.
Les actes de contrition et componction sont tous con-
duits dans le même esprit, et ils s'adressent au sacré
l. 30 Verbe Incarné par la véhémence de cet esprit qui la
possède, en tels termes: «Pardon, mon très chaste
Amour, pardon, mon chaste et divin Époux! Je ne
veux pas vous avoir offensé. Miséricorde, mon divin
p. 288 Amour!». Et sans cesse, cette activité amoureuse lui
fait exhaler ses soupirs redoublés, sans s'en pouvoir
empêcher: «Pardon, mon cher Amour, je ne puis vouloir
vous avoir offensé. Ah! mon divin Amour, envoyez-moi
l. 5 plutôt un million de morts que de permettre que je vous
offense volontairement. Je sais bien que je ne suis que
souillure et imperfection, mais je ne le veux pas être.
O Amour, exterminez tout! *L' Amour est fort comme la
mort et son émulation dure comme l'enfer.* Vous savez
l. 10 bien ce qu'il faut faire pour user de votre divine maîtrise
et de votre souverain pouvoir sur une âme qui vous
appartient et qui contrevient à vos lois. Sus donc!
sans pitié, soyez inexorable et consommez tout ce qui
contrevient à votre pureté si intimement exacte».
(55)
l. 15 C'est cette pureté de Dieu qui époinçonne l'âme
et qui lui fait pousser ces élans, et ensuite qui la fait
abandonner à tout par un entier *anéantissement*. Perte
d'honneur, de réputation, il ne lui importe; il faut
que la pureté règne, et elle voit, plus clair que le jour,
l. 20 la grande importance de la pureté pour compatir avec
l'Esprit de Dieu.
C'est une chose indicible ce qu'il veut d'une âme qu'il
tient dans une union intime, habituelle et continuelle
avec lui!

A. *Situation*

Après le récit de sa confession générale au Verbe Incarné, Marie, au début du chapitre suivant (article 54), mentionne que sa disposition intérieure a changé quelque peu: «ma disposition changea en quelque partie» (285,6-7). Elle se sent plus libre, mais: «Ce qui me resta fut la révolte des passions» (285,7-8). Quoiqu'elle pense que Dieu l'ait «rétablie dans sa sainte et intime familiarité» (286,21), elle ne peut comprendre comment «un si grand accès avec sa divine Majesté pouvait compatir avec cette révolte de mes passions» (286,23-24). Maintenant, aidée par l'impitoyable lumière du pur amour, elle fait une confession générale à son confesseur. Le passage 287,24-288,14 termine ce récit. Suit alors le début d'un nouveau chapitre (article 55), dans lequel elle décrit l'impact du pur amour de Dieu dans sa vie (cf. 288,15-24).

B. *Emploi du substantif «anéantissement»(288,17)*

L'adjectif «entier» *renforce* la portée de l'anéantissement. La pureté de Dieu amène l'âme à tout abandonner (cf. 288,15-17): cela fait partie du *contenu* de l'anéantissement entier. Ce contenu *s'illustre* concrètement par: «Perte d'honneur, de réputation, il ne lui importe» (288,17-18). Cette indifférence pour une bonne réputation *est accompagnée* par un désir brûlant: «il faut que la pureté règne» (288,18-19); car Marie voit qu'il n'y a pas d'autre voie qui mène à «compatir avec l'Esprit de Dieu» (288,20-21).

Pour elle, il est évident qu'une telle expérience est le sort de celui qui, d'une manière toute spéciale, a été saisi par Dieu (cf. 288,22-24).

C. *Sens du substantif «anéantissement»*

Ici, l'anéantissement n'est pas de l'ordre moral. Il s'agit d'une initiative du pur amour de Dieu pour une âme qu'il a fait bénéficier d'une vie pleinement mystique. Par «l'entier anéantissement» l'âme est détachée de tout; même la perte de sa bonne réputation la laisse indifférente. Mais elle brûle du désir d'acquérir une pureté d'amour qui la rendra plus semblable à l'Esprit de Dieu.

Texte 11: 294,25-295,25

p. 294, l. 25 Dans la suite de l'état susdit, Notre-Seigneur me
faisait la grâce de me comporter avec le prochain et
affaires de la communauté sans qu'il parût rien à l'extérieur de ce qui se passait au dedans. Ce n'était pas que,
comme j'ai dit, je ne commisse des fautes par égare-
p. 295 ment, mais il était facile à découvrir que c'étaient choses
passagères et que le cœur n'avait rien de mauvais. Et
en effet, par la miséricorde de Dieu, je n'avais attache
à chose aucune qui eut ombre de mal.
l. 5 Le diable me voulait mettre en scrupule de ce que je
n'avais pas de scrupules, eu égard à mes imperfections,
et par là, me jeter [dans] de nouveaux troubles d'esprit.
Mais la bonté de Dieu me préserva de ce mal, par la
clarté qu'elle me donnait dans le fond de l'âme, qui me

l. 10   faisait nettement, sans raisonner, distinguer le vrai
           d'avec le faux. Les personnes avec lesquelles j'avais à
           traiter m'estimaient prudente, candide et sincère et
           d'une grande patience, avec d'autres qualités qu'on a
           en estime et que je ne croyais pas avoir, n'y faisant point
l. 15   réflexion. Au contraire, la vue de mes bassesses donnait
           un poids au peu de bien qui était en moi, en sorte que
           j'étais bien éloignée d'en avoir des pensées de vanité,
           et, si j'avais des vues que Dieu m'avait donné des
           talents pour diverses choses, dans les états et conditions
l. 20   où il m'avait appelée, je voyais et il me semblait avoir
           l'esprit convaincu que, comme un autre enfant prodigue,
           j'avais tout perdu par ma faute, et que j'avais abusé
           des grâces et faveurs et intérieures et extérieures qu'il
           m'avait faites. Ainsi, tout servait à mon humiliation et
l. 25   *anéantissement.*

A. *Situation*

Le texte ouvre un nouveau chapitre (article 56). Dans celui qui précède, Marie avait décrit ses «sentiments et émotions imparfaites»
(294,2-3) et racontait comment elle priait Dieu de l'en délivrer: «toujours en vue de la pureté véritable, si peu trouvée et possédée en la vie
spirituelle et voies du pur amour du sacré Verbe Incarné» (294,17-19).

Après le texte 11 vient le récit de l'élaboration de constitutions adap-
tées à la vie religieuse en pays de mission.

B. *Emploi du substantif «anéantissement» (295,25)*

Le mot «anéantissement» est inclus dans l'*expression globale:* «mon
humiliation et anéantissement» (295,24-25). Nonobstant la conscience
(cf. «j'avais des vues»; 295,18) «que Dieu m'avait donné des talents
pour diverses choses» (295,18-19), elle s'appelle elle-même «un autre
enfant prodigue» (295,21), convaincue qu'elle est d'avoir tout gaspillé
(cf. 295,20-24). «Ainsi, *tout servait à*» (295,24) son humiliation et
anéantissement.

Par contre, on ne peut perdre de vue le passage 294,28-295,4: elle sait
que tout cela dépasse l'ordre moral. Aussi, quand elle parle de «la vue
de mes bassesses» (295,15), il ne s'agit pas de péché.

C. *Sens du substantif «anéantissement»*

Il s'agit de la perception pénible de se voir à la fois comblée de grâces
et de ne pas y répondre parfaitement, non pas dans le domaine moral,

mais dans celui de «la pureté véritable» et «du pur amour» (cf. Situation du texte 11).

D. *Remarque*

Plus loin, Marie dira en parlant des grâces reçues: «que je souillais ces mêmes dons» (318,5). Et elle confessera: «au fond, je ne suis rien et ne vaux rien en toutes manières, à cause de mes incorrespondances» (318,9-11). Nous y trouvons, en ce qui concerne «la pureté véritable», la même perception d'être à la fois comblée et défaillante.

Texte 12: 300,4-301,9 (surtout 300,4-19)

p. 300 Revenant à mon discours, j'ai dit ci-devant que le
l. 5 Révérend Père Lalemant m'éprouvait et me disait mes
vérités. Entre autres, un jour, il me dit, et me le prouva
par raison, que je n'étais pas digne de traiter avec Dieu
dans une si grande familiarité, eu égard à mes grandes
imperfections. Il avait raison et mon esprit en était
l. 10 convaincu, me voyant encore plus misérable qu'il ne
me voyait. «Comment! disait-il, de traiter avec une si
haute Majesté de la sorte! Vouloir le baiser de la bouche!
Sous les pieds, sous les pieds! C'est trop pour vous».
Je le voyais bien, et le zèle et la ferveur avec laquelle
l. 15 il me disait cela m'*anéantissait* et m'eût fait passer
par le feu pour que la divine Justice eût été satisfaite
de ma trop grande témérité. Je me faisais de très grandes
violences pour traiter avec mon divin Époux d'une
autre manière, mais je ne pouvais faire autrement.

A. *Situation*

Au dernier chapitre (article 57) du douzième état d'oraison, Marie raconte surtout des événements de sa vie en rapport avec le père Lalemant S.J., son confesseur et directeur de la Mission. Elle nous présente un beau tableau, en racontant l'aversion de ce père pour les relations intimes qu'elle avait avec Dieu (cf. 300,4-301,9). La conclusion dénote son sens d'humour: «mondit Révérend Père me laissa libre d'obéir à l'Esprit de Dieu» (301,8-9).

B. *Emploi du verbe «anéantir» (300,15)*

Ici, le *sujet* du verbe «anéantissait» est «le zèle et la ferveur avec laquelle il me disait cela» (300,14-15); l'*objet direct:* la personne de

Marie (cf. «m'anéantissait»). La *raison* (cf. «eu égard à»; 300,8) de la désapprobation du père sont ses «grandes imperfections» (300,8-9). Elle-même en est convaincue: «mon esprit en était convaincu, me voyant encore plus misérable qu'il ne me voyait» (300,9-11).

Ce zèle fervent du père *ne fait pas que l'anéantir:* il «m'eût fait passer par le feu pour que la divine Justice eût été satisfaite de ma trop grande témérité» (300,15-17). Et, oui, elle se fait «de très grandes violences» (300,17-18) pour traiter avec son divin Époux d'une autre manière, mais elle n'y réussit pas.

C. *Sens du verbe «anéantir»*

Comme dans le texte 11, le verbe se réfère à sa perception pénible de se voir à la fois comblée et défaillante. Mais l'accent primordial de ses rapports avec son divin Epoux reste la «grande familiarité».

AU CANADA: LA PLEINE MATURITÉ
TREIZIÈME ÉTAT D'ORAISON

Situation générale

Le 15 août 1647, après huit années difficiles et par l'intermédiaire de la Mère de Dieu, Marie est délivrée de la «révolte des passions et tentations» (308,1-2). Elle a toujours été étonnée qu'une période tellement pénible pouvait aller de pair avec une vie d'intimité profonde avec Dieu. Elle croyait même que: «ce que je pâtissais était opposé à l'état que sa divine Majesté me faisait porter dans le centre de mon âme» (308,7-9).

Le rapport des sept années suivantes jusqu'au moment, en 1654, où elle décrit tout son itinéraire spirituel dans une lettre à son fils, coïncide avec le treizième état d'oraison. Elle y emploie quatre fois le verbe «anéantir» (cf. articles 60, 62, 66 et 68), et trois fois le substantif «anéantissement» (cf. articles 62 et 68).

Analyse des six passages

Texte 13: 314,17-315,11

p. 314 Dans les susdits emplois, mon esprit était toujours
lié à cet Esprit qui me possédait pour me faire marcher
et agir dans les maximes du suradorable Verbe Incarné.

l. 20 Il semblera que je ne fais que répéter au sujet de ces
divines maximes, sur lesquelles je roulais, ai-je dit,
continuellement. Est à remarquer que dans la voie que

Notre-Seigneur a toujours tenue sur moi pour ma conduite spirituelle, que le Saint-Esprit m'a toujours,
l. 25   depuis le commencement qu'il m'a appelée dans la vie
intérieure jusqu'à cette heure, donné pour principe les
p. 315 maximes de l'Évangile, sans que je m'y étudiasse, soit
y raisonnant, soit y réfléchissant par élection, mais
cela me venant tout en un moment dans l'esprit, sans
qu'au précédent j'en eusse fait lecture. Même quand
l. 5   j'en eusse fait, ma mémoire était labile en ce point,
en sorte que la maxime qui était produite par l'Esprit
qui me conduisait *anéantissait* en moi tous autres souvenirs, quoique saints, et ce qui était présenté en mon
esprit portait en soi ce qui pour lors était utile pour mon
l. 10   avancement spirituel, et toutes sortes de biens et grâces
substantielles dans l'union du sacré Verbe Incarné.

A. *Situation*

Le texte représente le début d'un chapitre (article 60) dans lequel
Marie explique comment, dans chaque période de sa vie, elle s'est laissée conduire par les «maximes du suradorable Verbe Incarné» (314,19)
ou les «maximes de l'Évangile» (315,1). Dans ce contexte, vers le
milieu du chapitre, elle remarque: «toutes ces vues et grâces substantielles n'étant par aucune étude de ma part, mais à la façon que les
éclairs précèdent le tonnerre, expérimentant que tout procédait du centre
de mon âme, de Celui qui en avait pris la possession et qui la consommait en son amour et en faisait rejaillir ces étincelles pour me conduire
et me diriger» (316,19-317,2).

La première ligne de «texte 13» (cf. «Dans les susdits emplois») fait
allusion au fait qu'elle a toujours été supérieure ou économe.

B. *Emploi du verbe «anéantir» (315,7)*

Le *sujet* de «anéantissait» est: «la maxime qui était produite par
l'Esprit qui me conduisait» (315,6-7); l'*objet direct:* «tous autres souvenirs» (315,7-8). L'événement est *situé:* «en moi» (315,7).

L'effet de cette «maxime» a non seulement un aspect négatif mais
également et surtout un *résultat positif:* «ce qui était présenté en mon
esprit portait en soi ce qui pour lors était utile» etc. (315,8-11).

C. *Sens du verbe «anéantir»*

L'emploi du verbe équivaut ici à: faire disparaître de la mémoire.
C'est une «maxime ... produite par l'Esprit» qui en est la cause, c'est-

à-dire un texte évangélique qui s'impose très à propos à l'esprit de Marie, «sans que je m'y étudiasse» (315,1).

Texte 14: 324,4-326,13 (surtout 325,22-326,13)

p. 325 Les bénédictions que mon âme donnait
        à Dieu étaient aussi fréquentes que chacun de mes
        respirs, et il n'était pas en moi de sortir de cette amou-
l. 25 reuse activité et union de toute mon âme à la divine
        volonté, et tout le fond de mon âme était nageant
        par un amour de complaisance dans cette sainte volonté
        de Dieu, sans examiner rien que de me complaire en ce
        que son dessein avait été accompli par notre *anéantisse-*
l. 30 *ment*, et surtout à mon regard, parce que j'avais fait
        bâtir cette maison et eu de grands travaux pour arriver
        à la mettre en l'état qu'elle était et souffert de grandes
p. 326 contradictions. Or, comme je voyais que j'avais
        commis beaucoup d'imperfections, je me mettais du
        côté de la divine Justice, lui rendant mes actions de
        grâces et mes complaisances de tout ce en quoi elle vou-
l. 5 lait se satisfaire par mon *anéantissement*, en ce point
        particulier, de sorte que mon amoureuse activité inté-
        rieure de louanges ne pouvait finir, et quoique toutes
        fussent dans une très intime familiarité avec cette sur-
        adorable Majesté, néanmoins c'était en l'esprit amou-
l. 10 reusement humilié, et j'avais l'esprit convaincu que
        toutes ces choses contribuaient à m'emporter de ce
        côté-là et que la Majesté divine avait du dessein par-
        ticulier en tout ce qui nous était arrivé en notre accident.

A. *Situation*

Ce texte fait partie du chapitre (article 62), dans lequel Marie donne son interprétation personnelle du grand incendie qui, fin 1650, avait détruit son monastère. Ainsi, elle écrit par exemple: «je crus que mes péchés en étaient la seule cause» (324,6-7); «je voyais ce coup comme le châtiment d'un bon père et d'un époux, lequel, en nous visitant de la sorte, nous voulait mettre dans un entier dépouillement en l'Octave de la sainte Nativité, conforme en quelque façon à celui de la Crèche» (324,15-19).

B. *Emploi du substantif «anéantissement» (325,29-30; 326,5)*

Marie semble parler d'un double «anéantissement», le sien propre (cf. «mon»; 326,5) et celui de sa communauté (cf. «notre»; 325,29-30):

a) elle interprète son propre anéantissement comme une *voie par laquelle* (cf. «par»; 326,5) la Justice divine «voulait se satisfaire» (326,4-5). *Car* (cf. 326,1-2) elle est consciente d'avoir «commis beaucoup d'imperfections»;

b) l'anéantissement de sa communauté, elle l'interprète comme une *voie par laquelle* (cf. «par»; 325,29) le «dessein» de Dieu «avait été accompli» (325,29).

On s'aperçoit dans le passage 325,29-326,1 que l'anéantissement ne concernait pas tellement sa communauté, mais bien *sa propre personne* (cf. «surtout à mon regard»). Comme *motif* (cf. «parce que»), elle rappelle qu'elle a été la cheville ouvrière de la construction et de l'aménagement du monastère, mais également la cible des critiques.

Conséquences (cf. «de sorte que»; 326,6) de son anéantissement: «mon amoureuse activité intérieure de louanges ne pouvait finir» (326,6-7), et elle a «l'esprit amoureusement humilié» (326,9-10).

Tout cela va *de pair avec* la forte conviction (cf. «j'avais l'esprit convaincu»; 326,10):

a) en ce qui la concerne elle-même: «que toutes ces choses contribuaient à m'emporter de ce coté-là» (326,10-12);

b) en ce qui concerne la communauté: «et que la Majesté divine avait du dessein particulier en tout ce qui nous était arrivé en notre accident» (326,12-13).

Marie fait ressortir que ses réactions positives au sujet de la catastrophe ne sont pas le fait d'une autosuggestion: «il n'était pas en moi de sortir de cette amoureuse activité et union de toute mon âme à la divine volonté» (325,24-26).

C. *Sens du substantif «anéantissement»*

Ce qui se profile clairement ici: il s'agit d'un don mystique qui permet l'être humain à vivre amoureusement pour et par la volonté de Dieu, et qui lui accorde un esprit «amoureusement humilié» et détaché des biens terrestres et des prestations personnelles.

Texte 15: 326,14-327,6 (surtout 326,24-327,6)

p. 326 L'autre personne était assez proche de notre monastère,
l. 25 laquelle en esprit vit comme un cercle de lumière qui
entourait notre maison, et des voix dans cette lumière

qui disaient à quelqu'un par voix plaintive: «Hélas!
hélas! n'y a-t-il point de remède?». L'on répondit:
l. 30   «Non, il n'y en a point». Il semblait que c'était l'ange
exécuteur des volontés de la divine Justice qui faisait
cette réponse: «Cela sera; l'arrêt est prononcé!». Alors,
il vit comme une main qui faisait le signe sur notre
monastère. Peu après, quasi en même temps, l'on vit
l. 35   paraître le feu, et cette bonne personne entendant la
p. 327   cloche du tocsin et les cris pour avoir secours, vit la
chose vérifiée en nous. Lorsque j'eus appris ce qui était
arrivé à cette sainte âme, ce fut un nouvel esquillon
à mon cœur pour fomenter mon amoureuse activité et
l. 5   état de victime qui voulait être toute consommée et
anéantie sous le bon plaisir de la divine Justice.

A. *Situation*

Après son interprétation personnelle de l'incendie, Marie parle de
deux personnes qui en avaient eu un pressentiment. Elle clôt le chapitre par le récit et sa réaction en ce qui concerne la deuxième personne.

Pour bien comprendre son «état de victime» (326,5), il faut savoir
qu'en arrivant au Canada Marie s'était présentée à Dieu comme un holocauste pour le salut des «Sauvages»: «je porte dans mon âme une disposition constante de donner ma vie pour leur salut, si j'en étais digne,
en m'offrant en continuel holocauste à la divine Majesté pour la conservation de ces pauvres âmes» (261,4-8). Ici, il faut tenir compte du caractère mystique ou passif de cette «disposition constante». Ainsi, elle écrit
de ses premières années d'ursuline à Tours: «J'avais eu toute ma vie un
grand amour pour le salut des âmes, mais depuis ce que j'ai dit des baisers de la très sainte Vierge, je portais dans mon âme un feu qui me
consommait pour cela» (195,21-24).

B. *Emploi du verbe «anéantir» (327,6)*

Le verbe est *englobé* dans l'expression: «être toute consommée [=
consumée] et anéantie» (327,5-6). Ces deux verbes cadrent avec la
métaphore de la «victime» (327,5). Marie se l'*applique à* elle-même, en
parlant de «mon amoureuse activité et état de victime» (327,4-5); elle
veut (cf. «voulait»; 327,5), jusqu'à la fin, rester fidèle à la logique de
cet état. Cet état est *associé au* «bon plaisir de la divine Justice»
(327,6), dont il était question à 326,31 et aussi à 326,2-3: «je me met-
tais du côté de la divine Justice» (cf. texte 14).

C. *Sens du verbe «anéantir»*

Dans le langage figuré de la victime, Marie exprime comment, par amour, elle veut voir vaincre la volonté de Dieu par le don, sans restriction aucune, de sa vie.

Texte 16: 344,15-346,13 (surtout 345,7-346,13)

p. 345 J'ai dit que cette partie sensitive était sur le rien et
qu'elle avait un entier dégoût des créatures, à cause
qu'elle avait été amorcée par la douceur des biens
l. 10 spirituels. Néanmoins elle y retournerait bien vite, si
par une vertu secrète elle n'était retenue sous *les lois*
de l'Esprit que l'homme animal ne comprend point et
cette vertu la produit enfin comme au rang des morts,
quoiqu'elle ne meure pas du tout; mais elle est blessée
l. 15 jusqu'à n'en pouvoir plus, pour laisser la partie supérieure en paix jouir de ses biens qu'elle possède à son
exclusion. En cette mort, que j'appelle ainsi au regard
des choses spirituelles, il y a plusieurs degrés, parce
qu'il y a bien des coins et recoins et des trésors divers
l. 20 <de> ruses et <de> finesses en la nature corrompue,
qui à tout propos voudrait faire <les> singes, mais
l'Esprit de Dieu tranche et agit de sorte qu'il prive toute
cette racaille des mets de sa table royale, qui ne sont
point dressés pour elle; et c'est en ce point que la
l. 25 véritable distinction se connaissait de la partie inférieure
d'avec la supérieure. Mais ce n'est pas tout; nous ne
p. 346 sommes qu'au premier pas pour entrer dans l'état de
victime et possession de la pauvreté d'esprit.

II. – La nature étant ainsi *anéantie*, premièrement
par la pénitence et en second lieu par la privation de ce
l. 5 qui la faisait subsister et rendre souple à tout ce à quoi
l'Esprit la voulait mener, est humiliée à un point qui
ne se peut dire, pendant que la partie supérieure est
en un contentement très véritable de se voir délivrée de
ce qui lui nuisait le plus pour être, en vraie pureté, en
l. 10 la jouissance de son souverain et unique Bien: l'entendement et la volonté possédant les lumières et les
amours en la manière, mais par-dessus la manière que
j'ai ci-devant déduite en bégayant.

A. *Situation*

Après l'incendie, en 1651, Marie redevient supérieure. Depuis, écrit-elle, elle vit dans «un état de victime continuel» (340,6); «dans lequel Notre-Seigneur m'a conduite» (340,4).

À la fin de ce chapitre (article 65), Marie se propose de consacrer le chapitre suivant (article 66) à un exposé (cf. 342,10-351,11). Cet exposé en cinq points se termine comme suit: «Il m'a fallu faire ce petit discours de mes propres expériences, pour, en quelque façon, donner à entendre de ce que j'ai voulu dire de la pauvreté d'esprit spirituelle et substantielle et de l'état de victime» (351,8-11).

«Texte 16» est à la fois la fin du premier et le début du second point. Dans le premier, elle résume d'abord la richesse de sa vie mystique de la période initiale, pour passer ensuite au commencement de sa purification. Dans son rapport, elle attribue l'initiative de cet épurement au «divin Esprit»: «Ce divin Esprit qui est infiniment jaloux et qui, en matière de pureté intérieure, est inexorable et veut seul posséder son domaine, commence à attaquer la partie sensitive et inférieure de l'âme et de lui faire souffrir des privations en diverses manières, qui sont extrêmement crucifiantes» (344,15-20).

B. *Emploi du verbe «anéantir» (346,3)*

Marie vient de décrire comment l'Esprit, le vrai *sujet*, a crucifié la «nature» ou «la partie sensitive et inférieure de l'âme» (cf. 344,15 etc.), sans qu'elle ait eu recours au verbe «anéantir». Cette «partie sensitive» (345,7) ne meurt pas entièrement, «mais elle est blessée jusqu'à n'en pouvoir plus» (345,14-15). Et la nature, «étant *ainsi* anéantie» (346,3), est «humiliée à un point qui ne se peut dire» (346,6-7).

Le participe «anéantie» est suivi de deux *compléments d'agent* qui résument deux aspects de la purification: le premier, «par la pénitence», fait allusion à 345,7-13 (où la mention «par une vertu secrète» fait ressortir qu'il s'agit d'une pénitence qui est don de l'Esprit); le second, «par la privation», a trait au processus, décrit en 344,15-345,6.

Le *but* est clair: «pour laisser la partie supérieure en paix jouir de ses biens» (345,15-16); «pendant que la partie supérieure est en un contentement très véritable de se voir délivrée de ce qui lui nuisait le plus pour être, en vraie pureté, en la jouissance de son souverain et unique Bien» (346,7-10). Cette partie supérieure comprend «l'entendement et la volonté» (346,10-11).

C. *Sens du verbe «anéantir»*

Le verbe «anéantir» signifie ici plutôt «humilier profondément», non pas «exterminer» mais «gravement blesser». Cet anéantissement est au

service d'une jouissance supérieure et d'un amour plus pur. L'instigateur
de ce processus, c'est l'Esprit de Dieu.

Texte 17: 354,1-355,20 (surtout 354,1-355,9)

p. 354   Il y a encore une autre disposition en laquelle je me
        trouve, qui est comme dérivante de celle dont j'ai parlé
        au précédent chapitre. Cela m'arrive le plus souvent
        quand je suis seule en notre chambre, venant de quelque
l. 5   règle du chœur, surtout de la très sainte communion,
        plus qu'en en autre temps. Je pâtis une impression en
        l'âme. Ce n'est pas que je conçoive que c'est une impres-
        sion pour lors; mais je dis ainsi pour m'exprimer. C'est
        une chose si haute, si ravissante, si divine, si simple,
l. 10   et hors de ce qui peut tomber sous le sens de [la] diction
        humaine, que je ne la puis exprimer, sinon que je suis
        en Dieu, possédée de Dieu et que c'est Dieu qui m'aurait
        bientôt consommée par sa subtilité et efficacité amou-
        reuse, si [je n'étais soutenue] par une autre impression
l. 15   qui succède à celle-là qui ne se passe pas néanmoins,
        mais tempère sa grandeur comme insupportable en cette
        vie. Sans ce tempérament de cette autre impression,
        qui a toujours son rapport au suradorable Verbe Incarné,
        mon divin Époux, [je ne saurais subsister], mon âme ne
l. 20   se trouvant avoir vie qu'en lui, dans mon état foncier
        d'amour, jour et nuit et à tout moment.
        Les effets que porte cet état sont toujours un *anéan-*
        tissement et une véritable et foncière connaissance
        qu'on est le néant et l'impuissance même; une basse
l. 25   estime de soi et de son propre opérer, que l'on voit
        toujours mêlé d'imperfection, duquel on a l'esprit
        convaincu, ce qui tient l'âme dans une grande humilité,
        quelque élevée qu'elle puisse être; une crainte, sans
p. 355 inquiétude [de] se tromper dans les voies de l'esprit
        et d'y prendre le faux pour le vrai. Cette crainte sert
        pour l'abnégation et esprit de componction. Cette
        crainte semblablement est une fomentation de paix,
l. 5   paix qui vient de l'acquiescement aux peines, souffrances
        et croix qui arrivent, qu'on reçoit de la main de Dieu
        comme du châtiment d'un bon Père qui corrige amou-
        reusement son enfant, qui ensuite de son châtiment se
        va jeter dans son sein.

A. *Situation*

Ainsi commence le tout dernier chapitre du récit (article 68). On sait
que Marie vient de terminer ses exercices spirituels, sa retraite annuelle.

Elle avait déjà noté en passant (cf. article 67): «le temps de mes exercices spirituels, desquels je sors» (353,12-13); et tout à la fin du rapport elle écrit: «Je finis ces cahiers le 4ᵉ jour d'août, peu après avoir fait les exercices spirituels» (356,26-27).

Maintenant, Marie va récapituler aussi bien son état actuel que toute l'histoire de sa relation amoureuse avec Dieu. Les «impressions» dont elle traite d'abord caractérisent fortement son treizième état d'oraison dès le début (cf. surtout les articles 59 et 61). Au chapitre 59 elle les dépeint comme suit: «des impressions plus distinctes que toutes lumières par le suradorable Verbe Incarné qui habite en elle, impressions qui portent des effets dignes du sujet qui les imprime et tout conformes aux maximes du saint Évangile, en sorte qu'il ne se peut rien opérer qu'en cet esprit et conduite» (312,14-19).

Le chapitre 67 nous procure plusieurs exemples de ce genre d'impressions mystiques, apparemment associées à des versets de l'évangile selon saint Jean (cf. Jn 6,63; 14,9-10; 15,1-2).

Ici, au début du chapitre 68, Marie distingue «une impression» (354,6) très envahissante (cf. 354,9-14) et «une autre impression qui … tempère sa grandeur» (354,14-16).

B. *Emploi du substantif «anéantissement» (354,22-23)*

L'anéantissement est présenté comme un *premier effet* qui, *ensemble avec* les suivants, était *déjà présent* dans d'autres états spirituels; sans quoi, Marie n'aurait pas écrit: «Les effets que porte cet état sont *toujours* un anéantissement et …» (354,22-23).

L'état visé, qu'elle vient d'appeler «mon état foncier d'amour» (354,20-21), est vécu comme une union intime et continuelle avec le Verbe Incarné, «mon divin Époux» (354,19).

Les «effets» qui suivent sont à considérer comme des *implications vertueuses* de la vie d'anéantissement. Vers la fin du chapitre, elle observe en effet: «Or il est à remarquer que l'Esprit qui m'a si amoureusement conduite a toujours tendu à une même fin et porté mon âme à *la pratique des susdites vertus* et à plusieurs autres que je ne cote pas, mais toujours pour tâcher de suivre l'esprit de l'Évangile» (356,7-11).

Ces implications vertueuses sont énumérées *conformément à l'évolution* spirituelle que Marie a connue à travers ses «états d'oraison». Ainsi, elle mentionne:

– «une véritable et foncière *connaissance* qu'on est le néant et l'impuissance même» (354,23-24);

- «une basse *estime* de soi et de son propre opérer, que l'on voit toujours mêlé d'imperfection, duquel on a l'esprit convaincu, ce qui tient
  l'âme dans une grande humilité, quelque élevée qu'elle puisse être»
  (354,24-28);
- «une *crainte*, sans inquiétude de se tromper dans les voies de l'esprit»
  etc. (354,29-355,9).

Et elle en cite encore plusieurs autres, qui ont caractérisé autant
d'étapes dans sa vie intérieure mouvementée (cf. 355,9-356,6).

C. *Sens du substantif «anéantissement»*

Pour Marie, il s'agit d'un «effet» qu'elle considère comme la manifestation fondamentale d'une relation amoureuse avec le «Verbe
Incarné». Cette relation se vit maintenant au rythme des «impressions»,
que Marie «pâtit en l'âme» (354,6-7).

Texte 18: 355,20-24

p. 355, l. 20 – Les fautes
et imperfections que l'on commet sont d'oubliance et
d'égarement, qui vont toujours néanmoins *s'anéantis-
sant*, la nature ayant perdu sa force par les divines
opérations. –

A. *Situation*

Le texte forme une parenthèse dans l'énumération des «effets» de
l'état spirituel traité. C'est un genre de réflexion que Marie a faite plusieurs fois (cf. par exemple: 285,14-16; 294,28-295,4; 314,6-9). Elle se
rend bien compte qu'il ne s'agit pas de péchés.

B. *Emploi du verbe «anéantir» (355,22-23)*

L'emploi *pronominal* du verbe est ici le substitut de la forme passive
et s'explique par son usage comme participe présent avec le verbe
«aller», indiquant la continuité de l'action. Ce tour était encore fréquent
au 17e siècle.

Les fautes et imperfections dont Marie parle sont donc *continuellement*
anéanties. (La raison de ce qu'elles «sont d'oubliance et d'égarement» est
donnée à la fin: «la nature ayant perdu sa force par les divines opérations».)

C. *Sens du verbe «anéantir»*

Associé avec «fautes et imperfections», le verbe «s'anéantir» signifie probablement «être pardonné» (dans ou en dehors du sacrement de la pénitence).

Synthèse

Après la démarche analytique, il faut comparer les passages où figurent des formes du verbe «anéantir», ou le substantif «anéantissement». C'est la démarche synthétique, qui nous permettra à mieux cerner ce que Marie a voulu exprimer par ces termes.

Tout d'abord il est utile de savoir que nous ne devons pas aller à la recherche d'une évolution dans l'usage fait par Marie des mots concernés. En effet, elle écrivit toute sa «relation» en un laps de temps couvrant à peine une année. Elle relate treize états d'oraison qui se succèdent; mais au moment qu'elle rédige, en 1654, son texte, elle vivait déjà depuis sept ans le treizième état: une vie caractérisée par une grande maturité et pleinement mystique. Par ailleurs elle manie magistralement sa langue maternelle.

Il faut se rappeler aussi que la spiritualité de l'anéantissement était très en vogue dans la littérature pieuse du dix-septième siècle, en France surtout. Marie vit au Québec et il semble qu'elle ait gardé une grande liberté à l'égard de cette mode de son pays natal. Dans son long récit elle emploie en tout dix-neuf fois les deux mots les plus importants de cette terminologie; mais pour celui qui a pris connaissance des extraits dans la partie analytique de notre étude, il est clair qu'avec son riche langage elle ne se sentit nullement obligée de se servir de ces seuls mots pour décrire les expériences en question.

D'autre part, il est évident qu'elle a toujours employé ces mêmes mots dans le contexte d'une vie mystique, étant donné que depuis son deuxième état d'oraison, où le mot «anéantir» paraît pour la première fois, elle connaît déjà explicitement «l'expérience directe et passive de la présence de Dieu».

La *première question* qui s'impose et qui nous permettra d'ordonner une première fois les passages contenant cette terminologie, est de savoir «qui» et «quoi» anéantit, quelle est la source de l'anéantissement.

Quand elle emploie le mot «anéantissement», Marie fait ressortir dans six des sept cas que Dieu ou le Christ est la source de cet événement: «la divine Majesté» (texte 4), «cette adorable Majesté» (t. 5), «cette pureté de Dieu» (t. 10), «cette sainte volonté de Dieu» (t. 14), «la divine Justice» (t. 14), «mon divin Époux» (t. 17).

Pour le septième cas (cf. texte 11), la source en est cette dualité qui vit en Marie, notamment que Dieu l'a submergée de «grâces et faveurs», et qu'elle en a abusé «comme un autre enfant prodigue». Sa conclusion: «tout servait à mon humiliation et anéantissement». Mais ici l'on peut dire que Dieu en est quand même l'origine.

Là où elle emploie le verbe «anéantir», le sujet ou la source ne sont pas toujours les mêmes.

Dans quatre cas Dieu, son amour, sa justice ou son Esprit sont indiqués comme source de l'événement exprimé par le verbe: cf. textes 6, 7, 15, 16.

Dans quatre autres cas il s'agit d'une prise de conscience suscitée par une expérience envahissante de la présence de Dieu, et qui devient ainsi la cause de ce qui est exprimé par le verbe: cf. textes 1, 8, 9, 12.

Il y a un cas spécial qu'après réflexion l'on pourrait joindre aux précédents: cf. texte 13. Marie y parle de l'action du Saint-Esprit: «la maxime qui était produite par l'Esprit ... anéantissait en moi tous autres souvenirs».

Dans deux cas, cf. textes 2 en 3, Marie aimerait bien s'immiscer quelque peu, car Dieu par son action, a activé sa conviction qu'elle est «très indigne de la possession où elle aspire» (t. 2), et qu'elle vit «en une si grande disproportion de la pureté de l'esprit humain pour entrer en union et communication avec la divine Majesté» (t. 3). Mais ici le conditionnel reste en vigueur: «Elle cherche de faire abaisser la partie inférieure, de sorte qu'elle voudrait l'anéantir du tout» (t. 2); «quand j'eusse fait l'imaginable pour confesser et anéantir tout ce que j'avais d'impur en moi» (t. 3).

Une *deuxième question* qui se pose: qui ou quoi est l'objet de l'anéantissement, qui ou quoi est anéanti?

Là où le substantif est employé, l'anéantissement concerne Marie elle-même (cf. textes 4, 11, 14) ou son âme (cf. textes 5, 10), une seule fois Marie avec sa communauté (cf. texte 14). Dans le texte 17 elle parle d'elle-même ou de son âme sans l'exprimer explicitement.

Là où le verbe s'emploie nous devons distinguer qui ou quoi est l'objet de ce qui est exprimé par ce verbe.

Cinq fois (cf. textes 1, 8, 9, 12, 15) Marie ou son âme sont l'objet de l'action.

Dans quatre cas, ce sont des niveaux de l'intériorité humaine: «la partie inférieure» (t. 2), «la nature» (t. 16); «les puissances de l'âme» (t. 6) parmi lesquelles la mémoire (cf. «en moi») quand il s'agit de la «maxime» qui «anéantissait en moi tous autres souvenirs» (t. 13).

En trois cas il est question d'aspects négatifs de la vie intérieure: «tout ce que j'avais d'impur en moi» (t. 3), «l'esprit de nature» (t. 7), «les fautes et imperfections» (t. 18).

Enfin, et avant de définir la ou les significations de l'anéantissement dans le récit de Marie, il n'est pas sans intérêt de savoir qu'elle a parfois usé du verbe «anéantir» dans un sens consciemment métaphorique: «consomme (= consume) et *comme* anéantit l'âme» (t. 1) – à rapprocher de «*victime* qui voulait être toute consommée et anéantie» (t. 15) – et «Dieu les (= puissances de l'âme) ayant *comme* perdues et anéanties» (t. 6).

Est également très instructif: l'emploi que Marie fait d'expressions globales (on vient d'en citer quelques-unes), où l'un des termes concernés paraît comme renforçant un autre concept; ainsi par exemple dans: «confesser et anéantir» (t. 3), «dans l'abaissement (= soumission) et dans l'anéantissement de moi-même» (t. 4), «ce qui l'anéantit et la réduit au néant d'une humiliation indicible» (t. 8), «tout servait à mon humiliation et anéantissement» (t. 11).

Quand Marie mentionne le but, un aspect complémentaire ou une conséquence immédiate de l'anéantissement, la signification en devient plus transparente, comme dans:

- «En ce même moment, mon cœur se sentit ravi à soi-même» (t. 1);
- «de sorte qu'elle court dans les abaissements, comme si c'était la possession de choses très précieuses» (t. 2);
- «Ces paroles ... la rendirent ... au commandement de cette ... Majesté» (t. 5);
- «elles (= les puissances de l'âme) demeurent (= s'arrêtent) et il semble qu'elles soient mortes» (t. 6);
- «Ce qui fait que l'âme est piquée d'un amour douloureux» (t. 8);
- «pour compatir avec l'Esprit de Dieu» (t. 10);
- «et m'eût fait passer par le feu pour que la divine Justice eût été satisfaite» (t. 12);
- «de sorte que mon amoureuse activité intérieure de louanges ne pouvait finir» (t. 14);
- «pendant que la partie supérieure est en un contentement très véritable» (t. 16);
- «et une véritable et foncière connaissance qu'on est le néant et l'impuissance même» (t. 17).

Les résultats de notre étude nous aideront maintenant à mieux définir *le véritable sens* du vocabulaire de l'anéantissement dans la «relation de 1654».

Reprenons en bref la vue fondamentale que Marie énonce au début de son second état d'oraison. On l'a déjà citée dans la «situation» du «texte 1»: «Après tous les mouvements intérieurs que la bonté de Dieu m'avait donnés pour m'attirer à *la vraie pureté intérieure, en laquelle je ne pouvais entrer de moi-même*» (éd. Jamet: 67,1-4). Par après, au douzième état d'oraison (Marie a presque vingt-cinq ans de plus), elle écrit: «il faut que la pureté règne, et elle voit, plus clair que le jour, la grande importance de la pureté pour compatir avec (= être semblable à) l'Esprit de Dieu» (cf. texte 10: 288,18-21).

La purification tout au long de sa vie d'oraison est au service du «pur amour», et constitue une manifestation continuelle de sa relation amoureuse avec Dieu et le «sacré Verbe Incarné». C'est dans ce contexte d'une histoire d'amour exceptionnelle, parce hautement mystique, qu'il faudra situer et comprendre le vocabulaire de l'anéantissement.

Principalement, ce vocabulaire désigne un *effacement* du «moi», de l'âme à tous ses niveaux – un effacement amoureusement consenti, qui s'opère par l'action envahissante du pur Amour, pour vivre dorénavant dans et par l'Autre.

En trois cas, le verbe «anéantir» semble indiquer une élimination sans plus: soit par le pardon (sacramentel ou pas) de «tout ce que j'avais d'impur en moi» (t. 3) et des «fautes et imperfections» (t. 18), soit par la victoire de «l'amour divin ... inexorable en matière de cette pureté, ennemie irréconciliable de l'esprit de nature» (t. 7) sur cet esprit de nature.

Donc, généralement, l'influence divine lorsqu'elle «anéantit», n'est pas destructive au sens littéral du mot. Elle incitera et aidera miséricordieusement la volonté humaine à s'unir à celle de Dieu. Et cette union empêchera toujours Marie de s'enfermer dans un surnaturel, éloigné du monde. Dans sa vie mouvementée, en France et au Québec, la bienheureuse Mère Marie de l'Incarnation a été comme cet homme dans le texte cité du père A. Deblaere: «l'homme qui vit parfaitement en Dieu ... n'est pas cet être retiré dans le pur esprit, mais l'homme "commun", *in actione contemplativus*».

Oude Abdij   Joseph ALAERTS
Drongenplein 26
B-9031 Drongen, Belgium

TROIS CONCEPTS FONDAMENTAUX

Le père Albert Deblaere était sévère pour la théologie, et surtout à l'égard de la théologie scolastique, que pourtant il connaissait très bien et dont il utilisait volontiers les concepts. Son grand reproche était la séparation (ou «le divorce» comme il aimait dire) entre la théologie systématique d'une part et la spiritualité d'autre part. Autrement dit: entre les théories rationnelles et l'expérience directe de Dieu. Ainsi par exemple il considérait le grand théologien Paul Tillich comme «l'athée le plus pieux» qu'il ait jamais lu. Et pourtant il estimait que ceux qui s'occupaient explicitement de la spiritualité, devaient bien connaître cette même théologie, qu'ils accusaient de rationalisme. Il n'y a pas de critique valable aussi longtemps qu'on ne connaît pas exactement le raisonnement ni les idées que l'on croit devoir critiquer.

Dans ce qui suit nous voudrions mettre en lumière trois concepts, qui étaient particulièrement chers au père Deblaere dans ses propos au sujet de la spiritualité chrétienne. Il s'agit de «religion», de «médiateur» et de la différence entre «les serviteurs et les amis de Dieu».

RELIGION

On sait que le mot latin «religio» que l'on retrouve dans pratiquement toutes les langues Indo-européennes, a été appliqué dès le début à l'église primitive. Autrement dit: depuis Tertullien déjà on a considéré le christianisme comme étant «une religion». Qu'entend-on par cela? Du point de vue philologique le mot «religio» a – comme nous le savons depuis Émile Benveniste, auteur cher au père Deblaere – une *double* etymologie, dont les deux significations sont parfaitement applicables à la «religion» chrétienne. Cicéron déjà estimait que «religio» était dérivé de «religare» ou – comme aimait le dire le père Deblaere – de «religari». Le véritable chrétien digne de ce nom est donc une personne qui vit «en relation» ou en contact avec Dieu. Pour parler avec J. de Bourbon Busset: dans la perspective chrétienne «Dieu est désir d'alliance» et le chrétien accepte cette offre. Cette alliance ou ce contact avec Dieu bien entendu peut être plus ou moins intime. Dans le cas du mystique ce contact sera même particulièrement profond. Cette relation entre l'homme et son Dieu est régulièrement interrompue, et ce à cause de la faiblesse ou du péché de l'homme. D'où cette syllabe de «re». À tout moment en effet ce contact peut être rétabli (et même de façon croissante) grâce au fait que le divin Partenaire tend sa main réconciliatrice à l'homme dérivé. «On va à Dieu par d'éternels recommencements» aimait déjà dire St. Athanase. À la morale théologique le père Deblaere reprochait qu'elle insistait trop peu sur le fait que le premier commandement «tu aimeras le Seigneur ton Dieu de tout ton cœur, de toute ton âme, de toute ta pensée et de toute ta force» (Mc 12,30) était trop peu mis en lumière par eux comme étant le commandement *primordial. En tout premier lieu* en effet le chrétien est appelé à vivre un amour – plus ou moins profond – avec Dieu. Autrement dit: il est appelé à une vie «religieuse». Remarquons pourtant que cette première signification du concept «religion» n'a pas été acceptée par tous les théologiens. Karl Barth par exemple refusait d'appeler le christianisme une religion, parce que pour lui toute «religion» était une construction humaine, alors que le christianisme est une réponse à une révélation, donc à une initiative de Dieu.

La seconde étymologie du mot religion dérive de «re-legere» ou de «re-lire». L'homme religieux est celui qui «lit» et «relit» attentivement la réalité, tout en sachant que le monde visible «suggère» un monde invisible. Autrement dit: le croyant est celui qui lit aussi «entre les lignes» et qui dès lors devine ce qui est sous-entendu. L'homme religieux et l'homme athée voient la même réalité devant leurs yeux: la nature, l'art, les événements matériels et psychologiques qui se produisent etc. Mais le croyant voit plus que l'incroyant. Pour ce premier en effet l'Invisible se découvre à partir du monde sensible et matériel, alors que l'incroyant se dit: «I see what I see». On pense à la remarque de Simone Weil quand elle écrit que «toute action sur autrui consiste essentiellement à changer ce que les hommes *lisent* dans la réalité». C'était cela d'ailleurs la grande influence que le père Deblaere avait sur ses disciples: ils leur apprit à regarder la réalité de façon lucide, attentive et sans préjugés. Pour le dire avec un de ses vers préférés de René Char: «Si l'homme ne fermait pas ses yeux de temps à autre, il finirait par ne plus voir ce qui vaut la peine d'être regardé». Dans ce même sens Teilhard de Chardin résume ainsi l'essence de la vie spirituelle: «Voir, on pourrait dire que toute la vie est là… Vraiment nous menons une vie de bornés dans un milieu qui demanderait une respiration immense… Je me sens arrivé au moment où il me faut essayer de communiquer ce que j'ai vu depuis dix ans de calme enchantement intérieur»[1]. Paroles que le père Deblaere aimait citer.

---

1. P. TEILHARD DE CHARDIN, *Accomplir l'homme. Lettres inédites (1926-1952)*, Paris, Grasset, 1968, pp. 59-64.

Médiateur

Un second concept biblique très important dans la spiritualité du père Deblaere est celui de «médiateur». Ainsi St. Paul appelle le Christ «le médiateur entre Dieu et les hommes» (1 Tm 2,5). Dans la perspective biblique le médiateur est un personnage, qui est tant aimé par le Seigneur que, grâce à sa fidélité et à son union avec Dieu, celui-ci obtiendra le pardon de tout son peuple et le sauvera dans son entièreté. En ce sens le médiateur remplit une fonction *sociale* très importante. Quelques exemples bibliques suffiront pour concrétiser la signification de ce terme de médiateur. Ainsi Abraham insistera auprès du Seigneur Dieu: «Peut-être mon Seigneur là [à Sodome] ne trouvera-t-Il que dix justes». Et le Seigneur de répondre: «Je ne détruirai pas à cause de ces justes» (Gn 18,32). Ensuite il y a Moïse, l'ami intime du Seigneur, qui implore la grâce et le pardon de Dieu pour son peuple infidèle et idolâtre. Dans le psaume 106 nous lisons en effet: «Il [Dieu] décida de les exterminer, mais Moïse son élu (le père Deblaere aimait traduire: "son ami"), se tenant sur la brèche devant Lui, détourna sa fureur destructrice» (vs 23).

L'importance d'un médiateur, qui à lui seul suffit pour que Dieu pardonne son peuple tout entier, est également exprimée clairement par Ézéchiel, quand le Seigneur dit finalement à son prophète: «J'ai cherché parmi eux [les juifs] *un* homme qui relève la muraille et qui se tienne devant Moi sur la brèche pour le bien du pays, afin que je ne le détruise pas, mais je ne l'ai pas trouvé!» (Ez 22,30).

Concrètement cela signifie par exemple qu'une abbaye où l'on trouve deux ou trois moines qui sont véritablement des hommes de Dieu et qui vivent profondément leur relation avec le Seigneur, est un monastère qui remplit une tâche très importante. Cette abbaye est en effet un «biotope spirituel» ou un milieu social, où quelques fleurs exceptionnelles sont capables de fleurir devant le Seigneur. Ce qui ne signifie nullement que les autres moines n'auraient pas une vocation également très importante. Grâce à eux en effet un cadre monastique est créé, où une vie d'union intense avec Dieu devient possible. (On pense à la diversité de vocations et de tâches que St. Paul distingue à l'intérieur de l'Église). Si dans les floralies une rose particulièrement belle est exposée par un cultivateur renommé, il est évident que cette fleur aurait été impensable sans le champ ou la serre où elle a commencé à fleurir au milieu d'innombrables *autres* roses.

Le médiateur n'est jamais élu par Dieu en raison de sa sainteté ni de sa perfection morale, mais uniquement en raison de cette vocation qu'il a «reçue» du Seigneur. En parlant de l'élection tout à fait particulière du peuple juif, St. Paul fait une comparaison radicale (et presque choquante pour une mentalité égalitaire et démocratique comme la nôtre). Il compare en effet «le peuple élu juif» avec le second fils de Rébecca: «Ses enfants [de Rébecca] n'étaient pas encore nés et n'avaient donc fait ni bien ni mal que déjà – pour que se perpétue le dessein de Dieu, dessein qui procède *de Son libre choix* et *ne dépend pas des œuvres mais uniquement de Celui qui appelle* – il lui fut dit: "L'aîné sera soumis au plus jeune"» (Rm 9,11-12).

Il n'est pas étonnant que l'Épître aux Romains, qui insiste si puissamment sur la «sola fides» et qui rejette si catégoriquement toute «justification par les œuvres», ait été si chère à un Luther ou à un Karl Barth. Nulle part ailleurs dans le Nouveau Testament en effet la seule initiative de Dieu dans l'élection à une tâche médiatrice est exposée de façon aussi catégorique. «Cela [l'élection du peuple juif] ne dépend donc pas de la volonté ou des efforts de l'homme, mais de la miséricorde de Dieu» (Rm 8,16). Une vocation particulière – fût-elle celle de médiateur – n'est donc jamais une récompense et ne suppose jamais des mérites, mais elle est simplement une grâce ou un don de Dieu. Autrement dit: ce n'est pas la sainteté ou la perfection de l'homme qui «justifieraient» ce choix mais seulement l'initiative et la volonté du Seigneur. En effet Moïse n'est pas choisi par Dieu grâce à sa piété exceptionnelle ou à ses mérites particuliers. Il n'était d'ailleurs nullement un exemple moral. Au contraire, ses péchés et son manque de foi ne lui permettraient pas de voir de ses propres yeux la terre promise.

D'autre part la vocation de médiateur n'est pas non plus le résultat logique de certains talents ou de certaines capacités extraordinaires. Ainsi Jérémie, se sentant appelé à la vocation ou à la tâche de prophète, insistera tout de suite auprès du Seigneur que les qualités pour cette fonction lui font clairement défaut: «Ah! Seigneur Dieu, je ne saurais parler et je suis trop jeune!» (Jr 1,5). Mais ses arguments sont rejetés par le Seigneur: «Je serai avec toi, et ma grâce te suffira!».

LA DIFFÉRENCE ENTRE «LES SERVITEURS»
ET «LES AMIS» DE DIEU

En troisième lieu le père Deblaere aimait insister sur la différence entre «les serviteurs» et «les amis» de Dieu. Ce qui compte avant tout pour les serviteurs de Dieu ce sont la morale et les commandements. Le serviteur fidèle fait son devoir et donc il mériterait une récompense. «Le jeune homme riche» pharisien typique qui se tient à la Loi, en est un exemple. «Que dois-je faire pour recevoir la vie éternelle?» demande-t-il à Jésus. Il est un homme de la stricte observance.

D'autre part il y a «les amis de Dieu». Ceux donc auxquels Jésus dit: «Je ne vous appelle plus serviteurs; je vous appelle amis» (Jn 15,15). Il ne s'agit plus ici de l'obligation d'observer les commandements, mais d'une offre, d'une invitation, et donc d'une vocation particulière, qui peuvent être refusées, sans pour autant parler d'un «péché». On n'est pas «obligé» mais bien «appelé». Il s'agit ici de ce que l'ancien catéchisme appelait «les conseils évangéliques». On sait par ailleurs que «le jeune homme riche» refusa.

Cette vocation particulière d'une intimité plus profonde avec le Seigneur dépend uniquement d'une élection spéciale par le Seigneur: «Ce n'est pas vous qui m'avez choisi; c'est Moi qui vous ai choisis et institués». (Jn 15,16). La différence entre les serviteurs et les amis est donc une différence entre la morale et la vocation. Quand le Seigneur lui rappelle les commandements (qui valent pour tous les chrétiens dignes de ce nom), le jeune homme dit: «Maître, tout cela je l'ai observé dès ma jeunesse». C'est précisément à ce moment-là que l'évangéliste ajoute: «Jésus le regarda et se mit à l'aimer. Il lui dit: Ce que tu as, vends-le, donne-le aux pauvres … puis viens, et suis-Moi» (Mc 10,20-22). Une amitié et un contact plus particulier lui sont proposés par Jésus. Mais le jeune homme préfère un contrat clair à une amitié personnelle. On sait par ailleurs que Ruusbroec fait une *triple* distinction. Pour lui il y a les serviteurs, les amis et les «fils» de Dieu. Par ce dernier terme il désignait ceux qui avaient accepté la grâce très particulière de l'expérience mystique. (Une grâce qui elle aussi peut être refusée.)

Encore une fois: *tous* les chrétiens sont appelés à l'observance des commandements, y compris le premier commandement d'aimer Dieu avant toute chose. Certains fidèles sont invités en plus à une intimité et à une vie de prière plus profonde. Il ne s'agit là non pas d'un devoir mais d'une offre. Chez d'aucuns cette prière peut devenir finalement une expérience mystique. Celui qui comprend ce que c'est que l'amour, se rendra compte que le fait de décliner ces deux dernières invitations particulières est bien plus pénible qu'une imperfection morale et même qu'un péché.

Jezuïetenhuis "Loyola"   Herwig ARTS
Prinsstraat 13
B-2000 Antwerpen, Belgium

«ONDERSCHEET ENDE ANDERHEIT» BIJ RUUSBROEC

Een doctoraatsthesis schrijven met pater Albert Deblaere als promotor was evenzeer een menselijk als een intellectueel avontuur. Na ruim twintig jaar herinner ik mij van de ontmoetingen met hem vooral de sfeer en de toonaard, de manier waarop hij mijn teksten doornam en er bedenkingen bij maakte. Die gesprekken gingen meestal door op zijn kamer, vier of vijf verdiepingen hoog in de Gregoriana: een bescheiden werk- en woonkamer, eenvoudiger dan onze kamer als student. Dit was voor ons een getuigenis: dat studie, onderwijs en opvoeding een religieus leven kunnen vullen, in de traditie van Ignatius. Dat het om religieus leven ging, bleek ook hieruit dat we onze promotor steeds «pater» bleven noemen en hem niet aanspraken met «professor», zoals gebruikelijk in andere faculteiten.

Op de boekenplanken van pater Deblaere stonden nog een ruim aantal werken over kunst- en cultuurgeschiedenis: vrucht van en herinnering aan vroegere jaren uit zijn academische loopbaan. Een tijd waaraan hij terugdacht met fierheid en heimwee. Toen ik pater Deblaere kende, tussen 1979 en 1988, lag zijn werktafel meestal vol uitgaven van mystieke schrijvers. Het waren de auteurs die hij las met zijn studenten: Ruusbroec, Hadewijch, Beatrijs van Nazareth, St. Jan van het Kruis, Teresa van Avila, Willem van St. Thierry, Dag Hammarskjöld en anderen. Dit waren zijn geestelijke tochtgenoten in de laatste fase van zijn academische loopbaan. Tijdens het gesprek kon hij vlot van de ene auteur naar de andere overschakelen: de teksten lagen voor hem. Wel moest hij tussendoor, volgens de grootte van de letters, regelmatig van bril veranderen. Zijn gezichtsvermogen ging langzaam maar zeker achteruit; daarover sprak hij soms en het deed hem pijn. Lezen kon nog, maar voor zijn eerste liefde, de kunst, was zijn gezichtsvermogen te beperkt geworden.

Als promotor was pater Deblaere niet erg directief, wel nauwgezet en toegewijd. Anders dan collega's professoren gaf hij zijn beginnende doctorandi niet een lijst van «verplichte boeken» mee, veeleer een lijst van «verboden literatuur»: wie of wat je niet mocht lezen, als je met je thesis op het goede spoor wilde blijven. Hij bakende het terrein af met rode strepen en deed de student dan zelf het werkveld verkennen. Tot het opmaken van een plan of schema, droeg hijzelf nauwelijks bij. Hij deed pas echt mee en goed mee, van zodra de student zijn eerste hoofdstuk binnenbracht. Van elke bladzijde las hij elke zin, elk woord. Met een dik rood potlood maakte hij aanmerkingen: korte, krachtige tekens, die goedkeuring of afkeuring weergaven. Aan die signalen in de rand had je nadien een betrouwbaar kompas, een vast richtsnoer.

Wie ooit als student met pater Deblaere gewerkt heeft, kent de regels die hij steeds herhaalde, met scherpe stem: «bij de tekst blijven, geen bespiegelingen maken», «de tekst vanuit de tekst verklaren, niet vanuit theologische of morele theorieën, die van elders komen», «werken op de grondtekst, niet op vertalingen of commentaren». Elk van deze regels ging vergezeld van een reeks verwijzingen of voorbeelden naar hoe het niet moest, met naam en vaak ook met toenaam. Bij een foute interpretatie of bij overtollige beschouwingen kon hij opveren van protest. Bij een goede paragraaf of bladzijde kon hij even expressief blijk geven van instemming. De lichaamstaal van pater Deblaere was niet minder trefzeker dan zijn woordenschat. Dat maakte menige bespreking tot een avontuur, waarvan je als student het verloop en de conclusie nauwelijks kon voorzien. Je bracht een tekst over één onderwerp, en je leerde veel over een ander onderwerp. Soms ging je aarzelend binnen en stapte je gesterkt buiten, soms ging je sterk binnen en stapte je aarzelend buiten. Maar dit gevoel behield je: dat je te maken had met een man uit één stuk, begaafd met een ongelooflijke dossierkennis en een scherp inzicht, trouw ook aan de student die met hem verder op weg ging. Dit gevoel was moeilijk te verwoorden, maar het had te maken met de manier waarop pater Deblaere vriendschap beleefde en verbondenheid.

Mijn doctoraatsthesis ging over *Het «ghemeyne leven» in de werken van Jan van Ruusbroec*. De twee omvangrijkste hoofdstukken behandelden dit thema in twee van de meest klassieke werken van Ruusbroec: het *Rijcke der ghelieven* en de *Geestelike brulocht*. Dan volgde een beperkter hoofdstuk over hetzelfde thema in *Vanden blinkenden steen,* een kleiner werkje van Ruusbroec, hoewel een parel van compositie en taal. Ik schreef dit hoofdstuk toen het grotere werk reeds voorbij was en ik met enige zelfzekerheid op het einde afstevende. Toen gebeurde wat mij tot het onderwerp van deze korte bijdrage brengt. Ik stuurde het hoofdstuk over het *ghemeyne leven* in *Vanden blinkenden steen* naar pater Deblaere in Rome om het korte tijd nadien met hem te gaan bespreken. Tijdens het gesprek draaide hij een paar pagina's van mijn tekst rustig om, tot hij plots opveerde en met stemverheffing een opmerking maakte.

«*Onderscheet* en *anderheit*: die twee termen zijn niet synoniem», «nooit herhaalt Ruusbroec één woord nutteloos», «nooit zijn bij hem twee termen zonder reden met elkaar verbonden», «Ruusbroec heeft de verwantschap én de spanning tussen beide termen nodig om een wezenlijk element van de mystieke ervaring weer te geven». Ik luisterde en probeerde te vatten. Ik voelde me als Filippus tot wie Jezus zegde in het Evangelie van Johannes: «Ik ben al zo lang bij jullie, Filippus, en je hebt Me nog niet leren kennen?». Pater Deblaere legde inderdaad de vinger op een fout met meerdere facetten. Vooreerst had ik te vlug gedacht dat het bij *onderscheet* en *anderheit* lexicologisch om een nevenschikking van twee bijna synonieme termen ging. Bovendien had ik mij te gemakkelijk verlaten op enkele gekende woordenboeken en vertalingen, die beide termen een bijna identieke betekenis toekennen. En tenslotte had ik over het hoofd gezien hoe genuanceerd Ruusbroec over onderscheiden hoewel complementaire momenten in de mystieke eenheidsbeleving spreekt. In een paar rake zinnen schetste pater Deblaere het onderscheid tussen beide termen en het aparte ervaringsmoment waarop ze betrekking hebben. Hij reikte een sleutel aan, een inzicht. Doorheen de hele tekst van mijn thesis heb ik toen een nieuwe draad moeten weven, een bijkomende lijn moeten trekken.

Als bijdrage tot deze publicatie, die niet alleen een verzameling academische artikelen wil zijn maar ook een hulde aan de persoon van pater Deblaere, wil ik een aantal paragrafen uit mijn proefschrift over de termen *onderscheet* en *anderheit* in de *Blinkenden steen* herwerken. Deze bladzijden zijn allereerst een blijk van dank en waardering voor het vele wat ik van pater Deblaere mocht leren.

BRANDEN EN VERBRANDEN

Deze passage bevindt zich in het openingsdeel van de *Blinkenden steen*, waarin Ruusbroec een eerste beschrijving geeft van de drie niveaus in het geestelijk leven (*eenen goeden mensce, een innich gheestelijc mensce, een godscouwende mensche*); de voorliggende tekst komt uit het derde en uitvoerigste luik, dat handelt over de godschouwende eenheidsbeleving. In deze inleidingstekst zet Ruusbroec de bakens uit voor zijn verdere uiteenzetting: het grootste deel van de *Blinkenden steen* zal hij immers besteden aan de verhouding tussen het «godbegerende» en het «godschouwende» leven.

> Dat eewighe inmanen der eenicheit gods dat maect inden gheeste een ewich berren van minnen. Maer daer de gheest sonder onderlaet die scout betaelt, dat maect in hem een eewich verberren. Want in die overforminghe der eenicheit falieren alle gheeste in haren werkene ende en ghevoelen anders niet dan al verberen in die eenvoldighe eenheit gods. Dese eenvoldighe eenicheit gods en mach niemen ghevoelen noch besitten, hi en si voerstaende in onghemetenre claerheit ende in minnen boven redene ende

sonder wise. Inden vorestane ghevoelt die gheest in hem een eewich berren in minnen. Ende in desen brande der minnen en vint hi inde noch beghin, ende hi ghevoelt hem selven een met desen brande der minnen. Altoes blijft die gheest berrende in hem selven, want sine minne es eewich. Ende altoes ghevoelt hi hem verberrende in minnen, want hi wert ghetrocken in die overforminghe der eenheit gods. Daer die gheest berrent in minnen, eest dat hi hem selven merct, hi vint **onderscheet ende anderheit tuschen hem ende gode.** Maer daer hi verberent, daer es hi eenvoldich ende en heeft gheen ondersceet. Ende daer omme en ghevoelt hi anders niet dan eenheit. Want die onghemetene vlamme der minnen gods, si verteert ende verslint al dat si bevaen mach in haers selfsheit. Ende aldus mochdi merken dat die intreckende eenicheit gods anders niet en es dan grondelose minne die den vader ende den sone, ende al dat leeft in hem, met minnen intreckende es in een eewich ghebruken. Ende in deser minnen wille wij berren ende verberen sonder inde in eewicheit, want hier inne es gheleghen alre gheeste salicheit. Ende hier omme soe moeten wij al onse leven fondeeren op een grondeloes abis, soe moghe wij eewelijc in minnen sincken ende ontsincken ons selven in die grondelose diepheit; ende metter selver minnen sele wij hoghen ende onthoghen ons selven in die ombegripelijcke hoocheit, ende in die minne sonder wise sele wij dolen. Ende si sal ons verleiden in die onghemetene wijtheit der minnen gods. Ende daer inne sele wij vlieten ende ons selven ontvlieten in die ombekinde welde der rijcheit ende der goetheit gods; ende daer inne selen wij smelten ende versmelten, wielen ende verwielen eewelijc in die glorie gods[1].

De schouwende éénwording met de goddelijke Personen werkt als een verterend vuur: het doet de verinnerlijkte mens van liefde «branden» en het «verbrandt» hem tegelijk (*ewich berren in minnen … eewich verberren*). In de eenheidsbeleving verwijzen «branden» en «verbranden» naar onderscheiden momenten die normalerwijze doch niet noodzakelijk in elkaars verlengde liggen. Wordt de schouwende, contemplatieve mens door Gods liefde geraakt, dan laait het goddelijke liefdevuur uit zijn eigen wezen op, gedragen door alle energie en hartstocht die het in hem wekt. Tegelijk verliest de schouwende mens zich in dit verterende liefdevuur en moet hij zijn eigen wezen eraan gewonnen geven. Deze tweevoudigheid van «branden» en «verbranden» is eeuwig: beide momenten roepen elkaar bestendig op, zonder elkaar ooit op te heffen.

In het «branden» van de liefde weet de schouwende geest zich geraakt of gegrepen door de innemende kracht van Gods liefdeseenheid (*eewighe inmanen der eenicheit gods*). Deze ervaring houdt nog een tweevoudig bewustzijn van «afstand» in, dat Ruusbroec aanduidt met de termen *«onderscheet ende anderheit»*. Terwijl hij brandt van liefde, blijft de schouwende mens zich bewust van zowel het «verschil» tussen

1. *Vanden blinkenden steen*, ed. H. NOË (Opera Omnia, 10), Tielt, Lannoo – Turnhout, Brepols, 1991, r. 102-133.

hem en God, als van het feit dat, boven dit verschil, God voor hem steeds «de andere» persoon blijft, degene met wie hij niet samenvalt. Het liefdevuur raakt de schouwende mens in zijn eigen wezen (*berrende in hemselven*), het doet hem hartstochtelijk naar God verlangen en houdt hem tegelijk staande «tegenover» God (*hi en si voerstaende ... inden vorestane*), in het heldere en zelfs groeiende besef van een onherleidbare «ik-gij» relatie.

Het «verbranden» van liefde is een ander belevingsmoment. Boven het «branden» van de liefde en boven zijn eigen «zelf», ervaart de schouwende mens hoe hij in de oneindigheid van de liefdeseenheid met God wordt opgenomen (*die overforminghe der eenicheit*), boven elk «ik-gij» besef. Zoals hout bij het branden in vuur overgaat en niets anders dan vuurgloed wordt, zo heeft de schouwende geest het besef zichzelf en zijn zelfwerkzaamheid te verliezen (*falieren alle gheeste in hare werkene*) in een ervaring van éénwording met God in de oneindigheid van diens liefde. Dit «overwezenlijke» eenheidsleven overstijgt de rede en het is mateloos (*boven redene ende sonder wise*). Het overstijgt ook het tweevoudige besef van *onderscheet ende anderheit*, waarover hierboven sprake. In de diepste bron van zijn bestaan, dieper dan hij vatten of sturen kan, heeft de schouwende mens het gevoel te verzinken in een éénwording, waaruit het besef wegebt van God te ontmoeten als de Geliefde die tegenover hemzelf zowel «anders» als «de andere» is.

Ruusbroec verduidelijkt de polariteit van «branden» en «verbranden» aan de hand van een aantal parallele werkwoordparen: «sincken ende ontsincken», «hoghen ende onthoghen», «dolen ... verleiden», «vlieten ende ons-selven ontvlieten», «smelten ende versmelten», «wielen ende verwielen». Elk van deze werkwoordparen drukt dezelfde ervaringsovergang uit: dat de schouwende, contemplatieve mens zich overgeeft aan Gods verenigende en omvormende aanwezigheid, bewust en vrij, terwijl hij zich tegelijk aan zichzelf voelt ontzinken in de aantrekking van een oneindige liefdeseenheid, die deze is van de Goddelijke Personen (*merken dat die intreckende eenicheit gods anders niet en es dan grondelose minne die den vader ende den sone, ende al dat leeft in hem, met minnen intreckende es in een eewich ghebruken*). Deze genietende overgang is onpeilbaar; zij verzwelgt elk besef van verschil of afstand in haar afgrondige diepte. Daarom, zegt Ruusbroec, moet de schouwende mens zijn bestaan uiteindelijk laten «steunen» op wat geen definieerbaar steunpunt meer is, maar een bodemloze afgrond (*soe moeten wij al onse leven fondeeren op een grondeloes abis*), een afgrond van liefdevolle éénwording tussen personen.

DIE HEIMELIJCKE VRIENDE ENDE DIE VERBORGHENE SONEN GODS

Midden de uiteenzetting over de «verborgen zonen» gaat Ruusbroec dieper in op het onderscheid tussen de «begerende» en de «godschouwende» liefdevereniging, aan de hand van het onderscheid tussen wat hij noemt een *minlijc aencleven* en de *overweselijcke minne*.

Maer die vriende besitten hare inwindicheit met eyghenscap, want si verkiesen dat minlijcke aencleven ane gode vore dat beste ende vore dat alder hoochste daer si toe comen moghen ochte comen willen. Ende hier omme en moghen si hem selven noch hare werke niet doerliden in eene onghebeelde bloetheit, want si sijn verbeelt ende vermiddelt met hem selven ende met haren werken. Ende al eest dat si ghevoelen in haren minlijcken aenclevene eeninghe met gode, nochtan vinden si altoes **onderscheet ende anderheit inder eeninghen tusschen hem ende gode**. Want die eenvuldighe overganc in bloetheiden ende in onwisen die es van hem ombekint ende onghemint. Ende hier omme blijft hare hoochste inwindighe leven altoes in redenen ende in wisen. Ende al hebben si claer verstaen ende onderseet van allen redelijcken duechden, dat eenvoldighe staren met openre ghedachten in godlijcker claerheit, dat blijft hem verholen. Ende al ghevoelen si hem selven opgherecht te gode in starken brande van minnen, si behouden eyghenheit haers selfs ende en werden niet verteert noch verberent te niete in eenicheit der minnen. Ende al eest dat si altoes in gods dienste willen leven ende hem eewelijc behaghen, si en willen in gode alre eyghenheit van gheeste niet sterven ende een eenformich leven met gode draghen. Ende al eest dat si clene achten ende weghen allen troost ende alle raste die comen mach van buten, si achten groot de gaven gods ende hare inwindighe werke, troost ende soeticheit die si ghevoelen van binnen. Ende aldus rasten si inden weghe ende en volsterven niet om te vercrighen den hoochsten seghe in bloter wiseloser minnen. Ende al mochten si oefenen ende bekinnen met onderseede al dat minlijcke aencleven ende alle die innighe opgaende weghe diemen oefenen mach vore die jeghenwordicheit gods, nochtan bleve hem verborghen ende ombekint die wiselose overganc ende dat rijcke verdolen in die overweselijcke minne, daermen nemmermeer inde noch beghin, wise noch maniere vinden en mach. Ende hier omme es groot onderseet tusschen die heimelijcke vriende ende die verborghene sonen gods. Want die vrienden en ghevoelen anders niet in hem dan eenen minlijcken levenden opganc in wisen; ende daer boven ghevoelen die sonen eenen eenvuldighen stervenden overganc in onwisen. Dat inwendighe leven der vriende ons heeren dat es opgaende ufeninghe van minnen, daer si altoes in bliven willen met eyghenscape; maer hoemen boven alle oefeninghe gode besit met bloter minnen in ledicheiden, des en ghevoelen si niet[2].

In een uiterst precieze afwisseling van complementaire termen en beelden, verduidelijkt Ruusbroec waarin de «godbegerende» eenheidsbeleving (*heimelijcke vriende gods*) en de «godschouwende» eenheidsbeleving

2. *Vanden blinkenden steen*, r. 388-423.

(*verborghene sonen gods*) van elkaar verschillen en hoe ze zich tot elkaar verhouden. Hier keren *onderscheet* en *anderheit* terug als ervaringsmomenten in de «godbegerende» eenheidsbeleving.

De schouwende mens geniet de «godbegerende» vereniging «in zichzelf» en in zijn werken; de «godschouwende» vereniging beleeft hij «boven zichzelf» en boven zijn werken.

De «godbegerende» vereniging, zelfs in haar hoogste aanvoelen, blijft nog toegankelijk voor het redelijk bevattingsvermogen. Al wordt de schouwende mens passief door Gods liefde ingenomen, hij vat nog wat aan hem geschiedt en begrijpt nog wat van hem wordt verwacht. In dit ervaringsmoment blijft hij «staande» in zichzelf, bewust en vrij. De «godschouwende» vereniging gaat daarboven uit; zij haalt de schouwende mens boven elk redelijk houvast of verstandelijk begrip binnen in een *wiseloos* verdolen, overgeleverd aan de oneindige aantrekking van zijn ongeschapen één-zijn met God.

In de «godbegerende» vereniging voelt de schouwende mens tussen God en zichzelf *onderscheet ende anderheit*. Hij hunkert naar God en kleeft aan Hem als aan de Geliefde die niet alleen zo geheel anders is, maar die bovendien voor hem de Andere blijft, van wie hij eeuwig onderscheiden moet blijven en van wie hij dus nooit genoeg zal krijgen. Hij weet zich ingenomen door een Leven dat niet van hem is, hoewel het hem eindeloos in zich omvormt, tot steeds grotere gelijkvormigheid en eenheid. Een Leven dat bovendien nooit met het zijne zal samenvallen, omdat het in een Ander zijn oorsprong en bestemming vindt. In de «godschouwende» vereniging verdwijnt dit besef van verschil en van afstand tussen «ik en gij». In dit ervaringsmoment ontdekt en geniet de schouwende mens de liefdevereniging met God als een bestaan-in-God, boven elk besef van verschil of van alteriteit.

In de «godbegerende» vereniging behoudt de schouwende mens daarom een besef van «eigenheid»: hij schouwt en smaakt Gods genadevolle aanwezigheid in zijn «eigen» leven, in de omvorming van zijn «eigen» vermogensactiviteit, in het onweerstaanbaar uitvoeren van zijn «eigen» liefdewerken, in de mateloze vervulling van zijn «eigen» levensbron, in de genieting van Gods gaven aan «hem». In de «godschouwende» vereniging verzwindt dit besef van «eigenheid». De schouwende mens moet er elke betrokkenheid op zijn «eigenheid» laten varen, opgenomen als hij is in de kracht van Gods verzwelgende alheid.

De «godbegerende» vereniging is niet zonder «beelden» of «voorstellingen» van God. Zij wordt gedragen door een weliswaar passieve maar altijd nog redelijke ontsluiting van een steeds diepere geloofskennis. In de «overwezenlijke» liefdevereniging wordt de schouwende geloofskennis van alle beelden en voorstellingen ontdaan. De schouwende mens wordt zich bewust van zijn naakte eenheid met God in de ongeschapen grond van zijn bestaan. Zijn verlichte geloofskennis gaat over in een onvatbaar «staren», overweldigd door de helderheid van Gods verblindend stralen.

In de «godbegerende» liefdevereniging weet de schouwende mens zich nog geplaatst tegenover Gods aanwezigheid. Hij schouwt God als de Andere, naar wie al zijn verlangen uitgaat, uit wie hij wil leven en in wiens liefde hij wil rusten. In de «godschouwende» liefdevereniging ontmoet de schouwende mens God in de mateloosheid van een eenheidservaring waaruit elk besef van «ik en gij», van «mijn en dijn» wegvloeit.

De schouwende mens ervaart de «godbegerende» liefdevereniging als «leven»: op Gods aanwezigheid afgestemd staan en levenskracht eruit putten voor alle vermogens van lichaam, geest en ziel. De «godschouwende» liefdevereniging ervaart de schouwende mens echter als een «sterven» aan zichzelf en aan alles wat zijn eigen vermogensactiviteit in de liefdevereniging tot bloei bracht; nu moet hij zijn «eigen» wezen laten overgaan in de oneindigheid van een ontmoeting die het openbloeien van zijn persoonlijke vermogensactiviteit ver te boven gaat.

ANDERHEIT – DAT INNICHSTE ENDE VERBORGHENSTE ONDERSCHEET

Ruusbroec vervolgt zijn uiteenzetting over de godschouwende vereniging. Eerst herneemt hij de beschrijving van het *ontsincken in de overforminghe gods*, vervolgens onderstreept hij hoe de schouwende mens bij dit «ontzinken» God ook – en steeds meer – blijft ontmoeten als Degene die tegenover hemzelf «anders» en «de andere» is.

> Bleven wij altoes daer met onsen eenvuldighen ghesichte, des souden wij altoes ghevoelen. Want onse ontsinken in die overforminghe gods, dat blijft eewelijc zonder ophouden, eest dat wij ons selfs uute ghegaen sijn ende gode besitten in ontsonckenheyden van minnen. Want besitten wij gode in ontsonckenheiden van minnen, dat es in verlorenheiden ons selfs, soe es god onse eyghen ende wij sijn sijn eyghen, ende wij sijn ons selfs ontsinckende eewelijc zonder wederkeer in ons eyghendom dat god es. Dit ontsincken es weselijc, met hebbelijcker minnen. Ende daer omme eest, slapende ende wakende, wete wijt ochte en wete wijt niet. Ende in deser wijs en verdient dit ontsincken en ghenen nuwen graet van lone, maer het behout ons in dat besitten gods ende alles dies goeds dat wij vercreghen hebben. Dit ontsincken es ghelijc den rivieren die sonder ophouden ende sonder wederkeren altoes vlieten inde zee, want dat es haer eyghen stad. Alsoe ghelijckerwijs, eest dat wij gode alleene besitten, soe es

onse weselijcke ontsinken met hebbelijcker minnen altoes vlietende sonder wederkeer in een afgrondich ghevoelen dat wij besitten ende dat ons eyghen es. Waren wij dan altoes eenvuldich, ende met ghelijcker gheheelheyt toesiende, wij soudens altoes ghelijc ghevoelen. Nu es dit ontsinken boven alle doechde ende boven alle oefeninghe van minnen, want het en es anders niet dan een eewich uutgaen ons selfs, met eenen claren **voersiene in eene anderheit**, daer wij ute ons selven in neyghen alse in zalicheden. Want wij ghevoelen een eewich **ute neyghen in eene anderheit** dan dat wij selve sijn. Ende dit es **dat innichste ende dat verborghenste onderscheet dat wij tuschen ons ende gode ghevoelen moghen**, want hier boven en es nemmer onderscheet[3].

Uit liefde aan zichzelf ontzinkend, verliest de schouwende mens zich met alles wat hij is en heeft in de mateloosheid van zijn ongeschapen eenheid met God. Hij voelt hoe in dit één-zijn hijzelf geheel van God is en God geheel van hem (*soe es god onse eyghen, ende wij sijn sijn eyghen*). Dit is een ervaring gekenmerkt door volledige wederkerigheid: God en mens die hun eigen levensruimte en hun eigen levensbron wederzijds vinden in het wezen van de andere. «Verliezen» en «bezitten» gaan hier op nieuwe manier samen: terwijl de schouwende mens zijn «zelf» moet loslaten, komt hij thuis in zijn eeuwige «eigendom» dat God is (*wij sijn ons selfs ontsinckende eewelijc zonder wederkeer in ons eyghendom dat god es*). Boven zijn kleine «zelf» voelt hij zich in het genietende bezit van zijn ongeschapen één-zijn met God verzinken.

Deze «ontzinkende» Godsverbondenheid draagt de schouwende mens bestendig in zich, dieper dan zijn wisselende vermogensactiviteiten en zonder dat deze activiteiten moeten worden opgeheven (*dit ontsincken es weselijc, met hebbelijcker minnen*). Of hij zich nu elk ogenblik werkelijk daarvan bewust is of niet, hij vloeit met heel zijn wezen bestendig in Gods wezen over (*daer omme eest, slapende ende wakende, wete wijt ochte en wete wijt niet*). Ruusbroec vergelijkt deze «ontzinkende» eenheidsbeleving met de eenheid tussen de rivier en de zee. Boven zichzelf uit, wordt en is de rivier één met de zee, omdat zij voortdurend in haar uitvloeit en met haar samenvloeit. De rivier is de zee niet en toch vindt de rivier in de zee haar eigenste en volste levensruimte, de oorsprong en bestemming van haar eigen stromen. Zo voelt de schouwende mens zich uit liefde aan zichzelf ontzinken, om boven zichzelf en zonder weg terug, in de oneindigheid van zijn eenheid met God thuis te komen (*eest dat wij gode alleene besitten, soe es onse weselijcke ontsinken met hebbelijcker minnen altoes vlietende sonder wederkeer in een afgrondich ghevoelen dat wij besitten ende dat onse eyghen es*). Al schouwende

---

3. *Vanden blinkenden steen*, r. 596-621.

beleeft hij hoe zijn wezen en Gods wezen boven zijn eigen «ik» geheel samenvloeien. Hij draagt dit gevoelen in zich mee, als een latente ervaringswerkelijkheid, die hem volkomen «eigen» is en vertrouwd.

Hoe eigen dit «gevoelen» van aan zichzelf te ontzinken in de goddelijke liefdeseenheid ook is, toch blijft het voor de schouwende mens een ontmoeting met de onherleidbaar Andere. Van Gods bestaan als de Andere blijft de schouwende mens zich volkomen bewust. Hij beseft dat zijn eigen wezen uit zichzelf wil treden naar en wil samenvloeien met het wezen van een Ander (*wij ghevoelen een eewich ute neyghen in eene anderheit dan dat wij selve sijn*), die hij schouwend vóór zich ziet als de Geliefde, in een heldere «ik-gij» relatie. Dit besef van alteriteit dat samengaat met de hoogste momenten van schouwende eenheidsbeleving, beschouwt Ruusbroec als de meest intieme manier waarop een mens zich van zijn onderscheid van God bewust kan zijn. De schouwende mens leeft op de fijnste grens tussen wat God en mens zowel verenigt als van elkaar onderscheidt. Het is als varen op de smalste overgang waar de rivier en de zee in elkaar overvloeien en toch van elkaar onderscheiden blijven. Hier gaan «afstand» en «eenheid» beleven geheel in elkaar over, zonder elkaar op te heffen.

DAT VIERDE ONDERSCHEET

Ruusbroec besluit de beschrijving van de schouwende eenwording niet met het derde en «hoogste» gevoelen van eenheid, maar voegt er onmiddellijk een vierde gevoelen aan toe: *hier venden wij ons staende voer die jeghenwoordicheyt Gods.*

> Maer inden selven oghenblicke dat wij proeven ende merken willen wat dat es dat wij ghevoelen, soe vallen wij in redenen; ende dan venden wij **onderscheet ende anderheyt tusschen ons ende gode**; ende dan venden wij gode buten ons in ombegripelijcheiden. Ende dit es dat **vierde onderscheet** daer wij gods ende ons in ghevoelen. Want hier venden wij ons staende voer die jeghenwoordicheyt gods. Ende die waerheit die wij ontfaen uten aenschine gods, die tuycht ons dat god te male wilt onse sijn, ende dat hi wilt dat wij te male sine sijn. Ende inden selven oghenblicke dat wij des ghevoelen dat god te male wilt onse zijn, soe ontsprinct in ons eene gapende ghierighe ghelost, die alsoe hongherich ende alsoe diep ende alsoe idel is, al gave god al dat hi gheleisten mochte, sonder hem selven, het en mochte ons niet ghenoeghen. Want in dien dat wij ghevoelen dat hi hem selven ghelaten ende ghegheven heeft onser vrier ghelost sijns te ghesmakene in alder wijs dat wijs begheren moghen, ende wij leeren, in die waerheit sijns aenschijns dat al dat wij ghesmaken jeghen dat ons ontblijft, dat en es niet een druppe jeghen al de zee, ende dit verstormt onsen gheest

in hitten ende in ongheduere van minnen. Want soe wijs meer ghesmaken, soe lost ende hongher meder wert; want ieghewelc es des anders sake. Ende dit doet ons crighen in ontbliven. Want wij teren op sine onghemetenheit, die wij niet verswelghen en moghen; ende wij crighen in sine ongheintheit, die wij niet hervolghen en moghen. Ende aldus en connen wij in gode comen noch god in ons. Want in ongheduere van minnen en connen wij ons selfs niet vertijen. Ende hier omme es die hitte soe onghetempert, dat die oefeninghe van minnen tuscen ons ende gode gaende ende kerende es als die blixeme des hemels. Nochtans en connen wij niet verberren. Ende in desen storme van minnen sijn onse werke boven redene ende wiseloes, want minne beghert dat haer ommoghelijc is. Ende redene tughet dat der minnen recht es. Maer si en can der minnen hier toe gheraden noch verbieden. Want alsoe langhe als wij met innicheiden aensien dat god onse wilt sijn, soe gherijnt die godertierenheit gods onse gierighe ghelost. Ende hier ave comt ongheduer van minnen. Want dat uutvloeyende gherinen gods stoect ongheduer ende eyscht ons werc, dat es dat wij minnen die eewighe minne. Maer dat intreckende gherinen vertert ons ute ons selven ende eyscht ons versmelten ende vernieuten in eenicheiden. Ende in dit intreckende gerinen ghevoelen wij dat god wilt dat wij sijne sijn, want daer inne moeten wij ons selfs vertyen ende laten hem werken onse zalicheit. Maer daer hi ons uutvloeyende gherijnt, daer laet hi ons ons selven, ende maect ons vri, ende sedt ons voer sine jeghenwoordicheit, ende leert ons beden inden gheeste ende eyschen met vryheiden, ende vertoent ons sine ombegripelijcke rijcheit in alsoe menigher formen als wij selve ghevisieren connen. Want al dat wij gedincken moghen daer troest ende vroude in gheleecht, dat vinden wij al in hem sonder mate[4].

Bewoont de schouwende mens zijn eenheid met God «boven zichzelf», in een eindeloos ontzinken aan zichzelf, dan wil hij deze eenheid tegelijk ook vatten en smaken «in zichzelf». Op dat moment verandert de eenheidsbeleving echter van aard, want nu ziet de schouwende mens God weer buiten zich of vóór zich als de Geliefde, die zowel «anders» is als «de andere»; in de eenheidsbeleving treedt opnieuw het besef binnen van onderscheid en alteriteit (*dan venden wij onderscheet ende anderheyt tuschen ons ende gode*). De schouwende mens ziet opnieuw hoezeer God ernaar verlangt geheel van hem te zijn en ook ernaar verlangt dat hij geheel van God zou zijn (*die tuycht ons dat god te male wilt onse sijn, ende dat hi wilt dat wij te male sine sijn*). Uit dit zien vloeit een onblusbaar begeren voort, dat de schouwende mens uit alle kracht naar God toedrijft. Met geest en hart en heel zijn lichaam wordt hij verteerd door een hartstochtelijke lust of begeerte naar God (*soe ontsprinct in ons eene gapende ghierighe ghelost*). Deze begeerte is onverzadigbaar: voor dit soort honger naar de Geliefde kan de schouwende mens nooit verzadiging vinden.

4. *Vanden blinkenden steen*, r. 695-737.

In een eindeloze wederkerigheid drijven honger en verzadiging elkaar wederkerig op (*want soe wijs meer ghesmaken, soe lost ende hongher meder wert; want ieghewelc es des anders sake*). De schouwende mens strijdt uit alle macht om Gods wezenheid te veroveren en in zich op te nemen, doch wordt hierin voortdurend met zijn onmacht en onvoldaanheid geconfronteerd. Hij leeft uit en verlangt naar een oneindigheid, die hij evenwel nooit in zichzelf omvatten kan. In hun honger naar verzadiging, blijven God en schouwende mens eeuwig tegenover elkaar geplaatst (*aldus en connen wij in gode comen noch god in ons*). Hoezeer zij in hun brandende begeerte ook één zijn, al strijdend kunnen zij niet in elkaars wezenheid verzinken (*want in ongheduere van minnen en connen wij ons selfs niet vertijen*).

Ruusbroec verduidelijkt de aard van deze schouwende liefdesstrijd, gevoed door het besef dat God zowel «anders» is als «de andere»: (1) hier voelt de schouwende mens zich niet in Gods overmacht verloren, maar door God aan zichzelf gegeven of in zichzelf geplaatst (*daer hi ons uutvloeyende gherijnt, daer laet hi ons ons selven*); (2) hij weet zich door God «vrijgemaakt» of in de vrijheid van de liefde geplaatst, om te kunnen liefhebben zonder innerlijke rem of beperking; (3) hij beseft dat hij zich in Gods tegenwoordigheid bevindt, als een vrije en zelfbewuste geliefde (*ende sedt ons voer sine jeghenwoordicheit*); (4) hij ervaart hoe God zelf hem het verinnerlijkte gebed leert (*beden inden gheeste*) en het vrijmoedige of «vrije eisen» van de liefde (*eyschen met vryheiden*); (5) hij ziet hoe God zich aan hem openbaart met mateloze rijkdom, zoveel als hij zich voorstellen en wensen kan (*vertoent ons sine ombegripelijcke rijcheit in alsoe menigher formen als wij ghevisieren connen*).

Besluit

De termen «onderscheet ende anderheit» hebben betrekking op een aspect van wat Ruusbroec de «godbegerende» Godsontmoeting noemt, wanneer namelijk de schouwende mens beseft dat God voor hem steeds ook «anders» en «de andere» zal blijven. Dit besef wordt in de «godschouwende» Godsontmoeting weliswaar overstegen, maar keert daarna terug, als een bron van nieuw verlangen en van nieuwe honger naar elkaar.

Beide termen zijn niet identiek; «onderscheet» heeft betrekking op het verschil dat de schouwende mens blijft voelen tussen wat God is en wat hijzelf is; «anderheit» heeft betrekking op de ervaring dat God, ook bij de hoogste graad van gelijkwording, niet alleen «de andere» blijft, maar als Geliefde steeds meer «de andere» wordt, d.w.z. iemand die bemint en bemind wordt, in een onherleidbare «ik-gij» relatie.

De tegenovergestelde term van *anderheit* is hier niet «gelijkheid», maar «één-zijn»: de ervaring die de contemplatieve, schouwende mens opdoet in het «godschouwende leven», wanneer hij zich boven elk «ik-gij» besef in het genietende bezit van zijn ongeschapen één-zijn met God voelt verzinken.

Vertalingen hebben het onderscheid tussen de termen *onderscheet* en *anderheit* vaak afgevlakt. L. Surius vertaalt *onderscheet* en *anderheid* steeds door *discrimen atque diversitatem*; gezien *diversitas* «verschil» of «onderscheid» betekent, krijgen beide termen in deze vertaling een bijna identieke betekenis, wat niet de bedoeling van Ruusbroec is. In het Frans kan *anderheit* wellicht het best vertaald worden door *altérité*, wat volgens *Le Petit Robert* (1968) betekent: *Fait d'être un autre, caractère de ce qui est autre*[5]; het Nederlandse leenwoord «alteriteit» zou in dezelfde zin de plaats kunnen innemen van het verdwenen woord *anderheit*, dat Ruusbroec gebruikt. Dr. A. Lefevere, in de Ruusbroec-uitgave van het *Corpus Christianorum*, vertaalt *anderheit* telkens door *otherness*: dit lijkt ons een correcte Engelse vertaling.

Een laatste besluit, dat volledig aansluit bij wat pater Deblaere steeds met overtuiging herhaalde: dat Ruusbroec ongetwijfeld de meest volledige en precíese denker is, minstens uit het Nederlandse taalgebied, over

---

5. Het is overigens interessant dat *Le Petit Robert* (1979) twee voorbeeldzinnen toevoegt, waarvan de eerste via Bossuet naar Ruusbroec verwijst: *«L'âme ne connaît pas elle-même sa distinction, ou, comme parle cet auteur* (Ruysbroek) *son altérité»* (Boss.)*; «L'amour ne détruit pas l'altérité»* (Madinier). Een open vraag: zou Ruusbroec dan, voortgaande op dit citaat van Bossuet, de eerste zijn die het begrip «anderheid» in de zin van «altérité» gebruikt heeft? Dat zou veel zeggen, inderdaad, over Ruusbroecs bijdrage tot het denken over interpersoonlijke relaties en de ontwikkeling van een bijhorend begrippenkader. Het is overigens merkwaardig om vast te stellen hoe een woordenboek als dat van P. Robert geëvolueerd is met betrekking tot het woord *«altérité»*; in *Le Petit Robert* (1968) zijn de eerste helft van de woordverklaring *(fait d'être un autre),* alsook de twee citaten die deze verklaring illustreren, een latere toevoeging ten opzichte van de oudere en «grote» uitgave van P. Robert, *Dictionnaire alphabétique et analogique de la langue française* (1957), die als verklaring bij *«altérité»* enkel vermeldt *«caractère de ce qui est autre»*; deze toevoeging kan wijzen op een verfijning in recente decennia van het begrippenkader dat met de «ik-gij» relatie te maken heeft. Nog dit: wat de verwijzing naar de Latijnse term *«alteritas»* betreft, is enige omzichtigheid geboden; J.F. Niermeyer – C. Van de Kieft – J.W.J. Burgers, *Mediae Latinitatis Lexicon Minus,* Leiden – Boston, Brill, 2002, geeft als vertalingen van *alteritas*: diversité, différence; diversity, difference; Ungleichheit, Unterschied; geen van deze vertalingen stemt overeen met wat Ruusbroec hier onder *anderheit* verstaat; misschien is dit de reden waarom Surius de term *alteritas* niet kon of wilde gebruiken als vertaling voor *anderheit*.

de aard en de ontwikkeling van de ontmoeting tussen personen, met name van de ontmoeting tussen God en mens, ontmoetingen die alle hun «analogatum princeps» vinden in de relaties tussen de goddelijke Personen. Deze enkele bladzijden over *onderscheet ende anderheit* zijn daar slechts een kleine illustratie van.

Pontificio Collegio Belga   Johan BONNY
Via G.B. Pagano 35
I-00167 Roma, Italy

LA «NICHILITÀ» IN JACOPONE DA TODI

L'indicazione di Giovanni Pozzi[1] a proposito della poesia di Jacopone da Todi connotata come chiarezza teorica rilasciata in un quadro concettualmente coerente, sembra – a fronte della segnalata sintesi restrittiva dello stesso Contini e di un dibattito di oltre un secolo sul dissidio tra interiorità e parola manifestante – non sia stata recepita, se non in modo disuguale e vario, in ancor recenti e autorevoli interventi quando, in particolare, si tratta di qualificare «la compresenza del momento ascetico della riflessione sull'io e sul mondo e del momento mistico della riflessione su Dio e dell'unione con Lui»[2]. La comprensione del pur preponderante materiale ascetico nel *Laudario*[3] del tudertino, unitamente alla lezione più squisitamente mistica, non pare possa costituire una via proficua di lettura se ritenuta in contrapposizione e, magari, attivando ulteriori e già noti contrasti «tra poesia e non poesia, cultura e incultura, realismo e idealismo, attualismo vitale e nichilismo»[4]. Già Albert Deblaere aveva notato che «la vera grandezza del messaggio del poeta tudertino consiste

---

1. G. POZZI, *Jacopone poeta?*, in *Alternatim*, Milano, 1996, pp. 72-92. In particolare vedi qui pp. 82-83.
2. E. MENESTÒ, *La figura di Iacopone da Todi*, in *Iacopone da Todi. Atti del XXXVII Convegno storico internazionale, Todi, 8-11 ottobre 2000*, Spoleto, 2001, p. 18. Il volume nel suo insieme rappresenta un buon contributo di aggiornamento sulla figura e l'opera di Jacopone pur tenendosi lontano dal raggiungere una esaustiva analisi del motivo che spinge il tudertino a scrivere e scrivere laudi sacre.
3. Ci serviamo qui del lavoro a cura di F. MANCINI, *Jacopone da Todi, Laude*, Bari, 1974. Da questa edizione del *Laudario* citeremo, d'ora in avanti, il numero progressivo della lauda seguito dai relativi numeri dei versi. Abbiamo tenuto presente anche l'edizione a cura di F. AGENO, *Jacopone da Todi, Laudi, Trattati e Detti*, Firenze, 1953.
4. POZZI, *Jacopone* (n. 1), p. 73. Oltre agli errori di prospettiva segnalati dal Pozzi per il particolare problema di Jacopone bisognerà, una volta per tutte, ricordare di mettere a tema il più grave e generale problema che pesa sulla recensione della letteratura mistica e che riguarda il senso e la natura della mistica. Compito veramente urgente che relega ancora tanta produzione mistica nell'oscillante e poco sicuro campo rintracciabile tra divagazioni teologiche e digressioni storico-letterarie. Si, perché ogni intervento in questo senso nasconde malamente l'interrogativo irrisolto intorno alla mistica. E' primario e doveroso verso una parte consistente del patrimonio letterario delineare le direttrici di fondo del problema. Solo così ogni singolo tema potrà trovare a livello disciplinare una griglia di lettura più consona. In tal senso rimane ancora insuperata la lezione di ALBERT DEBLAERE – a cui dedichiamo questo articolo a 10 anni dalla scomparsa – così come è stata da lui codificata, ad esempio, in uno dei suoi contributi più lungimiranti (*Témoignage mystique chrétien*, in *Studia Missionalia* 26 [1977] 117-147; cf. *supra*, pp. 113-140) nel quale offre le coordinate di fondo per la comprensione della mistica cristiana quale disciplina scientifica.

nel fatto che non è una sintesi, una teologia vestita di belle forme, una sintesi insomma tra lirismo e dottrina, tra fervore mistico e poesia nel "dolce stil novo", e nemmeno l'unione riuscita tra pensiero, arte e natura; ma un'unità cristallina, che non si lascia scomporre in elementi poi addizionabili»[5]. Il fatto va evocato per non recensire le laudi solo per parentele contrastanti[6] e tipologiche, con l'ulteriore attenzione che la lettura trasversale di esse non rechi pregiudizio al dettame dottrinale di ogni singola lauda in grado di offrire compiutamente lo sviluppo di un pensiero coerente. Ancor di più potrebbe sfuggire il livello dottrinale dell'operazione iacoponica che intende qualificare alcuni punti di passaggio assai dibattuti nell'universo spirituale della sua epoca, come quello della "nichilità", o, se si vuole, dell'annullamento o annientamento di sé.

Limitando drasticamente la nostra analisi a qualche passaggio desunto dallo stesso *Laudario* e non praticando il riscontro di una affinità dottrinale con illustri antecedenti (quali Bernardo di Chiaravalle e Guglielmo di Saint-Thierry) e insigni contemporanei (quali Bonaventura da Bagnoregio e Meister Eckhart, senza dimenticare il variegato movimento femminile e il più vicino movimento francescano), si evince con sufficiente chiarezza il percorso designato da una struttura mistica che cerca essenzialità nell'espressione rifuggendo acutamente dalla notazione biografica degli stati di perfezione fino alla cancellazione di elementi visionari e locutori come esplicativi e comunque parenetici dell'esperienza personale di Dio che si inscrive, ultimamente, nel solo processo della fede cristiana. Un'alta concentrazione del discorso si raggiunge proprio sulla "nichilità" quando la forte ascendenza evangelica e patristica offrono il supporto descrittivo adeguato al tratto dottrinale mistico[7].

La "nichilità", dunque, permette a Jacopone di portare a termine l'insegnamento sul valore dell'esercizio ascetico e di raggiungere l'esplicazione di una "teologia spirituale" che qualifica l'uomo in quanto "essere" spirituale. E il tema è svolto perché l'uomo possa evitare di restare impantanato tra l'autochiusura narcisistica e l'estraneazione alienante[8] che nella

---

5. A. DEBLAERE, *Prefazione*, in A. CACCIOTTI, *Amor sacro e amor profano in Jacopone da Todi*, Roma, 1989, pp. 6-7.

6. Uno dei casi più frequentati è l'accostamento dell'ascesi distruttiva di Jacopone con l'ascesi positiva di Francesco d'Assisi. Si veda, a mo' di esempio, come il dato sia divulgato in antologie anche recenti: *Iacopone e la poesia religiosa del Duecento*, a cura di P. CANETTIERI, Milano, 2001, p. 222.

7. Si tratta dei detti sulla rinuncia, il disprezzo e il rinnegamento di sé relativi sempre alla persona del Signore Gesù Cristo. Si veda, ad esempio: Mt 16,24 e 10,38; Mc 8,34; Lc 9,23; Gv 12,24-26.

8. Per un rapido e puntuale richiamo teologico si veda P. MARTINELLI, *Vocazione e stati di vita del cristiano*, Roma, 2001, pp. 77-85.

cultura del tempo trova impiego nella letteratura a fondo dualista e persino in una certa teologia dall'andamento sistematico astratto. Quello di Jacopone è un dato tipicamente francescano quando individua, nell'annichilamento del Verbo nell'umanità e dell'uomo in Dio, il senso compiuto di una vita condivisa, appunto, tra Dio e l'uomo. In tutta la tradizione cristiana si rintraccia fortemente la forma testimoniale della Verità che "accade" sempre come fatto nella libertà credente dell'incontro. La sottolineatura francescana che da Francesco d'Assisi giunge, ad esempio, fino ad una donna come Caterina da Genova, allestisce il riscontro di una possibile vita con Dio escludente l'ingenuo suggerimento sentimentale o il solipsistico raggiungimento del nulla. Il robusto senso della vita è contratto in un reciprocità relazionale[9] destinata a precisarsi nei motivi dell'unione amorosa tra Dio e l'uomo. In tal senso il *Laudario* ha un debito fondamentale col clima spirituale instaurato dal francescanesimo in quanto il valore polisemico dell'umiltà è chiarificatore dell'inversione relazionale che eleva l'uomo all'altezza di Dio e segue, parimenti, il totale annullarsi di Dio nella condizione umana.

Contemporaneamente guadagna, nell'opposizione alla vacuità della lirica in voga, – che è manifestatamene tratto di una società dedita al senso profano della felicità – la proposta evangelica dell'uomo nuovo rimarcata, tra gli altri, nel povero di Assisi[10]. E' chiara la scelta di campo di Jacopone più interessato a mostrare come la vita in questo mondo riguarda il rapporto uomo-Dio in quanto storia concreta; una unione amorosa che trasforma l'uomo e il mondo.

Per raggiungere tale scopo uno dei primi dati rintracciabili a livello espositivo è proprio la presentazione dei personaggi e il loro ruolo che le laudi descrivono in forme inequivocabili determinando, ancora una volta francescanamente, il tutto di Dio e il niente dell'uomo[11]. L'insistito esercizio ascetico da parte dell'uomo non potrà mai raggiungere Dio; esso è destinato a fallire nella sua conquista virtuosa e a dover naufragare in un

---

9. 51, 51-56: «Signore, àime mustrata, – ne la tua claritate, / la mea nichilitate – ch'è menor ca neiente; / de quest'esguardo nasc' – esforzata umiltate, / legata de viltate, – voglia 'n non-voglia sente./ Umilïata mente – non n'è per vil vilare; / ma, en vertuoso amare, – vilar per nobelire».

10. E' il caso dell'operazione praticata nelle laudi 40 e 71 interamente dedicate a s. Francesco e costruite con materiali desunti dalle prime biografie del santo.

11. 51, 57-62: «Non pòzzo essar renato, – s'e' en me<ne> non so' morto, / annichilato en tutto, – en l'esser conservare; / de *nichil* glorïoso – null'om ne gusta il frutto, / se Deo no i fa el condutto, – cà om non ci à que fare. / O glorïoso stare – en *nichil* quïetato, / lo 'ntelletto pusato – e l'affetto dormire!». Non sfugga l'attacco evangelico desunto da Gv 3,3-5. La considerazione svolta in questi versi ritorna prepotentemente in altre laudi jacoponiche come la 36, 99ss. e la 90, 16ss. tutte intessute su stilemi scritturistici.

confronto che lo stabilisce, inerte nella sua virtù, alla presenza di Dio[12].
Già da questi pochi accenni va evidenziato come le laudi sono interes-
sate a cogliere la bruttura dell'uomo e del mondo[13] non come elemento
ascetico assoluto, ma come contrasto per meglio attivare una fondamentale antropologia teologica che renda ragione dello spirito dell'uomo a
fronte di elementi solo naturalistici e vacui pensieri di mera alienazione:
«ora di fatto nelle laudi esiste un elemento di natura antropologica che
collega il Dio nascosto all'io annichilato, ed è l'umanità di Cristo, il
mediatore per eccellenza, pur visto nella prospettiva dell'annichilamento»[14]. Ecco come colmare in modo appropriato il divario assoluto
tra Dio e l'uomo: la fruizione di Dio è possibile per il profondo abbas-
sarsi del suo Amore, altrimenti inaccessibile[15]. Il frequentato tema
dell'incarnazione del Verbo e l'eucaristia, tra gli altri, diventano il modo
solito, ma non unico, della fede nel quale si effettua l'annichilamento di
Dio per raggiungere l'uomo; e, questi, profondamente umiliato dalla sua
cronica incapacità data dalla reiterata e peccaminosa onnipotenza di sé,
accetta di buon grado di arrendersi all'offerta di tanto amore che trova
l'apice nella dolorosa passione della croce.

La "nichilità", così, è tema capace di connettere le varie stratificazioni che si addensano nel più generale tema dell'umiltà e rende plausi-
bile una non scontata predicazione della vera vita interiore che va dis-
tinta dall'esemplare cammino del cristiano quale autore della sua stessa
perfezione. Il radicale annullamento della propria volontà non è tale per
vilmente umiliarsi, ma esso tende a umiliarsi per una nobilitazione data
dal vario e ricco riguardarsi vicendevole tra Dio e l'uomo[16]. Sono due,
in particolare, le laudi alle quali Jacopone affida il compito di illustrare
la sua dottrina mistica ponendola sotto il registro della "nichilità": la
90 e la 92. Immediatamente, rifuggendo drasticamente da qualsiasi
motivo meritorio causante il cammino virtuoso, le due laudi offrono il
loro dettame a partire dal primo dato della vita interiore: l'unione con
Dio. Non c'è preparazione adeguata che possa invenire un simile stato
e nessun tipo di azione, pur virtuosa, può procurare all'uomo una tale

---

12. 86, 173-184: «Que dar po' creatura / a tte, summa Bontate, / che tu per caritate /
a llei sì t'è' donato? / Tutta la sua valura / a la tua degnitate / è peio che viltate; donqua
co' sirai cagnato / de sì gran cortesia? / La nostra malsanìa / pòte donar sapore?».

13. Per il tema assai sviluppato entro il *Laudario* basti il verso riassuntivo di 51, 63:
«Ciò c'ò veduto e pensato – tutto è feccia e bruttura».

14. POZZI, *Jacopone* (n. 1), p 81.

15. 79, 48-51: «Eo so' infinito Deo, / ciascheun gusta del meo, / lo gusto è 'n niche-
lèo / de l'Amor non toccato».

16. 15, 6-8: «Se Iesù Cristo amoroso – tu lo vollese trovare, / per la valle de vilanza
– che t'è<ne> opporto <a>d entrare; / nui lo potemo narrare, – cà multi lo ci òne abber-
gato».

elezione[17]. L'assetto terminologico e la struttura poetica del tudertino tendono volentieri a ridare l'insegnamento spirituale nei termini della mistica nuziale. In effetti si nota come la vicenda tra Dio e l'uomo viene designata in una storia d'amore a partire dalla loro continua ed irreversibile assimilazione reciproco-unitiva[18]. Non si è più confinati in un solipsismo antiumano che, nella ricerca affannosa di un "tu", trova solo il frutto della propria proiezione e, dunque, la propria infelicità. L'unione tra Dio e l'uomo, data per grazia e iniziativa divina, è la realtà che Jacopone scorge come misura dell'energia dello spirito umano capace di Dio. L'uomo si ritrova in Dio al di sopra di ogni operazione e molteplicità delle cose e vive, ormai, di una diretta e amorosa conoscenza di Dio. E' proprio qui che lo stile asciutto e cristallino del poeta si fa acuto e circostanziato nell'attivare precisione alla sua riflessione. Sotto forma di confessione, senza indulgere all'autobiografia, viene narrato l'inganno affettivo e razionale contratto nel tentativo di enucleare un sistema di conoscenza[19] a fronte dell'ordinato modo di vivere rintracciato nella storia dischiusa dall'incontro con Dio.

Dal momento che l'unione trasformante l'uomo predica quest'ultimo unito a Dio, si comprende come la proposta spirituale di Jacopone non esita a rimarcare i motivi di una insufficienza dell'esistenza chiusa in se stessa e non più allettante; o ancora la bruttura e il tedio di un mondo non significato dalla trasformazione in Dio. Non dissimile sarà la qualifica riservata dall'uomo a se stesso quando si scopre negatore di quell'ordine dell'Amore[20] che lo sostiene in contrasto con l'impaccio misto allo stupore di ritrovarsi, senza sapere come, padrone di ciò che

17. 92, 29-52: «Vertute perde l'atto, / da po' che iogne a pporto, / e tutto ved'en torto / que diritto pensava; / tròvai novo baratto / là 'v'el lume è aramorto, / novo stato l'è oporto, / de que non procacciava; / à quel che non amava / et à tutto perduto / que avìa posseduto / per caro suo valore. / Sì l'atto de la mente / è 'n tutto consupito, / en Deo stanno rapito, / ch'en sé non se retrova; / de sé reman perdente, / posto nello infinito, / amira co' c'è gito, / non sa como se mova; / tutto sì se renova, / tratto for de suo stato, / en quello esmesurato / o' sse <ci> anega amore».

18. Appendice 4b, 165-174: «Trovasti tale Amore / c'à mozzo onne figura, / passaste con fervore, / sposa tanto pura. / Or porte ensegna nova / de grande novitate, / fatt'ài capacetate / a sostener l'Amore. / Ben pòi portare Amore, / da poi che fuste unita».

19. 92, 5-16: «Averte cognoscuto / credia per entelletto, / gustato per affetto, / viso per simiglianza, / te credendo tenuto / aver, con' si, perfetto, / provato quel deletto, / amor d'esmesuranza. / Or parme fo fallanza, / non n'èi quel ch'e' credia, / tenendo non avìa / verità senza errore».

20. Tra i tanti luoghi si veda almeno: 89, 51-58: «Ià non pòzzo vedere creatura, / al Creatore grida tutta mente; / celo né terra non me dà dulzura / per Cristo amore tutto m'è fetente. / Luce de sole sì me pare obscura, / vedendo quella faccia resplandente; / cherubin' so' neiente – belli per adocchiare, / serafin' per amare, – a cchi vede el Signore».

prima neanche sospettava esistere[21]. Ma occorre cauta fermezza nel distinguere che l'affermazione mistica a tale riguardo non collima con una qualche forma di abolizione del mondo e nemmeno con un diniego assoluto dell'uomo; essa invece tende a ridire una sorta di "realtà della realtà" che spesso rimane offuscata e inattingibile. Ecco il perché dell'insistenza funzionale sul nuovo modo di vivere del mistico che si svolge al di sopra di ogni facoltà percettiva. L'io non agisce più come entità autonoma e, dunque, non può conseguire la conoscenza di Dio, tramite indagine sistematica o esperienza sensoriale. Difatti non esiste somiglianza di Dio senza fallacia. Vige ed ha luogo solo l'operazione della carità: atto completamente gratuito non dipendente da "virtus".

In sostanza la "nichilità" viene a descrivere il versante intimo (o, se si vuole, interiore) dell'unione tra Dio e l'uomo. Essa non permane nel delucidare elementi di purificazione dal mondo per dirigersi, poi, verso una vita di santità pianificandone i gradi e i successivi passi di questi. Decisamente essa accredita il movimento libero e dinamico dei due "amanti" che a livello reciproco vivono, nella forma di una amorosa conoscenza, il possesso l'uno dell'altro. Insomma, l'uomo annichilato[22] esplicita il concetto di nozione mistica in senso stretto, poiché "costringe" il poetare di Jacopone ad accelerare le forme sensibili e reali della vicenda conoscitiva e amorosa dell'uomo con Dio, escludente esperienze meramente intellettuali o solamente psichiche. E', invece, storia di anima e di corpo che assume forme proprie della dicitura mistica a partire dal diretto rapporto d'unione. I versi del *Laudario* non lasciano dubbi circa tale esclusività che nelle forme rovesciate della narrazione spirituale chiariscono la discontinuità del proprio proposito spirituale sempre fallimentare e radicalizzano nel "topos" dell'elezione divina che "chiama" all'unione una vita da condividere[23]. Il versante

21. 92, 17-28; 45: «Enfigurabel luce, / chi te po' figurare, / che volisti abitare / 'n obscura tenebra? / Tuo lume non conduce, / chi te veder li pare, / poterne misurare / de te quello che sia; / notte veio ch'è dia, / vertù non se retrova, / non sa de te dar prova / chi vide quel splendore. [...] de sé reman perdente».
22. 48, 89-94: «Poi che l'omo è annichilato, / nascei occhio da vedere; / questo prezzo esmesurato / poi lo comenza sentire, / nulla lengua no 'l sa dire / quel che sente en quello stare».
23. Il dato è attestatissimo nel *Laudario* e non sfugga il regime passivo che ben sottolinea la non elaborazione da parte dell'uomo, ma il livello agente dell'iniziativa amorosa di Dio che, ad esempio, muta (78, 77-78: «e l'Amor me fice riso, / però che mm'avìa mutato».); trasforma (89, 256-258: «famme en te stare, Amor, sempre abracciato, / con teco trasformato – en vera caritate / e 'n summa veretate – de trasformato amore».); unisce (92, 231-232: «... lo qual conduce / per sì onito amore»); congiunge (65, 61-64: «La caritate 'l iogne / e con Deo me coniogne»); veste (89, 181-183: «e questo fo dasché eo fui ferito / e quando co l'Amor fici barrato, / che, me spogliando,

interiore della vita spirituale costituisce il primo e il vero inizio della vita cristiana donata nell'incontro con Dio. La certezza del passo è ribadita nel doppio motivo del non saper ridere a parole ciò che è avvenuto e del non conoscere dove ci si trova: segni eloquenti della non produzione umana dell'esperienza del divino. Nell'iniziativa divina, esemplata nella sua grazia, si inverte il prima della dimensione spazio-temporale col dopo della dimensione della fede. E in effetti i 484 versi della lauda *92* hanno il compito di assicurare che l'accadimento del mistero cristiano – come incontro con Dio – sia il primo motivo della vita condivisa tra l'uomo e Dio, riversata, poi, in ogni forma anche "esterna". Come a dire che la vera ascesi segue e non precede mai la scoperta di Dio. La "nichilità" costituisce il linguaggio trovato per descrivere come, nel passaggio dell'uomo in Dio, i due hanno una vita data nell'amorosa conoscenza che non fugge la storia, dunque, ma la qualifica nella dimensione della redenzione. E se, in particolare tra le altre, le laudi consacrate alla Incarnazione[24] svolgono il tema della nuova dignità dell'uomo nobilitato fin dal suo istinto; la "nichilità" traccia il canto del continuo appartenersi in pari dignità che frutta inusitati motivi di una vita riuscita all'insegna dell'unità.

IL TRIPLICE STATO

L'io narrante dei 137 versi della lauda *90*, si attesta su motivi dottrinali richiamanti la necessità del morire a se stessi per avere la vita[25]. Con poche ma forti ascendenze bibliche e un periodare alquanto scomposto, esso addebita all'azione delle virtù teologali della fede e della speranza l'aver rivolto la sua mente inesorabilmente verso l'azione del vero amore: Dio. Con la Scrittura e la Tradizione, Jacopone ritiene, infatti, che attraverso le tre virtù soprannaturali tutta la realtà fisico-spirituale dell'uomo è orientata radicalmente al Dio trinitario che, nella sua auto-partecipazione, suscita l'adesione immediata dell'uomo alla vita divina provocando, inversamente, il gesto profondo dell'umiltà nel reputarsi nulla[26]. Nelle tre virtù e per mezzo di esse l'uomo – che accetta la rivelazione di Dio – si rapporta immediatamente a Dio nella sua essenza, godendone la vicinanza e l'amorosa conoscenza per Sua grazia. E', in

---

fui de te vestito»); annega (69, 85-93: «O Amor d'Agno, / maiur che mar magno, / e chi de te dir porria? / A chi c'è anegato / de sotto e da lato / e non sa là 've se sia, / e la pazzia / li par ritta via / de gire empacito d'Amore»).

24. In un bel ritmo discendente-ascendente si vedano almeno le laudi 64 e 86.

25. Vedi qui i testi biblici e jacoponici citati in nota 11.

26. 90, 1-4: «La Fede e la Speranza / m'ò fatta sbandesone, / dato m'ò calcia al core, / fatto m'ò anichillare».

effetti, il tema trattato nei primi 25 versi della lauda che, in una sorta di lunga "ouverture", intreccia il motivo causante l'annichilamento dei sensi interni ed esterni[27] ai temi del parlare-tacere[28], del sapere-non sapere[29], dell'avere-non avere[30], dell'essere-possedere[31] e del nulla-tutto[32]. Una ricca gamma semantica che trova l'apice nella figura del mare (metafora di Dio)[33] dal quale si è totalmente coperti tanto da non poter sfuggire in alcun modo. Motivo evocatore della dolce stretta amorosa dalla quale è impossibile ritrarsi talmente è forte la sua attrazione[34]. I temi enunciati tornano variamente a connotare il triplice stato di "nichilità" dell'uomo abbandonatosi in Dio[35] che lo attira sempre più nell'unirlo a sé, poiché è di Dio trovarsi unito alla sua creatura[36].

L'esemplificazione dei tre stati è intento didattico per spiegare che non ci si riferisce mai a tappe successive del cammino di perfezione, ma a condizioni antropologiche sempre presenti nell'uomo. Il primo stato dell'annichilamento[37] consiste nell'abdicazione della propria volontà, di ogni volere, in favore di quello divino. L'avvertenza del motivo psicologico di essere stato separato dal proprio essere senza nulla perdere e nulla volere, è fine espediente dell'individuazione dell'uomo in Dio. Infatti, ora che l'uomo possiede Dio non è più interessato ad altro. Il disprezzo di ogni cosa è tale stoltezza che frutta una superiore saggezza: un più di ragione che relega nel passato l'esistenza turbata dalle passioni[38]. L'avvicendarsi del tempo reso affannoso dalle passioni ben raffigura lo stato di chi deve portare prudenza per non rimanere comunque ingannato. In

27. 90, 5: «Anichillato so' dentro e de fore».
28. 90, 12: «Parlanno taccio, grido forte mente».
29. 90, 13: «Saccio là 'v'è velato».
30. 90, 21: «*omnia* possede e de nulla è corrutto».
31. 90, 23: «l'essere e 'l possedere».
32. 90, 19-20: «Mozzato da lui tutto, / e nulla perde e nulla po' volere».
33. 90, 9-11: «Non pòzzo plu fugire né cacciare; / ché m'à fulto lo mare; / sì so' coverto, no 'l pòzzo parlare!». Si vedano, ad esempio, i motivi paralleli in 92, 53-54: «En mezzo questo mare / sènno sì 'nnabissato», e in 89, 289-290: «Pensa ch'eo vo pasmanno, – Amor, non so o' me sia, / Isù, speranza mia, – abissame enn amore!».
34. Per il motivo variamente attestato si veda almeno: 89, 61-62: «Ià non n'è core che plu se deffenda, / d'Amor s'è preso, che pòzza fugire».
35. 92, 339-340: «nichilità enformata, / messa en lo suo Signore». Lo stesso testo verrà ripreso più avanti.
36. 90, 14-18: «(ch'eo no Lo veia, sempre sta presente / en onne creatura trasformato)».
37. 90, 26-32: «Vilisco onne cosa, / e d'onne cosa ho parte en possedere! / Chi è cosa d'Onne-cosa, / nulla cosa <ià> mai po' volere. / Quest'è lo primo stato / de l'omo anichillato, / che à anegato tutto so volere». Non si perda di vista che i tre stati di "nichilità" sono una variazione fortemente imparentata con tutta la dottrina classica sulla perfezione dell'uomo mutuata ora nelle tre vie: purgativa-illuminativa-unitiva; ora nella tripartizione dell'uomo: animale-razionale-spirituale.
38. 90, 39: «Fatta la pace del temporïare».

questo primo stato la Ragione ha trovato la sua giusta disposizione nel
non dover sostare in nessuna circostanza[39], ma l'Intelletto non è ancora
pago e si affida alla varietà delle esperienze sensoriali[40]. Occorre accor-
tezza e preghiera per non cadere e perdersi, magari nella presunzione di
aver raggiunto Dio[41]. Presunzione che è peccato nel voler testificare Dio
col proprio sistema di conoscenza. Il momento è dunque rischioso poiché
Dio non è mai stato visto col metro della misura umana e non può essere
il termine di una pur eccellente elaborazione dello spirito umano[42]. Il
desiderio del secondo stato è soddisfatto unicamente dall'invito divino
che spinge a liberarsi da ogni impedimento nel non possedere nulla[43].
Così, il secondo stato rappresenta la totale rinuncia a tutte le facoltà
dell'io, il quale è annullato fino alla scomparsa di ogni genere di operazione sia dei sensi, sia dell'anima[44]. E' facile comprendere come il lucido
insegnamento jacoponico redazioni, sempre più, la conosciuta riduzione
ad unità semplificata il variare dei motivi di una vita lontana dal suo centro unificatore. L'insegnamento è plasticamente rinvenibile nella "qua-
dratura" del tempo che non può più scorrere: l'uomo in Dio ha trovato
definitivamente la sua stabilità e la sua nuova situazione è altro da ciò che
un progressivo passaggio ascetico poteva prefigurare ed ottenere. E' bene
evidenziare il tema poiché nel ripudio di un quietismo rinunciatario, apre
all'uomo che ha accettato di credere, la capacità di un esercizio storico
della fede:

«L'autonni so' quadrati,
so' stabelliti, non pòzzo voltare;
li celi so' stanati,
en lor silere me fanno gridare:
"O profondato mare,
altura del to abisso
m'à cercostretto a volerme anegare!"

Anegat'hone Intelletto enn un quieto
(per ciò che so' iacciate tutte l'acque);
de gloria e de pena so' <e>sbannito,

39. 90, 47: «En nulla parte faccia demorato».
40. 90, 49-50: «per ciò che lo 'Ntelletto no è pusato, / che ancora va per mare».
41. 90, 54-56: «Anegare po' l'om per lo peccato, / chi non vede el defetto; / per ciò
ch'è dobetoso questo stato».
42. Gv 1,1-18 offre lo spunto al passaggio di 90, 67-74: «luce che luce non pòzzo tes-
tare. [...] Non vada om a pescare / ne l'alto de lo mare, – ché <ne> faria follia, / se d'onne
cosa emprima – non se vòle spogliare».
43. 90, 75-81: «Spogliare se vòl l'om d'onnecovelle / (ciò è en questo stato) / e ne la
mente no posseder covelle, / se ne l'altro vòle esser clamato; / dé essere purgato de lo
foco, / ...[?] quello è lo loco de paragone».
44. 90, 86-88: «Quest'è lo certo scripto: <'n>de lo secondo stato / non po' essere
oprato / (ciò è plu en su la terra, ben me pare)».

vergogna né onor mai non me placque;
né nulla me desplace, ché lla perfetta pace
me fa l'alma capace
enn onne loco poterme regnare» (90, 89-102).

All'uomo, completamente immerso e annegato nella quiete divina, il
secondo stato – significato dal cielo cristallino, immagine del ghiaccio
che blocca nel solidificare ciò che è in movimento – riserva anche
l'indifferenza circa il premio eterno e la pena infernale, poiché ormai,
in Dio e con Dio, regna in ogni dove. Ed è proprio a questo livello che
la lauda offre il suo insegnamento più profondo introducendo la
nozione del terzo stato di "nichilità" qualificato come il governare nel
regno di Dio[45]. Governo effettuato, ora, nel terzo cielo, l'empireo, che
per metonimia – richiamando l'insegnamento paolino[46] – è l'uomo
stesso, il quale "milita" in Israel (paradiso) e domina, possedendolo,
tutto ciò che Dio è, e ciò che gli è in potere. Ma la ragione di tutto
questo è una elezione. Elezione da parte di Dio, che ama fissare la sua
dimora nel cuore dei suoi amici intimi[47]. Il gioco connettivo e distintivo
dei riferimenti biblici[48]: Patriarca per Abramo e Dio / arca per cuore /
Israele per regno promesso e paradiso, designa – e ormai al plurale – i
perfetti[49] che trasformati in Dio ereditano la terra promessa: il paradiso
che è vita piena con Dio. L'apice del dettame jacoponico è costituito,
insomma, da affermazioni ricavate dalla storia biblica e dalla dottrina
della fede cristiana. Non scandaglia inusitati insegnamenti esoterici, ma
chiarimenti catechetici: come Dio ha stretto alleanza con Abramo e a
lui fa la promessa di una discendenza e di una terra dimorando in
mezzo a loro, così Dio ama fissare la sua dimora nel cuore dei suoi
intimi amici i quali saranno riuniti nel regno promesso. La rarefazione
dell'io narrante fino alla sua scomparsa, accompagnata da una scrittura
secca che rifugge, ormai, le pur inevitabili antitesi e gli ossimori più
indietro praticati e pur anche le formulazioni di relazioni e contenuti,
rappresenta l'unità di pure essenze che non affiora nel discorso, ma in

45. 90, 103: «Regnare ennelo regno».
46. 90, 109-116: «l'Apostol ssì te pòte essercitare. / Pò t'essercetare un celo, ché
questo celo sta molto celato; / à perduto onne zelo, / possede el Trono e tutto el Domi-
nato / e lo Patrïarcato, / ché en tanto en su è menato, / en Israel sì vòle militare». La stessa
lauda si richiama a 2 Cor 12,2ss.
47. 90, 117-119: «Lo Patrïarca se vòl demorare / entro ne l'arca de li soi secreti / et
en Israel se vòl regnare».
48. Qui in particolare si possono vedere Dt 32,9 e Gn 17.
49. 90, 126-130: «... e tutti li perfetti regna in essa, / che pro Vertute posto ci ò
l'affetto. / Privato lo 'Ntelletto, / sguardanno ne l'Affetto, / en onne loco se pòzzo tras-
formare». Questi versi riprendono la stessa formulazione dei versi 57-60 modificandone,
ora, la prospettiva nel senso della compiutezza della vita in Dio, prima impossibile.

un silenzio celebrante l'identità dei due[50]. Tratto che non equivoca sull'abolizione della intera figura creaturale, poiché proprio questa, in Cristo, nuovo Adamo, dice la condizione dell'uomo salvato e redento dal peccato. Il ricorso all'insegnamento della fede assolve, dunque, il compito di rendere proporzionato l'assetto linguistico tra significante e significato, poiché: «l'identità assoluta, al di sopra di ogni differenza e opposizione, l'uguaglianza d'ogni dissimilitudine sono l'oggetto proprio di ogni esperienza mistica»[51].

L'«ALTA NICHILITATE»

Quanto finora detto è forse non più che una dichiarazione di buone intenzioni nel diradare alcune questioni che, in verità, si addensano sulla produzione jacoponica, così come gravano su tanta parte della letteratura mistica. Basti pensare ai giudizi di incultura teologica, con i quali spesso si glossano gli scritti di autori spirituali, per terminare agli argomenti annotati erroneamente ed evocati per lo più nei temi dell'inconoscibilità, della ineffabilità e della tenebra, ben connessi, d'altro canto, al nostro argomento. Pur non rientrando nel nostro attuale compito, un bell'esempio di tal modo di procedere è il ricorso, sempre operato dai commentatori, allo Pseudo Dionigi l'Areopagita[52]. La sua *auctoritas* spiegherebbe non solo l'uso letterario della negazione e i contenuti propri della vita contemplativa; ma, di essi, offrirebbe ulteriormente l'esatta intelligenza ascrivibile ad un ben strutturato sistema chiarificatore della mistica. In effetti sfugge che l'istanza areopagita – ritenuta all'inizio dell'influsso e della ripresa del significato di "mistica" – è operazione piuttosto praticata dalla teologia ormai concettuale dei secoli bassomedievali in cerca di congrue soluzioni al proprio sistema. Gli autori mistici, per lo più, non subiscono il fascino di tale *auctoritas* in quanto già edotti da un sistema di fonti che accreditava pensiero ed evidenza derivante dall'esperienza spirituale. L'errata identità e l'equivoco cronologico perpetrato intorno all'Areopagita favorirà i commentatori scolastici e i loro successori; non i mistici che riscontreranno in lui, semmai, ciò che è già condiviso. L'Areopagita, insomma, non poteva

50. 90, 131-137: «Formati senza forma, / mozze tutte le faccie per amore, / però che so' tornati in prima norma; / e questa è la casone: / chi sta êllo terzo stato / 'ndel novo Adam plasmato, / non vòl pensar peccato né operare».

51. Vedi G. Pozzi, *Grammatica e retorica dei santi*, Milano, 1997, p. 187.

52. Il riferimento dovuto è Dionigi Areopagita, *De mystica teologia* (PG, 3), cc. 997-1064; *La Hiérarchie céleste* (SC, 58bis), a cura di R. Roques – G. Heil – M. Gandillac, Paris, 1970.

non avere, rispetto alla dottrina mistica, lo stesso senso da rintracciarsi in fonti quali Gregorio di Nissa[53] e, magari, Gregorio Magno[54], per menzionare solo due indiscusse autorità, e terminante non a segrete dottrine di sorta, ma riferito ai misteri della Chiesa e della fede. L'elemento prettamente "contemplativo" della dottrina mistica è sviluppo dei secoli del tardo Medioevo e troverà una specificazione, ad esempio, nell'opera di Jean Gerson[55].

La posizione che vuole Jacopone uno dei massimi interpreti dell'Areopagita[56] risulta decentrata, poiché evita di porre in rilievo il procedimento della «nova filosafia» (36,105) – designante la dottrina mistica – come capace di annichilire («l'utre vecchi à descipate», 36,106 richiamante Mt 9,17) ciò che non risulta idoneo al criterio predicato dalla fede, la quale non intende estraniare l'uomo dalla sua storia e, nello stesso tempo, incontra Dio nella sua storia. Ben scrive Jacopone di questa dinamica con un certo velo ironico:

«Amor che stai ad alto
(ch'è modo de parlare),
ma ben te trova a basso
la vera umilitate;
la mente tanto sale
quanto ella descende;
de sotta onne covelle
se trovarà l'Amore» (4b, 197-204).

Non si tratta della protesta di un penitente mortificato e depresso nelle sue aspirazioni, ma dell'espressione del radicale spogliamento di volontà,

53. Quanto andiamo accennando in questo passaggio merita una trattazione ben più articolata di quella qui sinteticamente proposta. Esso è menzionato solo perché chiamato in causa dal nostro argomento dal quale non si può facilmente e imprudentemente separare. Perché non sfugga il rilievo si vedano almeno di seguito: GREGORIO DI NISSA, *La vita di Mosè*, a cura di M. SIMONETTI, Fondazione Lorenzo Valla, 1984, I, 46 (p. 40); II, 162-169 (pp. 152-158); 239 (p. 204); 252-256 (pp. 212-214). A proposito della vita interiore si noterà agilmente quanta corrispondenza ci sia con i temi proposti dalla letteratura medievale e come fosse comune il tratto dottrinale intorno alla mistica quando si toccano temi quali la tenebra, la conoscenza e l'indicibilità. Si completi la lettura con le citazioni seguenti e quelle riportate nella nota successiva: GREGORIO DI NISSA, *In laudem fratris Basilii* (PG, 46, c. 812); *De virginitate*, 10 (PG, 46, c. 360).
54. Tra i tanti luoghi si vedano almeno GREGORIO MAGNO, *Homilia in Ezechielem*, II, 2, 10-14 (PL, 76, cc. 954-956); *Moralia in Job*, X, 8, 13 (PL, 75, c. 927); XXII, 50 (PL, 76, c. 244); XXX, 16, 52-54 (PL, 76, cc. 553-554); *Homilia in evangelium* X, 14, 4 (PL, 76, c. 1129); *Homilia in evangelium* XXVII, 4 (PL, 76, c. 1207).
55. Si veda JEAN GERSON, *De theologia mystica lectiones sex, I, Secunda consideratio* (*Œuvres complètes*, Introd., texte et notes par Mgr GLORIEUX, Paris – Tournai – Rome – New York, 1962), III, p. 252.
56. Si veda P. VALESIO, *«O entenebrata luce ch'en me luce»: la letteratura del silenzio*, in G. GIOVANELLA FUSCO – A.M. TANGO (eds.), *Del silenzio. Percorsi, suggestioni, interpretazioni*, Salerno, 1992, p. 15.

di intelletto e di affetto, già illustrato nella lauda *90*, che ritorna incessantemente nelle laudi nell'attivare lo svelamento di quella inversione che erige l'uomo alla pari dignità con Dio stesso. Nella lauda *92*, il mistero della salvezza cristiana, consistente nell'unione perfetta con Dio, è il versante, ancora una volta primo, che decide la presentazione di una compiuta esistenza spirituale. L'*incipit*[57] annuncia l'assunto poi rincorso e approfondito in una ridda di temi che si intrecciano in una sorta di grande inclusione. Lo stato ineffabile nel quale l'uomo viene a trovarsi non è frutto della virtù[58], anzi questa dovrà cedere il passo, nel suo inevitabile fallire l'oggetto voluto, alla quiete e ad una nuova natura per non cadere continuamente nell'errore di valutare la verità delle cose[59]. Nel continuo ed assoluto scarto tra ciò che è raffigurazione, immaginazione, sapere, pensiero e l'effettivo trovarsi, ora, nella nuova dimensione[60] a causa del solo «atto de caritate» (92, 98), con il conseguente motivo dello smarrimento: efficace segno della non proiezione di un cammino verso Dio dettato dal bisogno umano. L'annullamento in Dio è stato di perfezione che palesa interamente la nuova vita data dall'unione d'amore voluta da Dio e che costituisce, ormai, la totale appartenenza dei due in maniera intima ed essenziale[61]. Nei versi centrali la lauda trova modo di toccare tutti i motivi desunti dalla figura amorosa per meglio esplicitare l'unità di somiglianza che corre tra Dio e l'uomo. Tra i vari passaggi non va taciuto il motivo del toccare di Dio[62] causante abbandono a lui con la conseguente unificazione delle operazioni dell'uomo (*unificatio potentiae*). Tale processo è calibrato nell'annichilamento di sé[63] che ha il riscontro vero non sugli eterodossi

57. 92, 1-4: «Sopr'onne lengua Amore, / Bontà senza figura, / lume for de mesura, / resplende en lo meo core».

58. Vedi qui la lauda 92, 29-40, citata in nota 17.

59. Vedi qui la lauda 92, 5-16, citata in nota 19.

60. 92, 129-148: «Se non n'èi 'n esto ponto, / che mente en sé non sia, / tutto sì è falsìa / que te par veretate; / e no n'è caritate / en te ancora pura, / mentre de te ài cura, / pense te far vittore. / Se <te> vai figurando / imagen' de vedere / e per sapor sapere / que è lo esmesurato, / cridi poter, cercando, / enfinito potere, / sì com'è, possedere, / multo parm'engannato; / non n'è que ài pensato, / que cridi per certanza; / ià non n'è simiglianza / de lLui senza errore».

61. 92, 65-88: «De tutto prende sorte, / tanto à per unïone / de trasformazïone, / che dice: "Tutto è meo". / Operte so' le porte, / fatta à comunïone / et è en posessione / de tutto quel che Deo. / Sente que non sentìo, / que non conubbe vede, / possede que non crede, / gusta senza sapore. / Per ciò c'à 'n sé perduto / tutto senza mesura, / possede quell'altura / de somma esmesuranza; / perché non n'à tenuto / en sé altra mestura, / quel Ben senza figura / reten enn abundanza. / Quest'è tal trasformanza, / perdendo e possedendo, / ià non andar chedenno / trovarne parlatore».

62. 92, 149-152: «Donqua te lassa trare, / quanno Isso te toccasse, / se forsa 'n te menasse / veder sua veretate».

63. 92, 157-160: «Ama tranquillitate / sopre atto e sentemento, / retrovar, 'n perdemento / de te, d'Isso valore». Ma pure altra forma in 92, 202-204: «sempre te trova innesso, / vistito sempre d'Isso, / de te tutto privato».

motivi del quietismo e dell'impeccabilità dell'uomo[64], ma nell'esalta-zione della "nichilità" qualificata come «alta»[65]. E' interessante notare come la qualifica sia preparata nei versi precedenti da tre gruppi di figu-razioni solite al poeta, ma assai condivise con molta della letteratura mistica: il triplice cielo[66], l'aria che splende di luce e la cera sciolta al fuoco[67], la metafora del vino disperso in mare[68]. Il compito di ciascuna figurazione intende preparare la trattazione sulla "nichilità" liberando il campo alla comprensione di quanto affermato. La prima figurazione è elaborata puntualmente col riferimento alla 2 Cor 12 e 1 Cor 13 per rimarcare che non si tratta della visione gloriosa dell'essenza divina, ma dell'aspetto psicologico qualitativo di una esperienza, nella quale il mis-tico, avverte e ben conosce l'iniziativa di Dio che lo riguarda. Si indica, insomma, la qualità, il modo di contemplare e non l'oggetto della contemplazione. Cessata la fede, resasi inutile la speranza, l'uomo vive della nuova forma di «sarafino» (92, 276) che è quella divina conferita da Dio stesso. L'aria che risplende, se in essa si diffonde la luce solare e la cera che a contatto col fuoco prende la forma dello stesso, identificano il come del cambiamento della natura dell'uomo unito a Dio. Infine, il significato dato dall'impossibilità di ritrovare il vino quale entità a sé stante una volta versato in mare vuole rafforzare, nella insistita figura-zione, che nell'unione d'amore con Dio l'uomo trova il suo primo motivo per una forma riuscita di vita[69]. Ogni singola trattazione dei tre gruppi di esempi conclude col rafforzare il senso dell'inversione offerta nell'annichilamento, fino a qualificarla come la «summa altezza»:

«Questa sì summa altezza
en *nichil* è fundata,
nichilità informata,
messa en lo suo Signore» (92, 337-340).

64. Così, ad esempio, AGENO, *Jacopone* (n. 3), p. 379.
65. 92, 341-364: «Alta nichilitate, / tuo atto è tanto forte, / che <o>pre tutte porte / et entr'êllo 'nfinito. / Tu cibi Veretate / e nulla timi morte, / dirizi cose tòrte, / oscuro fai cla-rino; / tanto fai core unito / en divin'amistanza, / non c'è desimiglianza / de contradir d'Amore. / Tanta è to suttigliezza / che onne cosa passi / e sotto te sì lassi / defetto rima-nere; / con tanta leggerezza / a Veretate passi, / che ià non te arabassi / po' te colpa vedere. / Sempre tu fai gaudere, / tanto si concordata, / 'n Veretate portata, / nullo senti dolore».
66. Il tema è svolto nei versi 257-304 della stessa lauda *92*.
67. I due esempi sciolti nel loro significato sono riportati ai versi 305-316 della stessa lauda *92*.
68. 92, 317-328: «Non gir chidendo en mare / vino, se 'l ce mittissi, / che trovar lo potissi, / ch'el mar l'à receputo. / E chi 'l po' sì provare, / non pensar che restesse / et en sé remanesse / (par che non fuss'essuto); / l'Amor sì l'à bevuto, / la Veretà mutato, / lo suo è sbarattato, / de sé non n'à vigore».
69. 92, 313-316: «la forma che lli è data / tanto sì ll'à absorto / che viv'estanno morto / et è vvénto e vittore».

La poesia di Jacopone non è, dunque, la proposta di un pur equivocato senso "areopagita" di ascesa messa in atto per il raggiungimento dell'eccelsa meta dell'itinerario mistico, e neppure la perfetta realizzazione del congiungimento con la Divinità per mezzo di artifici virtuosi o meriti eroici. Essa tratta della perfezione cristiana delineandola nel concetto di unione con Dio dove si esprime l'identità massima dei due diversi: Dio e l'uomo. L'unione perfetta, così come è annotata nelle laudi, comporta la precisa menzione dell'"umanamento" di Dio e dell'"indiamento" dell'uomo, in una crescente affinità che richiama il due in uno: «L'Amor è 'n quest'offizio, / unir dui 'nn una forma». (40, 133-134). Una presenza reciproca espressa non nella confusione di una commistione, ma nella reciprocità dell'io dell'uno che diviene il centro dell'altro. Si spiega, così, perché la proclamazione dell'«alta nichilitate», designante l'uomo annichilato, corrisponda al momento della mancanza di una sua propria natura. Il canovaccio scenico gira intorno alla trama di "Amore" che mentre già muoveva l'"amato" a smettere ogni sua azione e se stesso, "Amore" lo univa a sé trasformandolo. L'"amato", dimentico di se stesso, è fatto egli stesso "Amore" e poiché è totalmente rivolto e dentro "Amore", ha contratto una nuova essenza. A questo punto, l'ultima cospicua parte della lauda 92, si dispiega nell'illustrare le qualità dell'uomo annichilato. Traendo spunto da motivi francescani[70], si amplifica la dinamica del: *nichil habentes – omnia possidentes*[71] poiché più adatta a significare non il disinteresse per la storia, ma a valutare l'immersione appassionante in essa. Infatti, il necessario distacco dalle cose, la forte separazione dai beni terreni intesi nella loro globalità, permette di vedere tutto nella prospettiva ultima del loro compimento. E' questa la consapevole nuova realtà contratta dall'uomo annichilato che esercita, ora, la forma della carità con Dio e con tutte le sue creature. L'amplificazione jacoponica ha inizio col suggerire che l'«alta nichilitate», ha una tale affinità di intenti con Dio da non sussistere alcuna divergenza tra loro[72]. Il contrasto, messo in gioco da Jacopone, ha il potere di figurare le qualità della «nichilità» nella continua

---

70. E' Francesco stesso che non vuole che alcuno dei suoi frati dica "suo" qualcosa e, contemporaneamente, instilla la consapevolezza dell'essere "eredi del gran re". Il tema della povertà sia nelle fonti biografiche di s. Francesco, sia nei suoi stessi "scritti" è inscindibilmente legato all'umiltà. A questo proposito basti: *Regula bullata*, VI, 1-9, in *Opuscula sancti patris Francisci Assisiensis*, a cura di K. ESSER, editio minor, Quaracchi-Grottaferrata, 1978, pp. 231-232.

71. Il motivo è largamente attestato entro il *laudario*. Si veda ad esempio 36, 119-122: «Povertat'è null'avere / e nulla cosa poi volere / e onne cosa possedere / en spirito de libertate».

72. Il tema è svolto nei versi 353-376 della lauda 92.

somiglianza amorosa con Dio. Essa non cerca merito, ma trova sempre ricompensa. Non esige nulla e riceve la luce immutabile di Dio, sempre con doni nuovi. Possiede Dio tanto da non volercisi mai separare, eppure prova gioie sempre nuove ovunque si dilati. Senza camminare corre. Quanto più sale, tanto discende. Quanto più dona, tanto più riceve in cambio. Nell'unione con «Amore», possiede posseduta e nulla la distoglie dall'usufruire di Lui, come Lui di lei. Ha vinto la morte ed è insediata nella vera vita. Niente può offenderla o le è avverso. La sua profonda bassezza in alto è nobilitata: possedere tutto, quando tutto si è perduto. La sua fragilità si rafforza in vitalità. Il lungo quasi ossessionante elenco di elementi costruiti con la tecnica del contrario[73], vuole redazionare il risvolto della «divinizzazione» dell'uomo offerto nell'unione con Dio:

«tu èi donna e signore» (92, 400),

«en Deo fatta enfinita» (92, 407).

Il complesso tematico proposto – e condiviso con la più squisita dottrina mistica ed espresso in forme lapidarie dalla poesia del *Laudario* –, diverrà sempre più un prodotto della spiritualità francescana che muterà nelle forme della letteratura didattica una sorta di «prontuario» per la vita dello spirito. Ma l'attestazione più alta raggiunta dalla poesia di Jacopone cede il passo all'insegnamento della fede. Anzi questo era lo scopo dello scrivere: richiamare con chiarezza – nella reintroduzione del nome di Cristo proprio in conclusione della lauda – che l'inizio del possesso definitivo di tutte le cose sta dentro l'esperienza nella forma della fede:

«Mai trasformazïone
perfetta non po' fare
né senza te regnare
amor, quanto si' forte;
a sua posessïone
non pò vertù menare,
né mente contemplare,
se de te non n'à sorte;
mai non s'e<n>serran porte
a la tua signoria;
grann'è tua barunia,
star co lo 'mperadore.

De Cristo fusti donna
E de tutti li santi,
regnar con duni tanti,

---

73. L'interminabile processo poetico occupa i versi 377-348 della stessa lauda *92*.

con luce tutta pura.
Per ciò pregim, madonna,
che de te sì n'amanti,
denante a lLui far canti,
amar senza fallura,
veder senza figura
la summa Veretate
con la nichilitate
de nostro pover core» (92, 461-484).

Ecco, allora, che l'uomo, il mistico, nell'unità essenziale dello spirito, nell'abisso senza fondo della semplicità divina, celebra, interiormente, l'unità essenziale senza modi e determinazioni, in un incontro amoroso che si attua, fruitivamente, nel riposo della semplicità divina e gusta, conosce, divenendo egli stesso, nella luce divina, quell'abisso senza fondo in cui si «perde» nella nudità essenziale. Mentre, dunque, l'uomo annichilato si «perde» nell'abbraccio amoroso del riposo divino, sempre identificato con Cristo, gode della signoria di tutto. Da questa unità in fondo allo spirito, abbracciato a Dio nell'unione trasformante, nel suo nuovo essere per sempre duraturo, tutto si dilata nell'accogliere e nel dispensare le ricchezze dell'Amore-Amante, come ben si dice in un'altra lauda:

«Amanti, eo vo envito
a nozze sì ioiose,
che so' sì saporose,
là 've l'amor se prova.
Esser con vui unito
con ricchezze amorose,
delizze grazïose,
là 've l'Amor se trova!
Anema, or te renova,
abraccia questo sposo,
sì se dà dilettoso,
cridanno: "Amore, amore!"» (86, 449-460).

Il linguaggio, inevitabilmente datato, del poeta tudertino non si sottrae a considerazioni sempre emergenti nell'impegno a non praticare una via d'evasione dagli urgenti problemi della vita. Esso, al contrario, ne motiva la cura nel chiarire che Dio è amore; ma, mentre non ogni amore è Dio, l'Amore che Dio è, vive nell'uomo. Il *Laudario* jacoponico, in specie nel tema della «nichilità», risulta di fatto non un «manuale» su Dio, ma la «predicazione» dell'uomo da Lui amato. E nella continua direzione di Dio votato all'uomo è annotata l'esperienza di fede che registra la continua dedizione di Dio riservata all'uomo. Questo dato pone l'uomo nella condizione di essere l'«Amore» di

Amore. Ecco perché l'uomo risulta «vincitore» nel rapporto d'amore con Dio, poiché nella sua «debolezza» piega a suo favore l'amore di Dio. Non paradossalmente, dunque, l'uomo ha la stessa vita di Dio e dona Dio a Dio. Ora, Dio è uscito dalla sua «inferiorità»: grazie all'uomo riceve, donato nell'amore, ciò che non aveva per differenza. Gli è stato donato di essere il Dio dell'uomo e l'uomo ha ricevuto il dono di essere come Dio è. E forse, in ciò, non si potrà non vedere quale alta dignità distingua ogni uomo ed ogni popolo che accetti l'invito pressante della fede.

Pontificio Ateneo Antonianum   Alvaro CACCIOTTI
Via Merulana 124
I-00185 Roma, Italy

ALBERT DEBLAERE ON THE DIVORCE
OF THEOLOGY AND SPIRITUALITY

In the academic year 1990-91, Albert Deblaere S.J. taught a course at the Pontifical Gregorian University (Rome), entitled *Storia del divorzio tra teologia e spiritualità*. In his lectures, he developed some insights about the separation of theology and (mystical) spirituality which he had mentioned in earlier publications, by studying a large number of texts – mainly from the XIIth and XIIIth centuries – that witnessed the problem. Before entering into the study of these texts, he gave an overview of the methodological problems that arise when one wants to do research in this area. In his introductory exposition, he reflected on how the topic can be studied in a methodologically correct and justifiable way. This present contribution summarizes the main ideas of Deblaere's exposition on this point[1].

Albert Deblaere first noted that the term «divorce» (*divorzio*), which was used earlier to indicate the relation between theology and spirituality[2], is indeed very meaningful insofar as a «divorce» presupposes two partners. In that sense, «divorce» is better than «separation», which could be used in the case of two branches of the same science. As it will become clear further on, the problem at issue is much more than simply that of two diverging branches which can be joined again with some goodwill and dialogue. Moreover, the term «divorce» has the advantage that it presupposes a history. A divorce has a concrete history, with specific causes that have brought about and developed it. This history and these causes can then be studied carefully. This is very important for those who hope for a new encounter between theology and spirituality. Every such attempt to bring the two together not taking into account the fundamental historical grounds of the divorce is doomed to fail, and can even widen the gap.

1. I was given the opportunity to complete this article during the spring semester of 2004, when I held the MacLean Chair in the College of Arts and Sciences at Saint Joseph's University, Philadelphia (Pennsylvania). For the hospitality, the amicable support and all the generous help that I received for this and all the other projects in that semester I am very much obliged. For this article, I especially thank Fr. Frederick A. Homann S.J.
2. Cf. François VANDENBROUCKE, *Le divorce entre théologie et mystique. Ses origines*, in *NRT* 72 (1950) 372-389. All the bibliographical references in the present article were provided by Albert Deblaere; no additions have been made to his.

INTERPRETATIONS OF THE DIVORCE: A CRITICAL OVERVIEW

First, it is necessary to consider the main currents of scholarly interpretations of the divorce. A number of theologians – mainly moral theologians, according to Albert Deblaere – deny the divorce, or attribute it
not to a fundamental problem, but to accidental shortcomings. In their
view, spirituality is simply a part of theology, and should be nothing else
than «lived theology». Usually one does acknowledge that *de facto*
there is a separation between piety as it is lived on the one hand, and
doctrine on the other. But this is then attributed to the fact that this piety
lacks sufficient theological formation. Deblaere insists that it is important to see that in this view there is no fundamental problem at all.
Therefore, the solution which is proposed is not a new encounter of two
partners. It is simply a fusion of spirituality into moral theology. Spirituality is then nothing more than a specific branch of christian ethics.

There are, however, a number of theologians and historians who recognize that we are dealing here with a fundamental problem, and they
have studied it. According to Deblaere one can discern three major posi-
tions, and he analyses them critically.

1. *Karl Rahner S.J. and J.H. Walgrave O.P.*

We may start with Karl Rahner. He holds that there is indeed a
divorce, but that it is not an absolute one[3], because both mystic and non-
mystic need to obey the same laws of morality. Deblaere comments that
this is obviously true, but that it does not help to understand the divorce
itself. More problematic, according to Deblaere, is Rahner's opinion that
spirituality basically belongs to the field of dogmatic theology[4]. In fact,
this comes down to a position similar to the first one.

Other scholars – Deblaere mentions here as an example the Flemish
theologian J.H. Walgrave[5] – have recognized a more fundamental problem, and most of them situate it in the period after the Council of Trent.
In that time, one encounters a specific type of theological juridicism that
stands in sharp contrast to the vigor of Quietist, heretical movements.
Theology was then apologetic and demonstrative – and thus rational – as
a response to the challenges of modern philosophical trends. The facts
that the advocates of this interpretation bring forward are indeed correct,

---

3. See Karl RAHNER, *Mystik. VI. Theologisch*, in *LTK,* Vol. 7, 1962, cc. 743-745.
4. «Mystische *Theologie* kann, wo sie mehr sein will als Parapsychologie, nur ein
Stück der eigendliche Dogmatik sein nach *deren* Prinzipien», *ibid.,* c. 744.
5. J.H. WALGRAVE, *Geloof en theologie in de krisis*, Kasterlee, De Vroente, 1966.

Deblaere comments. In the eighteenth century, theology had become so arid and contentious that even Voltaire was fed up with it, and it made him say:

> Mais ne dispute point; les dessins éternels,
> Cachés au sein de Dieu, sont trop loins des mortels.
> Le peu que nous savons d'une façon certaine,
> Frivole comme nous, ne vaut pas tant de peine.
> Le monde est pleins d'erreurs, mais de là je conclus
> Que prêcher la raison n'est qu'une erreur de plus[6].

However, this interpretation in fact describes only the ultimate consequences of the divorce, not its origin.

2. *Yves J.-M. Congar O.P.*

One of the more authoritative voices among those who do acknowledge the divorce is that of the French Dominican Yves Congar. A comprehensive and scientific exposition of his opinion can be found in the article *Théologie* in the *Dictionaire de théologie catholique*. There he explains that nominalism is to blame for the divorce, though perhaps not its forerunner, Durandus a S. Porciano (†1334). Nonetheless the root of the problem can be found in Ockham (†1347), and certainly in his followers.

> «Une certaine rupture entre philosophie et théologie et même entre philosophie et connaissance rationnelle et religion. D'où disjonction entre deux ordres de choses (…): d'un côté une réalité purement religieuse, une spiritualité de la foi, une mystique de l'expérience intérieure, qui n'est plus alimentée par une activité proprement spéculative ou théologique; de l'autre une spécialisation purement dialectique et formelle, où une logique très fortement critique s'applique à des questions d'écoles (…)[7].

> Dans la première ligne, on trouvera Gerson, lequel est d'ailleurs nourri de St. Bonaventure, puis les mystiques de la *devotio moderna*, où Luther trouvera quelque consolation spirituelle; dans la seconde ligne, les traités des nominalistes eux-mêmes … car, malgré l'inspiration religieuse de leur critique elle-même, l'œuvre théologique se présente chez eux comme un traitement logique, dialectique et critique, de questions d'école (…) La défiance, sinon à l'égard des excès commis dans son usage dialectique amènera, au XIVe siècle, à préconiser, par sens religieux beaucoup plus que par exigences scientifiques, une réforme de la théologie dans une ligne principalement orienté vers les besoins spirituels des âmes. Ainsi Gerson, Nicolas de Clémanges, Nicolas de Strasbourg, etc. D'autres, tels Nicolas de

---

6. *Dispute: Discours en vers sur les disputes*, in *Dictionnaire Philosophique II* (Œuvres complètes, 30), Paris, Perroneau & Cerioux, 1819, p. 567.
7. *Théologie*, in *DTC*, Vol. 15, 1946, cc. 341-502, quote from c. 406.

Cues et Guillaume Durand le jeune, réclameront, comme remède à un état de la théologie qu'ils jugent très sévèrement, un retour à l'étude des sources, voire une décision de l'autorité»[8].

As for the relation between philosophy and theology, and their interaction, Congar's description is probably correct, according to Albert Deblaere. But in the application of the data to spirituality, things go wrong. Congar confuses the centuries, and situates treatises and persons in the wrong currents. Gerson and Nicolas of Cusa, for example, belong precisely to those who have tried in vain to bring about a reunion[9].

Congar adds:

«À la dévalorisation de la connaissance rationnelle répond nécessairement une attitude fidéiste. Les deux choses se suivent selon une proportion rigoureuse. Non qu'il faille taxer tous les nominalistes de fidéisme total, mais, dans l'ensemble, le fidéisme est une attitude répandue chez eux».

Deblaere agrees that the facts and their description are correct. As such this would of itself be sufficient to refute those who deny the reality of the divorce. However, Congar sees the illness in a stage that is almost terminal[10]. By the fifteenth century, the divorce was already more than three centuries old, as we will see later. One could make a similar diagnosis of the situation of theology and spirituality today, without finding the real causes.

Describing the decadence, on the basis of correct facts which however belong to a later period, Congar seems to assume a «lost paradise» of harmony in the thirteenth century. That thirteenth century paradise, however, never existed. He accuses «l'excessive prépotence d'une méthode trop exclusivement rationelle et logicienne. – Le XIII° s. avait senti l'acuité de ces problèmes et leur avait donné une solution méthodologique et pédagogique». What Congar does not mention here

8. *Ibid.*

9. As a side-remark, Deblaere notes that Gerson did not succeed because he wanted to rethink late scholastic theology in such a way that it would not close itself off from reality, and would be able to express religious experience – an impossible task for this type of theology. Nicolas of Cusa has not succeeded either because his new way of doing philosophy – which could have been a valuable instrument to integrate the sources – came at the time that the *devotio moderna* and Erasmus (at the beginning of the sixteenth century) were already developing a new style of theology that investigated the sources instead of using them for a specific argument.

10. Here Deblaere remarks that all this should not make us forget the real grandeur of scholastic theology – but within its own range. Scholastic theology emerged from confidence in the human intellect and its speculative power; it is an exaltation of human knowledge: «Que cette connaissance ait signification par elle-même, comme chez S. Thomas, ou qu'elle ne reçoive validité que par la foi et par la theologie, comme chez Scot, elle a toujours valeur en elle-même» (*Théologie* [n. 7], c. 407).

is that the thirteenth century made in fact the *quaestio disputata* a standard method, thus blocking a return to a less constricted approach.

Congar concludes:

«on a remarqué justement qu'en se développant dans des écoles, en devenant une affaire de *magistri*, la théologie avait aussi perdue le contact avec la vie de l'Église (...). Les déviations que nous venons de signaler ne sont d'ailleurs pas le fait d'une grande scolastique, mais celui de la décadence»[11].

That the theology of the fifteenth century had lost contact with the life of the Church is no doubt correct. But Congar does not offer any historical proof that this was not also the case in «la grande scolastique». On the contrary, the facts suggest that in the fifteenth century, the problem was already deeply rooted.

Deblaere argues that one can blame fifteenth-century nominalism for originating the divorce only on the basis of data that are isolated from their historical context, and the fictive construction of a harmony at the time of «la grande scholastique». And Congar's view has important consequences. Such an historically incorrect approach makes a genuine reunion through christian humanism impossible. In fact, Erasmus had proposed such a reunion. What he had in mind was a new theology that would not lose itself in disputes, but would be able to come to reunite with spirituality, thanks to a scientific return to the sources. The first building stones were laid by Erasmus himself, namely the immense historical-philological work that he undertook to restore the christian texts of the New Testament and the early christian literature. Congar, however, does not value this work:

«Il [= Érasme] n'est pas seulement antiscolastique, il est antispeculatif et, sans qu'on puisse dire qu'il ait été antidogmatique, il se serait volontiers contenté d'un certain fidéisme, avec une tendance à réduire la religion aux éléments moraux (...) Par cet aspect antithéologique, malgré leur attachement à l'Église, Érasme et l'humanisme ont préparé la religion sans dogmes qui, après Spinoza, sera celle du déisme moderne et sera d'un si grand rôle dans l'inspiration de l'incroyance actuelle»[12].

Here Congar, in fact, only repeats the criticism of Erasmus raised by fifteenth-century theologians. In the view of Albert Deblaere, Congar is unfair, and even makes an evaluation of the position of theology in early modern culture impossible, and consequently blocks a real analysis.

---

11. *Théologie* (n. 7), c. 410.
12. *Théologie* (n. 7), c. 414.

3. *François Vandenbroucke O.S.B.*

The opinion of François Vandenbroucke has influenced many historians of spirituality after him[13]. He starts from observation of the decadence of nineteenth century spirituality:

> «Ces manuels d'ascétique et de mystique qui étiquettent et classent soigneusement les conditions et les étapes du progrès spirituel»[14].

Not only the writers of manuals – that complicate life, and turn it into a kind of mechanism – but even the major nineteenth-century spiritual authors themselves seem to live in a world that is opposed to that of the theological treatises, according to Vandenbroucke:

> «Nos écrivains mystiques, p. ex., sont très éloignés de l'auteur médité avec tant de passion au moyen âge et qui écrivit le bref traité de la *Théologie mystique*. Les deux mots de ce titre évoquent aujourd'hui les ouvrages (N.B. purement affectifs ou mécaniques) auxquels il vient d'être fait allusion. Quand ils abordent alors la lecture de l'Aréopagite, nos contemporains restent sous l'impression d'une équivoque. Y s'agit-il de Dieu ou de l'expérience de Dieu? De théologie tout court, science de la Révélation, ou de théologie mystique, expérience de la Révélation?»[15].

Where does the historian Vandenbroucke locate the origins of the divorce? Not, like Congar, in the fifteenth century with some foreshadowings in the nominalistic fourteenth century, but rather in the fourteenth century itself. However, he too seems to hold the metahistorical axiom that the myth of the lost paradise of the thirteenth century must be maintained:

> «Et pourtant le moyen âge, jusqu'au XIIIᵉ siècle, le siècle des grands scolastiques, a vécu de cette union entre la théologie et la mystique. Science et expérience, objectif et subjectif, s'unissaient harmonieusement chez les docteurs de l'Église de ce temps»[16].

Vandenbroucke's method is nevertheless clear and exemplary. He starts from a significant fact, clearly delineated and having consequences for the whole spiritual doctrine, namely the evolution that can be observed of the concept «contemplation». Vandenbroucke takes as a point of departure the description of «contemplation» by Richard of St. Victor, a major twelfth century author who can be considered as an

---

13. VANDENBROUCKE, *Divorce* (n. 2); cf. also the part written by Vandenbroucke in *Histoire de la spiritualité chrétienne*. Vol. 2: *La spiritualité du Moyen Âge*, Paris, Aubier, 1961.
14. VANDENBROUCKE, *Divorce* (n. 2), p. 373.
15. *Ibid.*
16. *Ibid.*

exponent of the earlier patristic era. Richard describes contemplation as *libera mentis perspicacia in sapientiae spectacula cum admiratione suspensa*[17]. Then, one can trace the history of the divorce:

«C'est un de ces points où la dégradation progressive de l'accord, et même de la simple harmonie, entre théologie et mystique, jusqu'à devenir l'ignorance mutuelle, ne peut longtemps passer inaperçue»[18].

Vandenbroucke summarizes that history as follows:

«(...) tout semble se passer comme si l'adoption par saint Thomas de la dialectique et de l'aristotélisme – pratique que saint Bernard reprochait violemment à Abélard au siècle précédent – lui faisait mettre l'accent sur les premiers mots de Richard: *mentis perspicacia*; tandis que les maîtres franciscains plus fidèles à l'esprit de l'augustinisme, accentuaient les derniers. Ces nuances n'entendaient certainement pas, dans leur pensée à tous, l'oubli du reste de la définition. Mais on devine le péril. Les accents risquent de devenir des exclusivismes»[19].

At this point, Deblaere draws attention to the fact that Vandenbroucke formulates critical remarks about Thomas Aquinas, the greatest genius of «la belle synthèse» of the thirteenth century. Thomas Aquinas preferred to focus, perhaps not on *ratio* (dialectics), but certainly on *intellectus* (understanding), rather than on the *affectus* (affect). This is no doubt true, Deblaere comments, but Thomas is neither the author nor the source of this orientation. When he started teaching in Paris, the divorce was already a century old. Thomas tried to make the most of a hopeless situation, and to save what could be saved, namely an intelligent faith. He succeeded indeed in reuniting human thought and christian religion – a task which was both extremely difficult and urgent. But neither he nor his disciples are at the root of the divorce of theology and spirituality. However, he may well be at the origin of the splitting of two theological schools, of which the Dominican and the Franciscan schools can serve as examples. Many authors who, unlike Vandenbroucke, do not see the real history of the divorce of theology and spirituality – e.g. André Combes, Louis Cognet, or Otto Karrer – take the rise of these two theological schools as a point of departure, and then apply the same diversification to the relation of theology and spirituality. Consequently, they distinguish spiritual schools on the basis of different focus: either on affectivity (in the south), or on the effort to make an intellectual link with theology («intellectual» mystics of the north).

17. *Benjamin Major* I, 4 (PL, 196), c. 67.
18. VANDENBROUCKE, *Divorce* (n. 2), p. 373.
19. *Ibid.*, pp. 375-376.

R. FAESEN

According to Vandenbroucke, a real unity of spirituality and theology
is preserved thanks to the monastic spirit:

> «À côté du moyen âge "scolastique" (...) le vieil esprit du moyen âge
> "monastique" connaît une survie grâce à Cîteaux et à Assise. Mais cette
> survie s'opère de plus en plus en marge de la théologie, et les efforts dés-
> espérés du XIVᵉ siècle pour sauver l'union de la théologie et de la mys-
> tique seront sans lendemain»[20].

Then, Vandenbroucke classifies spiritual authors according to the
characteristics of the theological schools. It is remarkable that he indicates the superiority of the Rhineland authors because of the fact that the
spiritual direction of nuns was, from 1267 on, explicitly assigned *ad
fratres doctos*. These would have tried, in the so-called «mysticisme
spéculatif», to build a spirituality in harmony with theology, the Gospel
and with psychological experience. Vandenbroucke adds: «Le grand
mérite de l'école mystique dominicaine rhénane est précisément d'avoir
tenté ce réajustement»[21]. This is a striking remark, Deblaere comments,
because in affirming this, Vandenbroucke seems to admit that the
divorce did *not* begin after Thomas Aquinas, but was already an accom-
plished fact for him, or at least for his contempories.

Striking as well is that Vandenbroucke does not even mention the
movement of *mulieres religiosae*, who had provided – a century earlier
– all the necessary elements for a description of the mystical experience
and its theological foundation.

According to Vandenbroucke, Eckhart (†1327), was not able to
develop a harmonious unity of theology and spirituality because he was
contaminated with the excesses of the heterodoxy of his time: the
Beghards and the Brothers of Free Spirit. Deblaere argues that one only
can make such a statement when we look at the history from the view-
point of the history of theology. If we do not look at the facts within the
framework of a specific theology, then it becomes clear that Eckhart was
not able to develop a union with the theology of his time – let us not forget that he was a *Magister Parisiensis* – simply because the structures of
that theological system were inadequate.

It is clear from this overview that Albert Deblaere prefers the historical approach of François Vandenbroucke to that of Karl Rahner or Yves
Congar. The methodological problem in the approach of Congar is that
he thinks the history of the divorce of spirituality and theology can be
reduced to the history of theology itself. That implies that the specificity

20. *Ibid.*, pp. 376-377.
21. *Ibid.*, p. 377.

of spirituality is not taken into consideration. Deblaere also reproaches Rahner for this failure. The same would be true for all those who distinguish between two theological schools, and situate the position of spirituality within this framework. Vandenbroucke's method is to be preferred, but in the concrete development of his research, he is inconsistent: on the one hand he seems to take as an axiom that the thirteenth century is a period of harmony between spirituality and theology, but on the other he supplies data which suggest that this is not the case.

How Do Mystical and Spiritual Authors Look at the Divorce?

Next, it is necessary to study the various interpretations that spiritual authors in the course of the centuries have expressed. Albert Deblaere observes that there is no apparent unanimity or common opinion on the side of the mystics or the spiritual authors about this matter[22]. Therefore, one should study each one individually on this point. However, such research has not been done until now. Consequently, he limits himself to some examples.

(1) The cultural historian Alois Dempf shows that **Eckhart** finds himself at an impasse. As *magister theologiae* he tries to integrate the lived spiritual life within the theological-conceptual framework which he has at his disposal. On the other hand, when he writes as a Provincial Superior, or when he gives spiritual instructions to nuns, or preaches, or writes for the consolation of those who have had no theological formation, there is a striking difference: his descriptions are then much clearer. This suggests that Eckhart believed in the possibility of a reunion, but that he did not completely succeed. **Heinrich Suso** (†1366) and **Johann Tauler** (†1361) did not establish a theological system. Apparently they did not want to justify theologically the inner life that they described.

---

22. Deblaere indicates the need to distinguish between the spiritual authors and the studies about them, which are usually made by historians of theology. For Eckhart, for example, instead of understanding him through the conceptual system of Denifle, Grabman, Steinbüchel or Vandenbroucke, serious studies such as Alois DEMPF, *Meister Eckhart*, Freiburg, Herder, 1960, are to be preferred. Dempf is a cultural historian, who also studied theology in order to acquire competence for the study of the spiritual movements of the Middle Ages. The same quality can be found in the study of Eckhart – by making use of the framework of the author himself and not of external linguistic-technical systems – by Jeanne ANCELET-HUSTACHE, *Maître Eckhart et la mystique rhénane*, Paris, Seuil, 1956; ID., *Eckhart: Les traités*, Paris, Seuil, 1971. There are no comparable studies of the Flemish mystics; a good presentation of the sources is: Stephanus AXTERS, *Geschiedenis van de vroomheid in de Nederlanden*, 4 Vols., Antwerpen, De Sikkel, 1950-1960.

(2) The **feminine mystical movement** (*mulieres religiosae*) has, in the opinion of Deblaere, all the elements necessary to build a theology of spiritual life, but it has not made a synthesis. In their correspondences, one observes theological excursions, as well as a distrust of the theologians, especially by Hadewijch (XIIIth s.), Beatrice of Nazareth (†1268) and Mechtild of Magdeburg (†1282). On the other hand, the work of Catherine of Siena (†1380) contains two linguistic systems – one that is theological and one that is mystical. This gives a disjoint and restless character to her efforts to express herself and to communicate her experiences. The very first elements for a serious study are still lacking, namely a semantic analysis of her terminology.

(3) **John of Ruusbroec** (†1381) never expressed his opinion about the divorce. He opposed the publication of his first works, then apparently accepted the inevitable, and paid more attention to his way of expressing himself, in order to avoid useless discussions by theologians. Nevertheless, he developed and used a proper theological system – described in *The Spiritual Espousals*, *A Mirror of Eternal Beatitude*, and *The Sparkling Stone* – to order his expositions of spiritual life. It is a genuine spiritual-theological system, which unfortunately was never read by theologians in the terminological framework of the author.

(4) **Hendrik Herp** (Harphius, †1478) made such a «perfect» synthesis of theology and spirituality that this became the key for his enormous success, and almost institutionalized the misunderstandings of mystical terminology. In fact, he used older mystical-spiritual terminology and combined it with late-scholastic meanings (an erroneous interpretation of Ruusbroec even led him to accept the possibility of the vision of the divine essence on earth). Even Louis Cognet has not been able to give a coherent interpretation of the doctrine of Herp – it would indeed require that one clarifies the ambiguities of his terminology. Nevertheless, later mystics as Theresa of Avila (†1515), Benoît de Canfeld (†1610) and Peter Canisius (†1597), understand him perfectly well, without worrying too much about misunderstanding. Theologians condemn him, as he uses a theological vocabulary that is incompatible with the experience he describes.

(5) **Ignatius of Loyola** (†1556) never tried to make a reunion, but his writings have been attacked by theologians. **Erasmus** (†1536) on the contrary did believe in the possibility of a reunion. He wanted to give a biblical foundation for a spirituality of a personal encounter with Christ. His theological efforts imply return to the sources of the first centuries of christianity, and insight into these sources presupposes, according to him, a culture that is more humanistic.

(6) From the sixteenth century on, almost all major mystics were persecuted – at least for a time – or condemned by theologians. In general, we can deduce this only from external data, because the mystics themselves hardly ever mention it. Is this due to some kind of «heroic charity», as it is sometimes said with regard to John of the Cross? That does not seem to be very plausible, in the opinion of Deblaere; the real reason is probably that these major authors had more important things to communicate. For them, a conflict with the theologians was not really worth recording.

Nevertheless, it sometimes happens that they are defended by others. A remarkable example hereof is the note by Jean-Joseph Surin (†1665):

> «Il reste de parler des mystiques. Les principaux sont, en premier lieu, saint Denys Aréopagite qui découvre les secrets de la profonde économie de la grâce et opérations du Saint Esprit. Il est difficile de l'entendre sans l'aide de ceux qui ont écrit depuis, mêmement saint Bonaventure, Denys le Chartreux, Gerson le Chancellier et Blosius. Outre cela, il y a quelques auteurs profonds qui ont traité même matière; la lecture en est périlleuse à quelques-uns à cause de leurs termes et du biais qu'ils ont pris pour expliquer les choses surnaturelles. Il y en a quatre principaux: Tauler, Rusbrochius, Harphius et Henri Suso. Il n'est pas convenable qu'autres que les personnes versées lisent ces auteurs à cause de leur profondité et abstraction, combien que mal à propos ont-il été blâmés par quelques docteurs scolastiques qui ont cru, à raison de leur science, avoir droit de juger de semblables auteurs et, comme il est arrivé qu'ils ne les entendaient pas, il les ont condamnés, ne pouvant pas comprendre qu'il y eût rien portant le nom de théologie qui ne pût être soumis à leur jugement. Se peut-il faire qu'un docteur scolastique, fort entendu et capable en la science qu'il professe, ne puisse pas entendre ce que dit un docteur mystique? Oui, certainement, s'il n'a autre chose que d'être docteur scolastique»[23].

The editor, Michel de Certeau, adds in a footnote:

> «Tauler, Ruusbroec, Henri Herp et Suso étaient en effet désignés, dans l'ordonnance du P. Général Mercurian (1575), parmi les auteurs dont la lecture était interdite sans une autorisation spéciale».

Deblaere draws attention to the fact that this prohibition clearly shows that at the end of the sixteenth century, those authors were not forgotten at all, and that the antagonism between spirituality and theology was very much alive in the Society of Jesus. One can remember also how the Carthusians of Cologne had dedicated their second edition (1555) of the *Theologia Mystica* of Herp to Ignatius of Loyola and the Society of Jesus.

---

23. Jean-Joseph Surin, *Guide spirituel pour la perfection* (Christus, 12), Paris, Desclée de Brouwer, 1963, p. 178.

(7) For the seventeenth century, Albert Deblaere refers to Jean Orcibal (*La rencontre du Carmel thérésien avec les mystiques du Nord*, Bibliothèque de l'École des Hautes Études, Section des sciences religieuses, 70, Paris, Presses Universitaires de France, 1955).

This overview suggests not only that these and other individual authors should be studied, in order to get more clarity about the history of the divorce from their point of view, but also that such a study should be done according to a method which allows the specificity of the mystic-spiritual texts to be taken seriously. The question is then whether there exists such a method.

A POSSIBLE METHOD

In the text first cited, Jean-Joseph Surin suggests that without personal experience of mystical or spiritual life, theologians are not capable of understanding the sources – the texts namely in which testimonies of this life are contained. In fact, this implies that the divorce between theology and spirituality is absolute and that, on principle, there is no encounter possible between the two. A theological scholar who is not a mystic himself would then have no access to the whole mystical literature. Here, Deblaere disagrees with Surin. According to him, an encounter is possible, but only when some basic methodological principles are respected by the theologian who is studying mystical texts. The principles have been formulated by Gerson (†1429). The point of departure is, according to Gerson, that the study of mystical texts should proceed inductively and not deductively: *non deductive vel ex revelatis, sed ex testimoniis expertorum oriunda est*. Several chapters state such methodological principles:

> 1. Mystical theology is something other than the so called «symbolic» or «proper» theology. (...)
> 2. The doctrine of mystical theology depends on interior experiences in the heart of devout souls, just as the counterpart theology begins with those principles that are manifested extrinsically. (...)
> 3. In sofar as mystical theology depends on things known experientially with greater certainty, it ought to be reckoned as more perfect and certain. (...)
> 4. Although no one has full insight in mystical theology if its principles (which are gotten tru interior experience) remain unknown [to him], nevertheless one should not desist from transmitting or accepting its teachings. (...)
> 5. Because no one comprehends matters of the spirit save the Spirit that is within him (1 Cor 2,11), they are therefore contentious and in no way qual-

ified students of mystical theology who are unwilling to give credence in order to come at last to understand it. (...)

6. Interior motions, especially in love (*affectus*), cannot be set forth clearly or captured adequately in the written word, in just the same way as they are experienced. (...)

7. Quite possibly, one less experienced in the motions of love (*affectus*) of the devout may prove to be more adept in their discussion. (...)

8. It is appropriate that academics, even ones without mystical experience, work diligently at exegesis of texts devoted to mystical theology, provided that they give credence to them. (...)[24].

Gerson is quite clear in his position: even though theologians may not be experienced in this matter (*etiam expertes devotionis*), even though they may not know the foundations of the mystical experience (*ignoratis eius principiis*), they need not renounce reading and lecturing on those texts. But he insists that this is only meaningful if they take the witness that they bear seriously (*dummodo credant eis*; (...) *credere ut tandem intelligant*).

There are no models of such an approach for the topic that concerns us, in Deblaere's view. Actually, it is not yet possible to have serious studies of the motives, expressions or currents in this spiritual literature, as only very recently have the first critical editions of these texts been published.

Scholarly bibliography can be found in the standard histories of theology and philosophy. However, as it was said before, in these surveys the spiritual authors are always studied in a specific theological or philosophical framework, and never in the spiritual author's own conceptual structures. Obviously, theology and philosophy must use their own conceptual structures – provided that this is done in the field of theology or philosophy. Applying these structures to the area of spirituality leads inevitably to misunderstandings. Therefore, the available scientific liter-

---

24. J. GERSON, *Œuvres Complètes*. Vol. 3: *L'œuvre magistrale*, ed. P. GLORIEUX, Paris, Desclée, 1962, pp. 252-256: 1. *Aliqua est theologia mystica ultra eam quae symbolica vel propria nominatur* (...); 2. *Theologia mystica innititur ad sui doctrinam experientiis habitis ad intra, in cordibus animorum devotorum, sicut alia duplex theologia ex hiis procedit quae extrinsecus ostenduntur.* (...); 3. *Theologia mystica sicut innititur experientia perfectiori certitudine cognitis, ita perfectior atque certior debet judicari.* (...); 4. *Theologiam mysticam quamvis nullus attingat perfecte ignoratis eius principiis quae per experientiam interiorem attinguntur, non est tamen ab eius doctrina danda vel recipienda desistendum.* (...); 5. *Quia nemo scit quae sunt spiritus nisi spiritus qui in ipso est, propterea discoli sunt et nequaquam mysticae theologiae idonei auditores qui nolunt credere ut tandem intelligant* (...); 6. *Operationes interiores, praesertim in affectu, non ita clare proferuntur nec ita possunt scriptis tradi sicut sentiuntur* (...); 7. *Possibile est hominem minus expertum devotorum affectuum plus in eorum disputatione eruditum inveniri.* (...); 8. *Expedit scholasticos viros etiam expertes devotionis, in scriptis devotis theologiae mysticae diligenter exerceri dummodo credant eis.*

ature can offer building stones for the research, but one needs to keep in mind that these stones are already ordered according to structures that are unusable in this matter[25].

Studying the history of the divorce of theology and mystical spirituality should be done in a way that is scientifically justifiable, and this implies that the specificity of the sources be taken seriously, as Gerson points out. In his research, Deblaere wanted to proceed according to this norm. And if one looks at the history in this way, a specific historical fact emerges, which has far reaching consequences for both theology and spirituality, and which explains the coherence of several historical aspects.

THE CORE OF THE ARGUMENT

The core of Albert Deblaere's thesis is that one can study the divorce of theology and spirituality in an historically correct way, only if one focusses on a specific deadlock that arose when greco-arabic philosophy was introduced in the theological schools, and by the second half of the twelfth century its introduction could no longer be stopped.

This deadlock, caused on the one hand by the art of reasoning and on the other by the Aristotelian doctrine on God (natural theodicy), can be summarized in the following logic:

«Quidquid recipitur, ad modum recipientis recipitur; atqui finitum non potest recipere infinitum».

The result is a devout conclusion that emphasizes the absolute divine transcendence, but reduces the promise of the New Testament to the status of a mere image – the promise namely of union with God, *videbitis eum sicuti est* (*videre* is here to be understood in the biblical sense of the word, «to be intimate with»), a union of genuine and therefore mutual love promised by Christ: *Pater sancte, serva eos in nomine tuo, quos dedisti mihi ut sint unum sicut et nos ... sicut tu, Pater, in me et ego in te, ut et ipsi in nobis unum sint... Volo ut ubi sum ego, et illi sint mecum, ut videant claritatem meam* (Jn 17,11.21.24).

Several reactions to this reasoning are possible, and one observes the following ones in the course of the history:

25. By way of example, Deblaere reminds us that for the «classical» studies of the mystics of the North, such as those by Leonce Reypens, S.J., and Otto Karrer, S.J., one needs to keep in mind that when they were writing about Ruusbroec or Eckhart, it was necessary to show that a mystical author was a good «thomist» – an interesting exercise perhaps, but certainly not the best way to read nor understand these authors.

(1) A refusal to admit evolution, specifically a refusal to admit new philosophical trends into theology, in order to save the harmony that was the result of the intellectual efforts of centuries, and that was then threatened by something still quite experimental and fashionable. Bernard of Clairvaux (†1153) succeeded in saving the harmony against the «pagan innovations» of the schools of Laon and of the teachings of Abelard. He became the last representative of the patristic era – but he did not succeed in offering what was needed to make this theological-spiritual culture survive.

(2) A separation of theology and spirituality, each continuing on its own level. One observes indeed the growth of rationalistic theology with intellectual arguments, but without contact with the spiritual life of the Church; on the other hand a spirituality with good intentions and devotions that was treated with respect but not taken seriously by cultivated people. The outcome was not only a separation between theology and spirituality, but even one between spirituality and culture. Eventually spirituality found itself in a ghetto of affectivity for the intellectually underdeveloped.

(3) A pseudo-dionysian evasion. One accepts the intellectual challenge, and tries to find a way out of the deadlock by transcending the intellect. However, this results in transcending human nature, and leaving it behind: an evasion on high towards an «hyperousios» that is so supernatural, mysterious, hidden and apophatic for human nature, that the union which divinizes the human person is more a mystification than mystic. It results in a splendid superstructure placed above the human person, without communication with what is under it. There is a neoplatonic element in this tendency that holds that the human person should be delivered from human nature, whereas christianity is convinced that human nature itself is saved. All the important *magistri theologiae* are then working on an almost obligatory commentary on the Areopagite, hoping to find in this major Greek Father a way to save both the rights of reason and the Gospel promise of a union[26]. The strongest expression

---

26. Cf. P. CHEVALLIER, *Dionysiaca. Recueil donnant l'ensemble des traductions latines des ouvrages attribués au Denys l'Aréopagite*, Bruges, Desclée De Brouwer, 1937; H.-F. DONDAINE, *Le Corpus Dionysien à l'Université de Paris au XIIIᵉ siècle*, Roma, Storia e letteratura, 1953; M. DE GANDILLAC, *Œuvres complètes du Pseudo-Denys l'Aréopagite*, Paris, Aubier-Montagne, 1943; *Denys l'Aréopagite*, in *DS*, Vol. 3, 1957, cc. 244-429. Deblaere draws attention to an interesting remark of Philippe Chevalier in this article: «Puisque ni l'œuvre mal dégrossie ni la personne assez suspecte d'Érigène n'inspiraient confiance, comment peut-il se faire que vers 1140 le moine Jean Sarrazin et Hugues de Saint-Victor aient étudié consciencieusement sa traduction? ... Dans son très bel ouvrage, *Le Corpus*, H.-F. Dondaine vient de nous donner la réponse: Sarrazin et Hugues avaient pour guide un exemplaire de la traduction de Scot puissamment éclairée per des notes marginales et interlinéaires tirées du travail des scoliastes Jean de Scythopolis, Maxime le Confesseur, Anasthase le Bibliothécaire...» (c. 321). According to Deblaere, this is not a real explanation. Indeed,

of the gap between God and man can be found in the scholion of Maximus the Confessor († 662), in the translation of Anastasius the Librarian, when he speaks about the blessed:

> «Cognoscitur Deum esse et invenitur non quid est, sed solummodo quia est: quoniam ipsa Dei natura nec dicitur nec intelligitur, superat namque omnem intellectum lux inaccessibilis».

Instead of giving a solution to the difficulty, the efforts to harmonize Greek philosophy and the doctrine of the Gospel had so strongly exalted the absolute inaccessibility of God that after a century an intervention by Church authority was needed[27].

(4) A parallel evolution without contact, and therefore a dualism between theology and spirituality among writers that became more and more rationalistic. From 1240 on, Thomas Aquinas could bridge the gap between christian theology and the greco-arabic religious philosophy, but – even though he himself was a great mystic – as a teacher of theology he was not able to restore unity between spirituality and theology. The reaction of feminine mystical theology enables us to verify the fact that, because of this specific conceptual system, the separation of spirituality and theology was already irreparable.

(5) According to Deblaere, the solution that «surpasses» the human faculties and thus mutilates the human person or human nature in order to save it, may well have been very successful, but it was a wrong choice. Precisely because they did not want to give up the noble faculties of the human person, the great mystics have saved evangelical spirituality and became the first humanists[28].

---

those «scholia» date from the Carolingian renaissance, and had been waiting centuries to be read again. If one places the divorce of theology and spirituality in the fifteenth century, it is difficult to give a plausible reason for the sudden flourishing of the «Corpus Dionysien» precisely in Paris, in the twelfth and thirteenth century. However, this becomes more probable when one takes into consideration that in this period one presumes that the Greek writers apparently had accepted a philosophy which held union with God as impossible, without giving up the spirituality of the Gospel.

27. Cf. the condemnation at the University of Paris in 1241 of the proposition «Divina essentia in se nec ab homine nec ab angelo videbitur», *Chartularium Universitatis Parisiensis*, I, n. 128, Paris, Delalain, 1889. On the effects of the «dionysian shock» in theology, see: H.-F. DONDAINE, *Les «expositiones super hierarchiam caelestem» de Jean Scot Érigène*, in *Archives d'histoire doctrinale et littéraire du Moyen Âge* 18 (1950-51) 244-302; Joachin ALONSO, *Relación de causalidad entre gracia creada y increada*, in *Estudios Merced* 7 (1951) 419-427 (for the school of Laon); 8 (1952) 523-555 (for Abelard, the Victorines, the school of Chartres, and for Bernard).

28. «Pour les Pères mystiques d'Orient, comme pour ceux d'Occident, l'illumination vient au terme de la compréhension. Les Cappadocéens, saint Basile de Césarée, saint Grégoire de Nysse, saint Grégoire de Nazianze, pensent comme saint Augustin que l'homme ne peut pas dépasser sa nature, s'il ne l'utilise pleinement», B. TATAKIS, *La contribution de la Cappadoce à la pensée chrétienne*, Athènes, Institut Français d'Athènes, 1960.

The three categories («orders») of patristic humanism are «body», «spirit» and «love». When human knowledge looks upwards, it will always remain within its own «order»; obviously, it will never be able to transcend itself. On the other hand, when the movement goes «downwards», a «lower order» can be grasped by the «higher one». As Jean Roudault noted[29], the whole christian spiritual tradition from St. Augustine to Pascal, is convinced that in the three «orders» each «order» transcends the «lower» one: the world of illumination by love transcends that of the intellect, just as the world of the intellect transcends that of physical reality. Therefore, it is impossible for the intellect to understand or grasp what love is. On the other hand, clarity is given to it and continuity restored when the movement goes from love to intellect, and further to the flesh.

Deblaere developed his research from this point of view and his analysis of a series of texts in which the problem emerged. As exhaustive research of the whole field of spiritual life is obviously too vast for one scholar alone, Deblaere chose a particular topic, just as François Vandenbroucke had. Vandenbroucke had chosen the development of the definition of contemplation; Deblaere chose to see how theologians and spiritual authors understood union with God – the ultimate goal that nevertheless determines the first steps that one takes. *Quod ultimum est in effectu, primum est in mente*; «è la meta dove vogliamo rederci o arrivare, che determina anche e dirige i nostri primi passi»: with these words he ended his general presentation of the methodological problem, and started his textual analysis.

EPILOGUE

Deblaere's methodological considerations, as we have seen, show a number of fundamental concerns. We may highlight three of them by way of conclusion.

First, Albert Deblaere clearly advocates historical research to find the deepest roots of the problem of the divorce of theology and spirituality, and this to open the way for a new encounter between the two. His methodology must not be misunderstood as if Deblaere meant to disapprove of theology as such. In his article *Témoignage mystique chrétien*, he remarked:

---

29. Cf. Jean ROUDAULT, *De la mystique byzantine à la littérature d'aujourd'hui*, in *Critique* 173 (oct. 1961) 861-878.

«En principe, on n'exclut nullement de lire les témoignages mystiques en
clé de système théologique. Mais ce qu'on peut dire, c'est que jusqu'ici ce
n'est pas chose faite»[30].

Even though he considered himself primarily an art critic and a historian of (mystical) literature, he was very much concerned about theology
too. One could even say that he took to heart that academic theology
seemed incapable of opening itself for the specific theology of mystical
testimonies, precisely for the sake of theology – which had closed itself
off from an abundant source of life.

Secondly, Deblaere advocated strongly recognition of the specificity
of spirituality and mysticism in this research. Therefore, he preferred the
term «divorce» rather then the more neutral term «separation». A
divorce presupposes *two* equal partners. For the same reason he rejected
every interpretation of the divorce that would simply attribute it to the
vicissitudes of the history of theology itself. And for exactly the same
reason he wanted to record the opinions of mystical authors too about
the divorce, and not to limit himself to those of the historians of theology. He summarized the specificity of mysticism in the well-known
«definition» of direct and passive experience of the presence of God:

«Expérience directe et passive de la présence de Dieu: ainsi peut-on définir
le caractère essentiel de la mystique chrétienne. À condition toutefois de
voir dans cette définition non pas l'aboutissement d'une pensée systématique et déductive, mais plus simplement la description, réduite à son
résumé le plus strict, de l'expérience que racontent les mystiques»[31].

Interestingly enough, the study of the literary witnesses which
describe such experiences led Deblaere to conclude that this – for the
christian mystics – by no means offers an «other way», an alternative to
christian faith, as though the mystics would have at their disposal «extra
information» about God that went beyond the content of christian faith:

«Dans ce qui fait le fond de l'expérience mystique: présence personnelle
de Dieu dans une union d'amour, il n'y a aucune donnée ésotérique.
Évidemment, les épiphénomènes mystiques – extases, visions, révélations,
paroles intérieures, etc. – occuperont beaucoup plus d'espace dans le
compte-rendu écrit auquel les mystiques se voient presque toujours
obligés; (…) tandis que l'essentiel: l'union amoureuse au Bien-Aimé, est
dit en deux lignes. Ce qui frappe surtout chez les mystiques chrétiens, c'est
qu'eux-mêmes insistent sur le fait que ce qu'ils "découvrent" directement
et passivement n'est autre chose que ce qu'ont tous les fidèles: devenus
membres du Christ dans le baptême, participant à la vie divine, ils sont la

30. Cf. in the present volume, p. 121.
31. Cf. in the present volume, p. 113.

demeure de la Trinité. Ils découvrent d'expérience ce que tous croient et ce que tous les fidèles en état de grâce possèdent. La mystique consiste donc à vivre de cette expérience spéciale ce que confessent tous les chrétiens»[32].

His concern to honor the specificity of the «mystical voice» in the history of the divorce has nothing to do with getting rid of christian dogma. On the contrary, the texts of the christian mystical literature offer descriptions – often of a very high literary quality – of an experience of the depth of what christian faith confesses.

Third, Deblaere was convinced that christian humanism was crucial in the encounter of theology and spirituality. The whole human person, not just a segment of it, is called to an encounter with God and a full unity of love with Him. Because the integral message of the gospel is at stake, Deblaere was not satisfied with options that tried to surpass and leave behind the human intellect, that would acquiesce in a divorce of theology and mystical spirituality, or that would even abandon the possibility of a full and mutual love union between God and the human person. The fact that he focussed his own historical research on the evolution of how this love union was understood in the theological and mystical literature of the XIIth and XIIIth centuries, is completely understandable viewed from this perspective.

Jezuïetenhuis "Lessius"   Rob Faesen
Windmolenveldstraat 44
B-3000 Leuven, Belgium

---

32. Cf. in the present volume, p. 131-132.

OMNIS SCRIPTURA LEGI DEBET
EO SPIRITU QUO FACTA EST...[1]
ON THE HERMENEUTICS OF WILHELM DILTHEY
AND ALBERT DEBLAERE

INTRODUCTION

When I had registered in September of 1986 at the Faculty of Theology of the Pontifical Gregorian University in Rome, I knew exactly what I had to do: first meet with Professor Albert Deblaere. Even before the lectures had begun, Professor Nico Sprokel had made an appointment for me with him. He had introduced me as the «opposite of a barbarian». It is thanks to this description, in which Sprokel had resounded the words of Deblaere himself, that the initial meeting with my new teacher went so well. Up to the moment of my departure from Rome at the end of 1991, our encounters would consist of lectures and many *privatissima*. We read texts, mainly from spiritual writers of the Modern Devotion, and occasionally went through an article written by Deblaere himself.

As a teacher, Deblaere showed himself to be both compassionate and merciless. He was compassionate for the student in whom he attempted to instil a feeling for language, with the utmost of patience, thus making him aware the treacherous sober comparisons to which the mystic had fled in an attempt to phrase the unspeakable *experientia mystica*. The greatness and depth of this experience occasionally appeared in his explanation scarcely but with great intensity. He was compassionate for the student delivered to his care, yet ruthless for the analysts of the mystics, who, according to him, had violated these mystics by forcing their images and comparisons onto the bed of Procrustes of their own assumptions[2]. He

---

1. The quote from: THOMAS A KEMPIS, *De Imitatione Christi*, in *Thomae a Kempis canonici regularis ordinis S. Augustini Opera Omnia*, 7 Vols., ed. M.J. POHL, Freiburg i.B., 1902-1922, Vol. 2 (1904), p. 12 is as follows: «Omnis scriptura sacra legi debet eo spiritu quo facta est...»; A. Deblaere quotes this phrase as mentioned in the title of this contribution in A. DEBLAERE, *Volgen en navolgen in de "Imitatio Christi"*, in *Ons geestelijk leven* 42 (1965-66) 207-219, esp. 214, in the present volume p. 85.

2. The unease on this is stated, occasionally neutral or fierce, in for example A. DEBLAERE, *Témoignage mystique chrétien*, in *Studia missionalia* (1976) 117-147, esp. 118-123, 145 (transl.: *Christian Mystic Testimony*, in *OGE* 72 [1998] 129-153), in the present volume pp. 113-140; or in A. DEBLAERE, *Mystique. A. La littérature mystique au moyen âge*, in *DS*, t. 10, 1980, cc. 1902-1919, esp. 1904, in the present volume pp. 114-121, 138; see also (*ibid.*, cc. 1912-1913) the sharp discussion of A. COMBES, *Théologie mystique de Gerson. Profil de son évolution*, Paris, 1965, Vol. 2, pp. 468-539.

appeared to be personally moved when they then seemed to miss the tension between the inner experience on the one hand, and the words – images and comparisons – on the other hand, and thus deprived them of their élan.

In this contribution, an attempt will be made to discover in which way Albert Deblaere with uncommon talent tried to penetrate the world of mystical experience. The hermeneutics which he used, he never explained. A description thereof, in the light of the hermeneutics of Wilhelm Dilthey, is one possibility to disentangle its originality. This possibility is explored in the following contribution realizing that such reflexive exercises were never the preference of Deblaere himself. Disclosing primary sources were his choice and love. This attempt will be made in the hope that a light will be shone on the exceptional manner in which also my teacher read sources.

THE HERMENEUTICS OF WILHELM DILTHEY (1833-1911)

1. *The Methodology*

At the end of the nineteenth, beginning of the twentieth century, an interest in (natural) sciences developed at German universities. However, when scientists soon realized that in this way little or no comments were made on the meaning and value of human communal life, after all the domain of ethics, aesthetics, arts and psychology, a need arose to create a space for disciplines who did do so. This motive was the basis for the creation of a philosophical movement to be known as cultural philosophy.

The German philosopher and cultural-historian Wilhelm Dilthey (1833-1911), professor in Basel, Kiel, Breslau and Berlin, developed in his influential *Einleitung in die Geisteswissenschaften. Versuch einer Grundlegung für das Studium der Gesellschaft und der Geschichte* (1883) the insight that problems which mankind can encounter in its search for understanding life, can not be explained only through methodology of the natural sciences. He stated that where (natural) scientists or physicians interpret (*erklären*) phenomena and physical objects as they impose on experience (*Erfahrung*), those studying the humanities, such as historians, literary theorists, and psychologists, wish to make humankind accessible as object of the humanities by using the relationship between experience (*Erlebnis*), expression (*Ausdruck*) and understanding (*Verstehen*) as methodological basis[3]. In *Der Aufbau der geschichtlichen Welt in der Geisteswissenschaften* (1907-1910), Dilthey therefore wrote that the basic structure of human life consists of three elements: *Erlebnis, Ausdruck,* and *Verstehen.*

Dilthey thus stated that in the analysis of the experience (*Erlebnis*), one would leave the world of physical phenomena to enter the ground of the humanities (*Geisteswissenschaften*). He presupposed a connection between the experiences. A previously undergone experience will shine its light on an experience to follow; it is enclosed in a personal «experiential history» and borrows its meaning from it. The inner experiences are then seen and find expression in the laws, social institutions, arts, paintings and texts (*Ausdruck, Lebensäusserung*). An *Erlebnis* can only be understood after it has been made definite in an expression. It is thus indirectly accessible and a reader is by definition assigned to the expression. Moreover, the basis for the expression is not just *one* experience: in it resounds a cohesion of *Erlebnisse*, which can only come to light in the expression. Thus, in the expression, a richer meaning can be formed than was originally present in the experience. The expression can then add to the pre-reflexive experience and is thus creative as far as the experience is concerned.

Eventually, Dilthey's hermeneutical triad was completed into a theory concerning the understanding, the comprehension (*Verstehen*) of the expressions. Just as the expression is creative as far as the experience is concerned, the understanding can also become creative as far as the expression is concerned. It is always a matter of «Explikation, die zugleich Schaffen ist»[4]. Just as the experience will have its place within the larger context of experiences, the «*Einzelne*» can only be understood within the larger context as well. Dilthey thus distinguishes the elementary form of understanding from the exalted. The first is not accompanied by difficult thinking processes, because they take place in the general domain. The higher form of understanding is necessary when in interpreting certain expressions confusion arises and knowledge of the

3. «... jeden Bestand des gegenwärtigen abstrakten, wissenschaftlichen Denkens halte ich an die ganze Menschennatur, wie Erfahrung, Studium der Sprache und der Geschichte sie erweisen, und suche ihren Zusammenhang... Nicht die Annahme eines starren a priori unseres Erkenntnisvermögens, sondern allein Entwicklungsgeschichte, welche von der Totalität unseres Wesens ausgeht, kann die Frage beantworten, die wir alle an die Philosophie zu richten haben»; W. DILTHEY, *Einleitung in die Geisteswissenschaften*, in *Gesammelte Schriften*, Stuttgart – Göttingen, ²1959, Vol. 1, p. XVIII; Dilthey summarized his basic conviction thus: «Die Natur erklären wir, das Seelenleben verstehen wir»; W. DILTHEY, *Gesammelte Schriften*, Vol. 5, Stuttgart – Göttingen, ²1957, p. 144.
4. W. DILTHEY, *Gesammelte Schriften*, Vol. 7, Stuttgart – Göttingen, ²1958, p. 232.

context is necessary to understand the identity of «the unknown». Knowing the context can then assure that the cohesion of significances does not disappear. Here, Dilthey's tribute to the hermeneutic resounds, where the concept *Verstehen* originates. In order to understand a text properly, one must comprehend the cohesion with which it is written. One must understand the language as it was used at the moment of writing. One must link it to the psychological, sociological and economic context, etc. Dilthey used this approach in understanding historical situations, in order that the interpreter can realize the situation of the author. Schleiermacher stated that an explanation is optimal when an author is understood better than when he would explain it himself and render an account of his thinking[5]. Thanks to him, Dilthey stated, that the *Einfühlen* of the state of the soul of the other is most important[6].

The reader must thus be able to situate himself in a historical setting. He must be able to entangle the process of the soul of the author in order to reproduce this unknown life in himself[7]. Thus, in the interpretation of the text, the creation thereof is reproduced and continually reproduced, because man is a finite being and there can therefore be no end to the interpreting.

2. *The Response*

Dilthey's approach met with much response. In his seminal work *Lehrbuch der Geschichte der Philosophie,* the philosopher W. Windelband, for example, explained problems and concepts within the network of other problems and concepts, in order to elucidate their connection[8]. Unintended, because he was sceptical about metaphysics, Dilthey also influenced Catholic theology. Through his emphasis on human finite-

5. F. SCHLEIERMACHER, *Über den Begriff der Hermeneutik mit Bezug auf F. A. Wolfs Andeutungen und Asts Lehrbuch,* in H. GADAMER – G. BOHN (eds.), *Seminar. Philosophische Hermeneutik,* Frankfurt am Main, 1976, pp. 138-145 [trans.].
6. W. DILTHEY, *Die geistige Welt. Einleitung in die Philosophie des Lebens* 1, in *Gesammelte Schriften,* Vol. 5, Stuttgart – Göttingen, ²1957, p. 317.
7. *Ibid.,* pp. 329-330.
8. «Den Schwerpunkt lege ich, wie schon in der äußeren Form zutage tritt, auf die Entwicklung desjenigen, was im philosophischen Betracht das wichtigste ... die Geschichte der Probleme und der Begriffe. Diese als ein zusammenhängendes und überall ineinandergreifendes Ganzes zu verstehen, ist meine hauptsächliche Absicht gewesen. Die historische Verflechtung der verschiedenen Gedankengänge, aus denen unsere Welt- und Lebensansicht erwachsen ist, bildet den eigentlichen Gegenstand meiner Arbeit; und ich bin überzeugt, dass diese Aufgabe nicht nur durch eine begriffliche Konstruktion, sondern nur durch eine allseitige, vorurteilslose Durchforschung der Tatsachen zu lösen ist»; W. WINDELBAND, *Lehrbuch der Geschichte der Philosophie,* ed. Heinz HEIMSOETH, Tübingen, ¹⁵1957, p. VII.

ness, he thus brought the awareness of the contingence of human existence back into the theology of creation[9]. His hermeneutics also exerted great influence on its historians. Thanks to his insight, they became aware that in every writer an evolution of thought takes place. This can only be fully comprehended by the readers in another era when the chronology of key passages in major works is taken into account. Only then one can discover the developments and main points and only then one can see the development in thought. Thus each text includes the junction, the nodal point of another text, and no part of the text can be severed out of its context with impunity. Furthermore, in this way each reader enters the network of writers, when he reproduces the creation of the text in his interpretation.

It is thanks to this way of interpreting theological texts, that the diplomatic and critical editions of medieval philosophical and theological texts increased in the early twentieth century. These editions were, so to speak, the signal for a revision of the prejudices towards late Medieval thought. Especially Paul Vignaux contributed towards this revision, because he, more than anyone else, examined the literary dependence of Ockham in order to better situate his reaction. He was thus able to convert Ockham's emphasis on the *potentia absoluta* to a critical reaction to Petrus Aureoli who taught that God was compelled to make blessed all of his creation whom He had endowed with grace. The manner in which Vignaux dissected important parts of Ockham's texts and placed these in Ockham's discussion with contemporaries and predecessors, was pioneering[10]. His manner of reading was very similar to Deblaere's.

How pioneering and original Deblaere's own reading method was, is seen when one places his hermeneutics in the light of Dilthey's. There are undoubtedly other approaches in order to distinguish the originality of Deblaere's method. Nevertheless, in the following the comparison between Dilthey and Deblaere is used in order to value the reading method of the latter.

9. Cf. J. Höfer, *Dilthey*, in *LTK*, Vol. 3, 1959, pp. 393-394.

10. Cf. P. Vignaux, *Occam, Guillaume d' (Originalité philosophique et théologique d'Occam)*, in *DTC*, Vol. 11, 1931, cc. 876-889; Id., *Nominalisme*, in *DTC*, Vol. 11, 1931, cc. 717-784; Id., *Nominalisme au XIVe siècle*, Montréal – Paris, 1948; (retractatio in Id., *La problématique du nominalisme médiéval peut-elle éclairer des problèmes philosophiques actuels?*, in *Revue philosophique de Louvain* 75 (1977) 293-311. Cf. for an appreciation of especially Vignaux: M. Schrama, *Het laatmiddeleeuws nominalisme in de geschiedschrijving*, in *Bijdragen* 40 (1979) 403-423, esp. 417- 422; P. van Geest, *Das Niemandsland zwischen Via moderna und Devotio moderna. Der Status quaestionis der Gabriel-Biel-Forschung*, in *Nederlands Archief voor Kerkgeschiedenis/Dutch Review of Church History* 80 (2000) 157-192.

THE HERMENEUTICS OF ALBERT DEBLAERE (1916-1994)

1. *Introduction*

Just as Dilthey undoubtedly was the inspiration for creation theologists, possibly unwillingly Deblaere seems to be congenial to hím. Without ever mentioning Dilthey's name, in lectures or in *privatissima*, he preferred the cohesion of experience, expression and understanding as a methodological starting point in his approach and estimation of texts. Even if, as pointed out, Deblaere never made his hermeneutics the object of study, the Zeitgeist as approached by Dilthey somehow resounds more in Deblaere's scholarly work than one would expect. Is it after all not surprising that in his awarded study of Maria Petyt he consistently speaks of her «beleving» (*Erlebnis*, experience)? Does Dilthey's choice to make the Erlebnis the object of research of the humanities not resound therein[11]?

As mentioned, the rise of Dilthey's hermeneutics in historical theology went together with an increase in the publication of numerous critical editions of texts. Without reducing Deblaere's interest in primary sources as an immediate tribute to Dilthey, it is at least interesting that he ends the study on Maria Petyt with an edition of her autobiography and several noteworthy sections of her work. Ánd it is remarkable that, in the introduction, he conveys the pain which is caused by the impossibility to arrive at a full publication of her work[12]. Of course: at the basis of these words lies Deblaere's conviction that the experience or intention of the author only appears through the integral reading of his work, and the suggestive power of his words can only be clarified by studying these within different contexts[13]. He always knew present the danger that

---

11. «Doch de resonanties van de geest te beluisteren, de aandacht niet zozeer te richten naar het object der beleving, in verstand of gevoel ervaren, maar door een reflexieve splitsing dezer beleving de weerklank ervan in de psyche op te vangen...: dit scheen wel de eigen opdracht en roeping te zijn der moderne letterkunde»; «... wanneer de schrijfster niet alleen een innerlijke zielstoestand beluistert ... maar met haar verstand over een bepaalde belevenis begint te *redeneren*»; «Gebruikt zij, om de beleving van de oprechte "nietheid" te schetsen»; A. DEBLAERE, *De mystieke schrijfster Maria Petyt (1623-1677)*, Gent, 1962, pp. 211-212; cf. p. 219, 230 and *passim*. Cf. however also: «Daar de aandacht van de schrijfster echter meer gericht is op de resonantie van de ervaring in de ziel dan op de ervaring zelf ... gebruikt zij talrijke woord-beelden...», *ibid.*, p. 224.

12. «Er moest derhalve een keuze gebeuren, die als proeve van haar werk naast de inleidende studie kon worden aangeboden: moeilijke keuze en pijnlijke beperking»; A. DEBLAERE, *ibid.*, p. 255.

13. Thus Deblaere concluded based on the philological study of L.M.J. Delaissé of the numerous stylistic improvements of Thomas in his autobiography of 1441 (Ms Brussels KB 5855-61), the primary source where Thomas especially wishes to lead his readers

a *studiosus* would first feed himself with the secondary literature and after that only would consult the primary sources as the support for a meanwhile developed theory[14]. However, in this conviction does not also resound the Diltheyan *Zeitgeist*, which at that time determined the historical theologians? Or does his enthusiasm for finding a work in which the author words his *own* experience develop from the impatience with those who, in the history of spirituality, fall short in describing this experience by forcing it into a *format*, of which devotional and ascetical intentions form the basis? Thus Deblaere writes in 1980:

«D'un genre à part, encore plus difficile à déchiffrer et utiliser, sont des notes prises par les disciples ou amis des mystiques, d'abord recueillies et rassemblées, puis triées pour être reproduites dans les *Vitae* selon l'idéal édifiant de l'hagiographie. Parfois un heureux hasard fait découvrir une partie des écrits originaux du mystique, de sorte qu'on peut comparer cet original avec le remaniement qu'en fait l'hagiographe dans la *Vita*»[15].

Let us concentrate on the similarities between the hermeneutics of Dilthey and Deblaere in order to clarify especially the uniqueness and power of the latter.

2. *Similarities with Dilthey*

Albert Deblaere discovered three things through consequently and chronologically studying certain key passages in primary sources: 1) the complete meaning of certain words; 2) the broad outlines in the history of spirituality; 3) the personal experience of the author. Possibly more *nolens* than *volens* he was guided by the Diltheyan aspiration to

towards an inner prayer life. Cf. L.M.J. DELAISSÉ, *Le manuscrit autographe de Thomas a Kempis et "L'Imitation de Jésus-Christ"*. *Examen archéologique et édition diplomatique du Bruxellensis 5855-61* (Publications de Scriptorium, 2), 2 Vols., Anvers – Amsterdam, 1956; the conclusion is typical: «Men vindt hier de reden, waarom dit artikel op een bijna filologische toon moest beginnen: het gaat om één van die in de geschiedenis niet zo zeldzame gevallen, waarin filologie van direct belang blijkt voor de spiritualiteit»; A. DEBLAERE, *Volgen en navolgen in de "Imitatio Christi"*, pp. 208-209, in the present volume p. 79.

14. An exception is made by Deblaere for the mystic who reads the work of another mystic: «Jan van het Kruis echter blijkt wèl Surius' vertaling te hebben gekend, doch het is geweten, dat hij na zijn studiejaren geen groot lezer van lijvige boeken was: voor de Spaanse mysticus volstonden echter weinige teksten van Ruusbroec om exact hun betekenis en draagwijdte binnen de visie van het geheel te beseffen»; A. DEBLAERE, *Gerlach Peters (1378-1411). Mysticus van de "onderscheiding der geesten"*, in *Liber alumnorum Prof. Dr. E. Rombauts* (Universiteit te Leuven, werken uitgegeven op het gebied van de Geschiedenis en de Filologie, 5e reeks, 5), Leuven, 1968, pp. 95-109, esp. 106, in the present volume p. 110. It is, by the way, deplorable that Deblaere has nowhere supported this conclusion on the relation between John of the Cross and Ruusbroec.

15. DEBLAERE, *Mystique II* (n. 2), c. 1904, in the present volume p. 293.

understand the «Einzelne» completely through the indication of the meaning within a larger context.

2.1. Words and Outlines

Thus Deblaere became aware of the full meaning of the word «*ghemeyn*» by involving the text where the word is used in deciphering its meaning (1). Without being distracted by secondary studies, he stated, based on this method, that the word meant «common/usual». It also meant «the validity of something for everyone». Furthermore, he realized that the word, together with «life», (*ghemeyn leven*) indicates an inner life with God, which is not obscured by powers arising from intensive contacts in the world. When analysing the different meanings of the word, he always kept in mind the context in which it was used, he thus could conclude that the «*ghemeyne leven*» means «inner life» without indicating individualism[16].

Deblaere's conviction that junctions or nodal points must be searched in primary sources, because thus the large outlines of the history of mysticism can be seen (2), is obvious from his excellent entries in the *Dictionnaire de Spiritualité* and the *Dizionario di Perfezione*. The qualities he once ascribed to John of the Cross, seem to be also applicable to him: few textual sections from primary sources were ever sufficient in realising their meaning and influence within the point of view of the whole[17]. After all, Deblaere here sketches, using key passages from Albert the Great, Thomas Aquinas and Hadewijch, the impasse between mysticism and scholastic theology. In mystical works the intimate oneness with the Word made flesh is emphasized, while in theological treatises, influenced by classical and Arab scientific norms, the unknowing of God is accentuated. Mystical women rediscover, based on Scripture, that human smallness and God's greatness never obstructed the intimate and dynamic reciprocity in the relationship between man and God. The scholastic men, on the other hand, were stuck in the theological system where the inaccessibility of God was emphasized[18]. However, the escape from impasse, which was also offered in history, was sketched by Deblaere as well

16. A. DEBLAERE, *Fratelli della vita comune*, in *Dizionario degli Istituti di Perfezione*, Vol. 4, 1977, cc. 754-762, esp. 754-756, in the present volume p. 149-160, esp. pp. 149-151; see also DEBLAERE, *Mystique II* (n. 2), c. 1917, in the present volume pp. 311-313.
17. See note 14.
18. DEBLAERE, *Mystique II* (n. 2), cc. 1904-1908, in the present volume pp. 293-300, and *passim*; A. DEBLAERE, *Preghiera. VI: La p. tra le beghine e nella "Devotio moderna"*, in *Dizionario degli Istituti di Perfezione*, Vol. 3, 1976, cc. 655-666, in the present volume pp. 317-330; see also DEBLAERE, *Témoignage* (n. 2), p. 124, in the present volume pp. 119-120.

using key passages from, for instance, the work of William of St Thierry, such as: *amor ipse notitia*. Finally, the agreement between the speculators and the mystics in the idea that man is a living mirror of God, was written down as if in one fell swoop, yet convincingly[19].

According to the same methodology Deblaere had previously already arrived at a definition of the phenomenon «mysticism». This phenomenon was defined as *gratis data*, direct – not mediated by the senses – and passive experience of God's presence in the inner region of the soul. Once again, his faithfulness to primary sources was evident. After all, he stated explicitly that the *witnesses* of this experience must be studied. Scientific *evidence* or *testimonies* only added to a classification of mysticism into a certain discipline, which was not always good for the inquiry into the phenomenon[20]. Deblaere had once quoted Thomas a Kempis wrongly, writing: *Omnis scriptura legi debet eo spiritu quo facta est.* His omission of *sacra* after *scriptura* seems to have been inspired by his deepest longing to let the text, and nothing but the text, speak for itself[21]. The treatise on mysticism thus develops into a plea to study, acknowledging the uniqueness of the genre, the texts of those mystics which have experienced the fulfilment of man, and whose words have led beginners on the spiritual way[22]. Within his proposal an appreciation for the manner of reading does not only resound where nodal points in the tradition of primary sources are acknowledged. The Diltheyan triad also appears to resound completely in Deblaere's work: he also seems to assume that the mystics' «Explikation» can encompass «zugleich Schaffen».

2.2. The Personal in the Experience or Intention of the Author

By seeing each text as a junction of another text, Deblaere especially discovered the uniqueness in the experience or intent of an author.

19. DEBLAERE, *Mystique II* (n. 2), cc. 1913-1914, in the present volume p. 307.

20. Cf. DEBLAERE, *Témoignage* (n. 2), pp. 118-123, in the present volume pp. 114-121; for the realization of the definition see pp. 127-138, in the present volume pp. 121-132. Cf. in this context also A. DEBLAERE, *Essentiel*, in *DS*, t. 4, 1962, cc. 1364-1366, in the present volume pp. 3-31.

21. Cf. the explanation of the title in note 1.

22. «Il faudra bien un jour établir une grille de lecture des mystiques, qui ne réduise pas leurs témoignages à un vague lyrisme poétique à côté des systèmes conceptuels théologiques. L'établissement d'une méthode de lecture exacte ne semble pas impossible, mais n'est pas chose faite. On pourrait par exemple construire la vision mystique sur l'homme de façon "descendante", commençant par ce que les mystiques disent avoir pressenti du ciel, sommet de l'évolution et de l'épanouissement humains, et qui par conséquent pourrait déjà diriger les premiers pas spirituels de ceux que Dieu appelle. Or, on trouve à ce sujet une ligne de continuité étonnante, depuis Grégoire de Nysse, en passant par les sermons eckhartiens, jusqu'au grand mouvement mystique des femmes...»; DEBLAERE, *Témoignage* (n. 2), p. 145, in the present volume p. 138.

Completely in line with Dilthey, he was thus able to indicate this experience or intention within the wider context of experiences and intentions of other authors. His mastery of this is expressed when describing the mystical experience of Gerlach Peters. In 1968, he outlined the space and fearless freedom which was typical for Gerlach's inner life. A life which, as Deblaere indicates, emerges from the unity of all human faculties through the working of grace (named by Gerlach *simplex interior aspectus, interior oculus* or *deiformis aspectus*). An inner life as well, in which freedom and space was based on substituting the personal will by that of Christ, and on the participation of God's flowing love in daily activity and in social compassion. Maybe the accuracy with which Deblaere sketches this purely mystical experience can be reduced to his aversion for the manner in which Gerlach was later described as the «zweiter Thomas a Kempis»[23]. However, this accuracy is especially developed through seeing Thomas' text in the light of Gerlach. Through this method it probably became clear to him that, even if Thomas uses the terminology with which Gerlach describes his mystical experience, Thomas voices the «high and devout, yet more psychological and emotional experiences, even if they are always carried by the inner longing for mystical unity»[24].

That this judgement in no way meant a depreciation of Thomas, and that his understanding of Gerlach's experience was based on an innovative insight into Thomas' experience and intention, was already evident in 1965. In that year, Deblaere published an article in which he had managed to penetrate the core of the *libelli* of the *Imitatio*, and disclosed the innovative and daring, the power and uniqueness of Thomas' experience and intention. Deblaere first established that Thomas, as centre and goal of the spiritual life, strove for an inner unity with Christ, «much more than production of a perfect, Stoic Christian hero»[25]. Furthermore, he stated:

> «The saint is defined by the total, self renouncing intimate and delicate friendship with Christ. The history of his soul is a personal love history in the strict sense of the word... The *Imitation* looks for the intimate personal friendship with Christ, not a system or doctrine, not even a complete perfection. Virtues are a value, deficiencies an evil, as far as they advance or

23. DEBLAERE, *Gerlach Peters* (n. 14), p. 96 (in the present volume p. 97), see also p. 101 (in the present volume p. 103).

24. «... hooggestemde en zeer vrome, doch eerder psychologische en emotionele belevingen, al zijn die steeds gedragen door het innige verlangen naar mystieke verbondenheid»; *ibid.*, p. 96, in the present volume p. 98.

25. «... veel meer dan de productie van een volmaakte, stoïcijns-christelijke held», DEBLAERE, *Volgen* (n. 13), p. 212, in the present volume p. 83.

hinder the *Mecum* (choice for the person of Christ which sees its fulfilment in being with Him, pvg) in its ongoing intimate relationship...»[26].

From this quote it also becomes evident that his subtle textual reading and comparison gave Deblaere insight into the borderline between the experience of the mystic and of him who can only long for his experience. But at the same time he shows how wafer-thin it actually is...[27].

It is of course again very well possible that Deblaere was driven by the annoyance with later redactors of the *Imitatio*, who showed that they did not recognize the novelty of Thomas' spirituality. Book I was published in 1562 in Toledo together with a sermon by Erasmus under the title *Contemptus mundi*, and was apparently considered only a guide for the escape of the world. Book IV, *De interna consolatione*, was taken up in the sixteenth century in the standard literary tradition of books of consolation and comfort. Influenced by humanism, the *Imitatio* was considered more and more a guide for practice, a *gymnasium*, in which a full Christian life could be reached through the execution of the instructions[28]. Deblaere considered such a reception a mistake and disastrous[29]. He possibly also reacted to the resulting condemnation of Thomas as an unworldly individualist in the sixties and seventies of the previous century[30]. However, again it is important to note that it is thanks to his reading and re-reading of Thomas' text and the comparison with the junctions in other primary sources that Deblaere encountered the power and uniqueness of Thomas' spirituality and his genius as mystagogue. The introduction to this had already been given by Deblaere himself in his *Notae* for the students at the Gregoriana, upon which much of the article is based. Again it becomes obvious that, only after the analysis of the junctions in different traditions, he arrived at his

---

26. «De heilige wordt gekenmerkt door de totale, zichzelf verloochenende, intieme en delicate vriendschap met Christus; de geschiedenis van zijn ziel is een persoonlijke *liefdehistorie* in de strikte zin van het woord... De *Imitatie* zoekt de intieme, persoonlijke vriendschap met Christus, niet een systeem of een doctrine, ook niet een geheel van volmaaktheden: deugden zijn een waarde, gebreken een kwaad, voor zover zij het *Mecum*, die voortdurende intieme relatie bevorderen of verhinderen...»; *ibid.*, p. 216, in the present volume pp. 86-87.

27. This insight Deblaere would explain in his: *Témoignage* (n. 2), p. 145, in the present volume pp. 138-139.

28. «Met het humanisme begint men "de volmaaktheid" na te streven... De geestelijke opgang is een verbeten strijd tegen gebrek na gebrek, en een stage verovering van deugd na deugd...»; DEBLAERE, *Volgen* (n. 13), p. 216, in the present volume p. 87.

29. *Ibid.*, pp. 211-212, 216, in the present volume pp. 82-84, 87.

30. Cf. for an overview of the studies which are contemporary to Deblaere's *Volgen en Navolgen* (n. 13), P. VAN GEEST, *Thomas a Kempis (1379/1380- 1471). Een studie van zijn mens- en godsbeeld. Analyse en tekstuitgave van de Hortulus rosarum en de Vallis liliorum*, Kampen, 1996, pp. 80-82.

conclusions. In the *Notae*, Deblaere distinguishes in book I and II of the *Imitatio* the layer in which the spirituality of the Modern Devotion is expressed from the layer on which the *traditio mystica neerlandica* is based, and from the layer in which Thomas is opposed to the idea that following the guidelines for an ascetical way of life is seen as a goal in its own right, *not* in connection with acquiring a pure heart[31].

The disclosure of primary sources in the light of other primary sources especially gave Deblaere insight into the continuity of the spirituality of the followers of the Devotion, as far as the intention is concerned, and at the same time insight into the discontinuity which was seen in the expression of this spirituality. He thus stated, in the comparison of key passages, a moralising tendency in the writings of the Modern Devotion, which lay enclosed in the refinement of the meditation methods[32]. Jan Mombaer, after Thomas and Gerlach a «third generation Modern Devout», developed, according to Deblaere, similar methods almost as techniques for prayer. Yet in spite of the expression, he discovered that Mombaer as well saw the fixation on the method in prayer as reducing the quality of prayer life[33]. Mombaer explicitly wished to offer the methodology for the *interiorization* of the spiritual life, as stated by Gerlach and seen by Thomas[34]. The importance Mombaer saw in the attention given to this interiorization, the surprising similarity to Erasmus and at the same time the newness of Mombaer's

31. Cf. for these layers: A. DEBLAERE, *Notae historiae spiritualitatis s. XV*, Romae, 1964-1965, pp. 21-26 (ad usum privatum auditorum). See also: «L<iber> III (of the *Imitatio Christi*, pvg) vero est opus maius Th. a K., eius "diarium spirituale"; L. II simul cum L. III nucleum continent spiritualitatis Devotionis Modernae, doctrinam *puri amoris*. Resumit Th. traditionem medioevalem mysticae "amoris illuminati"; videtur proprietates celebratas huius mysticae unionis ad omnem vitam internam, vere in oratione affectiva stabilitam, extendere. Dat consilia ascetica traditionalia, sed cum "perspectiva" omnino mutata, – non quia in eorum observantia ipsa perfectio acquirenda consideratur, sed quia media necessaria sunt ad obtinendam puritatem cordis, ut perveniatur *ad familiaritatem orationis affectivae et intime illuminatae*»; DEBLAERE, *ibid.*, p. 21.

32. «... on voit la tendance moralisante et utilitaire l'emporter sur la vocation contemplative»; DEBLAERE, *Mystique II* (n. 2), c. 1918, in the present volume p. 313.

33. «Ni l'un (Mombaer, pvg) ni l'autre (Erasmus, pvg) n'accepte que l'obéissance extérieure aux statuts et la pratique des observances produisent d'elles-mêmes la sainteté; mais, tandis que Mombaer voit dans cette réduction un manquement grave à l'esprit ("Non sic patres nostri, non sic", *Rosetum*, Titulus 17/18 De exercitiis internis), Érasme en viendra à traiter de superstition l'observance pratiquée pour elle-même»; A. DEBLAERE, *Mombaer*, in *DS*, t. 10, 1980, c. 1516, in the present volume p. 215 (the quote is borrowed from the original script, which at the time had been made available to me by Father Deblaere); cf. also DEBLAERE, *Preghiera* (n. 18), cc. 660-666, in the present volume pp. 317-330.

34. «Scopus est fovere vitam internam: ad hoc spargit exercitia mentalia per diem, ad recollectionem animae ante opus quodcumque...»; DEBLAERE, *Notae* (n. 31), p. 27. DEBLAERE, *Volgen* (n. 13), pp. 211-212, in the present volume pp. 82-84.

way of interiorization, Deblaere discovered through placing the intention of this follower of the Modern Devotion within the context of the other intentions[35]. His culminating observations were not only genial yet also very innovative.

3. *The Personal Accent in Deblaere's Hermeneutics*

Yet, especially in the light of the hermeneutic of Dilthey, the personal hermeneutic of Deblaere becomes even more obvious. More than Dilthey, Deblaere has realised that the *Erlebnis*, the experience as far as the spiritual writers and mystics are concerned, can hardly be expressed in the text (*Ausdruck, Lebensausserung*), especially because the experience of the latter rises above the vibration of human understanding and comprehension. He took very seriously the fact that the mystics themselves say that in the expression of their experience they actually betray the experience itself. Therefore, with regard to the mystical experience, he didn't deny that the basis for the expression is *one* experience, but he denied severily, that in it resounds a cohesion of *Erlebnisse*, which can only come to light in the expression, and that in the expression, a richer meaning can be formed than was originally present in the experience. More than anyone else, Deblaere emphasized that the road between *Erlebnis* and *Ausdruck* is impassable as far as the mystical experience is concerned; even so very impassable that it became an obstacle for a proper historiography of mysticism[36]. Seen thus, he appraises Dilthey's hermeneutics in an important way: an *Erlebnis* can not always be brought to *Ausdruck*.

Already in his book on the mystic Maria Petyt, Deblaere shows cleverly that he is actually not satisfied with the fixed written resonance of the *experientia mystica*[37]. His untiring interest was concerned with the

---

35. For Erasmus, see note 33.

36. «La seconde raison pour laquelle il serait hasardeux d'écrire l'histoire de la mystique à cette époque est qu'*on ignore presque tout de l'expérience elle-même*. On ne possède que des *textes* relatant des souvenirs... On aura donc toujours à faire avec des témoins littéraires nécessairement assez éloignés de l'expérience. Il faut prendre à la lettre l'avertissement répété des auteurs que leurs descriptions trahissent bien davantage l'expérience qu'ils ne la traduisent»; DEBLAERE, *Mystique II* (n. 2), cc.1903-1904, quote c. 1903, in the present volume p. 292; «Les mystiques eux-mêmes ont toujours affirmé, et non par fausse modestie d'écrivain, que leurs écrits trahissaient davantage ce qu'ils voulaient décrire qu'ils ne l'indiquaient»; DEBLAERE, *Témoignage* (n. 2), p. 121, in the present volume p. 117.

37. «Daar de aandacht van de schrijfster echter dikwijls meer gericht is op de resonantie van de ervaring in de ziel dan op de ervaring zelf – hetgeen juist zo typisch is voor haar "moderne" reflexieve instelling –, gebruikt zij talrijke woord-beelden, die minder iets statisch weergeven ... maar veeleer een beweeglijke lichtglans afwerpen...»; DEBLAERE, *Maria Petyt* (n. 11), p. 224.

experience itself as much as with the words in which it resounds even more. He must have developed a feeling for language at an early point, with which he could penetrate as far as possible into the worded *Erlebnis* of the mystic. Once again we refer to his study of Maria Petyt. More than she could have done herself, he appears to account for the rhythm of her language, images and imagery, her variation of fast and slow in long and short sentences. The goal of these philological observations is to penetrate into her inner soul. Deblaere seems nearly to reproach her when she appears not to choose for a simple «account», in which the inner state of being is worded, but prefers a description of a certain experience:

> «In these texts the author uses the profusion of the approaching words not, swaying on the listening to the inner state of mind, to let the reader experience the resonance thereof. She has accumulated them in order to emphasize an intellectual argument. As a result, they lose all suggestive power and deprive the sentence of its slow rhythmic movement and it thus becomes heavily overloaded»[38].

Especially Deblaere's *einfühlen*, his ability to carry out the process of the soul of the mystical author, makes him, in Diltheyan terms, the appointed teacher to reproduce this «strange life» in others. In the *privatissima*, he seemed to feel the greatest interest in making almost perceptible and understandable the experience of the mystic. He also took great pains to fathom the nearly inexhaustible greatness and depth of thóse words, in which he expected a complete unity of image and experience. Yet here the next difference with Dilthey also becomes obvious. For Dilthey, a previous experience provides the picture for the next experience, and thus provides the explanatory structure for the personal history of experience. Yet for Deblaere, in the case of the *experientia mystica,* this is not possible because due to its greatness and intensity it lacks all referential structure[39]. His work is thus steeped with warnings to those who see conclusions in the analysis of *texts* and thus fail to comprehend the inability and impossibility to word this unique experience:

> «Il en résulte que le langage humain, faisant appel aux opérations distinctes des puissances, demeure toujours successif et juxtaposé, de sorte que même le *souvenir* de l'expérience constituera pour le mystique une reconstruction additive défectueuse. Ensuite, si la traduction littéraire de

---

38. «In deze teksten gebruikt de schrijfster de veelheid van de benaderende woorden niet om, deinend op het beluisteren van een innerlijke toestand, de lezer de weerklank ervan te laten meeleven; zij heeft ze opgestapeld om een verstandelijke redenering kracht bij te zetten, waardoor zij alle suggestieve kracht verliezen en de zin, van zijn trage ritmische golving beroofd, alleen overladen zwaar wordt»; *ibid.*, pp. 219-220.

39. «... la rencontre avec Dieu soit toujours neuve, jamais du "déjà connu", et l'union d'amour toujours plus grande que celle qu'on croyait possible...»; DEBLAERE, *Témoignage* (n. 2), p. 145, in the present volume p. 138.

son expérience est pour l'homme, non moins qu'en tout art, "monnaie de l'absolu", cette monnaie en tant que langage lui est fournie comme un produit collectif. Finalement, quoi que nous apportent d'intéressant sur leur origine les étymologies et les images primordiales des éléments linguistiques, leur signification est déterminée uniquement par l'usage, – règle scientifique fondamentale qu'oublient la plupart du temps les commentateurs des *textes* mystiques»[40].

More than Dilthey, Deblaere points out that language is a limited vehicle and that even the reconstruction of the memory of the mystical experience carries within it to a large extent an imperfection. Even so, he has always attempted to keep to a minimum the barrier between the *Erlebnis* of the mystic and his *Ausdruck*. He succeeded in pointing out more sharply this barrier than ever before by Dilthey or anyone else:

«Après les premières "rencontres" toujours passagères, qu'elles soient claires ou obscures, se fera l'accoutumance de l'homme, dans une "purification passive". Il apprendra à vivre intérieurement totalement dénudé de tout le "mobilier", intellectuel, imaginatif, affectif, ou tout simplement "linguistique", qui l'encombre et qui est pourtant nécessaire et utile à son activité; et en même temps il vivra tout aussi attentivement au niveau de cette activité naturelle et normale, matérielle ou spirituelle, mais toujours successive et juxtaposée»[41].

CONCLUSION

The *Einfühlen* of the state of the soul of the mystic Deblaere considered most important, yet nearly impossible, because even for the mystic it appeared virtually impossible to express the unique mystical experience in language. The ensuing suffering for the mystic he captured so brilliantly that it appears that he has entrusted his own experiences to the paper; especially because he used the word «contemplative», which does not always agree with its use in the work of the mystic:

«La seconde souffrance, intimement liée au caractère *direct et passif* de l'expérience (mystique, pvg), est sa non-communicabilité. A ses prochains, aveuglés par la recherche de soi, errants et malheureux, rassasiés mais frustrés, le mystique voudrait tant montrer que le bonheur, qu'ils cherchent si fébrilement aux quatre coins du monde, est en eux, ne demandant qu'à pouvoir se manifester. Hélas, le contemplatif ne peut le faire partager: "Dis-le au monde! Mais non: ne le dis pas, car le monde ne connaît pas l'air pur, et il ne t'écoutera pas, parce qu'il ne peut ni te recevoir ni t'apercevoir (Jn 14,17), ô mon Dieu, ô ma vie!"»[42].

40. DEBLAERE, *Mystique II* (n. 2), c. 1904, in the present volume p. 293.
41. DEBLAERE, *Témoignage* (n. 2), pp. 128-129, in the present volume pp. 123-124.
42. *Ibid.*, pp. 135-136, in the present volume p. 129.

Is there bitterness in this? It is possible. However, more than bitterness in his work the space and the greatness of the mystical experience resounds. More than bitterness there also and especially resounds a familiarity with Christ, an aspiration towards an inner life from the personal friendship with Christ. Deblaere's analysis of the *Imitatio Christi* is especially steeped with the liberating knowledge that limitations can be good in so far as they can help man grow in his intimate familiarity with the Lord. That Deblaere at an early age himself answered the call of the *Mecum* and thus interiorised the *familiaritas cum Christo* can be seen in the sketch he made of the Crucified in 1944. This sketch is also printed on his prayer card, and shows Christ just before or after His death. The representation of the Crucified shows no resemblance at all with that of the High Middle Ages, where the physical suffering of Christ is represented in an all too realistic manner. In approximately 1450, the master of Kalkar showed Christ with broken eyes, the body contorted and stiff, the innards drooping, the chest protruded because of the extended lower body, even the arms are torn outwards, while the hands are contracted because of the nails. With a great feeling for pictural perspective, the young novice drawed a different representation of Christ. In the Crucified the stillness can be seen especially: typical for the inner life of people who have lived through their suffering, and have delivered themselves after their tiring struggle.

Maybe in this drawing Deblaere has shown something of his later personal life. Later in lectures he would after all repeatedly say that he «per l'odio del genere umano» had been brought to Rome. But much more important is, that, he, already at an early age, had shown that he had not so much studied the *transformatio per dolores Jesu* so typical for the Devotion, yet had already interiorised it.

Katholieke Theologische Universiteit   Paul VAN GEEST
Heidelberglaan 2
NL-3584 CS Utrecht, The Netherlands

UN CERTAIN REGARD
ART SACRÉ ET RÉVÉLATION

Le Père Deblaere fut d'abord l'homme d'un certain regard. Parfaitement myope dans les affaires du monde, presque aveugle à la lumière du jour, sa vue était celle d'un oiseau de nuit, d'autant plus perçante qu'elle pénétrait plus avant dans la ténèbre: «Wird als ein kint, wirt toup, wirt blint! Din selbis icht mus werdin nicht»[1].

Lui-même se définissait volontiers par ce regard: «N'oubliez pas que je suis critique d'art!», répondait-il fièrement lorsque l'on se hasardait à contester certaines de ses audaces théologiques, comme si cela avait le moindre rapport! En tout cas, suivre le Père Deblaere supposait d'entrer dans ce regard. C'est ce que nous avons essayé de faire à l'occasion d'un petit colloque sur l'art sacré organisé au Centre Saint-Jean-de-la-Croix, dont toute l'ambition était de découvrir le secret de la puissance spirituelle de l'iconographie médiévale, au moment où l'art sacré contemporain semble s'enliser dans l'insignifiance religieuse. Le texte qui va suivre est une reprise des données essentielles de notre conférence introductive. Elle se référait notamment à la visite de l'église voisine de Vic, comportant un ensemble de fresques du XIIe siècle de renommée mondiale, que les participants à ce colloque devaient faire le lendemain sous la conduite d'un spécialiste de l'iconographie médiévale.

DE LA CHAIR AU VERBE

Avant de nous rendre demain à l'église de Vic, je vous suggérerais un petit détour par l'église du village de Saint-Martin[2]. Arrivés là, vous entrerez dans la chapelle de la Sainte Vierge: vous trouverez sur l'autel des bas-reliefs de pierre tendre mettant en scène les apparitions de Lourdes et de La Salette. Le parti pris du décorateur – je réserve le mot d'artiste à l'auteur des fresques de Vic, pourtant beaucoup moins évolué techniquement – y est de réalisme, et le travail plutôt bien fait: les visages

---

1. «Deviens comme un enfant, deviens sourd, deviens aveugle! Le quelque chose qui est tien doit devenir rien» (*Dreifaltigkeitlied*, anonyme du XIIIe siècle).
2. Cette église d'un village voisin du Centre Saint-Jean-de-la-Croix ne manque pas de charme, mais sa réfection au XIXe s. s'est faite dans une ignorance totale de l'iconographie antique et médiévale.

sont fins, les arbres ressemblent à des arbres et les moutons à des moutons, contrairement à ce que vous verrez dans les fresques du XIIe siècle. Et pourtant, un certain malaise s'impose à la vue de ces vierges un peu molles et de ces bergères à l'humilité par trop affectée: cette réalité n'est pas la bonne, et l'on pressent qu'elle n'a que peu à voir avec le mystère de la Mère de Dieu. Vous n'aurez aucune envie de rester, ces sentiments ne seront jamais les vôtres, et dans une minute, vous aurez tout oublié. Ce qui veut dire que ce christianisme-là n'était fait que pour passer.

Entrons maintenant à Vic: vous y êtes accueillis par le Christ en gloire, trônant sur le ciel et la terre, la main gauche appuyée sur le livre des Écritures, Parole de Dieu, la main droite levée pour vous bénir de toute la puissance de la Trinité (les trois doigts joints), par le canal de son Incarnation (les deux autres se touchant par leur extrémité). Vous avez là déjà matière à un doctorat en théologie. Première impression: à Saint-Martin, on vous parlait de Dieu, ici, Dieu vous parle.

Spontanément, vos yeux s'habituant à la pénombre vont voir en émerger le visage du Christ. En effet, non seulement il est au centre de la composition, mais la perspective antique (l'arrière du visage est plus large que l'avant) le projette littéralement vers vous: son regard vient à la rencontre du vôtre, traversant les siècles pour transformer l'événement d'il y a deux mille ans en un *avènement* qui s'impose à vous, et qui s'accomplit en vous comme l'*aujourd'hui* du mystère du Christ. Et pour peu que votre visite ait lieu le matin, l'orientation de l'église vers l'est inscrira votre prière dans le symbolisme fondamental de toute la liturgie chrétienne, celui de la lumière: le chrétien va vers le Christ, «lumière véritable éclairant tout homme venant en ce monde»[3], le cycle solaire conférant sa structure et son dynamisme à tout l'office divin, des premières lueurs de l'aurore dans l'hymne des matines (par exemple au temps de l'Avent, saluant le Christ comme *lumen exiens a Patre...*), au *nunc dimittis* des complies, annonçant l'illumination des nations au soir de l'Histoire du Salut.

Cette arrivée du Christ dans votre vie donne l'accord fondamental sur lequel toute l'iconographie de Vic développera ses variations, telles qu'on vous en donnera demain le détail; il nous suffira ici d'en avoir indiqué le principe, que nous retrouverions à l'identique dans la littérature chrétienne traditionnelle, c'est-à-dire celle qui, depuis saint Paul, n'a d'autre projet que de lire la création et l'histoire comme révélation de Dieu en l'homme. «Voici l'Époux qui vient, sortez à sa rencontre!»[4]:

3. Jn 1,9.
4. Mt 25,6.

telle est la réalité chrétienne ultime, telle est l'invitation de l'Église qui nous a fait entrer dans l'édifice religieux. Celui-ci n'existe que pour abriter cette rencontre, fournissant son cadre visuel aux gestes et aux paroles du prêtre, révélant en même temps qu'eux la réalité cachée que la liturgie opère en nous *in persona Christi*.

Passons donc maintenant des fresques aux livres, pour y retrouver les mêmes règles de ce dévoilement. Elles gouvernent ce que l'on désigne habituellement comme la lecture *allégorique* de l'Écriture Sainte, en ce qu'elle superpose une pluralité de sens de l'unique Parole de Dieu, tout comme les différentes scènes de Vic s'éclairent mutuellement en fonction de la figuration centrale du Christ glorifié.

UNE ORGANISATION ALLÉGORIQUE DE LA PENSÉE

Constatons d'abord que la Bible s'est toujours comprise elle-même comme la révélation de plus en plus claire de l'avènement du Christ, ce qui explique d'ailleurs que le cycle solaire fournisse sa structure fondamentale à l'architecture et à la liturgie chrétienne. Voici trois exemples de cette conscience que la Bible prend d'elle-même:

> – La mort a régné depuis Adam jusqu'à Moïse, même sur ceux qui n'avaient pas péché par une transgression semblable à celle d'Adam, lequel est la figure de celui qui devait venir[5].
> – Le Tabernacle de la première Alliance [au Temple de Jérusalem] a pour le temps présent une valeur symbolique, et ses prescriptions ne valent que jusqu'au moment du relèvement[6].
> – L'eau du déluge était une figure du baptême, qui n'est pas la purification des souillures du corps, mais l'engagement d'une bonne conscience envers Dieu, et qui maintenant vous sauve, vous aussi, par la résurrection de Jésus-Christ[7].

«Figure de celui qui devait venir..., valeur symbolique..., figure du baptême...»: cette superposition de sens et ces rapprochements de textes nous indiquent que la Bible ne s'est pas élaborée comme le développement d'une idée ou d'un message, mais comme la construction d'un puzzle, comme l'accueil d'un sens enfoui sous une apparence de désordre. Un puzzle, en effet, n'est pas une addition de pièces, mais l'aménagement d'un espace mental: pour construire un puzzle, on n'analyse pas d'abord le contenu de chacun de ses morceaux (pris isolément, il

5. Rm 5,14.
6. Hb 9,9.
7. 1 P 3,21.

est insignifiant), mais présupposant la cohérence du tout, on compare les parties, on rapproche des formes, des lignes, des couleurs, on cherche des emboîtements, et peu à peu chaque pièce devient signifiante de par son voisinage avec les autres. Et dans tous les domaines, il n'est pas exagéré de dire que jusqu'à Descartes, la pensée biblique puis occidentale progresse essentiellement par emboîtement, par rapprochement de formes semblables, qu'il s'agisse d'organiser des textes, ou des images, ou des pensées. C'est ainsi que dans le texte biblique suivant, une lecture particulièrement riche de la naissance d'Isaac sera faite par saint Paul:

> Il est écrit qu'Abraham eut deux fils, un de la femme esclave, et un de la femme libre. Mais celui de l'esclave naquit selon la chair, et celui de la femme libre naquit en vertu de la promesse. Ces choses sont allégoriques; car ces femmes sont deux alliances. L'une du mont Sinaï, enfantant pour la servitude, c'est Agar – car Agar, c'est le mont Sinaï en Arabie –, et elle correspond à la Jérusalem actuelle, qui est dans la servitude avec ses enfants. Mais la Jérusalem d'en haut est libre, c'est notre mère; car il est écrit: Réjouis-toi, stérile, toi qui n'enfantes point! Éclate et pousse des cris, toi qui n'as pas éprouvé les douleurs de l'enfantement! Car les enfants de la délaissée seront plus nombreux que les enfants de celle qui était mariée[8].

Le constructeur d'un puzzle qui ignorerait tout de l'image à réaliser, commencera toujours pas assembler les pièces de bordure, emboîtables par le seul jeu de la géométrie. De même ici, la lecture de la Parole de Dieu commence-t-elle par le relevé des faits dans leur brutalité historique: Abraham a eu deux fils, Ismaël et Isaac, nés de deux femmes, Agar et Sara. Voilà les faits, fournissant deux pièces susceptibles d'être assemblées, et qui vont pouvoir désormais fonctionner en couple; et cela va permettre un nouvel assemblage, à un niveau cette fois-ci non historique, plus intérieur, niveau théologique de la compréhension d'une réalité cachée en Dieu (les deux alliances); et le même couple fonctionne encore sur un troisième niveau, proprement mystique, celui de la réalisation aujourd'hui au cœur du croyant de cette réalité cachée en Dieu et qui est notre propre enfantement à la vie divine. Et voilà le puzzle réalisé, réunissant Abraham et le fidèle chrétien dans la logique d'un unique mystère.

Faisons un pas de plus: non seulement les faits pris un par un, mais toute l'Histoire Sainte demande à être lue comme figure de la réalité chrétienne profonde, c'est-à-dire de notre vie «cachée en Dieu avec le Christ»[9]:

---

8. Ga 4,22-27.
9. Col 3,3.

Frères, je ne veux pas que vous ignoriez que nos pères ont tous été sous la nuée, qu'ils ont tous passé au travers de la mer, qu'ils ont tous été baptisés en Moïse dans la nuée et dans la mer, qu'ils ont tous mangé le même aliment spirituel, et qu'ils ont tous bu le même breuvage spirituel, car ils buvaient à un rocher spirituel qui les suivait, et ce rocher était le Christ. Mais la plupart d'entre eux ne furent point agréables à Dieu, puisqu'ils périrent dans le désert.

Or, ces choses sont arrivées pour nous servir d'exemples, afin que nous n'ayons pas de mauvais désirs, comme ils en ont eu. Ne devenez point idolâtres, comme quelques-uns d'entre eux, selon qu'il est écrit: Le peuple s'assit pour manger et pour boire; puis ils se levèrent pour se divertir. Ne nous livrons point à l'impudicité, comme quelques-uns d'entre eux s'y livrèrent, de sorte qu'il en tomba vingt-trois mille en un seul jour. Ne tentons point le Seigneur, comme le tentèrent quelques-uns d'entre eux, qui périrent par les serpents. Ne murmurez point, comme murmurèrent quelques-uns d'entre eux, qui périrent par l'exterminateur.

Ces choses leur sont arrivées pour servir d'exemples, et elles ont été écrites pour notre instruction, à nous qui sommes parvenus à la fin des siècles[10].

Dans ce passage, on voit nettement se détacher plusieurs plans d'intelligence du texte: le plan *historique* des faits tels qu'ils se sont déroulés; le plan *spirituel* de leur réalité profonde, celle du vrai rocher qui est le Christ; le plan *moral* de ce qu'il nous faut faire ou ne pas faire pour vivre à notre tour de cette réalité profonde; et enfin le plan *eschatologique* de l'accomplissement plénier de ce que révèlent les autres plans, «à nous qui sommes parvenus à la fin des siècles».

Mettons cela en ordre avec Nicolas de Lire:

À juste titre, on parle de la Bible comme d'un livre écrit à l'intérieur et à l'extérieur: à l'extérieur pour ce qui est du sens littéral; mais à l'intérieur pour ce qui est du sens mystique caché sous la lettre. Dieu, en effet, qui est l'auteur de l'Écriture, non seulement use de mots pour signifier quelque chose, mais aussi des réalités signifiées par les mots. Donc, le sens signifié par les mots, est appelé précisément littéral; celui qui est signifié par les réalités est nommé mystique, et il est triple: en effet, si ce qui est signifié de cette façon concerne les réalités à croire, on le dira allégorique; s'il s'agit de quelque chose qui concerne les réalités à faire, on le dira moral; s'il s'agit de quelque chose qui concerne les réalités à espérer pour la béatitude future, on le dira anagogique, c'est-à-dire mystique nous portant à l'accomplissement final[11].

Ces plans sont résumés dans le célèbre distique médiéval: «Littera gesta docet; quid credas allegoria; moralis quid agas; quo tendas anagogia»[12]. C'est-à-dire: «La lettre de l'Écriture enseigne ce qui s'est passé;

---

10. 1 Co 10,1-11.
11. Nicolas de Lire (1270-1340), sur Ap 5,1.
12. ID., *Sur la Lettre aux Galates*, IV, 3.

l'allégorie, ce que tu dois croire; le sens moral, ce que tu dois faire;
l'anagogie, ce vers quoi tu vas».

Le Christ, clef de lecture de la Bible

Maintenant, on ne commence jamais un puzzle sans quelque idée du
résultat final. Pour le chrétien, le résultat final, ou pour reprendre Nicolas
de Lire, «l'accomplissement final», est notre conformation au Christ.
Aussi le Christ est-il «celui qui a la clef»[13], celui qui nous ouvre l'intelligence et le regard, celui qui fournit sa cohérence à l'ensemble du puzzle, si
bien que celui-ci restera inconstructible tant que fera défaut la foi en lui.
«Ce rocher – élément central de la lecture que vient de faire saint Paul de
l'épisode de l'Exode – était le Christ»: la lecture de l'Ancien Testament
par le Nouveau s'est donc faite à partir du point focal des fresques de Vic,
point d'où Jésus nous regarde, et d'où il projette en nous son propre mystère. Ce point est désigné dans la terminologie classique comme la «réalité», point en lequel «tout subsiste» nous dit saint Jean[14]. Quand on parle
du *réalisme* d'un saint Thomas d'Aquin, on ne parle pas d'on ne sait quelle
théorie de la connaissance, mais d'un accès à ce point-là, à partir duquel les
choses viennent à nous dans le Verbe de Dieu. Dès lors, la pensée et l'art
chrétien en reçoivent toute leur lumière, ne voyant dans la création et dans
l'histoire que la réfraction du Verbe dans l'espace et dans le temps.

Sortons maintenant de la Bible pour voir cette lecture mise en œuvre
dans un court texte d'un Père de l'Église, Méliton de Sardes au IIe siècle.
Il va nous dire comment l'Histoire Sainte trouve sa cohérence en Jésus;
mieux, qu'elle est la dilatation d'un événement unique: la Pâque du Christ.

> Bien des choses ont été annoncées par de nombreux prophètes en vue du
> mystère de Pâques qui est le Christ: à lui la gloire dans les siècles. Amen.
> Conduit comme un agneau et immolé comme une brebis, il nous a délivrés
> de l'idolâtrie du monde comme de la terre d'Égypte; il nous a libérés de
> l'esclavage du démon comme de la puissance de Pharaon. C'est lui qui a
> plongé la mort dans la honte et qui a mis le démon dans le deuil, comme
> Moïse a vaincu Pharaon. C'est lui qui a frappé le péché et a condamné
> l'injustice à la stérilité, comme Moïse a condamné l'Égypte.

Jusqu'ici, il n'y a qu'une mise en parallèle de Jésus et de l'agneau ou
de Moïse, mais celle-ci va maintenant devenir identification:

> C'est lui qui *est* la Pâque de notre salut. C'est lui qui endura bien des
> épreuves en un grand nombre de personnages qui le préfiguraient: c'est lui

13. Ap 3,7.
14. Jn 1,3.

qui en Abel a été tué; en Isaac a été lié sur le bois; en Jacob a été exilé; en Joseph a été vendu; en Moïse a été exposé à la mort; dans l'agneau pascal a été égorgé; en David a été en butte aux persécutions; dans les prophètes a été méprisé[15].

Franchissons maintenant dix siècles, pour voir que cette réalité profonde, en Jésus, de toute l'Histoire Sainte, perdure aujourd'hui en ceux qui entrent à leur tour dans la même histoire de par leur foi en Jésus. Et lire ainsi l'Écriture sera maintenant entrer dans son sens proprement mystique, celui de sa réalisation sacramentelle dans le lecteur qui a «revêtu le Christ»[16] au jour de son baptême:

Le Christ est «la voie et la porte, l'échelle et le véhicule»; il est «le propitiatoire posé sur l'Arche de Dieu»[17] et «le mystère caché depuis le commencement»[18]. Celui qui regarde en face le Christ attaché à la croix, dans la foi, l'espérance et la charité, … fait la pâque avec lui, c'est-à-dire le passage[19]; si bien que grâce à la verge de la croix, il passe la mer Rouge, sortant d'Égypte pour entrer dans le désert[20]; là, il goûte la manne cachée[21], il repose avec le Christ dans le tombeau, comme mort au monde extérieur. Cependant, il sent, autant qu'il est possible en l'état de voyageur, ce qui est dit sur la croix au larron attaché au Christ: «Aujourd'hui, tu seras avec moi au paradis»[22].

Ce qui nous intéresse dans le cadre d'une réflexion sur l'art sacré, c'est le rôle du regard, du visuel, dans ce passage, dans cette Pâque par laquelle Méliton de Sardes nous avait résumé toute la vie chrétienne: «Celui qui regarde le Christ attaché à la croix dans la foi, l'espérance et la charité fait la pâque avec lui». Un tel regard n'est pas celui de la chair, mais celui de l'esprit, il est «l'attention simple et amoureuse»[23] qui qualifie l'oraison contemplative. En effet,

… Dans ce passage, pour qu'il soit parfait, il faut abandonner toutes les opérations intellectuelles, et que la pointe de notre vouloir soit transportée et transformée en Dieu. Mais c'est là un don mystique et très secret, que «personne ne connaît sinon celui qui l'a reçu»[24]; et personne ne le reçoit s'il ne le désire, et il ne le désire s'il n'est embrasé jusqu'à la moelle par le feu de l'Esprit Saint que le Christ a envoyé sur terre…[25].

15. Méliton de Sardes, *Homélie sur la Pâque*.
16. Ga 3,27.
17. Ex 25,20.
18. Ep 3,9.
19. Cf. Ex 12,11.
20. Cf. Ex 14,16.
21. Cf. Ex 16,15.
22. Lc 23,43 – Saint Bonaventure (1221-1274), *De itinerario mentis in Deum*, 7,1-2.
23. Par exemple en saint Jean de la Croix, *Montée du Carmel*, II, 13.
24. Ap 2,17.
25. Cf. Lc 12,49 – Saint Bonaventure (1221-1274), *De itinerario mentis in Deum*, 7,4.

Regard contemplatif, donc, mais qui s'appuie sur la vision du Christ «attaché à la croix», si bien que l'image est ici nécessaire au passage de la nature à la grâce. Il y a en elle comme un croisement des deux regards de l'homme et de Dieu qui va permettre le passage de l'un en l'autre, l'incarnation de l'un et la divinisation de l'autre:

> À mesure que nous regardons plus vivement notre ressemblance qui paraît en un miroir, elle nous regarde aussi plus attentivement; et à mesure que Dieu jette plus amoureusement ses doux yeux sur notre âme, qui est faite à son image et ressemblance, notre âme réciproquement regarde sa divine bonté plus attentivement et ardemment, correspondant selon sa petitesse à tous les accroissements que cette souveraine douceur fait de son divin amour envers elle[26].

Si bien qu'au fur et à mesure que la contemplation se fait plus intense, elle devient également plus distincte, plus précise, tout comme une icône longuement regardée se met à fourmiller de détails révélateurs:

> Dans la contemplation, la capacité de l'esprit se dilate immensément et le regard de l'âme du contemplatif s'aiguise, de telle sorte qu'il devient capable de comprendre beaucoup de choses, et clairvoyant pour en pénétrer de très subtiles[27].

L'IMAGE COMME INTERFACE ENTRE NATURE ET GRÂCE

Nous venons de parler de la dilatation du regard surnaturel de l'artiste de Vic. De fait, son œuvre est rigoureusement incompréhensible, au moins en son intention propre, pour un non-croyant; tandis que l'incroyant comprend à peu près tout ce qu'il y a à comprendre des moulages de l'Église de Saint-Martin. Dans notre recherche d'une charte pour l'art sacré aujourd'hui, cette constatation est essentielle, ne serait-ce que pour ne pas penser la construction ou l'aménagement d'une église comme un problème fonctionnel, analogue à celui que pose la réalisation d'une gare de chemin de fer ou d'un aéroport, mais comme un acte liturgique, un acte de foi. Essayons donc de cerner de plus près l'irréductible de l'art chrétien, de repérer ce qui, dans une image chrétienne, va susciter la dilatation du regard de l'âme dont vient de nous parler Richard de Saint-Victor. Nous demanderons d'abord à Guillaume de Saint-Thierry, exactement contemporain des fresques de Vic, de nous dire pourquoi le disciple du Christ, aussi contemplatif soit-il, a besoin de «quelque chose à voir»:

26. Saint François de Sales, *Traité de l'Amour divin*, III, II.
27. Richard de Saint-Victor, *Benjamin Major*, I, 3.

Je me tourne vers mon crucifix. Elle est ma gloire, cette croix qui décore mon front. C'est la joie de mon esprit et le phare de ma vie. J'en viens par elle à aimer jusqu'à la mort! Qu'ils ne me méprisent point, Seigneur, si je fixe ainsi mes yeux sur votre corps pendu au bois, ceux qui méritent de vous contempler assis sur le trône élevé de votre divinité! Car les mystères qui ont trait à votre sainte humanité, durant son séjour sur la terre, s'ils se tiennent, par rapport à vous, sur un plan inférieur, ne sont pas indignes de la plus haute et de la plus authentique contemplation...

J'embrasse ainsi par la pensée l'étable qui vous a vu naître. J'adore votre sainte enfance. Je caresse la plante des pieds de Celui qui pend à la Croix. J'étreins et couvre de baisers les pieds du Ressuscité. Je mets mes doigts à la place des clous et je m'écrie: Mon Seigneur et mon Dieu!...

Et pour que nos yeux de chair aient eux aussi quelque chose à voir et sur lequel ils puissent se fixer, redoublant d'audace, nous avons recours aux images, aux peintures et aux sculptures représentant votre Passion (cependant, ce n'est pas l'image que nous adorons, mais la vérité exprimée par elle). Aussi bien, quand nos regards se portent avec plus d'attention sur le crucifix, l'image certes ne parle point, mais vous-même semblez nous dire du haut de la Croix: «Je vous ai aimés, et jusqu'à la fin! La mort et l'enfer me tourmentent, mais pour leur propre mort! Vous, mes amis, mangez, enivrez-vous, mes bien-aimés, et pour la vie éternelle!»...

On le voit, l'image n'a pas pour rôle de nourrir le regard, encore moins de l'arrêter, mais de l'orienter, d'allonger sans fin sa profondeur de champ, de le maintenir ouvert sur un perpétuel au-delà, qui ne détruit pas cette image, mais la rend transparente. Et c'est en cela que l'humanité du Christ, sensiblement représentable comme tout ce qui est humain, nous ouvre à sa divinité:

Quiconque entre par vous, ô Jésus qui êtes la porte, s'avance en plaine, pour ainsi parler, et il arrive jusqu'au Père, auquel nul ne vient que par vous...

Si bien que

L'homme qui désire s'élever à Dieu pour lui offrir dons et sacrifices prescrits par la Loi, n'a plus besoin, désormais, de monter par des degrés jusqu'à l'autel du Seigneur: qu'il franchisse, d'un pas tranquille et bien assuré, le terre-plein de la ressemblance; qu'il aille, homme, vers son semblable, le Christ, homme autant que lui! À peine entré dans ce sanctuaire, il entendra proclamer: «Moi et le Père, nous sommes Un», et aussitôt, par le Saint-Esprit, transporté d'amour en Dieu, il verra Dieu s'approcher de lui, établir en lui sa demeure[28].

Le réalisme de l'Incarnation, «terre-plein de la ressemblance» entre Dieu et l'homme, voilà ce qui permet le passage continuel de l'un à

---

28. Guillaume de Saint-Thierry, *Orationes Meditativae* (PL, 180), cc. 235a-237b.

l'autre. Et c'est ce qui s'accomplit lorsque nous pénétrons dans l'église de Vic, et qui ne s'accomplit pas lorsque nous visitons l'église de Saint-Martin. Essayons de comprendre, pour terminer, par quel procédé l'artiste a pu parvenir à ce résultat.

À Vic, ni la perspective, ni les proportions des corps, ni les attitudes des personnages n'ont la moindre vraisemblance. Certes, les éléments représentés restent reconnaissables, car enfin cet art est figuratif, mais juste assez pour que la cohérence en soit ailleurs. Rien n'y étant imitation de la nature, le regard est sans cesse sollicité de passer de la chair à l'esprit, c'est-à-dire d'entrer dans un langage, mais dont toute l'architecture ici est celle de la Révélation évangélique. Dès lors, l'image du Christ étant réduite au minimum quant à la nature, elle porte celui qui la regarde à confesser, à proportion de son intelligence croyante, la réalité du Christ invisible, elle-même indissociable de la réalité du Père. Regarder et devenir ce que l'on regarde se rejoignent ici, et c'est toute la théologie de l'icône. Et c'est aussi cette transparence maximum du sensible qui fait que l'on n'est même plus gêné par les multiples dégradations dues au vieillissement de l'enduit, tandis qu'à Saint-Martin, la moindre éraflure se fait remarquer de façon insupportable, car au-delà du sensible, il n'y a là rien à voir.

Soulignons enfin que cette réussite de Vic a mis en œuvre, non seulement la foi théologale, mais une intelligence de la Révélation qui est d'abord celle de la Bible et de ses commentaires traditionnels, autrement dit une vraie culture chrétienne à l'intérieur de cette visée de foi. Ce qui veut dire qu'un véritable art chrétien suppose l'appartenance à une civilisation chrétienne, que l'on ne peut, certes, imposer de l'extérieur à l'ensemble de la société, mais qu'il s'agit de faire vivre au moins là où il s'agit de construire une église ou de penser toute autre action liturgique.

CONCLUSION

Je me demande si nous avons mesuré l'ampleur des dégâts provoqués par la crise spirituelle qui s'est déclenchée en Occident à peu près à la mort de saint Thomas d'Aquin, et dont le premier effet fut intellectuel, à savoir le succès de ce cancer de la pensée qu'est le nominalisme: avec lui, l'homme ne peut rien savoir du réel, rien savoir de ce qui «subsiste en Dieu». Dès lors, l'homme occidental s'est réfugié dans un monde d'idées, dans une course à l'information, dans un ailleurs permanent, là où la définition originelle du Dieu biblique et chrétien était: «Je suis».

Une pensée coupée du réel, une pensée nominaliste, et elle triomphera avec Descartes, attend de l'Évangile un message, une information sur un Dieu-idée, et d'idée en idée, elle aboutira au moralisme des scènes de l'église de Saint-Martin, techniquement parfaites mais spirituellement vides. Or, il n'y a pas de message dans l'Évangile, pratiquement pas de contenu, ou du moins juste le minimum pour fonder dans les faits le «je t'aime» qui le constitue comme déclaration d'Amour: «Ces choses ont été écrites pour que vous croyiez que Jésus est le Messie, et pour qu'en croyant, vous ayez la vie par son nom»[29].

On ne dira jamais trop qu'une déclaration d'amour n'est pas un message sur l'amour. Où donc est la méprise? Prenons l'exemple de la phrase mille fois répétée par tous les amoureux du monde: «Je t'aime». Hors d'une relation amoureuse, sa banalité est telle qu'elle paraîtra ridicule, si bien qu'il faut se cacher pour aimer en vérité. Mais dans la bouche de mon petit enfant ou de mon épouse, cette phrase banale devient unique, prend une valeur tout autre: au-delà de l'information, elle devient déclaration. Mieux encore, dans cette circonstance, un pouvoir véritablement surnaturel est conféré à cette phrase, puisque si elle ne m'apprend rien, elle n'en crée pas moins tout mon bonheur: elle réalise ce qu'elle dit. Transposé à la relation du Fils au Père et du chrétien à son Dieu, ce «je t'aime», si pauvre en mots et si riche en sens, va modeler tous les canons littéraires ou iconographiques d'un authentique art sacré, et en réalité, de tout art authentique.

Ce miracle du langage est donc d'abord un miracle de l'amour, et c'est lui qui ouvre la Bible à sa première page, lorsque la Parole créatrice est reçue par l'homme créé comme la clef de sa domination du merveilleux jardin. À l'époque moderne, c'est plus à l'extérieur qu'à l'intérieur de l'institution ecclésiale – et c'est peut-être la raison de la crise actuelle de l'art chrétien – qu'une véritable compréhension du langage semble avoir eu lieu, chez un Ferdinand de Saussure par exemple, ou plus proche de nous, chez un Paul Valéry. C'est à lui, pour terminer, que nous allons demander de nous montrer à quel point il nous faut retrouver cette face cachée des mots, des images ou des sons, retrouver leur valeur allégorique, leur capacité à nous introduire dans la présence et le sacré:

> Le langage peut produire deux espèces d'effets tout différents. Les uns, dont la tendance est de provoquer ce qu'il faut pour annuler entièrement le langage même. Je vous parle, et si vous avez compris mes paroles, ces paroles mêmes sont abolies. Si vous avez compris, ceci veut dire que ces paroles ont disparu de vos esprits, elles sont remplacées par une contrepartie, par des images, des relations, des impulsions; et vous posséderez alors

29. Jn 20,31.

de quoi retransmettre ces idées et ces images dans un langage qui peut être bien différent de celui que vous avez reçu.

Par conséquence, la perfection d'un discours dont l'unique objet est la compréhension consiste évidemment dans la facilité avec laquelle la parole qui le constitue se transforme en tout autre chose, et le langage, d'abord en non-langage; et ensuite, ni nous le voulons, en une forme de langage différente de la forme primitive. En d'autres termes, dans les emplois pratiques ou abstraits du langage, la forme, c'est-à-dire le physique, le sensible, et l'acte même du discours ne se conserve pas; elle ne survit pas à la compréhension; elle se dissout dans la clarté; elle a agi; elle a fait son office; elle a fait comprendre: elle a vécu.

Mais au contraire, aussitôt que cette forme sensible prend par son propre effet une importance telle qu'elle s'impose, et se fasse, en quelque sorte, respecter; et non seulement remarquer et respecter, mais désirer, et donc reprendre – alors quelque chose de nouveau se déclare: nous sommes insensiblement transformés, et disposés à vivre, à respirer, à penser selon un régime et sous des lois qui ne sont plus de l'ordre pratique – c'est à dire que rien de ce qui se passera dans cet état ne sera résolu, achevé, aboli par un acte bien déterminé. Nous entrons dans l'univers poétique[30].

L'univers poétique; nous dirions: l'univers biblique. Le *poïen* grec, on le sait, est aussi bien un faire qu'un dire; pour nous chrétiens, il est la Parole de Dieu, qui nous transforme à proportion de l'accueil que nous lui faisons, et qui fait de toute vie chrétienne une œuvre d'art, en même temps que le creuset d'un art sacré en prise directe sur cette Parole.

Centre Saint-Jean-de-la-Croix   Max HUOT DE LONGCHAMP
F-36230 Mers-sur-Indre, France

---

30. Valéry, *Œuvres I*, pp. 1325s.

ALBERT DEBLAERE (1916-1994)
OU LA PASSION DU TEXTE

En l'année 1966 le Père Deblaere enseignait pour la première fois un cours à la Faculté de Théologie des Jésuites flamands (Heverlee-Louvain). C'était un cours à option intitulé «Théologie mystique». Et Deblaere n'a pas tardé à se révéler un événement: imprévu et inclassable, il exerçait sur ses étudiants une influence qui, pour plusieurs d'entre eux, s'est avérée durable.

Dans ce qui suit, on relèvera un des aspects de l'influence intellectuelle d'Albert Deblaere, mais avant d'entamer ce sujet, il nous faut décrire un peu le professeur en action. Sur ce point la caractéristique la plus frappante était que tout ce que cet enseignant disait, coulait de source, la source étant sa personne. Qu'il fût en train de démontrer, de suggérer, de comparer, de démystifier, d'ironiser ou de citer – il ne manquait pas de cordes à son arc rhétorique – on n'avait jamais l'impression que sa performance magistrale planait en elle-même. Les jeux de l'esprit surgissaient d'un fond bien plus intérieur. Ses vues souvent surprenantes étaient les éclats d'un secret existentiel.

Pour éviter tout malentendu, remarquons tout de suite qu'Albert Deblaere ne sortait pas de son rôle d'enseignant. Traitant, par exemple, de la prière contemplative, c'était bien ex professo qu'il parlait, ne recourant jamais à des confidences. Encore moins ce spécialiste en matière mystique se présentait-il comme mystiquement doué. Comment donc ses auditeurs arrivaient-ils à se rendre compte de l'ancrage pour ainsi dire hors-champs des thèmes exposés en classe? N'était-ce pas parce qu'on assistait à un jaillissement d'étincelles causé par le frottement de la vie que renferment les textes mystiques avec la vie vivante au cœur de cet homme qui, pour une de ses expressions, était «exceptionnellement humain»?

Pour ce qui est de l'influence d'Albert Deblaere au niveau de la science du phénomène religieux, c'est en particulier son approche des textes mystiques qu'on essaiera ici de décrire brièvement. Avant l'apparition de ce professeur pratiquement inconnu de l'étudiant en théologie que j'étais, je ne savais pas qu'il existe dans le domaine de la religion toute une littérature qui demande d'être *lue*. Certes on m'enseignait à ce moment-là comment aborder la Bible de façon raisonnable après m'avoir appris auparavant à utiliser les textes sacrés et une certaine littérature spirituelle en vue

du développement personnel, et je faisais surtout et avec intérêt la lecture
de livres et d'articles de théologie, mais je ne *lisais* pas. En fait je
m'appliquais à distiller consciencieusement l'essence de textes souvent
compliqués – entre autres Karl Rahner et Edward Schillebeeckx étaient en
l'air. À son insu le lecteur que j'étais considérait les mots comme des
concepts déguisés, par exemple en néerlandais ou en allemand, et les
phrases comme les éléments imprécis d'un raisonnement impeccable.

Deblaere amena un changement dans cette attitude abstrayante et tant
soit peu utilitaire. Il mettait en lumière des textes descriptifs qui étaient,
justement, des textes mystiques. Il montrait que les auteurs de ces
«témoignages» – c'était le terme dont il usait – tiennent à relater ce qui
leur est arrivé. Il s'agit donc là d'une expérience personnelle qui trouve
son *expression* dans une écriture déterminée. Du coup il était évident
qu'il ne faut pas chercher dans ces textes des idées ou un corps d'idées
qui se trouveraient au-delà des mots et des phrases. Pour la femme ou
l'homme mystique qui en tant que tel se décide à s'exprimer, le langage
n'est point un revêtement somme toute aléatoire. Pour ses locuteurs le
sens du mot ne ressemble pas à la soi-disant âme humaine condamnée à
l'exil dans le corps. Non c'est le mot même qui fait sens comme la chair
humaine fait la personne.

Ainsi donc Deblaere nous donnait pour la lecture des mystiques un
point de départ rafraîchissant. Mais il n'en restait pas là. Il nous a en
plus pourvu du viatique. C'est qu'il ne suffit pas, en effet, de comprendre pourquoi il faut, le cas échéant, changer une lecture qui tend à la
généralisation pour une lecture textuelle, attentive à la particularité. Bien
sûr, c'est déjà beaucoup de partir d'un bon principe, encore faut-il savoir
comment le mettre en pratique. Comment lire de façon correcte, contrô-
lable et justifiable? En un mot, on a besoin d'une méthode.

En simplifiant, on peut dire que la méthode Deblaere comprend deux
moments. Le premier est pour ainsi dire anatomique. Supposons qu'on se
demande ce que veut dire sous la plume d'un auteur mystique, par
exemple Jean Ruusbroec, l'union avec Dieu. On commence alors par
découper l'ensemble du texte – le livre, l'œuvre – en ce sens qu'on relève
en les copiant tous les passages où il est question de cette union. Dans le
cas de l'œuvre de Ruusbroec on a de la chance parce qu'on ne tarde pas
à remarquer qu'il use non pas d'un mot mais de deux: il parle bien de
eninghe (union) que de *enicheit* (unité). Cela a l'air d'être intéressant,
mais le sens exact de ces quasi-jumeaux est loin d'être évident. Raison de
plus pour continuer la recherche sémantique en étudiant dans chaque
découpage le contexte immédiat de ces deux mots-clé: on repère les
(quasi-)synonymes – ainsi *eninghe* est souvent accompagné de *werken*

(être actif) et *enicheit* de *rasten* (reposer) ou *ghebruken* (jouir) – on relève les vocables auxquels ils s'opposent ou avec lesquels ils sont associés.

Le second moment méthodique consiste à faire la synthèse. On rassemble les découpages qui se ressemblent: il y a, par exemple, les passages où les deux mots-clé s'opposent nettement, mais il y a aussi ceux où ils se répondent et, qui plus est, d'autres encore où *eninghe* (union) et *enicheit* (unité) semblent se retrouver l'un dans l'autre. Ainsi on commence à comprendre que pour Ruusbroec l'union mystique est un phénomène essentiellement complexe dans lequel des éléments différents voire opposés vont de pair. Étant attentif à la signification et à la constellation des mots, on n'oublie pas pour autant de regarder les phrases. Et là on s'aperçoit surtout que Ruusbroec a une préférence marquée pour une structure particulière qui suggère à sa façon la complexité indiquée par les mots: ses phrases consistent souvent de deux moitiés qui syntactiquement identiques s'opposent au niveau sémantique.

De toute évidence ce petit portrait n'est pas à la hauteur ni du professeur initiant une méthode, ni de l'homme tel qu'en lui-même, mais tout au moins il montre qu'Albert Deblaere est toujours présent.

Bisschopstraat 45   Paul MOMMAERS
B-2060 Antwerpen, Belgium

ALBERT DEBLAERE, INSPIRATEUR ET PROMOTEUR
D'UNE ÉTUDE SCIENTIFIQUE DE LA SPIRITUALITÉ

Comment le père Albert Deblaere est-il entré dans ma vie? Pour répondre à cette question il faut que j'aille à la recherche du temps perdu, c'est-à-dire des années de ma formation théologique. Celle-ci couvre les années 1964 à 1968. Le second concile du Vatican a eu lieu entre octobre 1962 et décembre 1965. C'est dire que l'Église et les études théologiques se trouvaient alors en pleine effervescence.

On dit communément que le grand humaniste Érasme de Rotterdam (1469-1536) a voulu rénover les études théologiques en leur attribuant trois domaines importants. Selon lui la théologie devait être scripturaire, patristique et mystique. À l'âge de trente ans je n'étais pas un disciple d'Érasme quoique son programme théologique répondît assez bien à ce que j'attendais de la théologie. De fait, je n'étais pas déçu par le programme qui nous était proposé. L'exégèse y tenait une place prépondérante. Nos professeurs étaient formés à l'Institut Biblique de Rome et nous guidaient dans l'étude critique de l'Ancien et du Nouveau Testament. La patristique n'était pas enseignée de manière formelle et chronologique. Mais comme le théologat se trouvait à Louvain, on y tenait en grande estime les écrits des premiers Pères de l'Église, surtout Ignace d'Antioche, Irénée de Lyon, Origène d'Alexandrie et Augustin d'Hippone. Chaque cours de dogmatique commençait par une référence à ces grands représentants de l'Église primitive. Mais il fallait bien constater que l'étude de la théologie spirituelle et mystique était défavorisée. Le programme des quatre années de théologie ne réservait en tout et pour tout que quinze heures de cours pour ce que l'on appelait alors: «Histoire de l'ascèse et de la mystique chrétienne». Impossible de minimiser davantage ce domaine important de la sagesse chrétienne.

À ce point de mes souvenirs, je dois avouer que depuis de longues années j'avais envie de lire et d'étudier les œuvres de l'auteur mystique Jean Ruusbroec. Comment ce désir était-il né? Difficile à dire. J'étais né pas loin de Groenendael et de la forêt de Soignes. Au début de ma vie religieuse un vieux prêtre, parent lointain de maman, m'avait confié les quatre tomes des œuvres du mystique brabançon, mais j'avoue y avoir peu regardé. Par ailleurs dans notre formation on insistait surtout sur les aspects pratiques de la spiritualité ignatienne. Quand on parlait de la vie contemplative, c'était souvent pour bien souligner qu'elle était fort différente de la vie jésuite. La vie contemplative se pratique dans les monastères fermés et isolés, tandis que la vie jésuite se développe par une activité apostolique dans le monde.

Les choses étant ce qu'elles étaient à ce moment, elles ne nous empêchaient point d'être plutôt déçus par la théologie scolastique qui n'était actualisée que par des cours de sociologie et de psychologie contemporaines. Je constatais avec joie que plusieurs de mes confrères souffraient également de cette théologie décidément trop rationnelle et cherchaient des sentiers plus spirituels, et peut-être plus mystiques. Comme on s'ouvre facilement à des amis de même âge, nous prîmes la décision d'adresser une requête formelle au recteur de la Faculté. Un jeune confrère (décédé, hélas, avant son ordination) avait connu à Bruxelles le père Deblaere qui l'avait convaincu de la grandeur et de l'importance de la mystique ruusbrocquienne. Le recteur nous permit de contacter ce spécialiste pour lui demander de nous introduire dans le monde spirituel de Ruusbroec. Le père Deblaere, docteur en philologie germanique, répondit positivement à notre demande. Il se déplacerait tous les quinze jours à Louvain pour lire avec nous *Les Noces spirituelles*. Cette lecture commune – nous étions une dizaine de jeunes jésuites – nous a beaucoup profité. De fait, le père Deblaere a formé ainsi un petit groupe de jeunes pères de mentalité semblable. Sans le savoir, il a rassemblé plusieurs personnes qui, plus tard, sont devenues membres de la Société Ruusbroec. Cet institut, fondé à Anvers en 1925, fait des recherches sur les auteurs spirituels des anciens Pays-Bas.

Un jour de l'an 1965, le Père Deblaere m'a invité à une conversation privée. Il avait appris que j'avais fait des études classiques. J'avais obtenu une licence de langues classiques à l'Université de Louvain en septembre 1960. Pendant notre entretien le père m'a incité à faire des recherches sur les sources latines de Ruusbroec. À cet égard, les œuvres de Guillaume de Saint-Thierry lui semblaient très importantes. Il était d'avis que je devais préparer une thèse de doctorat ayant pour sujet l'influence de Guillaume sur Ruusbroec. Je n'avais jamais pensé à un doctorat et je devais donc me mettre à la recherche d'un promoteur de thèse. Finalement je me suis adressé au professeur M. de Gandillac à Paris, qui a bien voulu accepter d'accompagner mes travaux.

Mais c'est le père Deblaere qui m'a bien mis en route. Ce qui l'intéressait surtout, c'était l'aspect intellectuel de la mystique guillelmienne. Il m'a incité à lire tous les écrits latins de Guillaume et de copier tous les passages traitant de l'intelligence humaine dans un contexte mystique. Ainsi il m'a fait copier des centaines de pages latines. Petit à petit je me considérais comme un moine copiste du douzième siècle, travaillant assidûment dans le scriptorium sous la direction éclairée d'un maître spirituel. Le père Deblaere suivait régulièrement les productions de ma plume. Nous nous sommes étonnés du fait remarquable que Guillaume a dû s'expliquer avec la nouvelle méthode dialectique qui gagnait du terrain dans toutes les écoles théologiques de son temps. Ce problème se manifeste d'abord dans les *Oraisons méditatives* pour éclater au grand jour dans la controverse abélardienne. J'aimerais souligner surtout que le simple travail de copiste m'a introduit progressivement dans le monde mental de Guillaume. L'écriture se fait plus lentement que la lecture. Guillaume s'est mieux révélé par le travail assidu de mes doigts que par la curiosité de mes yeux. Je ne sais pas si le Père Deblaere a été conscient de ce phénomène, mais il m'a encouragé dans cette voie en relisant les textes et en signalant les vues perspicaces de Guillaume, souvent inattendues et importantes pour l'avenir de la spiritualité nordique.

De cette façon ma thèse sur la théologie mystique de Guillaume trouve son fondement dans les œuvres mêmes du maître. J'ai essayé de systématiser ce qui se trouve dispersé dans plusieurs écrits. Quant à son influence sur les écrits de Hadewijch et de Ruusbroec, elle s'est manifestée progressivement. Influence remarquable quand on se rend compte que les auteurs du quatorzième siècle n'ont pas connu le nom de Guillaume de Saint-Thierry. Ils ont pensé lire saint Bernard, car les œuvres majeures de Guillaume étaient passées sous la signature de Bernard: elles avaient trouvé une place dans le «corpus» des œuvres bernardines.

La soutenance de ma thèse a eu lieu à la Sorbonne en septembre 1975. J'ai été promu docteur ès lettres avec la mention «Très bien». Pour des raisons pratiques le père Deblaere a refusé de se rendre à Paris. Entre-temps il était devenu professeur à l'Université Grégorienne de Rome où il a formé maint étudiant de spiritualité. Sans beaucoup de contacts formels, il a continué à influencer mes recherches scientifiques et toujours il a insisté sur la nécessité de bonnes éditions critiques. Son influence m'a amené à commencer l'édition des œuvres de Guillaume dans le *Corpus Christianorum* (*Continuatio mediaevalis* 86, 87, 88). Il m'a signalé également le rôle important de Marguerite Porete et de son écrit *Le Mirouer des simples ames*, œuvre dont j'ai édité la traduction latine dans la même collection: CC-CM 69.

Le Père Deblaere a attiré mon attention sur deux aspects importants de la mystique guillelmienne; d'abord le contact direct entre l'âme humaine et son Créateur et ensuite l'anthropologie naturelle et surnaturelle de Guillaume. Précisons davantage.

Les écrits de Guillaume nous livrent les pensées et les prières d'un moine qui cherche à connaître. Dans les premiers écrits Guillaume présente l'amour de Dieu comme fruit des efforts de la volonté humaine. Celle-ci doit devenir droite et ardente et croître en charité. Le Saint-Esprit aidant, elle peut atteindre sa perfection en l'amour de Dieu. Cette conception ramène la vie spirituelle à un effort moral de plus en plus exigeant. Dans ses œuvres de maturité Guillaume insiste plus sur l'activité divine. Dieu ne touche pas immédiatement ni la volonté, ni l'intelligence humaines. Au contraire, Dieu touche le cœur, la fine pointe de l'âme. Les créatures s'adressent nécessairement aux sens et aux facultés. Dieu est le seul à pouvoir toucher directement le fond de l'être. Ruusbroec reprendra cette idée en disant que les créatures influencent d'abord nos sens extérieurs pour nous toucher par après intérieurement. Dieu par contre touche immédiatement notre cœur intérieur et nous fait sortir ensuite de cette intériorité pour aller travailler dans le monde extérieur. L'adage bien connu: «Nihil est in intellectu quin prius fuerit in sensu» («Toutes nos informations intellectuelles passent par les sens») perd son sens quand il s'agit de l'amour de Dieu.

Guillaume nous explique à plusieurs reprises sa conception de l'être humain. Il en parle dans le *Brevis Commentatio*, ce procès-verbal d'un dialogue important entre Guillaume et Bernard de Clairvaux. Il en parle dans le troisième livre de son *Exposé sur l'Epître aux Romains*, dans son *Commentaire sur le Cantique des Cantiques* et finalement dans la *Lettre aux Frères du Mont-Dieu*. Il distingue toujours trois niveaux: les cinq sens corporels de l'homme animal, les trois facultés supérieures de l'homme rationnel (volonté, mémoire, raison) et finalement le sens spirituel de l'amour illuminé. Ce schéma reste classique dans les traités de spiritualité. Moins classique est l'activité spécifique de l'homme spirituel. Il continue à travailler avec ses facultés d'homme naturel. Mais dans leur état normal (et biologique) les facultés humaines développent une activité centripète, c'est dire qu'elles cherchent toujours à enrichir le capital matériel et spirituel de la créature humaine. Avec les mots de Darwin: elles savent bien que seuls les êtres les plus forts et les plus adaptés peuvent survivre. Pour cette raison les facultés naturelles ont une activité fébrile et égocentrique. Quel sera le changement opéré par l'amour de Dieu? Le Saint-Esprit va unifier les multiples efforts de l'homme naturel et lui donnera la possibilité d'une activité centrifuge. Il pourra oublier ses propres profits et s'intéresser aux besoins de ses proches. Voilà une conversion bien réelle opérée par la grâce de Dieu. L'amour spirituel est à la fois actif et passif. Cet amour développe une nouvelle forme d'intelligence et amène la volonté accaparante à s'oublier et à s'abandonner aux mouvements de l'Esprit divin.

Je viens de schématiser plusieurs pensées de Guillaume. Son anthropologie diffère sensiblement des conceptions de Maître Abélard et de ses disciples scolastiques. En plus Guillaume a réussi à intégrer la spiritualité dans ses recherches purement théologiques. À cet égard on peut se référer à son traité sur le *Sacrement de l'Autel* et à celui sur *La nature du corps et de l'âme*.

Bien sûr ce n'est pas le père Deblaere qui a découvert l'originalité de Guillaume. Laissons cet honneur à deux grands savants bénédictins: les pères Wilmart et Déchanet. Mais il a eu l'intuition que Guillaume, avant de devenir un spirituel important pour les lecteurs d'aujourd'hui, a été le guide de plusieurs béguines (Hadewijch et Mechtilde de Magdebourg) et du mystique brabançon Jean Ruusbroec. Guillaume fait ainsi le lien entre la gnose alexandrine d'Origène et la mystique amoureuse de l'Europe médiévale.

Jezuïetenhuis "Agora"   Paul VERDEYEN
Graanmarkt 9-11
B-2000 Antwerpen, Belgium

INDEX OF NAMES

I. ANCIENT PERSONS

AEGIDIUS AUREAVALLENSIS 302 321
AELREDUS RIEVALLENSIS 86
ALBERTUS MAGNUS 5 294 295[13] 319 434
ANASTASIUS LIBRARIUS 295 421[26] 422
ARISTOPHANES 198
ARISTOTELES 219
ASAM, Cosmas Damian & Egid Quirin 173
ATHANASIUS ALEXANDRINUS 99 370
AUGSBURG, David von see: David de Augusta
AUGUSTINUS HIPPONENSIS 68 186 187 191 199 200 422[28] 423 459
AUGUSTINUS CANTUARIENSIS 204

BALLAER, Jan van see: Michael a Sancto Augustino
BANDINI, Francesco 75
BARBO, Ludovico 95
BASILIUS MAGNUS 135 175-206 422[28]
BEATRIJS (van Nazareth; van Tienen) 6 7 93 95 293 297 302 303 318[2] 375 416
BEEK, Cornelis van 216
BENEDICT OF CANFIELD 3 23 26-29 51 94 147 223[2] 245 416
BENEDICTUS NURCIUS 175-206
BENEDICTUS XIII (Pope) 310
BENOÎT DE CANFIELD see: Benedict of Canfield
BERNARDUS CLARAVALLENSIS 4 86 91 131 145 162 293 304 307 319 390 413 421 422[27] 461 462
BERTKEN, Suster 301
BIJNS, Anna XX
BLOEMAERDINNE see: Heilwich Bloemaerts
BLOEMEVEEN, Petrus 22
BLOIS, Louis de see: Blosius, Ludovicus
BLOSIUS, Ludovicus 417
BONAVENTURA 162 218 219 221 313 326 329 390 409 417 449[22,25]
BOSSUET, Jacques Bénigne 387[5]
BOUCHE, Martin 230[7] 262

BOUTS, Dieric 330
BRAMANTE, Donato 71
BRINCKERINCK, Johannes 156 162
BRUEGHEL, Pieter XIX
BUSCH, Johannes 97 109 159 163[10] 164
BUT, Adriaan de 79
BUYRMAN, Hendrik & Gheze 163

CAESARIUS HEISTERBACHENSIS 302 323
CALCAGNI, Tiberio 75
CALLIXTUS III (Pope) 302 321
CANFIELD, Benoît de (Benedict of) see: Benedict of Canfield
CANISIUS, Petrus 8 223[3] 416
CANO, Melchior 111
CASSIANUS, Johannes 162 180 186
CATERINA DA GENOVA (Fieschi Adorno) 51 53 68 124 125[20] 138 139 297 298 319 320 333 391
CATERINA DA SIENA (Benincasa) 210 300 301 310-311 319 323 416
CELE, Jan 155
CELLINI, Benvenuto 173
CHARLES V (Emperor) 159
CHARLES VIII (King of France) 216
CHAUCER, Geoffrey 205
CHIARA D'ASSISI 301 323
CICERO 156 215 219 369
CLEMENS ALEXANDRINUS 188
CLIMACUS, Johannes see: Johannes Climacus
Cloud of Unknowing, The (anonymous author of) 298
COLLIN, R. 230[7] 262 263
COUDENBERGH, Frank van 141
CRATES 191
CUSANUS, Nicolaus see: Nicolaus Cusanus

D'AILLY, Pierre 156
D'AUBUSSON, Jacques 216
DAVID DE AUGUSTA 162 218
DAVID, Gerard 330

DESCARTES, René 446 453
DIER VAN MUIDEN, Rudolf 161[4] 162[7] 164 312
DIONYSIUS (Saint) 114
DIONYSIUS AREOPAGITA 5 92 145 291[3] 295 298 305 399 400 412 417 421[26]
DIONYSIUS CARTHUSIANUS (van Ryckel) 25 306 307 313 417
DORLANT, Pieter XVIII
Dreifaltigkeitslied (anonymous author of) 6 7 443
DUMBAR, G. 150[1*.2*] 159* 163[8*] 164* 312[83.84*]
DUNS SCOTUS, Johannes *see*: Johannes Duns Scotus
DURANDUS A SANCTO PORCIANO (Guillaume) 409 410

ECKHART (Meister) 6 7 8 131 299 300 304 310 390 414 415 420[25]
EGBERT VON SCHÖNAU 162
ERASMUS, Desiderius XVII XIX 81 82 85 156 185[15] 198 215 307 410[9] 411 416 437 438 439[35] 459
EUSTATHIUS DE SEBASTE 179 180
EVA DE SANCTO MARTINO 91 321
EVAGRIUS PONTICUS 5 199
Evangelische Peerle, Die (anonymous author of) 3 9 25 95 223 239[29]
EYCK, Jan van 330
EYMEREN, Reynalda van 223[2]

FERNANDO, Don (Spanish Governor of the Low Countries) 242
FERRIERIUS (Ferrier), Vincentius 310
FICINO, Marsilio 318
FILCH, William *see*: Benedict of Canfield
FRANCESCO D'ASSISI 189 286 390[6] 391 403[70]
FREDERICK I BARBAROSSA (Emperor) 301 323
FREDERIK VAN BLANKENHEIM (Bishop of Utrecht) 155
FREDERIK-HENDRIK (Prince of Orange-Nassau) 242

GANSFORT, Wessel 80 219 328
GAUTHIER DE VAUCELLES 302 323

GERARD VAN HERNE 142
GERARDUS MAGNUS *see*: Grote, Geert
GERSON, Johannes 79 94 114 121 130 156 218 292 296 305 306 313 329 400 409 410 417 418 419 420 427[2]
GERTRUDIS DE HELFTA 303 319 322
GERTRUDIS DE NIVELLIS 86 91
GERTRUDIS HACKEBORNENSIS 303 322
GHERAERT APPELMANS 9 94 304
GIACOMO DA VARAZZE *see*: Jacobus de Voragine
GILLES D'ORVAL *see*: Aegidius Aureavallensis
GIOACHINO DA FIORE 151
GOES, Hugo van der 330
GOETHE, Johann Wolfgang 199 201
GOUDSMIT, Hugo 161 309
GOYEN, Jan van 172
GRAVILLE, Louis de 216
GREGORIUS MAGNUS 4 163 204 291 296 305 319 400
GREGORIUS VII (Pope) 317
GREGORIUS IX (Pope) 308 309 323
GREGORIUS NAZIANZENUS 422[28]
GREGORIUS NYSSENUS 92 99 116 131 135 136 138 144 206 400 422 435[22]
GRIMM, Jacob & Wilhelm 171
GRONDE, Jan van de 150
GROTE, Geert 94 95 123[17] 146 147 151 152 153 155 157 158 161 162 164 221 300 310 311 312 325 328 329 330
GUIGO DE PONTE 313
GUILELMUS A SANCTO THEODERICO XVII 91 131 144[6] 162 296 300 304 305 319 375 390 435 450 451[28] 460 461 462 463
GUILELMUS ALVERNUS 218
GUILELMUS DE OCCAM 294 409 431
GUILLAUME DE SAINT-THIERRY *see*: Guilelmus a Sancto Theoderico
GUYART, Marie *see*: Marie de l'Incarnation

HADEWIJCH XX 6 7 22[65] 93 95 128 138 141 224 285 286 296 297 298 299 301 303 319 320[7] 375 416 434 461 463
HAUTBOIS, Charles de 217
HEILWICH BLOEMAERTS 6
HEINRICH SUSO 7-8 23 116 162 163 299

300 310 324 415 417
HEMERKEN (a Kempis), Johannes *see*: Johannes Hemerken
HEMERKEN (a Kempis), Thomas *see*: Thomas a Kempis
HERMAS 99
HERP, Hendrik 3 22 23 24 25 26 27 28 94 95 110 116 147 157 224 279 292 313 314 416 417
HERXEN, Dirk van 153 156
HESIODUS 156
HIERONYMUS (Saint) 158 191 192
HIERONYMUS DE WERDEN (de Mondsee) 314
HILDEGARDIS 301 323
HINCKAERT, Jan 141
HODOART, Philippe 216
HOOGH (Hooghe), Martinus de 207 234
HORATIUS 212 215
HOVE, Bertold ten 162
HUGO DE BALMA 313
HUGO OIGNIACENSIS 323
HUGUES DE SANCTO VICTORE 218 295 421[26]

IDA DE LOVANIO 93
IDA DE NIVELLIS 93
IGNATIUS ANTIOCHENUS 459
IGNATIUS DE LOYOLA XV 80 86 95 99 107 108 110 111 112 147 156 163 189 192 221 222 286 327 329 375 416 417
INNOCENTIUS III (Pope) 308
IRENAEUS LUGDUNENSIS 120[14] 459

JACOBUS A PASSIONE DOMINI 209 228-229[6]
JACOBUS DE VITRIACO 308 323 324[12]
JACOBUS DE VORAGINE 162
JACOBUS TRAJECTI *see* : Voecht, Jacob
JACOPONE DA TODI 297 389-406
JAN III (Duke of Brabant) 141
JAN VAN HAGEN 314
JAN VAN LEEUWEN 21 94 95 311
JAN VAN RUUSBROEC XVI XVII XIX XX 3 5 7 8 9-21 25 29 30 51 92[3] 93 94 95 98 99 107 110 112[45] 116 119 122 123[17] 126 127 128 129 131 132[32] 133 134[36] 138 141-147 150[3] 151 153 153 155

218 222 224 225 270 272 277 279 293 297 298 299 300 301 304 305 307 310 311 312 313 322 324 325 333 335 375-388 416 417 420[25] 433[14] 456 457 459 460 461 462 463
JEAN DE LA CROIX *see*: Juan de la Cruz
JEAN DE SAINT-SAMSON 3 29 51 147 233
JÉRÔME DE LA MÈRE DE DIEU 3
JIMÉNES DE CISNEROS, Garcia 80 95 111 112 147 164 221 222 326
JOHANN SCHILTPACHER 314
JOHANN TAULER 7[20] 8-9 23 116 137 300 310 415 417
JOHANNES DE BRUXELLIS *see*: Mombaer, Jan
JOHANNES CLIMACUS 162
JOHANNES DE DAMBACH 82[6]
JOHANNES DUNS SCOTUS 410[10]
JOHANNES HEMERKEN (a Kempis) 77 162
JOHANNES MAUBURNUS *see*: Mombaer(s), Jan
JOHANNES SARRAZIN 295 241[26]
JOHANNES SCOTUS ERIUGENA 5 295 421[26] 422[27]
JOHANNES DE SCYTHOPOLIS 295 421[26]
JOHN OF THE CROSS *see*: Juan de la Cruz
JORDAENS, Willem 20 146 311
JUAN DE AVILA 83[8]
JUAN DE LA CRUZ XVII 51 83[8] 110 116 122 129 131 133 134 135 147 285 299 301 306 333 375 417 433[14] 434 449[23]
JUAN DE LOS ANGELES 110
JULIAN OF NORWICH 299 301 320
JULIANA CORNELIENSI (Mont-Cornillon) 91 300 302 320 321
JULIUS II (Pope) 73

KALKAR, Master of 442

LA BRUYÈRE, Jean de 137
LAMBERT LI BÈGUE 302 321
LAMPRECHT VON REGENSBURG 6
LIÉVIN DE LA TRINITÉ 207
LLULL, Ramon 219
LOER, Dirc 22
LOUIS XIV (King of France) 210
LUDOLPHUS DE SAXONIA (Carthusianus) 221 329 221

LUIS DE GRANADA 83[8]
LUIS DE LEON 83[8]
LUTGARDIS (of Tongeren) 93 300 303 322
LUTHER, Martin 372 409

MANDE, Hendrik 21 327
MARABOTTO 124
MARGARETA DE YPRIS 93 321
MARGARETA PORETE 301 461
MARIA MAGDALENA DE' PAZZI 68 137
MARIA OIGNIACENSIS 93 303 308 321 323
MARIA-THERESIA (Empress) 239[29]
MARIE DE L' INCARNATION XIX 52 56 57 61 66 67 70 124 333-367
MARIUS DE SAINT-FRANÇOIS 207
MARTÈNE, Edmond 200[32]
MARTIN, Claude 124 336
MARTINUS DE ALPARTILS 310[73]
MATTHEUS PARIS 302 321
MAXIMUS CONFESSOR 4 5 295 421[26] 422
MECHELEN, Lucas van 224 225[3]
MECHTILDIS HACKEBORNENSIS 303 322
MECHTILDIS MAGDEBURGENSIS 303 322 416 463
MEERBEKE, Margriet van 143
MELITO SARDENSIS 448 449
MELO, François de 247
MEMLING, Hans 330
Mengeldichten 17-29 (anonymus author of) see : Pseudo-Hadewijch
MERCURIANUS, Everardus 417
MICHAEL A SANCTO AUGUSTINO XX 50[1] 51 52 56[3] 69 70 207-213 225 227 228 229 230 231 232 233 234 235 258 259 260 262 263 267 268 269 270[72] 272 273 274[78] 277 282[97]
MICHELANGELO BUONARROTI 71-76 173
MOMBAER(S), Jan XX 80 95 96 109 111 112 164 215-222 326 328 329[24] 438
MONTALEMBERT, Charles Forbes de 201
MORE, Thomas 198

NADAL, Jerónimo 111 221
NEUMANN, Balthasar 173
NICOLAS DE STRASBOURG 409
NICOLAS KEMP 314
NICOLAUS CUSANUS 49 156 306 409 410

NICOLAUS DE CLEMANGIIS 409
NICOLAUS DE LYRA 447 448
NIEUWLANT (van Gent), Claesinne van 252
NORBERTUS (saint) 317

OCKHAM, William of see: Guilelmus de Occam
OISTERWIJCK, Maria van 239[29]
ORIGENES ALEXANDRINUS 99 120[14] 126 131 134 307 459 463
OVIDIUS 156

PACHOMIUS 198
PASCAL, Blaise 130 131 170 181 423
PAZZI, Maria Magdalena de' see: Maria Magdalena de' Pazzi
PEDROCHE, Thomas 111
PETERS, Gerlach XIX 95 97-112 162 192 193[23] 218 300 325 436 438
PETRARCA, Francesco 156
PETRUS ABAELARDUS 413 421 422[27] 463
PETRUS ALLIACO see: d'Ailly, Pierre
PETRUS ANDREAE (Bishop of Cambrai) 141
PETRUS AUREOLI 431
PETYT, Anna-Maria 235
PETYT, Barbara 209 229[8]
PETYT, Clara 235
PETYT, Jan 235 238 248
PETYT, Maria XVI XIX XX 3 24 29-30 33 49-70 93 95 96 207 210 212 223-290 333-367 432 439 440
PETYT, Sofina 235
PHILIP THE GOOD (Duke of Burgundy) 152 301
PICCOLOMINI, Enea Silvio (= Pope Pius II) 156
PICCOLOMINI, Ottavio 242
PICO DE LA MIRANDOLA, Giovanni 120
PIOMBO, Sebastiano del 74
PIUS II (Pope) see: Piccolomini, Enea Silvio
PLATO 4 75 156 189 191
PLAUTUS 156
PLOTINOS 4
PLUTARCHUS 156
POLANCO, Juan Alfonso 111
POMERIUS, Henricus (Uten Bogaerde) 141

Possevin, Antoine 222
Pseudo-Hadewijch (= anonymous author of *Mengeldichten 17-29*) 22 94 299 304
Pullen, Pelgrum 239[29] 252

Quentin, Jean 216
Quintilianus 215

Radewijns, Florens xx 94 147 150 153 155 159 156 161-164 219 309 311 327
Regula Magistri (anonymous author of) 186 199
Rély, Jean de 216
Richardus de Sancto Victore 319 412 413 450
Richelieu (Armand-Jean du Plessis de) 242
Robert d'Arbrissel 317
Robertus Grosseteste 5
Rodriguez, Alphonso 55 333
Roothaan, Jan 108
Rubens, Pieter-Paul 243
Rudolphus de Diepholt 310
Ruusbroec, Jan van *see*: Jan van Ruusbroec
Ryckel, Dionysius van *see*: Dionysius Carthusianus

Salembien, Jean 217
Sales, François de 4 26 68 223[2] 450[26]
Sandaeus, Maximilianus 31
Saulx, Pierre de 141
Schoonhoven, Jan van 94 147 311
Schutken, Jan 97
Scotus Eriugena, Johannes *see*: Johannes Scotus Eriugena
Seneca 156
Siliceo (Archbishop of Toledo) 111
Socrates 189 191
Spinoza, Baruch 411
Standonck, Jan 112 156 216 217 222
Stephanus (Bishop of Liège) 91
Surin, Jean-Joseph 116 417 418
Surius, Laurentius 16 20 110 143 147 387 433[14]
Suso, Heinrich *see*: Heinrich Suso
Symeon Novus Theologus 136

Tengnagels, Hendrik 78
Terentius 156 215
Teresa de Avila xvii 4 29 52 68 83[8] 94 121 127 147 239 257 266 286 333 375 416
Tersteeghen, Gerard 223[2]
Tertullianus 369
Theologia Deutsch (anonymous author of) 137
Theresa of Avila *see*: Teresa de Avila
Thérèse de Lisieux 125 281
Thibault, Philippe 208 233
Thimothée de la Présentation 209 210
Thomas a Kempis (Hemerken) 77-89 95 96 97 103 109 155 156 158 159 161[1.3.4.5] 162 163 164 219 221 245 309 326 237 328 427[1] 432[13] 435 436 437 438
Thomas Aquinas 5 9 111 120[14] 294 295[14] 319 410[10] 413 414 422 434 448 452
Thomas de Jesus 3
Thomas de Savoye 242
Thomas Gallus 5
Tibullus 156
Tromp, Maarten H. 242

Ubertino de Casale 305
Ugolino *see* : Gregorius IX
Urbano, Piero 74
Uten Bogaerde, Hendrik *see*: Pomerius, Henricus

Valdes, Pierre 317
Valla, Lorenzo 156
Vanden tempel onser sielen (anonymous author of) 3 9 25 95 223
Vari, Metello 74
Vasari, Giorgio 74 75
Vergilius 156 215
Vervoort, Frans xviii 3
Vigenère, Blaise de 74
Vincent de Aggsbach 306 314
Vinci, Leonardo da 173
Vives, Luis 112
Voecht, Jacob 156 159
Voltaire (François-Marie Arouet) 198 409
Vornken, Willem 151

Vos van Heusden, Johannes   162

Warneys, Ignace   235 236
Warneys, Jacques   235 236 262
Weert, Jan de   242
Weyden, Rogier van der   330
Wijc, Sayman van   141
William of Saint-Thierry *see*: Guilel-

mus a Sancto Theoderico

Xaverius, Franciscus   xviii 68

Zachmoorter, Michiel   3
Zerbolt van Zutphen, Gerard   112 156
  163 164 218 219 326

II. Modern Persons

Acquoy, J.G.R.   96
Adam, A.   179[5]
Ageno, F.   389[3*] 402[64*]
Alaerts, J   126[21] 147
Alberts, W.J.   159[*]
Alonso, J.   422[27]
Ampe, A.   xviii 21[63] 147 223[2*]
Ancelet-Hustache, J.   299 415[22]
Antoine-Marie de la présentation
  233[16]
Arnou, R.   4[1]
Assemaine, E.   97 112[45]
Auer, A.   82[6]
Axters, S.   6 21[64*] 84 95[*] 96 147 151
  157 159 164 213 223[1] 309 314 415[22]

Balthasar, H.U. von   118 179
Baraut, C.   112[44*] 222[17*]
Barbet, J.   314[*]
Barnikol, E.   159
Barth, K.   370 372
Barthes, R.   167
Bartsch, K.   6[14*]
Baudry, É.   184 185[14] 299
Begheyn, P.   223[2]
Benveniste, É.   168 169 172 369
Bergson, H.   177
Bihlmeyer, K.   7[21]
Bizet, J.-A.   119[13] 120[14] 128[22] 293[7] 299
  314
Bohn, G.   430[5*]
Bonzi da Genova, U.   125[20*] 139[44*]
  298[27*] 320[8*]
Bossche, L. van den   227 233[17] 235
  235[23]
Bouchereaux, S.-M.   29 233[17]
Bourbon Busset, J. de   369

Bouyer, L.   315
Bremond, H.   233[16] 334
Burgers, J.W.J.   387[5]
Burvenich, J.   xx

Cacciotti, A.   390[5]
Canettieri, P.   390[6*]
Catena, C.M.   213
Certeau, M. de   116[8*] 417
Char, R.   370
Charvin, G.   200[3*]
Chesterton, G.K.   169
Chevalier, P.   295[15] 421[26]
Clemen, O.   97
Cognet, L.   202 314[*] 413 416
Colledge, E.   315[*]
Combes, A.   306 313[*] 413 427[2]
Congar, Y.   294 409-411 412 414
Courtonne, Y.   181[8*]

Daniel a Virgine Maria   228[6]
Daniélou, J.   138
Daniëls, A.L.J.   223[2]
Darwin, C.   462
Debongnie, P.   96 139[43] 159 163[15] 164
  221[14] 222 329[24]
Déchanet, J.   131[30] 296[19*.20*] 319[5*] 463
Delaissé, L.M.T.   78 96 432 432 433[13]
Delaruelle, É.   202
Dempf, A.   415
Denifle, H.S. 314 415[22]
Derville, A.   163[15]
Desroches, H.C.   202[34*]
Dilthey, W.   427-442
Dols, J.M.H.   151[7*]
Dondaine, H.-F.   294[12*] 295[*]421[26]
  422[27]

DURKHEIM, É.   114 177

EHRLE, F.   310[73*]
ÉPINEY-BURGARD, G.   160 164
ESSER, K.   403[70*]

FESTUGIÈRE, A.-J.   199
FEUILLET, A.   87[11]
FOUCAULT, M.   117
FRANCKENBERG, W.   5[7*]
FRÉDÉRICQ, P.   159 309[71]
FRIEDLÄNDER, M.   171

GADAMER, H.G.   430[5*]
GAI, J. B.   202[34*]
GANDILLAC, M. DE   399[52*] 421[26] 460
GAZEAU, R.   201[33]
GEEST, P. VAN   431[10] 437[30]
GERRETSEN, J.H.   159
GINNEKEN, J. VAN   79[4]
GIOVANELLA FUSCO, G.   400[56*]
GLORIEUX, P.   114[2*] 292[4*] 296[17*] 305[59*] 313[*] 329[24*] 400[55*] 419[24*]
GOOSSENS, L.M.A.   163[12*]
GRABMANN, M.   415[22]
GRIBOMONT, J.   179[3.5] 185[14*]
GRUBE, K.   159[*] 164[*]
GRUNDMANN, H.   310[72] 317
GUIBERT, J. DE   115[4]

HAAS, A.M.   314[*]
HAMMARSKJÖLD, D.   127 375
HAUSHERR, I.   199[28]
HEALY, K.J.   29 233[16]
HEIL, G.   399[52*]
HEIMSOETH, H.   430[8*]
HENDRICKX, F.   XV[1*]
HEUVEL, V. VAN DEN   159
HÖFER, J.   431[9]
HOPPENBROUWERS, V.   213 262[62]
HUXLEY, A.   198
HUYBEN, J.   9[30] 133 223[2]
HUYGENS, R.B.C.   308[67] 324[12*]
HYMA, A.   159[*] 328

JAKOBSON, R.   170
JAMET, A.   52[2*] 124[19*] 334[*]
JEAN-MARIE DE L'ENFANT JÉSUS,   233[15]
JELLOWSCHEK, K.   314[*]

JOHANNS, P.   XV-XVI

KARADY, V.   189[20]
KARRER, O.   6[14*] 413 420[25]
KETTENMAYER, J.B.   239[29]
KIEFT, C. VAN DE   387[5]
KINSEY, A.C.   166
KLEINPAUL, R.   166
KORS, M.M.   97[1*]

LAERE, A. VAN   XIX
LÈBE, L.   180[7] 182[9.11] 183[12] 195[25]
LECLERCQ, J.   131[28*] 187 188 200 315
LEFEVERE, A.   387
LEMAÎTRE, J.   5[7]
LIEBERMANN, F.   321[10*]
LIUIMA, A.   163[15]
LORIÉ, L.T.A.   100[7]
LORTZING, J.   239[29]
LUBAC, H. DE   118 121
LÜERS, G.   314

MADDEN, F.   302[50*] 321[9*]
MAK, J.J.   112
MALLARMÉ, S.   174
MALRAUX, P.   174
MANCINI, F.   389[3*]
MANSELLI, R.   310[72]
MARÉCHAL, J.   113 114 133
MARTINELLI, P.   390[8]
MAUSS, M.   114 188 189[20.21]
MCGINNIS, T.   227[5]
MENESTÒ, E.   389[2]
MERLIER, J.R.A.   209 227[5*] 229[6]
MICHELET, J.   71 72
MIERLO, J. VAN   6[11*.13*] 22[65*] 95[*]
MILLER, E.W.   219[9] 328[23]
MIQUEL, P.   183 200[29]
MOEREELS, L.   XVIII
MOLL, W.   97
MOMMAERS, P.   223[2]
MONDRIAAN, P.   173
MORRIS, D.   165
MOULIN, L.   203
MOYNIHAN, J.   213
MÜLLER, G.   303[51] 322[11]
MULDER, W.   95[*] 123[17*] 161[2*] 313[86*] 325[16*]
MUNSTERS, A.   233[15]

NEUFVILLE, J. 178[1*]
NIERMEYER, J.F. 387[5]
NOË, H. 378[1*]
NOLTE, H. 163[12*]

O'SHERIDAN, P. 151
OECHSLIN, R.-L. 6[9]
OESER, W. 159
ORCIBAL, J. 22[66] 26[98] 110 147 418
ORTEGA Y GASSET, J. 72
OURY, G.-M. 200 334[*]

PALACH, J. 194
PALANQUE, J.-R. 202
PAPINI, G. 75
PAQUIER, J. 22[66]
PELLEGRINO, E. XX
PELTIER, A.C. 313
PERSIJN, A.J. 222
PERSOONS, E. 160
PETROCCHI, M. 315
PFEIFFER, F. 7[*] 138[42*]
PHILIPPEN, L.J.M. 308
POHL, M.J. 83[7*] 96[*] 110[41*] 158[9*] 159[*] 164[*] 309[70*] 427[1*]
PORION, J. -B. 6[13] 297[22] 299 301 320[7]
PORTEMAN, K. 225[3]
POSLUSNEY, V. 227[5*]
POST, R.R. 96 160 164
POULAIN, A. 137[40]
POZZI, G. 389[1] 392[14] 399[51]

QUINT, J. 7[18*]

RAHNER, H. 26[94] 110 131 304
RAHNER, K. 116 133 408 414 415 456
RAPP, F. 300
RAVIER, A. 118[9*]
REUSENS, E.H.J. 228[6] 233[15]
REYPENS, L. 6[10.11] 9[31*] 95[*] 133 151 223[2] 239[29] 297[23*] 318[2*] 420[25]
RHIJN, M. VAN 219[9] 328[23]
RICHARDS, I.A. 170
RICHAUDEAU, P.-F. 52[2*] 124[18*]
RICHSTÄTTER, K. 314
ROBERT, P. 387[5]
ROBIN, L. 4[2]
ROBINSON, J.A.T. 49
ROCHAIS, H.M. 131[28*]

ROMBAUTS, E. XVI
ROQUES, R. 5 399[52*]
ROUDAULT, J. 423
RUELLO, F. 5 314[*]
RUH, K. 314[*]

SAUSSURE, F. DE 167 169 453
SCHILLEBEECKX, E. 456
SCHLEIERMACHER, F. 430[5]
SCHMIDT, M. 307[64]
SCHNEIDER, R. 88
SCHOENGEN, M. 159[*]
SCHOOTE, J.-P. VAN 223[2]
SCHRAMA, M. 431[10]
SCHÜLTKE, W. 160
SCHURMANS, M. 133[*]
SCUDDER, J.W. 219[9] 238[23]
SIMONETTI, M. 400[53*]
SIMPSON, G.G. 165
SMITS VAN WAESBERGHE, M.M.J. 223[1]
SOLIGNAC, A. 291[1]
SPAAPEN, B. 79[4]
SPROKEL, N. 427
STARING, A. 209 228[6]
STEINBÜCHEL, T. 415[22]
STOLZ, A. 118
STRANGE, J. 97[1*] 193[23*] 218[6*] 302[49*] 325[17*]

TAILLE, M. DE LA 15 70
TANGO, A.M. 400[56*]
TATAKIS, B. 422[28]
TEILHARD DE CHARDIN, P. 370
THEISSING, E. 239[29]
TILLICH, PAUL 369
TOLOMIO, I. 123[17*] 221[14*] 313[85*] 325[15*]

VALÉRY, P. 170 453
VALESIO, P. 400[56]
VANDENBROUCKE, F. 315 407[2] 412-415 423
VANNESTE, J. 5
VANSTEENBERGHE, E. 314[*]
VAUSSARD, M. 137[39]
VEGHEL, O. VAN 26[97] 27
VEKEMAN, H. 293[8]
VERDAM, J. 151
VERSCHUEREN, L. 22[67*.69] 95[*] 279[93*]
VERWIJS, E. 151

VETTER, F.   7[20*] 8[24.25*]
VIDAL, G.   198
VIGNAUX, P.   431
VOGÜÉ, A. DE   178[1] 186 187 199[27] 202
   325[13]
VON WILAMOWITZ-MOELLENDORF, U.   191
VREGT, J.-F.   163[12*]

WALGRAVE, J.H. 408
WANSEM, C. VAN DER   96 159 164
WATRIGANT, H.   159 219[7]
WEIL, S. 118 370

WEISMAYER, J. 97 101[11]
WENTZLAFF-EGGEBERT, F.-W.   314
WESSELS, G. 209[*] 210[5*] 233[15]
WIJDEVELD, G. 79[4]
WILLAERT, F. XV[1] XVII
WILMART, A.   463
WINDELBAND, W. 430[8]
WOERKUM, M. VAN   160 163[11*] 164
WÜSTENHOF, D.   163[13*]

ZIJL, T.P. VAN   159

BIBLIOTHECA EPHEMERIDUM THEOLOGICARUM LOVANIENSIUM

SERIES I

* = Out of print

*1. *Miscellanea dogmatica in honorem Eximii Domini J. Bittremieux*, 1947.
*2-3. *Miscellanea moralia in honorem Eximii Domini A. Janssen*, 1948.
*4. G. PHILIPS, *La grâce des justes de l'Ancien Testament*, 1948.
*5. G. PHILIPS, *De ratione instituendi tractatum de gratia nostrae sanctificationis*, 1953.
6-7. *Recueil Lucien Cerfaux. Études d'exégèse et d'histoire religieuse*, 1954. 504 et 577 p. Cf. *infra*, nᵒˢ 18 et 71 (t. III). 25 € par tome
8. G. THILS, *Histoire doctrinale du mouvement œcuménique*, 1955. Nouvelle édition, 1963. 338 p. 4 €
*9. *Études sur l'Immaculée Conception*, 1955.
*10. J.A. O'DONOHOE, *Tridentine Seminary Legislation*, 1957.
*11. G. THILS, *Orientations de la théologie*, 1958.
*12-13. J. COPPENS, A. DESCAMPS, É. MASSAUX (ed.), *Sacra Pagina. Miscellanea Biblica Congressus Internationalis Catholici de Re Biblica*, 1959.
*14. *Adrien VI, le premier Pape de la contre-réforme*, 1959.
*15. F. CLAEYS BOUUAERT, *Les déclarations et serments imposés par la loi civile aux membres du clergé belge sous le Directoire (1795-1801)*, 1960.
*16. G. THILS, *La «Théologie œcuménique». Notion-Formes-Démarches*, 1960.
17. G. THILS, *Primauté pontificale et prérogatives épiscopales. «Potestas ordinaria» au Concile du Vatican*, 1961. 103 p. 2 €
*18. *Recueil Lucien Cerfaux*, t. III, 1962. Cf. *infra*, nᵒ 71.
*19. *Foi et réflexion philosophique. Mélanges F. Grégoire*, 1961.
*20. *Mélanges G. Ryckmans*, 1963.
21. G. THILS, *L'infaillibilité du peuple chrétien «in credendo»*, 1963. 67 p. 2 €
*22. J. FÉRIN & L. JANSSENS, *Progestogènes et morale conjugale*, 1963.
*23. *Collectanea Moralia in honorem Eximii Domini A. Janssen*, 1964.
24. H. CAZELLES (ed.), *De Mari à Qumrân. L'Ancien Testament. Son milieu. Ses écrits. Ses relectures juives* (Hommage J. Coppens, I), 1969. 158*-370 p. 23 €
*25. I. DE LA POTTERIE (ed.), *De Jésus aux évangiles. Tradition et rédaction dans les évangiles synoptiques* (Hommage J. Coppens, II), 1967.
26. G. THILS & R.E. BROWN (ed.), *Exégèse et théologie* (Hommage J. Coppens, III), 1968. 328 p. 18 €
*27. J. COPPENS (ed.), *Ecclesia a Spiritu sancto edocta. Hommage à Mgr G. Philips*, 1970. 640 p.
28. J. COPPENS (ed.), *Sacerdoce et célibat. Études historiques et théologiques*, 1971. 740 p. 18 €

29. M. DIDIER (ed.), *L'évangile selon Matthieu. Rédaction et théologie*, 1972. 432 p.   25 €
*30. J. KEMPENEERS, *Le Cardinal van Roey en son temps*, 1971.

SERIES II

31. F. NEIRYNCK, *Duality in Mark. Contributions to the Study of the Markan Redaction*, 1972. Revised edition with Supplementary Notes, 1988. 252 p.
                                                                         30 €
32. F. NEIRYNCK (ed.), *L'évangile de Luc. Problèmes littéraires et théologiques*, 1973. *L'évangile de Luc – The Gospel of Luke*. Revised and enlarged edition, 1989. x-590 p.   55 €
33. C. BREKELMANS (ed.), *Questions disputées d'Ancien Testament. Méthode et théologie*, 1974. *Continuing Questions in Old Testament Method and Theology*. Revised and enlarged edition by M. VERVENNE, 1989. 245 p.
                                                                         30 €
34. M. SABBE (ed.), *L'évangile selon Marc. Tradition et rédaction*, 1974. Nouvelle édition augmentée, 1988. 601 p.   60 €
35. B. WILLAERT (ed.), *Philosophie de la religion – Godsdienstfilosofie. Miscellanea Albert Dondeyne*, 1974. Nouvelle édition, 1987. 458 p.   60 €
36. G. PHILIPS, *L'union personnelle avec le Dieu vivant. Essai sur l'origine et le sens de la grâce créée*, 1974. Édition révisée, 1989. 299 p.   25 €
37. F. NEIRYNCK, in collaboration with T. HANSEN and F. VAN SEGBROECK, *The Minor Agreements of Matthew and Luke against Mark with a Cumulative List*, 1974. 330 p.   23 €
38. J. COPPENS, *Le messianisme et sa relève prophétique. Les anticipations vétérotestamentaires. Leur accomplissement en Jésus*, 1974. Édition révisée, 1989. XIII-265 p.   25 €
39. D. SENIOR, *The Passion Narrative according to Matthew. A Redactional Study*, 1975. New impression, 1982. 440 p.   25 €
40. J. DUPONT (ed.), *Jésus aux origines de la christologie*, 1975. Nouvelle édition augmentée, 1989. 458 p.   38 €
41. J. COPPENS (ed.), *La notion biblique de Dieu*, 1976. Réimpression, 1985. 519 p.   40 €
42. J. LINDEMANS & H. DEMEESTER (ed.), *Liber Amicorum Monseigneur W. Onclin*, 1976. XXII-396 p.   25 €
43. R.E. HOECKMAN (ed.), *Pluralisme et œcuménisme en recherches théologiques. Mélanges offerts au R.P. Dockx, O.P.*, 1976. 316 p.   25 €
44. M. DE JONGE (ed.), *L'évangile de Jean. Sources, rédaction, théologie*, 1977. Réimpression, 1987. 416 p.   38 €
45. E.J.M. VAN EIJL (ed.), *Facultas S. Theologiae Lovaniensis 1432-1797. Bijdragen tot haar geschiedenis. Contributions to its History. Contributions à son histoire*, 1977. 570 p.   43 €
46. M. DELCOR (ed.), *Qumrân. Sa piété, sa théologie et son milieu*, 1978. 432 p.   43 €
47. M. CAUDRON (ed.), *Faith and Society. Foi et société. Geloof en maatschappij. Acta Congressus Internationalis Theologici Lovaniensis 1976*, 1978. 304 p.   29 €

*48. J. Kremer (ed.), *Les Actes des Apôtres. Traditions, rédaction, théologie*, 1979. 590 p.

49. F. Neirynck, avec la collaboration de J. Delobel, T. Snoy, G. Van Belle, F. Van Segbroeck, *Jean et les Synoptiques. Examen critique de l'exégèse de M.-É. Boismard*, 1979. xii-428 p.   25 €

50. J. Coppens, *La relève apocalyptique du messianisme royal. I. La royauté – Le règne – Le royaume de Dieu. Cadre de la relève apocalyptique*, 1979. 325 p.   25 €

51. M. Gilbert (ed.), *La Sagesse de l'Ancien Testament*, 1979. Nouvelle édition mise à jour, 1990. 455 p.   38 €

52. B. Dehandschutter, *Martyrium Polycarpi. Een literair-kritische studie*, 1979. 296 p.   25 €

53. J. Lambrecht (ed.), *L'Apocalypse johannique et l'Apocalyptique dans le Nouveau Testament*, 1980. 458 p.   35 €

54. P.-M. Bogaert (ed.), *Le livre de Jérémie. Le prophète et son milieu. Les oracles et leur transmission*, 1981. *Nouvelle édition mise à jour*, 1997. 448 p.   45 €

55. J. Coppens, *La relève apocalyptique du messianisme royal. III. Le Fils de l'homme néotestamentaire*. Édition posthume par F. Neirynck, 1981. xiv-192 p.   20 €

56. J. van Bavel & M. Schrama (ed.), *Jansénius et le Jansénisme dans les Pays-Bas. Mélanges Lucien Ceyssens*, 1982. 247 p.   25 €

57. J.H. Walgrave, *Selected Writings – Thematische geschriften. Thomas Aquinas, J.H. Newman, Theologia Fundamentalis*. Edited by G. De Schrijver & J.J. Kelly, 1982. xliii-425 p.   25 €

58. F. Neirynck & F. Van Segbroeck, avec la collaboration de E. Manning, *Ephemerides Theologicae Lovanienses 1924-1981. Tables générales. (Bibliotheca Ephemeridum Theologicarum Lovaniensium 1947-1981)*, 1982. 400 p.   40 €

59. J. Delobel (ed.), *Logia. Les paroles de Jésus – The Sayings of Jesus. Mémorial Joseph Coppens*, 1982. 647 p.   50 €

60. F. Neirynck, *Evangelica. Gospel Studies – Études d'évangile. Collected Essays*. Edited by F. Van Segbroeck, 1982. xix-1036 p.   50 €

61. J. Coppens, *La relève apocalyptique du messianisme royal. II. Le Fils d'homme vétéro- et intertestamentaire*. Édition posthume par J. Lust, 1983. xvii-272 p.   25 €

62. J.J. Kelly, *Baron Friedrich von Hügel's Philosophy of Religion*, 1983. 232 p.   38 €

63. G. De Schrijver, *Le merveilleux accord de l'homme et de Dieu. Étude de l'analogie de l'être chez Hans Urs von Balthasar*, 1983. 344 p.   38 €

64. J. Grootaers & J.A. Selling, *The 1980 Synod of Bishops: «On the Role of the Family»*. *An Exposition of the Event and an Analysis of its Texts*. Preface by Prof. emeritus L. Janssens, 1983. 375 p.   38 €

65. F. Neirynck & F. Van Segbroeck, *New Testament Vocabulary. A Companion Volume to the Concordance*, 1984. xvi-494 p.   50 €

66. R.F. Collins, *Studies on the First Letter to the Thessalonians*, 1984. xi-415 p.   38 €

67. A. Plummer, *Conversations with Dr. Döllinger 1870-1890*. Edited with Introduction and Notes by R. Boudens, with the collaboration of L. Kenis, 1985. liv-360 p.   45 €

68. N. LOHFINK (ed.), *Das Deuteronomium. Entstehung, Gestalt und Botschaft /
    Deuteronomy: Origin, Form and Message*, 1985. XI-382 p.   50 €
69. P.F. FRANSEN, *Hermeneutics of the Councils and Other Studies.* Collected
    by H.E. MERTENS & F. DE GRAEVE, 1985. 543 p.   45 €
70. J. DUPONT, *Études sur les Évangiles synoptiques.* Présentées par F.
    NEIRYNCK, 1985. 2 tomes, XXI-IX-1210 p.   70 €
71. *Recueil Lucien Cerfaux*, t. III, 1962. Nouvelle édition revue et complétée,
    1985. LXXX-458 p.   40 €
72. J. GROOTAERS, *Primauté et collégialité. Le dossier de Gérard Philips sur
    la Nota Explicativa Praevia (Lumen gentium, Chap. III).* Présenté avec
    introduction historique, annotations et annexes. Préface de G. THILS,
    1986. 222 p.   25 €
73. A. VANHOYE (ed.), *L'apôtre Paul. Personnalité, style et conception du
    ministère*, 1986. XIII-470 p.   65 €
74. J. LUST (ed.), *Ezekiel and His Book. Textual and Literary Criticism and
    their Interrelation*, 1986. X-387 p.   68 €
75. É. MASSAUX, *Influence de l'Évangile de saint Matthieu sur la littérature
    chrétienne avant saint Irénée.* Réimpression anastatique présentée par
    F. NEIRYNCK. *Supplément: Bibliographie 1950-1985*, par B. DEHAND-
    SCHUTTER, 1986. XXVII-850 p.   63 €
76. L. CEYSSENS & J.A.G. TANS, *Autour de l'Unigenitus. Recherches sur la
    genèse de la Constitution*, 1987. XXVI-845 p.   63 €
77. A. DESCAMPS, *Jésus et l'Église. Études d'exégèse et de théologie.* Préface
    de Mgr A. HOUSSIAU, 1987. XLV-641 p.   63 €
78. J. DUPLACY, *Études de critique textuelle du Nouveau Testament.* Présentées
    par J. DELOBEL, 1987. XXVII-431 p.   45 €
79. E.J.M. VAN EIJL (ed.), *L'image de C. Jansénius jusqu'à la fin du XVIIIᵉ
    siècle*, 1987. 258 p.   32 €
80. E. BRITO, *La Création selon Schelling. Universum*, 1987. XXXV-646 p.
                                                                     75 €
81. J. VERMEYLEN (ed.), *The Book of Isaiah – Le livre d'Isaïe. Les oracles
    et leurs relectures. Unité et complexité de l'ouvrage*, 1989. X-472 p.
                                                                     68 €
82. G. VAN BELLE, *Johannine Bibliography 1966-1985. A Cumulative Biblio-
    graphy on the Fourth Gospel*, 1988. XVII-563 p.   68 €
83. J.A. SELLING (ed.), *Personalist Morals. Essays in Honor of Professor
    Louis Janssens*, 1988. VIII-344 p.   30 €
84. M.-É. BOISMARD, *Moïse ou Jésus. Essai de christologie johannique*, 1988.
    XVI-241 p.   25 €
84ᴬ. M.-É. BOISMARD, *Moses or Jesus: An Essay in Johannine Christology.*
    Translated by B.T. VIVIANO, 1993, XVI-144 p.   25 €
85. J.A. DICK, *The Malines Conversations Revisited*, 1989. 278 p.   38 €
86. J.-M. SEVRIN (ed.), *The New Testament in Early Christianity – La récep-
    tion des écrits néotestamentaires dans le christianisme primitif*, 1989.
    XVI-406 p.   63 €
87. R.F. COLLINS (ed.), *The Thessalonian Correspondence*, 1990. XV-546 p.
                                                                     75 €
88. F. VAN SEGBROECK, *The Gospel of Luke. A Cumulative Bibliography
    1973-1988*, 1989. 241 p.   30 €

89. G. Thils, *Primauté et infaillibilité du Pontife Romain à Vatican I et autres études d'ecclésiologie*, 1989. xi-422 p. 47 €
90. A. Vergote, *Explorations de l'espace théologique. Études de théologie et de philosophie de la religion*, 1990. xvi-709 p. 50 €
*91. J.C. de Moor, *The Rise of Yahwism: The Roots of Israelite Monotheism*, 1990. *Revised and Enlarged Edition*, 1997. xv-445 p.
92. B. Bruning, M. Lamberigts & J. Van Houtem (eds.), *Collectanea Augustiniana. Mélanges T.J. van Bavel*, 1990. 2 tomes, xxxviii-viii-1074 p. 75 €
93. A. de Halleux, *Patrologie et œcuménisme. Recueil d'études*, 1990. xvi-887 p. 75 €
94. C. Brekelmans & J. Lust (eds.), *Pentateuchal and Deuteronomistic Studies: Papers Read at the XIIIth IOSOT Congress Leuven 1989*, 1990. 307 p. 38 €
95. D.L. Dungan (ed.), *The Interrelations of the Gospels. A Symposium Led by M.-É. Boismard – W.R. Farmer – F. Neirynck, Jerusalem 1984*, 1990. xxxi-672 p. 75 €
96. G.D. Kilpatrick, *The Principles and Practice of New Testament Textual Criticism. Collected Essays*. Edited by J.K. Elliott, 1990. xxxviii-489 p. 75 €
97. G. Alberigo (ed.), *Christian Unity. The Council of Ferrara-Florence: 1438/39 – 1989*, 1991. x-681 p. 75 €
98. M. Sabbe, *Studia Neotestamentica. Collected Essays*, 1991. xvi-573 p. 50 €
99. F. Neirynck, *Evangelica II: 1982-1991. Collected Essays*. Edited by F. Van Segbroeck, 1991. xix-874 p. 70 €
100. F. Van Segbroeck, C.M. Tuckett, G. Van Belle & J. Verheyden (eds.), *The Four Gospels 1992. Festschrift Frans Neirynck*, 1992. 3 volumes, xvii-x-x-2668 p. 125 €

Series III

101. A. Denaux (ed.), *John and the Synoptics*, 1992. xxii-696 p. 75 €
102. F. Neirynck, J. Verheyden, F. Van Segbroeck, G. Van Oyen & R. Corstjens, *The Gospel of Mark. A Cumulative Bibliography: 1950-1990*, 1992. xii-717 p. 68 €
103. M. Simon, *Un catéchisme universel pour l'Église catholique. Du Concile de Trente à nos jours*, 1992. xiv-461 p. 55 €
104. L. Ceyssens, *Le sort de la bulle Unigenitus. Recueil d'études offert à Lucien Ceyssens à l'occasion de son 90ᵉ anniversaire*. Présenté par M. Lamberigts, 1992. xxvi-641 p. 50 €
105. R.J. Daly (ed.), *Origeniana Quinta. Papers of the 5th International Origen Congress, Boston College, 14-18 August 1989*, 1992. xvii-635 p. 68 €
106. A.S. van der Woude (ed.), *The Book of Daniel in the Light of New Findings*, 1993. xviii-574 p. 75 €
107. J. Famerée, *L'ecclésiologie d'Yves Congar avant Vatican II: Histoire et Église. Analyse et reprise critique*, 1992. 497 p. 65 €

108. C. BEGG, *Josephus' Account of the Early Divided Monarchy (AJ 8, 212-420). Rewriting the Bible*, 1993. IX-377 p.	60 €
109. J. BULCKENS & H. LOMBAERTS (eds.), *L'enseignement de la religion catholique à l'école secondaire. Enjeux pour la nouvelle Europe*, 1993. XII-264 p.	32 €
110. C. FOCANT (ed.), *The Synoptic Gospels. Source Criticism and the New Literary Criticism*, 1993. XXXIX-670 p.	75 €
111. M. LAMBERIGTS (ed.), avec la collaboration de L. KENIS, *L'augustinisme à l'ancienne Faculté de théologie de Louvain*, 1994. VII-455 p.	60 €
112. R. BIERINGER & J. LAMBRECHT, *Studies on 2 Corinthians*, 1994. XX-632 p.	75 €
113. E. BRITO, *La pneumatologie de Schleiermacher*, 1994. XII-649 p. 75 €
114. W.A.M. BEUKEN (ed.), *The Book of Job*, 1994. X-462 p.	60 €
115. J. LAMBRECHT, *Pauline Studies: Collected Essays*, 1994. XIV-465 p.	63 €
116. G. VAN BELLE, *The Signs Source in the Fourth Gospel: Historical Survey and Critical Evaluation of the Semeia Hypothesis*, 1994. XIV-503 p.	63 €
117. M. LAMBERIGTS & P. VAN DEUN (eds.), *Martyrium in Multidisciplinary Perspective. Memorial L. Reekmans*, 1995. X-435 p.	75 €
118. G. DORIVAL & A. LE BOULLUEC (eds.), *Origeniana Sexta. Origène et la Bible/Origen and the Bible. Actes du Colloquium Origenianum Sextum, Chantilly, 30 août – 3 septembre 1993*, 1995. XII-865 p.	98 €
119. É. GAZIAUX, *Morale de la foi et morale autonome. Confrontation entre P. Delhaye et J. Fuchs*, 1995. XXII-545 p.	68 €
120. T.A. SALZMAN, *Deontology and Teleology: An Investigation of the Normative Debate in Roman Catholic Moral Theology*, 1995. XVII-555 p.	68 €.
121. G.R. EVANS & M. GOURGUES (eds.), *Communion et Réunion. Mélanges Jean-Marie Roger Tillard*, 1995. XI-431 p.	60 €
122. H.T. FLEDDERMANN, *Mark and Q: A Study of the Overlap Texts*. With an *Assessment* by F. NEIRYNCK, 1995. XI-307 p.	45 €
123. R. BOUDENS, *Two Cardinals: John Henry Newman, Désiré-Joseph Mercier*. Edited by L. GEVERS with the collaboration of B. DOYLE, 1995. 362 p.	45 €
124. A. THOMASSET, *Paul Ricœur. Une poétique de la morale. Aux fondements d'une éthique herméneutique et narrative dans une perspective chrétienne*, 1996. XVI-706 p.	75 €
125. R. BIERINGER (ed.), *The Corinthian Correspondence*, 1996. XXVII-793 p.	60 €
126. M. VERVENNE (ed.), *Studies in the Book of Exodus: Redaction – Reception – Interpretation*, 1996. XI-660 p.	60 €
127. A. VANNESTE, *Nature et grâce dans la théologie occidentale. Dialogue avec H. de Lubac*, 1996. 312 p.	45 €
128. A. CURTIS & T. RÖMER (eds.), *The Book of Jeremiah and its Reception – Le livre de Jérémie et sa réception*, 1997. 331 p.	60 €
129. E. LANNE, *Tradition et Communion des Églises. Recueil d'études*, 1997. XXV-703 p.	75 €

130. A. DENAUX & J.A. DICK (eds.), *From Malines to ARCIC. The Malines Conversations Commemorated*, 1997. IX-317 p.   45 €
131. C.M. TUCKETT (ed.), *The Scriptures in the Gospels*, 1997. XXIV-721 p.
                                                                                    60 €
132. J. VAN RUITEN & M. VERVENNE (eds.), *Studies in the Book of Isaiah. Festschrift Willem A.M. Beuken*, 1997. XX-540 p.   75 €
133. M. VERVENNE & J. LUST (eds.), *Deuteronomy and Deuteronomic Literature. Festschrift C.H.W. Brekelmans*, 1997. XI-637 p.   75 €
134. G. VAN BELLE (ed.), *Index Generalis ETL / BETL 1982-1997*, 1999. IX-337 p.   40 €
135. G. DE SCHRIJVER, *Liberation Theologies on Shifting Grounds. A Clash of Socio-Economic and Cultural Paradigms*, 1998. XI-453 p.   53 €
136. A. SCHOORS (ed.), *Qohelet in the Context of Wisdom*, 1998. XI-528 p.
                                                                                    60 €
137. W.A. BIENERT & U. KÜHNEWEG (eds.), *Origeniana Septima. Origenes in den Auseinandersetzungen des 4. Jahrhunderts,* 1999. XXV-848 p.   95 €
138. É. GAZIAUX, *L'autonomie en morale: au croisement de la philosophie et de la théologie*, 1998. XVI-760 p.   75 €
139. J. GROOTAERS, *Actes et acteurs à Vatican II*, 1998. XXIV-602 p.   75 €
140. F. NEIRYNCK, J. VERHEYDEN & R. CORSTJENS, *The Gospel of Matthew and the Sayings Source Q: A Cumulative Bibliography 1950-1995*, 1998. 2 vols., VII-1000-420* p.   95 €
141. E. BRITO, *Heidegger et l'hymne du sacré*, 1999. XV-800 p.   90 €
142. J. VERHEYDEN (ed.), *The Unity of Luke-Acts*, 1999. XXV-828 p.   60 €
143. N. CALDUCH-BENAGES & J. VERMEYLEN (eds.), *Treasures of Wisdom. Studies in Ben Sira and the Book of Wisdom. Festschrift M. Gilbert*, 1999. XXVII-463 p.   75 €
144. J.-M. AUWERS & A. WÉNIN (eds.), *Lectures et relectures de la Bible. Festschrift P.-M. Bogaert*, 1999. XLII-482 p.   75 €
145. C. BEGG, *Josephus' Story of the Later Monarchy (AJ 9,1–10,185)*, 2000. X-650 p.   75 €
146. J.M. ASGEIRSSON, K. DE TROYER & M.W. MEYER (eds.), *From Quest to Q. Festschrift James M. Robinson*, 2000. XLIV-346 p.   60 €
147. T. RÖMER (ed.), *The Future of the Deuteronomistic History*, 2000. XII-265 p.   75 €
148. F.D. VANSINA, *Paul Ricœur: Bibliographie primaire et secondaire - Primary and Secondary Bibliography 1935-2000*, 2000. XXVI-544 p.   75 €
149. G.J. BROOKE & J.D. KAESTLI (eds.), *Narrativity in Biblical and Related Texts*, 2000. XXI-307 p.   75 €
150. F. NEIRYNCK, *Evangelica III: 1992-2000. Collected Essays*, 2001. XVII-666 p.
                                                                                    60 €
151. B. DOYLE, *The Apocalypse of Isaiah Metaphorically Speaking. A Study of the Use, Function and Significance of Metaphors in Isaiah 24-27*, 2000. XII-453 p.   75 €
152. T. MERRIGAN & J. HAERS (eds.), *The Myriad Christ. Plurality and the Quest for Unity in Contemporary Christology*, 2000. XIV-593 p.   75 €
153. M. SIMON, *Le catéchisme de Jean-Paul II. Genèse et évaluation de son commentaire du Symbole des apôtres*, 2000. XVI-688 p.   75 €

154. J. VERMEYLEN, *La loi du plus fort. Histoire de la rédaction des récits davidiques de 1 Samuel 8 à 1 Rois 2*, 2000. XIII-746 p.   80 €
155. A. WÉNIN (ed.), *Studies in the Book of Genesis. Literature, Redaction and History*, 2001. XXX-643 p.   60 €
156. F. LEDEGANG, *Mysterium Ecclesiae. Images of the Church and its Members in Origen*, 2001. XVII-848 p.   84 €
157. J.S. BOSWELL, F.P. MCHUGH & J. VERSTRAETEN (eds.), *Catholic Social Thought: Twilight of Renaissance*, 2000. XXII-307 p.   60 €
158. A. LINDEMANN (ed.), *The Sayings Source Q and the Historical Jesus*, 2001. XXII-776 p.   60 €
159. C. HEMPEL, A. LANGE & H. LICHTENBERGER (eds.), *The Wisdom Texts from Qumran and the Development of Sapiential Thought*, 2002. XII-502 p.
                                                                                      80 €
160. L. BOEVE & L. LEIJSSEN (eds.), *Sacramental Presence in a Postmodern Context*, 2001. XVI-382 p.   60 €
161. A. DENAUX (ed.), *New Testament Textual Criticism and Exegesis. Festschrift J. Delobel*, 2002. XVIII-391 p.   60 €
162. U. BUSSE, *Das Johannesevangelium. Bildlichkeit, Diskurs und Ritual. Mit einer Bibliographie über den Zeitraum 1986-1998*, 2002. XIII-572 p.
                                                                                      70 €
163. J.-M. AUWERS & H.J. DE JONGE (eds.), *The Biblical Canons*, 2003. LXXXVIII-718 p.   60 €
164. L. PERRONE (ed.), *Origeniana Octava. Origen and the Alexandrian Tradition*, 2003. XXV-X-1406 p.
165. R. BIERINGER, V. KOPERSKI & B. LATAIRE (eds.), *Resurrection in the New Testament. Festschrift J. Lambrecht*, 2002. XXXI-551 p.   70 €
166. M. LAMBERIGTS & L. KENIS (eds.), *Vatican II and Its Legacy*, 2002. XII-512 p.   65 €
167. P. DIEUDONNÉ, *La Paix clémentine. Défaite et victoire du premier jansénisme français sous le pontificat de Clément IX (1667-1669)*, 2003. XXXIX-302 p.   70 €
168. F. GARCÍA MARTÍNEZ, *Wisdom and Apocalypticism in the Dead Sea Scrolls and in the Biblical Tradition*, 2003. XXXIV-491 p.   60 €
169. D. OGLIARI, *Gratia et Certamen: The Relationship between Grace and Free Will in the Discussion of Augustine with the So-Called Semipelagians*, 2003. LVII-468 p.   75 €
170. G. COOMAN, M. VAN STIPHOUT & B. WAUTERS (eds.), *Zeger-Bernard Van Espen at the Crossroads of Canon Law, History, Theology and Church-State Relations*, 2003. XX-530 p.   80 €
171. B. BOURGINE, *L'herméneutique théologique de Karl Barth. Exégèse et dogmatique dans le quatrième volume de la Kirchliche Dogmatik*, 2003. XXII-548 p.   75 €
172. J. HAERS & P. DE MEY (eds.), *Theology and Conversation: Towards a Relational Theology*, 2003. XIII-923 p.   90 €
173. M.J.J. MENKEN, *Matthew's Bible: The Old Testament Text of the Evangelist*, 2004. XII-336 p.   60 €
174. J.-P. DELVILLE, *L'Europe de l'exégèse au XVIᵉ siècle. Interprétations de la parabole des ouvriers à la vigne (Matthieu 20,1-16)*, 2004. XLII-775 p.
                                                                                      70 €

175. E. BRITO, *J.G. Fichte et la transformation du Christianisme*, 2004. XVI-808 p.   90 €
176. J. SCHLOSSER (ed.), *The Catholic Epistles and the Tradition*, 2004. XXIV-569 p.   60 €
177. R. FAESEN (ed.), *Albert Deblaere, S.J. (1916-1994): Essays on Mystical Literature – Essais sur la littérature mystique – Saggi sulla letteratura mistica*, 2004. XX-473 p.   70 €
178. J. LUST, *Messianism and the Septuagint: Collected Essays*. Edited by K. HAUSPIE, 2004. XIV-247 p.   60 €
179. H. GIESEN, *Jesu Heilsbotschaft und die Kirche. Studien zur Eschatologie und Ekklesiologie bei den Synoptikern und im ersten Petrusbrief*, 2004. XX-578 p.   70 €
180. H. LOMBAERTS & D. POLLEFEYT (eds.), *Hermeneutics and Religious Education*, 2004. XIV-427 p.   70 €
181. D. DONNELY, A. DENAUX & J. FAMERÉE (eds.), *The Holy Spirit, the Church, and Christian Unity. Proceedings of the Consultation Held at the Monastery of Bose, Italy (14-20 October 2002)*, 2005. XII-418 p.   70 €
182. R. BIERINGER, G. VAN BELLE & J. VERHEYDEN (eds.), *Luke and His Readers. Festschrift A. Denaux*, 2005. XXVIII-470 p.   65 €